Entscheidungslehre

Rüdiger von Nitzsch

Entscheidungslehre

Wie Menschen entscheiden und wie sie
entscheiden sollten

12., korrigierte Auflage

Rüdiger von Nitzsch
Lehrstuhl für Entscheidungsforschung und Finanzdienstleistungen
RWTH Aachen
Aachen, Deutschland

ISBN 978-3-658-43885-2   ISBN 978-3-658-43886-9 (eBook)
https://doi.org/10.1007/978-3-658-43886-9

Die Deutsche Nationalbibliothek verzeichnet diese Publikation in der Deutschen Nationalbibliografie; detaillierte bibliografische Daten sind im Internet über https://portal.dnb.de abrufbar.

© Der/die Herausgeber bzw. der/die Autor(en), exklusiv lizenziert an Springer Fachmedien Wiesbaden GmbH, ein Teil von Springer Nature 2021, 2024
Das Werk einschließlich aller seiner Teile ist urheberrechtlich geschützt. Jede Verwertung, die nicht ausdrücklich vom Urheberrechtsgesetz zugelassen ist, bedarf der vorherigen Zustimmung des Verlags. Das gilt insbesondere für Vervielfältigungen, Bearbeitungen, Übersetzungen, Mikroverfilmungen und die Einspeicherung und Verarbeitung in elektronischen Systemen.
Die Wiedergabe von allgemein beschreibenden Bezeichnungen, Marken, Unternehmensnamen etc. in diesem Werk bedeutet nicht, dass diese frei durch jedermann benutzt werden dürfen. Die Berechtigung zur Benutzung unterliegt, auch ohne gesonderten Hinweis hierzu, den Regeln des Markenrechts. Die Rechte des jeweiligen Zeicheninhabers sind zu beachten.
Der Verlag, die Autoren und die Herausgeber gehen davon aus, dass die Angaben und Informationen in diesem Werk zum Zeitpunkt der Veröffentlichung vollständig und korrekt sind. Weder der Verlag noch die Autoren oder die Herausgeber übernehmen, ausdrücklich oder implizit, Gewähr für den Inhalt des Werkes, etwaige Fehler oder Äußerungen. Der Verlag bleibt im Hinblick auf geografische Zuordnungen und Gebietsbezeichnungen in veröffentlichten Karten und Institutionsadressen neutral.

Planung/Lektorat: Claudia Rosenbaum
Springer Gabler ist ein Imprint der eingetragenen Gesellschaft Springer Fachmedien Wiesbaden GmbH und ist ein Teil von Springer Nature.
Die Anschrift der Gesellschaft ist: Abraham-Lincoln-Str. 46, 65189 Wiesbaden, Germany

Wenn Sie dieses Produkt entsorgen, geben Sie das Papier bitte zum Recycling.

Vorwort

Entscheidungstheorie kann in sehr unterschiedlichen Formen vermittelt werden. Man kann sie entweder recht abstrakt, formal und quantitativ ausrichten. Zugleich ist es aber auch möglich, die psychologisch bedingten Verhaltensanomalien des Menschen in den Mittelpunkt zu stellen. Während die erste Form unmittelbar präskriptiv orientiert ist, d. h. das Ziel hat, das menschliche Entscheidungsverhalten rationaler zu machen, hilft die zweite Form nur indirekt bei der Verbesserung des Entscheidungsverhaltens. Sie klärt als deskriptive Wissenschaft lediglich über die Verhaltensschwächen auf und überlässt es dem Entscheider, sich nicht so zu verhalten.

In diesem Buch wird kein Schwerpunkt auf die eine oder auf die andere Form gelegt, sondern stattdessen versucht, beide Ausrichtungen der Entscheidungstheorie in einer synergetischen Form zu kombinieren. Der Leser erfährt also auf der einen Seite sehr viel über die Psychologie der Entscheidung und die typischen Entscheidungsfehler, auf der anderen Seite lernt er auch, diese Fehler zu umgehen und mit systematischen Methoden entgegenzusteuern.

Auch wenn die zentralen Lerninhalte, die zu einer Vorlesung der Entscheidungstheorie eben nach den üblichen Curricula gehören, in dem Buch natürlich umfasst sind, liegt ein gewisser Schwerpunkt jedoch auf einer Anwendungsorientierung, so dass bewusst auch der Begriff Entscheidungs*lehre* für dieses Werk gewählt wurde. Das Buch soll also nicht nur helfen, die theoretischen Grundlagen der Entscheidungstheorie zu verstehen, sondern in der Aneignung von praktisch relevanter Entscheidungskompetenz eine wertvolle Stütze liefern. Deutlich wird dieser Praxisbezug insbesondere in den vielen Verweisen auf das von unserem Institut entwickelte *Entscheidungsnavi*, einem Online-Trainingstool für den gesamten Entscheidungsprozess von der Formulierung der Entscheidungsfrage bis zur Auswahl der besten Handlungsalternative.

Die vorliegende elfte Auflage unterscheidet sich von der zehnten Auflage, die noch nicht bei Springer verlegt wurde, zwar hauptsächlich nur in struktureller Sicht und weniger in inhaltlicher Sicht. Jedoch wurden alle Kapitel gründlich überarbeitet und alle Abbildungen auf ein einheitlicheres, neues Design übertragen. Dies war mit mehr Arbeit verbunden, als ich ursprünglich gedacht hatte. Umso mehr möchte ich an dieser Stelle meinen besonderen Dank an meine Mitarbeiter Sven Peters und Marius Leroy aussprechen, die mich bei dieser Arbeit hervorragend und engagiert unterstützt haben. Gute Anregungen für die Überarbeitung und viele Hinweise bekam ich auch von Mendy Tönsfeuerborn, Jan Hauser und Christian Hannes. Bedanken möchte ich mich auch bei allen Lesern der zehnten Auflage, die so nett waren, mich auf Fehler aufmerksam zu machen.

Ich wünsche allen Lesern viel Spaß beim Lesen und gute Entscheidungen in der Zukunft!

Aachen, Deutschland　　　　　　　　　　　　　　　　　　　　Rüdiger von Nitzsch
Sommer 2021

Inhaltsverzeichnis

Teil I Einführung

1 Auf dem Weg zu einer reflektierten Entscheidung 3
   1.1 Präskriptive und deskriptive Entscheidungstheorie 4
   1.2 Der analytische und der intuitive Entscheidungsweg 5
   1.3 Ein Zwei-Phasenmodell des intuitiven Entscheidungsprozesses 9
      1.3.1 Phase 1: Assoziation 11
      1.3.2 Vernachlässigung der Assoziationsgründe 12
      1.3.3 Phase 2: Anwendung von Heuristiken 14
   1.4 Beispiele intuitiver Entscheidungsschwächen 17
   1.5 Hohe Entscheidungsqualität durch reflektierte Entscheidungen 21
   1.6 Zur Ausgestaltung reflektierter Entscheidungen 23
      1.6.1 Der rationale Entscheidungsprozess 23
      1.6.2 Der reflektiert-intuitive Entscheidungsprozess 25
   1.7 Fazit und Empfehlungen 27
   1.8 Das Wichtigste in Kürze 30
   Literatur 30

Teil II Deskriptive Entscheidungstheorie

2 Kognitive Ursachen für eine unvollkommene Informationsverarbeitung 35
   2.1 Ein einfaches Phasenmodell der Informationsverarbeitung 36
   2.2 Beschränkungen in der Wahrnehmung 37
      2.2.1 Vereinfachung 38
      2.2.2 Selektive Wahrnehmung 40
      2.2.3 Kontrast-Effekte 41
   2.3 Verfügbarkeit von Gedächtnisinhalten 43
      2.3.1 Der Aufbau des Gedächtnisses beim Menschen 43
      2.3.2 Das Kurzzeit- oder Arbeitsgedächtnis 44
      2.3.3 Die Informationsspeicherung im Langzeitgedächtnis 44
      2.3.4 Determinanten der Verfügbarkeit 45

		2.4	Das Wichtigste in Kürze	47
		Literatur		47
3	**Narrow Thinking und Heuristiken**			**49**
	3.1	Vorüberlegungen		50
	3.2	Verfügbarkeitseffekte		52
		3.2.1	Overreaction	53
		3.2.2	Narrative Bias	54
		3.2.3	Primacy-Effekt	55
		3.2.4	Priming-Effekte	56
	3.3	Verankerungsheuristik		57
		3.3.1	Der Status Quo Bias: Die Neigung, am Bestehenden festzuhalten	58
		3.3.2	Verankerung bei schneller Hochrechnung	59
		3.3.3	Verankerung in der Wahrscheinlichkeitsschätzung zusammengesetzter Ereignisse	60
		3.3.4	Das Preference-Reversal-Phänomen	61
	3.4	Repräsentativitätsheuristiken		62
		3.4.1	Überschätzen der Wahrscheinlichkeit von repräsentativen Ereignissen	63
		3.4.2	Verdrehen von Zusammenhängen	65
		3.4.3	Scheinkorrelationen	66
		3.4.4	Überschätzung von Kausalbeziehungen	67
	3.5	Mentale Konten		68
	3.6	Overconfidence		70
		3.6.1	Over-/Underestimation und Over-/Underplacement	72
		3.6.2	Overprecision	73
	3.7	Das Wichtigste in Kürze		77
		Literatur		77
4	**Rationalitätsgefährdende Motive des Menschen**			**79**
	4.1	Das Bedürfnis nach hohem Selbstwert und die Attributionstheorie		80
	4.2	Das Bedürfnis nach kognitiver Dissonanzfreiheit		81
		4.2.1	Darstellung der kognitiven Dissonanztheorie	81
		4.2.2	Bestimmungsgründe für das Commitment einer Entscheidung	82
		4.2.3	Direkte Konsequenzen aus dem Dissonanzmotiv	85
		4.2.4	Closed-Minded- vs. Open-Minded-Personen	86
	4.3	Das Kontrollmotiv		87
		4.3.1	Zur Bedeutung des Kontrollmotivs	87
		4.3.2	Die Kontrollvarianten	88
		4.3.3	Bestimmungsgrößen für eine wahrgenommene Kontrolle	92
		4.3.4	Konsequenzen aus dem Kontrollmotiv	94

4.4	Das Wichtigste in Kürze	99
	Literatur	99

5 Relative Bewertung von Ergebnissen ... 103
- 5.1 Bezugspunkte und abnehmende Sensitivität in der Bewertung von Ergebnissen ... 104
- 5.2 Verlustaversion und Regret Aversion ... 106
  - 5.2.1 Verlustaversion ... 106
  - 5.2.2 Regret Aversion ... 108
- 5.3 Zu welchen Irrationalitäten die relative Bewertung führt ... 110
  - 5.3.1 Irrationale Verhaltensmuster durch abnehmende Sensitivität ... 110
  - 5.3.2 Das Risikoverhalten dreht ins Gegenteil: Der Reflection-Effekt ... 112
- 5.4 Zu welchen Irrationalitäten Verlustaversion und Regret Aversion führen ... 113
  - 5.4.1 Die Commitment-Falle ... 113
  - 5.4.2 Lieber alles beim Alten lassen: Der Besitztumseffekt ... 115
  - 5.4.3 Gewinne beschränken und Verluste laufen lassen: Der Dispositionseffekt ... 116
- 5.5 Zur Lage der Bezugspunkte ... 117
  - 5.5.1 Segregation in der Verwendung verschiedener Bezugspunkte ... 118
  - 5.5.2 Integration in der Verwendung verschiedener Bezugspunkte ... 120
- 5.6 Das Wichtigste in Kürze ... 123
- Literatur ... 123

6 Relatives Denken bei Wahrscheinlichkeiten ... 125
- 6.1 Wie Menschen Wahrscheinlichkeiten gewichten ... 126
- 6.2 Die Rolle des Kontrollmotivs in der Verarbeitung von Wahrscheinlichkeiten ... 128
  - 6.2.1 Der Zusammenhang von Kontrollmotiv und Risikoeinstellung ... 128
  - 6.2.2 Integration des Kontrolldefizits in der Wahrscheinlichkeitsgewichtefunktion ... 129
- 6.3 Die relative Wahrscheinlichkeitsbewertung erklärt einige Verhaltensmuster ... 133
  - 6.3.1 Abschluss von kleinen Versicherungen ... 134
  - 6.3.2 Teilnahme an Lottospielen und der Favorite Longshot Bias ... 135
  - 6.3.3 Das Allais-Paradoxon ... 136
- 6.4 Das Wichtigste in Kürze ... 139
- Literatur ... 139

7 Wie Menschen die Zeit bewerten ... 141
- 7.1 Discounted-Utility-Modelle und der Common-Difference-Effekt ... 142
- 7.2 Präferenz für steigende Sequenzen und das HDV-Modell ... 145
- 7.3 Warum scheitern gute Vorsätze so häufig? ... 147
- 7.4 Kontextabhängige Diskontierungen ... 148

7.5	Das Wichtigste in Kürze	150
Literatur		150

Teil III Präskriptive Entscheidungstheorie

8 Idealtypischer Ablauf eines rationalen Entscheidungsprozesses 153
- 8.1 Strukturierung der Entscheidungssituation 154
  - 8.1.1 Formulierung der Entscheidungsfrage 154
  - 8.1.2 Bestimmung der Fundamentalziele 158
  - 8.1.3 Identifikation der Alternativen 165
- 8.2 Entwicklung eines Wirkungsmodells 170
- 8.3 Evaluation der Handlungsalternativen 173
- 8.4 Das Wichtigste in Kürze 177
- Literatur 177

9 Entscheidungen unter Unsicherheit mit einem Ziel: Das Erwartungsnutzenkalkül 179
- 9.1 Wie kann ein rationales Entscheidungskalkül aussehen? 180
  - 9.1.1 Mit einer Erwartungswertberechnung ist die Lösung noch nicht gefunden 180
  - 9.1.2 Zur Rationalität eines abnehmenden Grenznutzens bzw. von Höhenpräferenzen 181
  - 9.1.3 Berücksichtigung der Risikoeinstellung des Entscheiders 181
- 9.2 Das Paradigma der Entscheidungslehre: Maximierung des Erwartungsnutzens 182
  - 9.2.1 Die Grundidee des Erwartungsnutzenmodells 182
  - 9.2.2 Zum Unterschied zwischen Risikoverhalten und Risikoeinstellung 184
  - 9.2.3 Verständnisprobleme in der Interpretation einer Nutzenfunktion 187
- 9.3 Die Ermittlung von Nutzenfunktionen 188
  - 9.3.1 Zur Messbarkeit von Zielausprägungen 189
  - 9.3.2 Ermittlung von Nutzenfunktionen bei einer numerischen Skala 194
  - 9.3.3 Ermittlung von Nutzenfunktionen bei diskreten Ausprägungen 198
  - 9.3.4 Exponentielle Nutzenfunktionen 199
  - 9.3.5 Die Ermittlung von Nutzenfunktionen und das Allais-Paradoxon ... 200
  - 9.3.6 Ermittlung der Nutzenfunktionen im *Entscheidungsnavi* 201
- 9.4 Die Anwendung von μ-σ-Regeln 203
  - 9.4.1 Darstellung der Regel 203
  - 9.4.2 Ein wichtiges Problem: die pauschale Berücksichtigung des Risikos 204
  - 9.4.3 Spezialfälle der Anwendbarkeit von μ-σ-Regeln 205
- 9.5 Das Wichtigste in Kürze 207
- Literatur 207

10 Berücksichtigung mehrerer Ziele im Präferenzmodell ... 209
- 10.1 Das additive Modell ... 210
- 10.2 Notwendige Anforderungen an das Zielsystem ... 210
  - 10.2.1 Vollständigkeit des Zielsystems ... 211
  - 10.2.2 Redundanzfreiheit des Zielsystems ... 211
  - 10.2.3 Präferenzunabhängigkeit des Zielsystems ... 212
- 10.3 Ermittlung der Zielgewichte mit dem Trade-off-Verfahren ... 214
  - 10.3.1 Vorstellung des Trade-off-Verfahrens ... 215
  - 10.3.2 Darstellung des Verfahrens anhand eines Beispiels ... 216
  - 10.3.3 Hinweise zur Auswahl der Ziele ... 217
- 10.4 Der Bandbreiteneffekt ... 218
- 10.5 Zielgewichtung im *Entscheidungsnavi* ... 221
- 10.6 Das Wichtigste in Kürze ... 224

11 Problemlösungen bei unvollständiger Information ... 225
- 11.1 Sensitivitätsanalysen ... 226
- 11.2 Zum Grundkonzept von Dominanzüberprüfungen ... 229
  - 11.2.1 Absolute Dominanz ... 229
  - 11.2.2 Allgemeiner Ansatz zur Dominanzüberprüfung bei unvollständiger Information ... 231
- 11.3 Ausgewählte Sonderfälle einer Dominanzüberprüfung bei unvollständiger Information ... 233
- 11.4 Stochastische Dominanzen ... 236
- 11.5 Übersicht über die betrachteten Sonderfälle von Dominanzüberprüfungen ... 239
- 11.6 Dominanzüberprüfungen im *Entscheidungsnavi* ... 240
- 11.7 Das Wichtigste in Kürze ... 243
- Literatur ... 243

12 Mehrstufige Entscheidungsprobleme ... 245
- 12.1 Entscheidungsbaumverfahren ... 246
  - 12.1.1 Der Entscheidungsbaum ... 246
  - 12.1.2 Der Strategiebegriff ... 247
  - 12.1.3 Das Roll-Back-Verfahren ... 248
- 12.2 Der Wert von Informationen ... 251
  - 12.2.1 Grundlegende Vorgehensweise zur Ermittlung des Informationswertes ... 252
  - 12.2.2 Das Bayes-Theorem im Kontext des Bewertungskalküls ... 255
- 12.3 Das Wichtigste in Kürze ... 259

Teil IV Gruppenentscheidungen und weitere Anwendungen

13 Gruppenentscheidungen 263
    13.1   Zielsysteme im Kontext sozialer Interaktionen 264
        13.1.1   Marktnormen versus soziale Normen 264
        13.1.2   Soziale Präferenzen: Fairness, Reziprozität und Loyalität 265
        13.1.3   Die Aufstellung von Zielsystemen in Gruppenentscheidungen ... 272
    13.2   Die Entscheidung über die Gruppenzusammensetzung 276
        13.2.1   Theoretische Vorüberlegungen zur Berücksichtigung von Stakeholder-Interessen im Zielsystem 276
        13.2.2   Berücksichtigung der Stakeholder im Entscheidungsprozess: Praktische Überlegungen 278
    13.3   Der Umgang mit Meinungsunterschieden und Interessenkonflikten 281
        13.3.1   Meinungsunterschiede 282
        13.3.2   Interessenkonflikte 286
    13.4   Biasfaktoren bei der Informationssuche und -verwertung 289
        13.4.1   Der Confirmation Bias in einer Gruppe.................... 290
        13.4.2   Shared Information Bias 293
    13.5   Praktische Empfehlungen zur Durchführung einer Gruppenentscheidung in Unternehmen 294
        13.5.1   Zusammensetzung der Gruppe und Aufgabenaufteilung....... 295
        13.5.2   Konsequente Steuerung des Prozesses durch einen Moderator ... 296
        13.5.3   Identifikation der Konfliktursachen 298
        13.5.4   Etablierung einer offenen Unternehmenskultur.............. 299
    13.6   Das Wichtigste in Kürze 300
    Literatur 300

14 Debiasing und weitere Anwendungsfelder der deskriptiven Entscheidungstheorie 303
    14.1   Übersicht über die Anwendungsfelder 304
    14.2   Debiasing-Methoden zur Verbesserung der eigenen Entscheidungsqualität 306
    14.3   Beeinflussungen durch Berücksichtigung kognitiver Beschränkungen und Narrow Thinking 309
        14.3.1   Kontrast-Effekte 309
        14.3.2   Verfügbarkeitseffekte 309
        14.3.3   Verankerungseffekte und der Status Quo Bias 310
        14.3.4   Mental Accounting 311
    14.4   Beeinflussung von Bezugspunkten 314
        14.4.1   Positives und negatives Framing 315
        14.4.2   Einführung irrelevanter Alternativen 317

14.5 Ausnutzen zeitlicher Diskontierungseffekte 318
14.6 Das Wichtigste in Kürze 320
Literatur 320

Teil V Wahrscheinlichkeiten

15 Basiswissen: Wahrscheinlichkeiten 325
   15.1 Interpretation von Wahrscheinlichkeiten 326
   15.2 Elementare Grundlagen der Wahrscheinlichkeitsrechnung 328
       15.2.1 Begrifflichkeiten und Definitionen 328
       15.2.2 Rechnen mit Wahrscheinlichkeiten und Mengentheorie 329
       15.2.3 Bedingte Wahrscheinlichkeiten 332
   15.3 Wahrscheinlichkeitsverteilungen 338
       15.3.1 Wahrscheinlichkeits-, Dichte- und Verteilungsfunktion 338
       15.3.2 Diskrete Verteilungen: Gleich- und Binomialverteilung 340
       15.3.3 Stetige Verteilungen 344
       15.3.4 Kenngrößen von Verteilungen 350
   15.4 Der praktische Umgang mit Wahrscheinlichkeiten 356
       15.4.1 Relative Häufigkeiten sind besser als Prozentzahlen 356
       15.4.2 Verbale und grafische Darstellungen von
             Wahrscheinlichkeiten 360
       15.4.3 Manipulationsmöglichkeiten in der Darstellung von
             Risiken und Wahrscheinlichkeiten 364
   15.5 Das Wichtigste in Kürze 367
   Literatur 367

Stichwortverzeichnis 369

Teil I
Einführung

Auf dem Weg zu einer reflektierten Entscheidung

> **Zusammenfassung**
>
> Dieses Kapitel vermittelt ein Grundverständnis der Entscheidungslehre als anwendungsorientierte Kombination der deskriptiven und präskriptiven Entscheidungstheorie. Der Leser lernt die Unterschiede zwischen einem intuitiven und analytischen Entscheidungsprozess kennen und erfährt, wie sich diese beiden Entscheidungswege ergänzen. Nach einem etwas genaueren Einblick in den intuitiven Entscheidungsprozess wird hierbei jedoch auch deutlich, dass intuitive Entscheidungsprozesse häufig mit Gefahren für die Entscheidungsqualität einhergehen. So liegen aus der deskriptiven Entscheidungstheorie viele Erkenntnisse über psychologisch bedingte, systematische Verhaltensanomalien vor, die eine Unterstützung von Entscheidungen sinnvoll erscheinen lassen. Die Entscheidungslehre greift deshalb auf entscheidungsunterstützende Methoden und Instrumente der präskriptiven Entscheidungstheorie zurück und erweitert diese eher mathematisch orientierten Ansätze, damit auch die bekannten psychologisch bedingten Fehler abgefangen oder stark gemildert werden. Im Ergebnis liefert die Entscheidungslehre somit Leitplanken für einen Entscheidungsprozess, der in den unterschiedlichsten Anwendungsfeldern zu einer höheren Entscheidungsqualität führt. Im Zuge der Frage, was konkret unter einer hohen Entscheidungsqualität verstanden wird, wird erläutert, dass es wenig sinnvoll ist, die Güte einer Entscheidung am resultierenden Ergebnis festzumachen. Beurteilungsgegenstand ist ausschließlich der Entscheidungsprozess bis zur eigentlichen Entscheidung. Wenn dieser Entscheidungsprozess die wichtigsten Erkenntnisse der deskriptiven und präskriptiven Entscheidungstheorie in einem für die Entscheidungssituation angemessenen Umfang berücksichtigt, soll von einer reflektierten Entscheidung gesprochen werden. Bei der genauen Ausgestaltung dieses Entscheidungsprozesses gibt es ein breites Spektrum zwischen einem rein analytischen, rationalen Entscheidungsprozess und einem reflektiert-intuitiven Entscheidungsweg.

1.1 Präskriptive und deskriptive Entscheidungstheorie

Die Entscheidungstheorie ist eine wissenschaftliche Disziplin, die sich mit dem Entscheidungsverhalten von Menschen beschäftigt. Hierbei lassen sich grob gemäß Abb. 1.1 zwei Richtungen unterscheiden. In der präskriptiven Ausrichtung versucht man, das Entscheidungsverhalten von Menschen mit verschiedenen Modellen und Methoden zu unterstützen. Hingegen beschäftigt sich die deskriptive Entscheidungstheorie mit der Beschreibung und Erklärung des tatsächlichen Entscheidungsverhaltens von Menschen. Diese beiden Richtungen haben sehr unterschiedliche Wurzeln. So sind die Begründer der präskriptiven Entscheidungstheorie vornehmlich Mathematiker, die deskriptive Entscheidungstheorie baut hingegen auf den Forschungsarbeiten von Psychologen auf.

Wer, wie wir in diesem Buch, mit einer „Entscheidungslehre" nach konkreten Wegen sucht, das Entscheidungsverhalten von Menschen zu verbessern, muss sich mit beiden Richtungen auseinandersetzen. Hierbei sollte diese Beschäftigung möglichst nicht isoliert voneinander erfolgen. Vielmehr dreht es sich darum, die Verknüpfungen dieser beiden Richtungen herauszuarbeiten und in einen praktischen Nutzen für ein besseres Entscheiden zu überführen.

Aus der Forschung des deskriptiven Zweiges der Entscheidungstheorie ist bekannt, dass sich Menschen in vielen Situationen nicht so entscheiden, wie es eigentlich „vernünftig" wäre. So haben Verhaltensforscher eine Vielzahl von psychologisch bedingten Entscheidungsfallen und systematischen Verzerrungen bei Einschätzungen verschiedener Art (*Biases*) erforscht und gut dokumentiert. Man kann sagen, dass diese Forschungsergebnisse die wesentlichen Erkenntnisse des deskriptiven Zweiges darstellen. Eine Verknüpfung zur präskriptiven Ausrichtung ergibt sich an dieser Stelle schon insofern, als dass dieses Wissen über diese Entscheidungsschwächen im Grunde die Existenzberechtigung des präskriptiven Zweiges darstellt. Gäbe es nämlich keine Entscheidungsschwächen beim Menschen, dann müsste die Frage erlaubt sein, warum sich Forscher überhaupt damit beschäftigen, das Entscheidungsverhalten verbessern zu wollen.

Gleichfalls benötigen die Verhaltensforscher aus dem deskriptiven Forschungszweig eine klare Orientierung für eine Grenze, was sie noch als „vernünftig" oder „rational" und was als „unvernünftig" oder gar „irrational" bezeichnen sollen. Gerade in den Wurzeln der

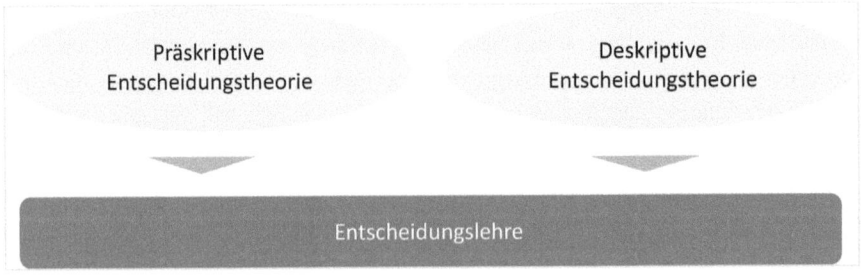

Abb. 1.1 Grundverständnis einer Entscheidungslehre

präskriptiven Entscheidungstheorie hatte man sich deshalb auch intensiv mit der Definition eines rationalen Entscheiders[1] beschäftigt, der dann letztlich als „Homo Oeconomicus" bezeichnet wurde. Der Homo Oeconomicus agiert immer mit klarem Verstand, wird nicht von Emotionen beeinflusst und hat ausschließlich ökonomische Ziele, die er nutzenmaximierend verfolgt. Dieser rationale Entscheider konnte sich eine Zeit lang über einen großen Anklang in der ökonomischen Forschung erfreuen, man begegnete diesem Ideal in verschiedensten theoretischen Modellen. Die Forscher aus der deskriptiven Ausrichtung hatten mit diesem Idealbild des menschlichen Entscheidungsverhaltens einen klaren Referenzpunkt. Sie konnten von nun an Abweichungen von diesem Verhalten als „beschränkte Rationalität" oder „Verhaltensanomalien" klassifizieren.

Zumindest für eine anwendungsorientierte Entscheidungslehre hat sich das normative Idealbild eines durch und durch rationalen Homo Oeconomicus aber als wenig hilfreich erwiesen. Zu wirklichkeitsfremd ist diese hypothetische Figur und zu unrealistisch sind die Modellergebnisse, die auf dem Homo Oeconomicus aufbauen.

Die moderne Entscheidungslehre betrachtet deshalb den Menschen vielmehr mit all seinen Facetten. Jeder Mensch hat seine individuellen Wertvorstellungen und Ziele, die häufig eben auch nicht nur ökonomisch begründet sind, aber trotzdem in allen Überlegungen zu einer Entscheidungsunterstützung Eingang finden müssen. Auch spielen Emotionen natürlich im Entscheidungsverhalten eine Rolle und sollen auch eine Rolle spielen. Wir Menschen sind keine kaltherzigen Computer, die nur den eigenen ökonomischen Nutzen maximieren wollen.

Eine moderne Entscheidungslehre muss es also schaffen, sich in dem Spannungsfeld zwischen den traditionell mathematischen Ansätzen der präskriptiven Ausrichtung und den Studienergebnissen aus der psychologischen Forschung so aufzustellen, dass ein echter Nutzen für Entscheider in möglichst vielen praktischen Entscheidungssituationen entsteht. Genau dieser Philosophie möchte dieses Lehrbuch folgen.

1.2 Der analytische und der intuitive Entscheidungsweg

Entscheidungen von Menschen werden gemeinhin in zwei Kategorien aufgeteilt: analytische vs. intuitive Entscheidungen. Manche sprechen auch von Kopf- und Bauchentscheidungen. Es fällt sehr leicht, eine enge Verknüpfung zur oben diskutierten Aufteilung in eine präskriptive und deskriptive Entscheidungstheorie aufzubauen. So richten sich die mathematischen Modelle der präskriptiven Entscheidungstheorie genau an die Entscheider, die ihren Entscheidungsweg kontrolliert und bewusst analytisch gestalten wollen und hierbei gut auf die Modelle und Instrumente der präskriptiven Entscheidungstheorie zurückgreifen können. Hingegen sind die aus der deskriptiven Entscheidungstheorie bekannten Verhaltensschwächen in der Regel in Entscheidungen zu beobachten, die auf

---
[1] Aus Gründen der besseren Lesbarkeit wird im gesamten Buch nicht zwischen der männlichen und weiblichen Form des Begriffes Entscheider bzw. Entscheiderin differenziert.

einem intuitiven Weg zustande kommen. Dies bedeutet gleichwohl nicht, dass alle intuitiven Entscheidungen Schwächen aufweisen. Dieser Gedanke wäre sogar fatal falsch. Es bedeutet lediglich, dass über den intuitiven Entscheidungsweg leichter entsprechende Verhaltensanomalien auftreten können, weil dieser Prozess aufgrund der nicht vorhandenen Analytik weitgehend ohne bewusste Kontrolle abläuft.

In der Tat liefert das Zusammenspiel zwischen (nicht kontrollierter) Intuition und (kontrollierter) Analytik im menschlichen Entscheidungsprozess wertvolle Erkenntnisse für die Verbesserung des Entscheidungsverhaltens. Insofern werden wir uns in diesem Abschnitt zunächst mit den Unterschieden zwischen diesen beiden Kategorien beschäftigen, um darauf aufbauend die Gefahren des intuitiven Entscheidungsweges ein wenig genauer veranschaulichen zu können.

Grundlage zur Unterscheidung zwischen intuitivem und analytischem Entscheiden bieten die sogenannten *Dual-Process-Theorien*, mit denen sich die wissenschaftliche Forschung zum menschlichen Entscheidungsverhalten schon seit über 30 Jahren eingehend beschäftigt. Einige Forscher gehen hierbei sogar so weit, von zwei Systemen zu sprechen, in denen Entscheidungen generiert werden. Man spricht hier von System 1, in dem die intuitiven Entscheidungen getroffen werden, und System 2, in dem der analytische Entscheidungsprozess abläuft.

Zur Unterscheidung dieser beiden Systeme lassen sich eine Reihe von Aspekten benennen, in denen die beiden Systeme stark abweichende Ausprägungen aufweisen. Die Abb. 1.2 zeigt einen entsprechenden Überblick. Um an dieser Stelle die wichtigsten zu nennen: Bei System 1 handelt es sich um unbewusste, automatische Entscheidungen, die sehr schnell getroffen werden und dabei kaum kognitive Ressourcen des Menschen beanspruchen. System 2 hingegen geht bewusst und langsam vor, wobei es einige Ressourcen in Anspruch nimmt. Hierbei greift es auf Fähigkeiten zurück, die der Mensch in einem evolutionären Prozess historisch gesehen erst jüngst entwickelt hat. Er ist in der Lage, zu abstrahieren und regelbasiert sowie logisch zu analysieren.

Die weitaus meisten Entscheidungen werden in System 1 getroffen, denn nur so ist es möglich, den anstrengenden Entscheidungsalltag mit der Vielzahl von anstehenden Entscheidungsaufgaben überhaupt zu bewältigen. System 1 kümmert sich hierbei primär um die „einfachen" Aufgaben. Einige typische Beispiele für System 1-Aktivitäten sind die Interpretation von Gesichtsausdrücken, das Hinwenden zu einem plötzlichen Geräusch, das Komplettieren der Phrase „Wie gewonnen so …", die Lösungssuche bei der Aufgabe „2 + 2 = …", im ruhigen Verkehr Auto fahren etc. All diese Aufgaben kann der Mensch deshalb ohne kognitive Anstrengung bewältigen.

System 2 übernimmt häufig die schwierigeren Aufgaben, z. B. das Berechnen von 17×24, das Identifizieren eines unklaren Geräusches, das Zählen von Buchstaben in einem Text, das Steuern des eigenen Auftretens in einem Bewerbungsgespräch, das Einparken in einen sehr engen Parkplatz etc. Hier muss sich der Mensch konzentrieren und er kommt schnell an seine Grenzen und dies insbesondere dann, wenn er verschiedene Aufgaben parallel zu erledigen hat. Wie schnell System 2 an seine Grenzen stößt und wie wenig ein Mensch noch neben einer Fokussierung auf eine Aufgabe zusätzlich verarbeiten kann, wird gerne an dem klassischen

System 1	System 2
Gruppe 1 (Bewusstsein)	
Unbewusst	Bewusst
Implizit	Explizit
Automatisch	Kontrolliert
Niedriger Aufwand	Hoher Aufwand
Schnell	Langsam
Hohe Verarbeitungskapazität	Niedrige Verarbeitungskapazität
Standardprozess	Gehemmter Prozess
Ganzheitliche Wahrnehmung	Analytische, reflektierende Wahrnehmung
Gruppe 2 (Evolution)	
Entwicklungsgeschichtlich alt	Entwicklungsgeschichtlich neu
Abstammungsrationalität	Individuelle Rationalität
Mit Tieren geteilt	Dem Menschen einzigartig
Nonverbal	Mit Sprache verbunden
Modulare Wahrnehmung	Fluide Intelligenz
Gruppe 3 (Funktionale Eigenschaften)	
Assoziativ	Regelbasiert
Wissensabhängig	Wissensunabhängig
Kontextabhängig	Abstrakt
Pragmatisch	Logisch
Parallel	Sequenziell
Stereotypisch	Unabhängig von Stereotypen
Gruppe 4 (Individuelle Unterschiede)	
Universell	Erblich
Unabhängig von Intelligenz	Mit Intelligenz verbunden
Unabhängig vom Arbeitsgedächtnis	Begrenzt durch Kapazität des Arbeitsgedächtnisses

Abb. 1.2 Charakterisierung von System 1 und System 2, entnommen aus Evans (2008), S. 257, und übersetzt

Experiment des unsichtbaren Gorillas bzw. an der „Monkey Business Illusion" veranschaulicht. Am besten schauen Sie sich dieses Video bei YouTube einfach mal selbst an.

Beim Zusammenspiel dieser beiden Systeme gibt es jedoch keine trennscharfe Aufgabenteilung. So beschränkt sich System 1 keineswegs nur auf die oben genannten einfachen Aufgaben, vielmehr mischt es sich auch gerne (und ungefragt!) bei einigen System 2-Entscheidungsaufgaben ein und versucht System 2 zu helfen. Manchmal funktioniert dies recht gut, doch gibt es auch Fälle, in denen System 1 eher Unheil anrichtet. Hierzu werden im Abschn. 1.4 einige Beispiele gezeigt.

System 2 versucht grundsätzlich, die Einmischung von System 1 unter Kontrolle zu halten. Aber wie oben schon erwähnt, kostet dies Ressourcen und die Kapazitäten des Systems 2 sind beschränkt. Was passiert aber, wenn System 2 an seine Kapazitätsgrenzen stößt? Unproblematisch ist ein solcher Kapazitätsengpass, wenn System 2-Aktivitäten vorübergehend eingestellt werden können. Wenn sich z. B. ein Autofahrer während einer langen Autobahnfahrt ständig mit seinem Beifahrer unterhält, kann und wird er die Unterhaltung in dem Moment unterbrechen, wenn er in einer engen Kurve vor einer Baustelle auf einmal sehr eng neben einem LKW fahren muss. Wenn nach der Baustelle wieder freie System 2-Kapazitäten vorhanden sind, wird er das Gespräch fortführen.

Kritisch wird die Situation jedoch, wenn ein zwingend anstehendes Entscheidungsproblem vom überlasteten oder unwilligen System 2 nicht mehr bearbeitet werden kann und sozusagen automatisch System 1 einspringt, hierbei „schlechte" Lösungen liefert, und zwar ohne dass dies von System 2 erkannt wird. Es lassen sich einige Situationen nennen, in denen dies besonders häufig auftreten kann:[2]

- bei einer konkurrierenden Beschäftigung mit einer anderen Aufgabe,
- falls die Entscheidung unter zeitlichem oder finanziellem Druck gefällt werden muss,
- falls ein „Morgenmuffel" eine frühmorgendliche, kognitiv fordernde Tätigkeit ausführen muss,
- bei Vorliegen einer guten und entspannten Stimmung und/oder
- falls eine geringe Intelligenz vorliegt, und zwar insbesondere auf das Merkmal *Need for Cognition* (*NFC*) bezogen. Unter dem NFC versteht man die Neigung einer Person, Spaß an kognitiven Herausforderungen zu haben.

„Schlechte Lösung" kann in diesem Kontext im Übrigen nicht nur heißen, dass auf einer kognitiven Ebene System 1 die Oberhand gewinnt, sondern auch, dass die Selbstdisziplin leidet. Kahneman (2011, S. 41) berichtet in diesem Zusammenhang von Experimenten, in denen Versuchspersonen mit schwierigen Gedächtnisaufgaben konfrontiert wurden und sich gleichzeitig entscheiden mussten, ob sie einen eher gesunden oder eher ungesunden, dafür aber sehr verlockenden Snack zu sich nehmen wollten. Interessanterweise zeigte sich der Effekt, dass die kognitive Inanspruchnahme durch die Gedächtnisübung dazu führte, dass die Probanden der Versuchung eher nachgaben. Die notwendige Selbstdisziplin, die für eine andere Entscheidung notwendig gewesen wäre, hätte nur aus System 2 kommen können, dieses System war aber ausgelastet.

Es wäre trotz der hier dargestellten negativen Einflüsse von System 1 nicht richtig, jegliche unterstützende Leistung des Systems 1 mit einer negativen Brille zu sehen. Vielmehr kann System 1 durch Intuition gerade auch bei schwierigen Aufgaben, die selbst System 2 nicht mehr richtig im Griff hat, möglicherweise wertvolle Hilfestellungen bieten. So berichten beispielsweise einige Unternehmer, dass ihnen die wertvollsten Ideen nicht etwa durch analytisches Nachdenken gekommen sind, sondern durch Intuition. Beispiele sind Howard Schultz mit der zündenden Idee des Starbucks-Konzeptes oder der erfolgreiche Hedgefonds-Manager George Soros, der beginnende Rückenschmerzen als Signal auffasst, sein Portfolio umzustrukturieren.[3]

---

[2] Siehe z. B. Kahneman (2003), S. 1467, Payne et al. (1993) sowie Shah et al. (2012).
[3] Hierzu und zu weiteren Beispielen siehe Sadler-Smith (2010).

Die hier beschriebene einfache Aufteilung in zwei unterschiedliche Systeme wird von einigen Forschern als zu vereinfachend kritisiert. Man muss auch zugeben, dass diese Kritik berechtigt ist. Vielmehr wäre es im Grunde angebrachter, von zwei (Ideal-)Typen von Entscheidungen zu sprechen und sich von dem Anspruch zu lösen, jede Entscheidung exakt einer Kategorie zuordnen zu wollen.[4]

Wir werden uns deshalb in den weiteren Ausführungen auch wieder von den Begriffen der System 1- und System 2-Entscheidungen lösen. Stattdessen kehren wir wieder zur eingangs erwähnten Unterscheidung zwischen intuitiven und analytischen Entscheidungen zurück, ohne allerdings im Weiteren ein konsequentes „Entweder-oder" zu fordern. So mag es zwar idealtypische intuitive und analytische Entscheidungen geben, viele Entscheidungen werden jedoch Mischformen darstellen.

Zur Definition der beiden Idealtypen beziehen wir uns dabei auf einige zentrale Eigenschaften in der Abb. 1.2. Bei der analytischen Entscheidung ist dies der bewusst gesteuerte Prozess, der mit Reflexion und kognitivem Aufwand vergleichsweise langsam abläuft. Bevor wir den Idealtypus einer intuitiven Entscheidung definieren, werfen wir vorher noch einen kurzen Blick in den Duden. Hier wird unter Intuition „das unmittelbare, nicht diskursive, nicht auf Reflexion beruhende Erkennen, Erfassen eines Sachverhaltes oder eines komplizierten Vorgangs bzw. als Eingebung oder plötzlich ahnendes Erfassen" verstanden. Zu dieser breiten Auslegung passt dann auch unsere recht allgemeine Definition einer intuitiven Entscheidung als eine Entscheidung, die auf unbewusst automatischen, spontanen und ressourcenschonenden Prozessen aufbaut. Hierunter fällt dann z. B. sowohl eine einfache Erkenntnisentscheidung eines Menschen in dem Moment, in dem dieser ein Wort als Buchstabenfolge liest und ohne Mühe automatisch auf die Bedeutung schließt, als auch ein sehr kreativer Prozess, bei dem einem Manager ganz plötzlich und ohne systematische Vorarbeit eine geniale Strategie für sein Unternehmen einfällt.

1.3 Ein Zwei-Phasenmodell des intuitiven Entscheidungsprozesses

Intuitives Entscheiden bezieht sich generell auf sehr komplexe Abläufe im Menschen. Hierbei laufen nicht nur Prozesse im Gehirn ab, sondern es spielen auch andere Organe bei der Entscheidungsfindung eine Rolle. Nicht umsonst spricht man von Bauchentscheidungen oder auch im Englischen von „gut feelings". Es ist eigentlich unmöglich, in nur wenigen Seiten ein adäquates Bild intuitiver Entscheidungsprozesse zu zeichnen. Man kann der Komplexität schlichtweg nicht gerecht werden.

Wenn wir uns dennoch hier trauen, ein vielleicht übertrieben einfaches Modell der intuitiven Entscheidung zu präsentieren, so hat dies im Wesentlichen einen didaktischen

---

[4] Dies machen beispielsweise Evans und Stanovich (2013), die in ihren früheren Beiträgen auch stets von System 1 und 2 gesprochen haben, aber aufgrund von Kritik an dieser Terminologie auf die Bezeichnung Typ 1 und 2 übergegangen sind.

Hintergrund. So ist es auf der Basis des Modells recht gut möglich, die unterschiedlichen Erkenntnisse zum menschlichen Entscheidungsverhalten, wie sie sich aus der Vielzahl von durchgeführten Experimenten herausgebildet haben, etwas geordneter kennenzulernen und die Puzzlestücke einfacher im Kopf zusammenzubringen.

Dieses einfache Modell besteht aus zwei Phasen, die der Mensch in einem intuitiven Entscheidungsprozess durchläuft. Zur Erläuterung dieser zwei Phasen des Modells betrachten wir den Leseprozess des Menschen. Hierzu betrachten Sie bitte die Schriftzeichen in der Abb. 1.3. Was lesen Sie?

In der oberen Zeile lesen die meisten Menschen ABC und in der unteren 12 13 14. Betrachtet man aber das (die) jeweils mittlere(n) Zeichen genau, so stellt man fest, dass es sich um ein und dasselbe grafische Element handelt.

Der intuitive Anteil im Leseprozess läuft in diesem Beispiel wie folgt ab (zunächst für die obere Zeile): In einer ersten Phase werden die recht deutlich geschriebenen Zeichen A und C eindeutig als Buchstaben A und C erkannt. Mit einer entsprechenden Aktivierung dieser Buchstaben im Gehirn des Menschen werden zugleich auch alle Verknüpfungen (Assoziationen) aktiviert, die der Mensch zu diesen Buchstaben in seinem bisherigen Leben aufgebaut hat. Soweit man das Alphabet kennt und Lesen gelernt hat, umfassen diese Verknüpfungen auch „Links" zu allen anderen Buchstaben.

Typisch für jeden intuitiven Prozess ist, dass am Ende der ersten Phase die Gründe, warum es diese eine Verknüpfung gibt bzw. von welcher Art diese Verknüpfung ist, aus dem Kopf verschwinden. Zwischen der ersten und zweiten Phase vergisst die Intuition sozusagen die Assoziationsgründe, d. h. in diesem Beispiel warum sie in der zweiten Phase einen weiteren Buchstaben als Interpretation der mittleren Grafik erwartet.

In der zweiten Phase werden sodann einfache Erkennungsheuristiken gestartet, um aus wenigen grafischen Besonderheiten der noch zu deutenden Schriftzeichen genau ein hierzu passendes aus der Menge der potenziellen zu identifizieren. In diesem Beispiel deu-

Abb. 1.3 Die intuitive Informationsaufnahme des Menschen beim Lesen, in Anlehnung an Kahneman (2003), S. 1454

1.3 Ein Zwei-Phasenmodell des intuitiven Entscheidungsprozesses

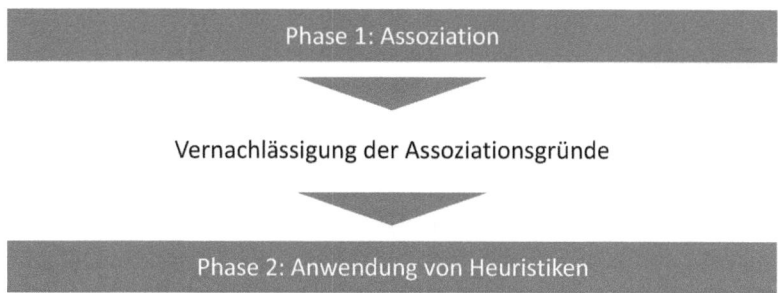

Abb. 1.4 Vereinfachtes Modell des intuitiven Entscheidens

tet die zweimal geschwungene Linie auf der rechten Seite schnell auf den Buchstaben B hin. Alle anderen Buchstaben haben andere Charakteristiken.

In der zweiten Zeile läuft dieser zweiphasige Prozess grundsätzlich analog ab, nur werden in der ersten Phase durch den Kontext 12 und 14 nicht Buchstaben, sondern Zahlen assoziiert, sodass die Erkennungsheuristik schnell eine 13 identifiziert.

Die Abb. 1.4 fasst dieses Modell noch einmal in einer allgemeinen Formulierung zusammen.

In den folgenden Unterabschnitten wird auf die beiden Prozessphasen genauer eingegangen.

1.3.1 Phase 1: Assoziation

Unter einer Assoziation versteht man eine Verknüpfung von zwei Ideen in der Form, dass bei der Aktivierung einer Idee (z. B. durch Lesen) automatisch, unbewusst und ohne kognitiven Aufwand die verknüpfte (assoziierte) Idee ebenfalls aktiviert wird. Hierbei fassen Psychologen sehr viel unter den Begriff der Idee, z. B. Begriffe, Wahrnehmungen, aber auch Emotionen. Wichtig dabei ist die Erkenntnis, dass diese Aktivierung nicht dazu führen muss, dass der Inhalt auch dem Menschen bewusst wird. Es gibt also sowohl bewusste als auch unbewusste Assoziationen.

Auf dem Prinzip der Assoziation fußt auch die Funktionsweise unseres Gedächtnisses (*associative memory*), in dem viele Ideen verbunden sind. Hierbei kann die Verbindung unterschiedliche Bedeutung haben, z. B. auf einer kognitiven Ebene eine Ursache-Wirkungs-Beziehung (Gift → Tod), eine Eigenschaft (Banane → krumm) oder die Zugehörigkeit zu einer Kategorie (Vogel → Tier). Auch auf emotionaler Ebene sind es Assoziationen, die Ideen mit Emotionen verknüpfen (Klausur → Angst).

Wie gut und effektiv solche Assoziationsprozesse im Kopf ablaufen, lässt sich gut an einem Experiment veranschaulichen. Stellen Sie sich vor, Sie müssten beurteilen, wie sympathisch ein Mensch auf einem Foto aussieht. Hierbei werden Ihnen verschiedene Fotos nacheinander gezeigt und zwischen den Fotos wird unterschwellig entweder ein freundliches ☺ – oder ein grimmiges ☹-Bild gezeigt. Unterschwellig bedeutet, dass Sie aufgrund der Zeigedauer von weniger als 50 msec das Bild bewusst nicht wahrnehmen. Dennoch funktioniert die Assoziation und alle mit dem Bild assoziierten Eigenschaften werden im Kopf auf ein höheres „Aktivitätsniveau" gehoben und beeinflussen ihre (bewusste) Einschätzung des Fotos im nächsten Schritt. Dies bedeutet: Sie bewerten nach einem freundlichen Smiley das Gesicht tendenziell sympathischer und nach dem grimmigen wird das Gesicht eher unsympathisch bewertet.[5]

Wenn schon so geringe Eingriffe in das assoziative System ausreichen, um etwas zu manipulieren, kann man sich vorstellen, welche Auswirkungen mit stärkeren Eingriffen möglich sind. Ein gutes Beispiel hierfür liefert das sogenannte „Florida-Experiment".[6] Hier sollten die Versuchspersonen versuchen, aus fünf vorgegebenen Wörtern einen sinnvollen Satz zu bilden – und dies insgesamt 30 Mal. In einer Gruppe wurden jeweils nur Wörter verwendet, die etwas mit alten Menschen zu tun haben (z. B. Florida, vergesslich, Glatze, grau, Falten). Im Versuchsdesign wurde dann beobachtet, wie schnell die Versuchspersonen über den Flur zum nächsten Test gingen. Zu beobachten war, dass die Teilnehmer der Gruppe, die sich hauptsächlich mit den Wörtern beschäftigt haben, die mit hohem Alter assoziiert werden können, signifikant langsamer gingen als die neutrale Vergleichsgruppe. Damit wurde gezeigt, dass Assoziationen nicht nur einen kognitiven Einfluss haben, sondern sich sogar auf die Motorik auswirken, weshalb man in diesem Kontext von „ideomotor"-Phänomenen spricht: Eine Idee im Kopf beeinflusst unbewusst die Bewegung des Körpers.

Bei den beiden hier aufgeführten Beispielen spricht man auch von sogenannten *Priming-Effekten*. Der Smiley bzw. die Beschäftigung mit den vorgegebenen Worten im Florida-Experiment stellt hierbei den *Prime* dar, der durch Assoziation das folgende Denken und Verhalten beeinflusst. Es gibt eine große Anzahl derartiger Priming-Effekte, auf die im Kap. 3 im Kontext der sogenannten *Verfügbarkeitsheuristik* noch einmal eingegangen wird.

1.3.2 Vernachlässigung der Assoziationsgründe

Nachdem die für die Entscheidungsaufgabe relevanten Assoziationen gefunden wurden, werden diese Informationen für die weitere Verarbeitung vorbereitet. Hierbei wird zur Komplexitätsreduzierung die Art der Verknüpfung nicht weiter betrachtet, dies würde nämlich die folgende Informationsverarbeitung zu sehr belasten. Mit anderen Worten: Es werden nur die Inhalte der mit der Entscheidungsaufgabe verknüpften Ideen betrachtet, die Gründe für die Verknüpfung bleiben außen vor.[7]

---

[5] Siehe zu diesem Experiment Murphy und Zajonc (1993).

[6] Zu diesem Experiment siehe Bargh et al. (1996). Erwähnt sei aber in diesem Zusammenhang, dass es auch Replikationsversuche gibt, die den Effekt in einem ähnlichen experimentellen Design so nicht nachweisen konnten, siehe hierzu Doyen et al. (2012).

[7] Ein vergleichbares Vorgehen wird auch in der Fuzzy-Trace-Theorie unterstellt, nach der Menschen nur die Kernaussagen von Informationen isolieren, ohne den exakten Wortlaut abzuspeichern, siehe hierzu Reyna (2004).

Ein Beispiel für die Vernachlässigung des Assoziationsgrundes ist das sogenannte *Becoming-Famous-Overnight-Phänomen*. Forscher ließen ihre Probanden Vokale in Namenslisten zählen. Danach sollten sie die Berühmtheit der Personen einschätzen. Wurden die Probanden am gleichen Tag nach der Berühmtheit gefragt, schätzen sie jeweils richtig ein, ob es sich um einen Namen einer berühmten oder nicht berühmten Person handelt. Genau dies war vielen Versuchspersonen aber einen Tag später schon nicht mehr möglich. Hier wurden einige Namen von unberühmten Personen aus der Vortagesliste fälschlicherweise als berühmt eingestuft. Den Versuchspersonen war also nicht mehr klar, warum sie ein Gefühl der Vertrautheit mit dem Namen besitzen. Sie assoziierten mit dem Namen Vertrautheit, die genaue Ursache der Vertrautheit berücksichtigten sie aber nicht mehr.[8]

Als weitere Beispiele für das Vergessen der Assoziationsgründe dienen auch Priming-Effekte, in denen etwas komplexere Assoziationsketten aufgerufen werden, welche allem Anschein nach in einem effizienten (intuitiven) Prozess kaum noch berücksichtigt werden könnten. Entsprechende Experimente finden sich z. B. im Umfeld der Auswirkung einer gedanklichen Orientierung an Geld auf soziales Verhalten. Forscher führten Untersuchungen durch, in denen die Probanden auf das Thema „Geld" geprimet wurden, indem sie zunächst Satzbildungsaufgaben auf der Basis von geldaffinen Wörtern lösen mussten bzw. auf Bildschirmschoner schauen sollten, die Banknoten zeigten.[9] Anschließend wurde eine Reihe von Auffälligkeiten im Verhalten beobachtet, welches die Forscher mit *self suffiency* bezeichnen. Hiermit ist gemeint, dass der Mensch eine höhere soziale Distanz sucht und sich nur noch auf das Erreichen seiner eigenen Ziele fokussiert. Die Forscher erklären dies dadurch, dass der Besitz von Geld ein Gefühl vermittelt, dass man Ziele ohne die Hilfe von anderen erreichen kann, und dass man sich deshalb in entsprechenden Entscheidungssituationen auch konsistent zu dieser Assoziation verhält.

Im Grunde lassen sich zur Verdeutlichung dieser Zwischenphase sogar alle Priming-Effekte aufführen, bei denen der Mensch den Wirkungszusammenhang zwischen dem jeweiligen Prime und den verknüpften Assoziationen nicht bewusst erkennt. Die fehlende bewusste Erkennung lässt sich gut an Experimenten belegen, die bewusstes und unbewusstes Priming vergleichen. Denn wenn sich hier deutliche Unterschiede ergeben, deutet es darauf hin, dass im unbewussten Ablauf kognitive Prozesse fehlen, die im bewussten, intensiveren Prozess aufgrund der Fokussierung auf den Prime vorhanden sind. Ein Experiment, welches diesbezüglich eindeutige Unterschiede zeigt, ist das gerade erläuterte Smiley-Experiment. Werden nämlich die Smiley-Bilder nicht unterschwellig, sondern für eine längere Dauer dem Probanden präsentiert, so kehrt sich die Wirkung der Bilder auf die Bewertung des nachfolgenden Fotos genau ins Gegenteil um. Die Versuchspersonen bewerten nach einem bewusst betrachteten freundlichen ☺-Bild die Person auf dem nachfolgenden Foto nun eher unsympathisch, und nach dem grimmigen ☹-Bild wird

---

[8] Siehe zu diesem Experiment Jacoby et al. (1989).
[9] Siehe Vohs et al. (2006).

das folgende Foto eher sympathischer beurteilt.[10] Dass sich die Effekte umkehren, kann dadurch erklärt werden, dass bei einer unbewussten Darstellung lediglich die direkten Assoziationen wirken, bei einer bewussten Darstellung die dargestellten Fotos aber auch relativ bzw. im Kontrast zu den vorherigen Bildern beurteilt werden. Hier schlägt der offenbar starke *Kontrast-Effekt* zu, auf den wir später im Kap. 2 noch eingehen werden.

1.3.3 Phase 2: Anwendung von Heuristiken

Heuristiken lassen sich als Faustregeln verstehen, die extrem wenig Ressourcen in der Informationsverarbeitung beim Menschen beanspruchen und durch die sehr effizient eine Lösung für das anstehende Problem gefunden wird. Diese Regeln werden unbewusst angewendet und der niedrige Aufwand ist ein wichtiger Grund dafür, dass intuitives Entscheiden so ressourcenschonend ist. Die Einfachheit dieser Faustregeln geht allerdings auch mit einem Nachteil einher: Sie garantieren keine stets richtige oder optimale Lösung des Problems. Zwar finden die Heuristiken häufig gute Lösungen, manchmal auch tatsächlich (mit ein wenig Glück) die optimale Lösung, aber in einigen Fällen auch eine falsche oder schlechte Lösung.

In der Literatur gibt es unterschiedliche Auffassungen, wie vorteilhaft diese Heuristiken für das Entscheidungsverhalten zu beurteilen sind. Die überwiegende Mehrheit der Verhaltensforscher aus der deskriptiven Entscheidungstheorie sieht Heuristiken als Gefahrenquelle für die resultierende Entscheidungsqualität. Einer der bekanntesten Forscher in dieser Richtung ist der amerikanische Psychologe Daniel Kahneman, der zusammen mit Amos Tversky schon in den 80er-Jahren eine Sammlung von Heuristiken empirisch belegt und präsentiert hat, die systematische Verzerrungen im menschlichen Entscheidungsverhalten bedingen. Auf diese Heuristiken werden wir noch sehr detailliert im deskriptiven Teil dieses Buches eingehen.

Eine etwas andere Auffassung wird von Forschern vertreten, die versuchen, die Vorteile und Chancen intuitiver Mechanismen im Entscheidungsprozess herauszustellen. Ein bekannter Vertreter dieser Ausrichtung ist Gerd Gigerenzer, der in seinen Publikationen mit vielen Beispielen versucht, die Vorteile einfacher heuristischer Entscheidungsregeln – sowohl implizit in einem intuitiven Prozess als auch bewusst gesteuert in einem analytischen Prozess – darzustellen. Entsprechende Heuristiken sind z. B. die *Rekognitionsheuristik*, die *Take-the-Best-Heuristik* und die *1/N-Regel*, die gleich noch etwas näher erläutert werden.[11] Mit entsprechenden Experimenten will Gigerenzer zum einen belegen, dass Menschen solche Heuristiken tatsächlich anwenden, und zum anderen den Nachweis antreten, dass die Ergebnisse im Vergleich zu aufwendigeren (damit zwingend analytischen) Prozessen recht gut sind. Aufgrund der insgesamt doch recht anekdotischen „Beweisführung" können die Studien aber nicht als hinreichendes Argument angesehen werden,

---

[10] Siehe Murphy und Zajonc (1993).
[11] Siehe zu diesen drei Heuristiken Gigerenzer und Gaissmaier (2011), S. 460 ff.

dass sich Menschen grundsätzlich auf die Heuristiken oder ihre Intuitionen verlassen sollten. Dafür gibt es zu viele Gegenbeispiele, in denen sich einfache, intuitive Entscheidungsregeln nachteilig auf die Qualität der Entscheidung auswirken. Dennoch wollen wir hier die Heuristiken und damit verknüpfte Studien kurz erläutern.

Die Rekognitionsheuristik besagt, dass Menschen allein aus ihrer subjektiven Vertrautheit (bzw. „Wiedererkennung") von Alternativen auf unbekannte andere Zielgrößen schließen. Die Heuristik kommt beispielsweise in dem gerade dargestellten Becoming-Famous-Overnight-Phänomen zum Tragen, weil dort die Versuchspersonen aus der Vertrautheit vorschnell auf die Berühmtheit schließen. Gigerenzer zeigt die Vorteile einer solchen Rekognitionsheuristik gerne an der Frage, welche der beiden Städte Detroit und Milwaukee mehr Einwohner hat. Da Detroit, zumindest für Nicht-Amerikaner, bekannter ist als Milwaukee, führt allein dieses „Wiedererkennen" von Detroit automatisch zu einer höheren Bewertung im Hinblick auf die erfragte Zielgröße der Einwohnerzahl.[12] Dass diese Antwort in diesem Beispiel richtig ist, ist schön, kann aber – wie oben erwähnt – natürlich nicht als Beleg für einen grundsätzlich hohen Nutzen dieser Heuristik angesehen werden.

In diesem Kontext ist auch auf die Ergebnisse empirischer Untersuchungen hinzuweisen, die im Umfeld der Prognose von Wimbledon-Spielergebnissen getätigt wurden.[13] So haben Forscher für die Wimbledon-Spiele im Jahr 2005 verschiedene Gruppen nach ihrer Meinung gefragt, wie die jeweiligen Matches ausgehen werden. Sie wendeten sich hierzu an Laien, Amateurtennisspieler und untersuchten auch entsprechende Prognosen auf der Basis von ATP-Rankings sowie aus Wettplattformen. Ein besonderes Augenmerk hatten die Forscher hierbei auf die Spielpaarungen gerichtet, in denen der jeweils Befragte den Namen eines Spielers kennt, den anderen aber nicht. Denn hier konnte überprüft werden, wie erfolgreich die Befragten sind, wenn sie die Rekognitionsheuristik anwenden. Im Ergebnis waren 70 % der heuristisch abgeleiteten Prognosen tatsächlich richtig, während die Prognosen auf der Basis der ATP-Rankings schlechter waren. Lediglich die Quoten der Wettbüros zeigten noch bessere Prognosen.

Bei Anwendung der Take-the-Best-Heuristik untersucht der Mensch jeweils im Vergleich zweier Alternativen, ob es ein wichtiges Kriterium gibt, in dem sich die Alternativen unterscheiden. Hierbei wird eine lexikografische Suche angestellt, bei der mit dem wichtigsten Kriterium angefangen und sukzessive auf weniger wichtige übergegangen wird, wenn sich in dem jeweils wichtigeren kein Unterschied zwischen den Alternativen zeigt. Forscher testeten diese Heuristik, indem professionelle Einbrecher (die gerade ihre Strafe im Gefängnis absitzen), Polizisten und Laien nach ihrer Einschätzung gefragt wurden, in welches Wohnhaus im Vergleich zweier Objekte ihrer Meinung nach eher eingebrochen würde.[14] Die Abb. 1.5 zeigt beispielhaft eine im Experiment verwendete Abfrage, wobei die Befragten jeweils insgesamt 40 derartige Fragen präsentiert bekamen.

---

[12] Siehe Gigerenzer (2008), S. 15 f.
[13] Siehe z. B. Scheibehenne und Bröder (2007).
[14] Siehe Garcia-Retamero und Dhami (2009).

Basierend auf der Beschreibung der beiden Wohnhäuser, in welches würde Ihrer Meinung nach eher eingebrochen werden?

Kreisen Sie entweder Wohnhaus 1 oder Wohnhaus 2 ein.

	Wohnhaus 1	Wohnhaus 2
Garten auf dem Grundstück	Hohe Hecken/Büsche	Kurze Hecken/Büsche
Hinweise auf Sorgfalt	Nicht gut erhaltenes Grundstück	Nicht gut erhaltenes Grundstück
Typ des Wohnhauses	Wohnung	Haus
Beleuchtung auf dem Grundstück	Eingeschaltet	Eingeschaltet
Briefkasten	Leer	Gefüllt mit Post
Lage des Wohnhauses	Straßenecke	Straßenmitte
Zugang zum Wohnhaus	Türen/Fenster im Erdgeschoss	Türen/Fenster im zweiten Stock
Sicherheit im Gebäude	Keine Einbruchsalarmanlage	Keine Einbruchsalarmanlage

Abb. 1.5 Beispiel einer Abfrage im „Einbruch-Experiment", entnommen aus Garcia-Retamero und Dhami (2009), S. 164

In der Analyse der Antworten aller Gruppen konnten die Forscher zeigen, dass das Entscheidungsverhalten sowohl der Einbrecher als auch der Polizisten sehr gut mit einer „Take-the-Best"-Strategie in Einklang gebracht werden konnte, wobei sich diese beiden Gruppen jedoch auf unterschiedliche Rangfolgen bei den Kriterien stützten. Die Einbrecher verwendeten implizit in ihren Aussagen die Existenz einer Alarmanlage als wichtiges Kriterium und die Polizisten das in der Abbildung als vorletztes genanntes Kriterium des einfachen Zugangs. Das Entscheidungsverhalten der Laien harmonierte eher mit einer komplexeren Strategie (*weighted additive linear model*), in der alle Kriterien mit ihren spezifischen Gewichten eingehen.

Die *1/N*-Regel ist eine Heuristik, die sich auf die Allokation von Ressourcen (z. B. Geld oder Zeit) auf verschiedene Alternativen bezieht. Wenn ein Anleger zum Beispiel 40.000 €

in einen Aktienkorb mit 10 ausgewählten Unternehmen investieren möchte, führt die Anwendung dieser Regel dazu, dass er für jedes Unternehmen genau Aktien im Wert von 4000 € erwirbt. Gigerenzer verweist in diesem Kontext auf eine Studie von DeMiguel et al. (2009), die der *1/N*-Regel in einem Vergleich mit 14 in der Literatur häufig diskutierten und zum Teil recht komplizierteren Portfolio-Optimierungsansätzen ein vergleichsweise gutes Ergebnis bescheinigt. So schaffte es keines der Verfahren, eine konstant bessere Performance als die *1/N*-Regel zu erreichen. Hierbei wurden in der Studie verschiedene praktisch relevante Allokationsfragestellungen, z. B. Gewichtung von Branchen, Ländern, Unternehmensgrößen, Fundamentalbewertungen etc., untersucht und auch mehrere Performance-Zielgrößen herangezogen. Gleichwohl zeigten die Forscher in der Studie aber auch, dass bei einem sehr langen Investitionszeitraum von 250 Jahren und mehr die Vorteile der komplizierteren Verfahren dann doch zur Geltung kommen.

Als Fazit ist erstens festzuhalten, dass Menschen in intuitiven Prozessen sicherlich unbewusst auf solche oder ähnliche Heuristiken zurückgreifen. Für kompliziertere Analysemethoden stehen im intuitiven Bereich keine Ressourcen zur Verfügung. Zweitens ist aber anzunehmen, dass die Heuristiken nicht nur zu den hier dargestellten positiven Ergebnissen führen, sondern auch das Gegenteil möglich ist. Spätestens der nächste Abschnitt wird dies belegen.

1.4 Beispiele intuitiver Entscheidungsschwächen

Wie im Beispiel des Lesens in Abschn. 1.3 deutlich wurde, können Intuitionen extrem nützlich bei der Erleichterung von Entscheidungsprozessen des Menschen sein. Sie können aber auch zu schlechten, ja sogar zu regelrecht falschen Entscheidungen führen. Im Folgenden sollen einige diesbezügliche Beispiele aufgezeigt werden. Betrachten Sie zunächst bitte folgendes Beispiel:[15]

▶ Ein Schläger und ein Ball kosten zusammen 1,10 €. Der Schläger kostet hierbei 1 € mehr als der Ball. Wie viel kostet der Ball?

In Experimenten, die mit Gruppen an zwei unterschiedlichen Universitäten durchgeführt wurden (Princeton und University of Michigan), gab mindestens die Hälfte der Studierenden die falsche Antwort an, nämlich 10 Cent. Dies ist mit obigem Modell schnell erklärt: Mit der Fragestellung und der Nennung des Preises von 1,10 € schnell assoziierte Ideen sind 1 € und 10 Cent. Wenn der Schläger hierbei 1 € kostet, führt ein heuristisches Vorgehen schnell zum Lösungsvorschlag 10 Cent für den billigeren Ball. Die richtige Lösung von 5 Cent findet sich in keiner assoziativen Verknüpfung. Sie kann nur analytisch hergeleitet werden, wenn die Aufgabenstellung genau aufgenommen wird und insbesondere die Wörter „mehr als der Ball" auch bewusst verarbeitet werden.

---

[15] Siehe Kahneman (2003), S. 1450, bzw. Frederick (2005), Währung wurde verändert.

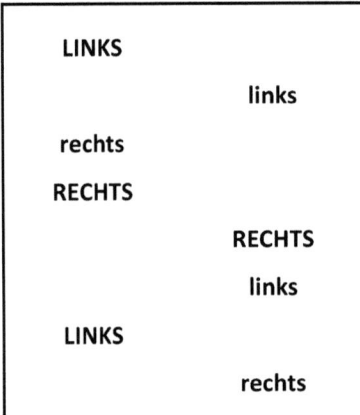 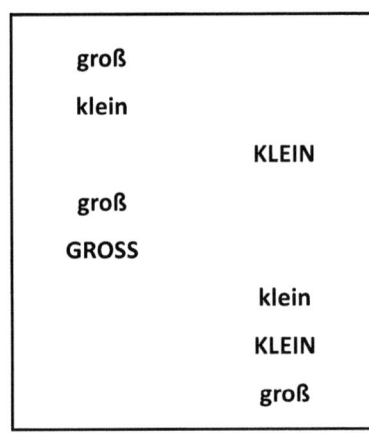

Abb. 1.6 Klassisches Experiment zum Konflikt zwischen System 1 und System 2, in Anlehnung an Kahneman (2011), S. 25

Ein weiteres Beispiel bezieht sich auf die beiden Boxen in Abb. 1.6. Die Aufgabe besteht darin, zunächst einmal in dem linken Kästchen alle Zeilen von oben nach unten durchzugehen und hierbei (gerne auch leise) zu sagen, ob das jeweilige Wort links oder rechts steht. Dann wiederholt man das Vorgehen im linken Kästchen mit dem Unterschied, dass man nun anzugeben hat, ob das jeweilige Wort groß- oder kleingeschrieben ist. Das Ganze wiederholt man auch mit dem rechten Kästchen. Wer sich anstrengt, wird diese vier Aufgaben vielleicht gut lösen können. Wer aber die Aufgabe unter Zeitdruck durchführt, vielleicht als Morgenmuffel gerade erst mühsam aufgestanden ist und dabei (trotzdem) eine grundsätzlich gute Stimmung sowie keine Lust hat nachzudenken, wird vermutlich in zwei Durchläufen leicht von intuitiven Prozessen überlistet. Denn soweit ein „matching" zwischen der Aufgabenstellung und dem Inhalt der Wörter vorliegt, assoziiert man vorschnell die Wörter semantisch mit der geforderten Antwort, ohne dabei zu berücksichtigen, dass ein anderer Wirkungszusammenhang zur Assoziation führt, als es die Fragestellung erfordert. Dies führt dazu, dass man im linken Kästchen bei der Entscheidung „rechts vs. links", im rechten Kästchen hingegen bei der Entscheidung „groß vs. klein" Fehler begehen wird.

In der Literatur finden sich eine Reihe weiterer Experimente bzw. Effekte, die in diesem Kontext einen für die Rationalität nachteiligen Einfluss intuitiver Prozesse nachweisen. Ein entsprechender Effekt ist der sogenannte *Belief-Bias-Effekt*. Hier werden Versuchspersonen um Einschätzungen gebeten, ob eine bestimmte logische Schlussfolgerung aus zwei Grundaussagen als logisch richtig oder falsch angesehen wird. Man betrachte hierzu folgendes Beispiel:

▶ Aussage 1   Alle Rosen sind Blumen
　 Aussage 2   Manche Blumen verwelken schnell
　 Folgerung   Manche Rosen verwelken schnell

1.4 Beispiele intuitiver Entscheidungsschwächen

Sowohl die Aussage 1 als auch die Aussage 2 sind sehr plausibel, die Intuition des Probanden führt also zu einem bestätigenden Gefühl. Auch die inhaltliche Aussage in der Folgerung erscheint ganz offenbar richtig, das bestätigende intuitive Gefühl ändert sich beim Lesen dieser Folgerung also nicht. Gleichwohl werden nach unserem Modell der intuitiven Entscheidung (siehe Abb. 1.4) die Ursachen des guten intuitiven Gefühls nicht weiter berücksichtigt. Mit anderen Worten, es wird nicht erkannt, dass sich das zustimmende Gefühl nur auf den inhaltlichen Gehalt der Folgerungsaussage bezieht, nicht aber auf die Frage, ob die Folgerung aus den beiden ersten Aussagen logisch (d. h. analytisch) gezogen werden kann. Und das kann sie eben nicht, denn es könnte theoretisch sein, dass nur die Blumen schnell verwelken, die keine Rosen sind. In diesem Beispiel hat also die Intuition den analytischen Prozess in die falsche Richtung gelenkt.

Evans et al. (1983) benutzten in ihrem Versuch dieselbe Befragungstechnik, variierten jedoch die Plausibilität und die logische Korrektheit der Folgerungen, sodass sich insgesamt folgende vier Beispiele ergeben:

	Plausibilität der Folgerung	Logische Korrektheit	Richtige Einschätzung der logischen Korrektheit
Beispiel 1	plausibel	Ja	88 %
Beispiel 2	plausibel	Nein	28 %
Beispiel 3	unplausibel	Ja	56 %
Beispiel 4	unplausibel	Nein	87 %

In ihrem Experiment konnten sie somit herausfinden, wie stark sich Plausibilitäten und Unplausibilitäten der Folgerungen auf die Einschätzung der logischen Korrektheit der Folgerung auswirken. Was genau mit Unplausibilität der Folgerung gemeint ist, soll hier nur exemplarisch am Beispiel 4 verdeutlicht werden:

▶ Aussage 1   Kein Millionär arbeitet hart
　Aussage 2   Manche reiche Menschen arbeiten hart
　Folgerung   Manche Millionäre sind nicht reich

Im Ergebnis zeigte sich, dass fast alle Versuchspersonen sowohl im ersten Beispiel als auch im vierten Beispiel eine richtige Einschätzung der logischen Korrektheit abgaben. Hier gab es ja auch keinen Konflikt: die logisch korrekte Folgerung war auch gleichzeitig plausibel bzw. die logisch nicht korrekte Folgerung war unplausibel. Konflikte gab es nur im zweiten und dritten Beispiel. So ließen sich im zweiten Beispiel, das vom Aufbau dem Rosenbeispiel von eben ähnelt, die meisten von der Plausibilität der Folgerung beeinflussen und nur 28 % erkannten, dass die Folgerung nicht korrekt ist. Im dritten Beispiel waren die Versuchsteilnehmer zwar etwas besser, es erkannten hier aber auch nur gut die Hälfte der Teilnehmer, dass die (unplausible) Folgerung logisch gesehen völlig korrekt ist.

Ein weiteres experimentelles Design ist die sogenannte *Wason Selection Task* aus Abb. 1.7.[16] Hier müssen die Teilnehmer urteilen, ob eine jeweils vorgegebene Regel stimmt oder nicht. Um dies zu überprüfen, dürfen sie genau zwei Kärtchen umdrehen. Jedes Kärtchen hat hierbei zwei bedruckte Seiten, um die Regel zu testen.

Im oberen Beispiel der Abb. 1.7 handelt es sich um Karten, die auf der einen Seite einen Buchstaben und auf der anderen Seite eine Zahl haben. Um zu überprüfen, ob die über den Karten angegebene Regel „Wenn auf der Vorderseite ein A ist, steht auf der Rückseite eine 3" stimmt, entscheiden sich die meisten Versuchsteilnehmer dafür, die Karten A und 3 umzudrehen. Dies ist aber falsch, denn nicht die 3, sondern die 7 müsste man umdrehen, um etwas über die Validität der Regel herauszufinden. Welcher Buchstabe auf der Rückseite der 3 steht, ist für die Gültigkeit der Regel ohne Relevanz. Findet man allerdings auf der Rückseite der 7 ein A, so ist ein Gegenbeispiel gefunden und die Regel ist falsifiziert. Zu dieser logischen Denkweise ist nur ein analytischer Denkprozess in der Lage. Hingegen führt intuitives Denken die Versuchsperson zu der 3, weil die Assoziationen in Phase 1 pauschal die 3 nahelegen und die logischen Zusammenhänge vernachlässigt werden.

Hingegen leitet die Intuition in dem unteren Beispiel der Abb. 1.7 zur richtigen Lösung. Um hier zu überprüfen, ob ein Verstoß zur Regel „Wenn eine Person Bier trinkt, dann ist sie mindestens 18 Jahre alt" vorliegt, ist es nämlich intuitiv direkt einleuchtend, die Karte „Bier" und „16 J." umzudrehen.

Wie das Beispiel zeigt, kann die Intuition also durchaus nützlich sein, sie kann aber genauso gut schädlich sein. Und zumindest an diesen beiden dargestellten Entscheidungssituationen ist a priori nicht unmittelbar erkennbar, mit welchem Fall gerechnet werden

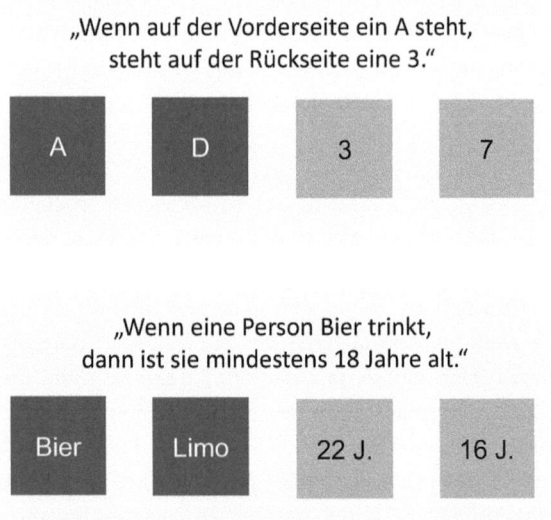

Abb. 1.7 Versuchsdesign in der Wason Selection Task, entnommen aus Evans (2003), S. 456

---

[16] Siehe hierzu Evans (2003), S. 456.

kann. Ob man sich in einer konkreten Situation also auf seine Intuition verlassen kann oder nicht, ist also in jedem Fall keine einfache Frage. Im letzten Abschnitt dieses Kapitels werden wir Ihnen bei der Beantwortung gleichwohl noch einige Hinweise geben können. Vorher sind aber noch einige Überlegungen notwendig, wie sich überhaupt eine hohe Entscheidungsqualität definieren lässt.

1.5 Hohe Entscheidungsqualität durch reflektierte Entscheidungen

Eine gute Entscheidung wird im Alltagsverständnis als eine Entscheidung angesehen, die zu einem guten Ergebnis führt. In der Entscheidungslehre macht es jedoch wenig Sinn, die Qualität einer Entscheidung nach ihren beobachteten Ergebnissen zu beurteilen. Denn in diesem Fall könnte erst dann eine Bewertung der Entscheidungsqualität vorgenommen werden, wenn das Resultat der Entscheidung bekannt ist. Für eine Entscheidungsunterstützung, die logischerweise schon während des Entscheidungsprozesses stattfindet, muss die Qualität der Entscheidung auch schon ohne Kenntnis des späteren Ergebnisses beurteilt werden können.

Dass Entscheidungen trotz hoher Entscheidungsqualität auch zu einem schlechten Ergebnis führen können und umgekehrt auch Entscheidungen mit einer geringen Qualität zu einem guten, liegt in einer unvermeidbaren Unsicherheit, die im Grunde mit jeder Planung bzw. Prognose für die Zukunft verbunden ist. Mit anderen Worten könnte ein gutes Ergebnis theoretisch nur durch Glück des Entscheiders begründet sein, während die Entscheidung eigentlich schlecht war.

Als Beispiel sei ein Autofahrer genannt, der sich bei dem Weg auf die Autobahn durch Unachtsamkeit für die falsche Auffahrt entscheidet und so ungewollt zum Geisterfahrer wird. Wenn dieser Fahrer nun von einer Polizistin gestoppt wird, in die er sich unsterblich verliebt, die er heiratet und mit der er ein glückliches Leben führt, dann wird er sicherlich sein ganzes Leben davon sprechen, dass es eine gute Entscheidung war, die falsche Auffahrt genommen zu haben. Eine hohe Entscheidungsqualität hatte die Entscheidung aber sicherlich nicht, denn der Autofahrer ist eher risikoscheu und geht normalerweise nie irgendwelche Risiken ein. Und dass es die Intuition war, die ihn auf die falsche Auffahrt gelenkt hat, ist auch nicht gerade plausibel. Nein, diese Entscheidung war nicht gut, allenfalls könnte man von einer „glücklichen" Entscheidung sprechen.

Aufgrund dieser Schwierigkeiten mit dem Begriff „gute Entscheidung" werden wir in diesem Buch stattdessen den Begriff der „reflektierten Entscheidung" verwenden und hiermit eindeutig auf die Entscheidungsqualität im Zeitpunkt der Entscheidung abstellen.[17] Die Abb. 1.8 führt diese Überlegungen noch einmal zusammen.

---

[17] Zu diesem Begriff siehe ursprünglich von Nitzsch und Methling (2021).

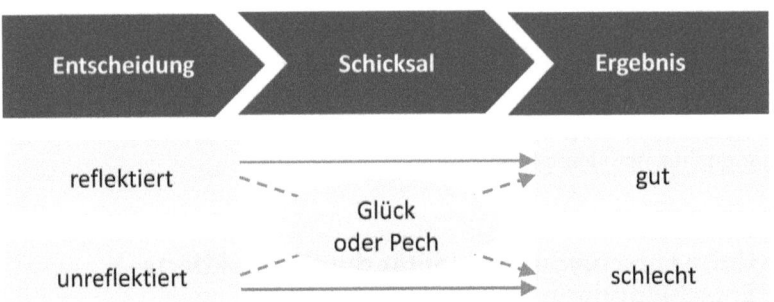

Abb. 1.8 Der Weg von der Entscheidung zum Ergebnis

Die Entscheidung wird zum Zeitpunkt „Jetzt" getroffen, und zwar als reflektierte Entscheidung, wenn die Entscheidungsqualität hoch ist, andernfalls als unreflektierte Entscheidung. Welches Ergebnis sich zu einem späteren Zeitpunkt herausstellt, hängt zusätzlich von einer Unsicherheit ab, die der Entscheider nach dem Treffen der Entscheidung nicht mehr beeinflussen kann. Hierbei ist es theoretisch möglich, dass der Entscheider selbst bei einer unreflektierten Entscheidung nur aufgrund eines glücklichen Umstandes ein gutes Ergebnis erreicht. Vielleicht hat er trotz reflektierter Entscheidung auch großes Pech und erreicht nur ein schlechtes Ergebnis. Die Unsicherheit kann aber auch so gering sein, dass die Entscheidungsqualität unmittelbar mit dem sicher vorherzusehenden Ergebnis korreliert. In diesem Fall wird in der Entscheidungstheorie von einer Entscheidung unter sicheren Erwartungen gesprochen.

Eine hohe Entscheidungsqualität, die es zum Zeitpunkt der Entscheidung zu beurteilen gilt, kann nach diesen Vorüberlegungen nur daran festgemacht werden, ob der Entscheider mit seiner Entscheidung und den Informationen, die er zum Zeitpunkt der Entscheidung hat, möglichst günstige Voraussetzungen für gute oder möglichst ungünstige Voraussetzungen für schlechte Ergebnisse legt. Es ist genau die Reflexion der Entscheidungssituation und der vorliegenden Informationen, die eine hohe Entscheidungsqualität ausmacht. Eine reflektierte Entscheidung garantiert zwar – wie schon dargestellt wurde – im jeweiligen Einzelfall kein besseres Ergebnis als eine unreflektierte. Wer aber über einen längeren Zeitraum stets reflektiert entscheidet, dürfte bei zunehmendem Betrachtungszeitraum mit einer immer höheren Wahrscheinlichkeit in der Gesamtsicht ein besseres Ergebnis erreichen als bei unreflektierten Entscheidungen.

Zur Veranschaulichung betrachten Sie bitte einmal die Situation, dass Sie in einem Wohngebiet als Fußgänger die Straße überqueren wollen. Sie können versuchen, auf Ihr Glück zu vertrauen und ohne einen Blick nach rechts und links schnell hinüberzugehen. Vielleicht haben Sie die ersten Male Glück und es kommt kein Auto. Je häufiger Sie dies jedoch machen, desto wahrscheinlicher wird es, dass Sie insgesamt irgendwann einmal von einem Auto erfasst werden. Reflektiert entscheiden bedeutet, sich von vornherein auf diese Gesamtsicht aller Straßenüberquerungen einzustellen und stets den Blick nach rechts und links zu werfen.

1.6 Zur Ausgestaltung reflektierter Entscheidungen

Es gibt verschiedene Möglichkeiten, wie ein reflektiertes Entscheiden genau ausgestaltet werden kann. Hierbei muss eine reflektierte Entscheidung nicht zwingend mit einem hohen Aufwand einhergehen. Vielmehr muss bei der Beurteilung der Qualität einer Entscheidung auch auf ein angemessenes Verhältnis zwischen Aufwand und Nutzen geachtet werden. So macht es sicherlich keinen Sinn, sich bei vergleichsweise unbedeutenden Alltagsentscheidungen stundenlang mit diesen zu beschäftigen. Hingegen rechtfertigen sehr bedeutende Entscheidungen einen hohen Aufwand.

Im Hinblick auf eine optimale Ausgestaltung interessiert jedoch insbesondere die Frage, inwieweit ein reflektiertes Entscheiden einen analytischen Prozess erforderlich macht. Die Ausführungen in den Abschn. 1.3 und 1.4 zu den Gefahren eines intuitiven Entscheidungsprozesses legen es nahe, dass es zumindest nicht ganz ohne kontrollierende, analytische Elemente geht. Hierbei gibt es aber ein großes Spektrum von möglichen Ausgestaltungen. An einem Ende befindet sich der im maximalen Umfang analytisch ausgestaltete Prozess, den wir im Folgenden auch als den „rationalen" Entscheidungsprozess bezeichnen wollen. Ein solch rationaler Entscheidungsprozess weist durch die vollständige Kontrolle aller Prozessschritte sicherlich einige Qualitätsvorteile auf, auch wenn er natürlich sehr aufwändig ist. Auf der anderen Seite des Spektrums stellt aber auch ein intuitiver Entscheidungsprozess, der zumindest in einem gewissen Umfang durch Reflexion die Gefahren schlechter Entscheidungen abfedert, eine mögliche Alternative der Ausgestaltung dar. Wir werden diesen zweiten, stark auf eine Intuition abgestellten Prozess als den *reflektiert-intuitiven Entscheidungsprozess* bezeichnen.

Die Abb. 1.9 veranschaulicht, dass es sich bei den genannten Wegen nur um die beiden idealtypischen Randextreme eines Spektrums verschiedener Möglichkeiten handelt, die gewünschte Reflexion umzusetzen. Bevor wir in Abschn. 1.7 auf Zwischenformen eingehen, werden in den nächsten beiden Unterabschnitten zunächst nur diese beiden Extreme näher beleuchtet.

1.6.1 Der rationale Entscheidungsprozess

Teil III dieses Buches wird im Detail darauf eingehen, wie ein rationaler Entscheidungsprozess konkret ausgestaltet werden kann. Hierbei werden wir uns auf die *multiattributive*

Abb. 1.9 Reflektierte Entscheidungen zwischen Intuition und Analytik

Nutzentheorie als zentralen Modellansatz der präskriptiven Entscheidungstheorie beziehen. An dieser Stelle soll vorab nur eine kurze Einführung gegeben werden.

Der rationale Entscheidungsprozess lässt sich in einer groben Aufteilung in einem Drei-Phasen-Modell darstellen, wie es die Abb. 1.10 zeigt. Mit einer detaillierteren Aufschlüsselung der ersten Phase, wie sie auch in dem ausführlichen Leitfaden des *Entscheidungsnavis* (siehe www.entscheidungsnavi.de) umgesetzt ist, lässt sich der Prozess auch in den folgenden fünf Schritten beschreiben:

Im **ersten** Schritt ist zunächst das Entscheidungsproblem exakt in Form einer ausformulierten Entscheidungsfrage zu definieren und einzugrenzen: Wer ist der oder die Handelnde, aus dessen bzw. deren Handlungsspielraum eine beste Alternative ausgewählt werden soll, und welches übergeordnete Ziel soll mit der Entscheidung erreicht werden? Hierbei ist ebenfalls zu klären, von welchen Annahmen ausgegangen werden soll und worüber gegebenenfalls erst in einem späteren Zeitpunkt zu entscheiden sein wird.

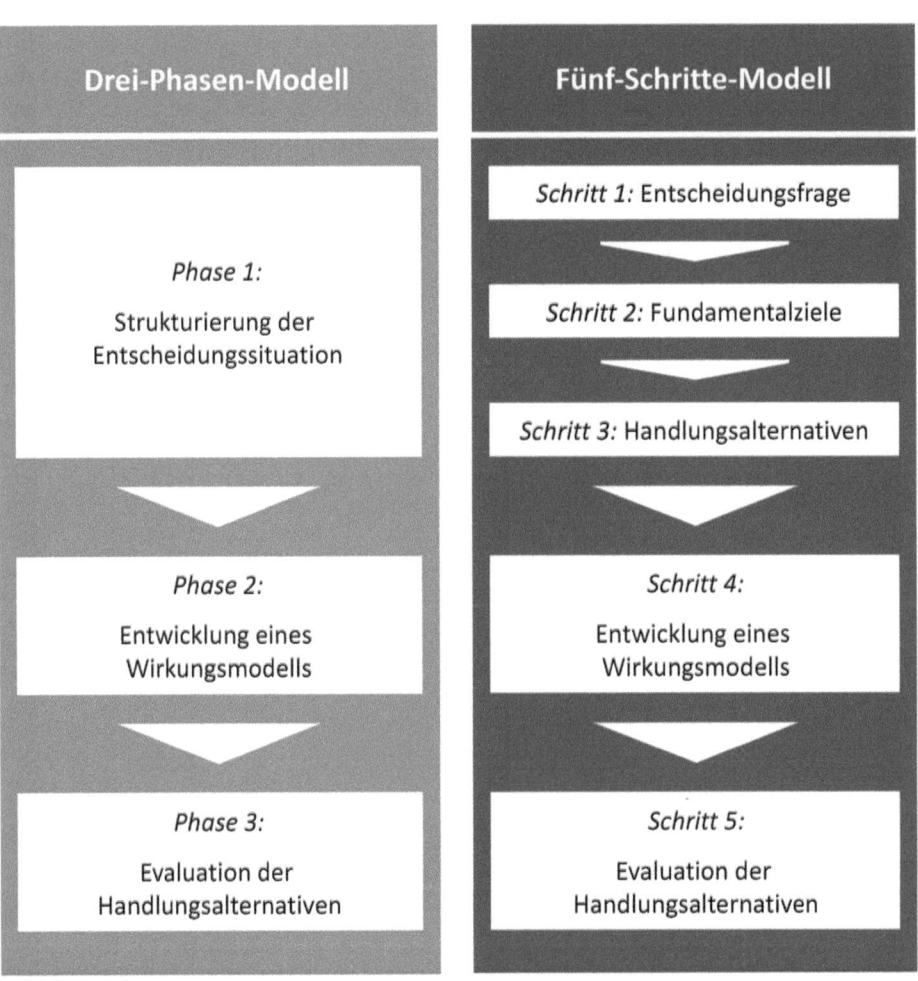

Abb. 1.10 Rationaler Entscheidungsprozess in zwei Detaillierungsvarianten

Nach der Formulierung der Entscheidungsfrage muss der Entscheider im **zweiten** Schritt sehr genau reflektieren, worauf es ihm in der Entscheidungssituation im Kern ankommt, d. h. was seine fundamentalen Ziele in dem definierten Entscheidungsrahmen sind. In der Entscheidungslehre werden Ziele als Messskalen verstanden. Diese bestimmen den Wert bzw. Mehrwert einer Entscheidung in verschiedenen, inhaltlich unterschiedlichen Kategorien.

In dem **dritten** Schritt sind die Handlungsmöglichkeiten (synonym *Alternativen*), zwischen denen der Entscheider in dem Entscheidungsproblem wählen kann, zu entwickeln und aufzulisten. Eine hinreichende Reflexion sorgt hierbei dafür, dass nicht nur die nahe liegenden Alternativen aufgeführt, sondern auch kreativ neue Wege identifiziert werden.

Nachdem mit diesen drei Schritten die Entscheidungssituation strukturiert wurde, sind im **vierten** Schritt die Auswirkungen aller Alternativen in den definierten Zielen abzuschätzen. Um eine hohe Entscheidungsqualität zu erreichen, sollte diese Schätzung möglichst nicht von den Biasfaktoren verzerrt sein, die aus der deskriptiven Entscheidungstheorie bekannt sind. Reflektiertes Entscheiden zeigt sich in diesem Schritt also in einer kontrollierten Herausfilterung dieser Verzerrungen. Einige Wirkungsprognosen können möglicherweise nur mit hoher Unsicherheit getroffen werden, sodass ein reflektiertes Vorgehen zugleich auch noch eine Analyse dieser Unsicherheitsfaktoren und ggfs. die möglichst unverzerrte Einschätzung von Wahrscheinlichkeiten mit sich bringt.

Während in den ersten vier Schritten die Präferenzen des Entscheiders nur implizit in der Ausformulierung der Ziele eine Rolle spielten, stehen diese nun im Rahmen der Evaluation der Handlungsalternativen im Vordergrund. So muss sich der Entscheider im **fünften** Schritt erstens Klarheit darüber verschaffen, welchen Nutzen die prognostizierten Wirkungen der Alternativen in den einzelnen Zielen für ihn haben. Zweitens muss er darüber nachdenken, welche der genannten Ziele für ihn besonders wichtig sind und welche möglicherweise eine geringere Bedeutung haben. Dies ist notwendig, um bei Zielkonflikten die Alternative identifizieren zu können, die für den Entscheider insgesamt den höchsten Gesamtnutzen bringt. Die Entscheidungsempfehlung aus diesem rationalen Entscheidungsprozess lautet, diejenige Alternative zu wählen, die den höchsten Gesamtnutzen für den Entscheider verspricht.

1.6.2 Der reflektiert-intuitive Entscheidungsprozess

Intuitive Entscheidungsprozesse erfordern im Gegensatz zu einem rationalen Entscheidungsprozess mit den vielen Teilschritten keine aufwendigen und kostenintensiven Analyse- oder Informationsbeschaffungsmaßnahmen. Ihr großer Vorteil liegt also darin, dass sie viel effizienter und schneller sind. Zugleich können sie auch zu einer guten Lösung führen, wenn die Intuition den richtigen Weg weist. Allerdings besteht, wie die Beispiele in Abschn. 1.4 gezeigt haben, auch die Gefahr, dass die Intuition den Entscheider auf einen ungünstigen Weg leitet. Hierbei kann an der Entscheidungssituation meist nur schwer abgelesen werden, ob die Intuition eher nützlich oder gefährlich ist.

Um Empfehlungen abzuleiten, wie ein intuitiver Entscheidungsprozess in einen *reflektiert-intuitiven* überführt werden kann, kommen wir noch einmal auf das in Abschn. 1.3 vorgestellte Zwei-Phasenmodell zurück.

In der ersten Phase wird hierbei das Abrufen von Assoziationen beschrieben. Da sich Assoziationen stets auf erlernte bzw. erlebte Zusammenhänge stützen, werden in der ersten Phase somit das persönliche Wissen und die Gesamtheit aller gesammelten Erfahrungen angezapft. Und dies kann z. B. bei einem branchen- und führungserfahrenen Manager eine ganze Menge sein. Dieses gesamte Erfahrungswissen in einem analytischen Vorgehen unterzubringen, dürfte vermutlich eine Aufgabe sein, die nicht nur zu viel Zeit und Ressourcen in Anspruch nimmt, um erst mal das Wissen und die Erfahrungen in einem ersten Schritt offenzulegen, sondern es dürfte mindestens so schwierig sein, in einem zweiten Schritt diese Daten auch noch sinnvoll mit analytischen Modellen und Methoden zu verknüpfen, um Entscheidungsempfehlungen ableiten zu können. Wenn dies alles intuitive Prozesse für den Entscheider übernehmen, warum sollte man nicht auf dieses freundliche Angebot eingehen? Daneben berücksichtigt die Intuition auch Faktoren, die kaum verbal zu greifen sind, sodass auch aus diesem Grund ein analytisches Substitut kaum vorstellbar ist.

Während also der effiziente Rückgriff auf das (Erfahrungs-)Wissen des Entscheiders den potenziell hohen Wert der Intuition begründen könnte, kann dies im weiteren Verlauf des intuitiven Prozesses wieder zunichtegemacht werden, und zwar genau dann, wenn in der Verarbeitung der wertvollen Assoziationen relevante Zusammenhänge nicht mehr adäquat berücksichtigt werden bzw. vereinfachende Heuristiken angewendet werden, die in der spezifischen Situation (zufälligerweise) nicht sinnvoll sind. In diesem Fall bleibt von den ursprünglich wertvollen Resultaten aus der assoziativen Phase am Ende nichts Wertvolles mehr übrig.

Insofern muss der Entscheider lernen, das Wertvolle aus den Intuitionen herauszuschälen, indem er das Wertvolle – soweit möglich – von allen verzerrenden Faktoren befreit. Da dieser Prozess in einem gewissen Umfang bewusst gesteuert werden muss und hierbei Wissen über diese verzerrenden Faktoren einfließt, wird der eigentlich intuitive Prozess im Rahmen dieser Reflexion mit analytischen Elementen ergänzt. Genau dies macht den Prozess zu einem „reflektiert-intuitiven" im Unterschied zu einem „intuitiven".

Um herauszufinden, ob und ggfs. welche verzerrenden Faktoren das Ergebnis des intuitiven Prozesses begründet oder beeinflusst haben, kann der Entscheider insbesondere die folgenden vier Punkte überprüfen:[18]

- Es könnte sein, dass die Intuition nur aus einer kurzfristigen Emotion entstanden ist, die der Entscheider selbst als überzogen und nicht andauernd betrachtet. Man denke hier an einen Manager, der sich über einen Mitarbeiter aufgeregt hat und ihn (intuitiv gefühlt) am liebsten direkt feuern würde. Wenn er nicht erkennt, warum seine Intuition ihm die Kündigung nahelegt (eigentlich ist der Mitarbeiter nämlich sehr wertvoll für das Unternehmen und morgen ist schon wieder Gras darüber gewachsen), dann macht er vielleicht einen Fehler und spricht die Kündigung wirklich aus.

---

[18] Siehe hierzu recht ähnlich Sadler-Smith (2010), Chapter 1, Section 4, der in diesem Zusammenhang von den Todfeinden der Intuition spricht.

- Es könnte sein, dass die Intuition lediglich auf einem Vorurteil basiert. Als Vorurteil kann man hierbei den Glauben an einen Zusammenhang verstehen, der nicht mit fundiertem Wissen oder umfangreichen Erfahrungen belegbar ist. So mag ein noch nicht erfahrener Personalchef möglicherweise eine große Zurückhaltung bei der Anstellung ausländischer Bewerber zeigen, weil er einige Vorurteile im Hinblick auf deren Zuverlässigkeit besitzt. Diese Intuition ist aber nicht wertvoll, weil die Erfahrung und das Wissen fehlen, welche einen solchen Zusammenhang belegen könnten.
- Es könnte sein, dass die Intuition eine Folge der unbewussten Anwendung von Heuristiken ist, die aus der Forschung der deskriptiven Entscheidungstheorie als typische Verzerrungskandidaten bekannt sind. Hierzu zählen beispielsweise die *Verfügbarkeitsheuristik*, die Entscheider häufig zu Überreaktionen lenkt, oder die *Repräsentativitätsheuristik*, die Entscheider gerne in schematische (und nicht unbedingt richtige) Denkmuster leitet. In Teil II dieses Buches, der sich mit der deskriptiven Entscheidungstheorie beschäftigt, werden wir ausführlich auf entsprechende Heuristiken eingehen.
- Es könnte sein, dass persönliche Motive des Menschen unbewusst eine Verzerrung bewirken. Zum Beispiel besitzen Menschen ein Motiv nach hohem Selbstwert und beurteilen manchmal sehr verzerrt ihre Fähigkeiten und ihren Einfluss. Ein weiteres für den Menschen grundlegendes Motiv ist das Bedürfnis nach kognitiver Dissonanzfreiheit, was zu einer Art Wunschdenken führen kann, damit sich unangenehme gedankliche Konflikte im Kopf auflösen. Auch zu diesen und noch weiteren Motiven werden ebenfalls in Teil II ausführliche Erläuterungen gegeben werden.

Ein reflektiert-intuitives Entscheiden setzt also nicht nur eine bloße Kenntnis der wichtigsten Erkenntnisse der deskriptiven Entscheidungstheorie voraus. Vielmehr muss auch gefordert werden, dass der Entscheider über eine gewisse Erfahrung bezüglich der beschriebenen Phänomene verfügt und die einhergehenden Gefahren für die Entscheidungsqualität im besten Fall dann auch schon fast automatisch (intuitiv) ohne einen zusätzlichen analytischen Leitfaden – wie im *Entscheidungsnavi* – mitkontrolliert.

1.7 Fazit und Empfehlungen

Die letzten Ausführungen zum reflektiert-intuitiven Entscheidungsprozess sowie auch die Hinweise, dass in einem rationalen Vorgehen insbesondere bei der Aufstellung des Wirkungsmodells typische Verzerrungen vermieden werden müssen, haben noch einmal verdeutlicht, wie wichtig die Erkenntnisse der deskriptiven Entscheidungstheorie für einen reflektierten Entscheidungsprozess sind. Eine hervorragende Motivation für Sie als Leser dieses Lehrbuches, sich intensiv mit dem gleich folgenden Teil II auseinanderzusetzen.

Ob man sich als Entscheider darüber hinaus eher an dem intuitiven oder dem analytischen Rand oder auch auf einem Zwischenpfad des Entscheidungsprozesses bewegen sollte, hängt in erster Linie von folgenden drei Fragen ab:

Welcher Aufwand passt zur Bedeutung des Entscheidungsproblems?
Wenn es sich um eine vergleichsweise unbedeutende Entscheidung handelt und der Aufwand minimiert werden soll, spricht dies klar für die Intuition. Dass auch bei minimalstem Aufwand die Entscheidungsqualität durchaus gut sein kann, verdeutlichen sogenannte *thin-slices*-Studien. Hier werden den Versuchsteilnehmern nur sehr kurze Eindrücke von Personen gewährt, die sie dann aber in verschiedenen Zielgrößen zu bewerten haben. In einer Studie wurden Studierenden z. B. nur 30-Sekunden-Videoclips ohne Ton eines ihnen nicht bekannten Professors gezeigt, woraufhin sie seine Lehrqualität einschätzen sollten. Die Bewertung fiel nahezu genauso aus wie bei den Studenten, die ein ganzes Semester bei dem Professor die Veranstaltung gehört haben.[19] In einer anderen Studie wurden lediglich 20-sekündige Audioclips von Vertriebsmanagern vorgestellt, wobei auch hier die Versuchspersonen sehr gut bestimmte erfragte Qualitäten einschätzen konnten.[20] Je bedeutender das Entscheidungsproblem bzw. je wichtiger eine gute Entscheidungsqualität jedoch für den Entscheider ist, desto sinnvoller wird es grundsätzlich, die Entscheidung mit einem rationalen Entscheidungsprozess kontrolliert zu begleiten. Aufgrund des niedrigen Aufwandes bei der Intuition muss hierbei jedoch nicht der intuitive Prozess durch einen analytischen ersetzt werden. Vielmehr sollte nur eine Ergänzung erfolgen und überlegt werden, wie umfangreich diese Ergänzung ausfallen sollte. In einem so kombinierten Entscheidungsweg kann die Intuition hervorragend genutzt werden, um die analytischen Ergebnisse auf Plausibilität zu überprüfen. Die Kunst eines reflektierten Entscheidens liegt somit darin, diese beiden Ansätze zu kombinieren und sozusagen Kopf und Bauch in der Entscheidung zusammenzuführen. Diese Philosophie findet sich im Übrigen auch im *Entscheidungsnavi*, da hier explizit auch Diskrepanzen zwischen Intuition und Analytik gesucht werden, um Schwachpunkte der analytischen Modellierung aufzudecken.

Über wie viel relevantes Erfahrungswissen verfügt der Entscheider?
Intuitive Prozesse können implizites Erfahrungswissen durch Assoziationen verwerten. Verfügt der Entscheider jedoch über keinerlei Erfahrung in dem Kontext der Entscheidung, so kann auch kein Wissen abgerufen werden. Der Entscheider sollte in diesem Fall lieber nicht auf seine Intuition vertrauen. Wenn hingegen ein erfahrener Experte reflektiert-intuitiv vorgeht, kann dies auch schon ohne großen Aufwand sehr erfolgsversprechend sein. Studien, die sich mit dem intuitiven Entscheiden von Experten beschäftigen, differenzieren zum Teil klar nach Erfahrungswissen und fachlichen Kenntnissen. Hierbei wird gezeigt, dass insbesondere bei Vorliegen eines großen Erfahrungswissens ohne fundierte fachliche Kenntnisse der Intuition ein besonderer Vorzug gegeben werden sollte.[21] Ebenso sollte umgekehrt bei ausgeprägten Kenntnissen, aber wenig Erfahrung (z. B. bei frisch ausgebildeten Medizinern) einem analytischen Vorgehen der Vorzug gegeben werden, zumindest bis sich einige Erfahrungen angesammelt haben. Bei einem umfänglichen Fach-

---

[19] Siehe Ambady und Rosenthal (1993).
[20] Siehe Ambady et al. (2006).
[21] Siehe hierzu Dijkstra et al. (2013).

wissen hilft das intuitive Erfahrungswissen zum einen dabei, relevante von weniger relevanten Aspekten zu unterscheiden. So zeigen Studien, dass Experten nicht etwa mehr Kriterien in ihren Urteilen berücksichtigen als Laien, sondern (intuitiv) besser in der Lage sind, die relevantesten Aspekte zu identifizieren und zu berücksichtigen.[22] Zum anderen liegt der Vorteil der Berücksichtigung von intuitivem Erfahrungswissen auch darin, dass verbal kaum zu beschreibende Sachverhalte Eingang in die Entscheidung nehmen können, was bei analytischen Prozessen naturgemäß nicht möglich ist.

Wie gut liegt dem Entscheider ein analytisches Vorgehen?
Nicht zuletzt unterscheiden sich Menschen in ihrer Affinität zu den beiden Entscheidungswegen. Manche Menschen würden sich eher als Bauchentscheider bezeichnen, während andere am liebsten rational ihre Urteile fällen. Dies wurde am Beispiel des Persönlichkeitsmerkmals Need for Cognition in Abschn. 1.2 schon einmal kurz aufgegriffen. Menschen mit einer geringen Ausprägung dieser Eigenschaft, also Menschen, die im Grunde keinen Spaß am Überlegen und Analysieren haben, sind in entsprechenden Prozessen auch nicht so gut. Insofern wird auch die Qualität einer erzwungenen analytischen Lösung von einem Menschen, dessen Stärke die Intuition ist, nicht hoch sein. Ebenso sollte ein Mensch, der gerne alle Sachverhalte kognitiv analysiert, nicht gedrängt werden, sich ausschließlich auf seine Intuition zu verlassen.

Eine Beschäftigung mit diesen drei Fragen dient dem Ziel, einem Entscheider aufzuzeigen, welchen Aufwand und welche Ausgestaltung eines reflektierten Entscheidungsweges er in einer gegebenen Entscheidungssituation wählen sollte. Ein Ergebnis war hierbei, dass der aufwändige, rationale Entscheidungsprozess in seinem vollen Umfang nur bei sehr bedeutenden Entscheidungen zum Tragen kommt. Um Ihre Entscheidungskompetenz auszubauen, sollten Sie diesen rationalen Entscheidungsprozess aber in jedem Fall beherrschen. Mit anderen Worten bringt es wenig, wenn Sie Teil III dieses Buches, der sich im Rahmen der präskriptiven Entscheidungstheorie ausführlich dem rationalen Entscheidungsprozess widmet, nur durchlesen und dann ggfs. nach einer Klausur wieder vergessen. Vielmehr empfehlen wir, den gesamten Prozess für eine oder mehrere echte Entscheidungssituationen praktisch zu üben. Zu diesem Zweck können Sie auf das *Entscheidungsnavi* zurückgreifen, in dem die wichtigsten Inhalte des Lehrbuches nicht nur aus dem präskriptiven Teil III sondern auch aus dem deskriptiven Teil II in Form eines Leitfadens für eine maximal reflektierte Entscheidung zusammengefasst sind. Je mehr Sie sich mit diesem Prozess beschäftigen und je mehr Erfahrungen Sie dabei gesammelt haben, desto eher wird es möglich sein, sich von diesem stark kontrollierten und aufwändigen analytischen Weg zu lösen und auf einen effizienten reflektiert-intuitiven Entscheidungsprozess zu verlassen.

---

[22] Siehe Shanteau (1992).

1.8 Das Wichtigste in Kürze

In diesem Kapitel habe ich Folgendes gelernt
- Die weitaus meisten Entscheidungen, die ein Mensch trifft, sind intuitive Entscheidungen.
- Intuitive Entscheidungen können durch ein Zwei-Phasen-Modell beschrieben werden.
- Es gibt viele Beispiele, in denen die Intuition den Menschen auf eine falsche Fährte lenkt (z. B. Belief-Bias-Effekt, Wason Selection Task, …), Intuition kann aber auch insbesondere bei vorhandenem Erfahrungswissen wertvoll sein.
- Wer intuitives Entscheiden präferiert, sollte zumindest die Fallen der Intuition („Biases") kennen und „reflektiert-intuitiv" entscheiden.
- Analytisches Entscheiden sollte auf einem rationalen Entscheidungsprozess aufbauen.
- „Reflektiert Entscheiden" bringt Kopf und Bauch zusammen.

Literatur

Ambady N, Rosenthal R (1993) Half a minute: predicting teacher evaluations from thin slices of nonverbal behavior and physical attractiveness. J Pers Soc Psychol 64(3):431–441

Ambady N, Krabbenhoft MA, Hogan D (2006) The 30-sec sale using thin-slice judgments to evaluate sales effectiveness. J Consum Psychol 16(1):4–13

Bargh JA, Chen M, Burrows L (1996) Automaticity of social behavior: direct effects of trait construct and stereotype activation on action. J Pers Soc Psychol 71(2):230–244

DeMiguel V, Garlappi L, Uppal R (2009) Optimal versus naive diversification: how inefficient is the 1/N portfolio strategy? Rev Financ Stud 22(5):1915–1953

Dijkstra KA, Pligt van der J, Kleef van GA (2013) Deliberation versus intuition: decomposing the role of expertise in judgment and decision making. J Behav Decis Mak 26(3):285–294

Doyen S, Klein O, Pichon CL, Cleeremans A (2012) Behavioral priming: it's all in the mind, but whose mind? PLoS One 7(1):e29081

Evans JSB (2003) In two minds: dual-process accounts of reasoning. Trends Cogn Sci 7(10):454–459

Evans JSB (2008) Dual-processing accounts of reasoning, judgment, and social cognition. Annu Rev Psychol 59(255):278

Evans JSB, Stanovich KE (2013) Dual-process theories of higher cognition: advancing the debate. Perspect Psychol Sci 8(3):223–241

Evans JSB, Barston JL, Pollard P (1983) On the conflict between logic and belief in syllogistic reasoning. Mem Cognit 11(3):295–306

Frederick S (2005) Cognitive reflection and decision making. J Econ Perspect 19(4):25–42

Garcia-Retamero R, Dhami MK (2009) Take-the-best in expert-novice decision strategies for residential burglary. Psychon Bull Rev 16(1):163–169

Gigerenzer G (2008) Bauchentscheidungen – Die Intelligenz des Unbewussten und die Macht der Intuition, 6. Aufl. Wilhelm Goldmann Verlag, München

Gigerenzer G, Gaissmaier W (2011) Heuristic decision making. Annu Rev Psychol 62:451–482

Jacoby LL, Kelly CM, Brown J, Jasechko J (1989) Becoming famous overnight: limits on the ability to avoid unconscious influences of the past. J Pers Soc Psychol 56(3):326–338

Kahneman D (2003) Maps of bounded rationality: psychology for behavioral economics. Am Econ Rev 93(5):1449–1475

Kahneman D (2011) Thinking, fast and slow. Farrar, Straus and Giroux, New York

Murphy ST, Zajonc RB (1993) Affect, cognition, and awareness: affective priming with optimal and suboptimal stimulus exposures. J Pers Soc Psychol 64(5):723–739

von Nitzsch R, Methling F (2021) Reflektiert Entscheiden – Kompetent zwischen Kopf und Bauch. Frankfurter Allgemeine Buch, Frankfurt

Payne JW, Bettman JR, Johnson EJ (1993) The adaptive decision maker. Cambridge University Press, Cambridge

Reyna VF (2004) How people make decisions that involve risk. Curr Dir Psychol Sci 13(2):60–66

Sadler-Smith E (2010) The intuitive mind – profiting from the power of your sixth sense. John Wiley & Sons, Hoboken

Scheibehenne B, Bröder A (2007) Predicting Wimbledon 2005 tennis results by mere player name recognition. Int J Forecast 23(3):415–426

Shah AK, Mullainathan S, Shafir E (2012) Some consequences of having too little. Science 338(2):682–685

Shanteau J (1992) How much information does an expert use? Is it relevant? Acta Psychol (Amst) 81(1):75–86

Vohs KD, Mead NL, Goode MR (2006) The psychological consequences of money. Science 314(5802):1154–1156

Teil II

Deskriptive Entscheidungstheorie

Kognitive Ursachen für eine unvollkommene Informationsverarbeitung

Zusammenfassung

Die deskriptive Entscheidungstheorie beschäftigt sich mit Erkenntnissen, die man über das menschliche Entscheidungsverhalten erlangt hat. Um dieses Entscheidungsverhalten besser verstehen zu können, ist es notwendig, sich zunächst mit den Mechanismen zu beschäftigen, die beim Menschen ablaufen, wenn er Informationen wahrnimmt und diese anschließend verarbeitet. In diesem Kapitel wird dargestellt, welche kognitiven Ursachen es dafür gibt, dass sich bei dieser Wahrnehmung oder Verarbeitung von Informationen entsprechend Effekte ergeben, die Qualitätseinbußen in einer Entscheidung bedingen können.

Im Hinblick auf die Wahrnehmungsphase geht dieses Kapitel zunächst darauf ein, dass der Mensch durch unbewusste Vereinfachungen von Informationen möglicherweise sogar zu Entscheidungen gelangen kann, die grundsätzlichen Rationalitätsvorstellungen widersprechen. Eingegangen wird auf den Einfluss von Wahrnehmungserwartungshypothesen auf den Entscheidungsprozess und die Gefahren, die damit einhergehen. Als anschauliches Beispiel, zu welchen Verzerrungen es in der Aufnahme von Informationen kommen kann, wird der Kontrast-Effekt vorgestellt.

Als weitere Ursache für eine unvollkommene Informationsverarbeitung geht das Kapitel intensiver auf die Funktionsweise des menschlichen Gedächtnisses ein. Hierbei wird zunächst vorgestellt, wie ein Gedächtnis grundsätzlich aufgebaut ist und welche Leistungsfähigkeit es hat. Anschließend wird erläutert, von welchen Faktoren es abhängt, wie verfügbar die unterschiedlichen Gedächtnisinhalte für einen Abruf in der Informationsverarbeitung sind.

2.1 Ein einfaches Phasenmodell der Informationsverarbeitung

Wie die Informationsverarbeitung beim Menschen funktioniert, kann sehr gut durch entsprechende Parallelen zur Informationsverarbeitung eines Computers veranschaulicht werden. Dies soll an einem dreistufigen Phasenmodell der Informationsverarbeitung erläutert werden, wie es die Abb. 2.1 skizziert.

Hiernach gliedert sich die Informationsverarbeitung in Wahrnehmung, Verarbeitung und Reaktion. Warum gilt dies sowohl für den Computer als auch den Menschen? Schauen wir uns diese Phasen im Einzelnen an:

1. **Wahrnehmung von Informationen:** Beim Computer unterscheidet man, über welchen Eingangskanal die Information in das System gelangt. Ist es über die Tastatur, den Touchscreen oder die Maus? Oder wird vom System auf die Festplatte oder den Arbeitsspeicher zugegriffen? Beim Menschen wird unterschieden, ob die Informationen über die Augen (visuell), die Ohren (auditiv) oder weitere, in unserem Kontext weniger wichtige Eingangskanäle (Haut, Nase, …), in das innere System des Menschen gelangen. Daneben können auch Informationen aus dem Arbeits- oder dem Langzeitgedächtnis abgerufen werden.

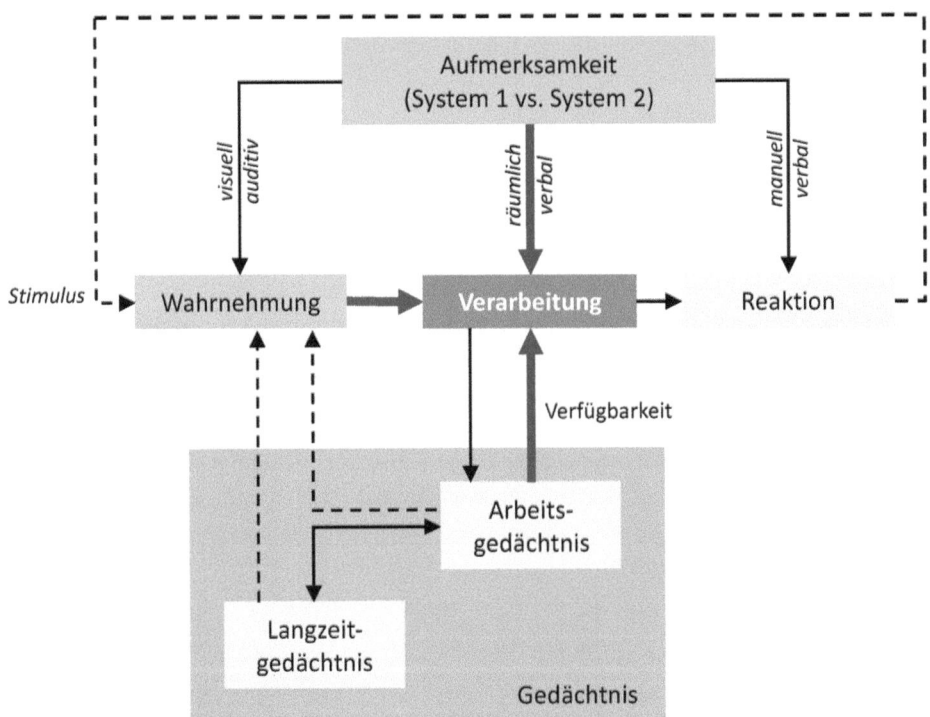

Abb. 2.1 Die Informationsverarbeitung des Menschen

2. **Verarbeitung:** Beim Computer geschieht die Informationsverarbeitung durch den Prozessor, ggfs. unter Zuhilfenahme des Arbeitsspeichers. Beim Menschen übernimmt diese Arbeit das Gehirn unter Rückgriff auf das Arbeitsgedächtnis. Hierbei zeichnet sich das Gehirn dadurch aus, dass es in zweierlei „Schienen" denken kann, entweder räumlich oder verbal.
3. **Reaktion:** Beim Computer lässt sich unterscheiden, ob es zu einer Ausgabe am Bildschirm, Drucker oder Lautsprecher kommt. Bei den Antwortreaktionen des Menschen wird im Wesentlichen unterschieden, ob eine manuelle oder verbale Reaktion hervorgerufen wird.

Die Abb. 2.1 zeigt, dass es im Umfeld der eigentlichen Verarbeitung von Informationen, die in gewisser Weise im Mittelpunkt des Modells steht, drei kritische Faktoren gibt, die für Unvollkommenheiten im gesamten Prozess sorgen können.

Der erste Faktor ist die Aufmerksamkeit, die beim Menschen durch seine kognitiven Ressourcen eng limitiert ist. Schon im einführenden Kap. 1 dieses Buches wurde dargestellt, was passiert, wenn der Mensch seine Aufmerksamkeit auf mehrere System-2-Entscheidungsprobleme gleichzeitig lenken muss. In einem solchen Fall gelangt er sehr schnell an seine Kapazitätsgrenze und ersetzt die ressourcenverbrauchenden System-2-Aktivitäten durch intuitive Prozesse mit einem wesentlich geringeren Bedarf an kognitiven Ressourcen und Aufmerksamkeit. Im Kap. 1 wurden eine Reihe weiterer Situationen dargestellt, wann es zu einer solchen ressourcensparenden Substitution kommt. So zum Beispiel, wenn Entscheidungen unter Zeitdruck gefällt werden müssen oder finanzieller Druck die Aufmerksamkeit für sich in Anspruch nimmt. Oder man denke an den Morgenmuffel, der zu einer frühen Uhrzeit einfach noch nicht in der Lage ist, viel Aufmerksamkeit einer schwierigen Aufgabe zu widmen. In all diesen Fällen reduziert die nicht ausreichende Aufmerksamkeit die Qualität des jeweiligen Prozessschrittes. Die Konsequenzen dieses ressourcensparenden Vorgehens für die Phase der Informationsverarbeitung werden wir sehr ausführlich in Kap. 3 behandeln.

An dieser Stelle konzentrieren wir uns erst noch auf die beiden anderen Faktoren, und zwar die Wahrnehmung und die Verfügbarkeit von Gedächtnisinhalten. So gibt es hier nämlich ebenfalls Unvollkommenheiten, die dafür verantwortlich sind, dass in der Phase der Informationsverarbeitung nicht die Informationen ankommen, die in einem perfekt funktionierenden System (wie einem Computer) eigentlich ankommen müssten.

2.2 Beschränkungen in der Wahrnehmung

Die Wahrnehmung von Informationen ist durch eine geringe Aufmerksamkeitsressource beschränkt. Menschen filtern deshalb Informationen und tun dies zu einem großen Teil unbewusst. Welche Effekte sich in diesem Zusammenhang ergeben, wird im Folgenden skizziert.

2.2.1 Vereinfachung

Eine erste Möglichkeit, die menschlichen Ressourcen in der Wahrnehmung zu schonen, ergibt sich, wenn Menschen krumme Beträge runden bzw. geringe Unterschiede – soweit sie nicht offensichtlich von besonderer Bedeutung in der Entscheidungssituation sind – schlicht und einfach vernachlässigen.[1] Dies soll an einem Beispiel erläutert werden:

▶ Sie können zwischen zwei Alternativen wählen: Einen sicheren Betrag von 50 € oder ein Spiel, in dem Sie mit einer Wahrscheinlichkeit von 49 % einen Gewinn von 101 € erhalten. Was machen Sie in Ihren Überlegungen? Sie konzentrieren sich auf das Wesentliche und vereinfachen die Situation etwas. Der sichere Betrag ist aufgrund der runden Summe leicht zu verstehen und kognitiv zu verarbeiten. Das Spiel ist demgegenüber noch zu kompliziert. Im Grunde genommen handelt es sich um eine Situation, in der Sie mit ca. 50 % Wahrscheinlichkeit einen Gewinn von ca. 100 € erhalten. Genau mit dieser leichten Modifikation führen Sie nun den Vergleich durch.

In diesem Beispiel erscheint die Vereinfachung sinnvoll und unproblematisch. Interessant ist jedoch, dass durch eine so plausible Vereinfachung irrationale Entscheidungsmuster entstehen können, wie es das folgende Beispiel veranschaulicht.

Beispiel

Der Leiter einer Marketingabteilung benötigt zur Erweiterung seines Teams einen jungen Mitarbeiter. Drei Bewerber kommen in die engere Wahl, und sie hinterlassen bei den Interviews einen sehr guten Eindruck. Es wird beschlossen, als Entscheidungskriterien die durchschnittliche Abiturnote und die Berufserfahrung der Bewerber heranzuziehen. Die Profile der Bewerber sind in der folgenden Übersicht dargestellt:

	Abiturnote	Berufserfahrung in Jahren
Bewerber A	1,0	1
Bewerber B	1,5	3
Bewerber C	2,0	5

Man stelle sich nun vor, dass der Leiter wie folgt bewertet: In einem direkten Vergleich zwischen Bewerber A und B zieht er Bewerber B vor, weil er eine deutlich längere Berufserfahrung hat und sich die Abiturnoten kaum unterscheiden. In gleicher Weise wählt er im direkten Vergleich zwischen Bewerber B und C letzteren aus. Aufgrund des jeweils geringen Unterschieds in der Abiturnote wird dieses Kriterium de facto in diesen zwei Vergleichen zur Vereinfachung vernachlässigt. Stellt er jedoch Bewerber A und C gegenüber,

---

[1] Vgl. Kahneman und Tversky (1979).

2.2 Beschränkungen in der Wahrnehmung

so liegt im Hinblick auf die Abiturnote schon ein deutlicher Unterschied vor, der den Leiter dazu bringt, trotz der geringeren Berufserfahrung Bewerber A zu wählen. ◄

Fassen wir noch einmal zusammen: Obwohl C besser ist als B und B zugleich besser als A, ist C schlechter als A. Das kann offenbar nicht rational sein. Es bleibt nämlich in dieser Situation trotz intensiver Bewertungsüberlegungen am Ende immer noch offen, wer eingestellt werden soll. Egal, welchen Bewerber man wählt, es gibt immer noch einen besseren.

Ein anderes, ähnlich aufgebautes Beispiel, in dem viele Entscheider ein intransitives Verhalten zeigen, liefert die folgende Gegenüberstellung von fünf Lotterien:[2]

Optionen	Wahrscheinlichkeit	Wert in €	Erwarteter Wert in €
Lotterie A	7/24	5,00	1,46
Lotterie B	8/24	4,75	1,58
Lotterie C	9/24	4,50	1,69
Lotterie D	10/24	4,25	1,77
Lotterie E	11/24	4,00	1,83

In Paarvergleichen zwischen benachbarten Lotterien bevorzugen viele Personen die jeweils obere Lotterie, d. h., sie präferieren z. B. *A* gegenüber *B*, *B* gegenüber *C*, etc. In diesen Vergleichen sind die Wahrscheinlichkeiten sehr ähnlich, sodass die Entscheidung auf der Basis des möglichen Gewinns getroffen wird. In einem Vergleich der Lotterien *A* mit *E* wird hingegen der Unterschied in den Gewinnwahrscheinlichkeiten viel deutlicher wahrgenommen, was in vielen Fällen dann zu einer Bevorzugung von *E* führt. Dies ist dann allerdings ein intransitives Präferenzmuster.

Die Irrationalität dieser intransitiven Bewertungsmuster lässt sich daneben sehr gut an dem sogenannten Geldpumpenbeispiel veranschaulichen. Hierzu nehmen wir an, dass sich der Marketingleiter im ersten Beispiel einen der Bewerber ausgesucht hat und zumindest 1 Cent bezahlen würde, um ihn gegen einen besseren zu tauschen. Nehmen wir an, der zunächst ausgesuchte Bewerber wäre A. Dann schlagen wir dem Marketingleiter vor, den Bewerber A gegen B zu tauschen. Der ist schließlich besser als A, also wird der Marketingleiter zustimmen und uns einen Cent bezahlen. Dann schlagen wir vor, B mit C zu tauschen, auch hier wird der Marketingleiter zustimmen und einen Cent abgeben. Jetzt wird C gegen A ausgetauscht, ein neuer Cent rollt, und das Spiel beginnt von vorne. Der Marketingleiter wird zur Geldpumpe. Spätestens wenn sein ganzes Geld verbraucht ist, wird er mit dem Spiel aufhören und sich darüber klar werden, dass er wohl offenbar ein Rationalitätsdefizit in seiner Bewertung hat.

Als Fazit sei festgehalten, dass eine Vereinfachung von Entscheidungssituationen durch die Vernachlässigung geringer Unterschiede zwar immer zu einer Schonung der kogniti-

---

[2] Vgl. zu diesem Beispiel Tversky (1969).

ven Ressourcen führt, gegen die grundsätzlich nichts einzuwenden ist. Ein zu unachtsames Vorgehen kann aber durchaus vernünftigen Entscheidungen entgegenstehen.

2.2.2 Selektive Wahrnehmung

Warum Menschen nicht alle Informationen aufnehmen können, die ihnen in irgendeiner Form begegnen, sollte nun klar sein. Menschen selektieren daher in der Wahrnehmung. Interessant ist jedoch, dass es in diesem Selektionsprozess eine bestimmte Systematik gibt, die im Folgenden dargestellt wird.

Die Systematik besteht im Wesentlichen darin, dass Menschen gerne das wahrnehmen, was sie erwarten bzw. wahrnehmen wollen. Warum dies so ist, wird durch die *Hypothesentheorie der sozialen Wahrnehmung* erklärt.[3] Nach dieser Theorie besteht die Wahrnehmung aus einem dreistufigen Prüfverfahren: In Stufe 1 wird eine Wahrnehmungserwartungshypothese aktiviert, in der zweiten Stufe erfolgt die Eingabe von Informationen über den Wahrnehmungsgegenstand und in Stufe 3 wird die Hypothese entweder bestätigt oder, falls keine Bestätigung stattgefunden hat, wieder mit Stufe 1 begonnen, wobei nun eine andere Wahrnehmungserwartungshypothese aktiviert wird.

Hierbei gilt, dass mit der Stärke einer Hypothese nicht nur die Wahrscheinlichkeit wächst, dass sie in der ersten Stufe aktiviert wird. Vielmehr wird auch in der zweiten Stufe weniger Information benötigt, um diese Hypothese letztlich in der dritten Stufe zu bestätigen.

Einen eindrucksvollen Beleg dieses Effekts kann man erhalten, wenn man Versuchspersonen die fünf Karten in Abb. 2.2 für ca. zwei Sekunden zeigt und sie anschließend befragt, welche Karten sie gesehen haben.

Hierbei wird kaum jemand auf Anhieb erkennen, dass die vorderste der Karten als schwarze Herz Drei gezinkt ist. Die Wahrnehmungserwartungshypothese, Karten mit

Abb. 2.2 Vier normale und eine gezinkte Spielkarte

---

[3] Siehe grundlegend Bruner und Postman (1951).

einem roten Herz bzw. Karo oder mit einem schwarzen Pik bzw. Kreuz zu sehen, wird bei den meisten Versuchspersonen derart stark sein, dass schon eine geringe visuelle Information ausreicht, um eine „normale" Farbe zu erkennen. Einigen Personen wird die Information der grafischen Gestalt eines Herzens schon ausreichen, um an die Wahrnehmung eines roten Herzens zu glauben. Den anderen wird die schwarze Farbe einer Kontur, die kein Kreuz ist, als Grundlage für die Aussage reichen, ein schwarzes Pik gesehen zu haben.

In diesem Beispiel findet eine falsche Wahrnehmung statt, weil die Wahrnehmungserwartungshypothese bei allen Individuen sehr stark ist. Einflussgrößen für die Hypothesenstärke sind neben motivationalen und sozialen Einflüssen und der Anzahl früherer Bestätigungen insbesondere die Anzahl verfügbarer Alternativhypothesen sowie kognitive Einflüsse.[4] Von der Existenz solcher Alternativhypothesen müsste man z. B. in dem Fall ausgehen, dass eine Versuchsperson diesen Wahrnehmungstest schon einmal gemacht hat und somit durchaus mit gezinkten Karten rechnet. Mit kognitiven Einflüssen ist insbesondere die Frage angesprochen, ob die erwartete Wahrnehmung leicht in das derzeitige Kognitionensystem eingebettet werden kann oder ob gravierende Anpassungen notwendig sind.

Eine besondere Wirksamkeit erlangt die selektive Wahrnehmung, wenn hierüber eine selbst getroffene Entscheidung im Nachhinein gerechtfertigt werden kann. Wie noch detailliert in diesem Buch beschrieben wird, ist es ein grundlegendes Motiv von Menschen, immer die richtigen Entscheidungen zu treffen. Stellt sich eine Entscheidung im Nachhinein als ungünstig heraus, so versucht der Mensch, die mit diesem Misserfolg einhergehenden Dissonanzen zu reduzieren, indem er insbesondere die Informationen (unbewusst) aufnimmt, die seine alte Entscheidung rechtfertigen. Genauere Ausführungen zu Dissonanzen und den daraus entstehenden Konsequenzen für das menschliche Entscheidungsverhalten werden in Abschn. 4.2 gegeben.

Der Mensch unterliegt in dieser Situation dem sogenannten *Confirmation Bias*, wobei ausschließlich nach meinungskonformen Informationen in der Umwelt gesucht wird. Hat man sich beispielsweise beim Neukauf eines Autos für eine bestimmte Marke und Ausführung entschlossen und die Bestellung aufgegeben, so sucht man anschließend nach Informationen, die die Vorteile des bestellten Autos herausstellen und aufwerten sowie die Vorteile der anderen vorher in Erwägung gezogenen Alternativen abwerten. Natürlich bleibt man vor dem Hintergrund des sogenannten *Spreading-Apart-Effekts* beim Durchblättern einer Autozeitschrift bei der Werbung für die bestellte Marke hängen und nicht bei den Anzeigen der verworfenen Alternativen.[5]

2.2.3 Kontrast-Effekte

Reize werden dann kaum wahrgenommen, wenn sie sich von den sonstigen, die aktuelle Situation mitbestimmenden Reizen nur geringfügig abheben. Eine wichtige Konsequenz

---

[4]Vgl. Lilli und Frey (1998).
[5]Vgl. Brehm (1956) und Ehrlich et al. (1957).

dieser relativen Reizwahrnehmung, auf die noch intensiv in Kap. 5 eingegangen wird, beschreibt der *Kontrast-Effekt*. Dieser Effekt besagt, dass Informationen, die mit einer im Kontrast stehenden Information präsentiert werden, oft überhöht wahrgenommen werden.[6]

Es gibt Untersuchungen, die diesbezüglich unterschiedliche Farbkontraste bei der Darstellung visueller Informationen vergleichen.[7] Nach den Ergebnissen dieser Untersuchungen werden beispielsweise Nachrichten mit schwarzer Schrift auf gelbem Grund erheblich besser wahrgenommen als eine Information, die in grauer Schrift auf weißem Hintergrund übermittelt wird.

Einen Kontrast-Effekt veranschaulicht auch die Abb. 2.3. Obwohl die jeweils mittleren Kreise gleich groß sind, erscheint der linke Kreis im Kontrast zu den großen umliegenden klein, während der rechte im Kontrast zu den umliegenden kleinen groß erscheint.

Kontrast-Effekte werden im Alltag in der Werbung und im Verkauf ganz bewusst ausgenutzt. So kann die Attraktivität einer Alternative deutlich erhöht werden, wenn sie mit einer ähnlichen, aber schlechteren (Schein-)Alternative kontrastiert wird.[8] Man beobachtet z. B. in der Fernsehwerbung für Waschmittel, dass die mit einem „herkömmlichen" Waschmittel behandelte angegraute Wäsche zunächst dargestellt wird, damit das mit dem neuen Mittel gewaschene Kleidungsstück anschließend aufgrund des Kontrastes in einem strahlenden Weiß erscheint.

Interessanterweise treten Kontrast-Effekte jedoch lediglich bei bewusster Wahrnehmung der zur aktuellen Information im Kontrast liegenden Information auf. Wenn die Kontrastinformation nur unbewusst aufgenommen wird, wird anstelle eines Kontrastes vielmehr eine Assoziation forciert. Erinnern Sie sich noch an das Beispiel in Kap. 1, in dem Versuchspersonen angeben sollten, wie sympathisch eine Person auf einem Foto erscheint? Wenn Ihnen unterschwellig, d. h. weniger als 50 ms, ein freundlicher Smiley ge-

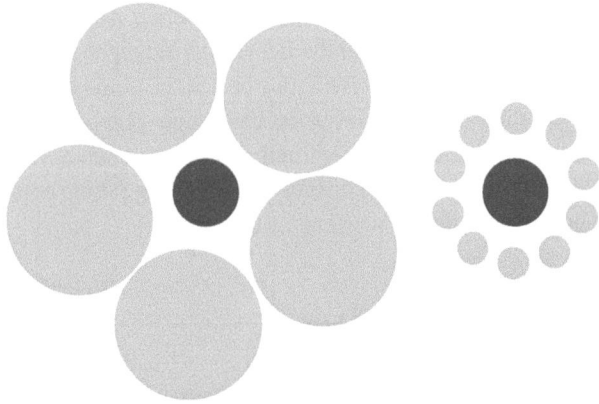

Abb. 2.3 Zwei identisch große Kreise jeweils im Kontrast mit kleineren oder größeren Kreisen

---

[6] Siehe Aronson (1999).
[7] Siehe hierzu z. B. Zimbardo und Gerrig (2008).
[8] Siehe z. B. Farquhar und Pratkanis (1993) und Pratkanis et al. (1989).

zeigt wird, führt dies aufgrund der initiierten Assoziation zu einer nachfolgend sympathischeren Bewertung. Wenn der Smiley jedoch nicht unterschwellig präsentiert wird, sondern ganz bewusst gezeigt wird, dann kehrt sich der Effekt in das Gegenteil. Der freundliche Smiley stellt in diesem Fall nämlich so etwas wie eine Vergleichsalternative dar und das nachfolgende Gesicht erscheint im Vergleich bzw. im Kontrast zu dem Smiley relativ betrachtet dann eben doch nicht so sympathisch.[9] Mit den Ausführungen im nächsten Kapitel werden Sie gleich noch etwas besser verstehen lernen, welche Mechanismen im Kopf eines Menschen diesen Effekt letztlich bedingen.

2.3 Verfügbarkeit von Gedächtnisinhalten

Auch wenn im Gedächtnis des Menschen sehr viele Informationen abgelegt sind, sind nicht alle immer direkt abrufbar bzw. für den Informationsverarbeitungsprozess verfügbar. Im Folgenden leiten wir ab, wovon die unterschiedliche Verfügbarkeit der Inhalte abhängt.

2.3.1 Der Aufbau des Gedächtnisses beim Menschen

In der experimentellen Gedächtnispsychologie ist es üblich, verschiedene Gedächtnissubsysteme voneinander zu unterscheiden. Die populärste Unterscheidung ist dabei die zwischen einem Kurzzeit- und einem Langzeitgedächtnissystem. Im Kurzzeitgedächtnis werden Inhalte nur einige Sekunden festgehalten, im Langzeitgedächtnis liegen Informationen im besten Fall das ganze Leben lang abrufbereit.

Dass es tatsächlich diese zwei (weitgehend) unabhängigen Gedächtnisspeichersysteme gibt, kann anhand des *Primacy-* und des *Recency-Effektes* wie folgt veranschaulicht werden.

▶ Stellen Sie sich vor, Ihnen würde eine Reihe von sinnlosen Silben hintereinander präsentiert, z. B. „sin, kal, brul, am, zek, lag, fich, zet, lof". An welche Silben können Sie sich anschließend noch erinnern?

Wenn Sie ohne eine Verzögerung aufgefordert werden, möglichst viele Silben zu wiederholen, so werden Sie sich insbesondere an die letzten Silben erinnern. Diese sind noch ganz frisch im Kurzzeitgedächtnis (Recency-Effekt). Auch an die ersten Silben werden Sie sich vermutlich erinnern, da diese schon ins Langzeitgedächtnis gerutscht sind (Primacy-Effekt). Warten Sie jedoch eine Weile (z. B. 15 oder 30 s) bis zur Reproduktion der Silben, so werden Sie sich vornehmlich nur noch an die ersten Silben erinnern. Im Kurzzeitgedächtnis ist schon nichts mehr abrufbar, der Recency-Effekt ist nicht mehr vorhanden.

---

[9] Siehe Murphy und Zajonc (1993).

2.3.2 Das Kurzzeit- oder Arbeitsgedächtnis

Das Kurzzeitgedächtnis, oder auch Arbeitsgedächtnis genannt, ist mit dem Arbeitsspeicher im Computer vergleichbar. So wie der Computer mit dem Arbeitsspeicher umgeht, arbeitet auch der Mensch mit seinem Arbeitsgedächtnis. Hierbei dient das Arbeitsgedächtnis nicht nur zur kurzfristigen Aufnahme und Verarbeitung von Informationen, sondern es bietet auch Raum für Prozesse wie z. B. Entscheidungen und Problemlösungen.

Das Arbeitsgedächtnis ist nicht sehr groß. Durch einen berühmten Artikel von Miller aus dem Jahr 1956 mit dem Titel „The Magical Number 7, Plus or Minus Two: Some Limits on Our Capacity for Processing Information" lässt sich dies sogar in Zahlen ausdrücken. Miller stellte fest, dass sich der Mensch in der sogenannten Gedächtnisspanne ca. sieben sogenannte *Chunks* merken kann. Dies erscheint tatsächlich nicht gerade viel, wenn man sich hinter einem Chunk eine Ziffer oder eine ähnliche kleine Informationseinheit vorstellt. Wie ist es dann überhaupt möglich, dass sich Menschen kurzfristig sehr viel merken können, wie es einzelne Gehirnakrobaten immer wieder beweisen?

Der Grund liegt darin, dass sich hinter einem Chunk durchaus viele Informationen verbergen können, wenn es dem Menschen gelingt, sie zu einer eigenständigen Bedeutung zusammenzufassen. Gedächtnisweltmeister merken sich z. B. lange Reihen von Zahlen oder Namen durch Geschichten, die sie sich um diese einzelnen Informationen „stricken". Hierdurch erzeugen sie einen Chunk mit sehr vielen einzelnen Informationen, die sie mit entsprechender Intelligenz wieder extrahieren können. Auch normale Menschen bilden Chunks, indem beispielsweise die Ziffern einer Telefonnummer zu sinngebenden Gruppen zusammengefasst werden. Oder fällt es Ihnen schwer, sich die Telefonnummer 030/1234567 zu merken? Wohl kaum! Diese Telefonnummer besteht aus zwei Chunks, der erste Chunk ist 030 als bekannte Vorwahl der Bundeshauptstadt und der zweite Chunk ist eine aufsteigende, regelmäßige Zahlenfolge, die mit 1 beginnt.

Chunking ist eine der effektivsten Strategien, die unser Gehirn entwickelt hat, um sich größere Informationsmengen komprimiert merken zu können. Ohne diese Technik wäre der Mensch mit einem winzigen Speicher, der nicht mehr als sieben Buchstaben oder Zahlen fassen kann, in seiner komplexen Umwelt verloren. Wohlgemerkt ist Chunking eine intelligente Leistung, also alles andere als ein mechanischer Vorgang. Das Komprimieren von reinen Daten zu etwas „mit Sinn" setzt Wissen über Bedeutungen und die Fähigkeit zur Verknüpfung von Informationen voraus.

2.3.3 Die Informationsspeicherung im Langzeitgedächtnis

Im Gegensatz zum Kurzzeitgedächtnis handelt es sich beim Langzeitgedächtnis um ein riesiges Speichermedium, das im Grunde keine echten Grenzen kennt. Wie schafft es der Mensch aber, derart viel in seinem kleinen Kopf unterzubringen? Nun gut, man mag einwenden, dass der Kopf gar nicht so klein ist. Vergleicht man nämlich die Ge-

2.3 Verfügbarkeit von Gedächtnisinhalten

hirngröße eines Durchschnittsmenschen mit den in der heutigen Technologie vorhandenen Speichermedien, so wäre es sicherlich nicht problematisch, in einen Totenschädel Festplattenlaufwerke mit einem Volumen von hundert Terabyte oder mehr zu installieren.

In der Art und Weise, wie Informationen langfristig gespeichert werden, unterscheidet sich jedoch der Mensch von der digitalen, vergleichsweise ineffizienten Speichermethode in herkömmlichen Computern. So werden Informationen im Langzeitgedächtnis nicht in einer linearen Datenablage gespeichert, sondern in Netzwerken.

Netzwerke bestehen aus Knoten und Kanten. In einer etwas vereinfachten Darstellung stelle man sich die Knoten zunächst als Begriffe vor, die jeweils als Summenbeschreibung verschiedener Merkmale aufzufassen sind. Die Kanten verbinden diese Knoten, wenn eine semantische Relation zwischen den Knoten vorliegt. Eine wichtige solche Relation ist z. B. gegeben, wenn alle Merkmale eines Begriffs auch für einen anderen Begriff gelten. Beispielsweise gelten alle Merkmale des Begriffs „Tier" auch für den Begriff „Vogel" als untergeordneten Begriff. In diesem Fall ergibt sich eine hierarchische Struktur im Netzwerk, mit der effizient Informationen gespeichert werden können, da Unterbegriffe explizit nur noch weiter differenzierende Merkmale aufnehmen müssen, nicht aber die Merkmale der übergeordneten Ebene.[10]

Die Abspeicherung von Informationen im Netz bezieht sich jedoch nicht nur auf Begriffe und deren Merkmale. Gleichfalls geht man in der Theorie assoziativer Netzwerke davon aus, dass auch Emotionen in ähnlicher Weise als Netzknoten abgebildet werden. Hierdurch wird es möglich, die Geschichte aller kognitiven und emotionellen Erfahrungen einer Person im Netzwerk aufzuzeichnen. Hat eine Person beispielsweise ein bestimmtes Ereignis zu einer bestimmten Zeit an einem bestimmten Ort mit einer spezifischen Gemütsverfassung erlebt, so wird dies im Gedächtnis durch Kanten abgebildet, die die entsprechenden Kognitions- oder Emotionsknoten in Verbindung setzen. Je stärker und häufiger die Verbindung zwischen den Knoten erlebt und wahrgenommen wurde, desto stärker werden auch die Kanten ausgeprägt.[11]

2.3.4 Determinanten der Verfügbarkeit

So wie der Arbeitsspeicher beim Computer als Verbindungsstation zwischen Festplatte und Prozessor fungiert, stellt auch das Arbeitsgedächtnis die Verbindung zwischen Langzeitgedächtnis und der Informationsverarbeitung dar. Gedächtnisinhalte sind somit verfügbar, wenn sie aus dem Langzeitgedächtnis wieder zurück in das Arbeitsgedächtnis übertragen werden.

Man kann sich vereinfacht vorstellen, dass diese Übertragung durch eine Aktivierung mit Gehirnstrom erfolgt. Dies bedeutet, dass die Verfügbarkeit von Informationen abhängig

---

[10] Vgl. Collins und Quillian (1969).
[11] Siehe hierzu Anderson und Bower (1980).

ist von der momentanen Versorgung der Knoten im Netzwerk mit Strom. Hierbei hängt das Ausmaß der Versorgung eines Knotens im Netzwerk mit Strom von folgenden Faktoren ab:

- *Aktualität:* Frisch in das Gedächtnis gebrachte Informationen sind wesentlich leichter verfügbar als lange zurückliegende.[12]
- *Anschaulichkeit* (Vividness): Bei einer hohen Anschaulichkeit der Informationen wird die Information besser verstanden als bei abstrakten Informationen. Dies fördert die Verfügbarkeit.
- *Auffälligkeit* (Salience): Je auffälliger eine Information ist, desto höher sind die dadurch verursachten Reizströme und somit auch die Verfügbarkeit.[13]
- *Aufmerksamkeit*: Je aufmerksamer der Empfänger bei der Aufnahme der Information ist, desto höher sind die aktivierten Ströme und die Verfügbarkeit.
- *Frequenz*: Je häufiger bestimmte Inhalte aktiviert werden, desto stärker und damit schneller werden die entsprechenden Nervenbahnen, sodass der Zugriff erleichtert wird. Informationen können also leichter aus dem Langzeitgedächtnis abgerufen werden und sind somit schneller im Arbeitsgedächtnis zur weiteren Informationsverarbeitung verfügbar.

Da die Gehirnströme allerdings durch die Kanten weiterfließen, ist bei einer entsprechend starken Verbindung zwischen zwei Knoten mit der Aktivierung des einen Knotens auch eine Aktivierung des anderen Knotens verbunden. Wer sich also an eine Information in einem Knoten erinnert (und hierdurch die Aktivierung in diesem Knoten erhöht), der wird auch sehr leicht an die Begriffe und Merkmale sowie Emotionen denken, die in den benachbarten Knoten liegen. Wir werden auf diesen Punkt gleich im nächsten Kapitel noch einmal zurückkommen.

---

[12] Siehe Wyer und Srull (1980).
[13] Siehe Lichtenstein et al. (1978); de Bondt und Thaler (1986) und Nisbett et al. (1976).

2.4 Das Wichtigste in Kürze

In diesem Kapitel habe ich Folgendes gelernt
- Es gibt verschiedene kognitive Beschränkungen, die letztlich alle zu einer nicht optimalen Informationsverarbeitung führen.
- Menschen neigen zur Vereinfachung komplexer Sachverhalte in der Wahrnehmung (Simplifikation).
- Der Wahrnehmungsprozess kann durch einen dreistufigen Prozess beschrieben werden, in dem Wahrnehmungserwartungshypothesen eine zentrale Rolle spielen.
- Der Kontrast-Effekt beschreibt die Überbewertung einer Information, wenn sie im „Kontrast" zu etwas anderem dargestellt wird.
- Es gibt fünf Determinanten, anhand derer angegeben werden kann, wie verfügbar eine Information in dem Gedächtnis ist.
- Mit der Verfügbarkeit eines Knotens sind auch die benachbarten Knoten leichter verfügbar.

Literatur

Anderson JR, Bower GH (1980) Human associative memory. Lawrence Erlbaum Assoc., Hillsdale
Aronson E (1999) The social animal, 8. Aufl. Worth Publishers Inc., Santa Cruz
de Bondt WFM, Thaler RH (1986) Does the stock market overreact? J Financ 40(793):805
Brehm JW (1956) Post-decision changes in the desirability of alternatives. J Abnorm Soc Psychol 52(3):384–389
Bruner JS, Postman L (1951) An approach to social perception. In: Dennis W, Lippitt R, Behanan KT (Hrsg) Current trends in social psychology. University of Pittsburgh Press, Pittsburgh, S 71–118
Collins AM, Quillian MR (1969) Retrieval time from semantic memory. J Verbal Learn Verbal Behav 8(2):240–247
Ehrlich D, Guttman J, Schonbach P, Mills J (1957) Postdecision exposure to relevant information. J Abnorm Soc Psychol 54(1):98–102
Farquhar PH, Pratkanis AR (1993) Decision structuring with phantom alternatives. Manag Sci 39(10):1214–1226
Kahneman D, Tversky A (1979) Prospect theory: an analysis of decision under risk. Econometrica 47(263):291
Lichtenstein S, Slovic P, Fischhoff B, Layman M, Combs B (1978) Judged frequency of lethal events. J Exp Psychol Hum Learn Mem 4(6):551–578
Lilli W, Frey D (1998) Die Hypothesentheorie der sozialen Wahrnehmung. In: Frey D, Irle M (Hrsg) Theorien der Sozialpsychologie, Bd 1. Verlag Hans Huber, Bern, S 49–80
Miller GA (1956) The magical number seven, plus or minor two: some limits on our capacity for processing information. Psychol Rev 63(2):81–97
Murphy ST, Zajonc RB (1993) Affect, cognition, and awareness: affective priming with optimal and suboptimal stimulus exposures. J Pers Soc Psychol 64(5):723–739

Nisbett RE, Borgida E, Crandall R, Reed H (1976) Popular induction: information is not always informative. In: Carrol JS, Payne JW (Hrsg) Cognition and social behavior. Lawrence Erlbaum Assoc., Hillsdale, S 227–236

Pratkanis AR, Farquhar PH, Silbert S, Hearst J (1989) Decoys produce contrast effects and alter choice probabilities, unveröffentlichte Studie. University of California, Santa Cruz

Tversky A (1969) Intransitivity of preferences. Psychol Rev 76(1):31–48

Wyer RS, Srull TK (1980) The processing of social stimulus information: a conceptual integration. In: Hastie R, Ostrom TM, Ebbesen EB, Wyer RS, Hamilton D, Carlston DE (Hrsg) Person memory. The cognitive basis of social perception. Lawrence Erlbaum Assoc., Hillsdale, S 227–300

Zimbardo PG, Gerrig RJ (2008) Psychologie, 18. Aufl. Pearson Studium, München

Narrow Thinking und Heuristiken 3

Zusammenfassung

Kognitive Beschränkungen in den Informationsverarbeitungsprozessen führen dazu, dass Menschen zu einem sogenannten Narrow Thinking neigen, welches die Entscheidungsqualität reduzieren kann. Dieses Kapitel stellt die wichtigsten Phänomene vor, die in diesem Zusammenhang aufzuführen sind. Hierzu gehören Verfügbarkeitseffekte, die sich aus der Tatsache ergeben, dass die Verfügbarkeit von Gedächtnisinhalten für einen Abruf im Informationsverarbeitungsprozess von verschiedenen situationsabhängigen Faktoren abhängt. Daneben wird die Verankerungsheuristik vorgestellt, die das Phänomen beschreibt, dass sich Menschen bei Schätzurteilen zu stark von gesetzten Ankern beeinflussen lassen. Bei der Darstellung der Repräsentativitätsheuristik werden typische Verhaltensmuster erläutert, die sich aus der unreflektierten Anwendung von schematischen Denkmustern ergeben. Etwas einfacher ausgedrückt handelt es sich hierbei um die Tendenz, etwas zu schnell zu glauben, nur weil es plausibel erscheint.

Zum Narrow Thinking gehören neben den hier aufgeführten sogenannten Urteilsheuristiken auch alle Effekte, die damit zu tun haben, dass das mentale Abbild der Entscheidungssituation im Kopf des Entscheiders zu stark vereinfacht wird. Beschrieben wird in diesem Kapitel diesbezüglich das Phänomen des Mental Accounting, also der Neigung des Menschen, die Resultate seiner Entscheidungen nicht ganzheitlich, sondern jeweils nur isoliert zu bewerten. Abschließend erläutert das Kapitel auch, welche Vereinfachungen im mentalen Modell mitverantwortlich für das Phänomen der systematischen Selbstüberschätzung, der Overconfidence, sind.

© Der/die Herausgeber bzw. der/die Autor(en), exklusiv lizenziert durch Springer Fachmedien Wiesbaden GmbH, ein Teil von Springer Nature 2024
R. von Nitzsch, *Entscheidungslehre*, https://doi.org/10.1007/978-3-658-43886-9_3

3.1 Vorüberlegungen

In Kap. 2 wurde dargestellt, dass die beschränkten kognitiven Ressourcen des Menschen ein großes Hindernis auf dem Weg zu einer hohen Entscheidungsqualität darstellen können. Damit die Entscheidung trotzdem noch einigermaßen gut wird, müssen Menschen sehr effizient mit ihren Ressourcen umgehen, die sie im Rahmen des Entscheidungsprozesses benötigen. Man könnte in diesem Zusammenhang den Menschen als „kognitiven Geizhals" bezeichnen.[1]

Als Folge hieraus ergibt sich eine Art der Informationsverarbeitung, die man recht gut mit dem Begriff *Narrow Thinking*[2] umschreiben kann: Menschen bewegen sich in ihren Gedanken und Überlegungen nur in einem engen Umfeld um das, was ihnen mit wenig Ressourceneinsatz zur Verfügung steht. Wir verstehen Narrow Thinking als einen Sammelbegriff für viele einzelne Phänomene, von denen wir die wichtigsten in diesem Kapitel vorstellen werden. Alle in diesem Kapitel vorgestellten Verhaltensschwächen sind also typische Muster eines eng eingeschränkten Denkens, in dem die Entscheidungsqualität durch kognitive Beschränkungen häufig beeinträchtigt wird oder zumindest eine hohe Gefahr besteht, dass es zu einer Beeinträchtigung kommt.

In der verhaltenswissenschaftlichen Forschung wird versucht, die vielfältigen Phänomene eines Narrow Thinking in Form von konkreten *Heuristiken* modellhaft zu beschreiben und damit auch die Art der Beeinträchtigung in gewisser Weise vorherzusagen. Bevor wir uns mit diesen Heuristiken näher beschäftigen, halten wir es für sinnvoll, sich erst noch einmal mit dem Begriff der Heuristik etwas näher auseinanderzusetzen. Wir wollen dies zunächst noch ohne Bezug zum menschlichen Entscheidungsverhalten tun. So werden unter Heuristiken generell praktisch-analytische Methoden verstanden, durch welche mit geringem Aufwand schnell eine gute Lösung gefunden werden kann. Diese Lösung muss aber nicht die bestmögliche sein.[3] Zur Anwendung kommen Heuristiken immer dann, wenn das Finden der optimalen Lösung entweder unmöglich ist oder nicht praktikabel erscheint. Ein Beispiel ist das *Traveling-Salesman-Problem*, bei dem eine optimale Reihenfolge aller Orte zu finden ist, die ein Handlungsreisender (oder auch z. B. ein Paketdienst) zu besuchen hat. Die optimale Lösung ist die insgesamt kürzeste bzw. schnellste Rundreise. Bei einer großen Anzahl von Orten bzw. Lieferadressen wird das Auffinden der optimalen Lösung dieses Problems durch die vielen kombinatorischen Möglichkeiten so rechenaufwändig, dass hier in der Praxis häufig eben nur heuristische Algorithmen angewendet werden. Der Handlungsreisende ist dann vielleicht ein paar Minuten länger unterwegs, dafür müssen aber nicht Milliarden von Rechenoperationen auf Hochleistungsrechnern durchgeführt werden.

In diesem Beispiel handelt es sich um eine bewusste Entscheidung für eine Anwendung einer Heuristik, von der bekannt ist, dass die gefundene Lösung der Optimallösung zu-

---

[1] Vgl. Schwarz (1982) und Fiske und Taylor (1991).
[2] Siehe zu dem Begriff beispielsweise Soll et al. (2014).
[3] Vgl. Strack (1998) und Anderson (2001).

mindest nahekommt. Ähnliches gilt für die in Abschn. 1.3 schon genannte 1/N-Regel oder Take-the-Best-Heuristik. Dies sind Heuristiken, die bewusst angewendet werden können, um schnell zu einem recht guten Ergebnis zu kommen.

In der deskriptiven Entscheidungstheorie verbindet man mit dem Begriff der Heuristik etwas anderes, und zwar die typischen Informationsverarbeitungsabläufe, die ein Mensch unbewusst (!) anwendet, weil er aufgrund seiner kognitiven Limitationen mehr oder weniger automatisch zu einer ressourcensparenden „Methodik" gelenkt wird. Es gibt dann keine in System 2 bewusst überlegte Entscheidung für die angewendete Heuristik, vielmehr greift das System 1 auf die Heuristik zurück, und zwar ohne Kontrolle des Entscheiders. Bei solchen Heuristiken spricht man in der Forschung von sogenannten *Urteilsheuristiken*. Schon sehr früh haben die Forscher Tversky und Kahneman (1974) mit der *Verfügbarkeits-*, *Verankerungs-* und *Repräsentativitätsheuristik* drei grundlegende Beschreibungsversuche unternommen, um solche Urteilsheuristiken konkreter zu fassen.

Der Nutzen einer fundierten Beschreibung und bestenfalls auch einer neuropsychologischen Erklärung solcher Heuristiken liegt darin, dass die sich unbewusst einschleichenden Fehler vorhersehbar und damit kontrollierbar werden. Jede Urteilsheuristik geht hierbei mit einer systematischen Verzerrung, d. h. einem *Bias*, einher. Kennt man diesen Bias, so lässt sich mit geeigneten und bewusst eingesetzten *Debiasing-Methoden* dieser Verzerrung entgegenwirken und eine hohe Qualität eines reflektierten Entscheidungsprozesses herbeiführen.

Das Phänomen Narrow Thinking sollte jedoch nicht auf die beschriebenen Heuristiken reduziert werden. Wie skizziert wurde, stellt eine Heuristik im Grunde genommen einen Mechanismus dar, die Komplexität einer gegebenen Informationsgrundlage so weit zu reduzieren, dass ein Urteil in kurzer Zeit mit minimalem Aufwand getroffen werden kann. Wie bei einem Computer, der für die Abarbeitung eines Algorithmus nur die eingespeisten Informationen nutzen kann, hat jedoch auch der Mensch nur einen eingeschränkten Zugang zu Informationen. Wir reden hier von Informationen, die in der Entscheidungssituation sozusagen im internen Datenspeicher (dem Gehirn) zur Verfügung stehen. In der Kognitionspsychologie nennt man solch einen internen Datenspeicher eine „mentale Repräsentation der Wirklichkeit"[4] oder ein „mentales Modell der Entscheidungssituation". Dieses Modell wird gespeist durch gesammelte Erfahrungen der Person, durch den Bildungsstand aber auch durch grundlegende Werte, Normen und Einstellungen, die aktuelle Gefühlslage und die Persönlichkeit. Rein biologisch kann das Modell sogar von der Beschaffenheit der Sinnesorgane abhängen, ebenso haben die kognitiven Limitationen des Gedächtnisses, die letztlich für das Narrow Thinking verantwortlich sind, und die neuronale Struktur einen wichtigen Einfluss auf die genaue Ausgestaltung des mentalen Modells.

Wie in Abb. 3.1 dargestellt, gibt es somit zwei Arten von Narrow Thinking. Die erste Art ist die aufgrund kognitiver Limitationen zu eng gedachte bzw. zu vereinfachende Modellierung von Informationen im mentalen Entscheidungsmodell und die zweite Art sind

---
[4] Siehe Johnson-Laird (1983).

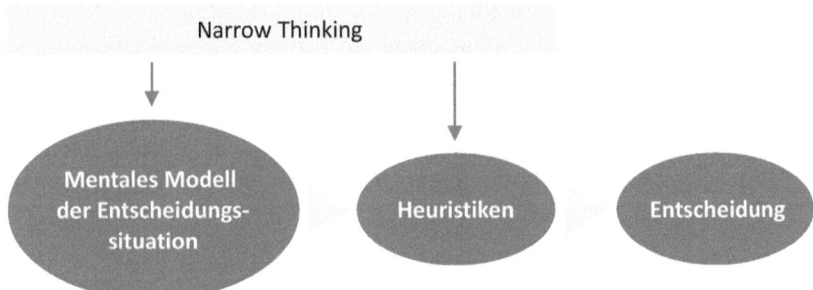

Abb. 3.1 Zusammenhang zwischen Narrow Thinking und Heuristiken

die beschriebenen Heuristiken, die auf diesem mentalen Modell aufbauen und zu einem Urteil bzw. zu einer Entscheidung führen.

In den folgenden Abschnitten dieses Kapitels werden Sie einige typische Verhaltensmuster kennenlernen, die wir in diesem Sinne als spezielle Formen eines Narrow Thinking auffassen. Hierbei beziehen sich die Ausführungen in den Abschn. 3.2 bis 3.4 mehr oder weniger direkt auf die oben zitierten drei grundlegenden Urteilsheuristiken. In den Abschn. 3.5 und 3.6 wird noch auf zwei weitere Phänomene eingegangen, die sich aus einer zu starken Vereinfachung des mentalen Modells der Entscheidungssituation ergeben.

3.2 Verfügbarkeitseffekte

Im Abschn. 2.3 wurden mit den Ausführungen zur Funktionsweise des Gedächtnisses die Grundlagen gelegt, um in diesem Abschnitt die daraus resultierenden Verhaltenseffekte des Narrow Thinking erläutern zu können. Wichtig festzuhalten sind die beiden folgenden abgeleiteten Erkenntnisse:

1. *Die Verfügbarkeit von Gedächtnisinhalten hängt von der Aktualität, Anschaulichkeit, Auffälligkeit, Aufmerksamkeit und Frequenz ab.*
2. *Mit der Aktivierung eines Knotens im Gedächtnis werden tendenziell auch die Informationen aus den verbundenen Knoten indirekt mitaktiviert und sind somit leichter (assoziativ) verfügbar.*

Mit diesen beiden Punkten lassen sich einige, das menschliche Entscheidungsverhalten verzerrende Effekte ableiten, die wir alle unter den Oberbegriff *Verfügbarkeitseffekte* fassen wollen.

Die Abb. 3.2 stellt die vier Varianten von Verfügbarkeitseffekten vor, die im Folgenden näher beschrieben werden. Die dargestellte Unterscheidung berücksichtigt die Tatsache, dass eine Verfügbarkeit direkt über die in der obigen ersten Erkenntnis genannten Determinanten beeinflusst werden kann oder indirekt und assoziativ gemäß der zweiten Erkenntnis.

3.2 Verfügbarkeitseffekte

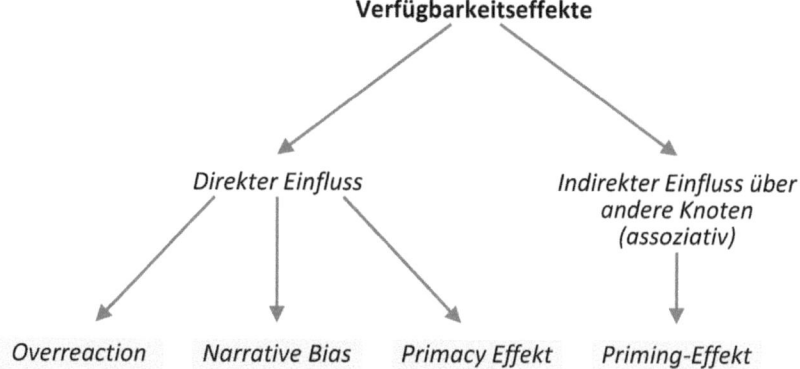

Abb. 3.2 Übersicht über verschiedene Verfügbarkeitseffekte

3.2.1 Overreaction

Overreaction beschreibt das Phänomen, dass der Mensch im Rahmen eines Narrow Thinking verstärkt nur auf die leicht verfügbaren Informationen zugreift und andere, nicht notwendigerweise weniger wichtige unberücksichtigt lässt. Aus der Tatsache, dass somit nicht alle Informationen bzw. Aspekte gleichmäßig beleuchtet werden, ergeben sich also Verzerrungen in der Bewertung von Sachverhalten mit entsprechenden Konsequenzen für das Verhalten. Oder etwas genauer und einfacher formuliert: Informationen, die aktuell, anschaulich und lebendig präsentiert wurden sowie aufmerksam und häufig aufgenommen wurden, werden vom Menschen überbewertet und führen zu einer Überreaktion.

Ein Beispiel hierfür sind die Börsen, wenn auf auffällige und sehr lebendig dargestellte Informationen reagiert wird, beispielsweise auf unerwartete Neuigkeiten über Fusionen oder große Versicherungsschäden. Die Abb. 3.3 zeigt den Verlauf der Aktie der Münchener Rückversicherung im September 2001, als das World Trade Center von Terroristen attackiert wurde.

Man sieht den starken Kursverfall des Wertes um den Zeitpunkt des Attentats am 11. September 2001. Durch die nachfolgende Erholung wird jedoch deutlich, dass hier offenbar eine Überreaktion des Marktes vorgelegen hat. Diese Überreaktion ist hierbei nicht verwunderlich, da alle wesentlichen Determinanten der Verfügbarkeit erfüllt waren: Die Schäden wurden sehr anschaulich und auffällig in den Medien präsentiert, permanent wiederholt, und Aktualität war natürlich auch gegeben.

Ähnlich zu dieser Reaktion hinsichtlich der Bedeutung einer Information sind auch Aussagen über Wahrscheinlichkeiten von der Verfügbarkeit abhängig. Hat man gerade in den Abendnachrichten von einem Eisenbahnunglück gehört, so wird man in diesem Moment die Wahrscheinlichkeit eines entsprechenden Unglücks vermutlich überschätzen.[5] Auch stellten Forscher fest, dass die Wahrscheinlichkeit für sehr auffällige Todesursachen – z. B. ein Eisenbahnunglück – deutlich überschätzt und die Wahrscheinlichkeiten für weniger auffällige Todesursachen deutlich unterschätzt werden.

---

[5] Grundlegend hierzu siehe Kahneman und Tversky (1973).

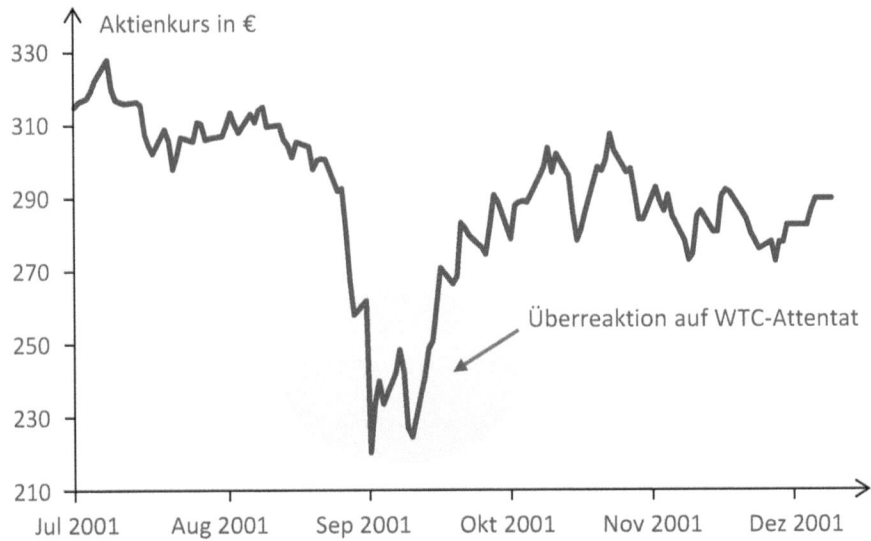

Abb. 3.3 Kursverlauf der Münchener-Rückversicherung-Aktie beim Terroranschlag auf das World Trade Center

3.2.2 Narrative Bias

Während beim Phänomen der Overreaction auf fast alle Determinanten der Verfügbarkeit Bezug genommen wurde, beschränkt sich der *Narrative Bias* nur auf eine Determinante, und zwar die Anschaulichkeit. Unter einem Narrative Bias versteht man die Neigung von Menschen, Sachverhalte überproportional stark zu gewichten, wenn diese nicht in abstrakter Form, sondern in Form von kleinen Geschichten oder Erzählungen vermittelt werden.

Die psychologische Begründung zu diesem Effekt fällt leicht. Geschichten sind nun mal viel anschaulicher für den Menschen und führen zu einer deutlich höheren kognitiven Verfügbarkeit als nackte Zahlen. Die Anschaulichkeit und hohe Verfügbarkeit einer Geschichte folgt hierbei im besonderen Maße daraus, dass es sich eben nicht nur um einen einzelnen Sachverhalt handelt, den man sich merken muss. Vielmehr ist eine Geschichte deshalb so leicht aufzunehmen und zu behalten, weil sie ein in sich schlüssiges, konsistentes und vor allen Dingen zusammenhängendes Gebilde von Informationen darstellt, das ähnlich wie ein Netz nicht zusammenbricht, nur wenn ein Faden darin gerissen ist.

Auf einen Narrative Bias trifft man an vielen Stellen. Wenn Sie beispielsweise ein Kollege von einer Geschäftsidee überzeugen möchte, indem er anekdotisch von einer ähnlich gelagerten Erfolgsstory berichtet, so setzt er den Narrative Bias für seine Überzeugungsarbeit – vielleicht sogar bewusst – ein. Möglicherweise ist er aber vorher auch selbst auf den Narrative Bias hereingefallen, wenn ihm selbst entsprechende Geschichten zugetragen wurden. Oder der wegen Mord Angeklagte vor Gericht versucht seine Haut zu retten, indem er nicht nur knapp aussagt, dass er nicht der vermeintliche Täter ist, sondern in einer umfänglichen, in sich konsistenten Geschichte eine andere Wahrheit erfindet. Entsprechendes gilt für einen Studierenden, der nach einer vergessenen Prüfungsanmeldung gegenüber dem Prüfungsausschuss ein sehr kreatives, umfängliches und in sich schlüssiges Argumentationsbeiwerk liefern muss, damit er doch noch die Klausur mitschreiben darf.

3.2.3 Primacy-Effekt

Der *Primacy-Effekt* wurde schon bei der Darstellung des Gedächtnisaufbaus in Abschn. 2.3 dargestellt: Aus einer Abfolge von vielen Silben wird die zuerst genannte Silbe am besten behalten, weil diese aufgrund der zuerst noch sehr konzentrierten Merkarbeit schon in das Langzeitgedächtnis gebracht wurde und dort noch gut verfügbar ist. Insofern ist auch der Primacy-Effekt eine Variante eines Verfügbarkeitseffektes, weil die erste Silbe noch die höchste Aufmerksamkeit genießt, die ja für die Verfügbarkeit mit verantwortlich ist. Bei den späteren Silben lassen die Aufmerksamkeit und die Aufnahmebereitschaft langsam nach, sodass diese Silben nicht mehr verfügbar sind.

Zum Primacy-Effekt soll an dieser Stelle ein schon klassisches Experiment[6] dargestellt werden. In dieser Studie sollte eine hypothetische Person namens Steve durch zwei unterschiedliche Gruppen von Versuchspersonen bewertet werden. Der Gruppe A wurde Steve vorgestellt als „intelligent, fleißig, impulsiv, kritisch, eigensinnig und neidisch", der Vergleichsgruppe B als „neidisch, eigensinnig, kritisch, impulsiv, fleißig und intelligent". Es wurden also dieselben Eigenschaften genannt, jedoch in umgekehrter Reihenfolge. Letztendlich bewertete Gruppe A Steve deutlich besser als Gruppe B. Dieses Ergebnis zeigt die mit dem Primacy-Effekt verbundene Beobachtung, dass die zuerst genannten Eigenschaften verfügbarer sind und den Wahrnehmungs- und Bewertungsprozess stärker beeinflussen als die späteren.

Diesen Effekt können Unternehmen in der Formulierung von Ad-hoc-Meldungen ausnutzen, in denen ein positiver und ein negativer Aspekt zu übermitteln ist. Wer eine möglichst vorteilhafte Aufnahme der Nachricht wünscht, sollte immer mit dem positiven Aspekt anfangen. Zwar bleibt auch der zuletzt genannte Aspekt für eine kurze Zeit noch sehr gut im Gedächtnis (Recency-Effekt), allerdings bezieht sich dies – wie schon in Abschn. 2.3 erläutert – auf das Arbeitsgedächtnis. Nach wenigen Sekunden dominiert das zuerst Genannte in der Verfügbarkeit wieder das Zweitgenannte.

---

[6] Siehe Asch (1946).

3.2.4 Priming-Effekte

Priming-Effekte wurden schon in Abschn. 1.3.1 vorgestellt. Ein Beispiel war die unterschwellige Präsentation eines freundlichen Smileys, die anschließend zu einer sympathischeren Bewertung einer Person auf einem Foto führte. Oder vielleicht erinnern Sie sich noch an das Florida-Experiment: Die Versuchsteilnehmer bewegten sich langsamer, nachdem sie vorher Sätze aus Wörtern gebildet haben, die etwas mit Alter zu tun haben.

Priming-Effekte sind ebenfalls Varianten eines Verfügbarkeitseffektes mit der Besonderheit, dass nicht die direkten Wirkungen von Determinanten der Verfügbarkeit betrachtet werden, sondern die indirekten, durch Assoziation hervorgerufenen Effekte. Man kann dies an dem sogenannten Donald-Experiment[7] gut erläutern.

▶ In der Studie wurde eine Gruppe von Versuchspersonen durch entsprechende Vorexperimente dazu gebracht, sich mit verschiedenen positiven Eigenschaftswörtern (unternehmungslustig, selbstsicher, selbstständig und beharrlich) zu beschäftigen bzw. sich diese zu merken. Einer Vergleichsgruppe wurden in entsprechender Weise negative Eigenschaften (leichtsinnig, eingebildet, eigenbrötlerisch und stur) nahegebracht. Anschließend mussten beide Gruppen eine hypothetische Person Donald beurteilen, die sich durch einige besondere Verhaltensweisen auszeichnete. Hierbei zeigte sich, dass Donald als Fallschirmspringer von der ersten Gruppe als unternehmungslustig eingestuft wurde, während die zweite Gruppe im Fallschirmspringen eher ein leichtsinniges Verhalten sah. Zugleich wurde beispielsweise die Tatsache, dass Donald an seine Fähigkeiten glaubt, von der ersten Gruppe als selbstsicher und von der zweiten als eingebildet eingestuft.

Die Vorexperimente führen zunächst einmal zu einer hohen Verfügbarkeit der Eigenschaftswörter, d. h., in den entsprechenden Knoten im Gehirn liegt eine höhere elektrische Aktivierung vor. Wenn nun mit der Vorstellung von Donald als Fallschirmspringer das Gehirn nach einer Einschätzung gefragt wird, so ist es natürlich einfacher, auf die gerade aktivierten Knoten zuzugreifen als mühselig erst die anderen Knoten „hochzufahren". Insofern können Priming-Effekte tatsächlich auch als Verfügbarkeitseffekte interpretiert werden.

Eine sehr große Bedeutung haben Priming-Effekte für die Kapitalmärkte. Denn hier werden die Marktteilnehmer täglich mit Informationen bombardiert, und die Auswirkungen dieser Informationen hängen in ganz entscheidendem Umfang davon ab, wie die Informationen interpretiert werden.[8] In der euphorischen Haussezeit wird eine Nachricht, dass sich ein Unternehmen an einem anderen beteiligt, meist als positive Nachricht aufgenommen und entsprechend honoriert, denn eine Beteiligung ist ein Indiz für das Streben nach Expansion, Größe sowie ggfs. nach Marktführerschaft. In einer Baissephase mit entsprechend schlechter Stimmungslage bzw. höherer Grundaktivierung von negati-

---

[7] Siehe Higgins et al. (1977).
[8] Vgl. Frey und Stahlberg (1990) und Maas und Weibler (1990).

ven (börsenbezogenen) Knoten wird dieselbe Information weit schlechter aufgenommen. Sehr schnell stehen die negativen Aspekte der Beteiligung viel stärker im Vordergrund, z. B. die möglicherweise zu hohen Kosten, Unsicherheiten in der Umsetzung von Synergien oder Zweifel an dem Geschäftsmodell des Beteiligungsunternehmens. Dies bedeutet nichts anderes, als dass Priming in einer Hausse die Hausse unterstützt und in einer Baisse die Baisse. Hieraus resultieren lang gezogene Marktzyklen, die die Börse in der Vergangenheit immer wieder gesehen hat.

3.3 Verankerungsheuristik

Menschen tendieren dazu, sich bei Schätzungen oder in der Verwertung von Informationen zunächst an einem ersten Ursprungs- oder Richtwert zu orientieren (*Anchoring*) und anschließend diesen Wert (den Anker) unter Berücksichtigung weiterer Informationen oder mittels einer genaueren Analyse durch eine Verschiebung in Richtung des wahren Wertes anzupassen (*Adjustment*). An diesem Vorgehen wäre nichts zu beanstanden, wenn der Anpassungsprozess jeweils ausreichend durchgeführt würde. Empirische Untersuchungen belegen jedoch, dass der Anpassungsprozess regelmäßig zu knapp ausfällt und deshalb der Anker ein zu großes Gewicht erhält.

Ein Experiment soll dies verdeutlichen: Tversky und Kahneman (1974) befragen in einem Versuch Probanden, wie hoch sie den prozentualen Anteil der afrikanischen Staaten an den Vereinten Nationen schätzen. Dazu wurden sie in zwei Gruppen eingeteilt. In einem ersten Schritt wurde für jede Gruppe eine Zufallszahl zwischen 0 und 100 mit Hilfe eines Glücksrades ermittelt. Für die erste Gruppe ergab sich ein Wert von 10, für die zweite Gruppe ein Wert von 65. Nun mussten die Versuchspersonen angeben, ob ihre Schätzung über oder unter der Zufallszahl lag. In einem weiteren Schritt wurden die Teilnehmer des Experiments nach der konkreten Zahl befragt. Hierbei zeigte sich, dass die vom Glücksrad zufällig ermittelte Zahl eine deutliche Auswirkung auf das Resultat hatte. In der ersten Gruppe, bei der die Zufallszahl 10 lautete, betrug die durchschnittliche Schätzung des Anteils der afrikanischen Staaten an den Vereinten Nationen 25 %. In der anderen Gruppe, für die zuvor ein Zufallswert von 65 ermittelt wurde, lagen die mittleren Schätzungen mit 45 % bemerkenswert höher als bei der ersten Gruppe. Offensichtlich hatte die im ersten Schritt ermittelte Zufallszahl einen Einfluss als Ankerwert auf die Schätzung der Probanden. Die richtige Zahl liegt im Übrigen genau in der Mitte, d. h. bei 35 %.

Warum es zu diesem Verankerungseffekt kommt, ist leicht nachvollziehbar, wenn man sich die Funktionsweise des Gedächtnisses wieder als Netzwerk von Kanten und Knoten vorstellt. Die Prozentzahl, die im ersten Schritt in den einzelnen Gruppen genannt wurde, ist zwar eine Zufallszahl, aber es ist zu Beginn die einzige Zahl, die überhaupt in Verbindung mit der Fragestellung gebracht wird. Somit wird also eine Kante zwischen dem Knoten für die Zahl 10 bzw. 65 und dem Knoten für die Fragestellung aufgebaut, die den nachfolgenden Informationsverarbeitungsprozess dann logischerweise beeinflusst.

Die Frage, wie stark diese Verankerung ausfällt bzw. wie stark diese verbindende Kante ausgeprägt ist, hängt hierbei davon ab, wie plausibel der Anker ist. Fragt man beispielsweise – dem obigen Versuchsdesign folgend – Probanden in einem ersten Schritt, ob sie glauben, dass der Kölner Dom höher oder niedriger ist als 1 m, und in einem zweiten Schritt nach ihrer Schätzung der Domhöhe, so wird sich in dem zweiten Schritt keine Verzerrung der Schätzung in Richtung des extrem niedrigen Ankers einstellen. Das Maß von 1 m ist schlicht und einfach zu unplausibel, als dass eine Verbindung durch eine Kante zustande kommt.[9]

Hieraus folgt im Übrigen auch, dass mit der Unsicherheit des Urteilenden in der jeweiligen Fragestellung auch der Einfluss des Verankerungseffekts wächst. Deshalb funktionierte das Experiment mit der Fragestellung nach dem Anteil der afrikanischen Staaten an der UN auch so gut. Hier waren sich die Probanden sehr unsicher, sowohl 10 % also auch 65 % waren Zahlen, die nicht von vornherein ausgeschlossen werden konnten.

Aus diesem grundlegenden Wirkungszusammenhang des Verankerungseffekts erwachsen eine Reihe von möglichen Urteilsverzerrungen, die im Folgenden skizziert werden.

3.3.1 Der Status Quo Bias: Die Neigung, am Bestehenden festzuhalten

Im einführenden Beispiel wurde gezeigt, wie in einem psychologischen Experiment ein Anker für die Probanden gesetzt werden kann und wie sich dies für die nachfolgenden Urteile auswirkt. Aber wie verhält sich diese Heuristik in realen Entscheidungssituationen? Wer setzt dort den Anker und wie zeigen sich hier die Auswirkungen?

Verhandlungsgespräche dienen als gutes Beispiel um darzustellen, wie Anker gesetzt werden. Beispielsweise wird ein ausgefuchster Händler auf einem Trödelmarkt einem Interessenten immer als Erstes einen sehr hohen Preis für sein Gut nennen, damit dieser schon auf ein hohes Niveau eingestimmt, sprich verankert ist. Es wäre vor dem Hintergrund der Verankerungsheuristik ein fataler Fehler, den Interessenten zuerst einen Preis nennen zu lassen, den er bereit ist zu zahlen. Denn dieser Preis wird niedrig sein, und der Händler weiß sehr genau, wie träge die kognitive Anpassung nach der Verankerung abläuft, bzw. wie schwer es ist, den Kunden auf ein höheres Preisniveau zu bringen. Wohlgemerkt gilt diese Verhandlungsmethodik nicht nur auf dem Trödelmarkt, sondern auch für jegliche Verhandlungen zwischen Geschäftspartnern, wenn auch möglicherweise nicht mit so großen Spielräumen wie auf dem Trödelmarkt.

In den meisten Situationen, in denen die Verankerungsheuristik wirkt, wird jedoch kein Anker bewusst von Dritten gesetzt. Vielmehr gibt es für den Entscheider immer einen ersten Anhaltspunkt, mit dem seine Überlegungen starten. Beispielsweise wird ein Analyst in der Bewertung eines Unternehmens nicht von Null anfangen und seinen Report schreiben.

---

[9] Vgl. Strack und Mussweiler (1997).

Vielmehr wird er auf andere Analystenberichte Rückgriff nehmen und diese in seine Überlegungen einbeziehen. Der erste Report, den er in die Finger bekommt und durcharbeitet, wird als Anker fungieren. Zumindest in der Tendenz wird sodann das Ergebnis des Analysten in Richtung dieses Reports verzerrt sein.

Der natürlichste Anker, den es gibt, ist jedoch der Status Quo, also die Situation, in der man sich befindet. Wer beispielsweise Aktienkurse prognostiziert, hat als Anker den aktuellen Kurs. Wer Handelsumsätze oder Rentabilitäten eines Unternehmens in der Zukunft einschätzen möchte, hat ebenfalls als Anker die aktuellen Zahlen. Diese Verankerung am Bestehenden führt dazu, dass Prognosen häufig zu eng an diesem Status Quo liegen. Deutlich wird dies insbesondere, wenn Wahrscheinlichkeiten extremer Abweichungen von den aktuellen Gegebenheiten erfragt werden. Empirische Untersuchungen zeigen, dass diese Wahrscheinlichkeiten meist zu gering sind, also die Befragten zu sehr am Status Quo verhaftet sind.[10]

Diese Neigung des Menschen, am Bestehenden festzuhalten, ist wahrscheinlich die gravierendste Konsequenz aus der Verankerungsheuristik. Allerdings gibt es noch weitere spezielle Konstellationen von Urteilsverzerrungen, die im Folgenden aufgeführt werden.

3.3.2 Verankerung bei schneller Hochrechnung

Bei einem Experiment mit Studierenden, die in zwei Gruppen eingeteilt wurden, mussten diese spontan, d. h. innerhalb von fünf Sekunden, das Ergebnis einer Rechenaufgabe schätzen. Die erste Gruppe musste das Ergebnis der Aufgabe

$$1 \times 2 \times 3 \times 4 \times 5 \times 6 \times 7 \times 8 = ?$$

schätzen, die andere das Resultat der Aufgabe

$$8 \times 7 \times 6 \times 5 \times 4 \times 3 \times 2 \times 1 = ?.$$

Die erste Gruppe kam im Durchschnitt auf einen Wert von 512, die zweite Gruppe, die die absteigende Zahlenreihe erhalten hatte, auf einen wesentlich höheren Wert von 2250. Die Erklärung dieses Ergebnisses fällt im Lichte der Verankerungsheuristik einfach. So ist davon auszugehen, dass sich die Studierenden in fünf Sekunden nur an den ersten Zahlen des Terms orientiert haben. Dabei konnten sie schnell ersehen, dass es sich bei der Rechnung um eine Multiplikationsaufgabe handelte, wobei offenbar nur die ersten Faktoren tatsächlich miteinander multipliziert und der Rest der Schätzung – aufbauend auf dem bisherigen Ergebnis – hochgerechnet wurde. Da mit „1 × 2 × 3 × 4 × ..." bei der ersten Gruppe ein wesentlich niedriger Anker gesetzt wurde als mit „8 × 7 × 6 × 5 × ...", ist es leicht verständlich, dass die zweite Gruppe zu einem höheren Schätzwert gekommen ist.

---

[10] Siehe Lichtenstein et al. (1982).

Des Weiteren ist an dem Ergebnis noch interessant, dass beide Schätzwerte geringer ausfallen als das tatsächliche Produkt, welches sich auf 40.320 beläuft. Dies wiederum ist ein deutliches Indiz für einen zu schwach ausgeprägten Anpassungsprozess, wie er typisch für die Verankerungsheuristik ist. So reichte selbst in der zweiten Gruppe, die mit einem hohen Wert für den Anker startete, die Anpassung nicht aus, um dem wahren Wert auch nur nahe zu kommen.

3.3.3 Verankerung in der Wahrscheinlichkeitsschätzung zusammengesetzter Ereignisse

In der Schätzung von Wahrscheinlichkeiten führt die Verankerungsheuristik zu zwei erwähnenswerten Effekten, wenn zusammengesetzte Ereignisse betrachtet werden. Der erste Effekt betrifft die Einschätzung der Wahrscheinlichkeit, dass von mehreren unwahrscheinlichen Ereignissen mindestens eines eintritt. Gehen Sie z. B. einmal davon aus, dass die Wahrscheinlichkeit, innerhalb eines Jahres mindestens einen schweren Verkehrsunfall zu erleiden, mit 0,1 % beziffert werden kann. Wie hoch schätzen Sie die Wahrscheinlichkeit, innerhalb von 50 Jahren (mindestens) einen solchen Unfall zu erleiden? Die meisten Menschen unterschätzen diese Wahrscheinlichkeit, so liegt der tatsächliche Wert immerhin bei $1 - 0{,}999^{50} \approx 5\,\%$.[11] Der Grund für diese Unterschätzung ist darin zu sehen, dass mit der Wahrscheinlichkeit von 0,1 % zunächst ein Anker gesetzt wird, der nur unzureichend an den richtigen Wert angepasst wird.

Das Pendant zu diesem Effekt betrifft die Einschätzung der Wahrscheinlichkeit, dass mehrere sehr wahrscheinliche Ereignisse gemeinsam auftreten. Zur Erläuterung müssen wir lediglich das obige Beispiel umkehren und anstelle des Ereignisses „schwerer Verkehrsunfall in einem Jahr" das Ereignis „ein Jahr ohne schweren Verkehrsunfall" betrachten. Die Wahrscheinlichkeit beläuft sich für letztgenanntes Ereignis als Negation des ersten logischerweise auf 100 − 0,1 % = 99,9 %. Schätzt man nun die Wahrscheinlichkeit, dass man 50 Jahre ohne schweren Verkehrsunfall auskommt, dann ist genau die Situation angesprochen, dass mehrere sehr wahrscheinliche Ereignisse gemeinsam auftreten. Analog zu obiger Berechnung ergibt sich für die Wahrscheinlichkeit dieser Situation ein Wert von ungefähr 100 − 5 % = 95 %. Diesen Wert überschätzen jedoch die meisten Individuen, was nur allzu verständlich ist, berücksichtigt man, dass sie in der obigen Komplementärsituation die korrekten 5 % eher unterschätzen. Inhaltlich sind die beiden Effekte somit kongruent. Im ersten Fall wird ein niedriger Anker (0,1 %) gesetzt, der nicht ausreichend nach oben korrigiert wird; im zweiten Fall ist der Anker hoch (99,9 %), wobei dieser nicht ausreichend nach unten angeglichen wird.

---

[11] Siehe Eisenführ et al. (2010).

3.3 Verankerungsheuristik

Ein psychologisches Experiment bestätigt diesen Effekt noch einmal auf sehr anschauliche Weise.[12] Betrachten Sie hierzu die drei unten angegebenen Wetten mit jeweils unterschiedlichen Gewinnwahrscheinlichkeiten:

▶
- **Wette 1:** Ziehung einer roten Murmel aus einer Urne, die je zur Hälfte mit roten und weißen Murmeln gefüllt ist.
- **Wette 2:** Sieben hintereinander folgende Ziehungen von roten Murmeln, wobei nach jeder Ziehung die Murmel wieder in die Urne zurückgelegt werden muss. Das Verhältnis der roten zu den weißen Murmeln beträgt 9:1.
- **Wette 3:** Ziehung von mindestens einer roten Murmel in sieben Versuchen aus einer Mischung von 10 % roten und 90 % weißen Murmeln. Nach jeder Ziehung ist die Murmel wieder in die Urne zurückzulegen.

Rechnet man zunächst die korrekten Wahrscheinlichkeiten aus, so ergibt sich für die Wette 1 eine Gewinnwahrscheinlichkeit von 50 %, für die Wette 2 von $0{,}9^7 = 48\,\%$ und für die Wette 3 von $1 - 0{,}9^7 = 52\,\%$. Ein rationaler Entscheider müsste somit die Wette 3 gegenüber Wette 1 und die Wette 1 gegenüber Wette 2 präferieren.

Tatsächlich entscheiden sich die meisten der Befragten genau umgekehrt. Sie ziehen zum einen die Wette 2 gegenüber der Wette 1 vor, gleichfalls präferieren sie Wette 1 gegenüber Wette 3. Die Erklärung liegt auf der Hand: Bei der Wette 2 handelt es sich um eine Situation, in der mehrere wahrscheinliche Ereignisse gemeinsam auftreten, sodass es zu einer Überschätzung der Gewinnwahrscheinlichkeit kommt. In der Wette 3 hingegen wird die Wahrscheinlichkeit unterschätzt, weil der Fall betrachtet wird, dass von mehreren unwahrscheinlichen Ereignissen mindestens eines eintritt.

3.3.4 Das Preference-Reversal-Phänomen

Ebenfalls mit der Verankerungsheuristik ist das sogenannte Preference-Reversal-Phänomen zu erklären. Hierzu betrachte man die folgenden beiden Lotterien:

▶
- **Lotterie A:** Mit einer Wahrscheinlichkeit von 30 % erhält man einen Gewinn von 1700 €
- **Lotterie B:** Mit einer Wahrscheinlichkeit von 97 % erhält man einen Gewinn von 450 €.

In einer empirischen Studie wurden diese Lotterien Spielern in Spielkasinos von Las Vegas vorgestellt und unterschiedliche Befragungen durchgeführt.[13] Fragten die Forscher

---

[12] Siehe Bar-Hillel (1973).
[13] Zur Studie siehe Lichtenstein und Slovic (1971), daneben aber auch Tversky und Thaler (1990) und Tversky et al. (1990).

danach, welche Lotterie die Versuchspersonen in einem direkten Vergleich vorziehen würden, antworteten die meisten Versuchspersonen mit Lotterie B. Die Forscher erfragten zusätzlich für jede Lotterie das sogenannte Sicherheitsäquivalent, also den sicheren Betrag, den ein Versuchsteilnehmer gleichwertig zu einer Lotterie ansieht. Hierbei zeigte sich, dass die meisten Versuchspersonen der Lotterie A ein höheres Sicherheitsäquivalent (z. B. 450 €) zuwiesen als der Lotterie B (z. B. 430 €). Die Inkonsistenz dieser Bewertung erkennt man, wenn man die Bewertung noch einmal zusammenfasst: 430 € sind genauso gut wie Lotterie B, Lotterie B ist besser als Lotterie A und Lotterie A ist genauso gut wie 450 €. Unterstellt man Transitivität in der Bewertung, müssten auch 430 € gegenüber 450 € präferiert werden. Weil Letzteres offensichtlich nicht gilt, verletzten die Versuchsteilnehmer eine grundlegende Rationalitätsbedingung.

Diese Irrationalität lässt sich nicht ohne den *Compatibility-Effekt* erklären.[14] Durch die unterschiedliche Fragetechnik wird die Aufmerksamkeit der Befragten jeweils auf unterschiedliche Skalen gelenkt. Diese zunächst vorgenommene Fokussierung auf eine mit der Frage kompatible Skala führt bei der Abfrage nach Sicherheitsäquivalenten dazu, dass sich die Individuen zunächst die unterschiedlichen Geldbeträge der Lotterien ansehen. Hierdurch entsteht eine Verankerung, d. h. ein großer Vorteil für die Lotterie A. Da der anschließende Anpassungsprozess über die geringere Wahrscheinlichkeit von A gemäß der Verankerungsheuristik zu gering ausfällt, bleibt es bei der Präferenz für A. Im direkten Vergleich schauen Individuen jedoch zunächst darauf, mit welcher Lotterie sie eher etwas gewinnen können, d. h. auf die Wahrscheinlichkeit. Der hierdurch initiierte Verankerungsprozess führt in gleicher Argumentation zu einer Präferenz für B.

3.4 Repräsentativitätsheuristiken

Menschen neigen häufig dazu, sehr schnell etwas für wahr zu halten, wenn es plausibel ist. Vor dem Hintergrund der beschränkten kognitiven Ressourcen ist dies verständlich. Warum sollte man sich viele Gedanken machen und Informationen analysieren, wenn die Lösung auf der Hand liegt? Welcher kognitive Geizhals verschwendet schon gerne unnötig Ressourcen?

Das Problem liegt jedoch darin, dass diese schnellen Urteile nicht selten schlechte Urteile bzw. in gewisser Weise verzerrt sind. Diese Verzerrungen sind hierbei nicht zufällig, sondern folgen einer bestimmten Systematik, die durch die Repräsentativitätsheuristik beschrieben wird.

Ganz allgemein gesprochen drückt *Repräsentativität* eine bestimmte Beziehung eines Objektes zu einer Objektklasse aus. So ist ein Objekt repräsentativ für die Objektklasse, falls eine hohe Ähnlichkeit dieses Objektes zu typischen oder vielen Vertretern der Objektklasse wahrgenommen wird.[15] Betrachten wir beispielsweise eine Folge von 6 Wür-

---

[14] Siehe Slovic et al. (1990).
[15] Vgl. Strack (1998).

3.4 Repräsentativitätsheuristiken

fen mit einem Spielwürfel, z. B. 245364. Diese Folge ist repräsentativ für eine Würfelfolge, da sie sehr ähnlich zu vielen anderen möglichen Würfelfolgen aussieht. Oder sehen Sie einen großen Unterschied zur Folge 245164 oder 243564? Man muss schon sehr genau vergleichen, ob und wie sich diese Folgen unterscheiden. Anders verhält es sich mit der Folge 666666, denn man erkennt sehr leicht, wenn man diese Folge modifiziert, z. B. in 666566. Die Folge 666666 ist demnach nicht repräsentativ für die Menge aller möglichen Würfelfolgen.

Mit der Definition des Begriffs *Schema* als Aussage über eine Gesamtheit von Objekten (Objektklasse) lässt sich Repräsentativität noch etwas einfacher beschreiben. Eine hohe Repräsentativität ist dann gegeben, wenn eine Beobachtung gut „in ein Schema passt", eine niedrige Repräsentativität entsprechend, wenn kein passendes Schema gefunden bzw. aktiviert werden kann. Bezogen auf die Würfelfolgen wäre ein passendes Schema beispielsweise: „Eine zufällige Würfelfolge enthält mehrere Zahlen zwischen 1 und 6, und zwar durcheinander". Die Würfelfolge 245364 passt in dieses Schema, die Würfelfolge 666666 nicht.

Somit beschreibt der Begriff Repräsentativitätsheuristik im Grunde genommen die Neigung des Menschen, zu schnell in ein Schema-Denken zu verfallen.[16] Zu welchen Konsequenzen dies im Einzelnen führen kann, wird nun beschrieben.

3.4.1 Überschätzen der Wahrscheinlichkeit von repräsentativen Ereignissen

Eine wesentliche Erkenntnis zur Repräsentativitätsheuristik ist es, dass Menschen die Wahrscheinlichkeit von repräsentativen Ereignissen meist überschätzen. Nehmen wir das Würfelbeispiel: Wenn Sie einige Bekannte befragen, welche der beiden Würfelfolgen 245364 oder 666666 diese für wahrscheinlicher halten, was werden Sie zu hören bekommen? Sicherlich werden Sie von manch schlauen Köpfen unmittelbar die richtige Antwort hören, und zwar dass selbstverständlich beide Folgen gleichwahrscheinlich sind mit einer Wahrscheinlichkeit von $1/6 \times 1/6 \times 1/6 \times 1/6 \times 1/6 \times 1/6$. Nicht wenige werden aber auch dabei sein, die der ersten Würfelfolge eine höhere Wahrscheinlichkeit beimessen. Schließlich handelt es sich hierbei um eine offenbar sehr typische (repräsentative) Abfolge. Keiner wird Ihnen jedoch sagen, dass die Folge 666666 wahrscheinlicher ist. In diesem Beispiel führt also die Repräsentativität zu einer systematischen Verzerrung.

Dieser beschriebene Effekt hat weitere Konsequenzen. Stellen Sie sich bei einem Besuch im Spielkasino vor, dass in den letzten 10 Ausspielungen am Roulette-Tisch die Farbe Schwarz ausgespielt wurde. Viele Spieler neigen dann dazu, in dieser Situation auf Rot zu setzen.[17] Warum? Sie vergleichen die beiden Folgen „11-mal Schwarz" vs. „10-mal Schwarz und einmal Rot" und stellen in diesem Vergleich fest, dass die zweite Folge als

---
[16] Siehe Kahneman und Tversky (1972).
[17] Siehe Tversky und Kahneman (1974).

Farbabfolge in einem Roulette-Spiel repräsentativer ist. So scheint es deren Meinung nach sehr unwahrscheinlich und untypisch, wenn 11-mal hintereinander Schwarz kommt.

Unter der Prämisse, dass es im Kasino mit rechten Dingen zugeht, sagt die Wahrscheinlichkeitsrechnung jedoch ganz eindeutig, dass in der nächsten Ausspielung (bzw. auch in allen weiteren) die Farben Schwarz und Rot immer gleichwahrscheinlich sind. Die höhere Repräsentativität der zweiten Abfolge sorgt also für eine Verzerrung in der Wahrscheinlichkeitsschätzung, die auch als *Gamblers Fallacy* bezeichnet wird.

Auch Anleger in Kapitalmärkten können der Gamblers Fallacy unterliegen. In einer Studie[18] konnten die Versuchspersonen Aktien kaufen, deren Kursentwicklung rein zufällig war. Dabei zeigte sich, dass die meisten Versuchspersonen bei Aktien, die einen längeren Abwärtstrend hinter sich hatten, wieder mit steigenden Kursen rechneten und deshalb die gefallenen Aktien überdurchschnittlich stark gehalten wurden.

Die Gamblers Fallacy ist nur ein Beispiel einer systematischen Fehleinschätzung von Wahrscheinlichkeiten, wie sie durch die Repräsentativitätsheuristik hervorgerufen wird. Ein weiteres Beispiel ist die sogenannte *Conjunction Fallacy*, die den Menschen dazu bringt, grundlegende Wahrscheinlichkeitsaxiome zu verletzen. So ist aus der Wahrscheinlichkeitsrechnung bekannt, dass die gemeinsame Wahrscheinlichkeit zweier Ereignisse nie größer sein kann als die Wahrscheinlichkeit jedes einzelnen Ereignisses. Falls die Wahrscheinlichkeit für Regen am nächsten Tag mit 40 % und für den angekündigten Besuch der Schwiegermutter mit 80 % anzusetzen ist, kann das Ereignis „Schwiegermutter kommt im Regen" nie eine höhere Wahrscheinlichkeit als 40 % besitzen. Dies ist unmittelbar einleuchtend. Umso mehr verwundert es, dass viele Menschen diesen grundlegenden Zusammenhang schlicht und einfach übersehen. Sie tun dies, wenn das gemeinsame Ereignis eine höhere Repräsentativität besitzt als eines der Einzelereignisse, wie es das folgende Beispiel veranschaulicht.

Tversky und Kahneman (1983) stellten in einer empirischen Untersuchung den Versuchspersonen eine hypothetische Person wie folgt vor:

▶ Linda ist 31 Jahre alt, sehr intelligent, und nimmt kein Blatt vor den Mund. Sie hat Philosophie studiert. Als Studentin hat sie sich intensiv mit Fragen sozialer Gerechtigkeit und Diskriminierung auseinandergesetzt. Außerdem hat sie an Anti-Kernkraft-Demonstrationen teilgenommen.

Danach wurden die Versuchspersonen nach Wahrscheinlichkeiten für weitere Eigenschaften befragt. So wurden unter anderem die beiden Aussagen

▶ 1. Linda ist Bankangestellte.
  2. Linda ist Bankangestellte und aktiv in der Frauenbewegung.

präsentiert, wobei die Mehrheit der Versuchspersonen (ca. 90 %) die zweite Aussage für wahrscheinlicher hielt. Hierbei ist der Repräsentativitätsheuristik folgend davon auszu-

---
[18] Siehe Maital (1991).

gehen, dass den Personen bei der zweiten Aussage schnell ein Schema der Art: „Wer Philosophie studiert und sich mit sozialen Fragen und Diskriminierung beschäftigt, kann auch durchaus in einer Frauenbewegung aktiv sein" einfiel, sodass diese zweite Aussage über Linda als repräsentativer wahrgenommen wurde als die erste.

Allgemein neigen also Menschen dazu, die Repräsentativität von Ereignissen als wichtige Maßgröße für die Wahrscheinlichkeit anzusehen. Sie erachten repräsentative Ereignisse für wahrscheinlich und setzen sich in unverzeihlicher Weise durch ein schematisches Denken über weitere Rahmenbedingungen, wie z. B. Wahrscheinlichkeitsaxiome, hinweg. Zu Beginn dieses Abschnitts zur Repräsentativitätsheuristik wurde davon gesprochen, dass Menschen zu schnell etwas für wahr halten, wenn es plausibel ist. Genau dies ist hiermit gemeint. Plausibilität ist einer der größten Feinde der Wahrheit.

3.4.2 Verdrehen von Zusammenhängen

Das schematische Denken und Hereinfallen auf Plausibilität zeigt sich nicht nur in der Einschätzung von Wahrscheinlichkeiten, sondern auch im Umgang mit Zusammenhängen. So beschreibt die *Conditional Probability Fallacy* die Neigung des Menschen, bei bedingten, hohen Wahrscheinlichkeiten durchaus schon einmal Bedingung und Ereignis zu vertauschen. Dies soll zunächst an einem Beispiel erklärt werden.[19]

▶ Nach einer Zeitungsmeldung hat ein US-amerikanischer Arzt 90 Frauen aus einer „Hochrisikogruppe" vorsorglich die Brust amputiert, da 93 % der Brustkrebsfälle aus der Hochrisikogruppe stammen. Hierbei ist er offensichtlich davon ausgegangen, dass mit der Zugehörigkeit zur Hochrisikogruppe eine ähnlich hohe Wahrscheinlichkeit besteht, dass der Brustkrebs ausbricht.

Die Wahrscheinlichkeitsrechnung zeigt uns jedoch, dass dies nicht der Fall ist. Unter der Annahme, dass die Häufigkeit für Brustkrebs in der Gesamtpopulation der amerikanischen Frauen bei $p(Bk) = 7{,}5\,\%$ (A-priori-Wahrscheinlichkeit) liegt und der Anteil der Hochrisikogruppe an der bezeichneten Population $p(Hr) = 57\,\%$ beträgt, gilt nach dem Bayes-Theorem[20]:

$$p(Bk|Hr) = \frac{p(Bk)\cdot p(Hr|Bk)}{p(Hr)} = \frac{0{,}075\cdot 0{,}933}{0{,}57} = 12{,}3\,\%$$

Das bedeutet, dass Patientinnen aus der Hochrisikogruppe nur ein Risiko von 12,3 % haben, um an Brustkrebs zu erkranken. Dieses Risiko ist wohl eher zu gering, um vorsorglich zu amputieren.

---

[19] Beispiel wurde entnommen aus Hastie und Dawes (2001).
[20] Siehe zum Bayes-Theorem Abschn. 15.2.3.

Die Erklärung dieser Falle wird verständlich, wenn man das für den Arzt verfügbare Schema „Wer Brustkrebs hat, ist typischerweise in der Hochrisikogruppe" berücksichtigt. Jede Patientin aus der Hochrisikogruppe „passt" natürlich in dieses Schema, das Schema wird also schnell aktiviert und gemäß der Heuristik eine hohe Wahrscheinlichkeit für Brustkrebs hergeleitet. Dass durch dieses enge Denken in Schemata bzw. Ähnlichkeiten (als das der Repräsentativitätsheuristik zugrunde liegende Konzept) Bedingung und Ereignis vertauscht werden, fällt in gleicher Weise unter den Tisch, wie in der Gamblers Fallacy und in der Conjunction Fallacy die betrachteten Basiswahrscheinlichkeiten.

3.4.3 Scheinkorrelationen

Wie gezeigt wurde, führt die Repräsentativitätsheuristik im Rahmen der Conditional Probability Fallacy zu einer Vertauschung von Bedingung und Ereignis, d. h. im weiteren Sinne von Ursache und Wirkung. Es handelt sich somit um eine falsche Interpretation eines tatsächlichen bestehenden Zusammenhangs. Es gibt aber noch eine Variante der Repräsentativitätsheuristik, in der die Verzerrung insofern noch gravierender wird, als dass Menschen aufgrund des Denkens in Schemata sogar dazu neigen, Zusammenhänge wahrzunehmen, die als solche gar nicht vorhanden sind. Beschränkt man sich zunächst auf die Wahrnehmung von empirischen Abhängigkeiten, so kann in diesem Zusammenhang auch von *Scheinkorrelationen* gesprochen werden.

Zur Erläuterung zunächst ein Beispiel: In der Einschätzung des HIV-Risikos für lesbische Frauen tendieren viele Leute dazu, von einem vergleichsweise hohen Risiko auszugehen.[21] Tatsächlich liegt die HIV-Infektionsrate bei lesbischen Frauen jedoch niedriger als bei männlichen Homosexuellen, sie ist sogar niedriger als bei allen männlichen und weiblichen Heterosexuellen. Eine Begründung für diese Fehleinschätzung kann im Rahmen der Repräsentativitätsheuristik wie folgt gegeben werden: Menschen haben zwei Schemata im Kopf: „Homosexuelle besitzen ein hohes HIV-Infektionsrisiko" und „Lesbische Frauen sind Homosexuelle". Beide Schemata sind für sich gesehen objektiv richtig, die Schlussfolgerung, bei lesbischen Frauen von einem hohen Infektionsrisiko auszugehen, ist jedoch nicht möglich.

Da der Mensch, wie es schon die Conditional Probability Fallacy zeigt, innerhalb eines Schemas sehr fahrlässig mit der inhaltlichen Interpretation umgeht, ist es für ihn ein Leichtes, die beiden Schemata im Beispiel so zusammenzusetzen, dass die obige Urteilsverzerrung erklärt wird. Es wurde ein empirischer Zusammenhang wahrgenommen, der zumindest im geäußerten Ausmaß nicht besteht.

In dem Bild des Gedächtnisses als Netzwerk von Knoten und Kanten sind auch diese Scheinkorrelationen leicht erklärbar. Wenn zwischen dem Knoten A und B eine Verbindung besteht und zugleich auch zwischen Knoten B und C, so wird mit einer Aktivie-

---

[21] Siehe Aronson (1999).

rung des Knotens A über die fließenden Ströme auch sehr schnell der Knoten C erreicht. Mit A wird also auch C aktiviert, diese Aktivierung unterscheidet aber nicht, ob es sich um eine enge inhaltliche Verbindung oder um ein mehr oder weniger zufälliges gemeinsames Auftreten handelt.

3.4.4 Überschätzung von Kausalbeziehungen

Menschen neigen dazu, beobachtete empirische Zusammenhänge insbesondere dann vorschnell als kausale Zusammenhänge zu interpretieren, wenn diese Zusammenhänge gut in ein Schema passen. Narrow Thinking zeigt sich hierbei in dem Punkt, dass es für den Menschen schlichtweg einfacher ist, einen gut passenden Zusammenhang als konsistente Geschichte zu akzeptieren, als Ressourcen aufzuwenden, um sich Alternativhypothesen über die Gründe für den betrachteten Zusammenhang zu machen. Hierzu zunächst ein Beispiel:

▶ Man stelle sich hierzu zwei Analysten vor, die täglich eine kurzfristige Prognose über die Entwicklung des Dollarkurses abgeben. Diese beiden Analysten wurden von einem Kunden nur zwei Tage beobachtet, in diesen beiden Tagen machte der Analyst 1 immer (d. h. zwei) richtige Prognosen, der Analyst 2 lag zweimal falsch. Bei der nun anstehenden Prognose schenkt der Kunde dem Analysten 1 erheblich mehr Glauben, aber warum?

Die richtigen bzw. falschen Prognosen führen schnell zur Etablierung von Schemata: „Analyst 1 bringt (typischerweise) richtige Prognosen" und „Analyst 2 bringt (typischerweise) falsche Prognosen". Als Folge der Repräsentativitätsheuristik wird der Kunde dem Analysten 1 somit eine höhere Trefferwahrscheinlichkeit für die nächste Prognose beimessen. Das heißt, der Kunde geht davon aus, dass das in der Vergangenheit gebildete Schema in die Zukunft fortgeschrieben werden kann. Dies wiederum ist letztlich nichts anderes als die Unterstellung, dass der Analyst 1 besser ist als der Analyst 2. Es ist somit aus einem empirischen Zusammenhang ein kausaler abgeleitet worden.

In diesem Beispiel lässt sich nicht bestreiten, dass der Analyst 1 möglicherweise wirklich besser ist als der Analyst 2. So zeigt sich ja schließlich die Qualität eines Analysten insbesondere darin, dass seine Prognosen mit einer höheren Wahrscheinlichkeit eintreffen, und zweimal hatte er ja schon Recht. Tatsächlich kann aber auch Analyst 2 der bessere sein und lediglich Pech gehabt haben, während der Analyst 1 zwei Zufallstreffer gelandet hat. Man muss sich in diesem Zusammenhang bewusst machen, dass in dieser Situation zwei Beobachtungen kaum etwas aussagen. Zum einen ist den Worten von André Kostolany folgend ein Analyst schon wirklich sehr gut, wenn er in 51 % seiner Prognosen richtigliegt. Hieraus müssen wir folgern, dass Prognosen viel mit Glück zu tun haben. Zum anderen gilt, dass bei einer ausreichend großen Zahl von Analysten allein nach den Gesetzen der Wahrscheinlichkeitsrechnung einige dabei sein werden, die auch über einen längeren Zeitraum immer Recht hatten. Um diese letzte Aussage besser zu verstehen, noch ein Beispiel:

▶ Stellen Sie sich bitte eine Menge von tausend Kindern in einem sehr großen Kindergarten vor, die täglich mit einem Münzwurf die Entwicklung des Dax für den nächsten Tag prognostizieren. Kommt „Kopf", steigt der Dax, erscheint „Zahl", so wird er fallen. Nun gibt es die Regel, dass ein Kind, das einmal falsch lag, nicht mehr mitmachen darf. Das heißt, an jedem Tag werden der Wahrscheinlichkeitsrechnung folgend ca. die Hälfte der Kinder falsch liegen und ausfallen. Nach einiger Zeit wird noch ein Kind übrig bleiben, das immer richtiglag. Was glauben Sie: Würde eine Fondsgesellschaft dieses „Wunderkind" einstellen?

Die Antwort dürfte leichtfallen: sicherlich nicht! Denn in diesem Fall ist es offensichtlich und bedarf keiner ressourcenschluckenden Überlegung, dass es nicht die Fähigkeiten des Kindes sein können, die den großen Erfolg des Siegerkindes erklären.

3.5 Mentale Konten

Wenn Menschen Projekte durchführen, neigen sie zur Schonung von Informationsverarbeitungskapazitäten dazu, sich in ihrem mentalen Modell der Entscheidungssituation nur auf die Auswirkungen dieses Projektes zu konzentrieren und Wechselwirkungen mit anderen Projekten weitestgehend zu vernachlässigen. Die Auswirkungen des Projektes werden isoliert in einem eigenen mentalen Konto verbucht.

Der Begriff eines Projekts ist hierbei sehr weit auszulegen. So umfassen Projekte berufliche oder private Engagements wie z. B. „Durchführung einer Produktentwicklung", „Einstellung eines Mitarbeiters", „Investition in eine bestimmte Immobilie", „Kauf einer Aktie X", „Kauf einer Aktie Y", aber auch „Besuch eines Konzerts" etc. In seinen Überlegungen bewegt sich der Mensch zu einem Zeitpunkt jeweils nur in einem Konto, Abhängigkeiten zu anderen Engagements bzw. Konten werden weitgehend vernachlässigt. Die Wirkungsweise dieses *Mental Accounting* soll zunächst an einem Beispiel verdeutlicht werden.

▶ • **Situation A:** Sie haben eine Eintrittskarte für ein Konzert zum Preis von 100 € erworben. Vor dem Konzerthaus angekommen, bemerken Sie, dass Sie Ihre Karte verloren haben. An der Abendkasse gibt es noch gleichwertige Karten. Kaufen Sie eine neue Karte?
• **Situation B:** Sie haben sich an der Abendkasse eine Eintrittskarte für 100 € reservieren lassen. Dort angekommen, stellen Sie fest, dass Sie 100 € aus Ihrem Portemonnaie verloren haben. Kaufen Sie die Karte, wenn Sie noch genügend Geld dabeihaben?

Rein ökonomisch betrachtet sind beide Fälle identisch. In beiden Situationen stellen Sie an der Abendkasse einen Verlust in Höhe von 100 € fest und es muss entschieden werden, ob Sie erneut einen Betrag von 100 € aufwenden, um das Konzert zu hören. Empirische Untersuchungen belegen, dass die Mehrheit der Befragten im ersten Fall von einem Konzertbesuch absieht, im zweiten Fall jedoch die reservierten Konzertkarten einlöst.[22]

Diese Verhaltensinkonsistenz lässt sich leicht erklären: Die Entscheider führen in beiden Situationen mentale Konten, nämlich ein „Konzertkonto" und ein „sonstiges Geldkonto". Durch den Besuch des Konzertes erhält man einen positiven Wert durch Freude, Unterhaltung, Kunstgenuss etc., der auf dem Konzertkonto (während des Konzerts) verbucht wird. Diesem Wert steht der Preis der Konzertkarte entgegen. In der ersten Situation ist dieser Preis schon auf dem Konzertkonto verbucht, wenn man an der Abendkasse steht. Der Kauf einer zweiten Karte würde dieses Konto weiter belasten, sodass dem Konzertbesuch ein Preis von 200 € gegenübersteht. Manch einem mag dies zu viel für ein Konzert erscheinen, sodass die Kaufzurückhaltung bei den Befragten erklärt ist. In der zweiten Situation wurde der Verlust der 100 € auf einem anderen Konto, dem Geldkonto, verbucht. Diese Verringerung des Kontostands mag zwar ärgerlich sein, beeinflusst aber nicht das kontenspezifische Denken im Konzertkonto. Warum sollte man in der zweiten Situation also nicht in das Konzert gehen?

Man erkennt an diesem Beispiel, dass durch das separate Führen zweier Konten ohne Berücksichtigung von Abhängigkeiten das Entscheidungsverhalten in einer ökonomisch eindeutigen Situation beeinflussbar wird.

Durch Mental Accounting werden Abhängigkeiten zwischen den einzelnen Konten nicht berücksichtigt. Bei Engagements in Wertpapieren kann dies unter anderem zu dem Effekt führen, dass Risiken falsch bewertet werden. Dieser Zusammenhang soll an einem kleinen Beispiel verdeutlicht werden.

▶ Wir betrachten die Aktien zweier Unternehmen: Unternehmen A stellt Badeartikel her, Unternehmen B Regenbekleidung. Beide Unternehmen sind jung, arbeiten höchst effizient und innovativ, sodass ein Aktienengagement vermutlich sehr lukrativ ist. Die Gewinnsituation beider Unternehmen hängt jedoch leider ganz erheblich vom Wetter ab. Bei schönem Wetter wird das Unternehmen A glänzende Gewinne abwerfen, das Unternehmen B dagegen Verluste schreiben, wenn diese auch aufgrund des guten Managements nur gering ausfallen. Bei schlechtem Wetter kehrt sich die Situation exakt um.

Bewertet man im Zuge eines Mental Accounting ein Engagement in Aktien des Unternehmens A isoliert von einem Engagement in Aktien des Unternehmens B, so mag man sich möglicherweise aufgrund des jeweils hohen Risikos dazu entschließen, mit dem Geld lieber etwas anderes anzufangen. Beide Anlagen sind für sich gesehen jeweils zu risikoreich. Berücksichtigt man jedoch den gegenteiligen Einfluss des Unsicherheitsfaktors

---

[22] Siehe Tversky und Kahneman (1981).

Wetter, wird eine Kombination beider Aktien zu einer lukrativen und zugleich sicheren Anlage. Bei gutem Wetter überwiegen nämlich die glänzenden Gewinne des Badeartikelherstellers gegenüber den leichten Verlusten des Unternehmens der Regenbekleidung sowie bei schlechtem Wetter entsprechend umgekehrt. Eine Vernachlässigung der (Risiko-) Abhängigkeiten in diesem Beispiel führt demnach dazu, dass Gewinnchancen ungenutzt bleiben.

In diesem kurzen Abschnitt haben wir das Mental Accounting nur knapp skizziert und lediglich einige elementare Implikationen herausgestellt. Tatsächlich besitzt das Mental Accounting aber noch weitergehende Konsequenzen für das Entscheidungsverhalten, die jedoch erst im Kontext mit anderen psychologischen Aspekten zur Geltung kommen. Dementsprechend werden wir in diesem Buch noch an vielen Stellen auf dieses grundlegende psychologische Phänomen zurückkommen.

3.6 Overconfidence

Overconfidence gehört sicherlich zu den wichtigsten und am meisten behandelten Phänomenen in der gesamten deskriptiven Entscheidungsforschung. Unter Overconfidence wird die Neigung von Menschen verstanden, bestimmte eigene Fähigkeiten systematisch zu überschätzen.

Die psychologischen Gründe für eine Overconfidence liegen allerdings nur zum Teil im kognitiven Bereich des Narrow Thinking. Ebenso ist das Kontrollmotiv des Menschen, auf das im nächsten Kapitel näher eingegangen wird, gleichfalls verantwortlich dafür, dass es zu dieser Überschätzung kommt.

Man kann zwischen drei Varianten der Overconfidence unterscheiden:[23]

- **Overestimation** beschreibt die Überschätzung der eigenen Fähigkeit, Leistung oder Kontrolle. Wenn ein Student beispielsweise meint, er würde in der Klausur zur Entscheidungslehre sicherlich mindestens eine 2 erreichen, dies aber nicht schafft, liegt eine Overestimation vor.
- **Overplacement** betrifft die Überschätzung im Vergleich zu anderen, man spricht deshalb auch vom „better than average"-Effekt. Wenn der Studierende beispielsweise der Meinung ist, dass er sicherlich unter den besten 10 % in der Klausur ist, dies aber nicht erreicht, liegt ein Overplacement vor.
- **Overprecision** (oder Miscalibration) bezieht sich auf die Angabe von Konfidenzintervallen bei einer numerischen Schätzung. Eine Studentin könnte beispielsweise sagen, dass sie zu 90 % sicher sei, eine Note zwischen 2 und 3 zu erzielen. Overprecision liegt dann vor, wenn das Konfidenzintervall zu eng oder die Wahrscheinlichkeit zu hoch angegeben wird.

---

[23] Zu dieser Aufteilung siehe Moore und Healy (2008). Allerdings verzichten viele Forscher auf diese Unterteilung, weil sich die Konzepte nicht genau genug abgrenzen lassen.

In vielen praktischen Entscheidungssituationen ist es jedoch nicht möglich, eine beobachtete Overconfidence genau einer Variante zuzuordnen. Wir können dies an dem häufig herangezogenen Beispiel für Overconfidence, der Selbstüberschätzung von privaten Anlegern im spekulativen Aktienhandel, gut verdeutlichen. Barber und Odean (2000) konnten auf Basis eines großen Datensatzes eindrucksvoll belegen, dass die Kunden eines Onlinebrokers durch ihre Kauf- und Verkaufentscheidungen von Aktien eine erheblich niedrigere Performance erreichen, als wenn sie einfach nur ein Marktportfolio gekauft und abgewartet hätten. Die Selbstüberschätzung, die diese Anleger treibt, findet sich nun in allen drei Varianten. Sie überschätzen erstens, was sie mit dem Aktieninvestment erreichen können (Overestimation), sie glauben gleichzeitig, dass sie schlauer sind als der Markt (Overplacement) und bei ihren Kursprognosen einzelner Aktien sind sie zu sicher (Overprecision). Auch wenn es somit meist nur in Laborexperimenten gut möglich ist, zwischen den Varianten zu differenzieren, ermöglicht diese Unterscheidung ein besseres Verständnis des Phänomens Overconfidence, was gleich noch deutlich werden wird.

Zunächst wollen wir uns aber noch unabhängig von diesen Varianten damit beschäftigen, warum Narrow Thinking eine Overconfidence begünstigt. Die Ursache findet man in WYSIATI. Dieser von Kahneman (2011) eingeführte Begriff mit der Bedeutung „What You See Is All There Is" verdeutlicht sehr gut das Grundschema einer Denkweise, welche unter anderem auch Overconfidence hervorruft. WYSIATI steht für die Erkenntnis, dass sich die Urteile von Menschen aus einem im Kopf gezeichneten, subjektiven Bild ableiten, wobei nicht berücksichtigt wird, dass dieses mentale Abbild der Entscheidungssituation nur ein kleiner Ausschnitt der Realität ist und dass zugleich die umfassten Bildbestandteile möglicherweise nicht fundiert abgesichert sind. Vielmehr zählen nur der Gesamteindruck und die Konsistenz des Bildes. Man kann also eine gewisse Parallele zum Narrative Bias erkennen, bei dem ebenfalls aus der Konsistenz einer Geschichte eine Überbewertung abgeleitet wird.

WYSIATI führt dann zur Overconfidence, wenn sich die Menschen zu sehr auf die Argumente und Belege fokussieren, die das gewünschte Erfolgsszenario unterstützen. Dann entsteht ein konsistentes Bild des Erfolgs, welches aber eben nur ein Ausschnitt einer umfassenden Einschätzung ist. Die resultierende Overconfidence folgt in diesem Fall im Endeffekt also aus einer kognitiven Vernachlässigung von Argumenten und Aspekten, die die eigene Leistung schmälern. Insofern genügt WYSIATI allein noch nicht als Erklärungsansatz für die Overconfidence. Es fehlen nämlich noch Gründe, warum Menschen eher an den eigenen Erfolg als an einen Misserfolg denken. Diese Gründe werden wir in Abschn. 4.3.4 mit dem Phänomen der *Kontrollillusion* noch „nachliefern" müssen.

An dieser Stelle macht es vielmehr Sinn, sich noch eingehender mit den kognitiven Aspekten auseinander zu setzen, die in der Entstehung des subjektiven WYSIATI-Bildes im Kopf eine Rolle spielen. Hierbei kommen die drei obigen Varianten der Overconfidence wieder ins Spiel.

3.6.1 Over-/Underestimation und Over-/Underplacement

Im Hinblick auf Overestimation und Overplacement ist die Unterscheidung wichtig, ob sich die Einschätzung der eigenen Leistung auf eine leichte oder schwierige Aufgabe bezieht. So zeigen nämlich Studien, dass es zu einer Overestimation eher bei schwierigen Aufgaben kommt und bei einfachen Aufgaben sogar eher eine Underestimation die Regel ist. Moore und Healy (2008) argumentieren, dass dies aus einer allgemeinen Verzerrung der Einschätzung zu einem Mittelwert resultiert, die sie *Regressivität* nennen. Man könnte Regressivität als Folge einer gewissen Unsicherheit über die Gegebenheiten verstehen, d. h., je weniger man weiß, desto eher ist die Annahme berechtigt, einfach nur einen durchschnittlichen Wert als Schätzung anzugeben. Die Abb. 3.4 veranschaulicht die Konsequenzen der Regressivität auf Over-/Underestimation und Over-/Underplacement.

Betrachtet der Entscheider eine einfache Aufgabe, so wird er diese Aufgabe grundsätzlich gut lösen können, d. h., sein Ergebnis wird recht gut sein. Im Zuge der Regressivität wählt er aber eine Einschätzung, die etwas näher an einem durchschnittlichen Wert liegt. Die Folge ist Underestimation. Bei einer schwierigen Aufgabe ergibt sich der gegenteilige Effekt. Die Grundannahme hierbei ist, dass bei einer schwierigen Aufgabe eher mit einem schlechten Ergebnis zu rechnen ist und die Regressivität somit eine Verschiebung nach oben bewirkt. Die Folge ist Overestimation.

Die Abbildung zeigt zugleich auch, welche Effekte sich in Bezug auf das Overplacement ergeben. In einem Vergleich des eigenen Ergebnisses mit dem Ergebnis einer Vergleichsgruppe („Peer Group") ist es offensichtlich, dass die Unsicherheiten über die Ge-

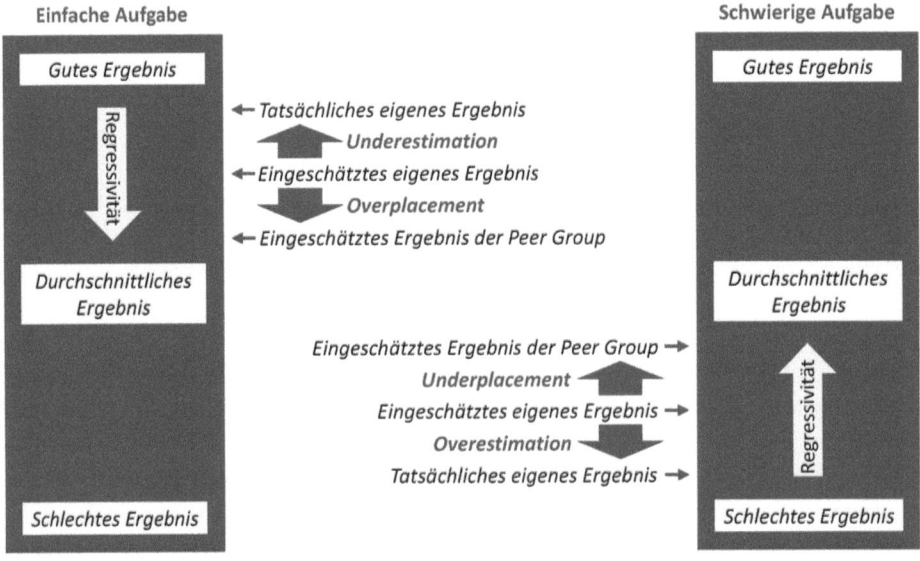

Abb. 3.4 Zusammenhang zwischen Regressivität und Over/Underestimation und Over/Underplacement

gebenheiten in dieser Gruppe noch größer sind als die Unsicherheit über das eigene Ergebnis. Die logische Konsequenz hieraus ist dann, dass bei der Gruppeneinschätzung in einem noch stärkeren Umfang ein regressives, eher durchschnittliches Ergebnis unterstellt wird. Oder mit anderen Worten: Da man über die Gruppe so wenig Genaues weiß, ist die Gruppenleistung im WYSIATI-Bild recht verschwommen. Die eigene Leistung ist etwas klarer zu sehen. Dies begünstigt für das durchschnittliche Ergebnis letztlich eine Tendenz zum Overplacement bei einfachen Aufgaben und ein Underplacement bei schwierigen Aufgaben.

Obwohl, wie oben erwähnt, diese kognitiv begründeten Wirkungszusammenhänge nur einen Teil zur Erklärung des Phänomens der Overconfidence beitragen, lassen sich deren Konsequenzen gut in den einschlägigen empirischen Studien wiederfinden. So beziehen sich die Studien, die ein Overplacement nachweisen, meist auf Aufgaben, die für die Befragten eher als einfach einzustufen sind, oder bei denen die Befragten schon viel Erfahrung haben. Beispielsweise wurden in Studien Autofahrer danach befragt, wie sie ihre autofahrerischen Fähigkeiten im Vergleich zu anderen einschätzen. Das recht einvernehmliche Bild in den Studien aus verschiedenen Ländern zeigt, dass sich grob 70–80 % der Autofahrer für besser halten als der Durchschnitt, genauer gesagt als der Median.[24] Ein ähnliches Ergebnis zeigt eine Studie, in der Analysten befragt wurden, ob sie der Auffassung sind, bessere Aktienprognosen abgeben zu können als ihre Berufskollegen.[25] Studien, die sich auf für die Befragten eher schwierige Aufgaben beziehen, gelangen hingegen eher zu einem Underplacement. Als schwierige Aufgaben wurden in einer Studie beispielsweise Jonglieren, Schachspielen als Laie oder Computerprogrammierung gewählt. Hier schätzen sich die Befragten also eher systematisch schlechter ein als der Durchschnitt.[26]

3.6.2 Overprecision

Overprecision lässt sich vergleichsweise einfach durch WYSIATI erklären. Die anfangs genannte Studentin mit ihrer 90-prozentigen Einschätzung, eine Note zwischen 2 und 3 zu erhalten, hat nämlich ein Bild im Kopf, welches genau die diesbezüglichen Argumente für eine wahrscheinliche Note zwischen 2 und 3 liefert. Eine Aufgabe hatte sie zwar aus Zeitgründen nicht mehr geschafft, bei den anderen Aufgaben denkt sie aber, die richtigen Antworten gegeben zu haben. Die vielen kleinen Stolpersteine, die von den Klausurstellern eingebaut wurden, sind ihr aufgrund von WYSIATI aber nicht bewusst. Insofern sorgt WYSIATI dafür, dass sie es zu wenig in Erwägung zieht, dass die vermeintlich richtigen Antworten doch nicht so ganz richtig sind. Insofern fällt die von ihr angegebene Wahrscheinlichkeit zu hoch aus.

---

[24] Siehe Svenson (1981).
[25] Siehe Stotz und von Nitzsch (2005).
[26] Siehe Kruger (1999).

Um Overprecision in Studien nachzuweisen, muss gezeigt werden, dass die angegebene Wahrscheinlichkeit zu hoch bzw. das Intervall zu gering gewählt wurde. Aber wie ist das möglich? Zur Erläuterung wollen wir an dieser Stelle einfach mal ein entsprechendes Experiment nachspielen:

▶ Überlegen Sie doch einmal, auf wie viel Kilometer Sie die Länge des Flusses Colorado schätzen. Hierbei genügt es, ein Intervall anzugeben, zum Beispiel könnten Sie sagen: „Ich schätze, dass die Länge zwischen 4000 km und 5000 km beträgt." Nun würden Sie befragt, wie sicher Sie sich ihrer Antwort sind. Nehmen wir an, Sie würden sagen: „Zu 90 % bin ich mir sicher".

Woran lässt sich jetzt feststellen, ob Sie diese Zahl 90 % richtig angesetzt haben, oder möglicherweise zu niedrig oder zu hoch? Dies ist zunächst schwer zu sagen, denn Wahrscheinlichkeiten lassen sich grundsätzlich schwierig bestätigen. Wer beispielsweise die Wahrscheinlichkeit für die Würfelfolge 111111 (korrekterweise) auf ca. 0,002 % schätzt, wird nicht deshalb Unrecht haben, wenn die nächste Würfelfolge, die er wirft, genau diese Konstellation zeigt. In diesem Fall ist lediglich ein sehr unwahrscheinliches Ereignis eingetreten. Wahrscheinlichkeiten lassen sich deshalb nur dann überprüfen, wenn sehr viele Ereignisse überprüft und dann Häufigkeiten verglichen werden.

Genauso lassen sich auch Aussagen der obigen Form überprüfen. Man benötigt lediglich eine große Anzahl von Versuchspersonen und muss jeweils überprüfen, ob von allen Befragten, die sich ihrer Aussage beispielsweise zu 90 % sicher waren, auch tatsächlich 90 % dieser Befragten Recht hatten. Ist dies der Fall, haben sich die Versuchspersonen im Durchschnitt richtig eingeschätzt, liegt die Zahl darunter (darüber), haben sich die Versuchspersonen überschätzt (unterschätzt).

Die Forscher Lichtenstein et al. (1982) sowie Griffin und Tversky (1992) haben entsprechende Untersuchungen durchgeführt und festgestellt, dass sich bei Fragen, die ähnlich schwer wie die obige Colorado-Frage sind, eine systematische Overprecision einstellt. Die Ergebnisse der beiden Untersuchungen zeigt die folgende Abbildung (Abb. 3.5).

Man erkennt beispielsweise, dass von den Versuchspersonen, die sich zu 100 % bei ihrer Einschätzung sicher waren, gerade einmal 80 % tatsächlich eine richtige Einschätzung hatten. Versuchspersonen, die sich zu 80 % sicher waren, hatten nur in 61 % der Fälle tatsächlich Recht. Dies ist schon eine deutliche und systematische Überschätzung.

Man mag einwenden, dass es für betriebswirtschaftliche Fragestellungen vielleicht nicht ganz so schlimm ist, wenn man sein eigenes Allgemeinwissen – wie im Colorado-Experiment – überschätzt. Dies mag sein. Allerdings wird Overprecision dann zu einem Problem, wenn man beispielsweise für eine Investitionsentscheidung eine Ergebnismatrix aufstellen möchte und bei den erforderlichen Zustandswahrscheinlichkeiten überzogen hohe Wahrscheinlichkeiten für diejenigen Erfolgsszenarien einträgt, die man in seinem WYSIATI-Bild vor Augen hat. Dies kann dann tatsächlich ziemlich teuer werden.

3.6 Overconfidence

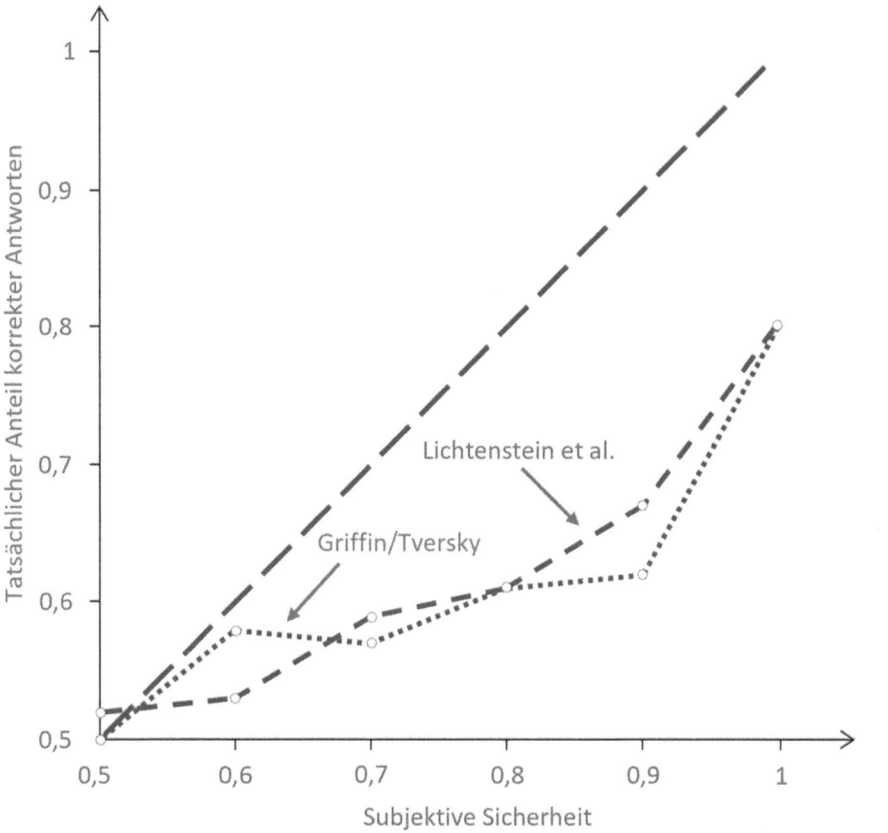

Abb. 3.5 Ergebnisse von Studien zur Overconfidence – Lichtenstein et al. (1982) und Griffin und Tversky (1992)

Vor diesem Hintergrund ist es interessant, sich einmal die Ergebnisse von Studien anzuschauen, die das Auftreten von Overprecision im Umfeld von Finanzmarktentscheidungen untersucht haben. In einer solchen Studie[27] wurden zehn Jahre lang die Finanzchefs von größeren amerikanischen Unternehmen in jedem Quartal danach befragt, welche Renditeentwicklung sie für den US-Aktienindex S&P 500 in den jeweils nächsten 12 Monaten prognostizieren. Insgesamt werteten die Forscher 13.300 entsprechende Schätzungen aus, wobei in jeder Schätzung ein Intervall angegeben wurde, in dem die Rendite mit 80 % Wahrscheinlichkeit erwartet wurde. Im Ergebnis lag nur in 36,3 % der Fälle die erreichte Jahresrendite tatsächlich im prognostizierten Intervall. Dies ist zweifelsfrei ein hohes Ausmaß an Miscalibration. In der Studie wurde zugleich eine Miscalibration bei denselben Managern auch in Bezug auf die Prognose der fundamentalen Gewinnentwicklungen des eigenen Unternehmens nachgewiesen. Je stärker die

---

[27] Siehe Ben-David et al. (2010).

Miscalibration bei den Aktienprognosen war, desto stärker war sie in der Tendenz auch bei den Unternehmenszahlen. Die Ergebnisse der Studie weisen insgesamt darauf hin, dass Manager mit einer hohen Miscalibration nicht ungefährlich für die Stabilität des Unternehmens sind.

Viele weitere Studien belegen eindeutig diese Tendenz zur Overprecision bzw. Miscalibration, selbst bei Experten.[28] Die Ergebnisse zeigen hierbei zum einen die stärksten Überschätzungen bei hohen Konfidenzwahrscheinlichkeiten von 80 % oder mehr, was natürlich äußerst plausibel ist. Des Weiteren deuten die Ergebnisse darauf hin, dass das Ausmaß der Overprecision etwas nachlässt, wenn die abzuschätzenden Sachverhalte einfacher werden. Auch dies ist plausibel, weil bei schwierigeren Sachverhalten davon auszugehen ist, dass in dem eingeschränkten WYSIATI-Bild des Schätzers deutlich mehr Einflussgrößen außen vor gelassen werden als bei einfachen, weniger komplexen Sachverhalten. Insofern ist es verständlich, dass das Ausmaß der Verzerrung bei schwierigeren Sachverhalten höher ausfällt.

Zusätzlich zeigen die Ergebnisse, dass sich eine Overprecision verstärkt, wenn der Schätzer in der letzten Schätzung richtiglag, und abschwächt, wenn sein Konfidenzintervall nicht getroffen wurde. Allerdings führen selbst umfangreiche Erfahrungen in der Kalibrierung der eigenen Prognosen nicht dazu, dass die Miscalibration verschwindet. Es handelt sich also in der Tat um ein sehr robustes Phänomen, welches es wert ist, stets im Hinterkopf behalten zu werden. Sehr passend zitieren Russo und Schoemaker (1992) hierzu Konfuzius in ihrem Beitrag zur Overconfidence wie folgt: „To know that we know what we know and that we do not know what we do not know, that is true knowledge".

---

[28] Siehe z. B. Budescu und Du (2007); Deaves et al. (2010) und Russo und Schoemaker (1992).

3.7 Das Wichtigste in Kürze

In diesem Kapitel habe ich Folgendes gelernt
- Es gibt unterschiedliche Verzerrungen im menschlichen Entscheidungsverhalten, die auf kognitive Limitationen zurückgeführt werden können.
- Menschen orientieren sich zu sehr am nahe liegenden (Narrow Thinking) und wenden vereinfachende Schätz- und Entscheidungsregeln an (Heuristiken).
- Zu den Verfügbarkeitseffekten zählen Overreaction, der Narrative Bias, der Primacy- und der Priming-Effekt.
- Mental Accounting beschreibt das Phänomen, dass Menschen die Konsequenzen ihrer Entscheidungen nicht ganzheitlich und verknüpft betrachten, sondern jeweils in eigenen Konten „verbuchen".
- Menschen lassen sich häufig in ihren Schätzungen von einem gesetzten Anker beeinflussen.
- Schematische Denkmuster führen in vielen Fällen zu Einschätzungen, die sich zwar plausibel anhören, aber nicht stimmen.
- Overconfidence beschreibt die systematische Selbstüberschätzung von Menschen hinsichtlich der Einschätzung von Sachverhalten.

Literatur

Anderson JR (2001) Kognitive Psychologie – Eine Einführung, 3. Aufl. Spektrum Akademischer, Heidelberg/Berlin
Aronson E (1999) The social animal, 8. Aufl. Worth Publishers Inc, Santa Cruz
Asch S (1946) Forming impressions of personality. J Abnorm Soc Psychol 41(3):258–290
Barber BM, Odean T (2000) Trading is hazardous to your wealth: the common stock investment performance of individual investors. J Financ 55(2):773–806
Bar-Hillel M (1973) On the subjective probability of compound events. Organ Behav Hum Perform 9(3):396–406
Ben-David I, Graham JR, Harvey CR (2010) Managerial miscalibration. Working paper 16215, National Bureau of Economic Research, Cambridge
Budescu DV, Du N (2007) Coherence and consistency of investors' probability judgments. Manag Sci 53(11):1731–1744
Deaves R, Lüders E, Schröder M (2010) The dynamics of overconfidence: evidence from stock market forecasters. J Econ Behav Organ 75(3):402–412
Eisenführ F, Weber M, Langer M (2010) Rationales Entscheiden, 5. Aufl. Springer, Berlin/Heidelberg
Fiske ST, Taylor SE (1991) Social cognition. McGraw-Hill Book Company, New York
Frey D, Stahlberg D (1990) Erwartungsbildung und Erwartungsveränderungen bei Börsenakteuren. In: Maas P, Weibler J (Hrsg) Börse und Psychologie. Plädoyer für eine neue Perspektive. Deutscher Instituts-Verlag, Köln, S 102–139
Griffin D, Tversky A (1992) The weighing of evidence and the determinants of confidence. Cogn Psychol 24(3):411–435

Hastie R, Dawes RM (2001) Rational choice in an uncertain world: the psychology of judgement and decision making. Sage Publications, Inc, Thousand Oaks

Higgins ET, Rholes WS, Jones CR (1977) Category accessibility and impression formation. J Exp Soc Psychol 13(2):141–154

Johnson-Laird PN (1983) Mental models: towards a cognitive science of language, inference, and consciousness. Harvard University Press, Cambridge

Kahneman D (2011) Thinking, fast and slow. Farrar, Straus and Giroux, New York

Kahneman D, Tversky A (1972) Subjective probability: a judgement of representativeness. Cogn Psychol 3(430):454

Kahneman D, Tversky A (1973) On the psychology of prediction. Psychol Rev 80(4):237–251

Kruger J (1999) Lake Wobegon be gone! The "below-average effect" and the egocentric nature of comparative ability judgments. J Pers Soc Psychol 77(2):221–232

Lichtenstein S, Slovic P (1971) Reversals of preference between bids and choices in gambling decisions. J Exp Psychol 89(1):46–55

Lichtenstein S, Fischhoff B, Phillips LD (1982) Calibration of probabilities: the state of the art to 1980. In: Kahneman D, Slovic P, Tversky A (Hrsg) Judgement under uncertainty: heuristics and biases. Cambridge University Press, Cambridge, S 306–334

Maas P, Weibler J (1990) Wahrnehmungs- und Informationsverarbeitungsprozesse an der Börse. In: Maas P, Weibler J (Hrsg) Börse und Psychologie. Plädoyer für eine neue Perspektive. Deutscher Instituts-Verlag, Köln, S 72–101

Maital S (1991) What do people bring to the stock market (besides money)? The economic psychology of stock market behavior. In: Gilad B, Kaish S (Hrsg) Handbook of behavioral economics, Bd B. JAI Press, Greenwich, S 273–307

Moore DA, Healy PJ (2008) The trouble with overconfidence. Psychol Rev 115(2):502–517

Russo JE, Schoemaker PJH (1992) Managing overconfidence. Sloan Manage Rev 33(2):7–17

Schwarz N (1982) Homo Heuristicus: Zur Psychologie des kognitiven Geizhalses. Z Sozialpsychol 13:343–347

Slovic P, Griffin D, Tversky A (1990) Compatibility effects in judgement and choice. In: Hogarth R (Hrsg) Insights in decision making: a tribute to Hillel J. Einhorn. The University of Chicago Press, Chicago, S 5–27

Soll JB, Milkman KL, Payne JW (2014) A user's guide to debiasing. In: Gideon K, Wu G (Hrsg) Handbook of judgment and decision making. John Wiley & Sons, Hoboken

Stotz O, von Nitzsch R (2005) The perception of control and the level of overconfidence. Evidence from analyst earnings estimates and price targets. J Behav Financ 6(3):121–128

Strack F (1998) Urteilsheuristiken. In: Frey D, Irle M (Hrsg) Theorien der Sozialpsychologie, Bd 3. Hans Huber, Bern, S 239–268

Strack F, Mussweiler T (1997) Explaining the enigmatic anchoring effect: mechanisms of selective accessibility. J Pers Soc Psychol 73(3):437–446

Svenson O (1981) Are we all less risky and more skillful than our fellow drivers? Acta Psychol (Amst) 47(2):143–148

Tversky A, Kahneman D (1974) Judgement under uncertainty: heuristics and biases. Science 185(4157):1124–1131

Tversky A, Kahneman D (1981) The framing of decisions and the psychology of choice. Science 22(4481):453–458

Tversky A, Kahneman D (1983) Extensional versus intuitive reasoning: the conjunction fallacy in probability judgement. Psychol Rev 90(4):293–315

Tversky A, Thaler RH (1990) Anomalies-preference reversals. J Econ Perspect 4:201–211

Tversky A, Slovic P, Kahneman D (1990) The causes of preference reversal. Am Econ Rev 80:204–217

Rationalitätsgefährdende Motive des Menschen

4

> **Zusammenfassung**
>
> Die Rationalität einer Entscheidung erfordert zwar, dass der Mensch ein zu seinem Wertesystem kompatibles Verhalten zeigt. Das Wertesystem wird aber auch von Motiven beeinflusst, die im Hinblick auf das Erreichen einer hohen Entscheidungsqualität kritisch zu sehen sind, weil sie den Menschen unbewusst auf einen Pfad lenken, auf den dieser möglicherweise gar nicht gehen möchte. Dieses Kapitel geht auf drei „gefährliche" Grundbedürfnisse des Menschen ein.
>
> In diesem Zusammenhang wird zunächst das Bedürfnis nach einem hohem Selbstwert aufgeführt, was dazu führt, dass Erfolge oder Misserfolge von Handlungen im Sinne einer selbstwertdienlichen Attribution systematisch verzerrt den Fähigkeiten oder den Umständen zugeschrieben werden. Auch bei Handlungen von Dritten zeigt das Kapitel systematische Verzerrungen in dieser Attribution auf.
>
> Darüber hinaus wird dargestellt, zu welch irrationalen Verhaltensmustern das Bedürfnis nach kognitiver Dissonanzfreiheit beim Menschen im Entscheidungsverhalten führen kann. Hierbei zeigt sich, dass diese Auswirkungen besonders deutlich sind, wenn eine hohe emotionale Bindung (Commitment) an die Entscheidung vorliegt.
>
> Das dritte in diesem Kapitel behandelte, rationalitätsgefährdende Motiv des Menschen ist das Kontrollmotiv. Erläutert werden unterschiedliche Varianten von Kontrolle und die Bestimmungsgrößen, von denen abhängt, wie stark sich das Kontrollmotiv auf das Verhalten auswirkt. Als typisches Verhaltensmuster, das sich aus dem Kontrollmotiv ergibt, wird zum einen auf eine überhöhte Ablehnung von Handlungsalternativen mit einem geringen Kontrollgefühl eingegangen. Zum anderen ist auch das Phänomen der Kontrollillusion neben weiteren Verhaltensmustern Gegenstand der Ausführungen.

4.1 Das Bedürfnis nach hohem Selbstwert und die Attributionstheorie

Handlungen können zu guten oder zu schlechten Ergebnissen führen. Wenn sich ein gutes Ergebnis ergibt, bleibt neben der Freude noch die Frage offen, woran dies lag. War es Glück, oder war es das Können des Handelnden? Entsprechend kann ein schlechtes Ergebnis mit Pech oder Unfähigkeit begründet werden.

Die Frage, wie Menschen typischerweise die Ursachen für Erfolg oder Misserfolg zuweisen (attribuieren), wird im Rahmen der Attributionstheorie behandelt. Wenn der Erfolg auf nicht-beeinflussbare Komponenten des Handelnden, also auf Glück bzw. Pech zurückgeführt wird, spricht man von *situativer Attribution*. Wird das Ergebnis auf die Fähigkeiten des Handelnden zurückgeführt, liegt eine *dispositionale Attribution* vor. Hierbei ist zusätzlich zu unterscheiden, ob die eigene oder eine dritte Person als Handelnde betrachtet wird.

Zunächst soll die Ursachenzuschreibung im Hinblick auf Handlungen der eigenen Person behandelt werden. Diesbezüglich ist speziell in individualistischen (westlichen) Kulturen bekannt, dass Menschen gerne in einer Art und Weise attribuieren, die den eigenen Selbstwert stützt. Man spricht in diesem Zusammenhang auch von einer *selbstwertdienlichen Attribution*. Dies bedeutet, für positive Ergebnisse sieht man die eigenen Fähigkeiten oder Eigenschaften als verantwortlich an (dispositionale Attribution), während bei negativen Ergebnissen die (unglücklichen) situativen Gegebenheiten vorgeschoben werden (situative Attribution).[1] Für den ostasiatischen Kulturkreis gilt dieser Zusammenhang interessanterweise nicht, was vermutlich daran liegt, dass aufgrund der sozialen Erziehung der Selbstwert des Einzelnen einen weniger hohen Stellenwert im Vergleich zum Wert der Gruppe hat.

Sind die Ergebnisse von Handlungen Dritter zu attribuieren, so neigen Menschen dazu, die Handlungsergebnisse anderer Personen eher auf die Eigenschaften oder Fähigkeiten dieser Personen zurückzuführen als auf situative Einflüsse.[2] Zur Begründung dieses Effekts wird meist angeführt, dass im Allgemeinen die situativen Einflüsse für den Beobachter nicht verfügbar sind und es sich somit für ihn anbietet, auf nahe liegende Dispositionen zu schließen. Im Beispiel der beiden Analysten aus Abschn. 3.4.4 wird der Kunde vermutlich kaum einen Einblick in die situativen Gegebenheiten gehabt haben. Möglicherweise war der Analyst 2 zeitlich überfordert oder hatte sich ausnahmsweise auf schlechte Recherchen eines Nachrichtenmagazins verlassen. Diese situativen Komponenten sind für den externen Beobachter aber nicht transparent. Dagegen kann er sich die Eigenschaften, die zu einer besseren oder schlechteren Prognose führen, sehr wohl vorstellen. Insofern hat der fundamentale Attributionsfehler wenig mit dem Selbstwertmotiv zu tun. Es ist vielmehr eine kognitive Falle, die wie vieles aus dem Narrow Thinking bzw. WYSIATI folgt.

---

[1] Siehe z. B. Pyszczynski und Greenberg (1987).
[2] Siehe Ross (1977).

4.2 Das Bedürfnis nach kognitiver Dissonanzfreiheit

Individuen besitzen ein Bedürfnis nach einem konsistenten System von Meinungs-, Glaubens- und Wissenseinheiten. Diese Einheiten werden, da sie allgemeine Bewusstseinsprozesse darstellen, auch als *Kognitionen* bezeichnet. Auf diesen Erkenntnissen baut die im Folgenden beschriebene *kognitive Dissonanztheorie* auf.

4.2.1 Darstellung der kognitiven Dissonanztheorie

Ihren Ursprung hat die kognitive Dissonanztheorie 1957 in Arbeiten von Festinger. In der Folgezeit wurden einige Erweiterungen vorgestellt, die ein breiteres Anwendungsfeld ermöglichen. Die folgenden Ausführungen lehnen sich an eine recht allgemeine Interpretation dieser Theorie von Frey und Gaska (1998) an.

Einen besonderen Stellenwert unter den Kognitionen nehmen in der kognitiven Dissonanztheorie die sogenannten *Hypothesen* ein. Hypothesen sind insofern von „normalen" Kognitionen abzugrenzen, als dass sie nicht externe Informationen oder reale Beobachtungen widerspiegeln, sondern subjektive Handlungs- und Erkenntnisentscheidungen.[3]

Um diesen abstrakten Sachverhalt zu erläutern, sei als Beispiel ein Kind in der Weihnachtszeit herangezogen. Eine Kognition, die auf einer realen Beobachtung basiert, wäre z. B.: „Meine Mutter hat gesagt, dass das Christkind die Weihnachtsgeschenke bringt." Eine mögliche (subjektive) Hypothese des noch naiven Kindes wäre in diesem Zusammenhang: „Ich glaube meiner Mutter." Da Hypothesen, wie oben erwähnt, immer im Zusammenhang mit Handlungs- oder Erkenntnisentscheidungen gesehen werden, wäre es für das Verständnis der Dissonanztheorie genauer und besser, die Hypothese wie folgt zu formulieren: „Ich habe mich dazu entschlossen, davon auszugehen, dass die Aussage meiner Mutter wahr ist." Ein Kognitionensystem, welches nur aus diesen beiden Kognitionen bestehen würde, wäre konsistent. Erwischt das Kind seine Eltern jedoch dabei, wie sie die Geschenke unter den Weihnachtsbaum legen, entsteht mit dieser dritten Kognition eine Inkonsistenz. So ist es nicht möglich, dass alle drei Kognitionen gemeinsam richtig sind.

Es ist die Kernaussage der kognitiven Dissonanztheorie, dass jeder Mensch versucht, entsprechende Inkonsistenzen im Kognitionensystem durch Änderung von Kognitionen möglichst schnell zu beseitigen, da diese als unangenehm empfunden werden. Hierbei gilt das Prinzip der Einfachheit und Effizienz, d. h., es werden die Kognitionen verändert, bei denen die Änderungsresistenz am geringsten ist, oder mit anderen Worten, bei denen es am einfachsten geht. Die Änderungsresistenz ist unter anderem dann hoch, wenn die – bezogen auf eine Hypothese – dissonante Kognition hinsichtlich mehrerer anderer stabiler Hypothesen als konsonante Kognition anzusehen ist. Eine Umdeutung dieser Kognition würde dann nämlich zu neuen Inkonsistenzen führen. Ähnliches gilt auch bei der Suche

---
[3] Siehe Irle (1975).

nach neuen Kognitionen. Der Mensch sucht insbesondere nach solchen Kognitionen, die zu allen seinen Hypothesen in einem konsistenten Verhältnis stehen.

Was wird also das Kind machen? Bei den beiden Kognitionen, die auf einer realen Beobachtung basieren, tut sich das Kind mit einer Änderung schwer. So ist es sich sicher, dass die Mutter tatsächlich diese Geschichte vom Christkind erzählt hat, und das nicht nur einmal. Auch hat es sich nicht getäuscht, als es seine Eltern heimlich am Weihnachtsbaum beobachtet hat. Dementsprechend wird es vermutlich seine Hypothese ändern und sich dafür entscheiden, dass dieser Aussage seiner Mutter nicht mehr glaubt. Jetzt ist das Kognitionensystem wieder konsistent.

Wie es der Name schon sagt, beschäftigt sich die kognitive Dissonanztheorie mit Dissonanzen, bisher war jedoch lediglich von Inkonsistenzen die Rede. Der Unterschied zwischen diesen beiden Begriffen ist in der Tat sehr wichtig für die Dissonanztheorie. So geht man nur dann von einer *Dissonanz* aus, wenn eine Inkonsistenz durch eine Menge von Kognitionen gegeben ist, die mindestens eine Hypothese enthält, d. h., ohne eine Handlungs- oder Erkenntnisentscheidung gibt es keine Dissonanz.

Hierbei ist eine notwendige Bedingung für das Auftreten der Dissonanz das sogenannte *Commitment*. Ein Commitment liegt vor, wenn man „emotional an der getroffenen Entscheidung hängt" oder – mit anderen Worten – eine *Selbstverpflichtung* besteht. Ist dies nicht gegeben, so liegt auch keine Dissonanz vor. Je stärker man jedoch an der Entscheidung hängt, d. h., je höher das Commitment ist, desto höher wird die Dissonanzstärke. Somit gilt dem Commitment ein besonderes Augenmerk bei der Beschäftigung mit Dissonanzen.

4.2.2 Bestimmungsgründe für das Commitment einer Entscheidung

Wie hoch das Commitment einer Entscheidung ist, hängt von vier Faktoren ab: Entscheidungsfreiheit, irreversible Kosten, Verantwortung und Normabweichung. Im Folgenden wird auf diese vier Aspekte eingegangen.

Entscheidungsfreiheit
Aus der Forschung zur Dissonanztheorie ist bekannt, dass Dissonanzen nur dann entstehen können, wenn das Individuum seine Entscheidung freiwillig trifft, d. h. sich aus einer Menge von mindestens zwei Entscheidungsalternativen ohne Zwänge eine aussucht. Dies ist leicht einsichtig. Erhält man beispielsweise von seinem Chef die eindeutige Weisung, eine bestimmte Handlung durchzuführen, liegt keine Selbstverpflichtung vor, man hängt emotional nicht an der Entscheidung. Wenn die Aktion dann einen unglücklichen Ausgang findet, hat dies der Chef zu verantworten.

Eine Dissonanz in der Psyche des Mitarbeiters könnte nur dann entstehen, wenn sich dieser den Weisungen ohne Sanktionen widersetzen darf bzw. sogar soll und er deren schlechte Konsequenzen absehen kann. In diesem Fall besteht Entscheidungsfreiheit, und deshalb trägt der Mitarbeiter die Verantwortung für seine Handlungsentscheidung auch mit. Hiermit wird deutlich, dass die Bedingung der Entscheidungsfreiheit und der Verantwortung sehr eng verknüpft sind.

Verantwortung
Im Hinblick auf eine Verantwortungszuweisung kann unterschieden werden, ob die Verantwortung gegenüber sich selbst oder gegenüber anderen gemeint ist. Grundsätzlich steigt in beiden Fällen das Commitment für eine Entscheidung mit der Verantwortung. Hierbei kommt es darauf an, wie diese jeweils wahrgenommen wird.

Betrachten wir zunächst die Verantwortung, die man in seiner Person für die Ergebnisse des eigenen Handelns wahrnimmt. Eine wesentliche Voraussetzung, dass es überhaupt zu einer Verantwortungszuschreibung kommt, besteht darin, dass die Konsequenzen des Handelns in gewisser Weise vorhersehbar gewesen sein müssen. Dies bedeutet, es muss zumindest retrospektiv erkennbar sein, dass man eine Entwicklung hätte absehen können. Andernfalls fällt es Individuen grundsätzlich leicht, die Verantwortung abzulehnen.

Des Weiteren hat die oben beschriebene Tendenz zur selbstwertdienlichen Attribution auch Konsequenzen für die wahrgenommene Verantwortung. So tendieren Menschen dazu, positive Ergebnisse auf ihre eigenen Fähigkeiten zu beziehen und schlechte auf die Situation. Deshalb wird Verantwortung gegenüber sich selbst dementsprechend (zumindest bei negativen Ergebnissen) eher nur gering wahrgenommen.

Bezüglich der Verantwortung gegenüber anderen Personen kommt der *fundamentale Attributionsfehler* zum Tragen. Wie bereits gezeigt wurde, besagt dieser, dass Beobachter von Handlungsergebnissen diese Ergebnisse meist auf die Eigenschaften bzw. Fähigkeiten der Handelnden und nicht auf situative Komponenten zurückführen. Im Hinblick auf eine Verantwortungszuweisung bedeutet dies, dass Individuen, falls mit ihren Entscheidungen die Belange Dritter berührt werden, davon ausgehen können, dass ihnen von diesen Dritten (vorschnell) die Verantwortung zugewiesen wird. Dies gilt selbst dann, wenn sie objektiv für ein Ergebnis, das sich aufgrund nicht zu verantwortender situativer Komponenten eingestellt hat, keine Schuld tragen.

Erkennen handelnde Individuen diesen Zusammenhang, so führt dies in logischer Konsequenz dazu, dass sich für das Individuum immer dann, wenn Dritte in die Entscheidung – und sei es nur als Beobachter – involviert sind, ein besonders hohes Commitment ergibt. So ist beispielsweise davon auszugehen, dass jeder Fondsmanager oder Vermögensverwalter ein hohes Commitment hat, da das Ergebnis seiner Handlungen stets auch Dritte (Anleger bzw. Kapitalgeber) berührt. Entsprechendes gilt für den Manager in einem Unternehmen, der nur wenig Lust auf Schuldzuweisungen hat, wenn die Geschäfte aufgrund externer, von ihm nicht zu verantwortender Sachverhalte schlecht laufen. Auch sein Commitment wird deshalb tendenziell höher ausfallen.

Irreversible Kosten der Entscheidung bzw. Kosten der Entscheidungsrevision
Eine wesentliche Komponente für das Commitment einer Entscheidung stellen die Kosten dar, die im Zusammenhang mit der Entscheidung entstanden sind und zugleich nicht mehr rückgängig gemacht werden können. Diese Kosten begründen ebenso wie die Kosten, die erst anfallen, wenn die Entscheidung tatsächlich revidiert wird, ein hohes Commitment.

Irreversible Kosten können reale oder psychologische sein. Reale Kosten entstehen beispielsweise, wenn ein Marktforschungsinstitut beauftragt wurde, die Erfolgschancen eines neuen Produkts zu ermitteln. Wenn es sich im Anschluss an die teure Marktanalyse dann darum dreht, ob das Produkt wirklich an den Markt gebracht wird, ist das Commitment in dieser Entscheidung sehr hoch.

Von psychologischen Kosten kann beispielsweise gesprochen werden, wenn man sich sehr intensiv und lange Zeit kognitiv mit einer bestimmten Entscheidungssituation auseinandergesetzt hat, bis man letztlich zu einer Entscheidung gekommen ist. Der viele Gehirnschmalz, der in den Entscheidungsprozess investiert wurde, erhöht nicht selten das Commitment noch stärker als reale Kosten oder die Opportunitätskosten aus vernachlässigten Tätigkeiten.

Eine andere Form von psychologischen Kosten ist dann gegeben, wenn nach der Entscheidung eine Ausrichtung des Kognitionensystems erfolgt ist, die einer Revision dieser Entscheidung entgegensteht. Der Ausspruch „Ich habe mich jetzt darauf eingestellt ..." macht deutlich, was mit dieser „Ausrichtung des Kognitionensystems" gemeint ist. Insbesondere vor dem Hintergrund des letztgenannten Aspekts wird verständlich, dass eine dissonanzverantwortliche Hypothese nicht zwingend eine tatsächliche Entscheidung darstellen muss, sondern schon die feste, gedanklich formulierte Absicht für diese Entscheidung ausreicht. Man spricht in diesem Zusammenhang auch von einer *tentativen* Entscheidung.

Normabweichung
Ein letzter Punkt, der ebenfalls zu einer Vergrößerung des Commitments führt, ist der Grad der Normabweichung. Handlungen, die als völlig normal betrachtet werden, führen zu einer weit geringeren Selbstverpflichtung als Handlungen, die erheblich vom „Normalen" abweichen.

Dies ist leicht einsehbar. Das Durch- oder Fortführen des Normalen stellt nichts dar, was mit der eigenen Person verknüpft ist. Schließlich ist es normal, weil fast alle so handeln würden. Normabweichungen gibt es jedoch immer nur von wenigen. Dies ist logisch, andernfalls wäre es keine Normabweichung. Wenn man sich also zu etwas deutlich Normabweichendem entschließt, steht die eigene Person in einer besonderen Beziehung zu dieser Entscheidung, es besteht eine hohe Selbstverpflichtung bzw. ein hohes Commitment.

Auch an Kapitalmärkten ist dieses Phänomen zu finden. So neigen viele Anleger unter anderem deshalb dazu, in ihrem Portfolio bevorzugt Standardwerte zu halten, was einer „normalen" Anlagestrategie entspricht. Ein Engagement in kleine unbekannte Nebenwerte stellt dagegen eine Normabweichung dar, entsprechend liegt ein hohes Commitment vor. Verluste bzw. Gewinne bei diesen Nebenwerten würden stärker bewertet als bei den Standardwerten.

In Überlegungen, welche Entscheidungen als normal und welche als normabweichend betrachtet werden können, hilft die *Normtheorie* von Kahneman und Miller (1986) weiter. Nach der Normtheorie bildet der Stimulus, der die meisten kognitiven Elemente aktiviert, die Norm. Etwas einfacher ausgedrückt bedeutet dies, dass das leicht Vorstellbare normal ist und das schwer Vorstellbare normabweichend. Berücksichtigt man nun, dass die aktuelle Situation bzw. die gegenwärtige Entwicklung aufgrund ihrer hohen Verfügbarkeit am besten vorstellbar ist, sind Entscheidungen, die diesen Status Quo bewahren, „normal". Normabweichend sind dementsprechend Entscheidungen, die zu einer Veränderung der aktuellen Situation bzw. der gegenwärtigen Entwicklung führen.

4.2.3 Direkte Konsequenzen aus dem Dissonanzmotiv

Die Kernaussage der kognitiven Dissonanztheorie ist es, dass bei Dissonanzen ein starkes Bedürfnis entsteht, diese zu verringern bzw. ganz zu beseitigen. Man kann die kognitive Dissonanz hierbei als triebartigen Spannungszustand beschreiben, der – vergleichbar mit Hunger – gestillt werden muss. Je stärker die Dissonanz ist, desto mehr besteht der Drang, sie zu reduzieren. Dabei hängt die Höhe der Dissonanz zum einen von dem Commitment und zum anderen vom Verhältnis der Anzahl dissonanter und konsonanter Kognitionen ab, die jeweils mit ihrer Bedeutung gewichtet werden.

Zur Auflösung bzw. Reduktion von Dissonanzen gibt es drei Möglichkeiten: Die erste Möglichkeit liegt darin, die dissonanzerzeugende Entscheidung rückgängig zu machen bzw. zu revidieren. Im Falle einer Erkenntnisentscheidung mit einem geringen Commitment wird dies häufig naheliegend sein. Dies wurde im obigen Weihnachtsbeispiel verdeutlicht. Zwar mag es dem Kind nicht angenehm sein, an der Glaubwürdigkeit seiner Mutter zu zweifeln, aber vielleicht erkennt es unmittelbar in diesem Zusammenhang, warum die Mutter ihm diese unwahre Geschichte erzählt hat.

Handelt es sich jedoch um Entscheidungen mit einem hohen Commitment, so versucht der Mensch, an seiner Entscheidung festzuhalten und eine Auflösung der Dissonanz anders zu erwirken.

Hierzu kann er mit zukünftigen Entscheidungen probieren, die Dissonanz zu verringern. Dies ist die zweite Möglichkeit. Das heißt, er wird versuchen, seine frühere mit entsprechendem Commitment getroffene Entscheidung noch zum gewünschten Erfolg zu führen, auch wenn er dies möglicherweise teuer erkaufen muss. Dies ist die sogenannte *Sunk-Cost-Falle*. Hat ein Entscheider in ein Projekt investiert und hat sich dieses Projekt noch nicht ausgezahlt, so wird der Entscheider aufgrund der noch vorhandenen Dissonanz zusätzlich Geld und Arbeit investieren, bis das Projekt endlich doch noch zum Erfolg wird.[4] Er wird es tendenziell ablehnen, dieses Projekt vor dem ersten Erfolg abzuschließen. Denn

---

[4] Siehe auch Arkes und Blumer (1985) und Brockner et al. (1984).

in diesem Fall wäre die Dissonanz auf ewig nicht mehr auflösbar. Wenn ein Manager beispielsweise vor kurzer Zeit eine ältere Produktionsanlage für viel Geld repariert hat, wird er bei dem nächsten Schaden, wenn sich die letzte Reparatur noch nicht amortisiert hat, eher noch ein weiteres Investment in Erwägung ziehen, als die Produktionsanlage gänzlich durch eine neue zu ersetzen, auch wenn dies möglicherweise ökonomisch günstiger wäre.

Die dritte Möglichkeit besteht für den Menschen darin, seine Wahrnehmung (unbewusst) so zu steuern, dass die Dissonanzen abgeschwächt oder gänzlich reduziert werden.[5] Das heißt, das Individuum sucht zusätzliche konsonante Kognitionen bzw. wertet vorhandene konsonante Kognitionen auf. Zugleich werden dissonante Kognitionen ausgeblendet bzw. zumindest abgewertet. Dies ist nichts anderes, als dass alles versucht wird, um die getroffene Entscheidung im Nachhinein in ein gutes Licht zu rücken. Es kommt zu einem sogenannten Confirmation Bias, worauf schon bei der selektiven Wahrnehmung in Kap. 2 eingegangen wurde. Dort wurde die selektive Wahrnehmung mit den beschränkten kognitiven Ressourcen erklärt. An dieser Stelle können wir jedoch eine weitere Erklärungsmöglichkeit für das Phänomen bieten.

4.2.4 Closed-Minded- vs. Open-Minded-Personen

Nicht alle Personen gehen in der Bewältigung der Dissonanzen gleich vor. Deutlich wird dies insbesondere beim zuletzt beschriebenen Phänomen der selektiven Wahrnehmung. Und zwar lassen sich idealtypisch zwei Gruppen unterscheiden, die *Closed-Minded-* und die *Open-Minded-Individuen.*

Die erstgenannte Gruppe der Closed-Minded-Individuen beschreibt insofern typische Vertreter der Dissonanztheorie, als dass diese Individuen Dissonanzen grundsätzlich als schlecht empfinden und konsequent nach Konsonanz streben (*Consistency Seekers*). In dieser Gruppe ist die Gefahr besonders groß, durch einseitige Informationswahrnehmung an falschen Entscheidungen festzuhalten bzw. sich in neuen Situationen falsch zu verhalten.

Die Open-Minded-Individuen streben zwar ebenfalls nach Konsonanz, auf dem Weg dorthin sind sie aber durchaus bereit, sich zeitweilig mit dissonanten Kognitionen auseinanderzusetzen. So ist ihnen bewusst, dass sie möglicherweise mit ihrer Hypothese und den konsonanten Kognitionen falsch liegen können. Open-Minded-Individuen setzen sich deshalb mit den dissonanten Kognitionen, d. h. im Beispiel mit den negativen Analysen des Investments, auseinander und versuchen diese zu widerlegen. Misslingt diese Widerlegung, sind möglicherweise die konsonanten Kognitionen nicht richtig bzw. ist insbesondere die Hypothese nicht richtig.

Auch Closed-Minded-Individuen setzen sich zum Teil freiwillig mit dissonanten Kognitionen auseinander. Dies machen sie jedoch nur dann, wenn sie glauben, sie logisch und ohne große Schwierigkeiten widerlegen zu können. Sie suchen beispielsweise nach Zeitungsartikeln, die zwar der persönlichen Meinung bzw. einer bereits gefällten Ent-

---

[5] Siehe z. B. Frey (1981, 1986).

scheidung zuwiderlaufen, jedoch in sich logisch nicht stimmig oder offensichtlich schlecht recherchiert sind. Mit Freude werden sie den Artikel geradezu in der Luft zerreißen, weil damit einer dissonanten Information ihre Daseinsberechtigung geraubt wird. Mit einer konsonanten Information würde derselbe Entscheider vermutlich wesentlich weniger kritisch umgehen.

4.3 Das Kontrollmotiv

Natürlich ist es vorteilhaft und angenehm, eine bestimmte Situation unter Kontrolle zu haben. Man kann lenkend eingreifen und sowohl für die eigene Person als auch möglicherweise für andere Personen, wenn man dies wünscht, vorteilhafte Ergebnisse bewirken. Dass es sich bei diesem Motiv jedoch um eines der ganz wichtigen psychologischen Basismotive handelt, gilt es zunächst zu erläutern.

4.3.1 Zur Bedeutung des Kontrollmotivs

Menschen haben das Bedürfnis, sich als Verursacher von Veränderungen ihrer Umwelt wahrzunehmen. Hierdurch entstehen Gefühle von Kompetenz und eigener Wertigkeit, sodass der Selbstwert des Menschen positiv beeinflusst wird. Dagegen kann ein Kontrollverlust schwerwiegende negative Auswirkungen auf das Wohlbefinden haben, wie es eine Reihe von empirischen Untersuchungen an Menschen und Tieren belegt haben.

In diesen Experimenten zeigte sich, dass ein unbefriedigtes Kontrollbedürfnis sogar zu erheblichen negativen Konsequenzen in der Physis beiträgt. Mäuse, denen Krebszellen injiziert wurden, zeigten ein signifikant höheres Krebswachstum, wenn sie unkontrollierbaren negativen Reizen ausgesetzt waren.[6] Auch wurde beobachtet, dass unheilbar krebskranke Menschen, die in ein Pflegeheim verlegt wurden, dann länger lebten, wenn sie aus einer anderen Institution und nicht von zuhause dorthin eingewiesen wurden.[7] Die Forscher begründeten dies damit, dass die Kranken im zweiten Fall unter einem höheren Kontrollverlust leiden würden, der sich negativ auf den Krankheitsverlauf auswirkt.

In einer weiteren Erhebung zur Relevanz des Kontrollmotivs wurde untersucht, inwieweit ein unangenehmer Störton das Lösen einer Konzentrationsaufgabe behindert.[8] Die Forscher bildeten zwei Gruppen. Die erste Gruppe hatte keine Möglichkeit, den Ton abzustellen. Die zweite Gruppe hingegen hatte jederzeit die Möglichkeit, durch einen Schalter diesen Ton abzustellen. Dabei drängte die Versuchsleitung diese zweite Gruppe jedoch, die Aufgabe ohne ein Abschalten zu vollenden. Hierbei zeigte sich, dass die zweite Gruppe auch ohne ein Abschalten des Störtons zu signifikant besseren Ergebnissen in der

---

[6] Siehe Sklar und Anisman (1981).
[7] Siehe Schulz und Aderman (1973).
[8] Siehe Glass und Singer (1972).

Konzentrationsaufgabe gelangte. Offenbar behinderte also nicht nur der Ton die Konzentration, sondern vielmehr die fehlende Kontrolle, das „Ausgeliefertsein".

Menschen unterscheiden sich in der Stärke ihres Kontrollbedürfnisses. Aufgrund der obigen Ausführungen ist es nicht verwunderlich, dass eine entsprechende Klassifizierung unterschiedlicher Persönlichkeitsdispositionen ihren Ursprung in der medizinischen Forschung besitzt. So wurde in den 60er-Jahren herausgefunden, dass Menschen mit einem bestimmten *Typ-A-Verhalten* ein hohes Risiko koronarer Herzerkrankungen aufweisen.[9] Personen vom Typ A zeichnen sich durch ein hohes Kontrollbedürfnis, Wettbewerbsneigung und Leistungsorientierung aus, fühlen sich ständig unter Zeitdruck und nehmen viele Widerstände wahr. Der entgegengesetzte *Typ B*, der obige Charakteristika nicht aufweist, sei aufgrund seines geringeren Kontrollbedürfnisses weniger gefährdet, an den anfangs skizzierten negativen Folgen eines Kontrollverlustes zu leiden, so die damaligen Forschungsergebnisse. In neueren Forschungen kristallisierte sich dann heraus, dass neben dem erhöhten Kontrollbedürfnis hauptsächlich eine erhöhte Feindseligkeit der Person die Gesundheitsgefährdung bewirkt.[10]

4.3.2 Die Kontrollvarianten

Mit dem sogenannten *Locus of Control* wird wiedergegeben, ob eine Person in einer gegebenen Situation die Kontrolle bei sich sieht (interne Kontrolle) oder nicht (externe Kontrolle).[11] In diesem Abschnitt wird dargestellt, was genau unter interner Kontrolle zu verstehen ist. Zu diesem Zweck werden wir folgende vier Varianten der Kontrolle vorstellen, und zwar Kontrolle durch die

1. Fähigkeit zur Beeinflussung
2. Fähigkeit zur Vorhersage
3. Kenntnis der Einflussvariablen in einer Entscheidungssituation
4. Fähigkeit des retrospektiven Erklärens von Ereignissen.

Schon vor der genaueren Erklärung dieser Varianten erkennt man, dass die erste Kontrollvariante die stärkste Kontrolle anzeigt und mit aufsteigender Variante die Kontrolle immer mehr nachlässt.

Von überaus entscheidender Bedeutung ist zugleich die Tatsache, dass es im Hinblick auf die Befriedigung des Kontrollbedürfnisses nicht darauf ankommt, ob Kontrolle tatsächlich vorliegt oder Individuen lediglich der Auffassung sind, dass sie Kontrolle besitzen. Dies bedeutet, dass wir im Folgenden nicht von einer tatsächlichen Kontrolle, sondern von einer psychologischen, wahrgenommenen oder synonym von einer *kognizierten*

---

[9] Siehe Friedman und Rosenman (1974) und Glass (1977).
[10] Siehe Kessler (2015), S. 156.
[11] Siehe grundlegend Rotter (1966).

Kontrolle sprechen werden. Man könnte auch sagen: Menschen haben ein Bedürfnis danach, der Überzeugung zu sein, Kontrolle zu besitzen.

Variante 1: Kontrolle als wahrgenommene Fähigkeit zur Beeinflussung
Die Fähigkeit zur Beeinflussung stellt, wie oben schon erwähnt, die stärkste Form der Kontrolle dar. Glaubt ein Individuum, seine Umwelt beeinflussen zu können, so ist sein Kontrollbedürfnis befriedigt. In Finanzmärkten kann davon ausgegangen werden, dass ein normaler Anleger Kontrolle dieser Art, d. h. Möglichkeiten der Beeinflussung, nicht besitzt. Es gibt tatsächlich nur sehr wenige Personen oder Institutionen, die den Markt lenken können. Lediglich in einem sehr kurzfristigen Zeitspektrum ist es für einzelne Medienvertreter bzw. „Börsengurus" möglich, in engen Märkten durch entsprechende Kaufempfehlungen Kursbewegungen zu bewirken, die sich dann jedoch meist sehr schnell wieder normalisieren. Wir gehen allerdings davon aus, dass den meisten Marktteilnehmern ihre fehlende Beeinflussungsmöglichkeit bewusst ist, d. h. auch keine wahrgenommene Kontrolle über eine mögliche Beeinflussung vorliegt.

Variante 2: Kontrolle als wahrgenommene Fähigkeit zur Vorhersage
Sind Ereignisse in gewisser Weise prognostizierbar, kann sich der Mensch darauf einstellen und seine Handlungen derart ausrichten, dass das Ereignis von ihm möglichst angenehm empfunden wird. Dementsprechend bestehen zwar keine Möglichkeiten zur Beeinflussung des Ereignisses wie in der ersten Variante, jedoch kann das Individuum zumindest seine eigene zukünftige Situation im Kontext dieses Ereignisses gestalten. In einer entscheidungstheoretischen Terminologie bedeutet dies, dass sich der Entscheider bei einer Kontrolle durch Vorhersehbarkeit in einer Entscheidungssituation unter sicheren Erwartungen sieht. Dies gilt in gleicher Weise natürlich auch bei Kontrolle durch Beeinflussbarkeit. Unsicherheit gibt es nicht. Wenn der Entscheider seine relevante Umwelt beeinflussen bzw. vorhersagen kann, stehen die Konsequenzen seiner Alternativen mit Sicherheit fest. Gäbe es noch Unsicherheiten, hätte er nicht die angezeigte Kontrolle.

Bei einer Vorhersehbarkeit von Kursen in Finanzmärkten könnte ein Marktteilnehmer immer so agieren, dass er sehr reich werden würde. Ebenso wie bei der Beeinflussbarkeit muss jedoch auch im Hinblick auf eine Vorhersehbarkeit davon ausgegangen werden, dass Marktteilnehmer diese Kontrolle in der Realität nicht besitzen. Eine Ausnahme bilden lediglich Insider, die jedoch per jure ihr Wissen bzw. die situationsbezogene Vorhersagefähigkeit nicht zu ihren Gunsten ausnutzen dürfen.

Im Gegensatz zur ersten Variante bilden sich jedoch viele Marktteilnehmer zur Befriedigung des starken Kontrollbedürfnisses ein, sie könnten in gewisser Weise Kurse oder Marktbewegungen prognostizieren. Bei diesem Phänomen der sogenannten Kontrollillusion[12] handelt es sich um ein für Finanzmärkte außerordentlich wichtiges Phänomen, auf das in Abschn. 4.3.4 noch detailliert eingegangen wird.

---
[12] Grundlegend hierzu Langner (1975).

Variante 3: Kontrolle durch Kenntnis der Einflussvariablen
In der dritten Kontrollvariante wird lediglich gefordert, dass die Einflussgrößen für das Ereignis mit entsprechenden Interdependenzen, Ursachenzusammenhängen und Unsicherheiten bekannt sind, ohne jedoch das Ereignis als solches weder beeinflussen noch aufgrund der vorliegenden Unsicherheiten vorhersagen zu können. Eine Person mit entsprechender Kontrolle kann zumindest ihre eigene Situation einschätzen und ist dementsprechend nicht völlig ausgeliefert. Möglicherweise ist sie durch eine Beschäftigung mit den transparenten Einflussgrößen und deren Unsicherheiten sogar noch in der Lage, die eigene Situation zu verbessern. Man mag hierbei an ein Hedging von Risiken denken, das natürlich nur dann möglich ist, wenn die Risikoursache bekannt ist. Hat ein Anleger z. B. russische Öl-Aktien erworben und möchte sich gegen die mit diesem Engagement verbundenen Risiken absichern, so muss er Kenntnisse über alle relevanten Risiken besitzen. Hierzu zählen unter anderem das Wechselkursrisiko, das Risiko eines fallenden Ölpreises, aber auch politische Risiken.

Innerhalb dieser Kontrollvariante gibt es ein großes Spektrum von Entscheidungssituationen mit erheblichen Unterschieden im Hinblick auf die wahrgenommene Kontrolle, bzw. negativ formuliert, auf das wahrgenommene Kontrolldefizit.

Eine für eine Kontrollwahrnehmung günstige Situation liegt vor, wenn sich der Entscheider vollständig informiert und kompetent fühlt und die jeweiligen Wahrscheinlichkeiten verlässlich angegeben werden können. Ein Beispiel für eine solche Situation wäre ein Münzwurfspiel, bei dem man bei Kopf (d. h. mit 50 % Wahrscheinlichkeit) einen Gewinn von 110 € erreicht und bei Zahl (ebenfalls 50 % Wahrscheinlichkeit) einen Verlust von 100 € erleidet. In diesem Fall ist alles bekannt, was nur von Relevanz sein könnte. Der Entscheider kann insbesondere das, was er nicht kontrollieren kann (nämlich das Risiko), exakt einschätzen.

Noch günstiger wird die Situation, wenn bekannt ist, dass sich die Entscheidungssituation in näherer Zukunft häufig wiederholen wird. So stelle man sich beispielsweise vor, dass das obige Münzwurfspiel 100-mal gespielt werden darf. In dieser Situation würde ein in Wahrscheinlichkeitsrechnung kompetenter Mensch nach dem Gesetz der großen Zahlen erkennen, dass man mit einer großen Anzahl von Ausspielungen nahezu mit Sicherheit den jeweiligen Erwartungswert des Spiels erhält. Das heißt, bei einer 100-maligen Ausspielung würde ein Teilnehmer einen Betrag von ca. $100 \times 5\, € = 500\, €$ nahezu ohne Risiko gewinnen. Bei einer entsprechend großen Anzahl von Ausspielungen würde sich dieser Entscheider vermutlich auch noch bei einer Reduzierung des Gewinnbetrags auf 101 € für eine Teilnahme entscheiden. In diesem Fall hat der kompetente Entscheider die Situation nahezu vollständig „unter Kontrolle", was in der sogenannten *one shot-Situation*, wenn das Spiel nur einmal ausgespielt wird, nicht oder zumindest nicht in diesem Maße gilt.[13]

---

[13] Samuelson (1963) erzählt folgende kleine Geschichte: Beim täglichen Lunch schlug er einem befreundeten Kollegen ein Spiel vor, bei dem dieser mit 50 % Wahrscheinlichkeit 200 $ gewinnt und

4.3 Das Kontrollmotiv

In Finanzmärkten sind jedoch Situationen, die mit vollständiger Information und verlässlich anzugebenden Wahrscheinlichkeiten charakterisiert werden können, untypisch. In der Regel ist dem Entscheider bewusst, dass er nur unvollständige Informationen über sein mögliches Engagement besitzt, zugleich kann er höchstens vage Vorstellungen über Wahrscheinlichkeiten äußern. Fordert man ihn in dieser Situation dennoch auf, eine exakte Wahrscheinlichkeit anzugeben, so ist diese Quantifizierung mit *Ambiguität* behaftet, d. h., sie besitzt nicht die Verlässlichkeit, wie sie z. B. oben im Münzwurfbeispiel unterstellt werden kann.[14] In derartigen Situationen fühlen sich Menschen weniger kompetent, was sich unmittelbar auf die Wahrnehmung der Kontrolle auswirkt. Das Gefühl des Ausgeliefertseins ist hierbei umso ausgeprägter, je größer die Beträge sind, um die es sich dreht. Zugleich ist davon auszugehen, dass eine fehlende Kontrolle über mögliche Verluste weitaus intensiver wahrgenommen wird als eine fehlende Kontrolle bei möglichen Gewinnen.

Variante 4: Kontrolle durch Fähigkeit des retrospektiven Erklärens
Eine weitere Abschwächung des Kontrollbegriffs ergibt sich in der vierten Variante, Kontrolle als Fähigkeit zu betrachten, ein Ereignis retrospektiv erklären zu können. Eine diesbezügliche Kontrolle ermöglicht einer Person nicht nur, die Umwelt nachträglich sinnvoll und geordnet darzustellen. Vielmehr kommt es ihr darauf an, durch die Erklärung Kenntnisse zu erlangen, die einen lenkenden Eingriff in der Zukunft erlauben, wenn ähnliche Ereignisse anstehen. Wenn nämlich ein Ereignis erklärt ist, sind auch die relevanten Ursachen bekannt, und möglicherweise kann die Person die Ursachen und somit ihre eigene zukünftige Situation beeinflussen.

Wenn beispielsweise Opfer von Vergewaltigungen zu einer Selbstbeschuldigung neigen, kann genau dieser Aspekt zu einer Erklärung beitragen. So kann das Opfer nach dieser Schuldübernahme daran glauben, dass es das zukünftige Risiko eines erneuten Missbrauchs durch eigenes Handeln beeinflussen kann.[15] Es verstärkt den internen Locus of Control, ist nicht mehr ausgeliefert und kann dadurch die Situation psychisch bewältigen.

In Finanzmärkten spielt diese vierte Kontrollvariante insofern eine Rolle, als dass das Erkennen von Wirkungszusammenhängen in Märkten natürlich auch für spätere Engagements von außerordentlich hohem Nutzen sein kann. Zum Beispiel macht man sich nach Crashs sehr viele Gedanken über die genauen Ursachen, was an der Vielzahl von Veröffentlichungen und Stellungnahmen abzulesen ist. Dies geschieht letztlich vor dem Hintergrund, beim nächsten Mal die Gefahr früher zu erkennen, um Verluste vermeiden zu können. Eine besondere Gefahr ergibt sich hieraus deshalb, weil zur Befriedigung des drückenden Kontrollbedürfnisses vorschnell Erklärungen herangezogen werden, die nicht notwendigerweise richtig sind.

---

zu 50 % 100 $ verliert. Sein Kollege lehnte das Spiel ab, erklärte aber im Gegenzug, dass er liebend gerne an 100 dieser Spiele teilnehmen würde.
[14] Siehe z. B. Weber (1989) oder Camerer und Weber (1992).
[15] Vgl. Medea und Thompson (1974).

4.3.3 Bestimmungsgrößen für eine wahrgenommene Kontrolle

Aus den Ausführungen in Abschn. 4.3.2 wurde deutlich, dass sich die Bestimmungsgrößen für eine wahrgenommene Kontrolle in Finanzmarkt-Engagements im Wesentlichen in der dritten Variante finden lassen. Hierbei stellen sich drei Größen als besonders wichtig heraus:

- die Höhe und das Vorzeichen der Beträge,
- die Ambiguität und Kompetenz sowie
- die Integration und Segregation im Mental Accounting.

Diese Bestimmungsgrößen werden im Folgenden näher beleuchtet.

Höhe und Vorzeichen der Beträge
Erste Bestimmungsgrößen sind die Höhe und das Vorzeichen der betrachteten Geldbeträge. So wird bei sehr niedrigen Beträgen nicht das unangenehme Gefühl erzeugt, einer Situation ausgeliefert zu sein. Das Risiko erhält eher den Charakter eines Spiels.[16] Bei großen, insbesondere negativen Beträgen wird möglicherweise deutlich in das Leben des Entscheiders eingegriffen. Zu denken ist hier an einen möglichen Haftpflichtschaden, der ohne Absicherung durch eine Versicherung zu so hohen Zahlungen führen kann, dass lebenslang eine erhebliche Wohlstandsreduzierung impliziert wird. Einer solchen unsicheren Situation möchten Menschen nicht ausgeliefert sein, sodass ein grundlegender Wunsch nach mehr Kontrolle entsteht. Erst durch Abschluss einer Versicherung wird das Kontrollbedürfnis befriedigt. In gleicher Weise kann der Exporteur mit hohen offenen Dollarpositionen sicherlich besser schlafen, wenn er durch entsprechende Termingeschäfte für eine Absicherung gesorgt hat.

Ambiguität und Kompetenz
Unmittelbar im Zusammenhang mit dem letzten Beispiel ist als nächste Bestimmungsgröße die Kompetenz in der Entscheidungssituation bzw. hiermit direkt verbunden die Ambiguität von Wahrscheinlichkeiten anzusehen. Mit wachsender Unsicherheit über die Wahrscheinlichkeiten in der Entscheidungssituation entsteht ein immer größer werdendes Gefühl, die Situation nicht unter Kontrolle zu haben.[17] Dass dieses Kontrolldefizit aversiv wahrgenommen wird und regelmäßig zu einer Ambiguitätsaversion führt, veranschaulichen die Experimente zum *Ellsberg-Paradoxon*.

---

[16]Thaler und Johnson (1990) zeigen, dass es bei kleineren Beträgen zum so genannten *House-Money-Effekt* kommen kann. Haben Menschen beispielsweise im Spielkasino bereits einen bestimmten Betrag gewonnen, so werden sie mit dem gewonnenen Geld solange weiterspielen (sich also risikofreudig verhalten), wie lediglich ein Teil des Gewinnes auf dem Spiel steht. Sie verhalten sich aber risikoavers, wenn der mögliche Verlust den vorher gewonnenen Betrag übersteigt.

[17]Vgl. Heath und Tversky (1991) und Keppe (1997).

4.3 Das Kontrollmotiv

Das Ellsberg-Paradoxon,[18] ursprünglich zur Widerlegung der Erwartungsnutzentheorie konstruiert, kann an einem Vergleich zweier Urnen verdeutlicht werden. In beiden Urnen befinden sich jeweils 30 Bälle. Die „Risiko-Urne" enthält 15 weiße und 15 schwarze Bälle. In der „Ambiguitäts-Urne" befinden sich ebenfalls nur weiße und schwarze Bälle, jedoch ist hier die Aufteilung nicht bekannt. Aus den empirischen Untersuchungen zum Paradoxon ist bekannt, dass Individuen lieber an einem Gewinnspiel mit der Risiko-Urne als mit der Ambiguitäts-Urne teilnehmen. Zwar wird die Gewinnwahrscheinlichkeit in beiden Spielen jeweils mit 50 % angegeben, in der Ambiguitäts-Urne ist diese Wahrscheinlichkeit jedoch ambiguitätsbehaftet, da keine Information über die Verteilung vorliegt. Der Entscheider fühlt sich in dieser Situation sozusagen weniger kompetent als bei vollständiger Information, es liegt ein aversiv wahrgenommenes Kontrolldefizit vor.

Integration und Segregation im Mental Accounting
Die dritte und zugleich sehr wichtige Bestimmungsgröße betrifft die Frage nach der Anzahl entsprechender „Ausspielungen" des betrachteten Risikos. So wurde im Zusammenhang des Münzwurfspiels dargestellt, dass sich mit zunehmender Anzahl von Ausspielungen Risiken kompensieren und sich somit ein geringeres Kontrolldefizit einstellt. Führt ein Entscheider die Ergebnisse aller Ausspielungen in einem mentalen Konto zusammen, so ist sein Kontrolldefizit insbesondere bei einer großen Anzahl von Ausspielungen geringer als bei einem Entscheider, der nur einmal an dem Spiel teilnimmt bzw. der jedes Spiel in einem isolierten mentalen Konto bewertet. Das wahrgenommene Kontrolldefizit hängt somit davon ab, ob der Entscheider dazu neigt, mehrere (ähnliche) Engagements in einem mentalen Konto zusammenzufassen (Integration), oder ob er im Prinzip jedes Engagement für sich bewertet (Segregation).

Neben der Integration bzw. Segregation von zeitlichen mentalen Konten wie im Münzwurf-Beispiel ist in gleicher Weise auch die Integration und Segregation im Hinblick auf sachliche Abgrenzungen zwischen mentalen Konten relevant. In diesem Zusammenhang ist auf das Beispiel des Abschn. 3.5 zu verweisen, in dem Aktien (Badeartikel und Regenbekleidung) mit einem gegenläufigen Risiko analysiert wurden. Hierbei wurde verdeutlicht, dass ein Entscheider, der einem ausgeprägten Mental Accounting unterliegt, d. h., eine starke Tendenz zur Segregation hat, beide Projekte aufgrund des jeweils hohen Kontrolldefizits ablehnt. Hingegen würde ein stark integrierender Entscheider, der die Engagements in einem Konto zusammenfasst, die Risikokompensation erkennen und in seiner Gesamtposition nach Erwerb der Aktien nur ein geringes Kontrolldefizit wahrnehmen.

---

[18] Siehe grundlegend Ellsberg (1961).

4.3.4 Konsequenzen aus dem Kontrollmotiv

Mit den obigen Vorüberlegungen zum Kontrollmotiv lassen sich einige Verhaltensverzerrungen ableiten, die im Folgenden in drei Kategorien präsentiert werden: das Unterlassen von Aktionen mit geringer Kontrollwahrnehmung, Kontrollillusion und Kontrollverlustphänomene.

Wenn – wie eben gezeigt – das Kontrollmotiv ein so wichtiges Motiv für den Menschen ist, dann ist es nicht erstaunlich, dass der Mensch Situationen meidet, in denen er keine Kontrolle verspürt. Dies ist beispielsweise auch eine Erklärung, warum viele Menschen so ungern mit dem Flugzeug reisen. Es ist das Gefühl, der Technik und dem Piloten hilflos ausgeliefert zu sein, man kann weder anhalten noch aussteigen. Gänzlich anders ist das Gefühl, selbst ein Auto zu fahren. Hier kontrolliert man mit Lenkrad und Pedalen das Geschehen und fühlt sich deshalb besser – und dies, obwohl Autofahren eigentlich viel gefährlicher ist als Fliegen, zumindest wenn man den vielen einschlägigen Statistiken Glauben schenkt.

Das als unangenehm empfundene Kontrolldefizit ist umso höher, je ungewohnter die Situation ist. So leiden Vielflieger kaum noch unter dem zu geringen Kontrollgefühl. Aber wer sich nicht in ein komplett selbstgesteuertes Auto setzen mag, weil er sich dort ausgeliefert fühlt, spürt die Wirkung des Ungewohnten beim Kontrolldefizit, auch wenn automatisch gesteuerte Autos vermutlich sicherer fahren werden als vom Menschen gesteuerte. Betrachtet man die enorme Skepsis, die Menschen hatten, als sie nach dem ersten Fahrstuhl im Jahr 1857 in New York 100 Jahre später das erste Mal mit einem Lift ohne Aufzugführer fahren sollten, und die heutige Selbstverständlichkeit beim Benutzen auch von engen Fahrstühlen, so kann man erahnen, dass sich das Kontrolldefizit auch bei den selbstfahrenden Autos schnell reduzieren wird. Und dies selbst dann, wenn kein Lenkrad oder Bremspedal eingebaut ist.

Das Kontrollgefühl spielt auch in der Frage eine Rolle, wie man Entscheidungsprobleme am besten aufarbeitet. Aus einer rein rationalen Perspektive wäre es für einen Entscheider grundsätzlich optimal, wenn man ihm alle möglichen Alternativen präsentieren würde, die sich ihm theoretisch in der aktuellen Situation stellen. Er könnte sich dann selbst die beste Alternative nutzenmaximal heraussuchen und hätte das Bestmögliche erreicht. Nicht nur der hohe Aufwand, sondern auch die Psychologie macht diesem Homo-Oeconomicus-Vorgehen einen Strich durch die Rechnung. Denn Menschen sind bei einer großen Menge von Alternativen oder einem Zuviel an Informationen häufig kaum noch in der Lage, eine Entscheidung zu treffen.[19] Dieser sogenannte *„Choice"*- oder *„Information Overload"* ist nämlich auch eine Folge daraus, dass das Kontrollgefühl aufgrund der nicht mehr zu bewältigenden Komplexität verloren geht. Der Entscheider kann nicht mehr überblicken, welche Handlungsalternative für ihn die beste ist. Deshalb verzichtet er am liebsten ganz auf eine Entscheidung, was sicherlich in der Regel nicht das Beste ist. Wenn es also wichtig ist, dass eine Entscheidung relativ schnell getroffen wird, sollte man versuchen, den Alternativenraum möglichst einzugrenzen, damit das Kontrollgefühl erhalten bleibt.

---

[19] Siehe Iyengar und Lepper (2000).

4.3 Das Kontrollmotiv

Zu einem sicherlich unerwünschten Effekt führt das Streben nach Kontrolle, wenn deshalb Aktionen unternommen werden, die nur scheinbar eine höhere Kontrolle mit sich bringen, und dies zu allem Überfluss auch noch Geld kostet. Ein gutes Beispiel hierfür ist der sogenannte *Home-Asset-Preference-Effekt* oder kürzer *Home Bias*.[20] Dieser Effekt beschreibt die Beobachtung, dass Anleger lieber Aktien aus dem eigenen als aus einem anderen Land halten, da sie bezüglich der inländischen Aktien das Gefühl haben, ihr Investment besser kontrollieren zu können. Man bildet sich ein, weil man gegebenenfalls in der heimischen Presse leichter etwas über das Unternehmen erfährt, auch die Renditeentwicklung besser steuern zu können. Dass dies ebenso wenig möglich ist wie eine grundsätzliche Gefahrenabwendung für einen Autofahrer, nur weil er das Lenkrad in der Hand hält, ist mit einem Blick auf die Effizienz der Kapitalmärkte eigentlich offensichtlich. Aus einer portfoliotheoretischen Überlegung lässt sich hingegen ohne große Diskussionen ableiten, dass eine zu geringe Diversifikation ein nicht optimiertes Rendite-Risiko-Verhältnis mit sich bringt. Es lassen sich Vergleichsberechnungen anstellen, die zu dem Ergebnis kommen, dass es einen Anleger fast einen ganzen Prozentpunkt Rendite kostet, wenn er nur in einheimische Werte investiert und sein Risiko nicht breit in anderen ausländischen Aktienmärkten streut.[21] Dies ist insbesondere bei einem langen Anlagehorizont ein hoher Preis für ein Gefühl der Kontrolle, welche de facto nicht vorhanden ist.

Kontrollillusion

Im Kontext der Erläuterungen zum Motiv nach kognitiver Dissonanzfreiheit wurde deutlich, wie effektiv und pragmatisch der Mensch unbewusst vorgeht, um ein mögliches Defizit bei dem grundlegenden Motiv möglichst schnell zu beseitigen, und wie wenig er dabei auf Rationalität achtet. Entsprechendes gilt auch beim Motiv nach Kontrolle. Da es einem Menschen schlecht geht, wenn er keine Kontrolle spürt, bildet sich der Mensch schlichtweg die Kontrolle ein und das Problem ist gelöst.[22] Man spricht in diesem Zusammenhang von *Kontrollillusion*. Aus der psychologischen Forschung ist bekannt, dass diese Kontrollillusion nicht nur vereinzelt bei Menschen auftritt, sondern dass es sich um eine systematische Verzerrung in der Wahrnehmung der Kontrolle handelt, die zumindest tendenziell bei jedem Individuum auftritt.

Eine Kontrollillusion kann sich grundsätzlich auf alle Varianten der Kontrolle beziehen, wie sie oben dargestellt wurden.
Im Kontext der Variante 1, d. h. einer echten Beeinflussung, steht eine Kontrollillusion für die Überschätzung der Ergebnisse, die man selbst durch kontrolliertes Agieren erreichen kann. Als Beispiel können hier Studien angeführt werden, die belegen, dass Manager ihre Erfolgswahrscheinlichkeiten tendenziell überschätzen, und zwar weil sie sich

---
[20] Siehe z. B. die Studien von French und Poterba (1991).
[21] Zu entsprechenden Ergebnissen siehe von Nitzsch und Stotz (2006).
[22] Dieser Zusammenhang gilt allerdings uneingeschränkt nur für nicht-depressive Menschen, vgl. Alloy und Abramson (1979).

für besonders kompetent halten und ihre Eingriffsmöglichkeiten überschätzen.[23] Insofern ist die Kontrollillusion genau das Puzzlestück, das im Abschn. 3.6 zur Erklärung der Overconfidence, oder genauer der Overestimation, noch fehlte.

Ähnliches gilt für eine Kontrollillusion in der Variante 2, den Prognosefähigkeiten, und Variante 3, der Kenntnis der Einflussvariablen. Denn ein wahrgenommenes Gefühl, Entwicklungen vorhersehen oder einige Sachverhalte gut einschätzen zu können, ist genau das, was in Abschn. 3.6.2 mit dem Begriff Overprecision schon vorgestellt wurde. Insofern ist die Kontrollillusion neben Narrow Thinking und WYSIATI eine weitere, ebenfalls sehr stabile Stütze für das Phänomen der Overconfidence.

Kontrollillusion tritt auch in der Variante 4 der Kontrolle auf, also bei der Kontrolle durch die Fähigkeit, vergangene Ereignisse ex post erklären zu können. So überschätzen Menschen dasjenige, was sie vor einem Ereignis über dessen Ausgang gewusst bzw. geahnt haben.[24] Man nennt dies den *Hindsight Bias* oder den *„Das-habe-ich-schon-immer-gewusst-Effekt"*. Wie auch bei der Overconfidence wird der Hindsight Bias durch kognitive Effekte des Narrow Thinking unterstützt. Erstens werden die alten Schätzungen sozusagen als „alte Informationen" im Gedächtnis von den neuen korrekten „überschrieben" und sind deshalb weniger verfügbar. Daneben dient bei der Rückerinnerung an eine vergangene Schätzung das inzwischen bekannte, korrekte Maß als Anker und durch die Verankerungsheuristik wird eine Verzerrung in Richtung des richtigen Schätzwertes impliziert.[25]

Förderlich für eine Kontrollillusion ist im Übrigen auch eine selbstwertdienliche Attribution. Ist ein Marktteilnehmer in Finanzmärkten erfolgreich, so ist es sein Verdienst, d. h., seine Fähigkeiten haben wesentlich zu dem Erfolg beigetragen. Nach einer längeren Erfolgsserie wird ein Anleger deshalb eine stark ausgeprägte Kontrollillusion besitzen. Bei ausbleibendem Erfolg tendiert er demgegenüber dazu, sich klarzumachen, dass in allen Engagements selbstverständlich immer ein hohes Maß an Glück bzw. Pech dabei ist. Nur diesmal war es eben Pech.

Bei einer Vielzahl von Erfolgen besteht zudem die Gefahr einer erlernten Sorglosigkeit. Eine erlernte Sorglosigkeit liegt vor, wenn ein Akteur durch eine Serie von erfolgreichen Engagements nicht mehr das Gefühl kennt, Verluste zu erleiden, und demzufolge bereit ist, immer größere Risiken einzugehen.[26] Das beste Beispiel hierfür war die Aktieneuphorie bis März 2000. Viele, insbesondere unerfahrene Anleger litten unter dieser erlernten Sorglosigkeit und sind Risiken eingegangen, die sie heute sicherlich bereuen.

In der Tat ist Kontrollillusion bzw. Overconfidence für die Finanzmärkte ein außerordentlich wichtiges Phänomen. Wäre nämlich allen Marktteilnehmern ihre tatsächliche Situation bewusst, dass sie so gut wie nichts vorhersehen können, käme kaum ein Handel zustande. Märkte leben davon, dass Marktteilnehmer unterschiedliche Prognosen treffen und an diese Prognosen auch glauben. In diesem Kontext liest man bei de Bondt und Tha-

---

[23] Siehe March und Shapira (1987).
[24] Vgl. Fischhoff (1975).
[25] Siehe Jungermann et al. (2010).
[26] Vgl. Frey und Schulz-Hardt (1996) und Schulz-Hardt et al. (1996).

ler (1995) sehr treffend: *„Overconfidence explains why portfolio managers trade so much, why pension funds hire active equity managers, and why even financial economists often hold actively managed portfolios – they all think they can pick winners."*

Ohne eine Overconfidence wären nicht nur die Finanzmärkte ziemlich langweilig, was vielleicht auch nicht so schlimm wäre. Vielmehr würde es weit weniger Unternehmensgründungen und somit Innovation geben, und das wäre schon sehr ungünstig. Manche „irrationalen" Verhaltensweisen haben also auch ihre guten Seiten.

Stress und Kontrollverlust-Phänomene

Ein *Kontrollverlust* liegt vor, wenn ein zunächst kognizierter interner Locus of Control, der sich beispielsweise auch als Folge einer Kontrollillusion ergibt, in einen externen übergeht. Geschieht dies, so stellen sich kognitive, motivationale und affektive Defizite ein, wobei diese Effekte bei den Menschen besonders groß sind, die ein hohes Kontrollbedürfnis haben (Typ A).[27]

Bei einem Kontrollverlust gibt es insbesondere zwei Reaktionsvarianten. In einer ersten Reaktionsvariante wird versucht, Kontrolle dadurch wiederzuerlangen, dass man sich an eine offenbar Kontrolle besitzende Instanz „anhängt".[28] Diese Instanz kann ein sogenannter Börsenguru sein, dessen Prognosen zumindest in der Vergangenheit immer oder häufig eingetroffen sind. Dass man zwar hieraus nicht auf eine gute Prognosequalität schließen kann, hatten wir schon im Abschnitt zur Repräsentativitätsheuristik erläutert. Dennoch vermittelt die Berücksichtigung der Prognosen dieses Börsengurus dem Anleger das Gefühl, dass er nicht mehr ausgeliefert ist, und dies ist nun mal das bestimmende Motiv bei einem Kontrollverlust.

Forscher konnten diese erste Reaktionsweise für den amerikanischen Aktienmarkt nachweisen.[29] Hierzu analysierten sie die Wirkung der Kolumne „read on the street" des Wall Street Journal auf das Verhalten der Anleger. In dieser Kolumne schreiben anerkannte Börsenexperten ihre Meinung zur zukünftigen und aktuellen Entwicklung der Kapitalmärkte. Die Forscher zeigten, dass die Kolumne in Zeiten steigender Aktienkurse nur eine geringe Wirkung auf das Anlegerverhalten hatte, in Zeiten fallender Kurse war die Wirkung dagegen signifikant höher. Eine andere Form der Instanz wäre eine Gruppe, in der sich der Anleger Gleichgesinnte sucht. Er ist dann nicht mehr allein, denn durch den Meinungsabgleich in der Gruppe entsteht eine sogenannte *Illusion of Validity*, die gleichfalls das Kontrollgefühl wieder herstellt. „Schließlich können sich so viele nicht irren", denkt man.

Gelingt es dem Anleger nicht, die Kontrolle in der beschriebenen Weise zurückzuerlangen, so kommt es zu der zweiten Reaktionsvariante. In dieser werden allgemeine und

---

[27] Vgl. Miller und Norman (1979) und Sauer und Müller (1980).
[28] Rothbaum et al. (1982) sprechen in diesem Zusammenhang auch von stellvertretender Kontrolle.
[29] Siehe Schachter et al. (1991).

schnell verfügbare Reaktionsmuster aktiviert, was nichts anderes bedeutet, als dass Menschen in Stress geraten. Entsprechende Reaktionsmuster können sehr schön am Verhalten von Tieren in der freien Wildbahn verdeutlicht werden. In einer Stresssituation werden Tiere entweder aggressiv und greifen an, oder es kommt zu einem Rückzug aus Furcht („fight or flight").

In Finanzmärkten erleiden Marktteilnehmer einen Kontrollverlust, wenn sie beispielsweise nach einer langen erfolgreichen Phase (hierbei Gefahr der Kontrollillusion!) größere Engagements eingegangen sind, die anschließend nicht so verlaufen, wie sie sich das vorgestellt haben. Dazu mag kommen, dass der Anleger diesen überraschenden Verlauf noch nicht einmal retrospektiv erklären kann (Variante 4 der Kontrolle) oder sich Widersprüche in seinen Informationen häufen.[30] Aufgrund dissonanztheoretischer Überlegungen wird zunächst eine Angriffsreaktion durchgeführt, um das Engagement doch noch zu retten und den Glauben an die Kontrolle nicht zu verlieren. Die Angriffsreaktion besteht dann aus einer „Jetzt erst recht"-Einstellung. Beispielsweise wird das im Wert gefallene Papier noch nachgekauft, „um den Einstandspreis zu reduzieren". Erst wenn deutlich wird, dass diese Aktionen nicht zum gewünschten Erfolg führen bzw. sich die Situation noch weiter verschlimmert, folgt in den meisten Fällen der Rückzug. Das Gefühl der Furcht führt zu einem sofortigen Ausstieg aus dem Engagement. Es werden Verkaufsorders gegeben, die zu allem Überfluss auch noch unlimitiert sind. Alles nur, damit dieses drückende Gefühl des Ausgeliefertseins endlich aufhört. Besonders gefährlich wird eine solche Situation, wenn viele Marktteilnehmer gleichzeitig ein solches Verhalten zeigen. Es besteht dann die Gefahr eines Crashs.

Mit den Folgen einer längeren Phase des Ausgeliefertseins beschäftigt sich auch die *Theorie der gelernten Hilflosigkeit*.[31] Aus der entsprechenden Forschung ist bekannt, dass sich als Folge einer fehlenden Kontrollwahrnehmung drei Beeinträchtigungen einstellen. Erstens lässt das Kontrollbedürfnis nach, zweitens nimmt die Fähigkeit ab, Wirkungszusammenhänge zu erkennen, und drittens entsteht Furcht, die mit zunehmender Sicherheit über die Unbeeinflussbarkeit in Depression übergehen kann. Bezogen auf Kapitalmärkte kann davon ausgegangen werden, dass Anleger, die über einen langen Zeitraum die Erfahrung machen mussten, dass die Börse unkontrollierbar ist, sich von der Börse zurückziehen. Meist bleiben sie dann für eine längere Zeit fern.[32]

---

[30] Vgl. Maas und Weibler (1990).
[31] Vgl. Seligman (1975) und Abramson et al. (1978).
[32] Vgl. Bungard und Schultz-Gambard (1990).

4.4 Das Wichtigste in Kürze

In diesem Kapitel habe ich Folgendes gelernt
- Selbstwertdienliche Attribution und der fundamentale Attributionsfehler sind bekannte Verzerrungen bei der Attribution von Handlungen.
- Bei Entscheidungen mit Sunk Costs und hohem Commitment besteht eine ausgesprochen große Gefahr von nachfolgenden Fehlentscheidungen („Gutes Geld wird schlechtem hinterhergeworfen").
- Ein hohes Commitment birgt auch die Gefahr einer nachfolgenden selektiven Wahrnehmung.
- Menschen tendieren dazu, Aktionen zu unterlassen, in denen ihr Kontrollgefühl gering ist. Dies ist nicht immer rational.
- Menschen neigen in vielen Situationen zu einer Kontrollillusion. Dies äußert sich in allen Varianten der Kontrolle: Was kann man beeinflussen? Was kann man prognostizieren? Was kann man erklären?
- Kontrollillusion fördert das Phänomen der Overconfidence.

Literatur

Abramson LY, Seligman MEP, Teasdale JD (1978) Learned helplessness in humans: critique and reformulation. J Abnorm Psychol 87(1):49–74

Alloy LB, Abramson LY (1979) Judgement of contingency in depressed and nondepressed students: sadder but wiser? J Exp Psychol 108(4):441–485

Arkes HR, Blumer C (1985) The psychology of sunk cost. Organ Behav Hum Decis Process 35(1):124–140

de Bondt WFM, Thaler RH (1995) Financial decision-making in markets and firms: a behavioral perspective. In: Jarrow R, Maksimovic V, Ziemba WT (Hrsg) Finance-series of handbooks in operations research and management science. North-Holland, Amsterdam, S 385–410

Brockner J, Nathanson S, Friend A, Harbeck J, Samuelson C, Houser R, Bazerman MH, Rubin JZ (1984) The role of modeling processes in the "knee deep in the big muddy" phenomenon. Organ Behav Hum Perform 33(1):77–99

Bungard W, Schultz-Gambard J (1990) Überlegungen zum Verhalten von Börsenakteuren aus kontrolltheoretischer Sicht. In: Maas P, Weibler J (Hrsg) Börse und Psychologie. Plädoyer für eine neue Perspektive. Deutscher Instituts-Verlag, Köln, S 140–161

Camerer C, Weber M (1992) Recent developments in modelling preferences: uncertainty and ambiguity. J Risk Uncertain 5(4):325–370

Ellsberg D (1961) Risk, ambiguity and the savage axioms. Q J Econ 75(4):643–669

Fischhoff B (1975) Hindsight is not equal to foresight: the effect of outcome knowledge on judgement under uncertainty. J Exp Psychol Hum Percept Perform 1(3):288–299

French K, Poterba JM (1991) Investor diversification and international equity markets. Am Econ Rev Pap Proc 81(2):222–226

Frey D (1981) Informationssuche und Informationsbewertung bei Entscheidungen. Verlag Hans Huber, Bern

Frey D (1986) Recent research on selective exposure to information. Adv Exp Psychol 19(1):41–80

Frey D, Gaska A (1998) Die Theorie der kognitiven Dissonanz. In: Frey D, Irle M (Hrsg) Theorien der Sozialpsychologie, Bd 1. Verlag Hans Huber, Bern, S 49–80

Frey D, Schulz-Hardt S (1996) Eine Theorie der gelernten Sorglosigkeit. In: Mandl H, Gruber H, Bruckmoser S, Schauer S (Hrsg) Bericht über den 40. Kongress der Deutschen Gesellschaft für Psychologie in München 1996. Hogrefe, Göttingen

Friedman M, Rosenman RH (1974) Type A behavior and your heart. Knopf Verlag, New York

Glass DC (1977) Stress, behavior pattern, and coronary disease. In: Blankstein KR, Pliner P, Polivy J (Hrsg) Assessment and modification of emotional behavior. Advances in the study of communication and affect, Bd 6. Springer, Boston, S 193–219

Glass DC, Singer J (1972) Urban stress: experiments on noise and social stressors. Academic Press, Cambridge

Heath C, Tversky A (1991) Preference and belief: ambiguity and competence in choice under uncertainty. J Risk Uncertain 4(1):5–28

Irle M (1975) Lehrbuch der Sozialpsychologie. Hogrefe, Göttingen

Iyengar S, Lepper MR (2000) When choice is demotivating: can one desire too much of a good thing? J Pers Soc Psychol 79(6):995–1006

Jungermann H, Pfister HR, Fischer K (2010) Die Psychologie der Entscheidung – Eine Einführung, 3. Aufl. Spektrum Akademischer, Heidelberg/Berlin

Kahneman D, Miller DT (1986) Norm theory: comparing reality to its alternatives. Psychol Rev 93(2):136–153

Keppe H-J (1997) Ambiguität und Kompetenz. Peter Lang GmbH, Bern

Kessler H (2015) Kurzlehrbuch Medizinische Psychologie und Soziologie, 3. Aufl. Georg Thieme, Stuttgart

Langner EJ (1975) The illusion of control. J Pers Soc Psychol 32(2):311–3280

Maas P, Weibler J (1990) Kontrollveränderungs- und Streßreaktionen an der Börse. In: Maas P, Weibler J (Hrsg) Börse und Psychologie. Plädoyer für eine neue Perspektive. Deutscher Instituts-Verlag, Köln, S 190–202

March JG, Shapira Z (1987) Managerial perspectives on risk taking. Manag Sci 33(11):1404–1417

Medea A, Thompson K (1974) Against rape. Farrar, Straus and Giroux, New York

Miller IW, Norman WH (1979) Learned helplessness in humans: a review and attribution theory model. Psychol Bull 86(1):93–118

von Nitzsch R, Stotz O (2006) Zu welchen Renditeeinbußen führt der Home Bias? Finanz Betrieb 8(106):113

Pyszczynski TA, Greenberg J (1987) Toward an integration of cognitive and motivational perspectives on social inference: a biased hypothesis-testing model. Adv Exp Soc Psychol 20(297):340

Ross L (1977) The intuitive psychologist and his shortcomings: distortions in the attribution process. In: Berkowitz L (Hrsg) Advances in experimental social psychology, Bd 10. Academic Press, Cambridge, S 173–220

Rothbaum F, Weisz JR, Snyder SS (1982) Changing the world and changing the self: a two-process model of perceived control. J Pers Soc Psychol 42(1):5–37

Rotter JB (1966) Generalized expectations for internal vs. external control of reinforcement. Psychol Monogr 80(1):1–28

Samuelson P (1963) Risk and uncertainty: a fallacy of large numbers. Scientia 78(153):158

Sauer C, Müller M (1980) Die Theorie der gelernten Hilflosigkeit: Eine hilfreiche Theorie? Z Sozialpsychol 11(2):25

Schachter S, Hood DC, Andreassen PB, Gerin W (1991) Aggregate variables in psychology and economics: dependence and the stock market. In: Gilad B, Kaish S (Hrsg) Handbook of behavioral economics. JAI Press, Greenwich, S 237–271

Schulz R, Aderman D (1973) Effect of residential change on temporal distance to death of terminal cancer patients. J Death Dying 4(2):157–162

Schulz-Hardt S, Frey D, Lüthgens C (1996) Sorglosigkeit und Risikoakzeptanz. In: Wenninger G, Graf Hoyos C (Hrsg) Arbeits-, Gesundheits- und Umweltschutz. Asanger, Heidelberg, S 468–479

Seligman MEP (1975) Helplessness: on depression, development, and death. W.H. Freeman, San Francisco

Sklar LS, Anisman H (1981) Stress and cancer. Psychol Bull 89(3):369–406

Thaler RH, Johnson EJ (1990) Gambling with the house money and trying to break even: the effects of prior outcomes on risky choice. Manag Sci 36(6):643–660

Weber M (1989) Ambiguität in Finanz- und Kapitalmärkten. Z Betriebswirtsch Forsch 41(447):471

Relative Bewertung von Ergebnissen 5

> **Zusammenfassung**
>
> Nicht nur in Wahrnehmungsprozessen, sondern auch in der Bewertung von Sachverhalten fällt es dem Menschen wesentlich leichter, relativ als absolut zu denken. Dieses Kapitel geht darauf ein, wie sich diese für den Menschen typische, relative Bewertung von Ergebnissen modellhaft beschreiben lässt und welche irrationalen Verhaltensmuster hieraus folgen.
>
> Im Mittelpunkt aller Überlegungen dieses Kapitels steht hierbei die Prospect Theory-Wertfunktion, welche die charakteristischen Merkmale einer relativen Ergebnisbewertung in einem mentalen Konto modelliert. Hierzu zählt die Existenz eines bewertungsneutralen Bezugspunktes und eine mit der Entfernung vom Bezugspunkt abnehmende Sensitivität in der Bewertung von Ergebnisdifferenzen. Ebenso wird dargestellt, wie die Gestalt der Funktion durch das Commitment des Entscheiders, was mit dem jeweiligen mentalen Konto verbunden ist, beeinflusst wird.
>
> Als irrationale Verhaltensmuster, die mit dieser Wertfunktion erklärbar werden, werden in diesem Kapitel einige Effekte präsentiert. Hierzu gehört beispielsweise der Reflection-Effekt, bei dem der Einfluss des Bezugspunktes auf das Risikoverhalten des Entscheiders deutlich wird. Auch wird mit dem Besitztums-Effekt ein typisches Verhalten von Menschen vorgestellt, lieber alles beim Alten zu belassen.
>
> Zum Abschluss geht dieses Kapitel noch auf Erweiterungen der Wertfunktion zur Berücksichtigung mehrerer Bezugspunkte ein, und zwar entweder in einem einzigen mentalen Konto (Integration) oder parallel in mehreren (Segregation).

5.1 Bezugspunkte und abnehmende Sensitivität in der Bewertung von Ergebnissen

Dass der Mensch grundsätzlich eher relativ als absolut bewertet, fußt auf grundlegenden Erkenntnissen der Psychophysik. Wir wollen dies zunächst am Beispiel der akustischen Wahrnehmung verdeutlichen. Wenn im ansonsten ruhigen Wald ein Vogel zwitschert, hört man dies sehr gut. Vertreibt sich der Vogel jedoch an einer Autobahnraststätte seine Zeit mit Singen, so wird dies vermutlich keiner wahrnehmen. Etwas wissenschaftlicher ausgedrückt: Ein Geräuschreiz einer bestimmten Lautstärke wird umso stärker wahrgenommen, je geringer das Grundgeräusch ist. Noch etwas allgemeiner fasst es das *Weber'sche Gesetz*: Je höher ein Grundreiz ist, desto stärker muss ein zusätzlicher Reiz ausfallen, damit er wahrgenommen wird.[1]

Die Basis für eine Wahrnehmung bilden somit keine absoluten Größen, sondern Differenzen bzw. Unterschiede. Dies hat zur Folge, dass ein und dieselbe Beobachtung in ganz anderem Lichte erscheinen kann, je nachdem, welche Sichtweise bzw. Ausgangssituation vorliegt. Wer erinnert sich nicht an das Experiment aus dem Physikunterricht, als man vor drei Schüsseln stand, von denen eine mit kaltem, die zweite mit warmem und die dritte mit heißem Wasser gefüllt war. Man musste eine Hand für längere Zeit ins kalte Wasser halten und danach mit derselben Hand in die warme Schüssel greifen. Die meisten Mitschüler empfanden das lauwarme Wasser als ausgesprochen heiß. Andere, die ihre Hand zuerst ins heiße Wasser und schließlich in die warme Schüssel tauchten, nahmen dasselbe Wasser als kalt wahr.

In der Psychophysik wird diese relative Wahrnehmung durch sogenannte *Adaptationsniveaus* wiedergegeben.[2] Das Adaptationsniveau stellt eine Reizstärke dar, die von dem betrachteten Individuum als neutral angesehen wird. Am Beispiel akustischer Reize bedeutet dies, dass diejenigen Reize, die auf dem Adaptationsniveau liegen, weder als laut noch als leise wahrgenommen werden. Liegen sie über diesem Punkt, so werden sie als laut empfunden, liegen sie darunter, entsprechend als leise. Die Höhe des Adaptationsniveaus unterscheidet sich von Person zu Person, so wird beispielsweise das Adaptationsniveau eines an Baulärm gewöhnten Bauarbeiters überdurchschnittlich hoch sein.

Der Mensch nimmt seine Welt nicht nur relativ wahr, er bewertet auch relativ. Hierbei gibt es sowohl in der Wahrnehmung als auch in der Bewertung einen besonderen neutralen Punkt. Reize auf diesem Adaptationsniveau werden als neutrale Reize eingestuft und nicht wahrgenommen. Den neutralen Punkt in der Bewertung wollen wir im Folgenden *Bezugspunkt* nennen. Ergebnisse genau in der Höhe dieses Bezugspunktes sind dementsprechend neutral bewertete Ergebnisse. Werte oberhalb dieses Bezugspunktes sind positive Ergebnisse (relative Gewinne), darunter liegen negative Ergebnisse (relative Verluste).

Hat man beispielsweise eine Aktie zu einem Wert von 125 € gekauft, so wird dieser Einstandspreis von den meisten Individuen (gegebenenfalls zuzüglich Provision etc.) als Bezugspunkt gewählt. Hieraus folgt: Steigt die Aktie auf einen Wert von 130 €, freut man sich über einen Gewinn von 5 €. Fällt die Aktie auf 120 €, hat man einen Verlust von 5 €. Dies hört sich

---
[1] Siehe Zimbardo und Gerrig (2008).
[2] Grundlegend siehe Helson (1964).

5.1 Bezugspunkte und abnehmende Sensitivität in der Bewertung von Ergebnissen

zunächst noch banal an, hat aber weitreichende Konsequenzen, berücksichtigt man, dass Menschen ausgehend von dem Bezugspunkt mit einer *abnehmenden Sensitivität* bewerten.

Abnehmende Sensitivität im Gewinnbereich bedeutet, dass man sich über den ersten Euro Gewinn mehr freut als über den zweiten, über den zweiten mehr als über den dritten etc. Wir können demnach abnehmende Sensitivität bei Gewinnen mit dem *abnehmenden Grenznutzen*, wie er aus vielen ökonomischen Modellen als Postulat bekannt ist, gleichsetzen. Im Verlustbereich, also unterhalb des Bezugspunktes, impliziert abnehmende Sensitivität zunächst Entsprechendes: Über den ersten Euro Verlust ärgert man sich am meisten, bei dem zweiten wird es schon weniger etc. Da man sich jedoch in entgegengesetzter Richtung vom Bezugspunkt entfernt, liegt in diesem Fall kein abnehmender Grenznutzen vor. Vielmehr nimmt der Grenznutzen im Verlustbereich bis zum Bezugspunkt zu. Kahneman und Tversky (1979) haben in der *Prospect Theory* diese Erkenntnisse in Form einer sogenannten *S-förmigen Wertfunktion v* (aus dem englischen *value*) abgebildet, wie sie die Abb. 5.1 exemplarisch zeigt.

In der Mitte der Abbildung, d. h. im Koordinatenursprung, liegt der Bezugspunkt der Bewertung. Wir greifen das obige Beispiel des Aktienkaufs auf und gehen dementsprechend davon aus, dass der Bezugspunkt dem Einstandspreis von 125 € entspricht. Eine Bewertung ist hier neutral, deshalb erhält die Wertfunktion v einen Wert von $v(125\ €) = 0$. Rechts vom Bezugspunkt zeigt sich eine positive Bewertung, die Wertfunktion ist rechtsgekrümmt (konkav). Die eingezeichneten Rechtecke sollen hierbei die abnehmende Sensitivität veranschaulichen: Mit zunehmender Entfernung vom Bezugspunkt nimmt die Bewertung einer gegebenen Ausprägungsdifferenz ab. Links vom Bezugspunkt erkennt man, dass sich

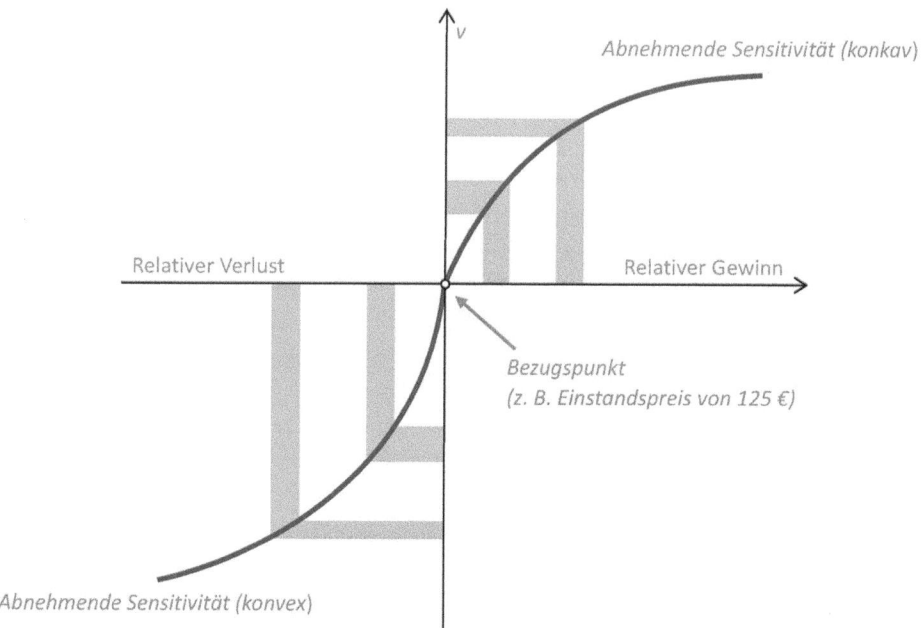

Abb. 5.1 Wertfunktion der Prospect Theory

aufgrund der abnehmenden Sensitivität das Krümmungsverhalten umkehrt, die Wertfunktion also linksgekrümmt (konvex) verläuft. Durch diese Krümmung wird deutlich, wie mit jedem zusätzlichen Euro im Verlustbereich, von links nach rechts gesehen, der Grenznutzen höher wird, bis er ab dem Bezugspunkt wieder abfällt.

Selbstverständlich ist diese Darstellung der Wertfunktion nur konzeptionell zu verstehen. So kann der Grad der abnehmenden Sensitivität nicht nur von Person zu Person variieren, sondern auch situationsabhängig unterschiedlich ausfallen.

5.2 Verlustaversion und Regret Aversion

In der Abb. 5.1 ist zu erkennen, dass die Kurve im Verlustbereich steiler verläuft als im Gewinnbereich. Dies ist nicht etwa eine Ungenauigkeit beim Erstellen der Grafik, sondern tatsächlich eine Asymmetrie in der Bewertung. Wir wollen uns im Folgenden etwas eingehender damit beschäftigen.

5.2.1 Verlustaversion

In der Tat ist aus vielen empirischen Untersuchungen bekannt, dass Individuen Verluste stärker bewerten als Gewinne in gleicher Höhe.[3] Man ärgert sich also über den Verlust von 100 € mehr, als man sich über den Gewinn von 100 € freut. Diese *Verlustaversion* zeigt sich genau an dem asymmetrischen Verlauf der Wertfunktion, wie er eben angesprochen wurde: Die Kurve im Verlustbereich verläuft deutlich steiler als im Gewinnbereich.

Eine Erklärung der Verlustaversion bieten das Mental Accounting und die kognitive Dissonanztheorie.

Zunächst zum Mental Accounting: Die Wertfunktion ist keine Funktion, die sich auf ein Gesamtvermögen o. ä. des Entscheiders bezieht. Jede Wertfunktion bezieht sich immer auf ein spezielles mentales Konto des Entscheiders. Dementsprechend gibt es viele Wertfunktionen, genau für jedes mentale Konto eine. Diese Wertfunktionen können sich unterscheiden. Grundsätzlich bleibt die Gestalt zwar ähnlich, doch insbesondere das Ausmaß der Verlustaversion kann deutlich variieren.

Die Verbindung zur Dissonanztheorie zeigt sich vor diesem Hintergrund wie folgt: Mentale Konten beziehen sich immer auf eine Entscheidung, und jede Entscheidung ist mit einem bestimmten Commitment verbunden. Dies wurde im Kontext der Dissonanztheorie ausführlich dargestellt. Das Commitment hängt hierbei ab von der Freiwilligkeit der Entscheidung, den psychologischen oder realen Sunk Costs, von der Verantwortung und der Normabweichung. Über diesen Weg beeinflusst das Commitment einer Entscheidung die Wertfunktion in dem entsprechenden mentalen Konto. Mit einem höheren Commitment wird die Dissonanz größer sein, die der Entscheider erlebt, wenn er in den Verlustbereich kommt. Die Verlustaversion, sozusagen als Antizipation der Dissonanz im

---

[3] Siehe Kahneman und Tversky (1979) und Tversky und Kahneman (1991).

5.2 Verlustaversion und Regret Aversion

Verlustfall, wird in diesem Fall ausgeprägter. Hingegen führt ein sehr geringes Commitment zur Abschwächung der Verlustaversion.

Die Asymmetrie in der Wertfunktion, also die Verlustaversion, wird erklärbar, wenn man berücksichtigt, dass ausschließlich im Verlustbereich eine Dissonanz entsteht, die den Entscheider anschließend in den oben skizzierten Rechtfertigungsdruck bringt und hierüber (psychologische) Kosten verursacht. Zwar stellt sich mit zunehmendem Commitment bei Gewinnen auch ein sogenannter *Pride-Effekt* ein. Das heißt, Gewinne, die man sich selbst als Erfolg zuschreiben kann, werden höher bewertet als Gewinne, für die man nichts kann. Man kann in diesem Zusammenhang auch von einer *source dependence* in der Bewertung von Ergebnissen sprechen:[4] Ergebnisse, die auf die eigene Leistung zurückgeführt werden, werden höher bewertet als andere. Allerdings ist dieser Effekt aufgrund der hohen Bedeutung des Motivs nach Dissonanzfreiheit geringer als die Wirkung des Dissonanzmotivs bei Verlusten.

Abb. 5.2 visualisiert den Einfluss des Commitments auf die Verlustaversion. Das Ausmaß der Verlustaversion ist in der Abbildung insbesondere am Bezugspunkt zu erkennen.

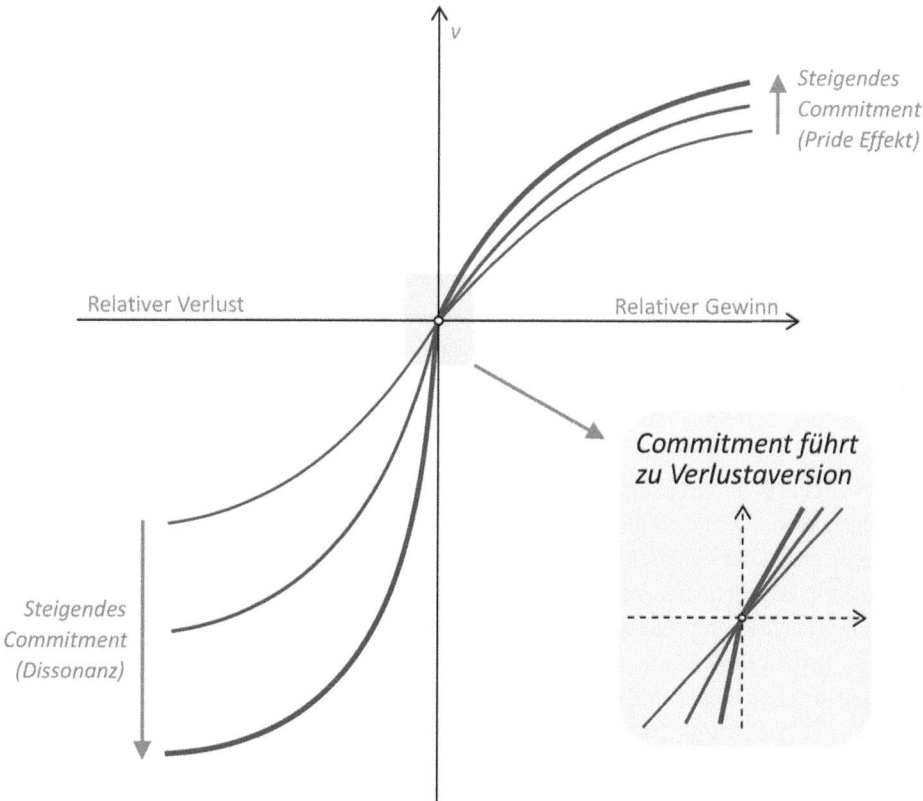

Abb. 5.2 Verbindung zwischen Commitment und Verlustaversion

---

[4] Zum Begriff und einer entsprechenden Studie siehe Loewenstein und Issacharoff (1994).

In einer Vergrößerung der unmittelbaren Umgebung um den Bezugspunkt erkennt man zunächst, dass ohne ein Commitment die Steigung der Wertfunktion um den Bezugspunkt im Gewinn- wie im Verlustbereich identisch ist, d. h. keine Verlustaversion vorliegt. Dies würde beispielsweise den Fall betreffen, dass ein Verlust ohne eine Entscheidung oder mit einer erzwungenen Entscheidung einhergeht. Man denke z. B. an den Verlust aus einem Raubüberfall, in dem man zur Herausgabe von Geld gezwungen ist, oder (in etwa gleichzusetzen) eine Steuererhöhung. Mit zunehmendem Commitment steigt jedoch die Verlustaversion, die Steigung der Wertfunktion im Verlustbereich ist bei entsprechendem Commitment deutlich größer als im Gewinnbereich.

5.2.2 Regret Aversion

Versteht man unter *Regret Aversion* die Abneigung von Menschen, ihre Entscheidung im Nachhinein bedauern zu müssen,[5] so ist auf den ersten Blick nicht zu erkennen, worin der Unterschied zur oben hergeleiteten Verlustaversion liegt. So ist anzunehmen, dass Individuen nur die Entscheidungen bedauern, die zu einem Verlust führen. Bei einem Gewinn gibt es hingegen nichts zu bedauern.

Hierbei wird jedoch übersehen, dass ein Bedauern auch dadurch entstehen kann, dass eine bestimmte Entscheidung eben nicht getroffen wurde. Hat man beispielsweise trotz Aufforderung eines Freundes eine bestimmte Aktie nicht gekauft und kurze Zeit später entpuppt sich diese Aktie als absoluter Gewinner, so tritt Bedauern ein, obwohl sich kein realer Verlust eingestellt hat.

Deshalb ist es sinnvoll, zwei Klassen von mentalen Konten zu unterscheiden. So gibt es zum einen die *zahlungswirksamen* mentalen Konten, in denen die tatsächlich fließenden Geldgrößen verbucht werden. In den bisherigen Überlegungen zum Mental Accounting wurde grundsätzlich von diesem Kontotyp ausgegangen. Zum anderen führt der Mensch auch *nicht zahlungswirksame* mentale Konten, die lediglich die Zahlungen verfolgen, die sich ergeben hätten, wenn man eine bestimmte Entscheidung nicht getroffen hätte.[6] Voraussetzung für ein solches Konto ist lediglich, dass man die Entwicklung der nicht gewählten Alternative verfolgen kann.[7] Da die Zahlungen in diesem Konto den tatsächlichen Vermögensstand nicht beeinflussen, ist der Unterschied zwischen der Verlustaversion und der Regret Aversion nun genau darin zu sehen, dass sich Verlustaversion auf die Verluste in zahlungswirksamen Konten bezieht und Regret Aversion auf entgangene Gewinne in den nicht zahlungswirksamen Konten. Bis auf diesen Unterschied bleiben die typischen Besonderheiten der relativen Bewertung in einem mentalen Konto bestehen, wie es die Abb. 5.3 zeigt.

---

[5] Wie z. B. bei Loomes und Sugden (1982, 1987).

[6] Es sei an dieser Stelle darauf hingewiesen, dass unter Zahlungen nicht nur Geldströme, sondern beliebige reale Güterströme verstanden werden können.

[7] Jungermann et al. (2010) sprechen in diesem Zusammenhang von einer zustandskontingenten Entscheidungssituation.

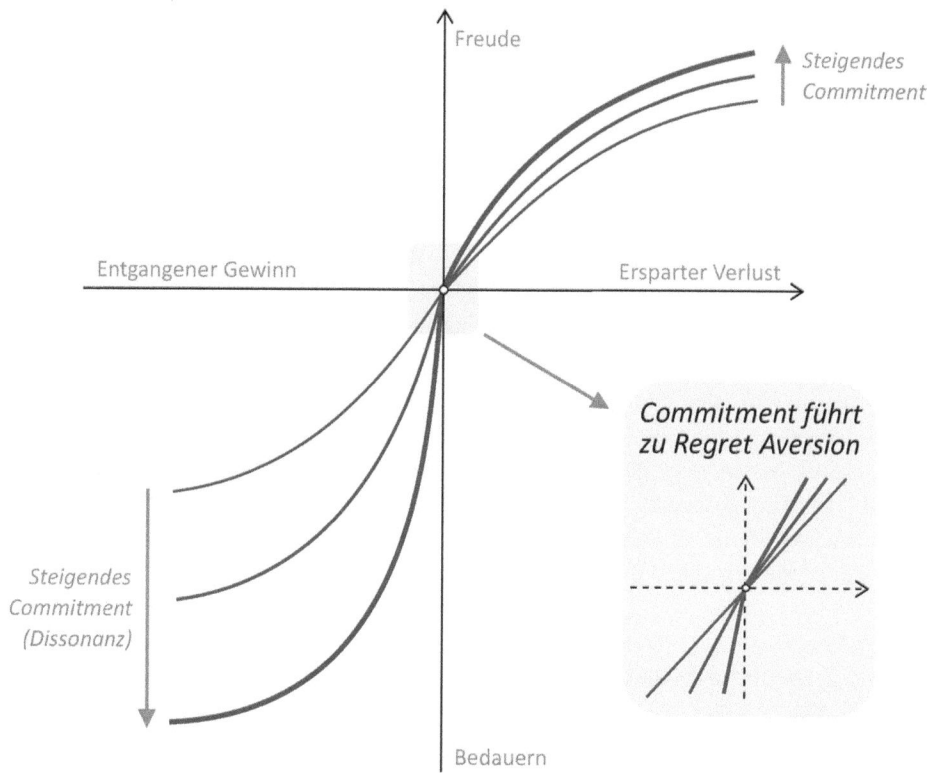

Abb. 5.3 Regret Aversion in einem nicht zahlungswirksamen Konto

In der Bewertung eines nicht zahlungswirksamen Projekts tritt an die Stelle eines Verlustes der entgangene Gewinn, der relative Gewinn wird hingegen durch den ersparten Verlust ersetzt. Eine Dissonanz ergibt sich, wenn man die Entscheidung gegen das Projekt deshalb bereut, weil das Projekt zu einem Gewinn geführt hätte. Hierbei ist der Grad der Regret Aversion, wie auch bei der Verlustaversion, an der Steigung der Wertfunktion in der Umgebung des Bezugspunkts des nicht zahlungswirksamen Kontos abzulesen. Liegt ein hohes Commitment an die Entscheidung gegen dieses Projekt vor, so ist die Dissonanz stark und die Regret Aversion ausgeprägt. Wie auch bei der Verlustaversion antizipiert ein Entscheider diese Dissonanz bei der Überlegung, ein bestimmtes Projekt durchzuführen.

Hierzu ein Beispiel:

▷ Ein Anleger kaufte vor einiger Zeit eine Aktie für 100 €. Leider kommt es lange Zeit zu keiner Kursbewegung. Immer wieder überlegt sich der Anleger, ob er dieses Papier nicht besser verkaufen soll. Viele haben ihm schon dazu geraten, er konnte sich bisher aber noch nicht dazu durchringen. Auch am heutigen Tage steht die Aktie bei 100 €. Seine Überlegungen, die ihn erneut zum Behalten der Aktie bewegen, könnten jetzt etwa wie folgt aussehen: „Wenn ich die Aktie heute verkaufe und morgen kommt es zu dem Kurssprung, auf den ich schon Jahre warte, dann ärgere ich mich zu Tode".

Der Anleger im Beispiel verkauft die Aktie nicht, weil er eine starke Regret Aversion antizipiert. Aufgrund der langen Geschichte dieser Aktie ist mit der Entscheidung – unabhängig ob für oder gegen den Verkauf – in jedem Fall ein hohes Commitment verbunden. Für den Fall, dass der Anleger von dem aktuellen Status Quo abweicht und sich für einen Verkauf entscheidet, ist dieses Commitment aufgrund der Normabweichung jedoch noch höher. Ein entgangener Gewinn würde von ihm sehr stark bewertet.

Gänzlich anders stellt sich die Situation für einen Anleger dar, der in jüngster Zeit flüchtig die Notierung der besagten Aktien zur Kenntnis genommen hat und sich, ohne große Analysen zu tätigen, gegen einen Kauf entschieden hat. Auch dieser Anleger wird ein nicht zahlungswirksames mentales Konto führen, in dem er den weiteren Kursverlauf dieser Aktie verbucht. Sein Bedauern wird jedoch geringer ausfallen als beim obigen Anleger, da seine Entscheidung gegen den Kauf den Status Quo weiterführt und somit keine Normabweichung darstellt. Vielmehr gilt für diesen Anleger sogar der sogenannte *Opportunitätskosteneffekt*, der besagt, dass entgangene Gewinne niedriger bewertet werden als „out of pocket costs". Hiermit sind beliebige reale Verluste in einem zahlungswirksamen Konto gemeint, wie sie sich beispielsweise in einem Aktienengagement seines aktuellen Portfolios ergeben können.

5.3 Zu welchen Irrationalitäten die relative Bewertung führt

Aus den obigen Erkenntnissen über die charakteristische Bewertung von Ergebnissen ergeben sich eine Reihe von Effekten und Irrationalitäten, die im Folgenden behandelt werden. Wir beginnen mit den Effekten, die durch die abnehmende Sensitivität begründet werden. Anschließend werden weitere Verhaltensmuster dargestellt, die im Besonderen auf die Verlustaversion und die Regret Aversion zurückzuführen sind.

5.3.1 Irrationale Verhaltensmuster durch abnehmende Sensitivität

Abnehmende Sensitivität beschreibt das Phänomen, dass Entscheider zwischen Ergebnissen in der Nähe des Bezugspunkts sehr genau differenzieren, während bei einer größeren Entfernung vom Bezugspunkt Bewertungsunterschiede weit geringer ausfallen. Zu besonders auffälligen bzw. irrationalen Verhaltensmustern führt dieses Phänomen in erster Linie bei einem Vergleich mehrerer Alternativen, die der Entscheider in unterschiedlichen mentalen Konten abbildet. Dies wird im Folgenden an zwei Beispielen veranschaulicht.

▶ Eine junge Studentin fährt gerne und ambitioniert Fahrrad. Sie will sich ein neues E-Trekking-Bike kaufen, wobei Sie sich bei verschiedenen Händlern umschaut. Ihr Lieblingsbike gibt es sowohl bei Händler A als auch bei Händler B. Bei A kostet es allerdings 2195 € und bei B nur 2190 €. Ihr Wunsch ist es, an dieses Bike eine ganz spezielle, lustige Fahrradklingel zu montieren, die es nicht bei diesen Händlern gibt.

5.3 Zu welchen Irrationalitäten die relative Bewertung führt

Diese Klingel kostet bei Händler C 10 € und bei einem anderen Händler D nur 5 €. In beiden Situationen ist der Preisunterschied zwischen den zwei Händlern also gleich. Bei der Klingel ist Susanne nun definitiv nicht bereit, die 10 € zu bezahlen und fährt extra noch einmal vom Händler C zurück zum Händler D. Den Preisunterschied für das Bike nimmt sie hingegen als marginal wahr und hat kein Problem, beim teureren Händler A das Bike zu erwerben.

Das Verhalten der sportlichen Studentin ist schnell erklärt. Während in der Bewertung des Trekking-Bike-Preises die abnehmende Sensitivität im Konto „Trekking-Bike" dazu führt, dass die 5 € kaum wahrgenommen werden, ist dies bei der Klingel nicht der Fall. Hier liegt der Unterschied zwischen 5 € und 10 € unmittelbar in der Nähe des Bezugspunkts, sodass noch eine hohe Sensitivität gegeben ist. Rein ökonomisch betrachtet ist ihr Verhalten nicht nachzuvollziehen. In einem Fall machen 5 € einen großen Unterschied, im anderen Fall sind ihr 5 € relativ egal. Mental Accounting widerspricht also in diesem Fall und in vielen ähnlich gelagerten Fällen einem rein ökonomischen Verhalten.

▶ Eine Unternehmerin muss sich zwischen drei Projekten entscheiden. In allen drei Projekten muss sie sich in gleicher Weise anstrengen und sie kann nur ein Projekt durchführen. Im ersten Projekt sind bereits Sunk Costs in Höhe von 1000 € angefallen („Verlustprojekt"), das zweite Projekt („Neues Projekt") ist ein ganz neues und in dem dritten Projekt ist es bereits zu einem Überschuss von 1000 € gekommen („Gewinnprojekt"). In dem Verlustprojekt kann sie mit ihrem Arbeitseinsatz Einnahmen von 1500 € generieren, in dem neuen Projekt Einnahmen von 1600 € und in dem Gewinnprojekt mit demselben Arbeitseinsatz 1700 €.

Wenn die Unternehmerin ökonomisch rational denken und nur auf den Gewinn schauen würde (ihr Arbeitseinsatz ist in allen Alternativen gleich und deshalb nicht relevant), wäre es natürlich rational, das Gewinnprojekt zu wählen.

Werfen wir jedoch einen Blick auf die drei mentalen Konten, die die Unternehmerin in ihren Überlegungen unbewusst im Kopf hat. Diese mentalen Konten zeigen den jeweiligen wahrgenommenen Wertzuwachs an, den sie in den drei Projekten erreichen kann. Sie werden in Abb. 5.4 dargestellt.

Vergleicht man diesen Wertzuwachs in den drei Projekten, so stellt man Folgendes fest: Am geringsten ist der Wertzuwachs im Gewinnprojekt. Aufgrund der abnehmenden Sensitivität bringen die zusätzlichen 1700 € nur einen geringen zusätzlichen Wert. Größer ist der Wertzuwachs des neuen Projekts, da hier die noch hohe Sensitivität im Gewinnbereich in der Nähe des Bezugspunktes relevant ist. Dies gilt, obwohl die Einnahmen um 100 € niedriger ausfallen als im Gewinnprojekt. Noch höher ist trotz der niedrigen Einnahmen von 1500 € jedoch der Wertzuwachs im Verlustprojekt, weil die hohen Sensitivitäten links und rechts vom Bezugspunkt zur Geltung kommen.

Somit besteht in diesem Beispiel die Gefahr, dass sich die Unternehmerin lediglich aufgrund der Bewertungsverzerrungen, die durch die abnehmende Sensitivität verursacht

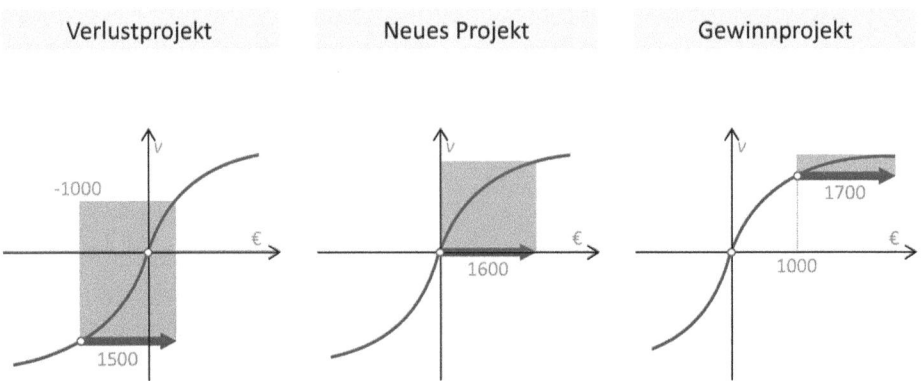

Abb. 5.4 Wirkung eines Arbeitsaufwands in drei unterschiedlichen Projekten

werden, gegen eine ökonomische Vernunft für das Verlustprojekt entscheidet. Somit ist mit der abnehmenden Sensitivität ein weiterer Grund für die schon bekannte Sunk-Cost-Falle gefunden, die in Kap. 4 durch das Dissonanzmotiv begründet wurde.

5.3.2 Das Risikoverhalten dreht ins Gegenteil: Der Reflection-Effekt

Ein besonders herauszustellender Effekt der abnehmenden Sensitivität bzw. der S-förmigen Bewertung besteht darin, dass man hiermit eine typische Form des Risikoverhaltens von Menschen erklären kann: Sie verhalten sich nämlich im Gewinnbereich eher risikoscheu, während sie im Verlustbereich risikofreudig agieren.

Dies soll zunächst am Gewinnbereich erklärt werden: Wie wird sich ein Anleger mit der bekannten S-förmigen Wertfunktion entscheiden, wenn er zwischen einem sicheren Gewinn von 10 € und einer 50-%-Chance auf 20 € wählen muss? Aufgrund der abnehmenden Sensitivität wird er den Wert der 20 € nicht doppelt so hoch einschätzen wie den Wert von 10 €. Deshalb ist der Erwartungswert der unsicheren Alternative, gerechnet auf Basis der Wertfunktion, nicht so groß wie $v(10\,€)$, d. h., es gilt $v(10\,€) > 0{,}5\,v(0\,€) + 0{,}5\,v(20\,€)$. Der Anleger wird daher die sicheren 10 € gegenüber der 50-%-Chance auf 20 € vorziehen. Mit der S-förmigen Gestalt wird demnach grundsätzlich ein risikoscheues Verhalten des Entscheiders im Gewinnbereich widergespiegelt.

Die Situation dreht sich im Verlustbereich genau um. Hier stellt z. B. ein Verlust von 10 € einen höheren Wertverlust dar als ein 50-prozentiges Risiko, 20 € zu verlieren. Die S-förmige Gestalt führt demnach im Verlustbereich zu einer Tendenz, risikofreudig zu entscheiden. Diesen Effekt, dass sich das Risikoverhalten im Übergang von Gewinnen zu Verlusten genau umkehrt, bezeichnet man als *Reflection-Effekt*.[8]

---

[8] Siehe Kahneman und Tversky (1979, 1982a, b).

Der Reflection-Effekt führt zu inkonsistenten Verhaltensmustern, wenn es durch eine bestimmte Problempräsentation (*Framing*) gelingt, den Bezugspunkt zu manipulieren. Einen solchen *Framing-Effekt* verdeutlicht die folgende Entscheidungssituation:

▶ **Situation A:** Sie erhalten in einem Briefumschlag 1000 € und können wählen, ob Sie weitere 500 € bekommen wollen oder an einem Spiel teilnehmen, in dem Sie jeweils mit 50 % Wahrscheinlichkeit entweder nichts oder einen zusätzlichen Gewinn von 1000 € erhalten.

▶ **Situation B:** Sie erhalten in einem Briefumschlag 2000 € und müssen wählen, ob Sie 500 € an die Spielleitung abgeben oder an einem Spiel teilnehmen, in dem Sie mit jeweils 50 % Wahrscheinlichkeit entweder 1000 € oder nichts abgeben müssen.

Betrachtet man den jeweiligen Gesamtgewinn am Ende der Spielsituationen, so sind beide Spielsituationen ökonomisch identisch. In beiden Situationen handelt es sich letztlich um die Entscheidung, ob man einen sicheren Betrag von 1500 € einem Spiel vorzieht, in dem man mit 50 % Wahrscheinlichkeit 1000 € gewinnt und mit den restlichen 50 % einen Gewinn von 2000 € erzielt. Die meisten Menschen – dies wurde in empirischen Untersuchungen bestätigt – entscheiden sich jedoch in Abhängigkeit von der Präsentation. Sie wählen in der ersten Spielsituation die sicheren 1500 €, in der zweiten Spielsituation präferieren sie das Spiel.[9]

Die Begründung für diesen Framing-Effekt ist auf der Basis der obigen Überlegungen recht einfach darzulegen. Betrachtet wird eine zweistufige Spielsituation, wobei in der ersten Stufe sichere Beträge relevant sind, die einen Bezugspunkt für die zweite Spielstufe suggerieren. In der zweiten Spielstufe werden riskante Beträge bewertet, wobei jeweils von einem anderen in der ersten Stufe bestimmten Bezugspunkt ausgegangen wird. In der Spielsituation A liegt der Bezugspunkt für die zweite Stufe bei 1000 €, die zusätzlichen Beträge sind demnach relative Gewinne. In der Spielsituation B liegt der Bezugspunkt bei 2000 €, die Risikobewertung behandelt relative Verluste. Da gemäß dem Reflection-Effekt das risikoscheue Verhalten im Gewinnbereich in ein risikofreudiges Verhalten im Verlustbereich übergeht, ist die Präferenzumkehr erklärt.

5.4 Zu welchen Irrationalitäten Verlustaversion und Regret Aversion führen

5.4.1 Die Commitment-Falle

Mit dem Phänomen der Verlustaversion geht die Beobachtung einher, dass Verluste nach Entscheidungen mit einem hohen Commitment deutlich höher bewertet werden als Ver-

---

[9] Vgl. Kahneman und Tversky (1982b).

luste nach Entscheidungen mit einem minimalen Commitment. Dass diese *Commitment-Falle* ökonomisch unvernünftig ist, macht man sich leicht an folgendem Vergleich klar:

▶ In der Entscheidungssituation A kann der Entscheider mit hohem Commitment an einem Spiel teilnehmen, bei dem er mit 50 % Wahrscheinlichkeit 100 € verliert, mit den restlichen 50 % jedoch 150 € gewinnt.

▶ Die zweite Spielsituation B unterscheidet sich nur insofern von der ersten, als dass der Entscheider anstelle der 150 € nur einen Gewinn von 140 € erreichen kann, dafür aber ein geringes Commitment besitzt.

Nach den obigen Überlegungen zur Verlustaversion ist es durchaus vorstellbar, dass der Entscheider in der Spielsituation A nicht an dem Spiel teilnimmt, während er in der zweiten Situation spielt. Somit verschenkt er nur deshalb eine Gewinnchance, weil in beiden Situationen ein unterschiedliches Commitment vorliegt. Beispielsweise mag in der Situation A eine Normabweichung vorliegen, in der Situation B nicht.

Ökonomisch gesehen ist dieses Entscheidungsverhalten natürlich unsinnig. Zugleich sind die Parallelen zu den Beispielen aus Abschn. 5.3.1 erkennbar, in dem sich ähnliche Effekte aufgrund der abnehmenden Sensitivität einstellten. Während sich in den Beispielen durch die abnehmende Sensitivität in einem mentalen Konto eine sehr geringe Bewertung des Ergebnisses ergab, wurde die geringe Bewertung in diesem Beispiel nun auf das niedrige Commitment zurückgeführt.

Ein anschauliches Beispiel für die Commitment-Falle wurde in einer Studie gewählt, in der die Versuchspersonen vor folgendes Problem gestellt wurden:[10]

▶ Eine Infektionskrankheit steht unmittelbar vor dem Ausbruch. An ihr werden 10 von 10.000 Kindern sterben. Es besteht jedoch die Möglichkeit einer Impfung, die leider mit einem Risiko einhergeht, dass die Impfung zum gleichen Krankheitsbild und somit zum Tode führt. Die meisten befragten Versuchspersonen äußerten sich dahingehend, dass sie eine Impfung ihres Kindes schon dann nicht durchführen, wenn sie lediglich in 6 von 10.000 Fällen zum Ausbruch der Krankheit führt.

Auch hier wird wieder deutlich, wie sich das unterschiedliche Commitment in den beiden möglichen Aktionen „Impfen" oder „Nicht-Impfen" direkt auf das Entscheidungsverhalten auswirkt. Die Problemstellung ist nicht so formuliert, dass man es als Eltern als „normal" empfindet, sich für eine Impfung zu entscheiden. Vielmehr riskiert man mit der Impfung das Leben seines Kindes und würde dafür die volle Verantwortung tragen, wenn das Kind bei der Impfung stirbt. Dies gilt in besonderem Maße, wenn es nur wenige sind, die ihr Kind impfen, und das Verhalten somit normabweichend ist. Infolgedessen implizieren die Verantwortung und die Normabweichung beim Impfen ein höhe-

---

[10] Siehe Ritov und Baron (1990).

res Commitment als beim Nicht-Impfen, bei dem die Schuld auf das Schicksal gelenkt werden kann. Ausschließlich auf die Sterbewahrscheinlichkeit bezogen ist dieses Verhalten natürlich unsinnig. Aber der Mensch denkt eben nicht nur ausschließlich an die Konsequenzen, die aus der Entscheidung resultieren, sondern steckt in der Commitment-Falle fest.

Eine rationale und unverzerrte Entscheidung setzt also voraus, dass das Commitment ohne Einfluss auf das Bewertungs- und Entscheidungsverhalten bleibt. Um vernünftig zu entscheiden, sollten Menschen bei der Bewertung der zukünftigen Ergebnisse ihrer Handlungsalternativen also bewusst berücksichtigen, dass sie bei Normabweichungen und Situationen mit hoher Verantwortungszuschreibung bzw. bei hohen realen oder psychologischen Sunk Costs zu einer überhöhten Bewertung vornehmlich von negativen Ergebnissen tendieren. Ist dieses Bewusstsein vorhanden, können diese Bewertungsverzerrungen eigenständig korrigiert werden.

5.4.2 Lieber alles beim Alten lassen: Der Besitztumseffekt

Der *Besitztumseffekt* sagt zunächst aus, dass Menschen dazu neigen, für ein bestimmtes Gut einen deutlich höheren Verkaufspreis zu verlangen, als sie im Gegenzug bereit wären, für dieses Gut zu zahlen.[11] Eine grafische Erklärung dieses Effekts zeigt die Abb. 5.5.

In der Abbildung werden zwei Situationen verglichen: Der Kauf eines bestimmten Gutes und der Verkauf desselben Gutes. Hierbei wird davon ausgegangen, dass der Bezugspunkt jeweils auf dem aktuellen Status Quo liegt, d. h., dass für die betrachtete Person der Kauf bzw. Verkauf nicht fest eingeplant ist.

In der Kaufsituation nimmt der Käufer somit im mentalen Konto „Gut" den Erhalt dieses Gutes als Gewinn wahr. Dies führt zu einem Wertzuwachs von $v(x)$. In der Überlegung, welchen Preis er maximal zu zahlen bereit ist, muss er im mentalen Konto „Geld" den Verlustbetrag finden, der ihm einen negativen Wert in Höhe von $-v(x)$ einbringt. Dieser Betrag y_K ist der maximale Kaufpreis.

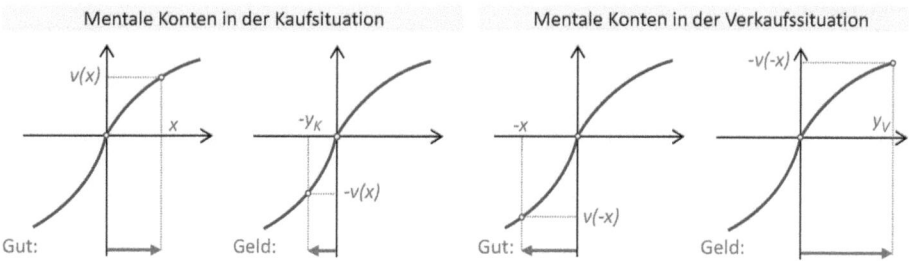

Abb. 5.5 Erklärung des Besitztumseffekts

---
[11] Siehe Weber (1993) und Kahneman et al. (1991).

In der Verkaufssituation liegen die Bezugspunkte anders. Hier stellt das Abgeben des Gutes einen Verlust dar, der zu einem negativen Wert von $v(-x)$ führt. Entsprechend ist der Erhalt des Verkaufspreises im Geldkonto ein Gewinn. Leitet man in analoger Weise den minimalen Verkaufspreis y_V ab, so wird deutlich, dass dieser deutlich höher liegt als der maximale Kaufpreis y_K.

Die Ursache dieses Effekts, der auch als *Endowment-Effekt*,[12] *Status Quo Bias*[13] oder *Omission Bias*[14] bezeichnet wird, liegt in dieser Erklärung allein in der Verlustaversion in beiden mentalen Konten, die – wie bereits erwähnt – zum steileren Verlauf der Wertfunktion im Verlustbereich führt.

Der Besitztumseffekt führt somit, ebenso wie im Übrigen der Verankerungseffekt, zu einer klaren Tendenz zum Konservatismus, d. h. alles beim Alten zu belassen. Das bewusste Verändern der aktuellen Situation bzw. Entwicklung würde über die Normabweichung zu einem Commitment in der Entscheidung und somit ggfs. zu einer Dissonanz im Anschluss an diese Entscheidung führen.

5.4.3 Gewinne beschränken und Verluste laufen lassen: Der Dispositionseffekt

An der Börse hört man häufig die Regel: „*Gewinne laufen lassen und Verluste begrenzen*".[15] Diese Regel ist zweifelsfrei dann richtig, wenn die Kursentwicklung langfristige Tendenzen anzeigt. Falls nämlich davon ausgegangen werden kann, dass mit einer aktuellen Kurssteigerung auch weitere Kurssteigerungen wahrscheinlich sind bzw. bei aktuellen Kursverlusten mit einem weiteren Verfall des Kurses zu rechnen ist, dann ist es zwingend, im Verlustbereich sofort auszusteigen und sich bei Gewinnen nicht von dem Wertpapier zu trennen.

Leider funktioniert der Markt nicht so einfach. Der Preisbildungsprozess ist wesentlich komplexer und dementsprechend sind Prognosen im kurzfristigen Bereich immer mit einer extremen Unsicherheit behaftet. Dennoch erfährt die Börsenregel eine Rechtfertigung, weil sie einer speziellen Verhaltensweise entgegenwirkt, und zwar dem *Dispositionseffekt*: Anleger realisieren Gewinne tendenziell zu früh und lassen Verluste zu lange laufen.[16]

Zur Verdeutlichung dieses Effekts betrachten wir in der Abb. 5.6 zwei unterschiedliche Positionen, einmal nach einem Kursanstieg und einmal nach einem Kursverfall. Nach einem Kursanstieg hat der Anleger aufgrund der Rechtskrümmung der Wertfunktion im Gewinnbereich einen vergleichsweise hohen Wertzuwachs gegenüber dem Einstandspreis

---

[12] Siehe Thaler (1980).

[13] Siehe Samuelson und Zeckhauser (1988).

[14] Siehe Ritov und Baron (1990).

[15] Siehe z. B. Pring (2000).

[16] Zu diesem Effekt siehe Weber und Camerer (1998); Shefrin und Statman (1985) sowie Gerke und Bienert (1993).

5.5 Zur Lage der Bezugspunkte

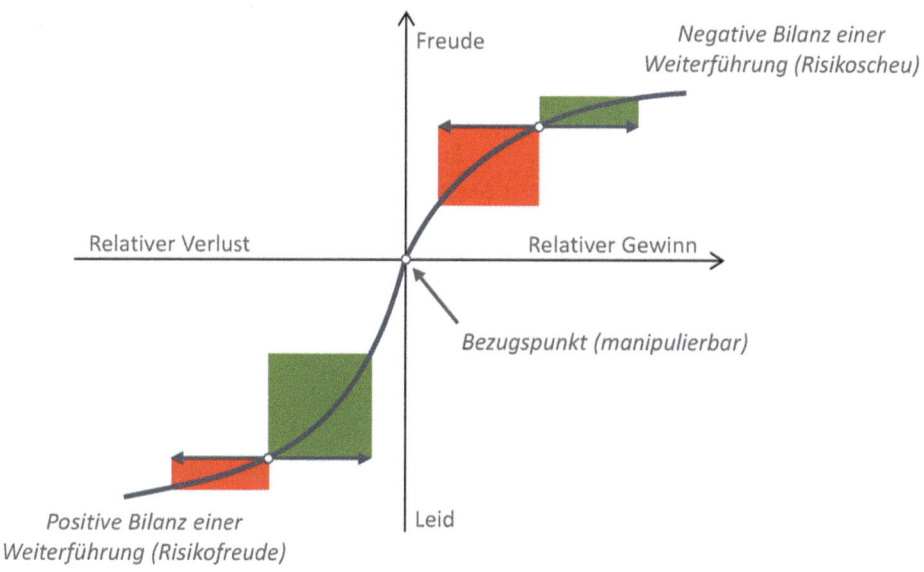

Abb. 5.6 Erläuterung des Dispositionseffekts

erreicht. Ein weiterer Kursanstieg bringt ihm nur noch einen geringen Wertzuwachs. Deshalb zögert er nicht, sich diesen Wertzuwachs zu sichern.

Im Verlustbereich hat der Anleger aufgrund des steilen Verlaufs einiges an Wert verloren. Ein weiterer Kursverfall macht ihm aufgrund des jetzt schon flacheren Verlaufs der Funktion weit weniger aus. Dafür würde es ihn umso mehr freuen, im steilen Verlauf der Funktion wieder zu schnellen Zuwächsen an Wert zu kommen. Er wird demnach nicht zögern, die Verluste auszusitzen, wenn eine gewisse (möglicherweise nur kleine) Chance besteht, dass sich der Kurs wieder erholt.

Soweit entspricht die Argumentation der Herleitung des Reflection-Effekts. Beim Dispositionseffekt kommt jedoch im Verlustbereich noch die Verlustaversion zum Tragen. Anleger machen es sich aufgrund des vergleichsweise steilen Verlaufs im Verlustbereich, der durch die Dissonanz begründet ist, außerordentlich schwer, den Verlust zu realisieren. Hierdurch würden sie nämlich die resultierende Dissonanz manifestieren. Die Parallelen zur Sunk-Cost-Falle sind in diesem Fall offensichtlich.

5.5 Zur Lage der Bezugspunkte

In den bisherigen Ausführungen dieses Kapitels wurde implizit ein Bezugspunkt in Höhe des aktuellen Status Quo des Entscheiders vorausgesetzt. Mit anderen Worten wurde immer dann, wenn sich der aktuelle Vermögensstand erhöht, von einem relativen Gewinn gesprochen, den der Entscheider wahrnimmt, und immer dann, wenn sich der Vermögensstand reduziert, von einem relativen Verlust.

In vielen Fällen wird diese Annahme auch gerechtfertigt sein, da der Status Quo von Natur aus ein gewisses Maß an „Normalität" oder „Neutralität" mit sich bringt, wie es von einem Bezugspunkt gefordert wird. Ebenso häufig gibt es aber auch weitere Kandidaten für Bezugspunkte, wie z. B. im Kontext einer Verhandlung über eine längst überfällige Gehaltssteigerung eine bestimmte Erwartung, mit der man in das Gespräch mit dem Chef geht. Oder in der Bewertung einer Aktie, die man schon vor 15 Jahren zu einem bestimmten Einstandspreis erworben hat, könnte zusätzlich auch der Kurs aus der letzten Woche ein weiterer Bezugspunkt sein, weil man sich zu diesem Zeitpunkt überlegt hatte, die Aktie zu verkaufen und es dann bislang doch nicht getan hat.

In der einschlägigen Forschung gibt es zwei Richtungen, wie man diese multiplen Kandidaten für Bezugspunkte in einem deskriptiven Entscheidungsmodell am besten abbildet. In einer Richtung geht man davon aus, dass Entscheider die verschiedenen Bezugspunkte *segregiert* verwenden und für jeden Bezugspunkt eine Bewertung auf der Basis der *S*-förmigen Wertfunktion vornehmen, die dann erst anschließend in irgendeiner Form aggregiert wird. Die andere Richtung unterstellt eine *Integration*, d. h., der Mensch fasst die verschiedenen Bezugspunkte zu einem einzigen Bezugspunkt zusammen und bewertet dann ausschließlich auf der Basis dieses einen Bezugspunktes. Auf diese beiden Ansätze wird im Folgenden eingegangen.

5.5.1 Segregation in der Verwendung verschiedener Bezugspunkte

Eine Segregation verschiedener Bezugspunkte hat die Konsequenz, dass sich in einem unmittelbaren Intervall um jeden einzelnen Bezugspunkt exakt die typischen Verhaltensmuster zeigen, die unmittelbar aus der *S*-förmigen Wertfunktion folgen, d. h., unterhalb des Bezugspunktes agiert der Entscheider risikofreudig und oberhalb eher risikoscheu. Nähert er sich einem anderen Bezugspunkt, so taucht dieses Verhalten in gleicher Weise wieder auf. Wir wollen dies an einem Beispiel verdeutlichen.

▸ Ein bei einer Bank angestellter Devisenhändler sitzt im Handelssaal seines Institutes vor vielen Bildschirmen und darf börsentäglich immer nur innerhalb eines bestimmten Limits selbstständig entscheiden. So sei beispielsweise angenommen, dass der Händler ab einer Verlustposition von 200.000 € den Chef rufen muss, um das weitere Vorgehen abzustimmen. Dieser Händler ist in eine Schieflage geraten, in der er entscheiden muss, ob er durch Glattstellung einen Verlust von 100.000 € realisiert oder das Engagement weiterführt, wobei er mit 50 % Wahrscheinlichkeit den Verlust wieder ausgleichen kann, dafür aber gleichfalls mit 50 % das Risiko eingeht, den Verlust auf eine Höhe von 200.000 € zu treiben. Dieser Händler wird vermutlich aus Angst vor der Blamage gegenüber seinem Chef eher risikoscheu handeln, den Verlust von 100.000 € realisieren und anschließend versuchen, in kleinen Schritten den Tag doch noch im Plus abzuschließen.

5.5 Zur Lage der Bezugspunkte

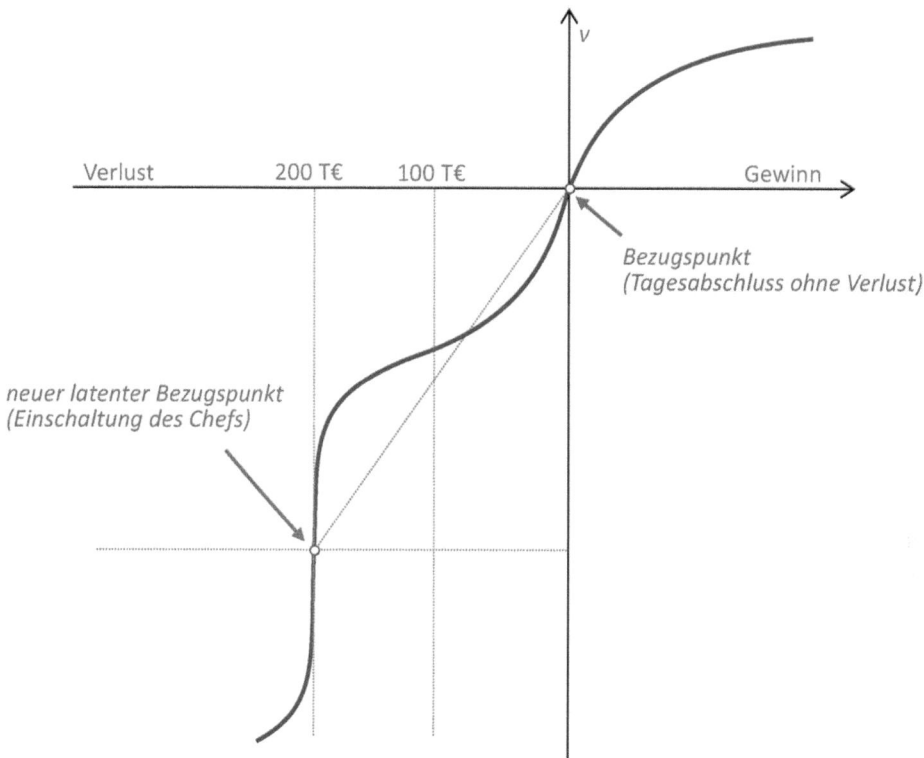

Abb. 5.7 Berücksichtigung von zwei Bezugspunkten bei segregierter Bewertung

Die für diesen Händler relevante Wertfunktion könnte etwa wie in Abb. 5.7 aussehen. Ein Bezugspunkt liegt bei einem Tagesabschluss ohne Verlust, der andere bei −200.000 €. Jeweils in der Umgebung jeder dieser Bezugspunkte findet sich die typische S-förmige Gestalt. Dass sich der Händler mit dieser Wertfunktion in der oben angegebenen Entscheidungssituation risikoscheu verhält, ist leicht zu erklären. So besitzt ein Verlust von 200.000 €, wie es die Abb. 5.7 veranschaulicht, gegenüber einem Verlust von 100.000 € einen mehr als doppelt so hohen (negativen) Wert. Eine Erwartungswertberechnung auf der Basis dieser Wertfunktion präferiert also den sicheren Verlustbetrag, d. h., erklärt das Verhalten des Händlers im Beispiel.

Die Modellierung einer segregierten Bewertung setzt nicht voraus, dass – wie im Beispiel des Devisenhändlers – die Präferenz mit nur einer Wertfunktion abgebildet wird. In gleicher Weise ist es möglich, dass der Entscheider für jeden Bezugspunkt ein eigenständiges mentales Konto führt und die Ergebnisse aus den verschiedenen Accounts in der Entscheidungssituation gewichtet, z. B. je nach Verfügbarkeit oder Relevanz des einzelnen Bezugspunktes.

In der aktuellen Forschung ist man sich noch nicht ganz sicher, wie genau eine Aggregation der einzelnen Teilbewertungen bei Segregation funktioniert. Es gibt aber zumindest

Vorschläge, welche Bezugspunkte man in einem allgemeineren Modell berücksichtigen könnte. So unterstellt z. B. die *Tri-Reference Point Theory*, dass neben dem Status Quo noch ein Mindestanspruchsniveau („minimum requirement") und eine erwünschte Zielgröße („goal") als weitere Bezugspunkte auftreten.[17] In der Konsequenz ergibt sich eine Aufteilung des Gesamtspektrums in die folgenden vier Bereiche:

- **Erfolg** (oberhalb des Ziels)
- **Gewinn** (zwischen Ziel und Status Quo)
- **Verlust** (zwischen Mindestanspruchsniveau und Status Quo) und
- **Misserfolg** (unterhalb des Mindestanspruchsniveaus)

Je nach Bereich stellen sich dann unterschiedliche kognitive Verfügbarkeiten der Bezugspunkte ein, die entsprechend auf die Bewertung und insbesondere auf das Risikoverhalten einen entscheidenden Einfluss haben. Angenommen wird zudem, dass das Mindestanspruchsniveau den höchsten Einfluss hat, das Ziel den zweitgrößten und der Status Quo nur mit der geringsten Bedeutung einfließt.

Was innerhalb der Tri-Reference Point Theory insbesondere unter einer erwünschten Zielgröße als Bezugspunkt verstanden wird, hat hierbei einen gewissen Interpretationsspielraum. Ein Anleger mag zum Beispiel bestimmte Renditeziele im Auge haben. So wird er beispielsweise die mit einem unsicheren Wertpapier erwirtschaftete Rendite nicht als Erfolg bezeichnen, wenn sie niedriger ausfällt als bei einer sichereren Anlage. In gleicher Weise mag ein Unternehmer seinen erwirtschafteten Gewinn auch nicht als Erfolg empfinden, wenn dieser niedriger als der Gewinn vergleichbarer Unternehmen in derselben Branche ist. In ähnlicher Weise können sich die Ziele auch aus Erwartungen oder Plänen ableiten. Hat man beispielsweise die feste Absicht, sein älteres Auto durch ein neues zu ersetzen, so liegen schon vor dem ersten Besuch beim Autohändler im Kopf bestimmte Pläne über die Kosten und die Finanzierung vor. Eine Bewertung der tatsächlichen Kosten erfolgt dann meist hauptsächlich relativ zu diesen Plangrößen. Wenn das Auto billiger ist als geplant, so freut man sich über den Erfolg.

Insgesamt ist also die Relevanz aller möglichen Bezugspunkte stark abhängig von dem subjektiven Bild als Ausschnitt der Realität, welches sich ein Entscheider in der Entscheidungssituation im Sinne eines Narrow Thinking gemacht hat.

5.5.2 Integration in der Verwendung verschiedener Bezugspunkte

Bei einer Integration verschiedener Bezugspunkte wird – wie oben beschrieben – davon ausgegangen, dass der Entscheider die möglichen Bezugspunktkandidaten in einem einzigen Bezugspunkt zusammenfasst. Es ist zu vermuten, dass dieses Vorgehen eher dann

---

[17] Siehe Wang und Johnson (2012) sowie Koop und Johnson (2012) oder in einer speziellen Anwendung für das Strategische Management Hu et al. (2011).

5.5 Zur Lage der Bezugspunkte

erfolgt, wenn es sich um Bezugspunkte handelt, die zum einen in ihrer Bedeutung sehr ähnlich sind und es sich zugleich auch um eine größere Anzahl handelt.

Ein typisches Beispiel ist die Bewertung bei einem Aktieninvestment, bei dem der Anleger während der Investmentphase häufiger einen Blick auf den momentanen Aktienkurs wirft. Mit jedem erhaschten Blick ist grundsätzlich ein Kandidat für einen Bezugspunkt gegeben. Wenn es nun sehr viele, ähnliche Beobachtungen sind, wird der Anleger vermutlich eher integrieren. Wenn es nur wenige sind, die vielleicht auch mit einer unterschiedlichen inhaltlichen Bedeutung einhergehen, so wird er vielleicht eher segregieren. Hierzu ein Beispiel:

▶ Die Anleger A und B haben vor 10 Jahren eine Aktie zum Wert von 10 € gekauft. Anleger A hat sich 9 Jahre nicht dafür interessiert und vor einem Jahr gesehen, dass der Kurs bei 100 € steht. Zu diesem Zeitpunkt hat er intensiv überlegt, ob er die Aktie verkauft. Hingegen hat Anleger B seit dem Kauf jeden Monat in seinem Depotauszug genau verfolgt, wie sich der Kurs bewegt.

In diesem Fall dürfte Anleger A sicherlich ein segregiertes Vorgehen mit den beiden Bezugspunkten Einstandspreis (10 €) und letztjährigem Kurs (100 €) wählen. Anleger B hingegen wird sich aus seinem Einstandspreis und den vielen zwischenzeitlichen Kursen in einer geeigneten integrativen Vorgehensweise einen Wert im Kopf basteln, den er als Basis für die Bewertung wählt.

Wie bei der Segregation erscheint die Annahme plausibel, dass auch innerhalb der integrativen Vorgehensweise die verschiedenen kognitiven Verfügbarkeiten einzelner Kursdaten einen Einfluss auf deren Bedeutung in der Ausgestaltung der Integration besitzen. In diesem Zusammenhang können wir auf die Erkenntnisse in Bezug auf Primacy- und Recency-Effekte (siehe Kap. 2 und 3) zurückgreifen. Hiernach erinnern sich Menschen bei der Darstellung einer Sequenz von Informationen verstärkt an die ersten (Primacy-Effekt) und die letzten Informationen (Recency-Effekt). Eine Studie, die in Laborexperimenten die Situation des Anlegers B simuliert, bestätigt diese Vermutung.[18] So orientierte sich der von den Personen angegebene Bezugspunkt hauptsächlich an dem ersten Kurs, der gleichzeitig auch im Experiment für den Einstandspreis steht, aber auch der letzte gezeigte Kurs hatte einen signifikanten Einfluss auf den Bezugspunkt. Weitere Größen, wie der Durchschnittskurs und Höchst- oder Tiefstände, haben einen vergleichsweise geringen oder keinen Effekt.

Interessant in diesem Zusammenhang ist, dass sich die zuletzt beobachteten Kursbewegungen nach oben und unten nicht in gleicher Form auf den Bezugspunkt auswirken. So konnte ebenfalls gezeigt werden, dass sich der Bezugspunkt nur bei einem Kursgewinn merklich nach oben bewegt, hingegen bei einem Kursverlust nur leicht in

---

[18] Siehe Baucells et al. (2011). Die Forscher erfragten den Bezugspunkt durch die Frage „At what selling price would you feel neutral about the sale of the stock, i.e., be neither happy nor unhappy about the sale?"

der Höhe nachgibt.[19] Eine Begründung für dieses asymmetrische Maß der Bezugspunktadaption kann darin gesehen werden, dass man bei einem Verlust nicht die Hoffnung sterben lassen möchte, dass sich der Kurs wieder erholt. Das mentale Konto bleibt sozusagen noch offen. Hingegen schließt man bei einem vergangenen Gewinn sein mentales Konto erfolgreich ab und betrachtet den nächsten Kurs als neues Spiel. Forciert man allerdings den Abschluss des mentalen Kontos dadurch, dass man im Versuchsdesign nach jedem Kurs einen Verkauf der Aktie simuliert, so bewegt sich der Bezugspunkt entsprechend stärker mit.[20]

Mit einer solch dynamischen Bezugspunktanpassung nach oben lässt sich zum Beispiel auch das *Easterlin-Paradoxon* erklären.[21] Dieses Paradoxon beschreibt die empirische Beobachtung, dass Menschen in Ländern mit einem signifikanten Wachstum des Volkseinkommens nicht unbedingt glücklicher werden. So kann vor dem Hintergrund der obigen Überlegungen davon ausgegangen werden, dass sich die Menschen sehr schnell an ein insgesamt höheres Konsumniveau gewöhnen, der Vergleichsmaßstab somit weniger in der Vergangenheit gesucht wird, sondern eher in einem Vergleich mit den anderen Leuten. Und wenn es dann vielen Leuten im Umfeld besser geht, behindert dies das Glücksgefühl.

Insgesamt kann festgehalten werden, dass es mit den bisherigen Erkenntnissen der Entscheidungsforschung zwar möglich ist, einige grundsätzliche Wirkungszusammenhänge zu beschreiben, wie Entscheider Bezugspunkte festlegen. Jedoch reichen diese Erkenntnisse insbesondere bei einer integrativen Vorgehensweise noch nicht aus, um den Bezugspunkt eines Entscheiders in einer gegebenen Entscheidungssituation genau prognostizieren zu können.

---

[19] Siehe Arkes et al. (2008).
[20] Siehe Arkes et al. (2010), die zugleich in ihrer Studie auch noch Unterschiede in der Bezugspunktadaption zwischen Asiaten und Amerikanern feststellen.
[21] Siehe Clark et al. (2008).

5.6 Das Wichtigste in Kürze

In diesem Kapitel habe ich Folgendes gelernt
- Menschen bewerten in jedem mentalen Konto mit einer S-förmigen Wertfunktion mit abnehmender Sensitivität um einen Bezugspunkt sowie einer Verlustaversion (Prospect Theory).
- Mit dem Commitment steigt auch das Ausmaß der Verlustaversion, sowie bei nicht zahlungswirksamen Konten die Regret Aversion.
- „1 € ist nicht immer 1 €", d. h. die Bewertung von Ergebnissen hängt davon ab, in welchem Segment der Wertfunktion man sich befindet.
- Menschen verhalten sich bei Gewinnen risikoscheu, bei Verlusten risikofreudig.
- Eine Verlustaversion fördert die Tendenz, alles beim Alten zu belassen (Besitztumseffekt).
- Aus einem zwischen Alternativen unterschiedlich hohen Commitment ergeben sich leicht Irrationalitäten.
- Die Tri-Reference Point Theory geht von einer Segregation und der Existenz von drei Bezugspunkten aus.
- Menschen passen Bezugspunkte leichter nach oben als nach unten an.

Literatur

Arkes HR, Hirshleifer D, Jiang D, Lim S (2008) Reference point adaptation: tests in the domain of security trading. Organ Behav Hum Decis Process 105(1):67–81

Arkes HR, Hirshleifer D, Jiang D, Lim S (2010) A cross-cultural study of reference point adaptation: evidence from China, Korea, and the US. Organ Behav Hum Decis Process 112(2):99–111

Baucells M, Weber M, Welfens F (2011) Reference-point formation and updating. Manag Sci 57(3):506–519

Clark AE, Frijters P, Shields MA (2008) Relative income, happiness, and utility: an explanation for the easterlin paradox and other puzzles. J Econ Lit 46(1):95–144

Gerke W, Bienert H (1993) Überprüfung des Dispositionseffektes und seiner Auswirkungen in computerisierten Börsenexperimenten. Zeitschrift für betriebswirtschaftliche Forschung, Sonderheft 31:169–194

Helson H (1964) Adaption-level theory – an experimental and systematic approach to behavior. Harper and Row, New York

Hu S, Blettner D, Bettis RA (2011) Adaptive aspirations: performance consequences of risk preferences at extremes and alternative reference groups. Strateg Manag J 32(13):1426–1436

Jungermann H, Pfister HR, Fischer K (2010) Die Psychologie der Entscheidung – Eine Einführung, 3. Springer, Heidelberg

Kahneman D, Tversky A (1979) Prospect theory: an analysis of decision under risk. Econometrica 47:263–291

Kahneman D, Tversky A (1982a) Risiko nach Maß – Psychologie der Entscheidungspräferenzen, Spektrum der Wissenschaft März 1982. Spektrum, S 89–98

Kahneman D, Tversky A (1982b) The psychology of preferences. Sci Am 146:160–173

Kahneman D, Knetsch JL, Thaler RH (1991) Anomalies: the endowment effect, loss aversion, and status quo bias. J Econ Perspect 5(1):193–206

Koop GJ, Johnson JG (2012) The use of multiple reference points in risky decision making. J Behav Decis Mak 25(1):49–62

Loewenstein G, Issacharoff S (1994) Source dependence in the valuation of objects. J Behav Decis Mak 7:157–168

Loomes G, Sugden R (1982) Regret theory: an alternative theory of rational choice under uncertainty. Econ J 92:805–824

Loomes G, Sugden R (1987) Testing for regret and disappointment in choice under uncertainty. Econ J 97:118–129

Pring MJ (2000) Gewinnen mit Investmentpsychologie – 19 goldene Regeln zum Erfolg. In: Jünemann B, Schellenberger D (Hrsg) Psychologie für Börsenprofis. Schäffer-Poeschel, Stuttgart, S 267–283

Ritov I, Baron J (1990) Reluctance to vaccinate: omission bias and ambiguity. J Behav Decis Mak 3:263–278

Samuelson W, Zeckhauser R (1988) Status Quo Bias in decision making. J Risk Uncertain 1(1):7–59

Shefrin H, Statman M (1985) The disposition to sell winners too early and ride losers too long: theory and evidence. J Financ 40:777–792

Thaler RH (1980) Toward a positive theory of consumer choice. J Econ Behav Organ 1(1):39–60

Tversky A, Kahneman D (1991) Loss aversion and riskless choice: a reference dependent model. Q J Econ 6:1039–1061

Wang XT, Johnson JG (2012) A tri-reference point theory of decision making under risk. J Exp Psychol 141(4):743–756

Weber M (1993) Besitztumseffekte: Eine theoretische und experimentelle Analyse. Die Betriebswirtschaft 53:479–490

Weber M, Camerer C (1998) The disposition effect in securities trading: an experimental analysis. J Econ Behav Organ 33(2):167–184

Zimbardo PG, Gerrig RJ (2008) Psychologie, 18. Aufl. Pearson Studium, Berlin

Relatives Denken bei Wahrscheinlichkeiten 6

Zusammenfassung

In der Bewertung unsicherer Alternativen spielen zwei Determinanten eine Rolle: Die Ergebnisse (bzw. Zielausprägungen) und die Wahrscheinlichkeiten, mit denen diese Ergebnisse eintreten. In Kap. 5 wurde schon erläutert, wie Menschen Ergebnisse gemäß der Wertfunktion der Prospect Theory relativ bewerten. In diesem Kapitel wird nun dargestellt, dass Menschen auch bei der Bewertung von Wahrscheinlichkeiten nach ähnlichen relativen Prinzipien vorgehen. Diese relative Bewertung von Wahrscheinlichkeiten wird im Rahmen der Prospect Theory durch die Wahrscheinlichkeitsgewichtefunktion modelliert. In diesem Kapitel wird dargestellt, durch welche charakteristischen Eigenschaften diese Funktion gekennzeichnet ist. Hierzu gehört unter anderem die Überbewertung von kleinen Wahrscheinlichkeiten und der Certainty-Effekt. Ebenfalls wird erörtert, wie die Gestalt der Funktion mit dem Kontrollmotiv des Entscheiders in Verbindung gebracht werden kann. Abschließend stellt dieses Kapitel dar, welche irrationalen Verhaltensmuster sich durch die Wahrscheinlichkeitsgewichtefunktion erklären lassen. Hierzu gehört beispielsweise die Tendenz, zu viele kleine Versicherungen abzuschließen. Ebenso lässt sich die Teilnahme an Lotteriespielen oder der sogenannte Favorite Longshot Bias erklären. Auch die Erklärung des Allais-Paradoxons kann auf diese Weise in diesem Kapitel leicht geliefert werden.

6.1 Wie Menschen Wahrscheinlichkeiten gewichten

Kahneman und Tversky (1979) haben bei der Entwicklung der Prospect Theory nicht nur die Wertfunktion v konzipiert, wie sie im letzten Kap. 5 vorgestellt wurde. Vielmehr haben sie auch eine *Wahrscheinlichkeitsgewichtefunktion $\pi(p)$* definiert, die mit

$$PT(a) = \sum_i \left(\pi(p_i) \cdot v(a_i) \right)$$

das deskriptive Entscheidungsmodell der Prospect Theory erst komplettiert.[1] Gilt für zwei im Vergleich stehende Alternativen a und b die Beziehung $PT(a) < PT(b)$, so wird vorhergesagt, dass der Entscheider die Alternative b gegenüber a vorziehen wird. Die noch vorzustellenden, speziellen Merkmale der Wahrscheinlichkeitsgewichtefunktion und die schon bekannten der Wertfunktion erklären hierbei, wieso es zu dieser Entscheidung kommen wird.

Wir wollen hiermit an dieser Stelle noch einmal deutlich zum Ausdruck bringen, dass es sich bei der Bewertungsfunktion PT der Prospect Theory um ein deskriptives Modell handelt. Im Gegensatz hierzu stehen – wie schon in Kap. 1 ausgeführt – präskriptive Modelle, die Entscheidern helfen sollen, bessere Entscheidungen zu treffen. Auf diese präskriptiven Modelle wird bekanntermaßen in diesem Lehrbuch erst in Teil III eingegangen, eine Relativität wird in diesem präskriptiven Modell nicht mehr abgebildet. Es ist also die Relativität, die letztlich die Irrationalität verursacht.

Relativität zeigt sich allgemein, wie auch schon bei den Ergebnissen, in der Existenz von Bezugspunkten und abnehmenden Sensitivitäten um diese Bezugspunkte. Im Gegensatz zur Bewertung von Ergebnissen ist der Bezugspunkt in der Bewertung von Wahrscheinlichkeiten jedoch nicht mehr von persönlichen Gegebenheiten, Erwartungen und Plänen des Entscheiders abhängig. Vielmehr gibt es zwei gewissermaßen in natürlicher Weise gegebene Bezugspunkte, nämlich 100 % und 0 %.

Bezugspunkte zeichnen sich dadurch aus, dass in ihrer Umgebung eine abnehmende Sensitivität vorliegt. An dieser abnehmenden Sensitivität ändert sich erst dann etwas, wenn mit zunehmender Entfernung vom Bezugspunkt andere Bezugspunkte an Bedeutung gewinnen. Wir haben dies im Abschn. 5.5.1 im Zusammenhang mit dem Devisenhändlerbeispiel schon dargestellt.

Für die hier betrachtete Analyse der Wahrscheinlichkeitsbewertung mit zwei relevanten Bezugspunkten bei 0 % und 100 % bedeutet dies, dass eine abnehmende Sensitivität um jeweils beide Bezugspunkte ebenfalls eine *S*-förmige Bewertung impliziert, wie es die Abb. 6.1 mit der mittleren, gestrichelt gezeichneten Wahrscheinlichkeitsgewichtefunktion skizziert. Diese *S*-förmige Gestalt ergibt sich jedoch nicht (wie bei der Wertfunktion) aus der Differenzierung zwischen relativen Gewinnen und Verlusten, wobei die Wendestelle im Bezugspunkt liegt. Vielmehr ist die Gestalt dadurch bedingt, dass die abnehmende

---
[1] Diese Modelldefinition der Prospect Theory gilt streng genommen nur bei zwei Zuständen, bei einer größeren Anzahl ist auf die Cumulative Prospect Theory zurückzugreifen, siehe Tversky und Kahneman (1992).

6.1 Wie Menschen Wahrscheinlichkeiten gewichten

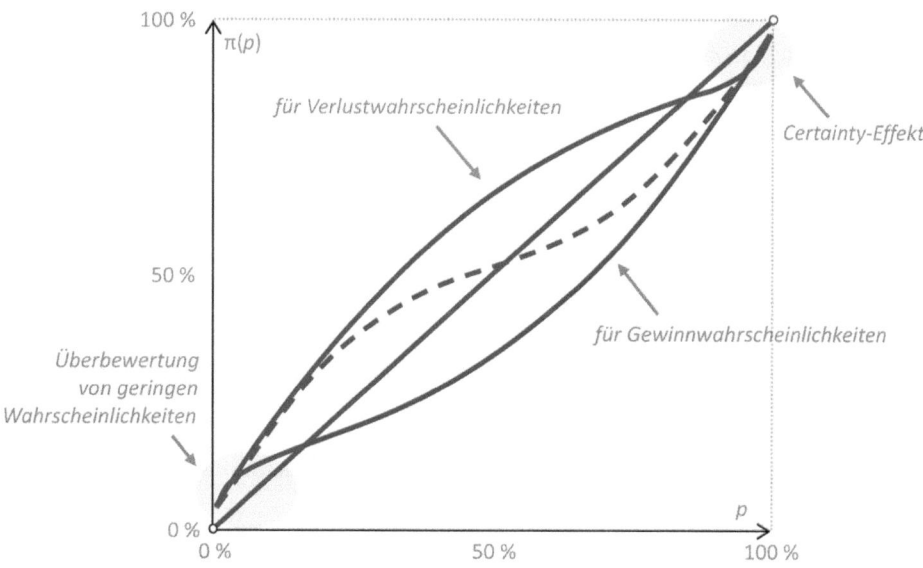

Abb. 6.1 Wahrscheinlichkeitsgewichtefunktionen für Gewinn- und Verlustwahrscheinlichkeiten

Sensitivität um den Bezugspunkt 100 % einen konvexen Verlauf impliziert, die abnehmende Sensitivität um den Bezugspunkt 0 % jedoch einen konkaven Verlauf.

Würden beide Bezugspunkte nun in etwa die gleiche Bedeutung, d. h. denselben Einfluss auf die Gesamtfunktion, besitzen, würde die gestrichelte Funktion die Wahrscheinlichkeitsbewertung widerspiegeln. Es ist jedoch eine wichtige Erkenntnis, dass beide Bezugspunkte grundsätzlich eine erheblich voneinander abweichende Bedeutung besitzen. Welcher Bezugspunkt dominiert, hängt davon ab, ob sich die Wahrscheinlichkeiten auf Gewinne oder Verluste beziehen. Studien zeigen, dass bei Verlusten der Bezugspunkt 0 % dominiert, bei Gewinnen der Bezugspunkt 100 %.[2] Dies ist insofern plausibel, als dass hierdurch die Punkte angezeigt sind, die jeweils am wünschenswertesten sind.

Für die Gestalt der Funktion π hat dies bei Verlusten zur Konsequenz, dass das konkave Segment wesentlich ausgeprägter ist als das konvexe und die Funktion somit weitgehend oberhalb der Diagonalen verläuft. In gleicher Weise ist bei Gewinnwahrscheinlichkeiten das konvexe Segment ausgeprägter als das konkave, und die Funktion verläuft weitgehend unterhalb der Diagonalen, wie es die Abb. 6.1 veranschaulicht.

Die Wahrscheinlichkeitsgewichtefunktion für Gewinne sowie Verluste zeichnet sich insbesondere durch zwei Eigenschaften aus.

Der *Certainty-Effekt* besagt, dass Menschen absolute Sicherheit im Vergleich zu unsicheren Ereignissen überproportional hoch bewerten. Alles, was nicht sicher ist, wird deutlich schlechter bewertet als Sicherheit. Hierbei gilt das Motto: „Eine 100-prozentige Wahrscheinlichkeit ist immer noch schlechter als Sicherheit." Zum Ausdruck kommt dieser Effekt in der Stetigkeitslücke, die die Wahrscheinlichkeitsgewichtefunktion im Bezugs-

---

[2] Siehe Hogarth und Einhorn (1990).

punkt 100 % besitzt. Ein besonders anschauliches Beispiel für diesen Effekt ergibt sich bei der Vorstellung, an einem Russischen Roulette teilnehmen zu müssen. Hierzu überlegen Sie sich bitte, wie viel Sie bereit wären dafür zu zahlen, dass anstelle von zwei Patronen nur eine Patrone in den Revolver eingelegt wird. Vergleichen Sie dann diesen Betrag mit dem Preis, den Sie zahlen würden, um auch noch die letzte Patrone entfernen zu lassen. Wenn es möglicherweise auch schwerfällt, solche hypothetischen Fragen zu beantworten, wird den meisten von uns eine absolute Sicherheit für unser Leben so viel wert sein, dass der zweite Betrag höher ausfallen wird.

Das zweite Charakteristikum der Wahrscheinlichkeitsbewertung ist die *Überbewertung von geringen Wahrscheinlichkeiten*, die in der Funktion π daran erkennbar ist, dass die Funktionswerte bei entsprechend kleinen Wahrscheinlichkeiten oberhalb der Diagonalen liegen. Wir werden später noch genauer darauf zurückkommen, dass über diese Überbewertung erklärt werden kann, warum Menschen Versicherungen abschließen oder an Lotterien teilnehmen. Im Folgenden dreht es sich zunächst darum, welche Faktoren den genauen Verlauf dieser Funktion beeinflussen.

6.2 Die Rolle des Kontrollmotivs in der Verarbeitung von Wahrscheinlichkeiten

6.2.1 Der Zusammenhang von Kontrollmotiv und Risikoeinstellung

In Abschn. 4.3 wurde schon intensiv über das Kontrollmotiv und seinen Einfluss auf menschliches Entscheidungsverhalten gesprochen. Hierbei wurde auch gezeigt, dass ein vorhandenes (nicht kontrollierbares) Risiko dafür verantwortlich ist, dass ein Kontrolldefizit wahrgenommen wird. Deshalb hängen die Einstellung gegenüber Risiko und die Wahrnehmung des Kontrolldefizits sehr eng zusammen. Je stärker das wahrgenommene Kontrolldefizit durch ein bestimmtes Risiko ist, desto ausgeprägter ist die Aversion gegen dieses (verursachende) Risiko, d. h. die risikoscheue Einstellung.[3]

Dieser Zusammenhang hat mehrere Konsequenzen. Zunächst hängt ein Kontrolldefizit immer von mehreren spezifischen Komponenten der Situation bzw. des Entscheidungsumfelds ab. Deshalb gilt dies auch für die Risikoeinstellung. Man kann also nicht pauschal einen Menschen als risikoscheu oder risikofreudig bezeichnen. Die Risikoeinstellung und in deren Folge auch das Risikoverhalten können von Situation zu Situation unterschiedlich ausfallen, je nachdem, welche Faktoren auf das Kontrolldefizit in dieser Situation einwirken. Dies ist die erste wichtige Erkenntnis in diesem Abschnitt.

Die zweite Erkenntnis ist nichts anderes als eine logische Schlussfolgerung der ersten Erkenntnis: Die Risikoeinstellung hängt zumindest unter anderem von den De-

---

[3] Eine empirische Unterstützung dieser Implikation bringt Maital (1984) durch den Nachweis, dass Anleger mit einem externen Locus of Control zu risikoärmeren Anlagestrategien tendieren als Anleger mit einem internen Locus of Control.

terminanten ab, die auch die Höhe des in dieser Situation wahrgenommenen Kontrolldefizits festlegen. Und über diese Determinanten wissen wir aus Abschn. 4.3 schon einiges. Dies heißt insbesondere Folgendes:

- Die Risikoaversion wächst mit zunehmender Höhe der betrachteten Beträge, zugleich ist sie bei negativen Beträgen höher als bei positiven.[4]
- Die Risikoaversion wächst mit geringerer Kompetenz des Entscheiders bzw. höherer Ambiguität (Mehrdeutigkeit) der Situation.
- Die Risikoaversion wächst mit der Tendenz, die Bewertung der Ergebnisse in separaten Mental Accounts durchzuführen.

Diese Bestimmungsfaktoren sind jedoch nicht die einzigen Faktoren, die die Risikoeinstellung beeinflussen. Insbesondere ist bekannt, dass Menschen ein gewisses Maß an Reizen für ihr Wohlbefinden benötigen. Es gilt beispielsweise als besonders schlimme Strafe für Menschen, in einem völlig dunklen und stillen Raum eine Weile ohne Reize verbringen zu müssen. Risiken können also durchaus auch wünschenswerte Reize sein, die der Mensch bei einem entsprechenden Profil benötigt.[5] Hierüber ist es dann im Übrigen auch erklärbar, dass es überhaupt Risikofreude gibt. Über ein avers wahrgenommenes Kontrolldefizit wäre eine Risikofreude nicht erklärbar.

6.2.2 Integration des Kontrolldefizits in der Wahrscheinlichkeitsgewichtefunktion

Wir sind nun in der Lage, das Konzept der Wahrscheinlichkeitsgewichtefunktion mit der expliziten Berücksichtigung des Kontrolldefizits zu erweitern. Hierbei wird im Übrigen die Parallele zur Erweiterung der Wertfunktion durch das Commitment offensichtlich, in der gleichfalls ein zusätzlicher Parameter zur deskriptiven Verbesserung des Bewertungskalküls beitrug.

Um die genauen Auswirkungen des Kontrolldefizits auf die Wahrscheinlichkeitsgewichtefunktion ableiten zu können, ist es sinnvoll, mit einer Situation zu beginnen, in der kein bzw. nur ein minimales Kontrolldefizit wahrgenommen wird. Als Beispiel sei das häufig hintereinander durchgeführte Münzwurf-Spiel mit kleinen Beträgen herangezogen. Zugleich wird davon ausgegangen, dass der Entscheider eine ausgeprägte Neigung zur Integration von mentalen Konten besitzt, d. h., sich an das Gesetz der großen Zahlen erinnert und seine Entscheidung an einer Erwartungswertberechnung aller durchzuführenden Spiele orientiert.

---

[4] Um Missverständnissen vorzubeugen: Dies ist kein Widerspruch zu der Aussage des Reflection-Effekts, dass Individuen im Verlustbereich eher risikofreudig entscheiden. Diese Aussage bezieht sich auf das Risikoverhalten und nicht auf die Risikoeinstellung.
[5] Vgl. Brengelmann (1991).

In dieser Konstellation wird der Entscheider eine Gesamtbewertung vornehmen, die – bezogen auf das einzelne Spiel – einer (nahezu) risikoneutralen Bewertung entspricht. Würden in jeder Runde andere Beträge und Wahrscheinlichkeiten verwendet und könnte der Entscheider jeweils auswählen, ob er an dem jeweiligen Spiel teilnimmt, so wäre der kompetente Entscheider in jeder dieser Bewertungen weitgehend risikoneutral.

Für die Gestalt der Wahrscheinlichkeitsgewichtefunktion bedeutet dies nichts anderes, als dass die Funktion linear verläuft und sich im gesamten Intervall zwischen $\pi(0) = 0$ und $\pi(1) = 1$ keine Verzerrungen in der Wahrnehmung und Bewertung der Wahrscheinlichkeiten ergeben. In diesem Fall verliert also die Wahrscheinlichkeitsgewichtefunktion ihre durch die abnehmende Sensitivität um die Bezugspunkte 0 % und 100 % hervorgerufene charakteristische Gestalt.

Für den Fall, dass ein Kontrolldefizit wahrgenommen wird, ist zu unterscheiden, ob sich die Wahrscheinlichkeiten auf Gewinne oder Verluste beziehen. Im Folgenden werden zunächst Gewinne unterstellt. Anhand der Abb. 6.2 kann die Auswirkung eines steigenden Kontrolldefizits auf die Gewichtung von Wahrscheinlichkeiten abgelesen werden.

Die Abbildung zeigt, dass sich an der grundlegenden Gestalt der Wahrscheinlichkeitsgewichtefunktion nichts ändert. Mit einem steigenden Kontrolldefizit treten lediglich die

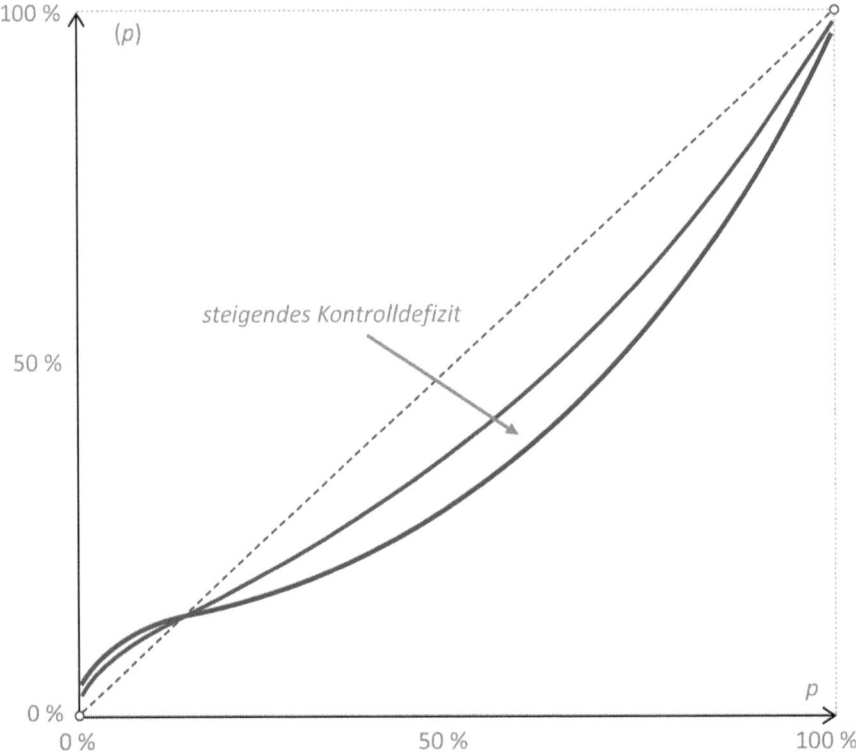

Abb. 6.2 Kontrolldefizit und Wahrscheinlichkeitsgewichtefunktion bei Gewinnen

6.2 Die Rolle des Kontrollmotivs in der Verarbeitung von Wahrscheinlichkeiten

charakteristischen Implikationen der ursprünglichen Gestalt mit einer höheren Signifikanz auf. Da sich die Funktion tendenziell weg von der linearen Gestalt nach unten verschiebt, wird bei gleichen Ausgangswahrscheinlichkeiten die Gewichtung der Wahrscheinlichkeiten geringer, was genau die ansteigende Risikoscheu mit zunehmendem Kontrolldefizit wiedergibt, wie es gleich noch eingehender erläutert wird.

Zugleich wird der Certainty-Effekt ausgeprägter und geringe Wahrscheinlichkeiten werden noch stärker übergewichtet.

Diese Effekte sind besonders gut nachzuvollziehen, wenn auf die Ambiguität als Bestimmungsgröße für das Kontrolldefizit zurückgegriffen wird. Hogarth und Einhorn (1990), die im Rahmen ihrer *Venture Theory* – wenn auch ohne Bezug auf ein Kontrolldefizit – auf ähnliche, empirisch belegte Verläufe der Funktion kommen, argumentieren in diesem Zusammenhang folgendermaßen: Entscheider stellen sich in einem *Mental-Simulating-Prozess* bei der Bewertung einer ambiguitätsbehafteten Wahrscheinlichkeit vor, dass aufgrund der geringen Verlässlichkeit der Wahrscheinlichkeitsangabe die tatsächlichen Wahrscheinlichkeiten andere sind. Bei einer Zahl von 99 % ergeben sich diesbezüglich natürlich weit mehr Vorstellungen über Prozentsätze kleiner als 99 % als über entsprechende Prozentsätze größer als 99 %. Ebenso stellt sich der Entscheider bei sehr geringen Wahrscheinlichkeiten in einer analogen Argumentation eher höhere Chancen vor, sodass sowohl die höhere Signifikanz des Certainty-Effekts als auch die Überbewertung geringer Wahrscheinlichkeiten erklärt wäre.

Beziehen sich die Wahrscheinlichkeiten auf Verluste, so bleibt diese Argumentation grundsätzlich bestehen. Ein Kontrolldefizit führt hier jedoch zu einer Verschiebung der Funktion nach oben und bedingt einen anderen Verlauf der Funktion insbesondere im mittleren Bereich, wie es die Abb. 6.3 darstellt.

Wir wollen diese insbesondere im mittleren Bereich der Funktion deutlich unterschiedliche Wirkung eines steigenden Kontrolldefizits an einem Beispiel veranschaulichen: Wird eine 50 %-Chance auf einen Gewinn in Höhe von x € betrachtet, so geht ein hohes Kontrolldefizit (beispielsweise durch eine hohe Ambiguität dieser Wahrscheinlichkeit) damit einher, dass sich der Entscheider im Rahmen des Mental Simulating vorstellt, dass die tatsächlichen Chancen niedriger liegen. Genau dies ist bezeichnend für das Unangenehme der fehlenden Kontrolle. Dies äußert sich darin, dass die Wahrscheinlichkeitsgewichtefunktion für Gewinne im mittleren Bereich eine Tendenz zu niedrigerer Bewertung aufweist und gemäß Abb. 6.2 unter der Diagonalen verläuft. Werden jedoch Verluste betrachtet, so zeigt sich das Unangenehme der fehlenden Kontrolle darin, dass die wenig verlässlich angegebene 50 %-Wahrscheinlichkeit vielleicht doch höher ist und möglicherweise sogar bei 60 % oder 70 % liegt. Entscheider setzen das Gewicht dieser Wahrscheinlichkeit somit höher als 50 % an, was zu der in Abb. 6.3 skizzierten Verschiebung nach oben führt. Ein Kontrolldefizit führt also dazu, dass Gewinnwahrscheinlichkeiten geringer und Verlustwahrscheinlichkeiten höher gewichtet werden, was letztlich genau das tatsächlich risikoaverse Entscheidungsverhalten begründet.

Vor dem Hintergrund dieser Erläuterungen kann das Konzept der Risikoeinstellung (in Abgrenzung zum Risikoverhalten) in ein klareres Bild gesetzt werden. Und zwar liegt, be-

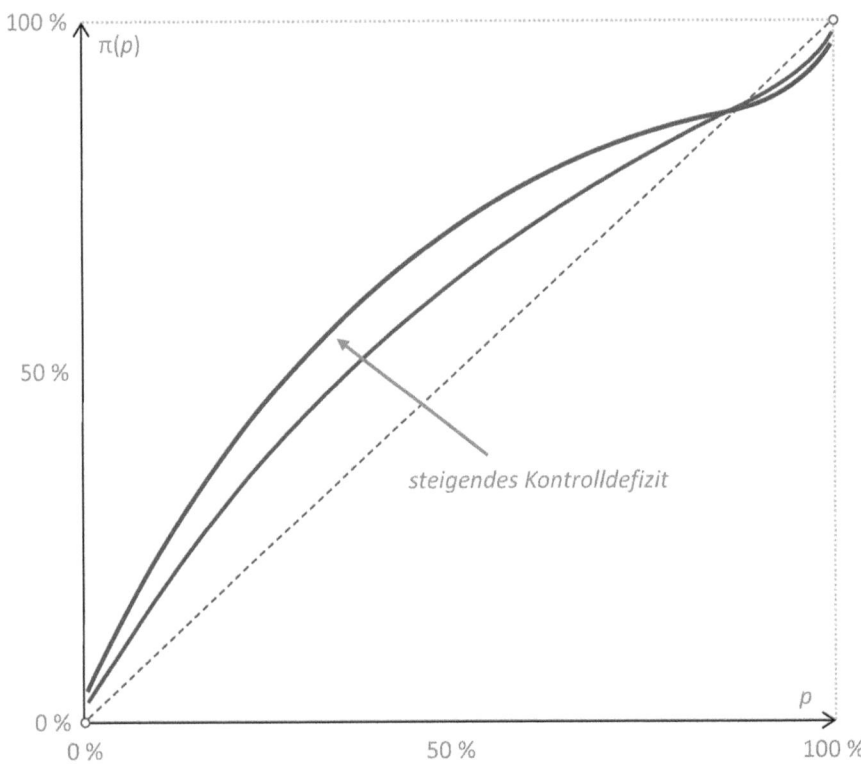

Abb. 6.3 Kontrolldefizit und Wahrscheinlichkeitsgewichtefunktion bei Verlusten

zogen auf eine bestimmte Situation, eine risikoneutrale Einstellung genau dann vor, wenn die Wahrscheinlichkeitsgewichtefunktion exakt der Diagonalen entspricht. Eine risikoscheue Einstellung zeigt sich, wenn gemäß der Abb. 6.4 Wahrscheinlichkeiten betrachtet werden, für die die dort skizzierte Wahrscheinlichkeitsgewichtefunktion unterhalb der Diagonalen verläuft. Bei dieser Abbildung haben wir einen kleinen Trick angewendet. So haben wir kurzerhand die Skala der Wahrscheinlichkeitsgewichtefunktion für Verluste umgedreht, sodass sich optisch derselbe Verlauf der Funktion ergibt wie bei Gewinnen. Insofern spiegelt die Funktion in Abb. 6.4 sowohl die Bewertung bei Gewinnen als auch bei Verlusten wider.

In der Abb. 6.4 werden außerdem zwei Ausnahmesituationen erkennbar, in denen Individuen eine risikofreudige Einstellung aufweisen. Dies gilt nämlich genau dann, wenn bei der Betrachtung von Gewinnen sehr kleine bzw. bei der Betrachtung von Verlusten sehr große Wahrscheinlichkeiten relevant sind, da in diesem Fall die Wahrscheinlichkeitsgewichtefunktion oberhalb der Diagonalen liegt. In Harmonie hierzu zeigten Studien für diese beiden Konstellationen, dass Menschen Ambiguitäten (ausnahmsweise)

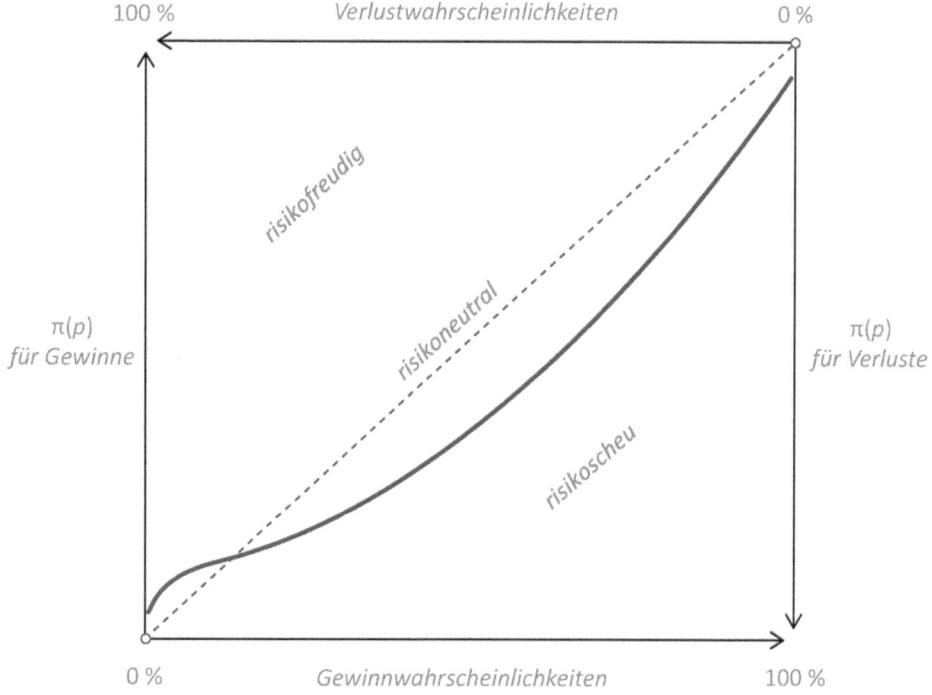

Abb. 6.4 Risikoeinstellungen bei Gewinn- und Verlustwahrscheinlichkeiten

nicht avers gegenüberstehen, sondern diese sogar präferieren.[6] Diese positive Bewertung der Ambiguitäten bei geringen Gewinn- bzw. bei hohen Verlustwahrscheinlichkeiten ist hierbei in Konsistenz zu den obigen Ausführungen zur Ambiguität mit der durch ein Mental Simulating ermöglichten Hoffnung erklärbar, dass der fast unmögliche Gewinn vielleicht doch etwas wahrscheinlicher und der fast sichere Verlust vielleicht doch nicht ganz so wahrscheinlich ist. Die mangelnde Kontrolle hat hier (ausnahmsweise) keine averse Wirkung.

6.3 Die relative Wahrscheinlichkeitsbewertung erklärt einige Verhaltensmuster

Mit der relativen Bewertung von Ergebnissen war es möglich, eine Reihe von irrationalen Verhaltensmustern zu erklären. Die Spannbreite reichte vom Reflection- bis zum Dispositionseffekt. In ähnlicher Weise lassen sich auch über die eben dargestellten Charakteristiken im Umgang mit Wahrscheinlichkeiten zusätzliche Verhaltensmuster aufzeigen, die aus rationaler Sicht mindestens problematisch, wenn nicht sogar irrational sind.

---

[6] Siehe Camerer und Weber (1992).

6.3.1 Abschluss von kleinen Versicherungen

Zu diesen Verhaltensmustern gehört der Abschluss einer Versicherung für ein Schadensrisiko, das nicht sehr groß ist, also den Entscheider nicht in existenzielle Probleme bringt, z. B. eine Diebstahlversicherung für ein Fahrrad. Hierzu sei folgendes Beispiel angeführt:

▶ Nehmen wir an, die Versicherungsprämie für die Fahrradversicherung würde 20 € im Jahr kosten, das Fahrrad hätte einen Wert von 500 € und die Diebstahlwahrscheinlichkeit läge bei 2 %. Bei einem Vergleich der Erwartungswerte der Alternativen „Keine Versicherung" und „Versicherung" ergibt sich 0,02 · (− 500 €) + 0,98 · 0 € = − 10 € > − 20 €. Nach diesem Kalkül gibt es also keinen Grund, die Versicherung abzuschließen.

Die abnehmende Sensitivität in den Geldbeträgen unterstützt diese negative Sichtweise der Versicherung. Denn für einen Entscheider, der rational mit Wahrscheinlichkeiten umgeht, jedoch eine abnehmende Sensitivität im Entscheidungskalkül zeigt, wird der Vergleich der beiden Alternativen wegen 0,02 · v(− 500 €) + 0,98 · v(0 €) > v(− 20 €) ebenfalls auch immer zu Ungunsten der Versicherung ausfallen. Dies ist nichts anderes als das im Reflection-Effekt festgestellte risikofreudige Entscheidungsverhalten im Verlustbereich.

Warum schließen in der Realität aber trotzdem so viele Personen solche oder ähnliche Versicherungen ab? Hierfür sorgt nicht nur das Geschick des Versicherungsvertreters. Unterstützung bietet die Überbewertung von geringen Wahrscheinlichkeiten, wie sie in der Wahrscheinlichkeitsgewichtefunktion durch π(0,02) >> 0,02 bzw. π(0,98) << 0,98 abgebildet ist. Unter dieser Prämisse kann es leicht passieren, dass die Bewertung des fehlenden Versicherungsschutzes π(0,02) · v(− 500 €) + π(0,98) · v(0 €) im Vergleich zu v(− 20 €) wesentlich ungünstiger ausfällt, auch bei abnehmender Sensitivität. Dann bringt dieses Entscheidungskalkül durch die verzerrte Wahrscheinlichkeitsgewichtung den Entscheider dazu, die Versicherung abzuschließen.

Mit diesem Beispiel sollte keineswegs ausgesagt werden, dass der Abschluss einer Versicherung mit einer vergleichsweise hohen Prämie immer irrational ist. Es kommt in entscheidendem Maße darauf an, wie negativ der Schadensfall zu bewerten ist. Für den Fall einer existenziellen Bedrohung der eigenen Person oder des Unternehmens (man denke hier insbesondere an Haftpflichtversicherungen), ist es aufgrund der hohen Bedeutung meist tatsächlich vernünftig, diese Versicherung abzuschließen. Dies gilt auch für den Fall, dass die Prämie im Verhältnis zur Wahrscheinlichkeit nicht günstig ist und möglicherweise sogar (deutlich) über dem Erwartungswert liegt. Bei erträglichen Schadensfällen ist die Rationalität jedoch tatsächlich durch die Übergewichtung der kleinen Wahrscheinlichkeiten gefährdet.

Die irrationale Färbung der Entscheidung für den Abschluss der Versicherung im obigen Beispiel kann man sich am leichtesten an einem etwas theoretischen Beispiel vergegenwärtigen. Man stelle sich vor, als Unternehmer die Versicherung für 1000 Betriebsangehörige zu übernehmen, die alle mit dem Fahrrad zur Arbeit fahren. Nach dem Gesetz der großen Zahl kann mit einer recht hohen Wahrscheinlichkeit davon ausgegangen werden, dass jedes Jahr ca. 20 Fahrräder (2 % von 1000) tatsächlich entwendet werden. Der Schaden ohne Versicherung läge dann bei 20 · 500 € = 10.000 €, bei einem Abschluss einer Versicherung für alle Fahrräder hätte das Unternehmen 20.000 € zu bezahlen (zumindest, wenn es keinen Rabatt verhandeln kann). Die Wahrscheinlichkeit, dass tatsächlich mehr als 40 Fahrräder gestohlen werden und so der Schaden über dem Betrag von 20.000 € liegen könnte, ist vernachlässigbar gering. Es ist also sicherlich vernünftiger, keine Versicherung abzuschließen.

An diesem Beispiel werden die Parallelen zum Mental Accounting als Bestimmungsgröße des wahrgenommenen Kontrolldefizits deutlich. Je losgelöster der Entscheider die gerade aktuelle Entscheidung von anderen Risikokomponenten und Entscheidungen sieht, desto größer ist sein Kontrolldefizit, somit die Übergewichtung der kleinen Wahrscheinlichkeiten und letztlich die Abneigung, Risiken einzugehen. Für diese Risikoaversion bezahlt er mit einer möglicherweise überteuerten Versicherungsprämie.

6.3.2 Teilnahme an Lottospielen und der Favorite Longshot Bias

Warum spielen Menschen Lotto? Es ist zum einen der Traum des großen Gewinns. Wie schön wäre es, sich mit den vielen Millionen Euro alles leisten zu können, was das Herz begehrt. Diese Vorstellung gepaart mit der Verfügbarkeit des Ereignisses „Lottogewinn" durch Berichte in den Medien führt zu einer hohen Bewertung des erreichbaren Gewinns. Die Wertfunktion v sähe dann grundsätzlich ähnlich aus wie die in Abb. 5.7 (Abschn. 5.5.1): Die Ausprägungen sind extrem und die abnehmende Sensitivität gilt nur in der Umgebung der aktuellen Vermögenslage, bis zum Millionengewinn steigt die Wertfunktion aber noch mal kräftig an.

Zusätzlich wird die Neigung zum Lottospielen aber auch durch die Überbewertung der Gewinnwahrscheinlichkeiten unterstützt. Es ist bekannt, dass die Gewinnwahrscheinlichkeiten extrem gering sind. Die Wahrscheinlichkeit 6 richtige Zahlen aus 49 zu erraten, liegt bei ca. 1 zu 14 Mio.. Eine Erwartungswertberechnung für den Gewinn im Lotto führt dementsprechend zu einem wesentlich niedrigeren Ergebnis als die Kosten für einen Lottotipp. Im mentalen Kalkül wird dieser Wert $\pi(1/14 \text{ Mio.})$ aber deutlich höher angesetzt als 1/14 Mio.. Nun gut, aber die Lottogesellschaften bzw. der Staat wollen ja schließlich auch von dem Spiel profitieren.

Ähnlich zur Teilnahme an Lottospielen ist der sogenannte *Favorite Longshot Bias* zu sehen. Hierunter versteht man das empirisch vielfach bestätigte Phänomen, dass Wettteilnehmer, z. B. bei Pferderennen, bei Wetten auf Außenseiter überteuerte Wetteinsätze eingehen.[7] Dies ist daran abzulesen, dass die durchschnittlichen Renditen dieser „Wettinvestments" bei sehr hohen Wettquoten besonders niedrig ausfallen. Dies verdeutlicht die Abb. 6.5.

---

[7] Siehe ausführlich Snowberg und Wolfers (2010).

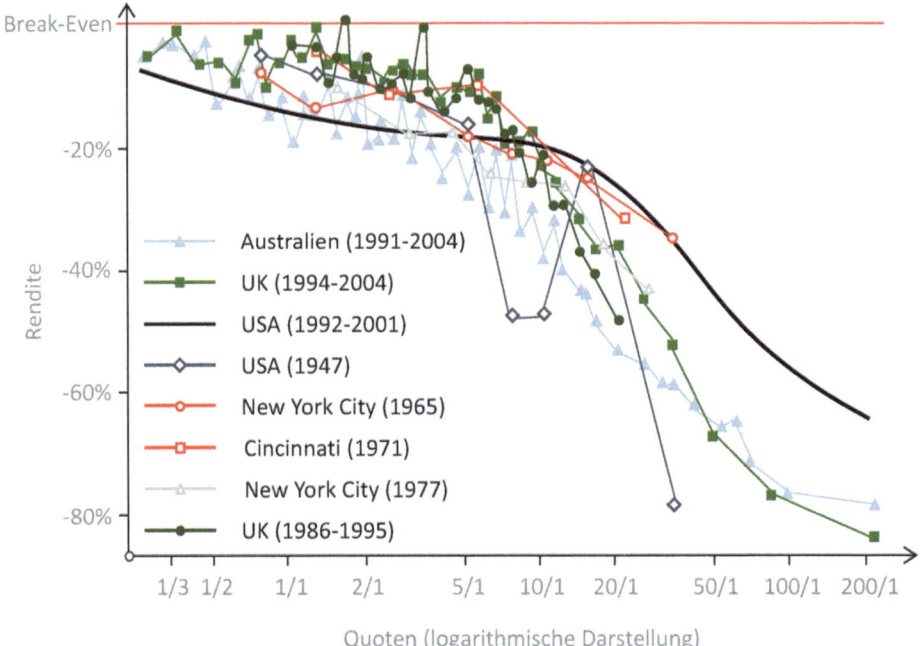

Abb. 6.5 Ergebnisse verschiedener empirischer Untersuchungen zur durchschnittlichen Rendite von „Wettinvestments" in Abhängigkeit der Wettquoten, in Anlehnung an Snowberg und Wolfers (2010)

Die Forscher stellen in diesem Diagramm neben ihren eigenen Untersuchungsergebnissen u. a. auf der Basis von über 5 Mio. Wettdaten für Pferderennen in den USA im Zeitraum von 1992 und 2001 die Ergebnisse andere Studien dar, die alle sehr deutlich zeigen, wie stark die Rentabilität bei hohen Wettquoten (d. h. bei Außenseitern) nachlässt. Während die durchschnittlichen Renditen insgesamt bei knapp 20 % Verlust liegen (das Wettbüro will ja auch etwas verdienen), sind die Außenseiterwetten im Durchschnitt mit −60 % bis −80 % äußerst unattraktiv. Aus den Details der Studienergebnisse kann zudem abgelesen werden, dass dieser Effekt weniger auf die Risikofreude der Spieler zurückgeführt werden kann, sondern vielmehr wirklich die verzerrte Einschätzung der Wahrscheinlichkeiten die Ursache des Phänomens darstellt.

6.3.3 Das Allais-Paradoxon

Ein weiteres, in der verhaltensökonomischen Forschung häufig zitiertes Phänomen ist das sogenannte *Allais-Paradoxon*. Der Namensgeber dieses Paradoxons, Maurice Allais, führte dieses Verhaltensmuster als Hauptargument an, um die gesamte Erwartungsnutzentheorie zu kritisieren, die in Teil III dieses Buches ausführlich behandelt wird. An dieser Stelle werden wir uns aber zunächst nur einmal mit dem typischen Verhaltensmuster be-

6.3 Die relative Wahrscheinlichkeitsbewertung erklärt einige Verhaltensmuster

schäftigen. Warum dies für die präskriptive Entscheidungstheorie so problematisch ist, wird erst im Abschn. 9.3.5 deutlich gemacht.

Das Allais-Paradoxon beschreibt ein Verhaltensmuster, welches durch die Verwendung unterschiedlicher Wahrscheinlichkeitsniveaus eine gewisse Inkonsistenz in der Bewertung von Lotterien provoziert. So präferieren Entscheider meist einen sicheren Betrag von 3000 € (Alternative a) gegenüber einer 80 %-Chance auf 4000 € (Alternative b), obwohl sie eine 5 %-Chance auf 3000 € (Alternative c) schlechter als eine 4 %-Chance auf 4000 € (Alternative d) finden.

Mit den typischen Charakteristiken einer Wahrscheinlichkeitsgewichtefunktion ist dieses Verhaltensmuster leicht erklärt. So ist in Abb. 6.6 erkennbar, dass es gemäß dem Certainty-Effekt einen großen Unterschied zwischen dem Gewicht gibt, das der Wahrscheinlichkeit 80 % im Vergleich zur Sicherheit gegeben wird. Hieraus ergibt sich eine tendenzielle Präferenz für a im Vergleich zu b. Zugleich hat der flache Verlauf der Wahrscheinlichkeitsgewichtefunktion bei den angezeigten kleinen Wahrscheinlichkeiten 4 % und 5 % die Konsequenz, dass Entscheider im Vergleich der Alternativen c und d hauptsächlich aufgrund der Differenz in den zu gewinnenden Geldbeträgen entscheiden und die Wahrscheinlichkeiten wenig berücksichtigen.

Warum dieses Verhaltensmuster nicht rational ist, lässt sich wie folgt begründen: Rationalität erfordert ein gewisses Maß an Stabilität einer Entscheidung. Hiermit ist ge-

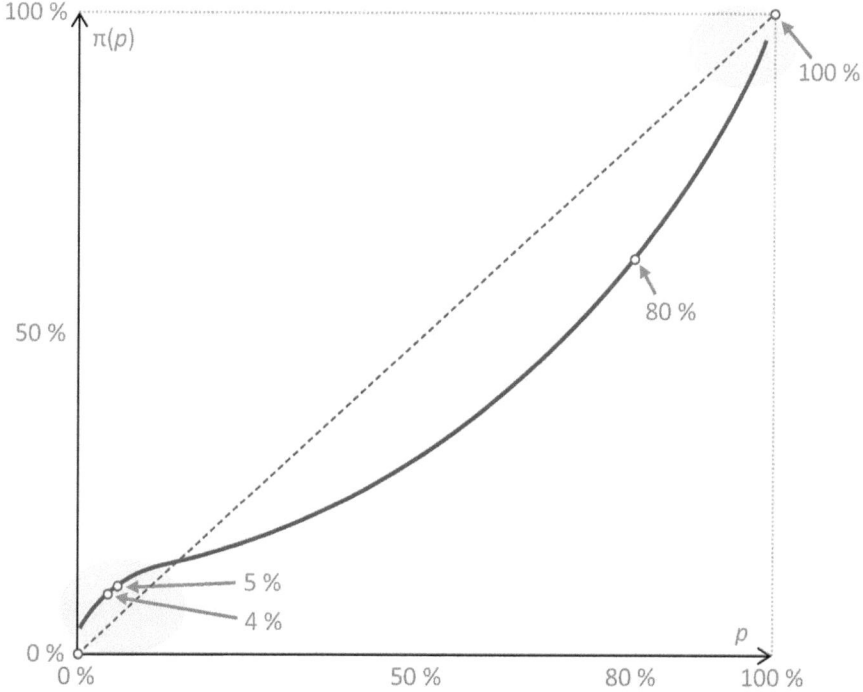

Abb. 6.6 Erklärung des Allais-Paradoxons durch die Wahrscheinlichkeitsgewichtefunktion

meint, dass beispielsweise eine bloße Änderung der Problempräsentation die Entscheidung nicht beeinflussen sollte. Dementsprechend sollte die Beantwortung eines hypothetischen Entscheidungsproblems, wie es das obere ist, nicht davon abhängen, wie wahrscheinlich es ist, ob man tatsächlich in die Entscheidungssituation gerät. In logischer Konsequenz sollte der Alternativenvergleich *a* vs. *b* unabhängig davon entschieden werden können, ob man oder mit welcher Wahrscheinlichkeit man tatsächlich vor dieses Entscheidungsproblem gestellt wird. Insofern ist zu folgern, dass ein Entscheider bei einer Präferenz für *a* (3000 €) im Vergleich zu *b* (80 % Chance auf 4000 €) auch *c* (5 % Chance auf 3000 €) gegenüber *d* (4 % auf 4000 €) präferieren sollte. Denn der Vergleich von *c* vs. *d* ist im Grunde nichts anderes als eine 5 % Chance, in eine Situation zu gelangen, in der man *a* mit *b* vergleichen könnte.

6.4 Das Wichtigste in Kürze

In diesem Kapitel habe ich Folgendes gelernt
- Menschen gehen auch in der Verarbeitung von Wahrscheinlichkeiten relativ vor.
- Diese relative Bewertung wird durch die Wahrscheinlichkeitsgewichtefunktion $\pi(p)$ modelliert.
- Menschen überschätzen geringe Wahrscheinlichkeiten und überbewerten absolute Sicherheit.
- Die Gewichtung der Wahrscheinlichkeiten im mittleren Bereich hängt zudem davon ob, ob sich die Wahrscheinlichkeit auf Gewinne oder Verluste bezieht.
- Die Risikoeinstellung hängt eng mit dem wahrgenommenen Kontrolldefizit zusammen. Deshalb beeinflusst (wie beim Kontrolldefizit) das Vorzeichen, die Ambiguität und auch die Betragshöhe die Risikoeinstellung.
- Typische Entscheidungsphänomene in Folge der relativen Wahrscheinlichkeitsgewichtung sind z. B. der Abschluss von kleinen Versicherungen, der Favorite Longshot Bias und das Allais-Paradoxon.

Literatur

Brengelmann JC (1991) Die Lust auf Spiel und Risiko. Varia Press, Zürich

Camerer C, Weber M (1992) Recent developments in modelling preferences: uncertainty and ambiguity. J Risk Uncertain 5(4):325–370

Hogarth RM, Einhorn JE (1990) Venture theory: a model of decision weights. Manag Sci 36(7):780–803

Kahneman D, Tversky A (1979) Prospect theory: an analysis of decision under risk. Econometrica 47:263–291

Maital S (1984) Minds, markets and money – psychological foundations of economic behavior, 2. Aufl. Basic Books, New York

Snowberg E, Wolfers J (2010) Explaining the favorite-longshot bias: is it risk love or misperceptions? J Polit Econ 118:723–746

Tversky A, Kahneman D (1992) Advances in prospect theory: cumulative representation of uncertainty. J Risk Uncertain 5(4):297–323

Wie Menschen die Zeit bewerten 7

Zusammenfassung

In den beiden letzten Kapiteln wurde dargestellt, dass Menschen sowohl in der Bewertung von Ergebnissen als auch bei den Wahrscheinlichkeiten relativ vorgehen. So gibt es in beiden Fällen jeweils neutrale Bezugspunkte, wobei Unterschiede zwischen Ergebnissen oder auch zwischen verschiedenen Wahrscheinlichkeiten mit zunehmender Entfernung vom jeweiligen Bezugspunkt immer weniger ins Gewicht fallen. Diese Bezugspunkte und abnehmenden Sensitivitäten gibt es auch in der Bewertung des Faktors Zeit. Dies hat zur Folge, dass einfache Discounted-Utility-Modelle das Entscheidungsverhalten von Menschen nicht mehr gut beschreiben können. Am Beispiel des Common-Difference-Effekts wird dies in diesem Kapitel veranschaulicht.

Hierauf aufbauend wird in diesem Kapitel mit dem Modell der hyperbolischen Diskontierung ein erweitertes Präferenzmodell vorgestellt, dass dieses Verhaltensmuster abbilden kann. Zugleich kann dieses Modell auch noch zusätzlich in einer Form erweitert werden, dass auch Präferenzen für steigende Ergebnisse, wie sie bei Menschen beobachtet werden, im Modell Berücksichtigung finden.

Mit den vorgestellten Präferenzmodellen lassen sich einige weitere Verhaltensmuster des Menschen gut erklären. In diesem Kapitel wird diesbezüglich darauf eingegangen, warum es viel einfacher ist, sich gute Vorsätze zu machen, als diese dann später auch in die Tat zu überführen.

7.1 Discounted-Utility-Modelle und der Common-Difference-Effekt

Das Präferenzmodell, auf das in rational-ökonomischen Anwendungen zur Bewertung zeitlich unterschiedlich anfallender Ergebnisse meist zurückgegriffen wird, ist das *Discounted-Utility-Modell (DU-Modell)*. Dieses Modell folgt dem Gedanken, dass der heutige Wert eines in der Zukunft liegenden Ergebnisses durch Abdiskontierung seines späteren Nutzens auf den heutigen Zeitpunkt abgebildet werden kann. Allgemein sagt das DU-Modell, dass eine Alternative a mit den Ergebnissen a_t ($0 \leq t \leq T$) in den verschiedenen Zeitpunkten t bis zum Planungshorizont T einen Gesamtnutzen von

$$DU(a) = \sum_{t=0}^{T} \left(\frac{1}{1+i}\right)^t u_t(a_t) = \sum_{t=0}^{T} e^{-t \cdot \ln(1+i)} \, u_t(a_t)$$

besitzt, wobei $u_t(a_t)$ den Nutzen des Ergebnisses a_t im Zeitpunkt t und i die Diskontrate darstellt. Bei finanziellen Ergebnissen vereinfacht man häufig durch $u(a_t) = a_t$, sodass der so berechnete Discounted Utility dann dem aus der Investitionsrechnung bekannten Konzept des Kapitalwertes mit i als Kalkulationszins entspricht.

Das DU-Modell ist jedoch nur ein präskriptives Modell, für deskriptive Zwecke ist es insofern ungeeignet, weil es die für den Menschen typische relative Bewertungslogik leugnet und stattdessen davon ausgeht, dass Menschen exponentiell diskontieren, was einer konstanten Sensitivität entspricht. Anhand des sogenannten *Common-Difference-Effekts*[1] lässt sich dies sehr gut veranschaulichen:

▶ In einer Studie wurden die Probanden gefragt, ob sie lieber heute einen Betrag von 100 € erhalten würden oder in vier Wochen einen Betrag von 110 €. Die überwiegende Mehrheit bevorzugte hierbei die heutige, geringere Zahlung. Auf die Frage jedoch, ob die Probanden lieber in 26 Wochen einen Betrag von 100 € oder in 30 Wochen einen Betrag von 110 € erhalten würden, antworteten die meisten, dass in diesem Fall der spätere, höhere Betrag besser wäre. Obwohl also in beiden Fällen für eine vierwöchige Verzögerung einer Zahlung von 100 € ein Ausgleich von 10 € geboten wurde, veränderten die Probanden ihre Präferenzen.[2]

Es fällt schwer, dieses Verhalten in irgendeiner Form ökonomisch zu begründen, zumindest wenn nicht beim Probanden momentan extreme finanzielle Engpässe vorliegen. Warum verzichtet man in den ersten vier Wochen auf eine 10-prozentige monatliche Verzinsung (d. h. mehr als 120 % pro Jahr!), während man sich in einem halben Jahr diesen Deal nicht entgehen lässt? Der Grund liegt darin, dass die Probanden die Wartezeit vom Zeitpunkt „jetzt" bis „in vier Wochen" viel bedeutender wahrnehmen als eine gleich lange

---

[1] Siehe Loewenstein und Thaler (1989) sowie Loewenstein (1992).
[2] Siehe zu dieser Studie Roelofsma und Keren (1995).

7.1 Discounted-Utility-Modelle und der Common-Difference-Effekt

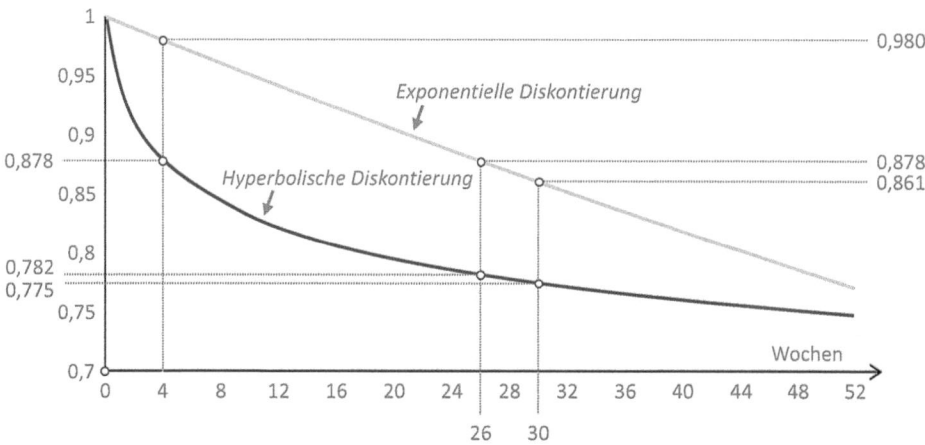

Abb. 7.1 Vergleich der exponentiellen und hyperbolischen Diskontierung zur Erklärung des Common-Difference-Effekts

Wartezeit nach 26 Wochen. Dies entspricht genau dem Prinzip der abnehmenden Sensitivität, welches sowohl bei den Zielausprägungen als auch bei den Wahrscheinlichkeiten zu beobachten war. Je weiter die Ereignisse in der Zukunft liegen, desto weniger bedeutend sind die Zeitunterschiede. Der Bezugspunkt ist dabei das „Jetzt".

Insofern macht es Sinn, im DU-Modell die exponentielle Diskontierung durch eine realistischere Form zu ersetzen, wie es im *Hyperbolic-Discounted-Utility-Modell (HDU-Modell)* umgesetzt wird. In der Abb. 7.1 wird der Unterschied zunächst grafisch veranschaulicht.

Bei der exponentiellen Diskontierung wurde eine Diskontrate, d. h. ein wöchentlicher Zins, von $i = 0{,}5\,\%$ unterstellt. (Dass dieser Wert nicht marktkonform ist, soll uns an dieser Stelle erst mal nicht interessieren.) Für den ersten Vergleich „100 € jetzt oder 110 € in vier Wochen" ergibt sich auf Basis dieser exponentiellen Diskontierung wegen

$$DU(100{,}0) = 100 < 0{,}980 \cdot 110 = 107{,}8 = DU(110{,}4)$$

eine Präferenz für die 110 €. In dem Vergleich „100 € in 26 Wochen oder 110 € in 30 Wochen" berechnen sich die Discounted-Utility-Werte zu

$$DU(100{,}26) = 87{,}8 = 0{,}878 \cdot 100 < 0{,}861 \cdot 110 = 94{,}6 = DU(110{,}30)$$

und somit ergibt sich ebenfalls eine Präferenz für die 110 €. Der Wert der Diskontierungsfunktion reduziert sich aufgrund der Exponentialeigenschaft hierbei bei einem gegebenen Zeitraum immer um dasselbe Verhältnis, d. h., es gilt

$$\frac{\delta(4)}{\delta(0)} = \frac{\delta(30)}{\delta(26)} = \left(\frac{1}{1{,}005}\right)^4 = \frac{0{,}98}{1} = \frac{0{,}861}{0{,}878}$$

Die hyperbolische Diskontierungsfunktion zeigt in der Abbildung einen zunächst steilen Abfall, dann wird sie deutlich flacher, d. h., je später die Wartezeiten, desto weniger spielen sie eine Rolle. Mit den im Diagramm angegebenen Zahlen[3] ergibt sich wegen

$$HDU(100,0) = 100 > 0{,}878 \cdot 110 = 96{,}58 = HDU(110,4)$$

eine Präferenz für die sofortigen 100 €. In dem Vergleich 100 € in 26 Wochen oder 110 € in 30 Wochen folgt aber wegen

$$HDU(100,26) = 78{,}2 = 0{,}782 \cdot 100 < 0{,}775 \cdot 110 = 85{,}3 = HDU(110,30)$$

die Präferenz für die 110 €. Somit ist verständlich, wie durch die hyperbolische Diskontierung der Common-Difference-Effekt erklärbar wird: Im frühen Vergleich ist die auf vier Wochen bezogene Diskontrate klar größer als 10 %, im späteren Vergleich liegt sie nur noch ungefähr bei 1 %.

In der Literatur wird die hyperbolische Diskontierungsfunktion meist durch die funktionale Gestalt

$$\delta^{hyp}(t) = \left(\frac{1}{1+\alpha t}\right)^{\frac{\beta}{\alpha}}$$

abgebildet.[4] Mit den Parametern α und β lassen sich hierbei sehr unterschiedliche Ausgestaltungen einer Diskontierung modellieren. In der Abb. 7.2 wird hierbei das mögliche Spektrum für unterschiedliche Werte von α dargestellt. Um eine bessere Vergleichbarkeit der Funktionen im Diagramm zu erreichen, wurde der Parameter β bei allen dargestellten Funktionen so gewählt, dass sich nach acht Perioden ein Wert von 0,1 ergibt.

Der Vergleich zeigt, dass mit einem hohen α eine stark abnehmende Sensitivität in der Bewertung vorliegt, so fällt die Diskontfunktion bei $\alpha = 200$ schon nach einer Periode auf unter 20 % und verändert sich dann kaum noch. Eine derart extreme Abdiskontierung könnte man in einer Situation vorfinden, wenn der Entscheider nahezu keine Geduld hat, auf das Ereignis zu warten. Man denke z. B. an kleine Kinder, die beim Einkaufen mit ihren Eltern unbedingt sofort die Süßigkeiten aus dem Regal vor ihnen haben möchten und es deutlich weniger schätzen, wenn ihnen die Mutter diese erst für den nächsten Monat verspricht. Je kleiner α wird, desto weniger ausgeprägt ist die abnehmende Sensitivität. Lässt man α gegen Null konvergieren, so ergibt sich genau die exponentielle Diskontierungsfunktion.

Insgesamt kann festgehalten werden, dass das HDU-Modell gemäß

$$HDU(a) = \sum_{t=0}^{T} \delta^{hyp}(t)\, u_t(a_t) = \sum_{t=0}^{T} \left(\frac{1}{1+\alpha t}\right)^{\frac{\beta}{\alpha}} u_t(a_t)$$

---

[3] Die Werte ergeben sich aus einer hyperbolischen Diskontfunktion mit den Parametern $\alpha = 1{,}5$ und $\beta = 0{,}1$.
[4] Siehe Loewenstein und Prelec (1992).

7.2 Präferenz für steigende Sequenzen und das HDV-Modell

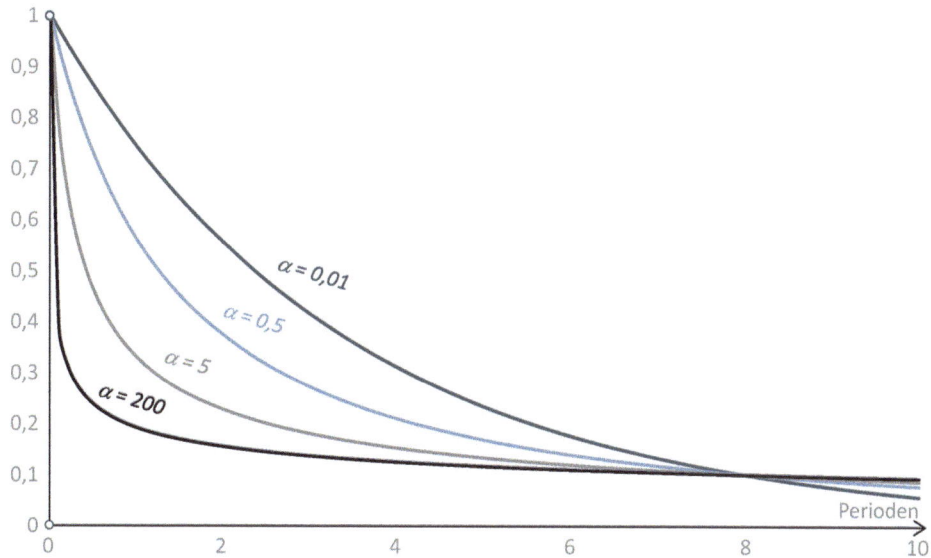

Abb. 7.2 Vergleich verschiedener Ausgestaltungen einer hyperbolischen Diskontierung in Abhängigkeit vom Parameter α

den Common-Difference-Effekt und weitere ähnliche Effekte, die aus einer Diskontierung mit abnehmender Sensitivität folgen, gut erklären kann.

Allerdings ist das HDU-Modell noch nicht ausreichend mächtig, um weitere Effekte abzubilden, die im Kontext der zeitlichen Bewertung systematisch zu beobachten sind. Deshalb werden in den nachfolgenden Abschnitten noch weitere DU-Anomalien neben dem Common-Difference-Effekt vorgestellt und falls möglich auch entsprechende Modellerweiterungen diskutiert, mit denen auch diese Anomalien abgebildet werden können.

7.2 Präferenz für steigende Sequenzen und das HDV-Modell

Stellen Sie sich bitte folgende Situation vor:

▶ Sie planen gerade einen einwöchigen Trip in die USA. Vorgesehen sind dort drei Besuche: (1) Sie müssen einen Geschäftspartner treffen, mit dem Sie noch ein paar sehr unangenehme Vertragsdetails zu regeln haben, (2) ebenfalls wollen Sie ihre alte Tante Elly noch einmal besuchen, zu der Sie zwar kein sehr enges, aber doch recht nettes Verhältnis haben und (3) Ihr bester Freund Sam, den Sie schon lange nicht mehr gesehen haben, wartet auch auf Ihren Besuch. In welche Reihenfolge werden Sie die Termine wohl am liebsten legen wollen?

Die meisten Menschen werden die Reihenfolge (1)-(2)-(3) wählen und sich somit von dem unangenehmsten Ereignis sukzessiv zum schönsten Ereignis vorarbeiten. Eine solche Präferenz für im Wert steigende Sequenzen ist häufig anzutreffen.[5] So wurden in einer amerikanischen Studie Besucher eines Museums befragt, welchen Einkommensstrom sie bei einem Job präferieren würden, den sie genau fünf Jahre ausüben würden und der auch keine sonstigen Effekte auf ihr Berufsleben hätte. Ebenso sollten Zahlungsströme aus einem hypothetischen Immobilieninvestment bewertet werden, welches regelmäßige Pachtauszahlungen liefert. Vorgestellt wurden unterschiedlich stark steigende und fallende sowie auch konstante Entwicklungen, die Summe aller Zahlungen war aber in allen Fällen konstant. Im Ergebnis zeigte sich, dass die Befragten in beiden Situationen mehrheitlich leicht steigende Sequenzen präferieren, wobei diese Präferenz im Jobkontext noch ausgeprägter war als beim Immobilieninvestment. Selbst nach Aufklärung über die ökonomischen Nachteile, die damit einhergehen, blieb diese Tendenz weiter bestehen.[6] So wäre es ja theoretisch immer möglich, mit frühen Auszahlungen das Geld zur Bank zur bringen und noch ein paar Zinsen zu kassieren. Aber offenbar überzeugte dies zu wenig.

Neben Effekten einer möglicherweise besseren Selbstkontrolle über das vereinnahmte Geld liegt die Erklärung für diese Präferenz hauptsächlich in der Relativität der Bewertungen. So besteht eine steigende Sequenz aus einer Reihe von einzelnen Verbesserungen gegenüber einem Bezugspunkt, der von der Vorperiode stark beeinflusst wird, während bei einer fallenden Sequenz ständig Verluste empfunden werden. Da die rationalen Nutzenfunktionen u_t sowohl im DU- als auch im HDU-Modell solche Bezugspunktabhängigkeiten grundsätzlich ignorieren, besteht dort auch keine Möglichkeit, die beobachtete Präferenz für steigende Sequenzen abzubilden.

Die nahe liegende Modellerweiterung besteht nun darin, im HDU-Modell die Nutzenfunktionen u_t durch Prospect-Theory-Wertfunktionen v_t zu ersetzen. So sind diese Funktionen darauf ausgelegt, genau solche Effekte abzubilden. Im Abschn. 5.5.2 wurde schon die entsprechende Vorarbeit geleistet und auf entsprechende Erkenntnisse eingegangen, wie Menschen in aufeinander folgenden Ereignissen (dort waren es Aktienkurse) die Bezugspunkte von Ereignis zu Ereignis anpassen. Insgesamt lässt sich also mit dem *Hyperbolic-Discounted-Value-Modell* (HDV-Modell)[7] gemäß

$$HDV(a) = \sum_{t=0}^{T} \delta^{hyp}(t) \, v_t(a_t)$$

ein im Vergleich zum HDU-Modell noch leistungsfähigeres Modell zur Abbildung von realen intertemporalen Entscheidungen formulieren.

---

[5] Siehe Loewenstein und Prelec (1993).
[6] Siehe Loewenstein und Sicherman (1991).
[7] Loewenstein und Prelec (1992) bezeichnen dieses Modell als „Behavioral Model for Intertemporal Choice".

7.3 Warum scheitern gute Vorsätze so häufig?

Wer hat es nicht schon einmal selbst erlebt: Man nimmt sich fest vor, ab einem bestimmten Zeitpunkt mit dem Rauchen aufzuhören, etwas abzunehmen, mehr Joggen zu gehen, mehr für die Uni zu tun oder irgendein anderes Übel abzustellen. Rückt der Zeitpunkt dann näher, wachsen die Bedenken, ob man es wirklich schaffen kann. Im Endeffekt werden dann viele Vorsätze nicht umgesetzt, möglicherweise entscheidet man sich noch einmal für eine weitere Verschiebung.

Dieses Verhalten lässt sich auf den ersten Blick recht gut über die Wirkungsweise einer Diskontierung erklären. Der Vorsatz bezieht sich immer darauf, dass man auf etwas verzichtet, was einen positiven Konsumnutzen (Rauchen, Trinken, Essen) oder Wohlfühlnutzen (faul Rumliegen) hat, oder etwas unternimmt, was in dem Moment mit einem negativen Wert (den inneren Schweinehund beim Joggen überwinden) einhergeht. In der Sichtweise eines Diskontierungsmodells hat also das Übel in der Zukunft in jedem Fall ein negatives Vorzeichen. Eine Diskontierung mit δ führt somit dazu, dass der zum aktuellen Zeitpunkt wahrgenommene Wert einer Verpflichtung, diesem Vorsatz zu einem späteren Zeitpunkt nachzukommen, weniger negativ empfunden wird. Wenn die Diskontierung – wie z. B. bei einer hyperbolischen Funktion mit großem α – sehr hoch ausfällt, so fällt es einem sogar recht leicht, sich für dieses Verhalten zu entscheiden. Leider wird aber die Zeitspanne bis zu dem angedachten Zeitpunkt immer kleiner und somit auch der Effekt durch die Diskontierung immer geringer, bis man zuletzt mit dem hohen negativen Wert ohne jeglichen Abschlag zu kämpfen hat. Die Abb. 7.3 veranschaulicht die Entwicklung eines Vorsatzes, den man in acht Tagen umsetzen möchte.

Auch wenn diese Erklärung über die Diskontfunktion in sich schlüssig ist und insofern keine Modellerweiterung notwendig erscheint, zeigen neurowissenschaftliche Forschungsergebnisse, dass es noch eine zusätzliche Erklärung für das Scheitern gibt. So haben Stu-

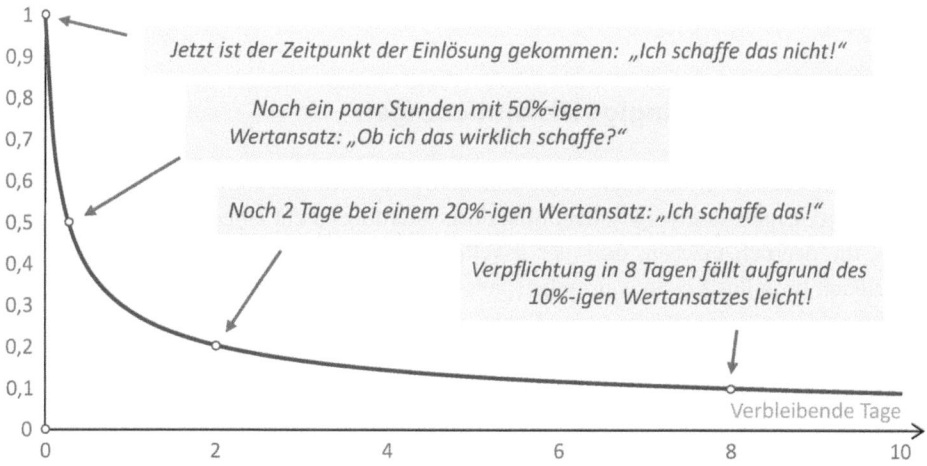

Abb. 7.3 Effekte einer abnehmenden Diskontierung beim Scheitern der guten Vorsätze

dien gezeigt, dass bei einem Vergleich von Ergebnissen, die ausnahmslos alle in der Zukunft liegen, hauptsächlich rational im präfrontalen Kortex über die Zeitverschiebungen nachgedacht wird. Wenn jedoch auch Ereignisse zu bewerten sind, die eine sofortige Auswirkung auf den Menschen haben, wird auch das Belohnungszentrum im mesolimbischen System involviert, welches die Entscheidung dopamingesteuert unbewusst mitlenkt.[8] Insofern führt diese Aktivität des mesolimbischen Systems noch einmal zu einer besonders starken Erhöhung der Diskontrate im Umfeld des Bezugspunktes „jetzt". Im HDV-Modell kann dieser Dopamin-Effekt dadurch abgebildet werden, dass man in die hyperbolische Diskontierungsfunktion eine zusätzliche Knickstelle zum Zeitpunkt $t = 0$ einbaut. Eine Möglichkeit bietet die sogenannte quasi-hyperbolische Diskontierung mit den diskreten Diskontraten 1, $\beta\delta$, $\beta\delta^2$, $\beta\delta^3$, ..., mit β und δ kleiner als 1.[9]

Interessant ist in diesem Zusammenhang eine Studie, die belegt, dass dieser „*Dopamin-Effekt*" auch dann wirkt, wenn die Aktivierung des mesolimbischen Systems durch einen anderen Zusammenhang verursacht wurde.[10] So wurden in einer Studie Männern Bilder von sehr attraktiven Frauen gezeigt und dabei beobachtet, dass sich in der anschließenden Ermittlung von finanziellen Diskontraten höhere Werte einstellten als in der Vergleichsgruppe, die diese Bilder nicht zu Gesicht bekam. Oder einfacher ausgedrückt: Nach einem Blick auf die attraktive Frau wächst auch die Ungeduld beim Warten auf Geldgeschenke. In der umgekehrten Richtung, in der Frauen Bildern von attraktiven Männern gezeigt wurde, ergaben sich im Übrigen keine Effekte.

Insgesamt ist festzuhalten, dass es aufgrund der zeitlichen Diskontierung relativ einfach ist, gute Vorsätze für die Zukunft zu fassen. Je weiter der Vorsatz hierbei in der Zukunft liegt und je höher der Parameter α im HDV-Modell ist, desto geringer ist jetzt der gefühlte negative Nutzen aus der beabsichtigten Aktion und desto leichter fällt einem der Vorsatz. In dem Moment, wenn die Umsetzung ansteht, gibt es allerdings keinen Diskontierungseffekt mehr und zudem fördert der Dopamin-Effekt die Entscheidung, sich aktuell lieber mit anderen Sachen zu belohnen. Man kann den Vorsatz ja noch ein wenig verschieben.[11]

7.4 Kontextabhängige Diskontierungen

Im HDV-Modell ist grundsätzlich eine einzige Diskontierungsfunktion für die Bewertung zukünftiger Ergebnisse vorgesehen. Man muss allerdings nicht lange nach Beispielen suchen, die deutlich machen, dass der jeweilige Kontext das Ausmaß der Diskontierung signifikant beeinflusst.[12] So weisen beispielsweise Untersuchungen darauf hin, dass posi-

---

[8] Siehe Berns et al. (2007).
[9] Siehe hierzu allerdings in einer etwas kritischen Sichtweise Rubinstein (2003).
[10] Siehe Wilson und Daly (2004).
[11] Zu einer noch ausführlicheren Analyse dieser Want/Should-Konflikte siehe Milkman et al. (2008).
[12] Siehe zu den folgenden Effekten Frederick et al. (2002).

7.4 Kontextabhängige Diskontierungen

tive Ergebnisse häufig mit höheren Diskontraten bewertet werden als negative. Man spricht hier von einem *Sign-Effekt* bei der Diskontierung. Auch gilt ein *Magnitude-Effekt*, d. h., kleinere Beträge gehen mit höheren Diskontraten einher als größere. Dies kann allerdings sehr gut über Transaktionskostenüberlegungen erklärt werden. Ebenso ist eine *Delay-Speedup-Asymmetrie* zu beobachten, d. h., die Diskontraten hängen auch davon ab, ob Ergebnisse ausgehend von einem Zeitpunkt nach vorne oder nach hinten verschoben werden sollen. Diese Asymmetrie hat hierbei ähnliche Ursachen wie der Besitzumseffekt, wie er in Abschn. 5.4.2 dargestellt wurde.

Am schwierigsten in einem intertemporalen Präferenzmodell abbildbar sind allerdings Effekte, die bei positiven anstehenden Ereignissen aus einer Vorfreude oder bei negativen Ereignissen aus Angst bzw. einer sonstigen emotionalen Belastung resultieren. Hierzu betrachte man die folgenden zwei Beispiele:[13]

▶ **Situation A:** Stellen Sie sich bitte vor, dass Sie in vier Wochen einen intensiv schmerzenden, aber nicht lebensgefährlichen Stromschlag aushalten müssen. Sie haben die Möglichkeit, den Termin einen weiteren Monat nach hinten zu schieben. Wie viel würden Sie dafür bezahlen?

▶ **Situation B:** Sie sind großer Fan eines berühmten Schauspielers und haben als Sieger eines Preisausschreibens das große Glück, mit Ihrem Idol in acht Wochen einen netten Abend verbringen zu dürfen. Wie viel würden Sie dafür zahlen, um diesen Abend schon in vier Wochen zu genießen?

In der Situation A wird ein negatives Ereignis betrachtet, das nach der Denklogik eines Diskontierungsmodells vom Entscheider gerne nach hinten verschoben werden müsste. Viele Menschen würden aber nichts dafür bezahlen wollen. Im Gegenteil ist es gut vorstellbar, dass man sich dem Stromschlag freiwillig schon früher aussetzt, damit man endlich wieder ohne Angst gut schlafen kann. Ähnliches gilt für ein Strafticket, das man direkt bezahlt und nicht bis zum letzten möglichen Tag wartet, um das belastende Gefühl aus dem Kopf zu bekommen.

In der zweiten Situation B ist ein positives Ereignis zu bewerten, und hier wäre es auch nicht überraschend, wenn der Entscheider ebenfalls nicht bereit wäre, für ein Vorziehen etwas zu bezahlen. Warum sollte er sich denn ein Großteil der Vorfreude nehmen, die ihn acht Wochen lang tagtäglich begleiten könnte?

Eine Berücksichtigung von Vorfreude und Angst dürfte also in einigen Kontexten sicherlich erforderlich sein, um ein realistischeres Bild der Präferenzen eines Entscheiders zu malen. Das HDV-Modell in seiner oben dargestellten Grundform reicht hierfür nicht mehr aus.

---

[13] In Anlehnung an Loewenstein (1987).

7.5 Das Wichtigste in Kürze

In diesem Kapitel habe ich Folgendes gelernt
- Das Discounted-Utility-Modell unterstellt eine konstante Sensitivität in der zeitlichen Diskontierung von zukünftigem Nutzen.
- Das Hyperbolic-Discounted-Utility-Modell unterstellt eine abnehmende Sensitivität in der zeitlichen Diskontierung und erklärt den Common-Difference-Effekt.
- Menschen zeigen meist eine Präferenz für steigende Sequenzen. Dies kann in Diskontierungsmodellen durch die Integration von bezugspunktabhängigen Wertfunktionen abgebildet werden.
- Mit hyperbolisch stark fallenden Diskontierungen kann man gut erklären, warum Menschen sich leicht etwas für die Zukunft vornehmen, dann aber bei der Umsetzung scheitern.
- Der Dopamin-Effekt sorgt dafür, dass Menschen bei einer sich kurzfristig bietenden Versuchung dann doch wieder schwach werden.
- Die Berücksichtigung von Vorfreude oder Angst erschwert eine realistische Modellierung von Zeitpräferenzen deutlich.

Literatur

Berns GS, Laibson D, Loewenstein G (2007) Intertemporal choice – toward an integrative framework. Trends Cogn Sci 11(11):482–488

Frederick S, Loewenstein G, O'Donoghue T (2002) Time discounting and time preference: a critical review. J Econ Lit 40(2):351–401

Loewenstein G (1987) Anticipation and the valuation of delayed consumption. Econ J 97(387):666–684

Loewenstein G (1992) The fall and rise of psychological explanations in the economics of intemporal choice. In: Loewenstein G, Elter J (Hrsg) Choice over time. Russell Sage, New York, S 3–34

Loewenstein G, Prelec D (1992) Anomalies in intertemporal choice: evidence and an interpretation. Q J Econ 107(2):573–597

Loewenstein G, Prelec D (1993) Preferences for sequences of outcomes. Psychol Rev 100(1):91–108

Loewenstein G, Sicherman N (1991) Do workers prefer increasing wage profiles. J Labor Econ 9(1):67–84

Loewenstein G, Thaler RH (1989) Anomalies: intertemporal choice. J Econ Perspect 3:181–193

Milkman KL, Rogers T, Bazerman MH (2008) Harnessing our inner angels and demons: what we have learned about want/should conflicts and how that knowledge can help us reduce shortsighted decision making. Perspect Psychol Sci 3(4):324–338

Roelofsma PHMP, Keren G (1995) Framing and time-inconsistent preferences. In: Caverni JP, Bar-Hillel M, Hutton BM, Jungermann H (Hrsg) Contribution to decision making. Elsevier, Amsterdam, S 351–361

Rubinstein A (2003) Economics and psychology? The case of hyperbolic discounting. Int Econ Rev 44(4):1207–1216

Wilson M, Daly M (2004) Do pretty women inspire men to discount the future? Proc R Soc Lond B Biol Sci 271(Suppl 4):177–179

Teil III
Präskriptive Entscheidungstheorie

Idealtypischer Ablauf eines rationalen Entscheidungsprozesses

8

Zusammenfassung

In Kap. 1 wurde schon in einer ersten kurzen Übersicht auf die drei Phasen eines analytischen Entscheidungsprozesses eingegangen. Dieser Prozess startet mit der Strukturierung der Entscheidungssituation, welche die Formulierung der Entscheidungsfrage, das Bestimmen der Fundamentalziele und die Generierung aller Handlungsalternativen umfasst. In der zweiten Phase wird das Wirkungsmodell aufgestellt, d. h., für jede Alternative werden Schätzungen der Zielausprägungen vorgenommen, bis am Ende dieser Phase eine ausgefüllte Ergebnismatrix vorliegt. In der dritten Phase werden die Handlungsalternativen evaluiert und die Entscheidung wird getroffen. Für jedes Ziel wird hierzu eine Nutzenfunktion ermittelt, die die Präferenzen des Entscheiders für unterschiedliche Zielausprägungen isoliert in diesem Ziel abbildet. Anschließend werden die relativen Bedeutungen der Ziele, wie sie sich für den Entscheider darstellen, in Form von Zielgewichten erfragt. Auf dieser Basis wird abschließend für jede Alternative ein Gesamtnutzenwert berechnet. Die Entscheidungsempfehlung lautet, diejenige Alternative mit dem höchsten Nutzenwert zu wählen. In diesem Kapitel wird auf einige wichtige Punkte, die zum tieferen Verständnis der einzelnen Phasen notwendig sind, eingegangen. Da sich die weiteren Kap. 9, 10, 11 und 12 eingehend mit den Inhalten der zweiten und dritten Phase beschäftigen, liegt der Schwerpunkt in diesem Kapitel auf der ersten Phase, d. h. der Strukturierung der Entscheidungssituation.

8.1 Strukturierung der Entscheidungssituation

Die Strukturierung einer Entscheidungssituation kann in drei Schritten erarbeitet werden. So ist zunächst eine Entscheidungsfrage zu formulieren, die den Rahmen des Prozesses vorgibt. Anschließend werden innerhalb des durch die Frage vorgegebenen Kontextes die fundamentalen Ziele einer Entscheidungssituation erarbeitet, um darüber in einem abschließenden Schritt die Handlungsmöglichkeiten zu generieren.

8.1.1 Formulierung der Entscheidungsfrage

Mit der Formulierung einer Entscheidungsfrage soll zunächst einmal ein klares Verständnis der Entscheidungssituation erreicht werden. Ein wichtiger Punkt ist hierbei die Klärung der Perspektive. Wessen Handlungen werden betrachtet und was soll mit der Entscheidung erreicht werden? Bei einer Ich-Perspektive ist man es selbst, der einen Handlungsspielraum hat und sich zwischen mindestens zwei Handlungsalternativen entscheiden kann. Hierbei soll die Entscheidung so getroffen werden, dass die eigenen persönlichen Ziele erfüllt werden. Ein Beispiel wäre die Entscheidung, welches Auto man kauft oder in welchen Ort man in den Urlaub fahren möchte.

Entscheidungsfragen können aber auch andere Perspektiven einnehmen und Handlungen oder Ziele Dritter adressieren. Wenn Sie z. B. als Unternehmensberater tätig sind und einen Klienten beraten, der sich überlegt, welche Strategie sein Unternehmen einschlagen soll, betrachten Sie die Handlungsmöglichkeiten des Klienten und auch seine Ziele. Theoretisch könnten Sie allerdings auch in diesem Fall eine Ich-Perspektive einnehmen und sich überlegen, welche Empfehlung Sie Ihrem Klienten geben wollen, damit Ihr eigenes Wohl maximiert wird. So wäre es vorstellbar, dass manche Empfehlungen mit Nachfolgeprojekten für Ihre Unternehmensberatung einhergehen, von denen Sie dann auch wieder profitieren. Bei der Festlegung der Entscheidungsfrage muss also diese Perspektive eindeutig festgelegt werden.

Neben der Perspektive ist es auch wichtig festzulegen, von welchen Annahmen ausgegangen wird und welche Entscheidungen bewusst aus der Entscheidungsfrage ausgeklammert bzw. auf einen späteren Zeitpunkt verschoben werden. Hiermit wird es zum einen möglich, die Entscheidungsfrage so einzugrenzen, dass sie mit einem angemessenen Aufwand gelöst werden kann. Zum anderen ist diese Eingrenzung insbesondere in Gruppenentscheidungen wichtig, um zu verhindern, dass die Diskussionen durch unterschiedliche Problemauffassungen aus dem Ruder laufen.

Für eine hohe Entscheidungsqualität in einem rationalen Entscheidungsprozess ist allerdings noch mehr als nur eine Klärung der Entscheidungssituation notwendig. Aus der deskriptiven Entscheidungstheorie ist nämlich bekannt, dass Menschen in Folge eines Narrow Thinking Entscheidungssituationen meist zu eng betrachten. Das typische Muster besteht darin, bei auftretenden Entscheidungsproblemen nur reaktiv vorzugehen, d. h. das Augenmerk nur auf die nahe liegenden Alternativen zu richten. Um eine hohe Entscheidungsqualität zu erreichen, sollte jedoch proaktiv vorgegangen und diese Scheuklappen sollten bewusst abgelegt werden. Mit einem proaktiven Vorgehen werden dann auch Chancen sichtbar, die möglicherweise in der Entscheidungssituation liegen.

Mit der Formulierung einer Entscheidungsfrage kann der Entscheider den Weg von einem reaktiven zu einem proaktiven Vorgehen ebnen. Hier gibt er an, wie viel in der betrachteten Entscheidungssituation grundsätzlich zur Disposition gestellt wird. Je weniger als gegeben angenommen wird, je mehr hinterfragt wird und je offener die Herausforderung angenommen wird, desto größer sind die Chancen, durch die Entscheidung einen Mehrwert zu schaffen. Wie in Abb. 8.1 an dem Bild einer Kamera visualisiert, kann es ein Entscheider demnach schaffen, durch einen bewusst breiteren Fokus aus einem Entscheidungsproblem eine Situation entstehen zu lassen, die er selbst treffender als Entscheidungschance charakterisieren würde. Gemeint ist hiermit eine bewusst positive Wahrnehmung einer Situation, in der er etwas verändern kann bzw. darf, und nicht mehr eine eher negativ empfundene Situation, in der etwas entschieden werden muss.

Die für ein reaktives Vorgehen typischen Entscheidungsfragen sind enge Formulierungen, die einen „Ja/Nein"-Charakter besitzen. Beispiele wären: „Soll ich ein Praktikum im Ausland machen?", „Nehme ich den angebotenen Job an?" oder „Mache ich das 12-Monats-Abo im Fitness-Studio?" Es sind also immer Fragen, die man streng genommen nur mit „Ja" oder „Nein" beantworten kann. Offen bleibt jeweils immer, was denn unternommen wird, wenn man sich für ein „Nein" entscheidet. Wenn ich kein Praktikum im Ausland mache, mache ich dann vielleicht etwas anderes? Wenn ich den angebotenen Job nicht annehme, schaue ich mich nach einem anderen Job um oder bleibe ich passiv und warte auf weitere Angebote? Oder wenn ich nicht in das Fitness-Studio

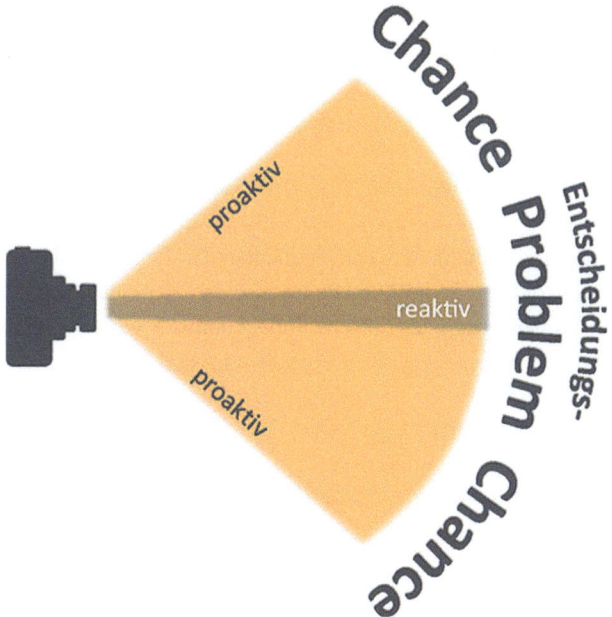

Abb. 8.1 Proaktives Vorgehen bei der Formulierung der Entscheidungsfrage

gehe, suche ich denn dann nach anderen Möglichkeiten mich fit zu halten, und wenn ja nach welchen? Entsprechende Handlungsmöglichkeiten werden schlichtweg aus der Analyse des Entscheidungsproblems herausgelassen, sodass es auch schwierig ist, diese Situation als Entscheidungschance zu verstehen.

Um mit einem proaktiven Vorgehen eine höhere Entscheidungsqualität zu erreichen, bieten sich deshalb „Wie"-Formulierungen an, die sozusagen von Natur aus schon einen breiteren Fokus haben. Anstelle der Frage, ob ein Praktikum im Ausland gemacht werden soll, würde sich zum Beispiel folgende Entscheidungsfrage anbieten: „Wie kann ich am besten interkulturelle Erfahrungen sammeln?". Anstelle der Frage, ob der angebotene Job angenommen werden soll oder nicht, böte sich an: „Wie kann ich mich am besten in den nächsten 5 Jahren beruflich weiterentwickeln?". Im Hinblick auf das Abo im Fitness-Studio wäre folgende Formulierung breiter und besser: „Wie kann ich meine körperliche Fitness am besten steigern?". Durch diese „Wie"-Formulierungen der Fragen wird der Handlungsspielraum von vornherein sehr offengelassen und die Basis in den weiteren Schritten des Entscheidungsprozesses gelegt, zusätzliche, möglicherweise noch viel bessere Handlungsalternativen zu identifizieren.

Wie unterstützt das Entscheidungsnavi?
Im *Entscheidungsnavi* wird die Formulierung der Entscheidungsfrage mit einem Vorgehen in vier Teilschritten unterstützt.

Zunächst soll der Anwender ohne weitere Unterstützung einen ersten Versuch starten, seine Entscheidungsfrage auszuformulieren. Hierbei sollte er auch Annahmen formulieren, von denen er in der Situation ausgeht. Ebenso kann er Eingrenzungen angeben, wenn beispielsweise Teilfragen erst noch zu einem späteren Zeitpunkt behandelt werden sollen.

Diese erste Formulierung der Entscheidungsfrage wird in aller Regel zu eng erfolgen. Typischerweise kommt es in diesen Fällen dann zu den oben beschriebenen „Ja/Nein"-Entscheidungsfragen, die in den weiteren Teilschritten in eine breitere Version zu überführen sind.

Um den Anwender bei der Einnahme einer breiteren Sichtweise der Entscheidungssituation zu unterstützen, wird er im zweiten Teilschritt deshalb aufgefordert, sich unabhängig von der konkreten Entscheidungssituation mit grundlegenden Werten zu beschäftigen, die in dem entsprechenden Entscheidungskontext grundsätzlich für ihn relevant sein könnten. Seine Aufgabe ist es, diese Werte nach einer eigenen Priorisierung zu ordnen. In Abhängigkeit des Entscheidungskontextes wird ihm dafür eine Liste von entsprechenden Werten vorgegeben, die er eigenständig und frei ergänzen kann. Im *Entscheidungsnavi* gibt es für drei allgemeine Entscheidungskontexte entsprechend vorbereitete Listen:

- Privates Leben und Beruf
- Politik und Gesellschaft
- Unternehmen

Alle Listen umfassen mit zunächst nicht mehr als 30 Nennungen in der Tat nur sehr grundlegende Werte, auf die in den entsprechenden Entscheidungskontexten häufig Bezug ge-

8.1 Strukturierung der Entscheidungssituation

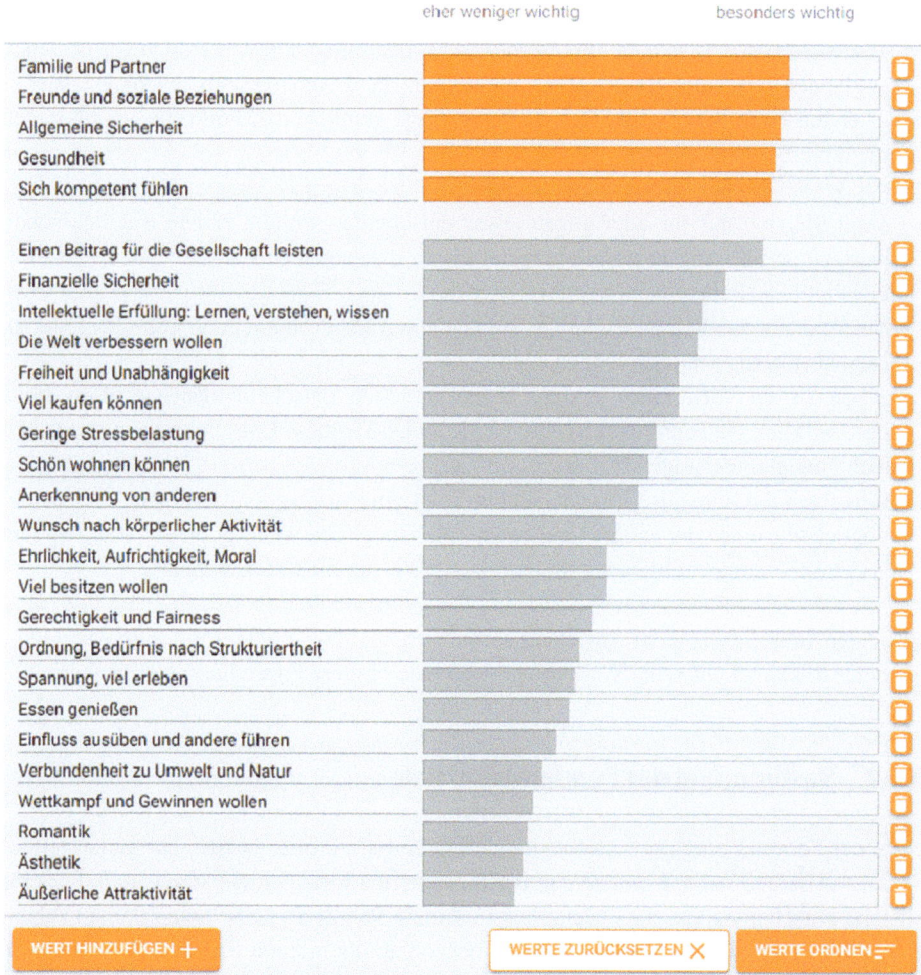

Abb. 8.2 Grundlegende Werte im Entscheidungskontext „Privates Leben und Beruf" im *Entscheidungsnavi*

nommen wird. Beispielsweise wird im ersten Entscheidungskontext auf grundlegende Motive des Menschen Bezug genommen, die von Forschern wie Abraham Maslow[1] und Stephen Reiss[2] benannt wurden. Die Abb. 8.2 zeigt das Beispiel einer schon nach Wichtigkeit geordneten Liste im *Entscheidungsnavi* für den ersten Entscheidungskontext „Privates Leben und Beruf".

Nachdem der Entscheider durch diese kritische Reflexion von relevanten Werten grundsätzlich offener für eine breitere Perspektive geworden sein sollte, wird im dritten Teil-

---
[1] Siehe hierzu Maslow und Frager (1987).
[2] Siehe hierzu Reiss (2009).

schritt wieder ein konkreter Bezug zur Entscheidungsfrage hergestellt. Durch einige Impulsfragen wird der Anwender aufgefordert, an seinen möglicherweise noch vorhandenen Scheuklappen vorbei den Blick auf einen größeren Handlungsfreiraum zu lenken, als er es in der ersten Formulierung der Entscheidungsfrage gemacht hat. Folgende Impulsfragen kommen hierbei zum Einsatz:

- Wenn Sie sich nur für oder gegen etwas entscheiden wollen: Haben Sie sich schon überlegt, was Sie machen wollen, wenn Sie sich dagegen entscheiden? Welche Handlungsoptionen kämen dann noch in Frage?
- Wie könnten gänzlich andere Wege aussehen, um Ihr Problem noch grundlegender zu lösen als bislang vielleicht angedacht?
- Haben Sie im Vorfeld der jetzigen Situation schon Entscheidungen getroffen, ohne diese wirklich gut begründen zu können? Könnten Sie diese Entscheidungen nicht auch noch einmal hinterfragen?
- Betrachten Sie bitte alle Grundannahmen in Ihrem Entscheidungsproblem. Ist es nicht möglich, die eine oder andere Grundannahmen möglicherweise in Frage zu stellen und das Entscheidungsproblem weiter zu fassen? Wie könnte das aussehen?

Im letzten Teilschritt soll der Anwender seine Entscheidungsfrage reformulieren und hierbei unter Rückgriff auf seine Vorüberlegungen eine breitere Formulierung anstreben.

8.1.2 Bestimmung der Fundamentalziele

Nach der Formulierung der Entscheidungsfrage muss der Entscheider sehr genau reflektieren, was seine *Fundamentalziele* in der formulierten Entscheidungsfrage sind. Die empirische Forschung zeigt, dass Menschen in diesem Schritt große Schwierigkeiten haben. Zwar fällt es meist leicht, einige Ziele zu benennen, die in einer Entscheidungssituation erreicht werden sollen. Allerdings sind diese Nennungen häufig nicht die Aspekte, auf die es im Kern ankommt, zudem sind die Nennungen häufig nicht vollständig.[3] Eine saubere (sachgerechte) Identifikation und Strukturierung der fundamentalen Ziele bildet aber die Grundlage für einen erfolgreichen Entscheidungsprozess. Daher muss dieser Schritt mit einer hohen Sorgfalt und einem hohen Grad an Reflexion durchgeführt werden, damit ein vollständiges und umfängliches Zielsystem aufgestellt wird, das alle in der Entscheidungssituation relevanten Zielaspekte berücksichtigt.

8.1.2.1 Fundamental- vs. Instrumentalziele

Ein grundlegender Ansatz, wie in der präskriptiven Entscheidungstheorie mit Zielen umzugehen ist, bietet das Konzept des *Value-Focused Thinking*, welches auf den amerikani-

---

[3] Bond et al. (2008).

8.1 Strukturierung der Entscheidungssituation

schen Professor Ralph L. Keeney zurückgeht.[4] Grundlegend für das Konzept ist die Beobachtung, dass sich Menschen in ihren Entscheidungsprozessen zu schnell mit einer Beurteilung der nahe liegenden Handlungsalternativen beschäftigen, ohne vorher überlegt zu haben, was die eigentlichen Ziele sind. Ein solches *Alternative-Focused Thinking* entspricht genau dem reaktiven Vorgehen, wie es im letzten Abschnitt erläutert wurde. Das Konzept des Value-Focused Thinking empfiehlt demgegenüber ein proaktives Vorgehen, in dem vor einer Beurteilung der Alternativen eine ausführliche Beschäftigung mit den Zielen steht, um auf dieser Basis die attraktivsten Handlungsalternativen identifizieren zu können.

Wichtig ist hierbei die Unterscheidung zwischen Fundamental- und Instrumentalzielen. Wenn ein Ziel einen eigenen, unmittelbar aus dem Wertesystem des Entscheiders abgeleiteten Wert besitzt, heißt es *Fundamentalziel*. Wenn es keinen eigenen Wert hat, aber förderlich für ein anderes Ziel ist, heißt es *Instrumentalziel*. Nach den Grundgedanken des Value-Focused Thinking ist es zwingend erforderlich, sich bei der Bewertung der Handlungsalternativen ausschließlich auf Fundamentalziele zu beziehen.

Beispiele für sehr grundlegende Werte des Menschen, die den Charakter eines Fundamentalziels haben könnten, fanden sich in den eben angesprochenen Wertelisten, die im *Entscheidungsnavi* für die drei Entscheidungskontexte präsentiert werden. Fragt man Entscheider jedoch nach Zielen in einer konkreten Entscheidungssituation, werden weniger solch grundlegende Werte genannt, sondern eher Aspekte, die den Charakter eines Instrumentalzieles haben. Genannt werden Ziele, die der Entscheider ad hoc als die nahe liegenden, auf die Entscheidungssituation passenden Ziele ansieht. Er reflektiert hierbei typischerweise nicht ausreichend, warum diese Ziele wichtig sind bzw. dass mit diesen Zielen eigentlich grundlegendere Ziele erfüllt werden sollen.

Eine Schwierigkeit in der Benennung der für eine Entscheidungssituation passenden Fundamentalziele liegt zudem darin, dass es nicht immer einfach ist, trennscharf zwischen Fundamentalzielen und Instrumentalzielen zu unterscheiden. Dies verdeutlicht folgendes Beispiel:

Beispiel

Minimierung der Durchlaufzeiten wird häufig als Ziel in der Produktionsplanung genannt. Ist dieses Ziel fundamental, besitzt es einen eigenständigen Wert? Nein, sicherlich nicht. Es ist nur deshalb sinnvoll, dieses Ziel zu verfolgen, weil sich z. B. eine niedrige Kapitalbindung ergibt und sich schnelle Lieferzeiten realisieren lassen. Warum ist dies aber wichtig? Die niedrige Kapitalbindung ist wichtig, damit sich geringe Zinskosten ergeben; diese wiederum, damit der Gewinn höher wird. Also ist der Gewinn das Fundamentalziel? Warum ist denn der Gewinn wichtig? Aus Sicht der Anteilseigner ist der Gewinn als buchhalterische Größe nicht relevant. Von einem Gewinn können diese sich nichts kaufen. Die Anteilseigner interessiert letztlich nur die Ausschüttung. Warum

---

[4] Siehe grundlegend Keeney (1992) sowie Keeney (2020).

ist die aber wichtig? Mit einer höheren Ausschüttung können sich die Anteilseigner mehr das leisten, was sie zur Befriedigung ihrer Bedürfnisse benötigen und sie (möglicherweise) dann zufriedener mit ihrem Leben macht. ◄

Dieses Beispiel zeigt, dass bei der Suche nach Fundamentalzielen ein entsprechendes Hinterfragen der Ziele dazu führt, dass Zielformulierungen entstehen, die für den jeweiligen Entscheidungskontext viel zu abstrakt sind und sich nicht mehr ausreichend klar auf die betreffende Entscheidungsfrage beziehen. So wird es kaum sinnvoll möglich sein, unterschiedliche Alternativen in der Produktion danach zu vergleichen, wie groß die Lebenszufriedenheit der Anteilseigner mit den einzelnen Optionen sein wird. Beim Gewinn scheint dies noch am ehesten gut möglich zu sein. Dementsprechend soll ein Ziel im Folgenden auch dann noch als fundamental gelten, wenn es zwar eigentlich – entsprechend dem obigen Beispiel – mit noch tieferliegenden Zielen bzw. Werten erklärt werden könnte, sich diese Ziele oder Werte zur Unterscheidung der in Betracht zu ziehenden Alternativen im gegebenen Entscheidungskontext aber nicht mehr eignen.

Es ist unmittelbar einsichtig, dass es zu schlechten Entscheidungsempfehlungen kommen kann, wenn anstelle der Fundamentalziele Instrumentalziele im Entscheidungsmodell berücksichtigt werden. Dies gilt insbesondere dann, wenn die Beziehung zwischen Instrumental- und Fundamentalziel nicht eng genug ist und noch von anderen Faktoren abhängt, so wie es im Fall der Durchlaufzeit (Instrumentalziel) und dem Gewinn (Fundamentalziel) sicherlich der Fall ist. Die Qualität der Entscheidungsempfehlung ist sogar auch dann beeinträchtigt, wenn die Instrumentalziele zusätzlich zu den Fundamentalzielen als eigenständige Ziele im Modell integriert sind. Dies verdeutlicht folgendes Beispiel:

Alternative	Gewinn (fundamental)	Durchlaufzeit (instrumental)
a	6 Mio. €	10 Tage
b	5 Mio. €	4 Tage

Mit der Alternative *a* lässt sich trotz längerer Durchlaufzeit ein höherer Gewinn erzielen, z. B. weil die Kapazität niedriger ausgelegt ist und somit ein hoher Fixkostenblock gespart wird. Wird bei der Auswahl zwischen den Alternativen *a* und *b* dem Ziel Durchlaufzeit ein eigenständiges, nicht nur marginales Zielgewicht beigemessen, kann die Alternative *b* eine höhere Gesamtnutzenbewertung als *a* erhalten. Dies ist natürlich falsch. Wenn nur der Gewinn zählt, darf auch nur der Gewinn bewertet werden. Sind die Fundamentalziele korrekt formuliert, führt also jede zusätzliche Berücksichtigung von Instrumentalzielen immer zu einer Verschlechterung der Entscheidungsqualität.

8.1.2.2 Zum Verständnis des Zielbegriffs als Nutzendimension
Im allgemeinen Sprachgebrauch wird unter einem „Ziel" meist ein erstrebenswerter zukünftiger Zustand verstanden. Mit anderen Worten: Wer überlegt eine Entscheidung trifft, möchte damit ein bestimmtes „Ziel" erreichen, z. B. „im nächsten Monat 3 kg abnehmen".

Wenn dieser Zustand eintritt, ist das Ziel erreicht, ansonsten ist das Ziel verfehlt, selbst wenn man mit einer Gewichtsabnahme von 2,9 kg nur knapp das Ziel verfehlt hat.

Dieses Begriffsverständnis ist tatsächlich in sehr vielen Situationen sinnvoll. Insbesondere können solche Ziele sehr nützlich sein, um sich selbst oder andere zu motivieren. Auch lassen sich mit Zielen Abläufe in Unternehmen besser planen und koordinieren.

In der präskriptiven Entscheidungstheorie macht es jedoch wenig Sinn, Ziele als wünschenswerte zukünftige Zustände anzugeben. Wer in einem rationalen Entscheidungsprozess ein Nutzenoptimum erreichen möchte, muss bei der Formulierung seiner Ziele lediglich definieren, aus welchen Bestandteilen sich sein Nutzen zusammensetzt. Die Ziele sind hierbei die einzelnen Nutzendimensionen. Mit der Definition eines Fundamentalzieles wird angegeben, dass ein Mehr in der jeweiligen Nutzendimension mit einem insgesamt höheren Nutzenwert einhergeht. Anstelle des Zieles „3 kg abzunehmen" bietet sich somit die Formulierung „möglichst gutes Gewicht" an. Statt „mindestens 5000 € im Monat verdienen" wäre eine bessere Zielformulierung „möglichst guter Verdienst" oder noch fundamentaler „möglichst hohe finanzielle Sicherheit". Der Unternehmenschef würde nicht das Ziel proklamieren, dass der „Aktienkurs mindestens 200 € erreicht", sondern sollte als Ziel „maximiere den Unternehmenswert" formulieren.

Die Formulierung eines Zieles als konkreten wünschenswerten Zustand ist auch deshalb wenig sinnvoll, weil der Entscheider bei der Bestimmung der Ziele noch gar nicht weiß, was in den einzelnen Nutzendimensionen erreicht werden kann. Genau dies soll ja erst in den noch folgenden Schritten des Entscheidungsprozesses herausgefunden werden. Besonders problematisch ist es hierbei, wenn nicht nur ein Ziel bzw. eine Nutzendimension, sondern mehrere (konfligierende) relevant sind. Wie sollte der Entscheider in diesem Fall wissen, ob er überhaupt in allen Zielen seine angestrebten Ergebnisse erreichen kann? Der Entscheider wird vielmehr erst im Laufe des Entscheidungsprozesses erkennen, welche unterschiedlichen Ergebniskombinationen realisierbar sind und erst dann entscheiden, welche Konstellation für ihn die beste ist.

Bei der Formulierung seines fundamentalen Zielsystems beschränkt sich der Entscheider also darauf anzugeben, auf welche Nutzendimensionen es ihm im Kern ankommt. Auch wenn keine relevanten Nutzendimensionen im Zielsystem übersehen werden sollten, kommt es nicht auf eine hohe Anzahl der Nennungen an. Wer sich bemüht, die Ziele möglichst fundamental zu formulieren, und alle Instrumentalziele aus dem Zielsystem fernhält, wird feststellen, dass sich am Ende meist eine überschaubare Anzahl von Zielen ergibt. Gut formulierte Zielsysteme enthalten in der Regel nicht mehr als fünf oder sechs Fundamentalziele.

8.1.2.3 Vorgehensweisen in der Zielstrukturierung

Die beste Möglichkeit, die Fundamentalziele für eine Entscheidungsfrage zu analysieren, besteht in der Hinzuziehung eines erfahrenen Experten, d. h. eines Entscheidungsanalysten, der sich mit diesem Konzept gut auskennt. Ihm wird es durch gezielte Fragetechniken gut gelingen, alle Ziele sauber zu strukturieren und hieraus eine Liste der fundamentalen Ziele des Entscheiders abzuleiten.[5] Es ist möglich, die Fragen des Entscheidungsanalysten grob in fünf Kategorien aufzuteilen:[6]

- **„Identifikation von Werten"**: Das Ziel der Fragen aus dieser Kategorie ist es, die Anzahl der Wertnennungen durch breiteres und tieferes Denken zu erhöhen. Auf Fundamentalität wird an dieser Stelle noch nicht geachtet. Gefragt wird beispielsweise nach den Wunschlisten des Entscheiders, was der Entscheidungsträger in einer Situation erreichen oder vermeiden will oder welche Werte mit seinen Vorstellungen verbunden sind, etc.
- **„Ausformulierung von Zielen"**: Um die vielleicht noch abstrakt formulierten Werte in konkrete Ziele zu transformieren, wird der Analyst den Entscheider fragen, was er genau mit den genannten Werten meint. Er wird so erreichen, dass jedes Ziel letztlich mit einem Objekt, einem Verb und einer Präferenzrichtung genau konkretisiert wird. Wenn ein Entscheider in einem Jobauswahl-Problem beispielsweise „Geld" als Wert genannt hat, könnte eine konkrete Ausformulierung beispielsweise „Einkommen maximieren" oder „möglichst hohe finanzielle Sicherheit" lauten.
- **„Hinterfragen nach Fundamentalität"**: Durch die Frage „Warum ist das wichtig?" wird der Entscheidungsanalyst herausfinden, ob es sich um ein Fundamental- oder Instrumentalziel handelt. Soweit der Entscheider in seinen Antworten hier auf andere, ihn eigentlich interessierende Aspekte hinweist und das Ziel selbst nicht wichtig ist, ist es als Instrumentalziel entlarvt und darf nicht in der Liste der Fundamentalziele auftauchen.
- **„Spezifikation von Fundamentalzielen"**: Um Fundamentalziele noch genauer definieren bzw. messen zu können, kann versucht werden, diese inhaltlich in Unterziele herunterzubrechen. Gefragt wird dann beispielsweise nach verschiedenen Bestandteilen des übergeordneten Ziels (Vorsicht: Dies ist etwas anderes als untergeordnete Instrumentalziele entlang einer Wirkungskette).
- **„Instrumente zur Zielerreichung"**: Mit der Frage, wie ein Ziel erreicht werden könne, identifiziert der Entscheidungsanalyst weitere Instrumentalziele entlang einer Wirkungskette. Zwar sollen diese Instrumentalziele nicht in der endgültigen Zielliste auftreten, aber spätestens zur Generierung von Alternativen oder zur Messung von Zielen können sie sehr hilfreich sein.

Als sinnvolle Strukturierungshilfe hilft dem Entscheidungsanalysten eine Zielhierarchie, die er während der Analyse sukzessive aufbaut. An der Spitze der Hierarchie findet sich gemäß Abb. 8.3 ein allgemein formuliertes, übergeordnetes Ziel, wie z. B. „eine hohe Lebensqualität" bei persönlichen Entscheidungen, die Beruf und Karriere betreffen, oder beispielsweise „Steigerung des Unternehmenswertes" bei strategischen Unternehmensentscheidungen.

---

[5] Siehe hierzu Keeney (1996, 2012).
[6] Siehe Siebert und von Nitzsch (2018).

8.1 Strukturierung der Entscheidungssituation

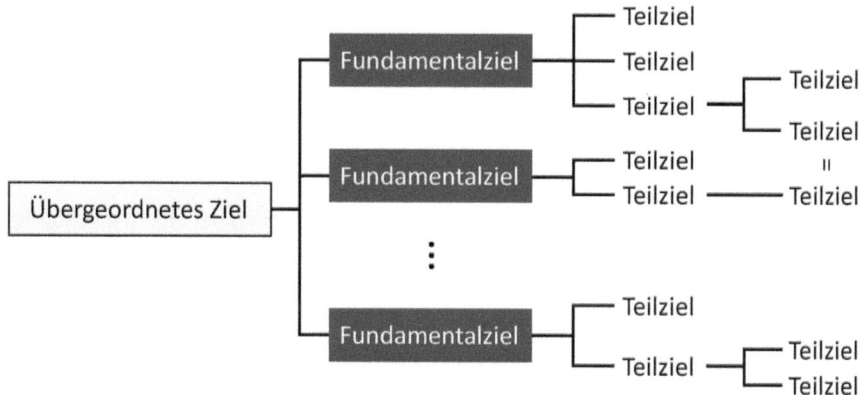

Abb. 8.3 Konzeptioneller Aufbau einer Zielhierarchie

Auf der nächsten Ebene stehen die Fundamentalziele als Hauptergebnis der gesamten Zielbestimmung. Die Fundamentalziele sind ihrerseits noch weiter in Teilziele aufgegliedert. Diese Teilziele können das Fundamentalziel genauer spezifizieren und stellen in diesem Fall fundamentale Unterziele dar. Die Teilziele können jedoch auch in einer Mittel-Zweck-Beziehung zum Fundamentalziel stehen, d. h. Instrumentalziele darstellen.

Da Instrumentalziele auch untereinander in Mittel-Zweck-Beziehungen stehen können, kann es vorkommen, dass die rein hierarchische Gestalt aufgebrochen wird. In einem solchen Fall ist es erlaubt, das jeweilige Teilziel einfach mehrfach aufzuführen. Ebenso ist es im Grunde auch nicht wichtig zu unterscheiden, ob es sich bei einem Teilziel um ein Instrumentalziel oder ein fundamentales Unterziel handelt. Vielmehr kommt es darauf an, dass über diesen Prozess der Strukturierung ein besseres Verständnis für die wesentlichen Zusammenhänge erreicht wird, um letztlich eine möglichst gute Formulierung der Fundamentalziele auf der ersten Hierarchieebene zu erreichen. Alles, was diesem Zweck dient, ist erlaubt.

Wie unterstützt das Entscheidungsnavi?

Das *Entscheidungsnavi* versucht mit einem strukturierten Vorgehen in fünf Teilschritten eine ähnliche Unterstützung bei der Aufstellung einer Zielhierarchie zu liefern, wie sie von einem Entscheidungsanalysten gegeben wird.

Im ersten Teilschritt werden im Sinne eines sehr offenen Brainstormings zunächst möglichst viele entscheidungsrelevante Aspekte gesammelt, ohne an dieser Stelle schon Überlegungen anzustellen, ob es sich um fundamentale Ziele handelt oder nicht. Hierbei wird der Anwender durch einige Impulsfragen unterstützt:

- Was ist für mich in der Entscheidungssituation wichtig?
- Was will ich erreichen?

- Wann bin ich zufrieden?
- In welchen Aspekten unterscheiden sich die Alternativen?
- Was stört mich am aktuellen Status Quo?
- Welche allgemeinen Werte habe ich, die jetzt in dieser Situation von Bedeutung sein könnten?

Nach einer Studie von Bond et al. (2008) schaffen es Menschen bei einem solchen Brainstorming auf Anhieb meist noch nicht, alle Ziele zu nennen. Der zweite Teilschritt verweist daher den Anwender auf diese Studie und motiviert ihn, die Suche nach möglichen Aspekten des Brainstormings weiter fortzuführen und sich noch mehr anzustrengen.

Im dritten Teilschritt wird empfohlen, andere Leute zu fragen und auf einer sogenannten Masterliste zu überprüfen, ob Aspekte vergessen wurden. Diese Masterliste wird im *Entscheidungsnavi* für die drei Entscheidungskontexte angeboten, die auch schon bei der Formulierung der Entscheidungsfrage aufgeführt wurden. Jede Masterliste enthält Ziele, die basierend auf den Nennungen bisheriger Anwender strukturiert zusammengestellt wurden.

Im vierten Teilschritt gilt es, alle genannten Aspekte in Form einer Zielhierarchie zu strukturieren. Insbesondere sind hier Mittel-Zweck-Beziehungen zwischen den Zielen transparent zu machen und entsprechend in der Hierarchie abzubilden, bis sich immer deutlicher die Fundamentalziele in der ersten Hierarchieebene herauskristallisieren. Ohne Hilfe eines Entscheidungsanalysten stellt dieser Schritt hohe Anforderungen an den Anwender und fällt erst mit zunehmender Erfahrung etwas leichter. Das *Entscheidungsnavi* enthält eine Reihe von sogenannten Themenprojekten, die als Beispiele dienen und dem Anwender einen Eindruck geben können, wie Zielsysteme in unterschiedlichen Fragestellungen aussehen könnten. Ein entsprechendes Beispiel ist die berufliche Entscheidungsfrage einer hypothetischen Person Alex.[7]

▶ Alex arbeitet seit einigen Jahren in dem mittelständischen Maschinenbau-Unternehmen MainCo und ist im Grunde auch nicht unzufrieden mit dem Job. Dennoch nagt ab und zu der Zweifel an ihm, ob das die richtige berufliche Entwicklung ist. Da sein Freund, der ebenfalls in der Maschinenbau-Branche arbeitet, gerade auch seinen Arbeitgeber gewechselt hat und darüber sehr positiv berichtet, will Alex nun diesem Beispiel folgend proaktiv Entscheidungen über seinen zukünftigen Lebensentwurf treffen. Die Entscheidungsfrage hat er mit „Wie kann ich mein Leben aus beruflicher Sicht so gestalten, dass ich eine möglichst hohe Lebensqualität erreiche?" dementsprechend breit formuliert. Die Abb. 8.4 zeigt die Zielhierarchie mit sechs Fundamentalzielen, die Alex nach umfänglicher Reflexion mit dem *Entscheidungsnavi* abgeleitet hat.

---

[7] Das Alex-Beispiel wird in allen Teilschritten ausführlich in von Nitzsch und Methling (2021) behandelt.

8.1 Strukturierung der Entscheidungssituation

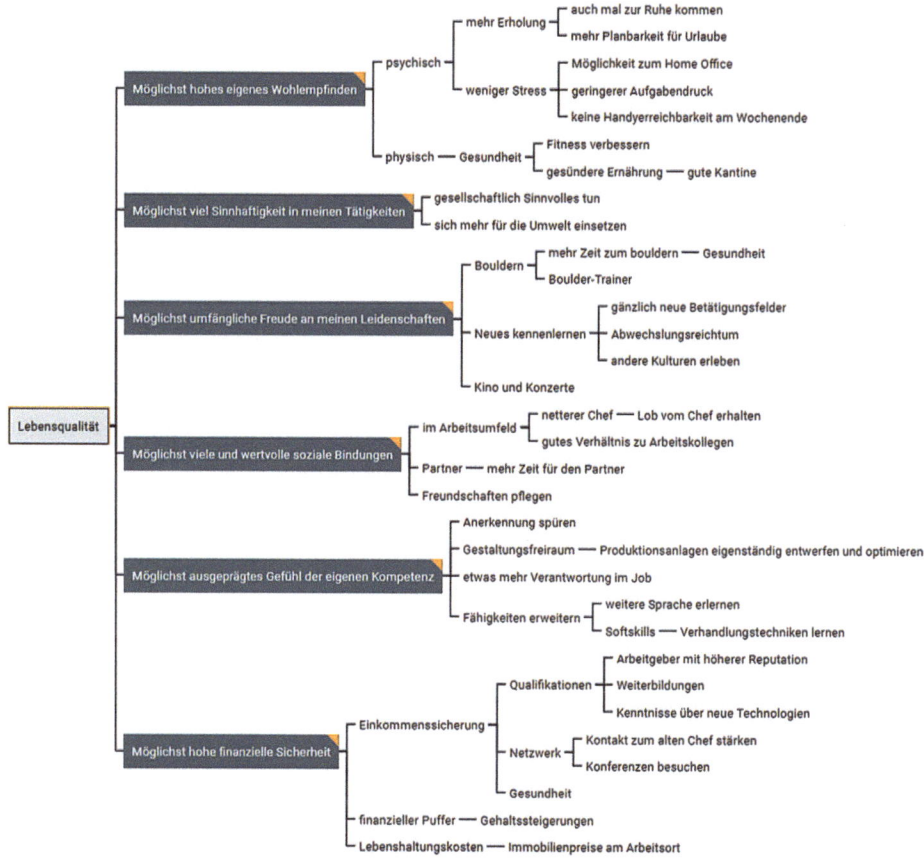

Abb. 8.4 Zielhierarchie von Alex im *Entscheidungsnavi*

Der fünfte Teilschritt dient abschließend dem Zweck, die Liste der in der Hierarchie ermittelten Fundamentalziele noch einmal im Hinblick auf die Bedingungen zu überprüfen, die erfüllt sein müssen, damit ein additives Bewertungsmodell angewendet werden kann. Hierzu zählt zum einen eine Redundanzfreiheit, also dass nicht zwei Fundamentalziele identische Teilaspekte umfassen. Zum anderen ist zu überprüfen, ob zwischen den Fundamentalzielen Präferenzabhängigkeiten auftreten, d. h., die Bedeutung eines Fundamentalzieles für den Entscheider davon abhängt, ob in einem anderen Fundamentalziel eine gute oder schlechte Ausprägung vorliegt. Auf diese beiden Bedingungen wird in Kap. 10 noch genauer eingegangen.

8.1.3 Identifikation der Alternativen

In diesem dritten Schritt der Strukturierung der Entscheidungssituation sind die Handlungsalternativen, zwischen denen der Entscheider in dem Entscheidungsproblem wählen kann, zu entwickeln und aufzulisten. Bei einer reaktiven Formulierung der Entscheidungsfrage sind die Alternativen meist offensichtlich und müssen lediglich niedergeschrieben werden. Dann ist dieser Schritt schnell abgeschlossen.

Wie oben bei der Formulierung der Entscheidungsfrage aber schon dargestellt wurde, sollte es die Zielsetzung einer guten Entscheidungsanalyse sein, die Entscheidungssituation proaktiv anzugehen und breiter zu denken. In diesem Fall ergeben sich vielfältige Chancen, neue Handlungsmöglichkeiten zu finden, die zu Beginn des Prozesses noch nicht ersichtlich waren. Insofern ist auch dieser Schritt der Identifikation von Handlungsalternativen ein wichtiger, kreativer Prozess, bei dem es sich lohnt, einiges an Zeit zu investieren. Denn es ist offensichtlich, dass eine Entscheidung nie besser sein kann als die beste in Betracht gezogene Alternative. Insofern wäre es schade, wenn man möglicherweise sehr gute Alternativen gar nicht sieht und im Entscheidungsmodell außen vor lässt.

Ralph Keeney, den Sie im letzten Abschnitt schon als Protagonisten des Value-Focused Thinking-Ansatzes kennengelernt haben, hat zusammen mit Johannes Siebert in einer Studie die Fähigkeit von Entscheidern zur Formulierung von Alternativen untersucht.[8] Die Probanden waren Studierende, die sich in einer Phase ihres Studiums befanden, in der sie schon ein Praktikum absolviert hatten oder gerade ein Praktikum planten. In der Studie drehte es sich um Handlungsalternativen, die den Probanden helfen können, die persönlichen Ziele während eines Praktikums zu erreichen. Die Frage war hierbei insbesondere, auf wie viele der möglichen Alternativen die Probanden von alleine kommen.

Die Studie bestand aus vier Schritten. Im ersten Schritt haben die Probanden so viele Alternativen wie möglich entwickelt. Hierbei gab es keine Zeitrestriktionen. Im zweiten Schritt wurde den Probanden eine sogenannte Masterliste an Alternativen vorgelegt und die Aufgabe bestand darin, alle Alternativen anzukreuzen, die die Probanden als relevant erachten. Auf dieser Masterliste standen 31 Alternativen, die in umfassenden Vorstudien erarbeitet wurden. Im dritten Schritt mussten die Probanden die im ersten Schritt selbst generierten Alternativen den im zweiten Schritt angekreuzten Alternativen zuweisen. Im vierten Schritt mussten die Probanden die Alternativen global ranken und hinsichtlich ihrer Qualität bewerten.

Im Durchschnitt hatten die Probanden im ersten Schritt 6,66 Alternativen selbst generiert. Weitere 11,27 haben sie im zweiten Schritt als relevant angekreuzt. Damit waren die Probanden nur in der Lage, ca. 37 % der relevanten Alternativen selbst zu generieren, und das, obwohl sie keiner Zeitrestriktion unterlagen. Viele werden an dieser Stelle intuitiv argumentieren, „man müsse ja nicht alle relevanten Alternativen selber generieren können, aber gewiss doch die besten Alternativen". In der Studie konnten jedoch ca. 56 % der Probanden nicht die am besten gerankte Alternative, 23 % der Probanden nicht eine der besten drei Alternativen und 10 % nicht eine der besten fünf Alternativen selber generieren. Des Weiteren konnten nur 10 % der Probanden alle drei bestgerankten Alternativen und nur ein Prozent der Probanden alle fünf bestgerankten Alternativen selber generieren.

Die Gründe für diese Scheuklappen bzw. diesen *Myopic Problem Representation Bias* liegen wiederum im Narrow Thinking. Menschen orientieren sich nun einmal aufgrund

---

[8] Siehe Siebert und Keeney (2015) bzw. zu ähnlichen Studien auch Bond et al. (2008, 2010).

8.1 Strukturierung der Entscheidungssituation

ihrer kognitiven Beschränkungen gerne am Naheliegenden und leicht Vorstellbaren. Jedoch auch aus motivationaler Perspektive spricht einiges für eine Verankerung am Normalen. Sobald sich der Mensch nämlich vom Normalen löst und sich für etwas normabweichendes entscheidet, wächst das Commitment und hierüber das Ausmaß einer Verlustaversion hinsichtlich möglicher Misserfolge. Dies wurde in Kap. 6 ausführlich behandelt. Daher verbleibt man lieber beim Gewohnten bzw. Alten.

Ein strukturierter Prozess bei der Suche nach neuen Handlungsmöglichkeiten kann dem jedoch entgegenwirken und eine zielgerichtete Kreativität fördern. Dem Konzept des Value-Focused Thinking folgend ist es bei einem solchen Prozess wichtig, dass das Augenmerk des Entscheiders auf den definierten Fundamentalzielen und damit den wahren Werten liegt und Instrumentalziele nur als zusätzliche Impulsgeber Berücksichtigung finden.

Wie unterstützt das Entscheidungsnavi?
Wie dies konkret umgesetzt werden kann, zeigt der dritte Schritt im *Entscheidungsnavi* mit seinen insgesamt sieben Teilschritten.

Im ersten Teilschritt gibt der Anwender ihm schon bekannte Alternativen ein.

Im zweiten Unterschritt werden diese Alternativen vom Anwender betrachtet und deren größte Schwachpunkte bezogen auf die definierten Ziele markiert. In dem Beispiel der Abb. 8.5 sieht Alex den größten Schwachpunkt in seiner aktuellen Jobsituation in einem niedrigen Wohlempfinden, bedingt z. B. durch viel Stress.

Die Idee einer solchen Schwachpunktanalyse ist hierbei, dass dem Anwender möglicherweise eine Modifikation der betreffenden Alternative einfällt, die diesen Schwachpunkt nicht mehr oder nur noch in einem geringen Umfang hat und somit besser wäre als die ursprüngliche. Im Beispiel wäre dies ein Verweilen beim aktuellen Arbeitgeber, allerdings mit einem eingeschobenen Sabbatical. Dieses Vorgehen kann beliebig für weitere Schwachpunkte derselben oder anderer Alternativen fortgesetzt werden, bis dem Anwender nichts mehr einfällt.

Eine weitere Möglichkeit, die Kreativität bei der Suche nach neuen Handlungsalternativen zu fördern, bietet der dritte Teilschritt im Rahmen einer zielfokussierten Suche nach neuen Alternativen. Wie die Abb. 8.6 zeigt, werden dem Anwender alle Ziele inkl.

Hinzufügung neuer Alternativen durch Verbesserung in Schwachpunkten

Identifizieren Sie die größten Schwachpunkte Ihrer im letzten Schritt schon definierten Alternativen und versuchen Sie, mit kreativen Überlegungen neue, artverwandte Alternativen zu finden, die diese Schwachpunkte nicht mehr oder kaum noch haben. (Beispiel)

Schon definierte Alternativen	Ein großer Schwachpunkt in dieser Alternative liegt im Ziel	Eine neue Alternative, die diesen Schwachpunkt abschwächt, könnte deshalb lauten:	
MainCo (wie bisher)	MÖGLICHST HOHES EIGENES WOHLEMPFINDEN	MainCo mit eingeschobenem Sabbatical	+
Engineertech	BITTE AUSWÄHLEN...		
MainCo mit eigenem Verantwortungsbereich	BITTE AUSWÄHLEN...		

Abb. 8.5 Schwachpunktanalyse zur Alternativenfindung im *Entscheidungsnavi*

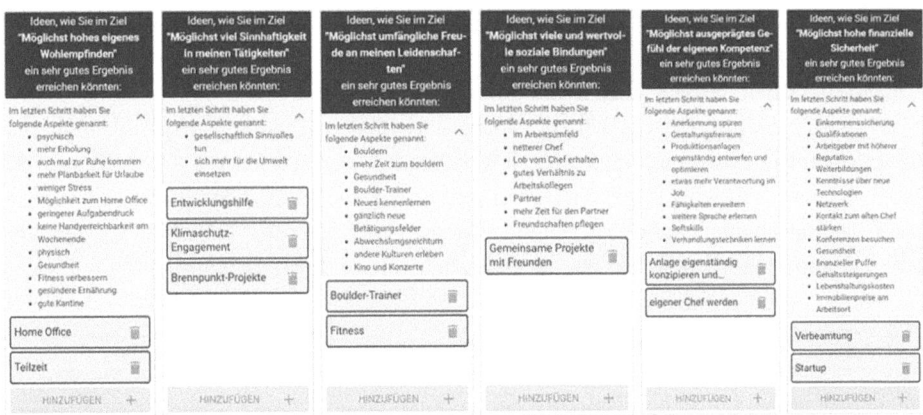

Abb. 8.6 Zielfokussierte Alternativensuche im *Entscheidungsnavi*

der vormals im zweiten Schritt definierten Teilziele dargestellt und er wird auf dieser Basis aufgefordert, für jedes Ziel isoliert nach Handlungsideen zu suchen, die in diesem Ziel besonders gut sind.

Aufgabe ist es dann, die zunächst nur isoliert auf ein Ziel bezogenen Handlungsideen mit anderen zu kombinieren. Hierbei wird es in aller Regel nicht möglich sein, Ideen aus allen Zielen zu einer neuen kombinierten Handlungsalternative zu verknüpfen. Aber auch Kombinationen von Ideen aus zwei oder drei Zielen bieten kreative Impulse zur Identifikation neuer Handlungsmöglichkeiten. So kommt Alex beispielsweise auf die Idee, ein Startup mit Freunden zu gründen, das sich inhaltlich mit einem Klimaschutzprojekt beschäftigt, wobei hier die Ideen aus drei Zielen Eingang finden. Eine weitere Handlungsmöglichkeit sieht er in einem Teilzeitjob bei seinem Arbeitgeber, wobei er in der gewonnenen Zeit seiner Leidenschaft nachgehen kann und als Boulder-Trainer tätig werden könnte.

Im vierten Teilschritt wird der Anwender noch einmal aufgefordert, sich von anderen Personen, die sich in dem Kontext der Entscheidungsfrage gut auskennen, Anregungen für weitere Handlungsoptionen geben zu lassen.

Im fünften Teilschritt soll der Anwender auf einem etwas höheren Abstraktionsniveau versuchen, die wichtigsten zwei oder drei von ihm steuerbaren Merkmale zu beschreiben, in denen sich alle theoretisch möglichen Handlungsalternativen grundlegend unterscheiden. Diese Merkmale werden durch Stellhebel dargestellt, durch welche es möglich ist, den Alternativenraum möglichst großflächig abzudecken. Für das Alex-Beispiel zeigt die Abb. 8.7 drei charakterisierende Stellhebel mit jeweils drei Ausprägungen, die in allen möglichen Kombinationen das gesamte Spektrum aller Handlungsmöglichkeiten grundsätzlich, wenn auch nur grob, abdecken.

8.1 Strukturierung der Entscheidungssituation

Identifizieren der wichtigen Stellhebel

Mithilfe dieses Teilschrittes können Sie prüfen, ob Sie Ihren Handlungsspielraum umfassend abgedeckt haben oder ob es doch noch mehr Alternativen gibt, die Ihnen einfallen.

Betrachten Sie an dieser Stelle noch einmal genau Ihre Handlungsalternativen. Denken Sie über grundlegende Unterschiede in den Eigenschaften Ihrer Alternativen nach und leiten Sie daraus ab, mit welchen gestalterischen Möglichkeiten Sie grundsätzlich einen Einfluss auf die konzeptionelle Ausgestaltung Ihrer Alternativen nehmen können. Formulieren Sie diese Möglichkeiten dann auf einer übergeordneten Ebene als zwei bis maximal drei Stellhebel. Durch das systematische oder zufällige Austesten verschiedener Stellhebelkonstellationen können Sie vielleicht noch neue Alternativen finden. (Beispiel)

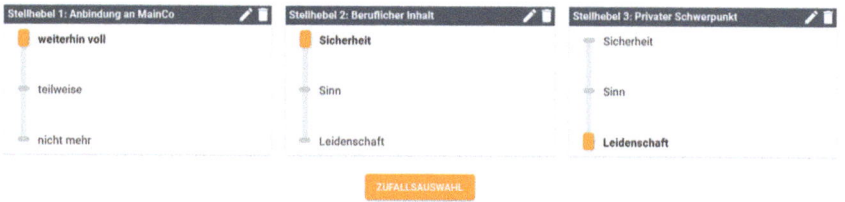

Überlegen Sie bitte, wie eine Alternative aussehen könnte, für welche die Stellhebelkonstellation "weiterhin voll" (Anbindung an MainCo), "Sicherheit" (Beruflicher Inhalt), "Leidenschaft" (Privater Schwerpunkt) zutrifft.

Abb. 8.7 Stellhebelansatz im *Entscheidungsnavi*

Entweder durch systematisches Ausprobieren aller Stellhebelpositionen oder auch einfach durch einige zufällige Ausspielungen der insgesamt möglichen Kombinationen wird der Anwender angeregt, sich über die jeweiligen Konstellationen Gedanken zu machen.

Nach diesen fünf Teilschritten, die alle nur den Zweck verfolgen, die Kreativität beim Finden neuer Handlungsalternativen zu unterstützen, sieht sich der Anwender möglicherweise einer unübersichtlich groß gewordenen Menge an Handlungsalternativen gegenübergestellt. Insofern ist als sechster Teilschritt vorgesehen, die Menge der Handlungsalternativen durch sinnvolles Zusammenfassen ähnlicher Alternativen auf eine überschaubare Menge allgemeiner formulierter Alternativen (-gruppen) zu reduzieren. Hierbei sollte jedoch mit der reduzierten Anzahl immer noch das gesamte Spektrum aller Handlungsmöglichkeiten hinsichtlich der formulierten Entscheidungsfrage abgedeckt sein. Die im vorherigen Teilschritt definierten Stellhebel liefern diesbezüglich häufig eine gute Unterstützung, um ein geeignetes Zusammenfassen umzusetzen.

Im letzten der sieben Teilschritte in der Alternativenformulierung des *Entscheidungsnavis* soll der Anwender die Alternativen nach seinem Bauchgefühl ordnen. Hiermit sollen zu einem späteren Zeitpunkt Diskrepanzen zwischen Intuition und berechneten Nutzenwerten aufgedeckt werden.

Unabhängig davon, ob bei der Definition der Alternativen das *Entscheidungsnavi* verwendet wurde oder nicht, sollte am Ende eine überschaubare Menge an Alternativen vorliegen, die wir im Folgenden durch Kleinbuchstaben *a*, *b*, *c*, … modellieren wollen. Die Alternativenmenge sollte hierbei zum einen die wesentlichen Handlungsspielräume in der jeweiligen Entscheidungssituation wiedergeben, zum anderen nicht zu detailliert formuliert sein, um die Komplexität des Wirkungsmodells nicht unnötig zu vergrößern. Man beachte an dieser Stelle, dass ein Entscheidungsmodell nicht umso besser wird, je komplexer und aufwendiger es ist. Häufig ist sogar das Gegenteil der Fall, weil man leicht den Fokus auf das Wesentliche verliert.

8.2 Entwicklung eines Wirkungsmodells

Nach der Strukturierung der Entscheidungssituation gilt es in der zweiten Phase des rationalen Entscheidungsprozesses, die Auswirkungen der betrachteten Handlungsalternativen in allen Zielen abzuschätzen. Dies geschieht auf der Basis einer Ergebnismatrix, wie sie in Abb. 8.8 exemplarisch abgebildet ist.

Um die zu Beginn noch leere Ergebnismatrix mit validen Ergebnisschätzungen vollständig füllen zu können, muss sich ein Entscheider mit drei Fragestellungen beschäftigen:

- Auf welchen Skalen können die Ergebnisschätzungen am besten gemessen werden?
- Wie kann verhindert werden, dass die Ergebnisschätzungen durch systematische Schätzfehler (Biasfaktoren) verzerrt angegeben werden?
- In welcher Form können Unsicherheiten in den Ergebnisschätzungen berücksichtigt werden?

Auf die erste Frage der Messbarkeit von Ergebnisausprägungen und entsprechenden Lösungsvarianten wird in Kap. 9 eingegangen. Im Hinblick auf die zweite Frage haben die Kap. 2, 3, 4, 5, 6 und 7 im deskriptiven Teil dieses Lehrbuches deutlich gemacht, dass es eine Vielzahl von Biasfaktoren gibt, die zu entsprechenden Verzerrungen führen können. Dementsprechend sind einige Anstrengungen zu unternehmen, um all diese Verzerrungen zu vermeiden. Mit welchen Methoden ein solches Debiasing in konkreten Anwendungen umgesetzt werden kann, wird erst in Kap. 14 dargestellt. Somit bleibt an dieser Stelle lediglich die dritte Frage, wie Unsicherheiten am besten berücksichtigt werden können.

Varianten der Modellierung von Unsicherheit

In den seltensten Fällen werden bei wichtigen Entscheidungen alle Ergebnisse in der Ergebnismatrix ohne Unsicherheiten angegeben werden können. Beispielsweise hängt der prognostizierte Unternehmensgewinn bei verschiedenen Handlungsalternativen eines Unternehmens von einem unsicheren Absatz ab. In die Überlegung, für welche Therapie sich ein Patient zusammen mit seinem behandelnden Arzt entscheidet, spielt die Unsicherheit herein, ob die in Betracht gezogene Operation erfolgreich sein wird oder nicht. In allen solchen Fällen muss der Unsicherheit Rechnung getragen und die unsicheren Einflussvariablen bzw. Umweltzustände und ihre Wirkung müssen identifiziert und transparent modelliert werden.

	Fundamentalziel 1	Fundamentalziel 2	...	Fundamentalziel m
Alternative a				
Alternative b				
Alternative c				
...				

Abb. 8.8 Leere Ergebnismatrix zu Beginn der Aufstellung eines Wirkungsmodells

8.2 Entwicklung eines Wirkungsmodells

Eine Modellierung kann grundsätzlich auf der Basis von stetigen oder diskreten Verteilungstypen umgesetzt werden. Eine stetige Modellierung bietet sich an, wenn sich die unsicheren Faktoren leicht auf relativ feingliedrigen numerischen Skalen abbilden lassen. Dies ist z. B. der Fall, wenn der Gewinn als angenommene Zielgröße von unsicheren Absatzzahlen abhängig ist. In einem solchen Fall erfordert die Unsicherheitsmodellierung die Abschätzung einer Wahrscheinlichkeitsdichte- oder Wahrscheinlichkeitsverteilungsfunktion über die Absatzzahlen und zusätzlich die Ableitung einer resultierenden Verteilungsfunktion für die Zielgröße Gewinn. In der konkreten Festlegung der Verteilungsfunktion muss der Entscheider überlegen, welcher Verteilungstyp die jeweilige Unsicherheit gut beschreibt. Im Kap. 15 zum Basiswissen Wahrscheinlichkeiten werden diesbezüglich die wichtigsten Verteilungstypen vorgestellt. Dort wird auch dargestellt, wie im Rahmen einer sogenannten *Monte-Carlo-Simulation* aus den Verteilungen verschiedener unsicherer Faktoren auf die Verteilung der Zielgröße geschlossen werden kann.

Aus pragmatischer Sicht bieten sich jedoch zur Modellierung von Unsicherheiten meistens diskrete Verteilungen an. Bei den diskreten Verteilungen gibt es eine endliche (oder abzählbar unendliche) Anzahl von Ergebnissen mit entsprechenden Wahrscheinlichkeiten. Besonders geeignet ist diese Modellierungsform immer dann, wenn es bei dem relevanten Unsicherheitsfaktor ohnehin nur wenige Ausprägungen bzw. (Umwelt-)Zustände gibt, zwischen denen es sich lohnt, bei den Ergebnisabschätzungen zu differenzieren. Beispielsweise könnte es angemessen sein, die Unsicherheit des Ausgangs einer OP mit den Zuständen „OP geglückt" und „OP nicht geglückt" im Modell abzubilden. Aber auch im obigen Beispiel der Absatzzahlen ist eine diskrete Modellierung möglich, indem geeignete Intervalle von Absatzzahlen als Zustände definiert werden.

Bei einer diskreten Modellierung sind also immer Zustände s_i ($1 \leq i \leq n$) zu definieren, die jeweils mit entsprechenden Wahrscheinlichkeitsschätzungen $p(s_i)$ zu verknüpfen sind. Bei der Formulierung dieser Zustände muss darauf geachtet werden, dass innerhalb eines Zustands eine möglichst hohe Sicherheit darüber besteht, welche Ergebnisse die jeweiligen Alternativen in den Zielen besitzen. Darüber hinaus ist dafür Sorge zu tragen, dass sich die Zustände nicht überlappen oder Teilereignisse gänzlich ausgeblendet werden. In komplexeren Situationen liegt die Kunst darin, auch die Anzahl der Zustände überschaubar zu halten.

Die Verwendung einer diskreten Modellierung hat den Vorteil, dass eine Verknüpfung mit dem Konzept der Ergebnismatrix gut möglich ist, wie es die Abb. 8.9 veranschaulicht.

In der dargestellten erweiterten Ergebnismatrix muss das Ergebnis der Alternative *b* im Fundamentalziel 2 nicht mehr als sichere Größe angegeben werden, sondern wird in Abhängigkeit der Zustände des relevanten Unsicherheitsfaktors spezifiziert. Grundsätzlich ist es möglich, dass für jedes Matrixfeld ein spezifischer Unsicherheitsfaktor definiert wird, was dann natürlich wiederum die Komplexität des gesamten Modells stark erhöhen würde. In der Praxis dürfte es jedoch ausreichen, wenn nur für die wesentlichen Unsicherheiten Faktoren explizit modelliert und kleinere Unsicherheiten vernachlässigt werden.

	Fundamentalziel 1	Fundamentalziel 2	...	Fundamentalziel *m*
Alternative *a*				
Alternative *b*				
Alternative *c*				
...				

Unsicherer Einflussfaktor			
Zustand 1 mit Eintrittswahrscheinlichkeit	Zustand 2 mit Eintrittswahrscheinlichkeit	...	Zustand *k* mit Eintrittswahrscheinlichkeit

Abb. 8.9 Ergebnismatrix mit Berücksichtigung von Unsicherheitsfaktoren

Berücksichtigung von Unsicherheit im Entscheidungsnavi
Diese zuletzt dargestellte Variante der Berücksichtigung von Unsicherheit findet sich auch im *Entscheidungsnavi*. Die Abb. 8.10 zeigt, wie im Alex-Beispiel die Unsicherheit in der Handlungsoption des Start-ups im Hinblick auf das Ziel finanzielle Sicherheit modelliert wird. So wird ein Unsicherheitsfaktor „Erfolg des Startups" mit drei möglichen Zuständen definiert und die Ergebnisse für die Alternative werden jeweils nur bezogen auf diese Zustände angegeben. In der Ergebnismatrix wird aus Platzgründen nur angezeigt, in welchem Intervall sich die eingetragenen Ergebnisse bewegen.

In einer Ergebnismatrix mit *m* Zielen und *n* Alternativen ist es möglich, auf insgesamt *m* x *n* verschiedene Unsicherheitsfaktoren Bezug zu nehmen. Ist ein Unsicherheitsfaktor

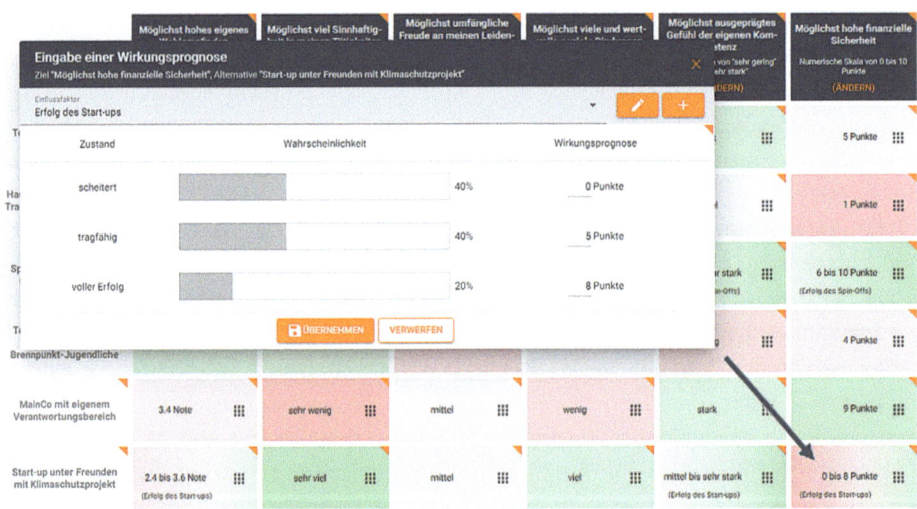

Abb. 8.10 Ergebnismatrix im *Entscheidungsnavi* mit Berücksichtigung eines Unsicherheitsfaktors

inkl. Ausprägungen und Wahrscheinlichkeiten erst einmal definiert, kann auf diesen auch in anderen Matrixfeldern zugegriffen werden. Die Ergebnisschätzungen können dann dort in gleicher Weise abhängig von den definierten Zuständen angegeben werden. Wichtig ist hierbei zu beachten, dass bei der mehrfachen Verwendung eines Unsicherheitsfaktors in verschiedenen Matrixfeldern auch stets die Wahrscheinlichkeitsverteilung für die angegebenen Zustände identisch sein muss. Wenn z. B. durch den Bezug auf unterschiedliche Alternativen die Wahrscheinlichkeiten unterschiedlich sind, muss dies über einen neuen Unsicherheitsfaktor modelliert werden.

8.3 Evaluation der Handlungsalternativen

Auf der Grundlage einer ausgefüllten Ergebnismatrix kann mit der dritten Phase, der Evaluation der Handlungsalternativen, begonnen werden. In der multiattributiven Nutzentheorie, auf die sich dieses Lehrbuch ausschließlich bezieht, besteht die Evaluation aus den drei Schritten (1) Ermittlung von Nutzenfunktionen, (2) Bestimmung der Zielgewichte und (3) Auswertung.

Mit Nutzenfunktionen werden die Präferenzen des Entscheiders bezogen auf jeweils ein Ziel modelliert. Mit ihnen kann zum Ausdruck gebracht werden, welcher Nutzen mit den möglichen Ergebnissen in dem Ziel verbunden ist. Nutzenfunktionen beziehen sich hierbei auf eine Bandbreite der insgesamt in den Alternativen möglichen Ergebnisse. Für das schlechteste in dieser Bandbreite mögliche Ergebnis wird ein Nutzen von 0 angesetzt, für das Beste ein Nutzenwert von 1. Nutzenfunktionen sind in der Lage, zugleich auch die Risikopräferenzen von Entscheidern zu berücksichtigen. Somit lässt sich auch für den Fall, dass die Ergebnisse unsicher sind und nur eine (diskrete oder stetige) Wahrscheinlichkeitsverteilung angegeben wird, mit dem Erwartungswert des Nutzens eine aussagekräftige Bewertung ableiten. Auf Nutzenfunktionen und deren Ermittlung bzw. allgemein auf das Konzept der *Erwartungsnutzentheorie* wird in Kap. 9 eingegangen.

Die Zielgewichte legen fest, mit welcher Gewichtung die einzelnen Nutzenwerte pro Ziel in den Gesamtnutzenwert eingehen. Die Abb. 8.11 veranschaulicht dies an einem kleinen Zahlenbeispiel. Die dargestellte Matrix mit Nutzenwerten anstelle von Ergebniswerten wird hierbei nicht mehr als Ergebnismatrix, sondern als Entscheidungsmatrix bezeichnet.

	Ziel 1	Ziel 2	Ziel 3	Gesamtnutzenwerte
Alternative *a*	0,2	0,4	0,6	0,34
Alternative *b*	0,6	0,2	1	0,56
Alternative *c*	0	1	0,5	0,4
Zielgewichte	50%	30%	20%	

Abb. 8.11 Beispiel der Berechnung der Gesamtnutzenwerte aus der Entscheidungsmatrix

Um eine valide Ermittlung der Zielgewichte zu garantieren, setzt die multiattributive Nutzentheorie hierbei auf die Bestimmung von Austauschraten (*Trade-offs*) zwischen den Zielen. In Kap. 10 wird ausführlich auf das Vorgehen in einer Mehrfachzielentscheidung auf Basis einer multiattributiven Nutzenfunktion eingegangen.

Mit der Berechnung der Gesamtnutzenwerte ist der analytische Entscheidungsprozess im Grunde abgeschlossen. Die beste Entscheidung ist die Wahl der Alternative mit dem höchsten Gesamtnutzenwert. Dies gilt jedoch nur für den Fall, dass alle notwendigen Parameter bekannt sind. Sind z. B. die Zielgewichte, die genauen Ausgestaltungen der Nutzenfunktionen oder auch Wahrscheinlichkeiten nicht exakt definiert, sondern allenfalls nur eingegrenzt, so liegt eine sogenannte unvollständige Information vor. Es gibt dann keine exakten Gesamtnutzenwerte. Je ausgeprägter die Unvollständigkeit der Information ist, desto größer sind die Schwankungsbreiten dieser Gesamtnutzenwerte. In der Folge lassen sich in der Regel auch keine eindeutigen Rangfolgen der Alternativen mehr ableiten. In einem solchen Fall umfasst der Auswertungsschritt die Durchführung von Dominanzüberprüfungen, in denen überprüft werden kann, ob sich trotz Unvollständigkeit der Information Rangfolgen in den Alternativen ableiten lassen. Wie hierbei vorzugehen ist, wird in Kap. 11 behandelt.

Ein wichtiger Bestandteil des Auswertungsschrittes liegt zudem darin, die analytische Herleitung mit der intuitiven Einschätzung abzugleichen: Stimmt die hergeleitete Rangfolge mit dem Bauchgefühl überein? Ist dies nämlich nicht der Fall, so ist entweder die analytische Herleitung nicht valide genug oder die Intuition in irgendeiner Form gebiast. Um eine hohe Entscheidungsqualität zu garantieren, ist es deshalb wichtig, den Gründen für die Diskrepanz nachzugehen. Mögliche Mängel auf dem analytischen Weg könnten hierbei darin liegen, dass Ziele übersehen oder Parameter wie Zielgewichte, Nutzenfunktionen oder Wahrscheinlichkeiten nicht fundiert angegeben wurden. Zur Identifikation der genauen Ursachen ist eine intensive Beschäftigung mit den Details der Berechnung und ein besseres Verständnis des Modells erforderlich.

Wie unterstützt das Entscheidungsnavi?
Das *Entscheidungsnavi* bietet dem Anwender genau vor diesem Hintergrund einige Auswertungsmöglichkeiten, die alle dabei helfen sollen, die Einsichten in die Herleitung des analytischen Ergebnisses zu verbessern.

Die Abb. 8.12 zeigt beispielsweise eine Detailauswertung, in der für alle Alternativen die jeweiligen Nutzenbeiträge pro Ziel aufgeführt sind. Hierbei lassen sich alle Ziele

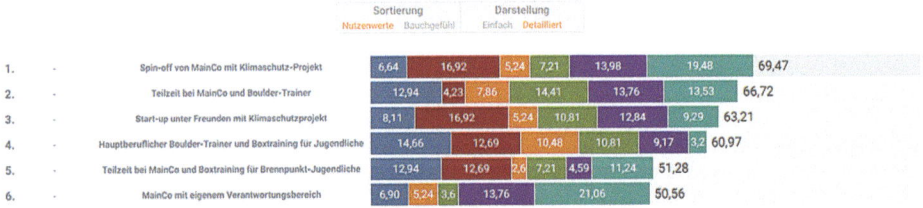

Abb. 8.12 Detailauswertung des Gesamtnutzens in der Reihenfolge des Bauchgefühls

8.3 Evaluation der Handlungsalternativen

einzeln ein- und ausblenden, sodass der Anwender ein besseres Gefühl für die Nutzenbewertungen im Einzelnen und in der Gesamtheit erlangt.

Eine zusätzliche Unterstützung zum Verständnis der Diskrepanzen zwischen Kopf und Bauch wird in dieser Analyse noch dadurch gegeben, dass in der Darstellung die Reihenfolge der Alternativen gewählt werden kann, die der Entscheider schon in der ersten Phase der Strukturierung aus dem Bauch heraus angegeben hat. In der Abb. 8.12 ist so z. B. schnell erkennbar, dass die vom Bauchgefühl drittbeste Alternative nach analytischer Berechnung eigentlich die beste ist. In einer Betrachtung der Nutzenkomponenten kann der Entscheider dann reflektieren, wo genau sein Kopf oder sein Bauch verkehrt liegt.

Eine weitere Darstellungsvariante, die dem Anwender ein gutes Gefühl für die berücksichtigten Nutzenbewertungen gibt, findet sich bei den „Pros und Kontras" der Alternativen, wie es die Abb. 8.13 veranschaulicht.

Für jede Alternative ist hier abzulesen, in welchen Zielen sie einen relativen Vorteil (grüne Säule nach oben) und Nachteil (rote Säule nach unten) besitzt. Als Referenzgröße für die Vor- und Nachteile gilt jeweils der Durchschnitt der Nutzenwerte innerhalb jedes Zieles. In der Berechnung der Vor- und Nachteile sind auch die Zielgewichte berücksichtigt, d. h., in den Spalten der wichtigeren Ziele sind die jeweiligen Säulen tendenziell höher als in den Spalten der weniger wichtigen Ziele. Dementsprechend lassen sich in dieser Darstellungsart die im analytischen Modell berücksichtigten Nutzenbewertungen der Vor- und Nachteile sehr transparent machen und auf Plausibilität überprüfen.

Ein gutes Gefühl für das Modell erlangt man auch durch Sensitivitätsanalysen, in denen die Auswirkungen von Veränderungen verschiedener Parameter auf das Gesamtergebnis dargestellt werden. Ebenso sinnvoll sind Robustheitstest, wenn notwendige Parameter nicht präzise angegeben werden konnten. Auf beides wird in Kap. 11 eingegangen.

Wenn dem Entscheider im Zuge der Beschäftigung mit den verschiedenen Auswertungen die Gründe für die Diskrepanzen zwischen Kopf und Bauch deutlich geworden sind, kann er durch eine Modifikation des ggfs. noch nicht ausreichend reflektierten analytischen Modells eine Konsistenz zwischen Analytik und Intuition erreichen. Wichtig in

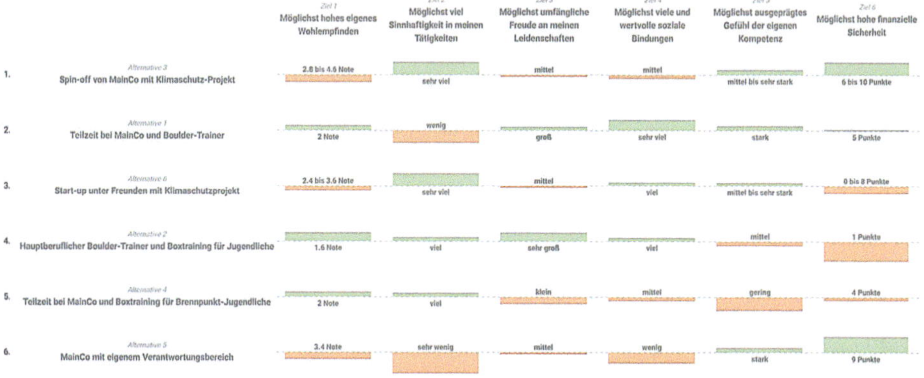

Abb. 8.13 „Pros und Kontras" – Auswertung im *Entscheidungsnavi*

diesem Schritt ist allerdings, dass er sich sein analytisches Ergebnis nicht so „hinbiegt", dass es seinem Bauchgefühl entspricht. Vielmehr muss er wirklich ernsthaft die Modifikationen reflektieren und zugleich bereit sein, im Übergang von einer oberflächlich-intuitiven Einschätzung zu einer reflektiert-intuitiven Einschätzung auch sein Bauchgefühl kritisch zu beurteilen. Eine Konsistenz zwischen Kopf und Bauch ist in jedem Fall eine wichtige Voraussetzung, damit der Entscheider die als beste ermittelte Alternative auch tatsächlich umsetzt.

8.4 Das Wichtigste in Kürze

In diesem Kapitel habe ich Folgendes gelernt
- Ein idealtypischer Ablauf eines rationalen Entscheidungsprozesses umfasst die Strukturierung der Entscheidungssituation, die Aufstellung des Wirkungsmodells und die Evaluation der Alternativen.
- Die Strukturierung ist der wichtigste und zugleich schwierigste Part im gesamten Prozess. Sie umfasst die drei Teilschritte: (1) Entscheidungsfrage, (2) Fundamentalziele und (3) Handlungsalternativen.
- Im Wirkungsmodell wird die noch leere Ergebnismatrix mit Ergebnisschätzungen ausgefüllt. Die hierbei auftretenden Unsicherheiten können stetig oder diskret modelliert werden.
- In der Evaluation werden Präferenzen modelliert und das Ergebnis des analytischen Weges mit dem Bauchgefühl abgeglichen.

Literatur

Bond SD, Carlson KA, Keeney RL (2008) Generating objectives: can decision makers articulate what they want? Manag Sci 54(1):56–70
Bond SD, Carlson KA, Keeney RL (2010) Improving the generation of decision objectives. Decis Anal 7(3):238–255
Keeney RL (1992) Value-focused thinking: a path to creative decisionmaking. Harvard University Press, Cambridge, MA
Keeney RL (1996) Value-focused thinking: identifying decision opportunities and creating alternatives. Eur J Oper Res 92(3):537–549
Keeney RL (2012) Value-focused brainstorming. Decis Anal 9(4):303–313
Keeney RL (2020) Give yourself a nudge: helping smart people make smarter personal and business decisions. Cambridge University Press, Cambridge
Maslow AH, Frager R (1987) Motivation and personality, 3. Aufl. Harper & Row, New York
von Nitzsch R, Methling F (2021) Reflektiert Entscheiden: Kompetent mit Kopf und Bauch. Frankfurter Allgemeine Buch, Frankfurt am Main
Reiss S (2009) Das Reiss Profile: Die 16 Lebensmotive. Welche Werte und Bedürfnisse unserem Verhalten zugrunde liegen. GABAL Verlag, Offenbach
Siebert J, Keeney RL (2015) Creating more and better alternatives for decisions using objectives. Oper Res 63(5):1144–1158
Siebert J, von Nitzsch R (2018) Das Jobauswahlproblem für Berufseinsteiger: Eine entscheidungstheoretische Anwendung – Teil 1: Problemstrukturierung in Ziele, Alternativen und Unsicherheiten. WiSt-Wirtschaftswissenschaftliches Studium 47(11):4–11

Entscheidungen unter Unsicherheit mit einem Ziel: Das Erwartungsnutzenkalkül

9

Zusammenfassung

In diesem Kapitel geht es um die Frage, wie ein rationales Entscheidungskalkül für einen Entscheider mit nur einem Ziel mit Hilfe von Nutzenfunktionen aufgestellt werden kann. Nutzenfunktionen sind in der Lage, sowohl die Höhen- als auch die Risikopräferenzen des Entscheiders abzubilden. Mit dem Nutzenerwartungswert kann dementsprechend auch eine Bewertung von Handlungsalternativen in einer Situation mit Unsicherheit vorgenommen werden, solange die dazugehörigen Wahrscheinlichkeiten bekannt sind. In einer tiefer gehenden Sicht der Risikopräferenzen ist zu unterscheiden, ob lediglich nur das beobachtbare Verhalten eine Risikoscheu bzw. Risikofreude indiziert oder ob auch tatsächlich die Einstellung des Entscheiders risikoscheu oder risikofreudig ist. Auf diesen Unterschied zwischen Risikoverhalten und Risikoeinstellung wird detailliert eingegangen.

Ebenso wird in diesem Kapitel auf die Messbarkeit von Nutzenbewertungen eingegangen und dargestellt, auf welchen Skalen eine Nutzenfunktion grundsätzlich definiert werden kann. Zur Ermittlung einer Nutzenfunktion müssen bestimmte Präferenzaussagen vom Entscheider erfragt werden. Das Kapitel stellt diesbezüglich dar, welche Methoden hierbei zum Einsatz kommen können. Wenn bei der Formulierung der Ziele ausreichend auf Fundamentalität geachtet wurde, haben Nutzenfunktionen in aller Regel einen sehr gleichmäßigen Verlauf, der beispielsweise gut durch eine exponentielle Nutzenfunktion abgebildet werden kann. Nach der Vorstellung der Besonderheiten einer exponentiellen Nutzenfunktion geht dieses Kapitel abschließend noch auf μ-σ-Regeln ein, die unter bestimmten Voraussetzungen als einfachere, aber äquivalente Variante zum Nutzenerwartungswert zur Anwendung kommen können.

9.1 Wie kann ein rationales Entscheidungskalkül aussehen?

9.1.1 Mit einer Erwartungswertberechnung ist die Lösung noch nicht gefunden

In dem Fall, dass der Entscheider nur ein Ziel betrachtet und es mit unsicheren Ausprägungen bei bekannten Wahrscheinlichkeiten zu tun hat, scheint es auf den ersten Blick gar nicht so schwierig zu sein, rationale Entscheidungen zu fällen. Man kann doch einfach den Erwartungswert berechnen, oder?

Leider führt das Erwartungswertkalkül bei einer konsequenten Anwendung nicht immer zu einem guten Ergebnis. Vielmehr ergeben sich Entscheidungen, die sicherlich nicht als rational eingestuft werden können. Dies zeigte schon Bernoulli (1738) im Zusammenhang mit dem sogenannten *St. Petersburger-Spiel*.

Das St. Petersburger-Spiel kann wie folgt beschrieben werden: Eine Münze wird geworfen. Falls Zahl erscheint, hat der Teilnehmer 2 € gewonnen und das Spiel ist zu Ende. Falls Kopf erscheint, wird erneut geworfen. Kommt in diesem zweiten Münzwurf wieder Zahl, erhält der Teilnehmer schon das Doppelte, nämlich 4 €, und das Spiel ist zu Ende. Für den Fall, dass aber wieder Kopf erscheint, wird ein drittes Mal geworfen. Bei Zahl in diesem dritten Wurf wird der Gewinn wiederum verdoppelt, d. h., er beträgt nun schon 8 €. Bei Kopf wird das Spiel wie beschrieben mit weiteren Verdoppelungen entsprechend fortgeführt. Das Spiel ist zu Ende, wenn Zahl erscheint. In diesem Spiel gewinnt der Teilnehmer also immer, lediglich die Gewinnhöhe ist unsicher. Die Wahrscheinlichkeit für einen Gewinn von 2 € beträgt 50 %, 4 € gewinnt er mit einer Wahrscheinlichkeit von 25 %, 8 € mit 12,5 % etc. Für den Erwartungswert dieses Spiels gilt somit $1/2 \cdot 2$ € $+ 1/4 \cdot 4$ € $+ 1/8 \cdot 8$ € $+ 1/16 \cdot 16$ € $+ \ldots = 1 + 1 + 1 + 1 + \ldots = \infty$.

In logischer Konsequenz müsste der rationale Entscheider das St. Petersburger-Spiel aufgrund seines unendlich großen Gewinnerwartungswertes jedem sicheren Geldgeschenk in beliebiger Höhe vorziehen. Er würde somit z. B. auf 1 Mio. € oder sogar 1 Mrd. € verzichten, nur um an diesem Spiel teilzunehmen. Keiner wird behaupten, dass eine solche Entscheidung ökonomisch vernünftig ist. Die meisten Menschen bevorzugen schon einen sicheren Betrag von 20 € gegenüber der Teilnahme an dem St. Petersburger-Spiel.

Diese unplausible Überbewertung des St. Petersburger-Spiels durch das Erwartungswertkriterium wird durch die Vernachlässigung zweier Aspekte erklärt: Zum einen wird der Nutzen des Geldes immer geringer, je mehr Geld man erhält. Es liegt also ein *abnehmender Grenznutzen* vor, der keinen Eingang in das Kalkül findet. Zum anderen bleibt die Risikoeinstellung des Entscheiders unberücksichtigt. Es spielt also keine Rolle, ob der Entscheider eher Spaß an Risiko hat oder es eher meidet.

Deshalb werden wir in den nächsten beiden Abschnitten untersuchen, wie sinnvoll es ist, in einem rationalen Entscheidungskalkül erstens einen abnehmenden Grenznutzen bzw. Höhenpräferenzen und zweitens eine subjektive Einstellung gegenüber Risiken zu berücksichtigen.

9.1.2 Zur Rationalität eines abnehmenden Grenznutzens bzw. von Höhenpräferenzen

Wenn Sie Geld gewinnen, so werden Sie sich um einiges mehr freuen, wenn es 200 € anstelle von 100 € sind. Macht es auf der anderen Seite aber einen Unterschied, ob Sie 100 Mio. oder 100 Mio. plus 100 € gewinnen? Sicherlich nicht. Der Nutzen der zusätzlichen 100 € ist im zweiten Beispiel weitaus niedriger als im ersten.

Über die Rationalität dieses abnehmenden Grenznutzens gibt es nur wenig Zweifel. In ökonomischen Modellen, in denen rational agierende Wirtschaftssubjekte unterstellt werden, findet dieses Prinzip als *Gossen'sches Gesetz* Eingang. Hierbei wird davon ausgegangen, dass der Nutzen von Geld in den Händen von Menschen nicht im Geld selbst, sondern in der Bedürfnisbefriedigung liegt, die der Mensch durch das Ausgeben des Geldes erreichen kann. Und bei der Bedürfnisbefriedigung ist der abnehmende Grenznutzen nicht selten sogar physiologisch bedingt. Zum Beispiel hat bei der Befriedigung des Bedürfnisses nach etwas Trinkbarem (sprich bei Durst) das erste Glas den höchsten Nutzen, der Nutzen der folgenden Gläser wird immer geringer.

Je nach unterstelltem Ziel können jedoch auch andere Bewertungscharakteristiken der Zielausprägungen rational sein. Man denke nur an das Ziel Raumtemperatur, wenn es in Celsius gemessen wird. Wer bei 10 Grad im Zimmer sitzt, wird sich zwar über die Steigerung auf 11 Grad sicherlich freuen. Wenn es jedoch schon 29 Grad sind, verringert ein weiteres Grad die Freude. Die Höhenpräferenz für unterschiedliche Zielausprägungen weist also einen Gipfel (z. B. bei ca. 22 Grad) auf und fällt sowohl bei höheren wie bei niedrigeren Werten wieder ab. Auch solche Bewertungen sollten grundsätzlich im Rahmen eines rationalen Entscheidungskalküls Berücksichtigung finden können, auch wenn wir noch zeigen, dass diese Verläufe bei fundamental formulierten Zielen kaum auftreten werden.

Insgesamt ist es also durchaus vernünftig, derartige Höhenpräferenzen – unabhängig davon, ob sie lediglich einen abnehmenden Grenznutzen abbilden oder noch andere Charakteristiken aufweisen – in einem rationalen Entscheidungskalkül zu berücksichtigen.

9.1.3 Berücksichtigung der Risikoeinstellung des Entscheiders

Müssen rationale Entscheidungsregeln die Risikoeinstellung des Entscheiders berücksichtigen? Oder ist die Risikoeinstellung nur ein psychologisches Phänomen, das einem rationalen Verhalten entgegensteht und in rationalen Paradigmen nichts zu suchen hat?

Die meisten Leser werden der Meinung sein, dass die Risikoeinstellung in irgendeiner Form Eingang finden muss: Es darf doch nicht für einen risikoscheuen Entscheider in gleicher Weise vorgegangen werden wie für einen risikoneutralen oder sogar risikofreudigen, mag man denken.

Diese Auffassung ist zwar grundsätzlich richtig, dennoch sind theoretisch auch kritische Gegenpositionen möglich. So wurde in der Diskussion der Bestimmungsdeterminanten der Risikoeinstellung in Kap. 4 herausgestellt, dass eine Abneigung gegenüber Risiko aus dem grundlegenden Bedürfnis der Menschen resultiert, ein gewisses Maß an Kontrolle der eigenen Situation zu spüren. In aller Regel empfinden es Menschen als sehr unangenehm, wenn sie in einer Situation ausgeliefert sind und nicht selbst ihre Situation beeinflussen können. Dies ist z. B. auch ein Grund, warum einige Menschen nicht so gerne fliegen, sondern lieber Auto fahren – beim Autofahren ist schlichtweg das Kontrollgefühl höher. Nun ist aber bekannt, dass sich aus diesem Kontrollbedürfnis einige Verhaltensphänomene ergeben, die als irrational eingestuft werden können. So ist z. B. das Autofahren nicht wirklich sicherer als das Fliegen. In Kap. 4 wurden einige weitere Beispiele genannt. Insofern gibt es sicherlich unvernünftige Verhaltenseffekte, die aus dem Wunsch nach Kontrolle resultieren. Ebenso könnte es ja unvernünftig sein, nur aus dem Bedürfnis nach mehr Kontrolle keine Risiken einzugehen.

Aber es sind eben nicht alle Konsequenzen des Kontrollbedürfnisses auch irrational. Vielmehr ist festzuhalten, dass es sich bei dem Wunsch nach Kontrolle oder bei der Abneigung gegenüber Risiken um einen echten Wert handelt, der für den Menschen von Bedeutung ist, weil es für sein Wohlbefinden relevant ist. Der Wunsch nach Kontrolle bzw. nach wenig Risiken hat somit den Charakter eines Fundamentalziels, welches selbstverständlich in irgendeiner Form Eingang in ein rationales Kalkül finden muss. Insofern muss ein rationales Entscheidungskalkül sowohl die Höhenpräferenzen als auch die Risikoeinstellung des Entscheiders berücksichtigen. Und wie dies geht, zeigt der nächste Abschnitt.

9.2 Das Paradigma der Entscheidungslehre: Maximierung des Erwartungsnutzens

Ein zentrales in der Wissenschaft als rational anerkanntes Entscheidungsparadigma ist die Maximierung des Erwartungsnutzens. Wir werden die Grundidee des Erwartungsnutzenmodells im nächsten Abschn. 9.2.1 zunächst einmal kurz vorstellen. Dann werden wir im folgenden Abschn. 9.2.2 für eine genaue Abgrenzung der Begriffe Risikoeinstellung und Risikoverhalten sorgen, weil dies notwendig ist, um in Abschn. 9.2.3 noch einmal klarstellen zu können, wieso das Erwartungsnutzenmodell tatsächlich in der Lage ist, die oben dargestellten Schwächen des Erwartungswertkriteriums auszubügeln, indem es eine gleichzeitige Berücksichtigung von Höhenpräferenzen sowie unterschiedlichen Risikoeinstellungen ermöglicht.

9.2.1 Die Grundidee des Erwartungsnutzenmodells

Die Präferenzen des Entscheiders werden im Erwartungsnutzenmodell durch eine Nutzenfunktion u (aus dem Englischen von *utility*) abgebildet, die die Zielergebnisse auf eine

9.2 Das Paradigma der Entscheidungslehre: Maximierung des Erwartungsnutzens

„Nutzenskala" transformiert. In einem Vergleich zweier Alternativen a und b ist die Alternative zu wählen, die den höheren *Nutzenerwartungswert EU* (*Expected Utility*) hat. Sei $a = (p_1, a_1; p_2, a_2; \ldots; p_n, a_n)$ eine Alternative, die jeweils mit der Wahrscheinlichkeit p_i zum Ergebnis $a_i (1 \leq i \leq n, \Sigma\, p_i = 1)$ führt. Wenn eine entsprechende Notation auch für b gilt, dann ist b zu präferieren, falls

$$EU(a) = \sum_{i=1}^{n}\left(p_i \cdot u(a_i)\right) < \sum_{i=1}^{n}\left(p_i \cdot u(b_i)\right) = EU(b)$$

Sei beispielsweise a die Alternative, bei einem Münzwurfspiel entweder mit 50 % Wahrscheinlichkeit 500 € zu gewinnen oder mit 50 % einen Betrag von 200 € zu verlieren, und b eine Alternative, mit 80 % 200 € zu gewinnen und mit 20 % 100 € zu verlieren, so interessiert eine Nutzenfunktion, die mindestens dieses Intervall von Zielausprägungen abdeckt. Ein Beispiel einer solchen Nutzenfunktion zeigt die Abb. 9.1 für Vermögensänderungen zwischen − 200 € und 500 €. Die Nutzenwerte werden hierbei üblicherweise auf das Intervall zwischen 0 und 1 normiert. Jede andere Normierung wäre allerdings auch möglich.

Mit den in der Abbildung gegebenen Werten ergeben sich folgende Nutzenerwartungswerte für die beiden oben genannten Alternativen:

$$EU(a) = 50\,\% \cdot u(500\ €) + 50\,\% \cdot u(-200\ €) = 50\,\% \cdot 1 + 50\,\% \cdot 0 = 0{,}5$$

$$EU(b) = 80\,\% \cdot u(200\ €) + 20\,\% \cdot u(-100\ €) = 80\,\% \cdot 0{,}8 + 20\,\% \cdot 0{,}3 = 0{,}7$$

Demnach ist in diesem Fall die Alternative b vorzuziehen.

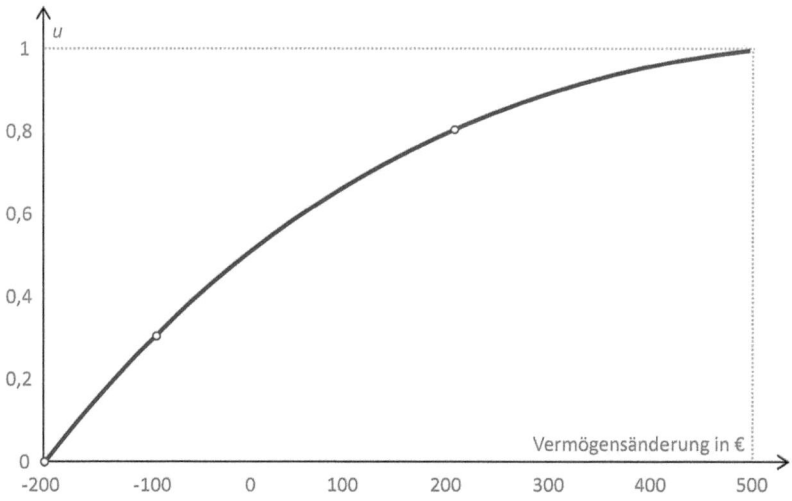

Abb. 9.1 Beispiel einer Nutzenfunktion

9.2.2 Zum Unterschied zwischen Risikoverhalten und Risikoeinstellung

Zum genaueren Verständnis des Erwartungsnutzenmodells ist es notwendig, zwischen den Begriffen Risikoverhalten und Risikoeinstellung zu unterscheiden.

Risikoverhalten

In der Analyse des Risikoverhaltens eines Entscheiders steht die Frage im Mittelpunkt, inwieweit der Entscheider vom Erwartungswertkalkül abweicht. Tut er dies nicht und wählt immer die Alternative mit dem höchsten Erwartungswert, so wird von risikoneutralem Verhalten gesprochen. Bewertet er eine risikobehaftete Alternative schlechter als einen sicheren Betrag in Höhe des Erwartungswerts dieser Alternative, so spricht man von risikoscheuem Verhalten. Bewertet er die riskante Alternative besser, so liegt risikofreudiges Verhalten vor.

Ob ein risikoscheues, risikoneutrales oder risikofreudiges Entscheidungsverhalten vorliegt, kann auch gut an der *Risikoprämie* abgelesen werden, die wie folgt definiert ist:

$$Risikoprämie = Erwartungswert - Sicherheitsäquivalent$$

Das *Sicherheitsäquivalent* ist hierbei genau der sichere Betrag, den ein Entscheider als gleichwertig zur Lotterie betrachtet. Für den Fall, dass ein Entscheider z. B. der Lotterie (50 %:0 €; 50 %:100 € ein Sicherheitsäquivalent von 40 € beimisst, gilt

$$Sicherheitsäquivalent\left(S\ddot{A}\right) = 40$$
$$Erwartungswert \left(EW\right) = 0{,}5 \cdot 0 + 0{,}5 \cdot 100 = 50 und\ somit$$
$$Risikoprämie \left(RP\right) = 50 - 40 = 10.$$

Anschaulich lässt sich die Risikoprämie auch als Preis für die Übernahme eines bestimmten Risikos interpretieren. Wenn der Entscheider einen sicheren Betrag von 40 € erhalten kann, so würde er im Tausch mit dem sicheren Betrag das mit der unsicheren Lotterie verbundene Risiko höchstens dann eingehen, wenn er hierfür genau in Höhe der Risikoprämie von 10 € entschädigt wird. Diese Entschädigung erhält er in dem Beispiel durch den um 10 € höheren Erwartungswert der Lotterie.

Zwischen dem Vorzeichen der Risikoprämie und dem Risikoverhalten gibt es einen eindeutigen Zusammenhang:

- $RP = 0 \Rightarrow$ Entscheider verhält sich risikoneutral
- $RP > 0 \Rightarrow$ Entscheider verhält sich risikoscheu
- $RP < 0 \Rightarrow$ Entscheider verhält sich risikofreudig

Abb. 9.2 Zusammenhang zwischen Risikoverhalten und Gestalt der Nutzenfunktion

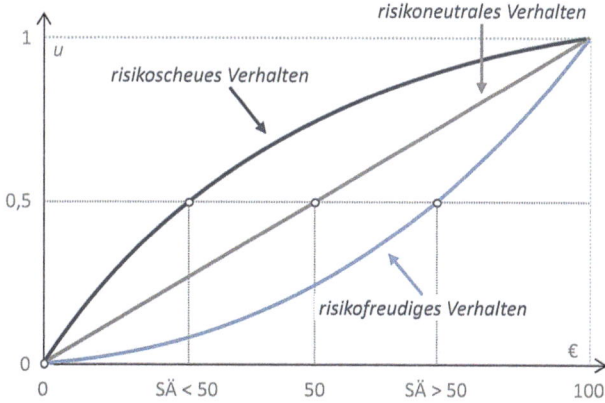

Das Risikoverhalten lässt sich auch gut optisch an der Gestalt der Nutzenfunktion ablesen. In der Abb. 9.2 sind am Beispiel einer Bewertung einer Lotterie mit Nutzenerwartungswert 0,5 (also z. B. 50 %-Chance auf 100 € und 50 %-Chance auf 0 €) ein risikoneutrales Verhalten mit einer linearen Nutzenfunktion (SÄ bei 50 €), ein risikoscheues Verhalten mit einer konkaven (SÄ kleiner als 50 €) und ein risikofreudiges Verhalten mit einer konvexen Nutzenfunktion (SÄ größer als 50 €) abgebildet.

Diese hier vorgestellte Definition von Risikoverhalten ist zwar weit verbreitet, aber auch kritisch zu sehen, weil sie nicht nur die echten Risikopräferenzen, sondern auch Höhenpräferenzen des Entscheiders mitberücksichtigt. Deshalb macht es Sinn, sich auch mit dem enger gefassten Begriff der Risikoeinstellung zu beschäftigen, welcher sich nur auf die Risikopräferenzen bezieht und Höhenpräferenzen ausblendet.

Risikoeinstellung

Um den Unterschied zwischen den beiden Konzepten Risikoverhalten und Risikoeinstellung zu verstehen, betrachte man zunächst das folgende Beispiel:

▶ Stellen Sie sich vor, Sie würden abends essen gehen. Ihr Appetit lenkt Sie auf die gebackene Ente für 12,90 €. Der Ober macht Ihnen nun zwei Angebote: Entweder Sie bestellen die Ente für 12,90 € oder erkaufen sich für denselben Betrag die Teilnahme an einem kleinen Spiel mit dem Ober. In diesem Spiel würde der Ober eine Münze werfen. Erscheint Kopf, erhalten Sie für denselben Preis zwei Portionen der Ente, erscheint Zahl, gehen Sie leer aus und dürfen das Restaurant hungrig verlassen. Würden Sie an dem Spiel teilnehmen? Wahrscheinlich nicht.

Der Grund für die Ablehnung dieses Spiels liegt hierbei nicht in einer möglichen Aversion gegen Risiko, sondern vielmehr in der Überlegung, dass der Nutzen einer zweiten Portion sehr gering ist, da man nach der ersten ohnehin schon satt ist. Oder wenn ein Entscheider einen Betrag von 1 Mio. € einer 50 %-Chance auf 2 Mio. € vorzieht, hat dies

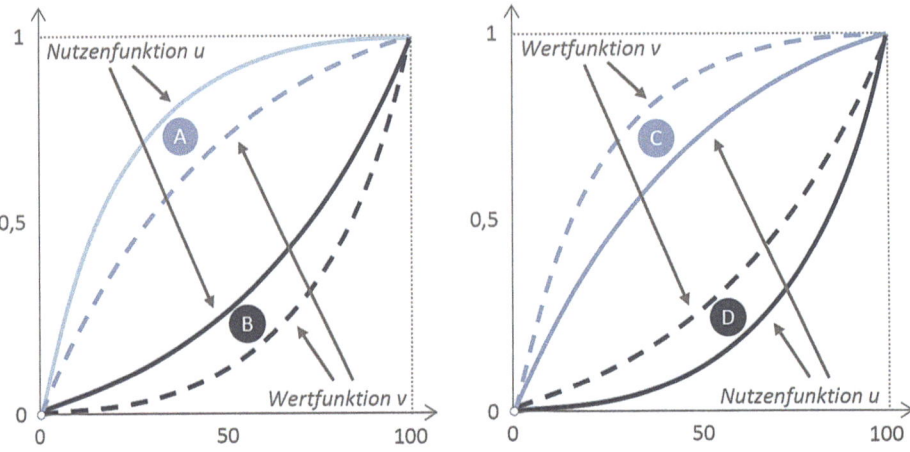

Abb. 9.3 Risikoeinstellung im Vergleich von Wert- und Nutzenfunktion

meistens auch nichts mit seiner negativen Einstellung gegenüber Risiko zu tun, sondern mit dem abnehmenden Grenznutzen des Geldes.

In der Definition der Risikoeinstellung von Menschen werden diese Grenznutzen- bzw. Höhenpräferenzaspekte herausgefiltert und somit wird die echte, innere Einstellung zum Risiko angegeben. Zu diesem Zweck definieren wir eine Wertfunktion v, die ausschließlich nur die Höhenpräferenzen – ohne jegliche Risikoaspekte – abbildet. Die echte Einstellung gegenüber Risiko lässt sich in diesem Fall an einem Vergleich beider Funktionen ablesen, dies zeigt die Abb. 9.3.

In dem linken Diagramm der Abbildung liegt eine Konstellation A mit einer ausgeprägt konkav-gekrümmten Nutzenfunktion und einer etwas weniger stark, aber immer noch konkaven Wertfunktion vor. In diesem Fall erklärt der abnehmende Grenznutzen zwar einen Teil des risikoscheuen Verhaltens, aber nicht alles. Insofern liegt hier eine risikoscheue Einstellung vor. Das Ausmaß der Risikoscheu ist hierbei umso größer, je größer die Differenz zwischen der Nutzen- und Wertfunktion ist.

In der Konstellation B zeigt die konvexe Nutzenfunktion ein risikofreudiges Verhalten an. Zugleich liegt aber auch hier die Wertfunktion unterhalb der Nutzenfunktion und zeigt durch ihre ausgeprägte Konvexität einen stark steigenden Grenznutzen an. Dies führt dazu, dass der Entscheider in der Konstellation B trotz der Konvexität seiner Nutzenfunktion eine risikoscheue Einstellung aufweist.

Vertauscht man die Lage der Wert- und Nutzenfunktionen, so sieht man in dem rechten Diagramm der Abb. 9.3 zwei Konstellationen C und D, für die völlig analog zur Argumentation eben anstelle einer risikoscheuen nun eine risikofreudige Einstellung abgebildet ist. So zeigt hier beispielsweise die Konstellation C ein risikoscheues Verhalten bei gleichzeitiger risikofreudiger Einstellung.

9.2.3 Verständnisprobleme in der Interpretation einer Nutzenfunktion

Die letzten Ausführungen haben deutlich gemacht, dass im Konzept des Risikoverhaltens bzw. damit auch in der Nutzenfunktion eine Vermischung von Höhenpräferenzen und der echten Risikoeinstellung stattfindet. Dies hat in den 90er-Jahren zu großer Verwirrung in betriebswirtschaftlichen Fachzeitschriften geführt.[1] So vertraten einzelne Professoren die Auffassung, dass eine Nutzenfunktion unmöglich sowohl die Risikoeinstellung als auch die Höhenpräferenz eines Entscheiders abbilden kann. So viel Information könnte ja nicht in einer einzigen Funktion stecken. Die Diskussion soll jetzt hier nicht noch einmal wiedergegeben werden, Gott sei Dank ist sie ja beendet. Möglicherweise hätte man die Diskussion aber erst gar nicht gestartet, wenn sich die Nutzenfunktion-Kritiker zu Beginn folgendes Beispiel vergegenwärtigt hätten:

▶ Für zwei Entscheider werden ihre Nutzenfunktionen für Gewinne in einem Intervall von 0 bis 100.000 € gesucht.

▶ Entscheider A hat derart viele Konsumwünsche, dass er sich mit jedem der 100.000 € einen Herzenswunsch erfüllen kann. Deshalb zeigt er keinen abnehmenden Grenznutzen in diesem Intervall. Seine Freude über 100.000 € ist genau doppelt so groß wie die Freude über 50.000 €. Was diesen Entscheider jedoch auszeichnet, ist eine ausgeprägte Risikoaversion. Er ist so risikoscheu, dass er bei einem sicheren Betrag von 30.000 € fast schon lieber diesen sicheren Betrag wählt, als auf eine 50 %-Chance auf 100.000 € zu setzen. Eigentlich kann er sich zwischen diesen beiden Alternativen nicht entscheiden, wir sprechen von einer Indifferenz in der Bewertung.

▶ Entscheider B hat hingegen nur wenige Konsumwünsche, er ist schon mit geringen Beträgen zufrieden, bei höheren Beträgen lässt der Grenznutzen deutlich nach. Dieser abnehmende Grenznutzen zeigt sich bei ihm darin, dass er sich über 30.000 € genauso freut wie über zusätzliche 70.000 €. Im Hinblick auf seine Risikoeinstellung ist er ganz anders als Entscheider A. Risiken gehören bei ihm zum Leben, ein unangenehmes Kontrolldefizit verspürt er nicht, wenn ihm eine 50 %-Chance auf 100.000 € angeboten wird. Gleichwohl ist auch dieser Entscheider indifferent zwischen den sicheren 30.000 € und dem Spiel auf 100.000 €, weil er mit den 30.000 € schon einen hohen Nutzen verbindet.

Man kann sich an dem Beispiel leicht klarmachen, dass diese beiden Entscheider dieselbe Nutzenfunktion haben müssen, sich aber in der Wertfunktion unterscheiden. Dies verdeutlicht die Abb. 9.4

---
[1] Siehe Kürsten (1992).

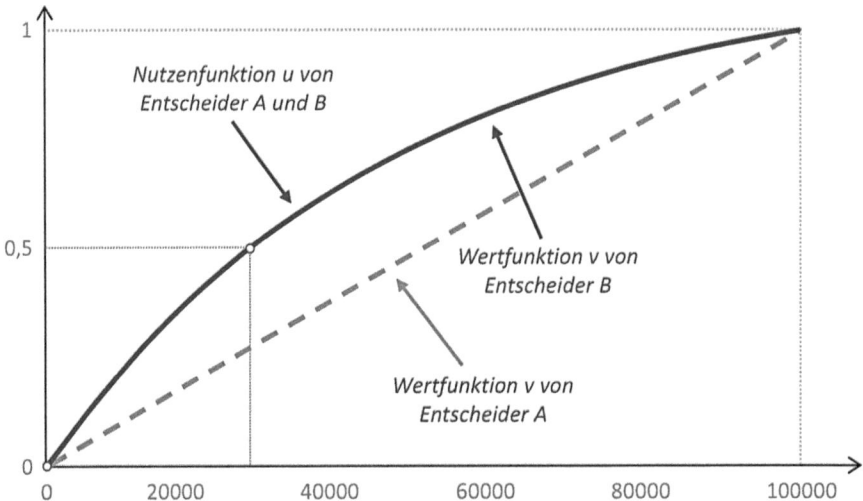

Abb. 9.4 Identische Nutzenfunktion der Entscheider A und B bei abweichender Wertfunktion

Beim Entscheider B unterscheiden sich die Nutzenfunktion und die Wertfunktion nicht, d. h., die konkave Wertfunktion zeigt einen abnehmenden Grenznutzen an und aufgrund der Identität der beiden Funktionen wird eine neutrale Risikoeinstellung angezeigt. Anders ist die Situation beim Entscheider A: Er verhält sich zwar mit derselben Nutzenfunktion wie B ebenfalls risikoscheu, die Wertfunktion zeigt aber einen konstanten Grenznutzen, sodass eine risikoscheue Einstellung vorliegt.

An diesem Beispiel wird erneut deutlich, dass in die Nutzenfunktion tatsächlich sowohl die Höhenpräferenz als auch die Risikoeinstellung einfließen. Allerdings werden diese beiden Aspekte eben leider vermischt, sodass aus einer isolierten Betrachtung einer Nutzenfunktion leider keine Rückschlüsse auf die genauen Höhenpräferenzen oder die Risikoeinstellung des Entscheiders möglich sind. Und hierin lag auch das wesentliche Verständnisproblem der Nutzenfunktion-Kritiker.

9.3 Die Ermittlung von Nutzenfunktionen

Nach der konzeptionellen Vorarbeit zum grundlegenden Verständnis einer Nutzenfunktion beschäftigt sich dieser Abschnitt nun mit der Ermittlung der Nutzenfunktion. Es ist nicht immer ganz einfach, die Nutzenfunktion u eines Entscheiders korrekt zu bestimmen, aber wenn man es geschafft hat, muss man nur noch rechnen und die beste Alternative ist gefunden: Es ist genau die Alternative, die gemäß

$$EU(a) = \sum_{i=1}^{n} p(s_i) u(a_i)$$

9.3 Die Ermittlung von Nutzenfunktionen

den höchsten Nutzenerwartungswert aufweist. Hierbei stellt a_i die Ausprägung der Alternative a im Zustand $s_i (1 \leq i \leq n)$ dar. Im Falle einer stetigen Zielgröße mit bekannter Wahrscheinlichkeitsdichtefunktion $f(a)$ im Intervall $[x^-, x^+]$ ist der Nutzenerwartungswert über das Integral

$$EU(a) = \int_{x^-}^{x^+} u(x) f(x) dx$$

zu berechnen.

Damit man Nutzenfunktionen überhaupt angeben kann, muss man zunächst einmal eine Skala haben, auf der die Funktion definiert werden kann. Insofern beschäftigt sich der nächste Abschnitt erst einmal mit der Messbarkeit von Zielausprägungen.

9.3.1 Zur Messbarkeit von Zielausprägungen

Um die Ausprägungen der Alternativen in den verschiedenen Zielen für die Ergebnismatrix überhaupt angeben zu können, benötigt man für jedes Ziel eine Skala. Damit eine Vergleichbarkeit der Alternativen erreicht werden kann, muss jede Alternative auf dieser Skala eindeutig verortet werden können. Diese Verortung soll möglichst nachvollziehbar und objektiv sein, d. h., wie beispielsweise bei einem Zollstock keine Interpretationsspielräume lassen. Denn eine Messung der Zielausprägungen wäre sicherlich nicht valide, wenn es von der messenden Person, dem gewählten Messzeitpunkt oder sonstigen Rahmenbedingungen abhängen würde, welches Ergebnis herauskommt.

Bei manchen Zielen ist es sehr einfach, einen solchen Zollstock zu finden bzw. eine gute Skala anzugeben. Bei rein monetären Zielen, wie dem Preis eines Gutes, bietet sich beispielsweise eine €-Skala an (oder eine andere Währung). Auch gibt es Ziele, die unmittelbar auf physikalische Größen wie Dauer (in Stunden), Entfernung (in km) oder Gewicht (in kg) abstellen. Bei all diesen Beispielen sprechen wir von Zielen mit *natürlich-numerischen* Skalen.

Bei einigen Zielen ist zwar eine Messung auf einer natürlich-numerischen Skala nicht möglich, aber es existieren leicht messbare Größen, die lediglich in einem vermeintlich engen Zusammenhang zum eigentlichen Ziel stehen. Man spricht in diesem Zusammenhang von *Proxyattributen*. Beispielsweise könnte man versucht sein, bei der Beurteilung verschiedener Bewerber in einer Personalauswahl das Ziel „Fachkenntnisse" an der Durchschnittsnote des Masterexamens abzulesen. Oder der Personalchef könnte die Führungsqualität eines Bewerbers, der sich auf eine Führungsposition beworben hat, anhand der Anzahl der Jahre an Berufserfahrung in leitender Position messen. Die Marketingabteilung könnte die Kundenzufriedenheit anhand der Anzahl der eintreffenden Reklamationen messen etc.

Diese Möglichkeit der Messung von Zielerreichungsgraden über derartige Proxyattribute ist jedoch kritisch zu sehen: Erstens muss die Verbindung zwischen dem

Fundamentalziel und dem entsprechenden Proxyattribut nicht immer sehr verlässlich sein. So gibt es Universitäten, in denen eher gute Masternoten vergeben werden und andere, die eher schlecht benoten. Deshalb kann die Masternote allein nicht zur Bewertung der Fachkenntnisse herangezogen werden, wenn nicht mindestens zugleich auch die besuchte Universität betrachtet wird. Auch ist es einleuchtend, dass eine lange Zeit mit Personalverantwortung nicht automatisch mit guter Führungsqualität einhergeht.

Zum Zweiten geht bei einer Messung über Proxyattribute der Blick für das eigentlich relevante (Fundamental-)Ziel verloren. Nicht die Masternote interessiert, sondern die Fachkenntnisse. Nicht die Jahre mit leitender Tätigkeit sind relevant, sondern die Führungsqualität. Nicht die geringe Anzahl an Reklamationen sind relevant, sondern die Zufriedenheit der Kunden. Die Substitution der Fundamentalziele durch die Proxyattribute würde immer ein wenig den Blickwinkel in der Entscheidungssituation verzerren. Deshalb sollte auf einen vorschnellen Rückgriff auf Proxyattribute tendenziell eher verzichtet werden.

Konstruierte Skalen
Wenn sich für ein Fundamentalziel keine natürlich-numerische Skala anbietet, sollte vor diesem Hintergrund am besten eine neue Skala konstruiert werden. Hierbei gibt es ein großes Spektrum an Möglichkeiten: von sehr einfachen pragmatischen Ansätzen bis zu sehr aufwändigen Formen, die in professionelleren Anwendungen zum Einsatz kommen.

Pragmatische Ansätze sind z. B. Skalen mit wenigen, *verbal*beschriebenen Kategorien für mögliche Ergebnisausprägungen. Jede Kategorie erhält hierbei eine Kurzbezeichnung. Im einfachsten Fall sind dies allgemeine Charakterisierungen wie z. B. von „schlecht" bis „gut" oder von „gering" bis „hoch", wobei noch durch Zusätze wie „sehr schlecht" oder „eher schlecht" Differenzierungen möglich sind. Es sollte jedoch zusätzlich zu diesen Kurzbezeichnungen zumindest für einige Kategorien noch eine genauere Beschreibung schriftlich ausgeführt werden, damit die gewünschte Nachvollziehbarkeit und Objektivität besser gewährleistet wird.

Ähnlich pragmatisch sind einfache *numerische*Skalen, die sich auf eine künstliche Maßeinheit, wie z. B. Punkte oder Schulnoten beziehen. Eine solche Messung ist grundsätzlich immer möglich, sie ist allerdings ähnlich wie bei einer verbalen Skala relativ pauschal und angreifbar, wenn sie nicht noch genauer konkretisiert wird. Wer eine solche Skala wählt, sollte zumindest für die minimale und maximale Ausprägung genau beschreiben, welcher Erfüllungsgrad des Ziels konkret gemeint ist. Für den Fall, dass es in der Skala eine neutrale Referenzbewertung (z. B. in Form eines Status Quo) gibt, bieten sich Punktbewertungen an, die diesem Referenzpunkt eine 0 zuweisen. Eine entsprechende Skala könnte dann beispielsweise von -3 bis 3 gehen.

Es gibt eine Reihe von konstruierten numerischen Skalen, die ihren festen Platz in unserem Leben haben. Hierzu gehört z. B. die Beaufort-Skala von 0 bis 12 zur Messung von Windstärken oder die Richter-Skala zur Messung von Erdbebenstärken. Auch die Schulnoten-Skala von 6 bis 1 ist eine konstruierte Skala, die häufig parallel mit der verba-

9.3 Die Ermittlung von Nutzenfunktionen

len Skala von „ungenügend" bis „sehr gut" verwendet wird. In allen diesen genannten Skalen sind alle Zwischenstufen jeweils sehr transparent und klar definiert.

Eine aufwändigere Form der Konstruktion von Skalen ergibt sich, wenn sich die Skalen multidimensional auf verschiedene Indikatoren beziehen, die in geeigneter Form zu einer Gesamtmessung in einem *Indikatormodell* aggregiert werden. Hierbei gibt es drei mögliche Formen von Indikatoren.

Erstens können Indikatoren fundamentale Teilaspekte des übergeordneten Fundamentalzieles sein. Dies gilt im Alex-Beispiel beispielsweise für „psychisches Wohlempfinden" und „physisches Wohlempfinden" als Aufgliederung des Fundamentalzieles „Möglichst hohes eigenes Wohlempfinden".

Zweitens bieten sich bisweilen auch Instrumentalziele als Indikatoren an, die sich deutlich positiv auf das betrachtete Fundamentalziel auswirken. Hierbei sollten die Indikatoren so gewählt werden, dass die wichtigsten für das Ziel förderlichen Faktoren erfasst sind und die Wirkungszusammenhänge möglichst wenig von weiteren, nicht berücksichtigten Faktoren abhängen.

Drittens können als Indikatoren auch Größen genannt werden, die weder fundamentale Teilaspekte umfassen noch in einem förderlichen Wirkungszusammenhang mit dem Fundamentalziel stehen, aber dennoch stark mit dem Fundamentalziel korrelieren. Als Beispiel ist hier das Proxyattribut „Anzahl an Reklamationen" für das Fundamentalziel Kundenzufriedenheit zu nennen. Eine geringe Anzahl von Reklamationen steht hierbei nicht in einer Mittel-Zweck-Beziehung zum Fundamentalziel der Kundenzufriedenheit, vielmehr begründet sich die Korrelation aus der Tatsache, dass andersherum gesehen eine hohe Kundenzufriedenheit zu einer geringen Anzahl von Reklamationen führt. Werden in einem Indikatormodell mehrere solcher Proxyattribute aufgeführt, so können sich trotz aller Kritik an Proxyattributen pragmatische Messansätze ergeben.

Numerische vs. diskrete Skalen
Skalen können in einer numerischen oder auch in einer diskreten Form definiert werden. In der numerischen Form gibt es, wie z. B. bei den oben erwähnten natürlich-numerischen Skalen, eine charakterisierende Einheit (z. B. €, Stunden, …) und eine stetige Messung der Zielausprägungen. Die Transformation der Zielausprägungen a_i in Nutzenwerte wird über eine stetige Nutzenfunktion umgesetzt. Als Definitionsbereich für diese Nutzenfunktion u wird eine Bandbreite von Zielausprägungen $[x^-, x^+]$ festgelegt, in der mindestens alle im Entscheidungskontext möglichen Ausprägungen enthalten sind.

In der diskreten Ausgestaltung der Skala gibt es nur endlich viele Zielausprägungen. Es gibt dementsprechend auch keine stetige Nutzenfunktion, die die Zielausprägungen in Nutzenwerte transformiert. Vielmehr sind alle Zielausprägungen a_i einzeln in Nutzenbewertungen $u(a_i)$ zu überführen.

Auch bei Indikatormodellen gibt es numerische und diskrete Formen. Ein vollständig numerisches Indikatormodell baut auf verschiedenen numerischen Indikatoren auf, die mathematisch zu einer neuen, numerischen Skala aggregiert werden. Im einfachsten Fall sind entsprechende Aggregationen formelmäßig durch gewichtete Additionen umzusetzen, grundsätzlich sind aber auch beliebige Formeln vorstellbar, soweit dies inhaltlich erforderlich und sinnvoll ist.

Die größte Flexibilität in der Messbarkeit von Zielausprägungen erreicht man allerdings mit diskreten Indikatormodellen. Wie man für das oben angeführte Beispiel der Messung von Fachkenntnissen in Bezug auf den Indikator „Masternote" und zugleich auch unter Berücksichtigung des zweiten Indikators „Universität" eine pragmatische Messvorschrift erreichen könnte, zeigt folgende konstruierte Skala.

Zielausprägung a_r	Punktwert
Masternote 1 an der Universität A	100
Masternote 2 an der Universität A oder Masternote 1 an der Universität B	90
Masternote 3 an der Universität A oder Masternote 2 an der Universität B oder Masternote 1 an der Universität C	70
...	...
Masternote 4 an der Universität C	0

In diesem Beispiel umfasst die Skala einige explizit benannte Kategorien, in die verschiedene Ausprägungen eines diskreten und eines numerischen Indikators eingeflossen sind. Werden in einem solchen Vorgehen unmittelbar auch Punktbewertungen für die einzelnen Kategorien abgegeben, so spricht man von der „*Direct-Rating-Methode*".

Mit der Direct-Rating-Methode kann im Grunde für jedes Ziel eine Messbarkeit hergestellt werden, da bei der Beschreibung der einzelnen Kategorien sehr flexibel vorgegangen werden kann. Letztlich wird damit zudem ein zentraler Konflikt in der Formulierung von Zielen gelöst. In den bisherigen Überlegungen ist nämlich deutlich geworden, dass Ziele fundamental zu formulieren sind. Gleichzeitig hatten wir gesehen, dass mit einer zunehmenden Fundamentalität die Ziele immer abstrakter und hierüber auch schwieriger zu messen werden. Insofern wurde dort schon darauf hingewiesen, dass durch die Definition eines Entscheidungskontextes der Weg in die überzogene Abstraktheit sinnvoll abgeschnitten werden kann. Die Anwendung von diskreten Punkteskalen ermöglicht es außerdem, auch noch recht abstrakte Ziele messbar zu machen. Hierdurch wird der Konflikt entschärft. Dieser Zusammenhang wird in Abb. 9.5 noch einmal zusammengefasst.

9.3 Die Ermittlung von Nutzenfunktionen

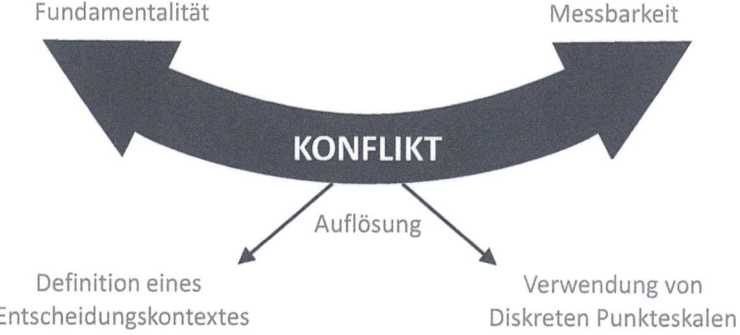

Abb. 9.5 Der zentrale Konflikt bei der Formulierung von Zielsystemen

Wie unterstützt das Entscheidungsnavi?
Im *Entscheidungsnavi* gibt es drei Möglichkeiten, eine Skala für ein Ziel zu definieren. Erstens kann eine einfache numerische Skala mit einer beliebigen Einheit definiert werden. Zweitens gibt es die Möglichkeit, eine verbale Skala zu definieren, in der bis zu sieben Kategorien mit einfachen Kurzbezeichnungen vordefiniert werden können, welche jedoch auch beliebig erweiterbar sind. Als dritte Möglichkeit lässt sich ein Indikatormodell definieren, in welches allerdings nur numerische Indikatoren einfließen können. Die Abb. 9.6 zeigt das entsprechende Definitionsmenü.

Der Defaultfall besteht hierbei in einer einfach gewichteten Aggregation der definierten Indikatoren, wie es auch in der Abbildung gezeigt wird. Der Anwender gibt hier nur die Gewichte für die beiden Indikatoren an und kann zudem spezifizieren, auf welches Intervall die gewünschte Skala normiert werden soll. Das Tool leitet aus diesen Vorgaben die Formel selbstständig ab und stellt diese auf Wunsch des Anwenders explizit dar, wie es auch in der Abbildung der Fall ist.

Abb. 9.6 Beispiel einer konstruierten Skala über Indikatoren im *Entscheidungsnavi*

Für den Fall, dass komplexere Aggregationsformen erforderlich sind, kann der Anwender beliebige Formeln definieren, mit denen die Indikatoren zu einer neuen Skala aggregiert werden.

9.3.2 Ermittlung von Nutzenfunktionen bei einer numerischen Skala

Wie oben schon dargestellt wird bei Vorliegen einer numerischen Skala zur Festlegung einer Nutzenfunktion eine Bandbreite $[x^-, x^+]$ vorgegeben, die alle im Entscheidungskontext möglichen Ausprägungen umfassen muss. x^- stellt hierbei die schlechteste Ausprägung dar, x^+ die beste. Innerhalb dieser Bandbreite wird die Nutzenfunktion auf das Intervall $[0, 1]$ normiert, es gilt also $u(x^-) = 0$ und $u(x^+) = 1$. Auch bei negativ gepolten Zielen, wie z. B. Kosten, werden wir in diesem Buch stets die schlechtere Zielausprägung links auf der Achse abtragen und die bessere rechts, sodass grafisch gesehen die Nutzenfunktion immer steigt.

9.3.2.1 Die Ermittlung von Stützstelleninformationen

Wir gehen im Folgenden davon aus, dass die Nutzenfunktion im Intervall der möglichen Ausprägungen $[x^-, x^+]$ gemäß $u(x^-) = 0$ und $u(x^+) = 1$ normiert ist. Innerhalb des Intervalls gibt es nun mehrere Methoden, Stützstellen zu erfragen.

Halbierungsmethode

In der *Halbierungsmethode* muss der Entscheider in dem dargestellten Vergleich zunächst einen Betrag $x^{0,5}$ angeben, den er gleichwertig zur Lotterie sieht.

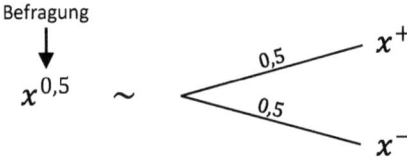

Dieser Wert ist das Sicherheitsäquivalent der Lotterie. Aus der resultierenden Indifferenzaussage folgt die Identität des Erwartungsnutzens beider Alternativen, d. h., es muss gelten

$$EU\left(x^{0,5}\right) = EU\left(50\,\% : x^-; 50\,\% : x^+\right)$$

Schreibt man den Erwartungsnutzen explizit hin, so ergibt sich

$$u\left(x^{0,5}\right) = 0,5\ u\left(x^-\right) + 0,5\ u\left(x^+\right) = 0,5$$

Durch diese Abfrage nach dem Sicherheitsäquivalent der Lotterie mit Wahrscheinlichkeiten von 50 % ergibt sich also eine Stützstelle der Nutzenfunktion mit $u(x^{0,5}) = 0,5$.

9.3 Die Ermittlung von Nutzenfunktionen

Das weitere Vorgehen bei der Halbierungsmethode zur Ermittlung von Nutzenfunktionen liegt auf der Hand. Im zweiten Schritt werden das Sicherheitsäquivalent $x^{0,25}$ der Lotterie (50 %: x^-; 50 %: $x^{0,5}$) und das Sicherheitsäquivalent $x^{0,75}$ der Lotterie (50 %: $x^{0,5}$; 50 %: x^+) erfragt. Dann sind die Stützstellen $u(x^{0,25}) = 0,25$ und $u(x^{0,75}) = 0,75$ der Nutzenfunktion bekannt. Dieses Verfahren lässt sich in den neuen Intervallen fortsetzen. Bei einer sehr gleichmäßig verlaufenden Nutzenfunktion reichen eine oder drei Stützstellen jedoch meist schon aus.

Fraktilmethode
In der *Fraktilmethode* wird vom Entscheider verlangt, dass er Sicherheitsäquivalente für Lotterien mit den Extremausprägungen x^- und x^+ bei unterschiedlichen Wahrscheinlichkeiten angibt.

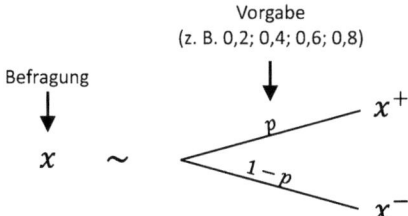

Wie veranschaulicht werden z. B. Wahrscheinlichkeiten $p = 0,2$, $0,4$, $0,6$ und $0,8$ vorgegeben und jeweils das Sicherheitsäquivalent $x^{0,2}$, $x^{0,4}$, $x^{0,6}$ und $x^{0,8}$ erfragt. Dann sind die Stützstellen $u(x^-) = 0$, $u(x^{0,2}) = 0,2$, $u(x^{0,4}) = 0,4$, $u(x^{0,6}) = 0,6$, $u(x^{0,8}) = 0,8$, und $u(x^+) = 1$ der Nutzenfunktion bekannt.

Methode variabler Wahrscheinlichkeiten
Die *Methode variabler Wahrscheinlichkeiten* geht umgekehrt zur Fraktilmethode vor.

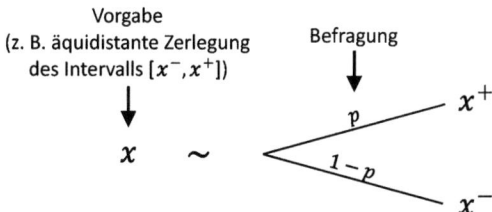

Vorgegeben werden jetzt bestimmte Sicherheitsäquivalente und erfragt werden die Wahrscheinlichkeiten, sodass bei dem gegebenen Sicherheitsäquivalent Indifferenz gilt. Möglich wäre z. B. für das Ziel Gehalt im Intervall [30.000 €, 80.000 €] die Vorgabe der Sicherheitsäquivalente 40.000 €, 50.000 €, 60.000 € und 70.000 €. Mit den ermittelten Wahrscheinlichkeiten p^{40}, p^{50}, p^{60} und p^{70} wären dann die Stützstellen $u(30.000 €) = 0$, $u(40.000 €) = p^{40}$, $u(50.000 €) = p^{50}$, $u(60.000 €) = p^{60}$, $u(70.000 €) = p^{70}$ und $u(80.000 €) = 1$ gegeben.

Lotterievergleichsmethode

Die *Lotterievergleichsmethode* ist eine Abwandlung der zuletzt beschriebenen Methode variabler Wahrscheinlichkeiten. Das Grundprinzip stellt sich wie folgt dar:

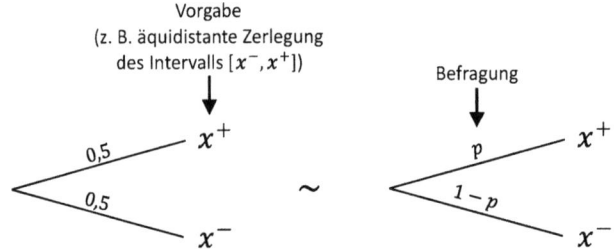

Der einzige Unterschied zur Methode variabler Wahrscheinlichkeiten besteht darin, dass nicht mehr ein Sicherheitsäquivalent, sondern eine Ausprägung der linken Lotterie vorgegeben wird. Entsprechend ändert sich dann der Schluss auf die Stützstelleninformation. So führt z. B. die Vorgabe der Ausprägung 40.000 € für x bei gleichzeitiger Ermittlung der *Indifferenzwahrscheinlichkeit* p^{40} wegen $0{,}5 \cdot u(x) = p^{40} \cdot u(x^+)$ zu der Stützstelleninformation $u(40.000\ €) = 2p^{40}$. Entsprechendes gilt natürlich auch für die anderen Stützstellen, d. h. $u(50.000\ €) = 2p^{50}$, $u(60.000\ €) = 2p^{60}$ und $u(70.000\ €) = 2p^{70}$.

9.3.2.2 Ableitung einer vollständigen Nutzenfunktion aus den Stützstellen

Unabhängig davon, welche der vier vorgestellten Methoden angewendet wird, gilt es, aus den Stützstelleninformationen eine vollständige Nutzenfunktion herzuleiten, die über das gesamte Ausprägungsintervall definiert ist. Eine einfache Möglichkeit bietet sich durch eine lineare Interpolation zwischen den Stützstellen an. Dies ist jedoch wenig zweckmäßig, da hierdurch fast immer Knickstellen in der Funktion entstehen, die inhaltlich, d. h. über Präferenzen, nicht begründet werden können. Sie sind vielmehr ein Effekt, der sich in Abhängigkeit der Tatsache ergibt, welche Ermittlungsmethodik angewendet wurde.

Besser ist es, den Stützstelleninformationen einen zufälligen Messfehler zuzugestehen und eine recht glatte Funktion, beispielsweise eine Exponential-, Logarithmus oder Polynomialfunktion, zu unterstellen, deren Parameter in einem geeigneten fehlerminimierenden Ansatz zu bestimmen sind. Die Nutzenfunktion wird dann als die Funktion festgelegt, die bei der vorgegebenen funktionalen Gestalt am besten mit den ermittelten Stützstellen harmoniert. Aufgrund mehrerer angenehmer Eigenschaften wird sich hierbei häufig die exponentielle Gestalt anbieten, auf die noch in Abschn. 9.3.4 eingegangen wird.

Die Unterstellung eines gleichmäßigen Verlaufs der Nutzenfunktion ist noch vor einem anderen Hintergrund sinnvoll. So kann nämlich leicht plausibel gemacht werden, dass Nutzenfunktionen typischerweise einen glatten und sogar monotonen Verlauf zeigen, soweit sie sich – und das ist wichtig – auf fundamentale Ziele beziehen. Dies soll an zwei Beispielen demonstriert werden.

9.3 Die Ermittlung von Nutzenfunktionen

Nehmen wir zunächst das Ziel „Lufttemperatur" an Ihrem nächsten Sommerurlaubsort. Die optimale Ausprägung wird vermutlich in der Gegend um 30 °C liegen, niedrigere Werte sind ebenso schlechter wie höhere Werte. Unter Vernachlässigung des möglichen Einflusses einer Risikoeinstellung würde die Nutzenfunktion in der Bandbreite [20 °C, 40 °C] etwa wie in Abb. 9.7 dargestellt aussehen.

Offensichtlich ist dieses Ziel aber nicht fundamental formuliert. So wird man 30 °C am Strand mit ständiger Luftbewegung ganz anders empfinden als 30 °C mit hoher Luftfeuchtigkeit bei einer Besichtigungstour in einer Stadt mit stehender, schwüler Luft. Dies deutet darauf hin, dass mit der Temperatur zwar ein gewisser relevanter Aspekt benannt wurde, der tatsächlich fundamentale Aspekt aber nicht klar zur Geltung kommt. Mit der Formulierung des Ziels „klimatische Bedingung" bei Messung auf einer diskreten Punktbewertungsskala könnte man in diesem Fall vermutlich eine geeignetere Abbildung der Präferenzen erreichen.

Ähnliches lässt sich auch für Nutzenfunktionen ableiten, die einen recht ungleichmäßigen Verlauf besitzen. Betrachten Sie z. B. bei der Bewertung einer Wohnung das Ziel „Entfernung zur Uni". Die Nutzenfunktion könnte etwa wie in Abb. 9.8 aussehen.

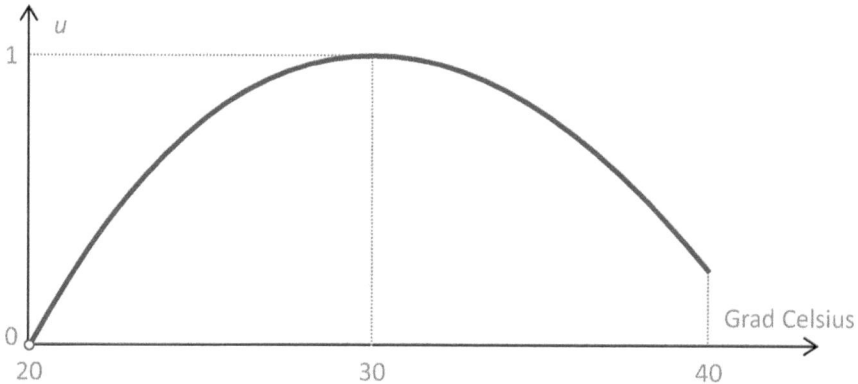

Abb. 9.7 Nutzenfunktion für das Ziel „Lufttemperatur" am Urlaubsort

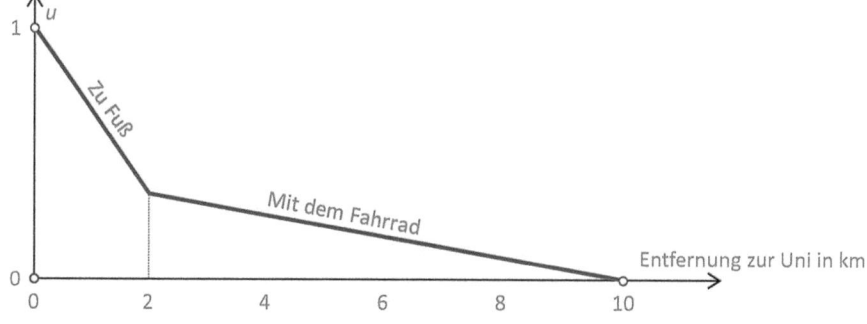

Abb. 9.8 Nutzenfunktion für das Ziel „Entfernung einer Wohnung zur Uni"

Bis zu einer Entfernung von 2 km würde man noch zu Fuß gehen, darüber hinaus wäre das Fahrrad angesagt. Der Knick in der Wertfunktion bei 2 km könnte wie folgt erklärt werden: Ein zusätzlicher Kilometer mit einem Fahrrad macht weniger aus als ein zusätzlicher Kilometer zu Fuß. Eigentlich interessiert die Entfernung zur Uni aber auch nur indirekt. Entscheidend ist doch, wie schnell Sie die Uni erreichen, zu welchen Kosten und wie angenehm der Weg ist. Die eigentlichen Fundamentalziele sind also „Zeitaufwand", „Kostenaufwand" und „Komfort"; das Ziel „Entfernung" ist nicht fundamental formuliert.

Insgesamt kann also festgehalten werden, dass unregelmäßige Verläufe von Nutzenfunktionen (z. B. fehlende Monotonie oder Knickstellen) meist nur eine Folge einer schlechten Zielformulierung sind und durch eine bessere, d. h. fundamentalere Formulierung der Ziele vermieden werden können. Deshalb kann man davon ausgehen, dass Nutzenfunktionen einen gleichmäßigen, monotonen Verlauf aufweisen, der gut durch eine einfache funktionale Gestalt abgebildet werden kann.

9.3.3 Ermittlung von Nutzenfunktionen bei diskreten Ausprägungen

Die eben dargestellten Verfahren eignen sich insbesondere für numerische Skalen. Bei diskreten Skalen führen sie zu Problemen. Zwar lassen sich grundsätzlich Sicherheitsäquivalente abfragen, jedoch kann das Sicherheitsäquivalent nur aus der Menge der möglichen Ausprägungen angegeben werden. Bei einer numerischen Skala gibt es hier keine Probleme, bei einer geringen Anzahl von diskreten Zuständen wäre es jedoch Zufall, wenn sich mit den gegebenen Ausprägungen eine Indifferenzbeziehung ergeben würde.

In Frage kommen deshalb nur die Methoden, bei denen alle Zielausprägungen in der Befragungsroutine vorgegeben und lediglich Indifferenzwahrscheinlichkeiten abgefragt werden. Hierzu gehören die Methode der variablen Wahrscheinlichkeiten und die Lotterievergleichsmethode. In diesen beiden Methoden sind statt der Vorgabe einer äquidistanten Zerlegung des Intervalls genau die diskreten Zielausprägungen anzugeben, für die der Entscheider sodann Indifferenzwahrscheinlichkeiten zu spezifizieren hat. Diese Indifferenzwahrscheinlichkeiten entsprechen dann letztlich den Punktwerten, wie sie bei der Definition von diskreten Punkteskalen angegeben wurden. Mit anderen Worten entspricht x % Wahrscheinlichkeit exakt x von 100 Punkten.

In dem Fall, dass die Risikoeinstellung in der betreffenden Entscheidungssituation von untergeordneter Bedeutung ist, können diese Punkte im Rahmen einer Direct-Rating-Methode direkt vom Entscheider als einfache Punktwerte angegeben werden. Zu diesem Zweck ordnet man also zunächst die Ausprägungen in der Reihenfolge seiner Präferenz, gibt der besten Ausprägung einen Punktwert von 100, der schlechtesten einen von 0. Die anderen Ausprägungen erhalten entsprechend der (Höhen-)Präferenz für die jeweiligen Ausprägungen die passenden Punktwerte. Die Normierung der Punktwerte auf das Intervall $[0, 1]$ beschließt das Verfahren. Zur Erläuterung dient das folgende Beispiel:

> **Beispiel**
>
> Bewertet werden die fünf diskreten Ausprägungen Aachen, Köln, Hannover, Frankfurt und Halle in dem Ziel „Ort des neuen Jobs". In der Tabelle werden zunächst die Orte ihrer Präferenz nach geordnet.
>
> | Ort | Punkte | $u(a_i)$ |
> |---|---|---|
> | Aachen | 100 | 1 |
> | Köln | 90 | 0,9 |
> | Hannover | 60 | 0,6 |
> | Frankfurt | 20 | 0,2 |
> | Halle | 0 | 0 |
>
> Danach erhält Aachen den Punktwert 100 und Halle den Wert 0. Wenn Köln z. B. nur gering schlechter als Aachen angesehen wird, erhält es 90 Punkte, Hannover könnte z. B. 60 und Frankfurt nur noch 20 Punkte erhalten. Nach Normierung ergeben sich die Werte dieser Ausprägungen, wie sie in der rechten Spalte stehen. ◄

9.3.4 Exponentielle Nutzenfunktionen

Weiter oben wurde schon angedeutet, dass sich die exponentielle Nutzenfunktion als geeignete funktionale Gestalt einer gleichmäßig verlaufenden Nutzenfunktion anbietet. Bevor auf die „angenehmen" Eigenschaften dieses Funktionstyps eingegangen wird, interessiert zunächst die genaue Definition der exponentiellen Nutzenfunktion. In einer auf das Intervall $[x^-, x^+]$ mit $u(x^-) = 0$ und $u(x^+) = 1$ normierten Darstellung gilt für die *exponentielle Nutzenfunktion*

$$u(x) = \begin{cases} \dfrac{1 - e^{-c \frac{x - x^-}{x^+ - x^-}}}{1 - e^{-c}} & \text{für } c \neq 0 \\ \dfrac{x - x^-}{x^+ - x^-} & \text{für } c = 0 \end{cases}$$

Der Parameter c korrespondiert mit dem Risikoverhalten des Entscheiders. Ein positives c zeigt ein risikoscheues Verhalten an, ein negatives c risikofreudiges und $c = 0$ steht für Risikoneutralität, also das Erwartungswertkalkül. Mit der absoluten Höhe von c wächst die Risikoscheu bzw. Risikofreude. Abb. 9.9 veranschaulicht diesen Zusammenhang.

Das Besondere an der exponentiellen Nutzenfunktion ist, dass sie ein konstantes Risikoverhalten widerspiegelt. Anschaulich gesprochen ist ein konstantes Risikoverhalten dann gegeben, wenn die Risikoprämie nicht vom Vermögen des Entscheiders abhängt. Wenn ein Entscheider z. B. im Vergleich von 40 € und einer Lotterie (50 %:0 €; 50 %:100 €) indifferent

Abb. 9.9 Exponentielle Nutzenfunktion in Abhängigkeit des Parameters c

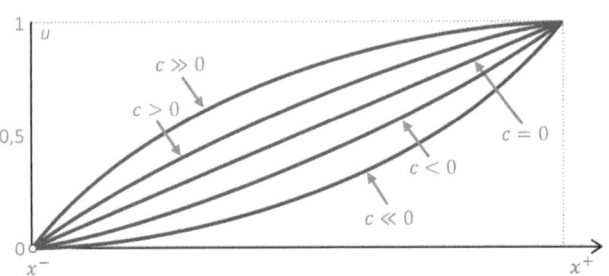

ist, so impliziert das konstante Risikoverhalten, dass er auch im Vergleich der Alternativen 100.040 € mit einer Lotterie (50 %:100.000 €; 50 %:100.100 €) Indifferenz anzeigt. Formal bedeutet ein konstantes Risikoverhalten: Mit der Indifferenz $x\sim(p : x_1; 1 - p : x_2)$ folgt auch für beliebige y die Indifferenz $x + y\sim(p : x_1 + y; 1 - p : x_2 + y)$.

Diese Widerspiegelung eines konstanten Risikoverhaltens führt zu einer aus theoretischer Perspektive sehr angenehmen Eigenschaft der Funktion. Und zwar ermöglicht sie unter bestimmten zusätzlichen Bedingungen eine starke Vereinfachung in der mathematischen Darstellung des Nutzenerwartungswerts, was sich insbesondere in komplizierten theoretischen Modelluntersuchungen – wie sie z. B. in der Finanzierungstheorie angestellt werden – als vorteilhaft erweist. Mit dieser Vereinfachung ist die Kompatibilität zu den μ-σ-Regeln gemeint, die im nächsten Abschn. 9.4 erläutert werden. Zwar ist diese sogenannte μ-σ-Kompatibilität keine Eigenschaft, die nur für exponentielle Nutzenfunktionen erreicht werden kann. Falls die μ-σ-Kompatibilität jedoch gegeben ist, ist die resultierende Darstellung besonders einfach, wie es noch im Einzelnen gezeigt wird.

Ein in praktischer Sicht großer Vorteil der Exponentialfunktion liegt darin, dass die Funktion durch nur einen Parameter vollständig bestimmt und somit leicht ermittelbar ist. Unter Vorgabe eines Intervalls $[x^-, x^+]$ und der Normierung $u(x^-) = 0$ und $u(x^+) = 1$ genügt eine Präferenzaussage zur Determinierung dieses Parameters. Am einfachsten gestaltet sich die Ermittlung, wenn vom Entscheider eine Wahrscheinlichkeit p erfragt wird, sodass die Indifferenz $(x^- + x^+)/2\sim(p : x^+; 1 - p : x^-)$ erfüllt ist. In diesem Fall gilt nämlich

$$c = -2\ln\left(\frac{1}{p} - 1\right)$$

Für den Spezialfall $p = 0{,}5$ ergibt sich mit $c = -2\ln(2-1) = 0$ die lineare Nutzenfunktion, bei Werten von $p > 0{,}5$ ergibt sich ein positives c und somit risikoscheues Verhalten. Ist $p < 0{,}5$, so wird mit einem negativen c risikofreudiges Verhalten abgebildet.

9.3.5 Die Ermittlung von Nutzenfunktionen und das Allais-Paradoxon

Ein großes Problem in der Ermittlung von Nutzenfunktionen stellen mögliche systematischen Verzerrungen dar, die im Rahmen einer Ermittlungsprozedur auftreten können. Sehr

9.3 Die Ermittlung von Nutzenfunktionen

deutlich wird dies am Allais-Paradoxon, was wir schon im Kap. 6 kennengelernt haben: Entscheider präferieren meist einen sicheren Betrag von 3000 € (Alternative *a*) gegenüber einer 80 %-Chance auf 4000 € (Alternative *b*), gleichzeitig finden sie aber eine 5 %-Chance auf 3000 € (Alternative *c*) schlechter als eine 4 %-Chance auf 4000 € (Alternative *d*).

Dieses Verhaltensmuster wird auch deshalb als Paradoxon bezeichnet, weil es keine Nutzenfunktion gibt, die mit diesem Verhaltensmuster vereinbar ist. Für die Nutzenfunktion müsste nämlich aufgrund des ersten Vergleichs sowohl

$$u(3000\ €) > 0{,}8\ u(4000\ €) + 0{,}2\ u(0\ €)$$

als auch aufgrund des zweiten Vergleichs

$$0{,}05\ u(3000\ €) + 0{,}95\ u(0\ €) < 0{,}04\ u(4000\ €) + 0{,}96\ u(0\ €)$$

gelten. Wenn man dies umformt, so erhält man hieraus zunächst

$$0{,}05\ u(3000\ €) < 0{,}04\ u(4000\ €) + 0{,}01\ u(0\ €)$$

und nach Multiplikation mit 20

$$u(3000\ €) < 0{,}8\ u(4000\ €) + 0{,}2\ u(0\ €)$$

Offenbar widersprechen sich die erste und die letzte Ungleichung. Deshalb gibt es in diesem Fall keine Nutzenfunktion, die die angegebenen Präferenzen wiedergeben kann.

Der Namensgeber dieses Paradoxon, Maurice Allais, führte dieses Verhaltensmuster als Hauptargument an, um die gesamte Erwartungsnutzentheorie zu kritisieren: Was hat man von einem präskriptiven Entscheidungsmodell, welches auf Nutzenfunktionen aufbaut, wenn man nicht in der Lage ist, die Nutzenfunktion des Entscheiders verlässlich zu ermitteln? Die richtige Antwort auf diese Frage liegt jedoch nicht darin, Ausschau nach einer anderen Theorie zu halten, die mit diesem Problem möglicherweise umgehen könnte. Vielmehr ist es gerade die Aufgabe eines präskriptiven Entscheidungsmodells, den Entscheider zu einem rationalen Entscheidungsprozess zu führen, in dem solche nicht vernünftigen Verhaltensmuster vermieden werden. Der richtige Ansatz ist deshalb, den Entscheider mit solchen Anomalien zu konfrontieren, ihn über die Ursachen aufzuklären und zu reflektierteren Präferenzaussagen zu führen, die dann auch nicht mehr inkonsistent sind.

9.3.6 Ermittlung der Nutzenfunktionen im *Entscheidungsnavi*

Die Ausführungen in den letzten Kapiteln haben in einer theoretischen Perspektive die Ermittlungsroutinen von Nutzenfunktionen und deren Probleme verdeutlicht. In praktischen Anwendungen erfolgt jedoch meist eine sehr pragmatische Ermittlung von Nutzenfunktionen, in der wenig auf die dargestellten Ermittlungsroutinen Rückgriff genommen wird. Im Gegensatz zur leider häufig einfach gehaltenen Ziel- und Alternativenformulierung ist jedoch ein gewisser Pragmatismus bei der Aufstellung von Nutzenfunktionen eher unkritisch, da hier die resultierenden Ungenauigkeiten meist nicht erheblich auf die Rangfolge der zu bewertenden Alternativen durchschlagen.

Bei der Ermittlung von Nutzenfunktionen unterstützt das *Entscheidungsnavi* den Anwender mit einer sowohl grafischen als auch verbalen Darstellung der Funktion. Wie dies im Falle einer numerischen Skala aussieht, zeigt die Abb. 9.10.

Unterstellt wird grundsätzlich eine exponentielle Nutzenfunktion, wodurch lediglich der für den Anwender passende Parameter c gefunden werden muss. Diesen im Tool als „Krümmung" bezeichneter Parameter wählt der Anwender so, dass die dargestellte Nutzenfunktion seine Präferenzen widerspiegelt. Rechts neben dem Diagramm finden sich vier zusätzliche Interpretationsvarianten der links dargestellten Funktion. In der in der Abbildung gewählten Variante II wird die Nutzenfunktion zum Beispiel analog zur Anwendung der Halbierungsmethode interpretiert. In den anderen Varianten werden andere, ebenso mögliche Interpretationsformen angeboten. Mit diesen verschiedenen Interpretationsformen wird das Ziel verfolgt, dass der Anwender entweder eine Variante auswählen kann, mit der er am besten arbeiten kann, oder sich bewusst mit mehreren Varianten beschäftigt und darüber seine Präferenzen noch besser reflektieren kann. Zusätzlich kann er mit den Schiebereglern innerhalb jeder einzelnen Variante das Ausprägungsintervall, auf das sich die rechte Interpretation bezieht, variieren und hierüber noch umfänglicher die Korrektheit des angegebenen Parameters c überprüfen. Da es häufig nicht möglich ist, das c punktgenau anzugeben, besteht auch die Möglichkeit, über die Einstellung eines Präzisionsgrades diesen Parameter nur auf ein Intervall einzugrenzen, wie es im Ergebnis auch in Abb. 9.10 zu sehen ist.

Für den Fall einer diskreten Skala erfolgt die Ermittlung grundsätzlich sehr ähnlich. Wie in Abb. 9.11 zu sehen ist, können hier im Sinne einer Direct-Rating-Methode allen definierten Zielausprägungen Punktbewertungen zwischen 0 und 100 zugewiesen werden. Über die Definition von Krümmungsgraden analog zum c der exponentiellen Nutzenfunktion kann diese Eingabe zugleich optional vereinfacht werden. Auch gibt es mehrere

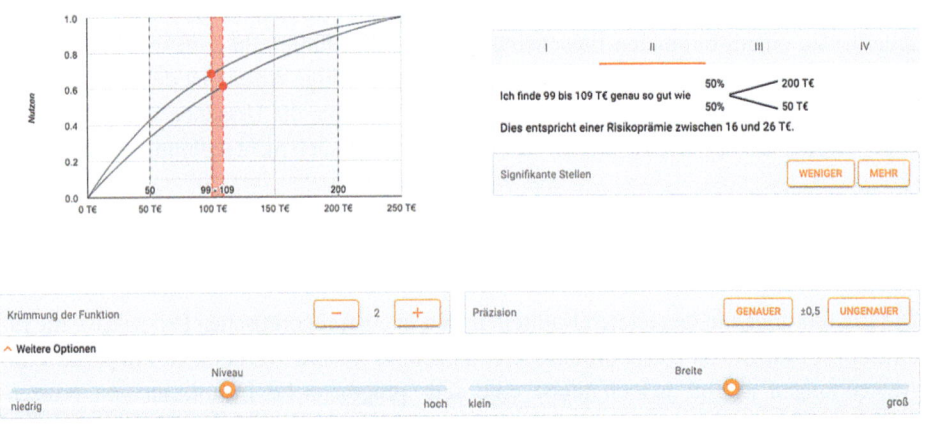

Abb. 9.10 Ermittlung einer Nutzenfunktion mit numerischer Skala im *Entscheidungsnavi*

9.4 Die Anwendung von µ-σ-Regeln

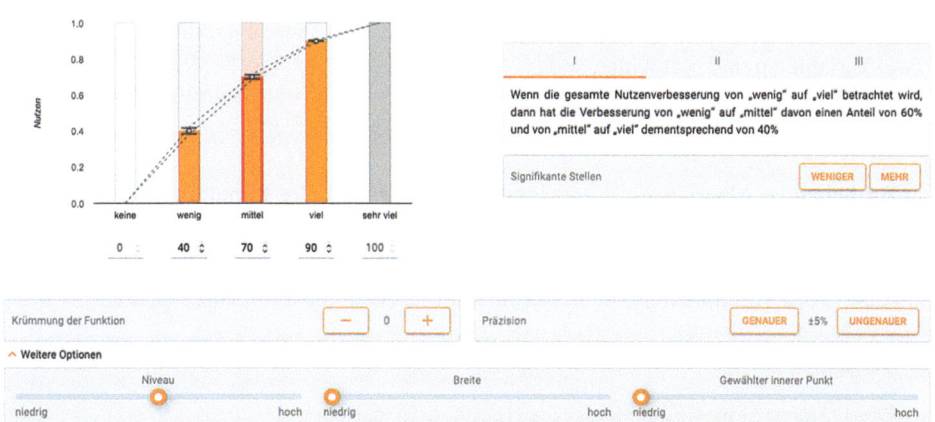

Abb. 9.11 Ermittlung einer Nutzenfunktion mit diskreter Skala im *Entscheidungsnavi* Interpretationsvarianten auf der rechten Seite und verschiedene Schieberegler, um die Bewertung mit unterschiedlichen inneren Ausprägungsintervallen zu überprüfen.

9.4 Die Anwendung von µ-σ-Regeln

Wem die Ermittlung und Anwendung von Nutzenfunktionen zu kompliziert ist, der kann gegebenenfalls auch auf eine einfachere Alternative zurückgreifen. Die Rede ist hier von sogenannten µ-σ-Regeln, die in einigen Konstellationen zu völlig identischen Ergebnissen führen wie die Maximierung des Nutzenerwartungswertes, allerdings viel einfacher zu handhaben sind. Bevor in diesem Abschnitt darauf eingegangen wird, in welchen Konstellationen dies möglich ist, wird zunächst beschrieben, was eine µ-σ-Regel überhaupt ist und wo grundsätzliche Probleme bei der Anwendung dieser Regeln liegen.

9.4.1 Darstellung der Regel

Eine µ-σ-*Regel* ist eine Funktion *F*, die die Präferenzen des Entscheiders – ebenso wie der Nutzenerwartungswert – widerspiegelt und sich hierbei auf den Erwartungswert µ sowie die Standardabweichung σ der Alternative stützt. Die Standardabweichung ist die positive Wurzel aus der mittleren quadratischen Abweichung, also der Varianz. Für die Lotterie $a = (p : a_1; (1 - p) : a_2)$ gilt somit

$$\mu(a) = pa_1 + (1-p)a_2$$

und

$$\sigma(a) = \sqrt{p(a_1 - \mu(a))^2 + (1-p)(a_2 - \mu(a))^2}.$$

Das Besondere an der μ-σ-Regel ist die Tatsache, dass diese Funktion nur von diesen zwei Variablen μ und σ abhängt, sodass

$$a \succcurlyeq b \Leftrightarrow F(\mu(a), \sigma(a)) \geq F(\mu(b), \sigma(b))$$

für beliebige Alternativen a und b gilt. Es genügt also die Kenntnis der Erwartungswerte und der Standardabweichungen zweier Alternativen, um entscheiden zu können, welche der Alternativen besser ist. Man kann sich leicht vorstellen, dass dies in vielen Fällen eine große Vereinfachung beim Lösen von Entscheidungsproblemen darstellt.

Beispiel

Die Präferenz eines Entscheiders sei durch die μ-σ-Regel

$$F(\mu, \sigma) = \mu - 0{,}5\sigma$$

abbildbar. Es werden zwei Alternativen verglichen. Für die Alternative a = (50 %:0 €; 50 %:100 €) ergibt sich

$$F(\mu(a), \sigma(a)) = 50 - 0{,}5\sqrt{0{,}5 \cdot (-50)^2 + 0{,}5 \cdot 50^2} = 50 - 25 = 25$$

Für die Alternative b = 30 € gilt

$$F(\mu(b), \sigma(b)) = 30 - 0 = 30$$

Die Alternative b wird der Alternative a vorgezogen. ◄

9.4.2 Ein wichtiges Problem: die pauschale Berücksichtigung des Risikos

Als allgemeine Entscheidungskalküle sind μ-σ-Regeln grundsätzlich problematisch, da sie Risiken nur sehr pauschal bewerten. Zur Erläuterung dient zunächst das folgende Beispiel der Abb. 9.12.

Alternative	Zustände		μ	σ
	s_1 Wahr.-keit: 0,0001 %	s_2 Wahr.-keit: 99,9999 %		
a	- 999.999 €	+ 1 €	0 €	999,9995 €
b	+ 999.999 €	- 1 €	0 €	999,9995 €

Abb. 9.12 Beispiel zur Problematik der μ-σ-Regel

9.4 Die Anwendung von μ-σ-Regeln

Der Erwartungswert und die Standardabweichung stimmen bei beiden Alternativen überein. Eine μ-σ-Regel könnte also – unabhängig von der genauen Ausgestaltung – nie zwischen diesen beiden Alternativen unterscheiden.

Im Vergleich dieser beiden Alternativen ist eine Indifferenz aber äußerst unplausibel. Fast jeder würde vermutlich die Alternative b wählen, um das möglicherweise existenzbedrohende Risiko des Verlustes von 1 Mio. € auszuschließen. Selbst wenn Sie die Präferenz für b nicht empfinden und die Alternative a wählen würden, weil das Risiko des Verlustes so gering ist, spricht dies gegen alle μ-σ-Regeln.

μ-σ-Regeln gehen bei der Bewertung des Risikos also sehr pauschal vor. Risiken, für die dieselbe Standardabweichung gilt, können nämlich durchaus unterschiedlich zu bewerten sein. Dies wurde in dem obigen Beispiel an dem „positiven" Risiko von b und dem „negativen" Risiko von a deutlich. Somit ist verständlich, dass es durch die pauschale Bewertung des Risikos zu unplausiblen Ergebnissen kommen kann, wie es das Beispiel zeigte. Als allgemeines Entscheidungskalkül sind μ-σ-Regeln somit ungeeignet.

9.4.3 Spezialfälle der Anwendbarkeit von μ-σ-Regeln

Trotz der pauschalen Berücksichtigung des Risikos können μ-σ-Regeln in bestimmten Spezialfällen als vereinfachte Modellierungen der Entscheiderpräferenzen herangezogen werden. Dies ist logischerweise genau dann möglich, wenn die μ-σ-Regel immer zu demselben Ergebnis führt wie eine Ermittlung der optimalen Alternative über die Berechnung des Nutzenerwartungswertes. Man spricht in diesem Zusammenhang auch von einer μ-σ-*Kompatibilität*.

Diese μ-σ-Kompatibilität ist gegeben, wenn entweder die möglichen Wahrscheinlichkeitsverteilungen der Alternativen in bestimmter Weise restriktiv eingeschränkt sind oder eine quadratische Nutzenfunktion vorliegt, d. h. konkret $u(x) = ax^2 + bx + c$ mit geeigneten Parametern a, b und c gilt. In letzterem Fall gilt die μ-σ-Kompatibilität ohne Einschränkung der Wahrscheinlichkeitsverteilung. Somit würde ein Entscheider mit einer quadratischen Nutzenfunktion im obigen Beispiel der Abb. 9.12 tatsächlich eine Indifferenz zwischen den Alternativen anzeigen.

Dies ist aber nur ein theoretisch interessantes Ergebnis, praktisch haben quadratische Nutzenfunktionen – insbesondere in der Bewertung von unsicheren Geldgrößen – deshalb keine Bedeutung, da sie unplausible Präferenzen widerspiegeln. Unplausibel ist zunächst, dass quadratische Nutzenfunktionen immer einen steigenden und einen fallenden Ast haben. Dies würde bei der Bewertung von Geld z. B. bedeuten, dass man bis zu dem Scheitelpunkt einen positiven Grenznutzen aus einem zusätzlichen Euro zieht, der Grenznutzen bei Beträgen über dem Scheitelpunkt jedoch negativ wird, was natürlich nicht erklärbar ist. Deshalb kann man sich bei quadratischen Nutzenfunktionen – wenn überhaupt – nur auf den steigenden Ast beziehen. Aber auch dieser Ast zeigt unplausible Präferenzen. So beschreibt er ein risikoscheues Verhalten, wobei die Risikoscheu mit zunehmendem Vermögen gleichfalls zunimmt. Auch dies scheint nicht besonders realistisch. Wir verzichten deshalb auf eine weitere Analyse dieser Nutzenfunktion.

Also kommen wir zum zweiten Fall, der Einschränkung der möglichen Wahrscheinlichkeitsverteilungen auf eine bestimmte Verteilungsklasse. In der Herleitung von Verteilungsklassen, in denen µ-σ-Kompatibilität gewährleistet ist, wendet man einen kleinen Trick an. Und zwar fordert man einfach, dass es innerhalb einer betrachteten Klasse von Wahrscheinlichkeitsverteilungen keine zwei unterschiedlichen Alternativen geben kann, die – wie im obigen Beispiel – einen gleichen Erwartungswert und eine gleiche Standardabweichung haben. Mit einer solchen Einschränkung kann dann logischerweise die pauschale Berücksichtigung des Risikos über die Standardabweichung nicht mehr zu den Problemen führen, wie sie im Beispiel dargestellt wurden. Die Berücksichtigung des Risikos ist auf einmal nicht mehr so pauschal wie vorher. So können mehrere unterschiedliche Alternativen mit gleichem Erwartungswert und gleicher Standardabweichung nicht mehr in einen Topf geworfen werden, weil es eben höchstens eine Alternative mit gegebenem Erwartungswert und gegebener Standardabweichung gibt. Gilt zusätzlich noch die Reproduktionseigenschaft und ist gewährleistet, dass die Nutzenfunktion konkav ist, liegt eine µ-σ-Kompatibilität vor. Mit der *Reproduktionseigenschaft* wird gefordert, dass die Verknüpfung zweier Verteilungen der betrachteten Klasse von Wahrscheinlichkeitsverteilungen immer wieder zu einer Verteilung derselben Klasse führen muss. Zum Beispiel wissen Sie, dass die Summe zweier Normalverteilungen immer wieder eine Normalverteilung ergibt, also gilt die Reproduktionseigenschaft für die Klasse der Normalverteilungen.

Die µ-σ-Kompatibilität bringt rein praktisch nicht sonderlich viel, wenn die entsprechende µ-σ-Regel recht kompliziert ist. Wirklich nützlich ist die µ-σ-Kompatibilität erst dann, wenn eine Kompatibilität zu einer verhältnismäßig einfachen µ-σ-Regel gegeben ist. Und dies ist genau dann der Fall, wenn die Nutzenfunktion exponentiell ist. Beschränkt man sich z. B. auf alle Wahrscheinlichkeitsverteilungen, die in einer Welt mit nur zwei gleichwahrscheinlichen Zuständen möglich sind, und ist die Nutzenfunktion exponentiell mit dem Parameter c, dann lässt sich zeigen, dass eine Kompatibilität der Erwartungsnutzenbewertung zur µ-σ-Regel

$$F(\mu(a), \sigma(a)) = \mu(a) - \frac{1}{c} \ln\left(\frac{e^{c^*\sigma(a)} + e^{-c^*\sigma(a)}}{2}\right)$$

mit $c^* = c/(x^+ - x^-)$ vorliegt. Wenn man als Wahrscheinlichkeitsverteilung der Alternativen nur Normalverteilungen zulässt, kann man sogar zeigen, dass sich mit

$$F(\mu(a), \sigma(a)) = \mu(a) - \frac{c^*}{2}\sigma(a)^2$$

eine noch einfachere Darstellung ergibt.

Da Letzteres nun wirklich eine leicht handhabbare Modellierung der Präferenzen von Entscheidern ist und zugleich die Einschränkungen bezüglich der Nutzenfunktion und der Wahrscheinlichkeitsverteilungen in vielen Fällen noch tragbar sein dürften, hat sich diese Modellierung von Entscheiderpräferenzen in vielen theoretischen Modelluntersuchungen, insbesondere in der Finanzierungstheorie, zum Standard durchgesetzt.

9.5 Das Wichtigste in Kürze

In diesem Kapitel habe ich Folgendes gelernt
- Im Erwartungsnutzenmodell werden sowohl Höhen- als auch Risikopräferenzen abgebildet.
- Das Risikoverhalten erkennt man schon an der Gestalt der Nutzenfunktion.
- Eine Risikoeinstellung ist nur aus einem Vergleich von Nutzen- und Wertfunktionen abzulesen.
- Eine Möglichkeit, Nutzenfunktionen auch für sehr schwierig zu messende Ziele festzulegen, besteht in der Definition einer diskreten Punkteskala.
- Bei der Verwendung von stetigen Messskalen führt eine fundamentale Zieldefinition in der Regel zu einer gleichmäßig verlaufenden Nutzenfunktion, die deshalb meist mit einer exponentiellen Funktion abgebildet werden kann.
- μ-σ-Regeln sind vereinfachende Präferenzmodelle, die nur unter bestimmten Bedingungen angewendet werden dürfen, aber viel in theoretischen Modellen Eingang finden (z. B. Kapitalmarktmodelle).

Literatur

Bernoulli D (1738) Specimen theoriae novae de mensura sortis. Commentarii academaiae Scientiarium imperiales Petropolianae 5:175–192, übersetzt von Sommer L (1954). Econometrica 22:23–36

Kürsten W (1992) Präferenzmessung, Kardinalität und Sinn machende Aussagen: Enttäuschung über die Kardinalität des Bernoulli-Nutzens. Z Betriebswirtt 62(4):459–477

Berücksichtigung mehrerer Ziele im Präferenzmodell

10

Zusammenfassung

In vielen Entscheidungssituationen wird nicht nur ein Ziel verfolgt, vielmehr betrachtet der Entscheider mehrere Ziele, die häufig auch noch in Zielkonflikten miteinander stehen. Zur Modellierung der Präferenzen bietet sich ein additives Modell in Form einer multiattributiven Nutzenfunktion an, welches die Nutzenwerte pro Ziel betrachtet und je nach Bedeutung der Ziele gewichtet aggregiert. Damit dieses additive Modell auch wirklich die Entscheiderpräferenzen valide und sauber abbildet, müssen eine Reihe von Bedingungen erfüllt sein. Neben einer Vollständigkeit, Fundamentalität und Messbarkeit der aufgeführten Ziele muss insbesondere gewährleistet sein, dass das Zielsystem ohne Redundanzen formuliert wurde. Zugleich müssen Präferenzen hinsichtlich eines Ziels in einer bestimmten Art und Weise unabhängig von den anderen Zielen sein. Wenn dies nicht erfüllt ist, muss eine Reformulierung des Zielsystems erfolgen.

Zur Ermittlung der Zielgewichte wird das Trade-off-Verfahren vorgestellt. In diesem Verfahren wird analysiert, welche Verbesserung in einem Ziel notwendig ist, um eine bestimmte Verschlechterung in einem anderen Ziel in einer Gesamtnutzenbetrachtung auszugleichen. Dies muss für eine Reihe von Zielvergleichen durchgeführt werden. Wenn statt eines solchen Trade-off-Verfahrens eine pauschale Angabe von Zielgewichten erfolgt, läuft man Gefahr, dass die Zielgewichte nur unzureichend die Bandbreite widerspiegeln, die bei der Festlegung der zielspezifischen Nutzenfunktionen unterstellt wurden. Dementsprechend wird auf diesen für die Qualität der Entscheidungsempfehlung wichtigen Bandbreiteneffekt ebenfalls näher eingegangen.

10.1 Das additive Modell

Wir haben eine Nutzenfunktion bisher als Funktion u kennen gelernt, die Ausprägungen einer Alternative a in einem Ziel in eine Nutzenskala transformiert und hierbei Höhenpräferenzen und die Risikoeinstellung des Entscheiders in diesem Ziel berücksichtigt. Im Folgenden gehen wir in einer Erweiterung dieses Ansatzes davon aus, dass die Alternativen durch ihre Ausprägungen in nunmehr m Zielen definiert werden. Jede Alternative lässt sich somit als Vektor $a = (a_1, a_2, ..., a_m)$ schreiben, wobei a_r die Ausprägung im r-ten Ziel darstellt. Zunächst beziehen wir uns auf eine Entscheidungssituation unter sicheren Erwartungen. Weiterhin gehen wir davon aus, dass für jedes der m Ziele schon eine geeignete Messskala definiert wurde und eine zielspezifische Nutzenfunktion $u_r(1 \leq r \leq m)$ für jedes Ziel vorliegt.

Im Mittelpunkt der folgenden Überlegungen steht nun eine Nutzenfunktion u, die in der Lage ist, eine Nutzenbewertung für die Alternativen unter Berücksichtigung aller Ziele zu bestimmen. Diese sogenannte multiattributive Nutzenfunktion ist ein Modell, das die zielspezifischen Bewertungen in einer einfachen additiven und über sogenannte Zielgewichte w_r gewichteten Form aggregiert. Dieses *additive Modell* lautet

$$u(a) = \sum_{r=1}^{m} w_r u_r(a_r),$$

für die Zielgewichte gilt hierbei

$$w_r > 0, (1 \leq r \leq m) \text{ und } \sum_{r=1}^{m} w_r = 1$$

Möchte man das additive Modell in einer unsicheren Situation anwenden, in der – wie auch in Kap. 9 – verschiedene Zustände definiert sind, so ergibt sich der Erwartungsnutzen einer auf mehreren Zielen definierten Alternative a gemäß

$$EU(a) = \sum_{i=1}^{n} p(s_i)\left(w_1 u_1(a_{i1}) + w_2 u_2(a_{i2}) + ... + w_m u_m(a_{im})\right),$$

wobei $w_1, w_2, ..., w_m$ die m Zielgewichte darstellen, $u_1, u_2, ..., u_m$ die zielspezifischen Nutzenfunktionen und a_{ij} die Ausprägung der Alternative im i-ten Zustand und j-ten Ziel. Wie man leicht nachvollziehen kann, liegt auch der Erwartungsnutzen dieses additiven Modells bei entsprechend normierten zielspezifischen Nutzenfunktionen und Gewichten, welche zusammen addiert bei 100 % liegen, stets im Intervall [0, 1].

10.2 Notwendige Anforderungen an das Zielsystem

Damit das additive Modell als Entscheidungskalkül angewendet werden kann, das die Präferenzen des Entscheiders adäquat abbildet, müssen neben der Fundamentalität im Zielsystem und der Messbarkeit aller Ziele noch drei weitere Anforderungen erfüllt sein.

10.2.1 Vollständigkeit des Zielsystems

Beinahe als Selbstverständlichkeit muss erwähnt werden, dass im Zielsystem tatsächlich alle bewertungsrelevanten Aspekte berücksichtigt sein müssen. Fehlt ein fundamentaler Aspekt, so wird diesem Aspekt sozusagen ein Zielgewicht von Null zugewiesen und das Präferenzmodell führt zu verzerrten Entscheidungsempfehlungen. Die Rationalität ist nicht gesichert. In Abschn. 8.1.2 wurde jedoch schon ausführlich darauf eingegangen, wie im Rahmen einer Zielformulierung vorzugehen ist, dass kein Aspekt vergessen wird.

10.2.2 Redundanzfreiheit des Zielsystems

Redundanzfreiheit des Zielsystems bedeutet, dass ein inhaltlicher Teilaspekt nicht gleichzeitig in zwei Zielen berücksichtigt werden darf. Dies verdeutlicht das folgende Beispiel.

▶ Sie suchen eine neue Wohnung und haben die Auswahl zwischen mehreren Offerten. Als relevant sehen Sie die drei Ziele „niedriger Mietpreis" (Ziel 1), „gute Wohnlage" (Ziel 2) und „kein Durchgangsverkehr" (Ziel 3) an. Ziel 2 und Ziel 3 weisen offenbar eine Redundanz auf. Der Teilaspekt „Die Wohnung sollte ruhig gelegen sein" tritt in beiden Zielen auf. Werden die drei Ziele im oben skizzierten additiven Bewertungsmodell aufgeführt, würde der Aspekt „Ruhe" doppelt gewichtet werden.

Damit Verzerrungen in der Bewertung der Alternativen vermieden werden, gilt es somit, Redundanzen zu vermeiden. Dies kann am besten dadurch erreicht werden, dass die eigentlich bewertungsrelevanten Aspekte aller Ziele auch explizit genannt werden. Anstelle des Ziels „gute Wohnlage" sollten dann z. B. die Ziele „grüne Umgebung", „Ruhe" und „angenehmes soziales Niveau in der Nachbarschaft" o. ä. genannt werden. Gleiches gilt für das Ziel „Durchgangsverkehr". Die relevanten Aspekte könnten neben „Ruhe" z. B. „wenig Abgase" bzw. „möglichst geringe Gefährdung für Ihre auf dem Bürgersteig spielenden Kinder" sein. Im Grunde genommen beschreibt diese Aufgliederung der Ziele in die wirklich relevanten Aspekte nichts anderes als den Versuch, eine fundamentale Formulierung der Ziele zu erreichen. Redundanzen lassen sich somit am besten dadurch vermeiden, dass die Ziele fundamental formuliert werden.

Wenn die Ziele – wie in Abschn. 8.1.2 beschrieben – mittels einer Zielhierarchie entwickelt wurden und die Zielhierarchie ausführlich mit entsprechenden Teilzielen aufgeschlüsselt ist, fallen dem Anwender Redundanzen im Grunde auch direkt auf. In einem solchen Fall ist nämlich ein (redundanter) Aspekt in verschiedenen Verzweigungen der Hierarchie unterhalb von verschiedenen Fundamentalzielen aufgeführt.

10.2.3 Präferenzunabhängigkeit des Zielsystems

Die Anforderung der *Präferenzunabhängigkeit* bedeutet, dass bezogen auf die additive Formulierung der Nutzenfunktion $u(a) = \sum_{r=1}^{m} w_r u_r(a_r)$ die Ziele so formuliert sind, dass sowohl die zielspezifischen Nutzenfunktionen u_r als auch die Zielgewichte w_r unabhängig von den anderen Zielen festgelegt werden können. Es werden zwei Typen von Verletzungen dieser Präferenzunabhängigkeit unterschieden.

Typ 1: Präferenzabhängigkeiten in der zielspezifischen Bewertung
Wie es zu Präferenzabhängigkeiten in der zielspezifischen Bewertung kommen kann, soll folgendes Beispiel veranschaulichen.

▶ Sie wollen ein neues Auto kaufen und haben als Ziele unter anderem die Automarke und Farbe formuliert. Wenn Sie nun einen schwarzen Opel besser finden als einen roten, aber einen roten VW besser als einen schwarzen, dann ist eine zielspezifische Bewertung der Farben Rot und Schwarz nicht unabhängig vom Ziel Automarke möglich.

Falls eine Präferenzabhängigkeit wie in diesem Beispiel vorliegt, gibt es keine zielspezifische Nutzenfunktion u_r, die eine derartige Präferenz aufgrund der vorhandenen Interdependenzen zu anderen Zielen abbilden kann. Das additive Modell kann nicht anwendbar sein, da es hierauf aufbaut.

Diese Präferenzabhängigkeiten bei den zielspezifischen Nutzenfunktionen müssen nicht immer so offensichtlich sein wie in dem obigen Beispiel. Am einfachsten kann die erforderliche Unabhängigkeit dann geprüft werden, wenn die Nutzenfunktion nach den im letzten Kapitel vorgestellten Ermittlungsmethoden für zielspezifische Nutzenfunktionen festgelegt wird. Ist es hier nämlich möglich, diese Festlegung völlig ohne Berücksichtigung der anderen Ziele bzw. der Ausprägungen in den anderen Zielen durchzuführen, ist offenbar die Unabhängigkeit gegeben.

Typ 2: Präferenzabhängigkeit in der Zielgewichtung
Auch die Präferenzabhängigkeit bei der Vergabe der Zielgewichte soll zunächst an einem Beispiel erläutert werden:

▶ Sie sind als Personalchef einer Fachzeitschrift mit der Einstellung eines neuen Redakteurs befasst und ziehen bei der Bewertung der Bewerber die Ziele „Fachkenntnisse" und „Schreibtalent" heran. Nun ist folgende Argumentation recht plausibel: Die Fachkenntnisse sind nicht von großer Bedeutung, wenn der Bewerber kein Schreibtalent besitzt. In diesem Fall wird der Redakteur, auch wenn er ein Fachexperte ist, nicht in der Lage sein, einen vernünftigen Beitrag zu schreiben. Er wird sich zu unverständlich ausdrücken. Besitzt er jedoch ein großes Schreibtalent, so ist

10.2 Notwendige Anforderungen an das Zielsystem

er genau dann in der Lage, gute Beiträge zu schreiben, wenn auch die Fachkenntnisse vorhanden sind. Mit anderen Worten steigt die Bedeutung des Ziels Fachkenntnisse mit dem Schreibtalent. Wir können es auch anders ausdrücken: Die Qualität eines Redakteurs zeigt sich in einer ausgewogenen Mischung aus Schreibtalent und Fachkenntnissen. Eine besonders gute Ausprägung in einem Ziel nützt nichts, wenn in dem anderen Ziel eine schlechte Ausprägung vorliegt.

In diesem Beispiel ergänzen sich beide Ziele, es liegt eine *komplementäreInteraktion* vor.

Entsprechend gibt es auch *substitutionale Interaktionen*. Hier ergänzen sich die Ziele nicht, vielmehr macht die Erfüllung eines Ziels das andere unbedeutender. Dies wird am folgenden Beispiel deutlich:

▶ Ihr Arbeitsplatz ist in Köln, Sie wollen jedoch in Aachen wohnen. Somit müssen Sie jeden Tag nach Köln fahren. In der Bewertung möglicher Wohnungen berücksichtigen Sie die Ziele „Entfernung bis zum Bahnhof" und „Entfernung bis zur nächsten Autobahnauffahrt". Angenommen, dass Sie bei einer geringen Entfernung zum Bahnhof und großer Entfernung zur Autobahn die Eisenbahn als Verkehrsmittel auswählen bzw. entsprechend andersherum das Auto, dann gilt: Mit einer geringeren Entfernung zum Bahnhof verliert die Entfernung zur nächsten Autobahnauffahrt an Bedeutung. Genau dies ist die angesprochene Substitutionalität. Es genügt, wenn in einem Ziel eine gute Ausprägung vorliegt.

Sowohl bei einer substitutionalen als auch bei einer komplementären Interaktion zwischen den Zielen ist die Angabe von Zielgewichten für das additive Modell nicht möglich. Die Zielgewichte hängen von den Ausprägungen in den anderen Zielen ab. Deshalb ist bei der Formulierung der Ziele streng darauf zu achten, dass die beschriebenen Interaktionen nicht vorliegen. Sobald eine Interaktion aufgedeckt wird, ist die Zielformulierung zu modifizieren.

Bei der Interpretation bzw. Überprüfung solcher Interaktionen wird häufig ein Fehler gemacht, und zwar werden diese Interaktionen mit *empirischen Abhängigkeiten* verwechselt. Eine Interaktion bzw. Präferenzabhängigkeit bezieht sich auf Präferenzen, empirische Abhängigkeiten spiegeln reale Zusammenhänge wider. Eine Präferenzabhängigkeit kann z. B. durch folgende Aussage charakterisiert werden: „Mit einer besseren Ausprägung im Ziel 1 wächst (fällt) die Bedeutung des Ziels 2". Eine empirische Abhängigkeit wird z. B. folgendermaßen beschrieben: „Mit einer besseren Ausprägung im Ziel 1 wird eine bessere Ausprägung im Ziel 2 wahrscheinlicher (unwahrscheinlicher)". Machen Sie sich klar, dass dies völlig unterschiedliche inhaltliche Konzepte sind.

Zur Vermeidung der Präferenzabhängigkeiten
Wie lassen sich nun aber Präferenzabhängigkeiten vermeiden? Eben wurde erwähnt, dass sich Redundanzen durch eine fundamentalere Formulierung von Zielen verringern bzw.

Abb. 10.1 Zusammenhang zwischen Fundamentalität, Präferenzabhängigkeiten

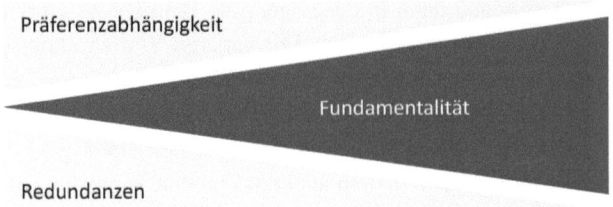

sogar ganz vermeiden lassen. Dies gilt in gleicher Weise auch für Präferenzabhängigkeiten. Wurde eine Präferenzabhängigkeit erkannt, so bietet es sich an, die Ursache dieser aufzudecken, da hierdurch die fundamentalen Aspekte in den Vordergrund treten. So würde z. B. die Frage „Warum werden die Fachkenntnisse wichtiger, wenn ein gutes Schreibtalent vorliegt?" damit beantwortet, dass erst bei einem guten Schreibtalent und entsprechenden Fachkenntnissen ein guter Beitrag erwartet werden kann. Somit ist die erwartete Qualität des Beitrags das eigentliche Ziel, die beiden anderen Ziele sind nur Instrumentalziele.

Vor dem Hintergrund dieser zusätzlichen Bedingungen an das Zielsystem wird noch einmal die Bedeutung einer fundierten Analyse der Fundamentalität offenkundig. Die Abb. 10.1 stellt die Zusammenhänge zwischen Fundamentalität und Präferenzabhängigkeiten sowie Redundanzen noch einmal grafisch dar: Mit zunehmender *Fundamentalität* verschwinden *Präferenzabhängigkeiten* und *Redundanzen*.

10.3 Ermittlung der Zielgewichte mit dem Trade-off-Verfahren

Wir gehen im Folgenden davon aus, dass die Voraussetzungen für die Anwendbarkeit des additiven Präferenzmodells $u(a) = \sum_{r=1}^{m} w_r u_r(a_r)$ erfüllt sind. Das heißt, das Zielsystem ist vollständig und fundamental formuliert und es gibt weder Redundanzen noch Präferenzabhängigkeiten. Auch sind die Nutzenfunktionen für jedes Ziel bekannt.

Als letzter Schritt in der Festlegung des vollständigen Präferenzmodells sind also nur noch die Zielgewichte $w_r (1 \leq r \leq m)$ zu erfragen. Auch hier gibt es wie bei der Ermittlung von zielspezifischen Nutzenfunktionen mehrere Möglichkeiten.

In einer sehr einfachen Vorgehensweise – ähnlich zum Direct Rating bei Nutzenfunktionen – gibt der Entscheider den m Zielgewichten w_r Punktwerte, die die relative Wichtigkeit zum Ausdruck bringen sollen. Mit einer abschließenden Normierung, sodass $\sum_{r=1}^{m} w_r = 1$ erfüllt wird, wäre der Ermittlungsprozess schon abgeschlossen. Auch wenn diese Zielgewichtung in der Praxis sehr beliebt ist, kann sie für eine gründliche Entscheidungsanalyse nicht empfohlen werden. Die Begründung hierfür liegt im Wesentlichen darin, dass pauschale Wichtigkeitsaussagen ohne explizite Berücksichtigung der Ausprägungen nur wenig Sinn machen. Warum dies so ist, wird weiter unten im Zusammenhang mit dem *Bandbreiteneffekt* genau erklärt.

10.3 Ermittlung der Zielgewichte mit dem Trade-off-Verfahren

Da viele weitere Ermittlungsmethoden dieselben Probleme aufweisen, wird im Folgenden nur eine Methode dargestellt, die diese Probleme nicht besitzt und somit ein rationales Vorgehen in der Entscheidungsanalyse fundiert unterstützt. Diese Methode ist das *Trade-off-Verfahren*.

10.3.1 Vorstellung des Trade-off-Verfahrens

Die Ermittlung von Zielgewichten im *Trade-off-Verfahren* folgt der Idee, dass jeweils für bestimmte Zielpaare ein sogenannter Trade-off vom Entscheider erfragt wird, aus dem anschließend das relative Verhältnis der beiden Zielgewichte berechnet werden kann. Ein *Trade-off* ist eine Indifferenzaussage des Entscheiders, mit der er angibt, dass zwei Alternativen, die sich nur in zwei Zielen unterscheiden, für ihn gleichwertig sind.

In einem Job-Auswahlproblem mit den Zielen „wöchentliche Arbeitszeit" und „jährliches Gehalt" wäre ein Trade-off z. B. die Indifferenzaussage (60 h, 50.000 €) ~ (40 h, 35.000 €). Hiermit zeigt der Entscheider an, dass er einen Job mit einer 60-Stunden-Woche und einem Jahresgehalt von 50.000 € genauso gut findet wie einen 40-Stunden-Job bei einem Gehalt von 35.000 €.

Wenn genügend dieser Trade-offs bzw. Verhältnisse ermittelt sind, kann auf die Zielgewichte geschlossen werden. Bei m Zielen genügt es, $m-1$ Zielpaare zu analysieren und jeweils für ein Zielpaar einen Trade-off zu erfragen.

Die Trade-offs werden hierbei üblicherweise nicht direkt erfragt, sondern sukzessive eingegrenzt. Man kann mit einem Vergleich der Extremkombinationen (x_1^+, x_2^-) und (x_1^-, x_2^+) beginnen (*Worst-Best-Eingrenzung*) und solange die bessere der beiden Kombinationen verschlechtern, bis Gleichwertigkeit vorliegt. Wird die Gleichwertigkeit z. B. dadurch erreicht, dass die zu Beginn der Eingrenzung vorliegende Ausprägung x_1^+ im Ziel 1 auf a_1 verschlechtert wird, ergibt sich ein Trade-off (a_1, x_2^-) und (x_1^-, x_2^+). Aus diesem lässt sich dann gemäß

$$w_1 = \frac{u_2(x_2^+) - u_2(x_2^-)}{u_1(a_1) - u_1(x_1^-)} w_2 = \frac{1}{u_1(a_1)} w_2$$

auf das Zielgewichtsverhältnis schließen. Oder allgemein lässt sich auch aus einem beliebigen Trade-off $(a_1, a_2) \sim (b_1, b_2)$ gemäß

$$w_1 = \frac{u_2(b_2) - u_2(a_2)}{u_1(a_1) - u_1(b_1)} w_2$$

auf das Zielgewichtsverhältnis schließen. Eine Worst-Best-Eingrenzung ist nicht notwendig, sie vereinfacht lediglich – wie der Vergleich der beiden Gleichungen zeigt – die Berechnung. Voraussetzung für das Trade-off-Verfahren ist, dass die Nutzenfunktionen u_r bekannt sind.

Hat man für *m*-1 Zielpaare in dieser Form das Verhältnis der Zielgewichte ermittelt, können zusammen mit der Normierungsvorschrift $\sum_{r=1}^{m} w_r = 1$ alle Zielgewichte abgeleitet werden.

10.3.2 Darstellung des Verfahrens anhand eines Beispiels

Betrachtet wird das Entscheidungsproblem eines Absolventen, welchen Job er annehmen möchte. Hierbei werden die drei Ziele „Anfangsgehalt", „Arbeitszeit" und „Karrierechancen" unterstellt. Das Anfangsgehalt kann zwischen 15.000 und 40.000 € variieren, die Arbeitszeit zwischen 20 und 60 h in der Woche, die Karrierechancen sind entweder ausgezeichnet, gut oder schlecht. Die Nutzenfunktionen aller Ziele seien bekannt. Für das Ziel Anfangsgehalt wird im Folgenden von der Nutzenfunktion

$$u_1(x) = 1{,}225 \left(1 - e^{-1{,}695 \frac{x-15.000}{40.000-15.000}}\right)$$

ausgegangen, wie sie auch in der Abb. 10.2 dargestellt ist.

Die Nutzenfunktion für das Ziel Arbeitszeit verlaufe im relevanten Intervall zwischen den Werten u_2 (20 h) = 1 und u_2 (60 h) = 0 linear. Für das Ziel Karrierechancen gelte u_3 (ausgezeichnet) = 1, u_3 (gut) = 0,7 und u_3 (schlecht) = 0.

Mit diesen gegebenen Daten werden im Folgenden die Trade-offs zwischen den Zielen Gehalt und Arbeitszeit sowie Gehalt und Karrierechancen analysiert. Im ersten Trade-off zwischen Gehalt und Arbeitszeit wird nach der Worst-Best-Eingrenzung zunächst der Vergleich

(40.000 €, 60 Std.) vs. (15.000 €, 20 Std.)

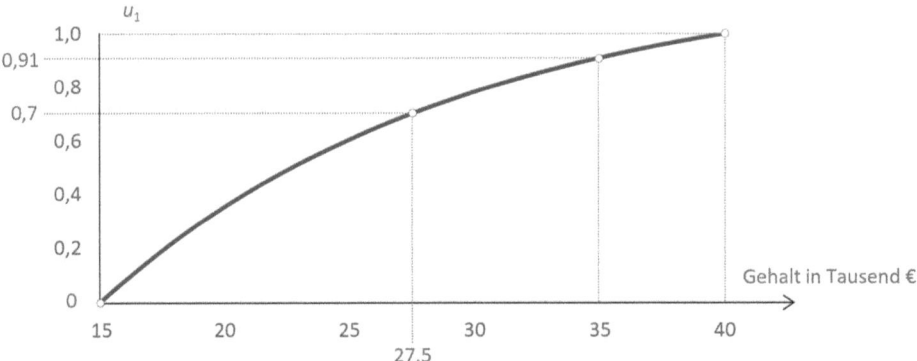

Abb. 10.2 Nutzenfunktion für das Anfangsgehalt im Beispiel

10.3 Ermittlung der Zielgewichte mit dem Trade-off-Verfahren

angestellt. Nehmen wir an, der Entscheider würde die linke Alternative besser finden, dann wird das Gehalt um einen gewissen Betrag, z. B. 10.000 €, reduziert und folgender Vergleich angestellt:

(30.000 €, 60 Std.) vs. (15.000 €, 20 Std.).

Wenn der Entscheider nun die rechte Alternative besser findet, wird das Gehalt wieder ein bisschen erhöht. Wenn er immer noch die linke Alternative besser findet, wird es weiter reduziert. Wir wollen annehmen, dass der Entscheider bei

(27.500 €, 60 Std.) ~ (15.000 €, 20 Std.)

Indifferenz anzeigen würde. Dann gilt gemäß obiger Formel

$$w_1 = \frac{u_2(20) - u_2(60)}{u_1(27.500) - u_1(15.000)} w_2 = \frac{1-0}{0,7-0} w_2 \approx 1,429 w_2.$$

Der Wert für $u_1(27.500\ €)$ muss hierbei aus der oben gegebenen Nutzenfunktion abgelesen werden.

Im zweiten Trade-off zwischen Gehalt und Karrierechancen wird nun analog vorgegangen. Zunächst wird der Vergleich

(40.000 €, schlecht) vs. (15.000 €, ausgezeichnet)

angestellt. Es sei angenommen, dass der Entscheider die linke Alternative besser findet und bei

(35.000 €, schlecht) ~ (15.000 €, ausgezeichnet)

zu einer Indifferenz kommt. Dann gilt hier

$$w_1 = \frac{u_3(ausgezeichnet) - u_3(schlecht)}{u_1(35.000) - u_1(15.000)} w_3 = \frac{1-0}{0,91-0} w_3 \approx 1,099 w_3,$$

wobei wiederum $u_1(35.000\ €)$ aus der Nutzenfunktion abzulesen ist.

Aus den beiden Gewichtsverhältnissen $w_1 = 1,429 w_2$ und $w_1 = 1,099 w_3$ lässt sich nun zusammen mit der Normierungsvorschrift $w_1 + w_2 + w_3 = 1$ auf die Zielgewichte schließen. Es ergibt sich $w_1 = 0,38$, $w_2 = 0,27$ und $w_3 = 0,35$.

10.3.3 Hinweise zur Auswahl der Ziele

Bei der Auswahl der Zielpaare empfiehlt es sich, ein Ziel mit einer numerischen Skala und mit großer Bedeutung bzw. großer Bandbreite mit jeweils allen anderen Zielen zu vergleichen. Erstens lässt sich das Gleichungssystem zur Berechnung der Zielgewichte in diesem Fall immer schnell lösen. Zweitens wird durch dieses Vorgehen garantiert, dass keine redundanten Gewichtsverhältnisse ermittelt werden. Zum Beispiel kann man bei fünf Zielen mit den vier Verhältnissen w_1/w_2, w_2/w_3, w_1/w_3 und w_4/w_5 nicht eindeutig auf die fünf Zielgewichte schließen, wie man leicht erkennt, da eines der ersten drei Verhältnisse redundant ist. Wenn jedoch ein Ziel mit allen anderen verglichen wird, kann dies nicht passieren.

Drittens kann durch die hohe Bedeutung des Ziels ein weiteres latentes Problem abgeschwächt werden. Wird nämlich ein Ziel im Zielpaarvergleich auf einer diskreten Skala gemessen, ist möglicherweise die Angabe einer Indifferenzaussage nicht möglich, weil Zwischenwerte fehlen. Hierzu ein Beispiel:

▶ Bei der Bewertung der Jobangebote soll das Ziel „Einkommen" mit dem diskreten Ziel „Ort" verglichen werden. Die Bandbreite von Einkommen sei [25.000 €, 30.000 €], als Orte kommen nur Halle und Aachen in Frage. Präferiert der Entscheider im Vergleich (30.000 €, Halle) vs. (25.000 €, Aachen) den Aachener Job, so kann sich eine Indifferenzaussage nicht ergeben. Eine Verschlechterung des Ortes Aachen in der zweiten Alternative führt zu dem Vergleich (30.000 €, Halle) vs. (25.000 €, Halle), bei dem logischerweise immer die erste Alternative präferiert wird.

Solche Fälle ergeben sich, wenn die Bewertungsdifferenzen zwischen diskreten Ausprägungen vergleichsweise hoch sind. Je wichtiger nun das numerische Ziel ist bzw. je größer seine Bandbreite ist, desto unwahrscheinlicher wird es, dass ein solches Problem bei der Trade-off-Ermittlung auftritt.

In diesem Zusammenhang sollte man sich klarmachen, dass ein Trade-off zwischen zwei diskreten Zielen zu besonderen Problemen führt. So ist es hier mehr oder weniger dem Zufall überlassen, ob es überhaupt eine eindeutige Indifferenzaussage mit konkreten Ausprägungen auf den beiden Zielskalen gibt.

10.4 Der Bandbreiteneffekt

Wie oben schon erwähnt, trifft man bisweilen auf Zielgewichtungsverfahren, die im Kontext des additiven Modells

$$u(a) = \sum_{r=1}^{m} w_r u_r(a_r)$$

die Zielgewichte w_r als ein pauschales Maß der „Wichtigkeit" der Ziele interpretieren. In diesen Zielgewichtungsverfahren werden vom Entscheider Präferenzaussagen etwa folgender Art erfragt: „Wieviel wichtiger ist Ziel 1 im Vergleich zu Ziel 2?" Der Entscheider antwortet z. B.: „Ziel 1 ist doppelt so wichtig wie Ziel 2."

10.4 Der Bandbreiteneffekt

Solche Verfahren sind sehr problematisch, da sie vollständig die Bandbreite der Zielausprägungen, d. h. das Intervall der möglichen Zielausprägungen $[x_r^-, x_r^+]$ mit $u_r(x_r^-) = 0$ und $u_r(x_r^+) = 1$, außer Acht lassen. Es ist einleuchtend, dass bei einem Vergleich der Ziele „Anfangsgehalt" (Ziel 1) und „wöchentliche Arbeitszeit" (Ziel 2) sicherlich $w_1 > w_2$ gelten muss, wenn die Bandbreite des Anfangsgehalts [30.000 €, 200.000 €] beträgt und die Bandbreite der Arbeitszeit [38 Std, 38,5 Std]. So würde man sicherlich eine halbe Stunde in der Woche mehr arbeiten, wenn man dafür 170.000 € im Jahr zusätzlich erhält. Oder entsprechend würde $w_1 < w_2$ gelten, wenn die Bandbreite des Anfangsgehalts [30.000 €, 31.000 €] und die der Arbeitszeit [10 Std, 80 Std] beträgt. Kaum jemand würde 70 h in der Woche mehr arbeiten, wenn er nur 1000 € mehr im Jahr erhält. Die Zielgewichte hängen also von der Bandbreite ab. Mit einer größeren (kleineren) Bandbreite geht auch immer ceteris paribus ein größeres (kleineres) Zielgewicht einher.

Wie sich diese Abhängigkeit genauer darstellt und wie mit dieser Abhängigkeit in den unterschiedlichen Zielgewichtungsverfahren umgegangen wird, wird im Folgenden anhand eines Beispiels behandelt.

Beispiel

Es sei davon ausgegangen, dass der Entscheider die Indifferenz
$a = (35.000 €, 50 Std) \sim (30.000 €, 40 Std) = b$ ausdrückt. Für ein um 5000 € höheres Anfangsgehalt wäre er also bereit, 10 h in der Woche mehr zu arbeiten. Betrachtet werden nun zwei Fälle mit folgenden Bandbreiten:

	Fall A	Fall B
Bandbreite in Anfangsgehalt	[30.000 €, 35.000 €]	[30.000 €, 40.000 €]
Bandbreite in Arbeitszeit	[40 Std., 50 Std.]	

Anhand der Abb. 10.3 lassen sich die Effekte durch eine Bandbreitenänderung, ausgehend von den Bandbreiten im Fall A, recht gut veranschaulichen. Aus der obigen Indifferenzaussage und den Bandbreiten im Fall A folgt, dass die Zielgewichte gleich sind, d. h., es gilt $w_1 = w_2 = 0,5$. Die in der Spalte (2) aufgeführte, bewertete auf das Ziel 1 bezogene Nutzendifferenz $u_1(a) - u_1(b)$ beträgt 1. Gewichtet mit dem Zielgewicht $w_1 = 0,5$ (Spalte 1) geht diese Differenz also mit 0,5 (Spalte 3) in die Gesamtdifferenz „$u(a) - u(b)$" ein. Für die in der Spalte (5) aufgeführte bewertete Differenz $u_2(a) - u_2(b)$ gilt Entsprechendes, nur mit anderem Vorzeichen. Somit ist die Differenz $u(a) - u(b)$ in der letzten Spalte 0. Die Alternativen erhalten eine identische Bewertung, die obige Indifferenzaussage wird korrekt wiedergegeben.

Nach einer Bandbreitenänderung des Ziels 1 im Fall B ändern sich zunächst die Werte der Spalte (2). Zur Vereinfachung des Beispiels sei eine lineare Nutzenfunktion im Ziel 1 unterstellt. Somit folgt aus der Verdoppelung der Bandbreite, dass nun $u_1(35.000) = 0,5$ gilt. Die Differenz $u_1(35.000) - u_1(30.000)$ reduziert sich von 1 im Fall

	Anfangsgehalt			Arbeitszeit			
	(1)	(2)	(3) = (1) · (2)	(4)	(5)	(6) = (4) · (5)	(7) = (3) + (6)
	w_1	$u_1(35.000)$ $-u_1(30.000)$	$w_1 (u_1(35.000)$ $-u_1(30.000))$	w_2	$u_2(50) - u_2(40)$	$w_2 (u_2(50)$ $- u_2(40))$	$u(a) - u(b)$
Fall A	1/2	1	1/2	1/2	-1	-1/2	0
Fall B_1	1/2	1/2	1/4	1/2	-1	-1/2	-1/4
Fall B_2	1	1/2	1/2	1/2	-1	-1/2	0
Fall B_3	2/3	1/2	1/3	1/3	-1	-1/3	0

Abb. 10.3 Effekte einer Bandbreitenänderung am Beispiel

A auf 0,5 im Fall B. Würden wie im Fall B_1 die Zielgewichte (fälschlicherweise) konstant gehalten, wäre nun die Wiedergabe der Präferenz durch das resultierende additive Modell falsch. Die Differenz $u(a) - u(b)$ ist negativ, d. h., b wäre besser als a. Dies steht im Widerspruch zur angegebenen Indifferenz.

Zur Verhinderung eines solchen Bandbreiteneffekts muss also das Zielgewicht angepasst werden. Damit sich die Bewertung in der Spalte (3) durch die veränderte Bandbreite nicht ändert, muss das Zielgewicht verdoppelt werden. Anstelle des Zielgewichts $w_1 = 0,5$ im Fall A wäre also $w_1 = 1$ anzusetzen. Der Fall B_2 zeigt, dass in diesem Fall die Präferenz wieder richtig abgebildet wird. Die Alternativen a und b werden als gleichwertig herausgestellt.

An dem Fall B_2 stört lediglich, dass sich die Zielgewichte nicht mehr auf den Wert 1 summieren. Eine Normierung der Zielgewichte führt zu den Zielgewichten $w_1 = 2/3$ und $w_2 = 1/3$. Es ist einleuchtend und am Fall B_3 leicht abzulesen, dass sich durch diese Normierung nichts an der korrekten Wiedergabe der Präferenzen ändert. Die Alternativen a und b werden weiterhin korrekterweise als gleichwertig herausgestellt. ◄

Was versteht man nun aber genau unter dem Bandbreiteneffekt, wie er in der Überschrift angekündigt wurde? Hier die Antwort: Ein *Bandbreiteneffekt* liegt vor, falls sich durch Veränderungen der Bandbreiten eine andere relative Bewertung der Alternativen ergibt.

Ein Bandbreiteneffekt hat sich z. B. im Fall B_1 gezeigt. Der Bandbreiteneffekt ist grundsätzlich unerwünscht. Kann er nicht ausgeschlossen werden, hängt die Entscheidungsempfehlung des verwendeten Präferenzmodells von der (im Prinzip willkürlichen) Wahl der Bandbreite ab. Es gibt keine objektiv begründbare Argumentation, eine bestimmte Bandbreite als die richtige im Präferenzmodell herauszustellen. Die Wahl der Bandbreite ist grundsätzlich nur ein technisches Detail und sollte eigentlich inhaltlich ohne Bedeutung sein. Falls jedoch ein Bandbreiteneffekt nicht ausgeschlossen werden kann, ist somit die Entscheidungsempfehlung nicht ausreichend fundiert.

Ob in einer bestimmten Situation ein Bandbreiteneffekt ausgeschlossen werden kann oder nicht, hängt vom verwendeten Zielgewichtungsverfahren ab.

Werden Zielgewichte, wie zu Beginn des Abschnitts skizziert, pauschal als „Wichtigkeiten" von Zielen abgefragt, ist der Bandbreiteneffekt existent. Es kann jedoch beobachtet werden, dass Entscheider ihre pauschalen Wichtigkeitsbewertungen in solchen Verfahren unterschiedlichen Bandbreiten in der Regel nicht anpassen. Die Zielgewichte werden überwiegend unabhängig von den gewählten Bandbreiten spezifiziert. Somit korrespondiert diese Situation mit dem Fall B_1. Die Bewertung durch das Präferenzmodell ändert sich durch andere Bandbreiten, es liegt ein Bandbreiteneffekt vor. Die Entscheidungsempfehlungen sind nicht fundiert. Es ist ratsam, von solchen Verfahren die Finger zu lassen.

Beim Trade-off-Verfahren kann demgegenüber ein Bandbreiteneffekt ausgeschlossen werden. So werden hier ausgehend von einer (beliebigen, aber bekannten) Indifferenzaussage

$$a = (35.000\ \text{€}, 50\ Std) \sim (30.000\ \text{€}, 40\ Std) = b$$

die Zielgewichte im Fall A durch

$$w_1 = \frac{u_2(40 Std.) - u_2(50 Std.)}{u_1(35.000\ \text{€}) - u_1(30.000\ \text{€})} w_2 = \frac{1-0}{1-0} w_2 = w_2$$

und im Fall B durch

$$w_1 = \frac{u_2(40 Std.) - u_2(50 Std.)}{u_1(35.000\ \text{€}) - u_1(30.000\ \text{€})} w_2 = \frac{1-0}{0,5-0} w_2 = 2 w_2$$

abgeleitet. In beiden Fällen kann die Ableitung der Zielgewichtung auf Basis derselben Indifferenzaussage erfolgen. (Dies gilt zumindest dann, wenn die Bandbreite nicht so verringert wird, dass die Ausprägungen in der schon bekannten Indifferenzaussage nicht mehr alle innerhalb der neuen Bandbreite liegen.) Einen Bandbreiteneffekt gibt es nicht, da die richtige Wiedergabe der Präferenz durch die mathematische Ableitung der Zielgewichte aus der Indifferenzaussage garantiert wird.

10.5 Zielgewichtung im *Entscheidungsnavi*

In vielen Tools zur Entscheidungsanalyse sind die Zielgewichte als pauschale Wichtigkeiten anzugeben. Dass dies kein fundiertes Vorgehen ist, wurde eben mit dem Bandbreiteneffekt verdeutlicht. Der Grund, dass dieses Vorgehen trotzdem so beliebt ist, liegt sicherlich in seiner Einfachheit. So ist in der Praxis häufig zu hören, dass es schlichtweg zu aufwändig und zu kompliziert wäre, Austauschraten zwischen Zielen zu bestimmen.

Das richtige Vorgehen in diesem Dilemma sollte es allerdings nicht sein, vorschnell auf einfache und unzuverlässige Methoden zurückzugreifen, sondern sich der Herausforderung zu stellen, die anspruchsvolleren und verlässlicheren Vorgehensweisen möglichst verständlich umzusetzen. Genau dies ist auch die Philosophie im *Entscheidungsnavi*, das grundsätzlich am Trade-off-Verfahren festhält, zugleich aber versucht, den Ermittlungsprozess etwas zu vereinfachen.

Diese Vereinfachung sieht vor, dass der Anwender in einem ersten Schritt tatsächlich das machen kann, was soeben scharf kritisiert wurde, nämlich eine pauschale Angabe von Zielgewichten. Dies geschieht sehr pragmatisch durch grafisches Wählen einer Balkenhöhe für jedes Ziel. Allerdings dienen diese Angaben nur dazu, im unmittelbar folgenden, dem Lehrbuch getreu durchgeführten Trade-off-Verfahren nicht mit einer Worst-Best-Eingrenzung zu starten, sondern schon mit realistischen Trade-offs, die eben in Konsistenz zu diesen ersten pauschalen Zielgewichten vom Tool abgeleitet werden. Je mehr der Anwender bei den anfänglich gewählten Balkenhöhen schon in der Lage ist, die jeweiligen Bandbreiten zu berücksichtigen, desto weniger muss er dementsprechend die ihm dann präsentierten Trade-offs noch verändern. Die Abb. 10.4 zeigt, welche Funktionalität in der Festlegung eines Trade-offs im *Entscheidungsnavi* geboten wird.

Wie auch bei der Ermittlung von Nutzenfunktionen wird im linken Bereich ein Diagramm gezeigt, welches im rechten Bereich in unterschiedlicher Weise interpretiert wird. Das Diagramm enthält in diesem Fall die Indifferenzkurven, die sich aus den angegebenen Zielgewichten für ein Zielpaar ableiten lassen. Hierbei beziehen sich alle Indifferenzkurven bzw. die dargestellten Interpretationen immer auf Alternativen, die vom Anwender vorher als mögliche Optionen definiert wurden. Die Trade-offs haben also stets einen realen Bezug und sind nicht nur hypothetisch, was von den Kritikern der Trade-off-Methode ansonsten häufig angeführt wird. Entspricht der angezeigte Trade-off nicht den Präferenzen des Anwenders, so verändert er so lange mit den Plus- und Minus-Buttons das relative Zielgewicht eines Ziels, bis seine Präferenz gut widergespiegelt wird. Um seine Angaben auf Konsistenz zu prüfen und noch besser zu validieren, empfiehlt es sich, die resultierenden Trade-offs auch noch mit verschiedenen anderen Bezugspunkten bzw. Stellungen der

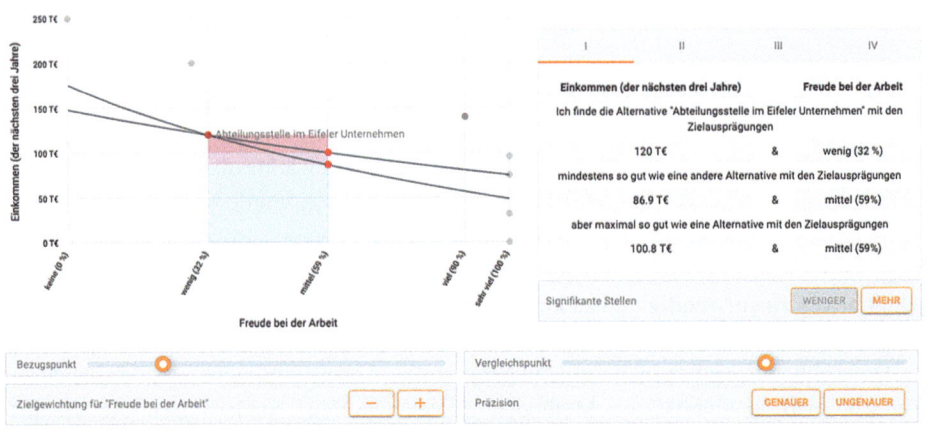

Abb. 10.4 Ermittlung von Trade-offs im *Entscheidungsnavi*

10.5 Zielgewichtung im *Entscheidungsnavi*

unteren Schieberegler zu überprüfen. Wie auch bei den Nutzenfunktionen ist es hierbei vorgesehen, dass Angaben auch unpräzise angegeben werden können.

Um bei m Zielen alle Zielgewichte festlegen zu können, müssen m-1 Trade-offs in der beschriebenen Form erfragt werden. Im *Entscheidungsnavi* wird hierzu ein Referenzziel festgelegt, welches mit allen anderen Zielen in einen entsprechenden Trade-off-Vergleich gebracht wird. Als Referenzziel wird hier vom Tool ein Ziel vorgeschlagen, das auf Basis der ersten pauschalen Einschätzung der Zielgewichte zu den wichtigeren gehört und zugleich auch eine numerische Skala aufweist. Die Wahl eines solchen Zieles erleichtert im Allgemeinen die Angabe der Trade-offs, der Anwender kann jedoch auch jedes beliebige Ziel als Referenzziel bestimmen.

10.6 Das Wichtigste in Kürze

In diesem Kapitel habe ich Folgendes gelernt
- Das additive Modell ist ein einfacher, aber guter Ansatz für ein Präferenzmodell mit mehr als einem Ziel.
- Damit das Modell die Präferenzen valide abbildet, muss auch auf Redundanzfreiheit und Präferenzunabhängigkeit im Zielsystem geachtet werden.
- Eine Präferenzabhängigkeit bei der Zielgewichtung kann dann entstehen, wenn Ziele komplementär oder substitutional bewertet werden.
- Die Zielgewichte sollten am besten mit dem Trade-off-Verfahren ermittelt werden, denn hier wird die Bandbreite stets korrekt berücksichtigt.
- Im Trade-off-Verfahren werden jeweils Austauschraten zwischen zwei Zielen erfragt und die Zielgewichte aus einem Gleichungssystem abgeleitet.
- Auch das *Entscheidungsnavi* wendet das Trade-off-Verfahren an und bezieht sich hierbei auf möglichst realistische Vergleiche.

11 Problemlösungen bei unvollständiger Information

Zusammenfassung

Bisher wurde davon ausgegangen, dass alle Variablen des Entscheidungsmodells exakt bekannt sind. Hierzu zählt eine vollständige Kenntnis der multiattributiven Nutzenfunktion des Entscheiders inklusive Zielgewichten und zielspezifischen Nutzenfunktionen. Ebenso zählen dazu alle Zielausprägungen der Alternativen inklusive einer exakt angegebenen Wahrscheinlichkeitsverteilung, falls Unsicherheiten modelliert werden. Häufig sind aber nicht alle diese Variablen exakt gegeben und es liegt somit eine sogenannte unvollständige Information vor.

In diesem Kapitel werden Methoden vorgestellt, wie bei unvollständiger Information eine sinnvolle Entscheidungsunterstützung durchgeführt werden kann. Zunächst wird hierbei das Vorgehen einer Sensitivitätsanalyse vorgestellt, bei einer oder bei mehreren unsicheren Variablen. Anschließend wird darauf eingegangen, wie durch Dominanzüberprüfungen möglicherweise Alternativen aus der Betrachtungsmenge gelöscht werden können, die offenbar unter den gegebenen Informationen immer schlechter sind als andere aus der Menge. Hierbei gibt es einen allgemeinen methodischen Ansatz, der zwar stets zur Anwendung kommen kann, allerdings die Lösung eines Optimierungsproblems erfordert. Daneben werden auch Konstellationen unvollständiger Information vorgestellt, bei denen die Dominanzüberprüfungen per Hand berechnet werden können. Eine besondere Form der unvollständigen Information liegt vor, wenn nur ein Ziel betrachtet wird, die Wahrscheinlichkeiten bekannt sind, aber von der Nutzenfunktion sehr wenig bekannt ist. Für diesen Fall wird das Konzept der stochastischen Dominanz erörtert. Abschließend geht dieses Kapitel auf den Robustheitstest ein, der im *Entscheidungsnavi* zur Behandlung von unvollständiger Information auf Basis einer Monte-Carlo-Simulation implementiert ist.

11.1 Sensitivitätsanalysen

In einer Sensitivitätsanalyse werden ganz allgemein die Auswirkungen einer nicht vollständig bekannten Variable auf eine bestimmte Zielgröße untersucht und in sinnvoller Weise grafisch veranschaulicht. In unserem Fall ist die Zielgröße entweder ein Ziel des Zielsystems oder auch direkt der Erwartungsnutzen im Vergleich verschiedener Alternativen. Und die nicht vollständig bekannte Variable beschreibt einen nicht exakt bekannten Parameter im Präferenz- oder Wirkungsmodell. Im Folgenden stellen wir die grundsätzliche Vorgehensweise einer Sensitivitätsanalyse für eine und für zwei unsichere Variablen vor.

Sensitivitätsanalyse mit einer unsicheren Variable
Wie man bei einer unsicheren Variable eine Sensitivitätsanalyse umsetzen kann, möchten wir an einem Beispiel veranschaulichen.

▶ Ein Manager möchte die Kapazität einer neu zu errichtenden Produktionsstätte festlegen. Es kommen nur zwei Alternativen in Frage: Produktionsstätte a mit 10.000 Stück im Jahr und die Anlage b mit 15.000 Stück im Jahr. Unsicher ist die Nachfrage, die theoretisch zwischen 6000 und 20.000 Stück jährlich variieren kann. Für die Anlage a fallen pro Jahr 50.000 € Fixkosten an, für die Anlage b 240.000 €. Die variablen Kosten pro Produkt betragen bei der Anlage a 70 € und bei b 60 €. Der Verkaufspreis liegt unabhängig davon immer bei 100 €. Als Ziel sei der durchschnittliche Cash-Flow-Überschuss in den nächsten Jahren festgelegt.

Bezeichnen wir n als die unsichere durchschnittliche Jahresnachfrage, so gilt in diesem Beispiel für die Zielgröße des Cash-Flows:

$$CF(a) = \begin{cases} n \cdot (100\ € - 70\ €) - 50.000\ €, & \text{für } n \leq 10.000 \text{ und} \\ 250.000\ €, & \text{für } n > 10.000 \end{cases}$$

$$CF(b) = \begin{cases} n \cdot (100\ € - 60\ €) - 240.000\ €, & \text{für } n \leq 15.000 \text{ und} \\ 360.000\ €, & \text{für } n > 15.000 \end{cases}$$

Grafisch stellt sich die Analyse wie in Abb. 11.1 visualisiert dar.

Abzulesen ist, dass ab einer Nachfrage von 12.250 Stück die Anlage *b* besser ist als die Anlage *a*. Wenn der Entscheider abschätzen kann, dass die Nachfrage höchstwahrscheinlich über bzw. unter diesem Wert liegt, so kann er auf dieser Basis schon eine Entscheidung treffen. Ist dies nicht möglich, so kann er zumindest besser zwischen den Alternativen abwägen.

Sensitivitätsanalysen mit mehreren unsicheren Variablen
Für den Fall, dass mehr als eine Einflussgröße unsicher ist, gibt es mehrere Möglichkeiten der Vorgehensweise im Rahmen einer Sensitivitätsanalyse. Eine Möglichkeit, die hier vor-

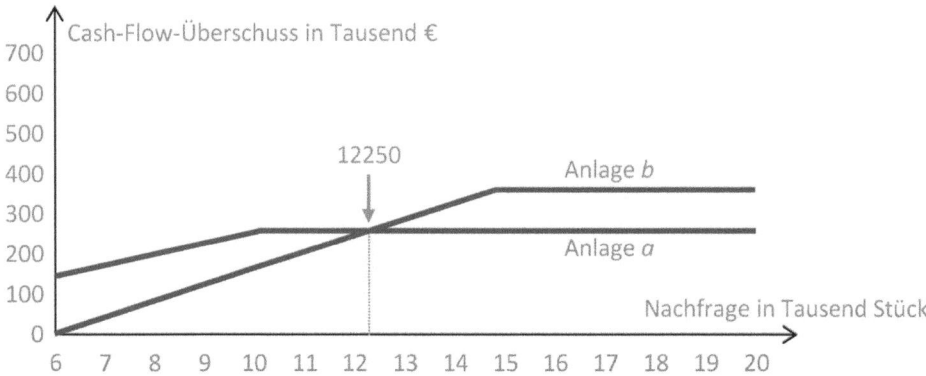

Abb. 11.1 Sensitivitätsanalyse mit einer unsicheren Variable

gestellt wird, besteht darin, zwischen einer Haupt- und mehreren Nebeneinflussgrößen zu differenzieren. Als Haupteinflussgröße sollte hierbei die Variable gewählt werden, die offenbar den größten Einfluss auf die Zielvariable hat.

Für die Haupteinflussgröße wird die Sensitivitätsanalyse wie gewohnt durchgeführt. Die Nebeneinflussgrößen finden Berücksichtigung, indem die ursprüngliche Sensitivitätsanalyse in unterschiedlichen Ausprägungen für die einzelnen Nebeneinflussgrößen wiederholt wird. Dies wird an folgendem Beispiel verdeutlicht.

▶ Mit denselben Ausgangsdaten wie im obigen Beispiel wird zusätzlich angenommen, dass die variablen Kosten für die Anlage a nicht sicher sind. Anstelle der angegebenen 70 € kann es nun sein, dass diese Kosten zwischen 65 € und 75 € liegen. In diesem Fall bietet es sich an, für die drei Szenarien 65 €, 70 € und 75 € die ursprüngliche Analyse erneut durchzuführen.

Für dieses Beispiel ergibt sich ein Ergebnis gemäß Abb. 11.2. In Abhängigkeit der Kosten von Anlage a verändert sich die kritische Nachfragemenge, bei der die Anlage b besser wird. Stellt sich bei Kosten von 75 € in Anlage a die Anlage b schon bei einer Nachfrage 11.000 Stück besser dar, so sind bei 70 € 12.250 Stück und bei 65 € 13.500 Stück notwendig.

Auch diese Auswertung bringt eine höhere Transparenz in das Entscheidungsproblem und unterstützt den Entscheider bei der Problemlösung, wenn auch eine eindeutige Entscheidungsempfehlung nur in wenigen Fällen direkt ablesbar sein wird.

Die Berücksichtigung weiterer Nebeneinflussgrößen kann in völlig analoger Weise erfolgen, indem ebenfalls für diese Größen unterschiedliche Ausprägungen definiert und die Auswirkungen wie beschrieben untersucht werden. Da durch diese isolierte Analyse jedoch mögliche Wechselwirkungen zwischen den Nebeneinflussgrößen unberücksichtigt bleiben, können alternativ auch Szenarien von Ausprägungskombinationen mehrerer Nebeneinflussgrößen in die Analyse einfließen.

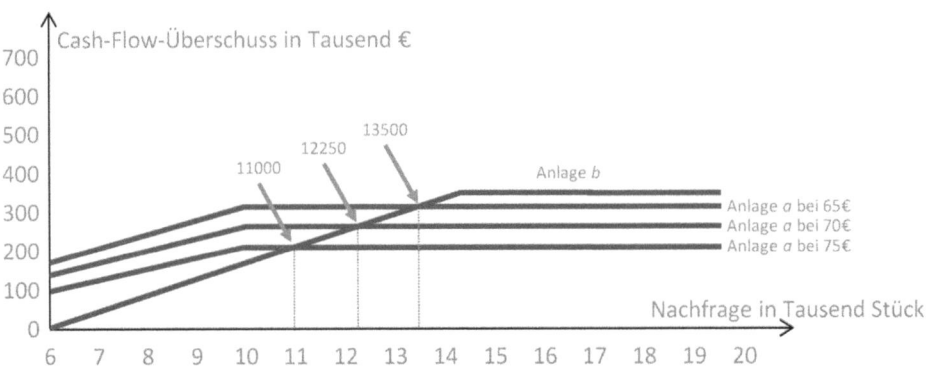

Abb. 11.2 Sensitivitätsanalyse mit zwei unsicheren Variablen

Wie unterstützt das Entscheidungsnavi?
Natürlich bietet auch das *Entscheidungsnavi* die Funktionalität einer Sensitivitätsanalyse. Hierbei wird jedoch eine andere Methodik verwendet als soeben dargestellt. So wird dem Gedanken gefolgt, dass meist mehr als ein oder zwei Parameter unsicher sind und der Anwender möglicherweise die Auswirkungen simultaner Veränderungen verschiedener Parameter analysieren möchte. Deshalb wird ein Vorgehen gewählt, wie es die Abb. 11.3 veranschaulicht.

Der Anwender kann zunächst verschiedene Modellvariablen auswählen, für die er auf einem Dashboard entsprechende Schieberegler zur Verfügung gestellt bekommt. Neben den Zielgewichten, die fast immer einen großen Einfluss auf das Ergebnis haben und somit nie in einer Sensitivitätsanalyse fehlen sollten, können die Parameter c der numerischen Nutzenfunktionen, die jeweiligen Nutzenbewertungen bei verbalen Zielskalen und alle Wahrscheinlichkeiten in dieser Form in die Analyse integriert werden.

Die eigentliche Sensitivitätsanalyse erfolgt simultan, d. h., der Anwender kann unmittelbar durch Verändern der in Betracht gezogenen Parameter mit den Schiebereglern die Auswirkungen auf das Gesamtergebnis erkennen. Hierbei kann analysiert werden, in welchen Parameterkonstellationen sich Veränderungen in der Rangfolge ergeben. Die bei manchen Schiebereglern in der Abbildung erkennbaren grauen Bereiche beschreiben hierbei die Parameterausprägungen, die vom Entscheider durch die gewählten Präzisionsintervalle eingegrenzt wurden. Somit können an dieser Stelle Überprüfungen stattfinden, ob sich durch Veränderungen der Parameter innerhalb der Präzisionsbandbreiten Auswirkungen auf die Rangfolge der Alternativen ergeben können. In dem Beispiel der Abb. 11.3 wurden die Wahrscheinlichkeiten für einen Einflussfaktor nur innerhalb der Präzisionsgrade verändert, bei den Zielgewichten wurde Veränderungen auch über die Präzisionsbandbreiten hinaus ausgetestet. In diesem Szenario rutschte die zunächst beste Alternative auf den zweiten Platz.

11.2 Zum Grundkonzept von Dominanzüberprüfungen

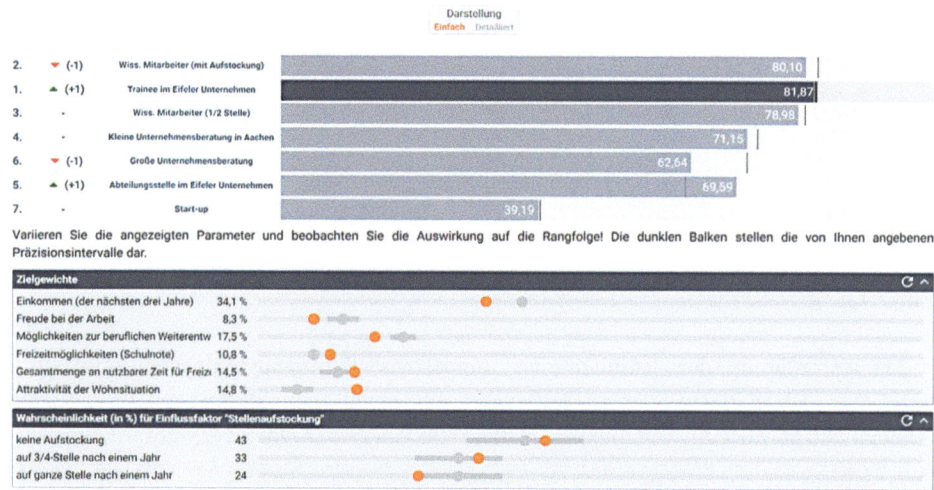

Abb. 11.3 Sensitivitätsanalyse im *Entscheidungsnavi*

11.2 Zum Grundkonzept von Dominanzüberprüfungen

Neben Sensitivitätsanalysen bieten sich für eine Entscheidungsunterstützung bei unvollständig gegebenen Informationen auch Dominanzüberprüfungenan. Dominanzen können immer nur zwischen zwei Alternativen überprüft werden. Wenn eine Alternative *a* eine andere Alternative *b* dominiert, dann bedeutet dies, dass *a* bei der gegebenen Informationslage in jedem Fall besser ist als *b*. Insofern kann in diesem Fall *b* aus der Alternativenmenge ausgeschlossen werden, wenn lediglich die beste Alternative gesucht ist. Im nächsten Abschn. 11.2.1 gehen wir zunächst auf das Konzept der absoluten Dominanz ein, welches nur ein Minimum an vorhandener Information erfordert. Anschließend wird in Abschn. 11.2.2 das allgemeine Vorgehen präsentiert, wie es bei Dominanzüberprüfungen in beliebigen Konstellationen unvollständiger Information angewendet werden kann.

11.2.1 Absolute Dominanz

Von einer *absoluten Dominanz* soll im Folgenden gesprochen werden, wenn eine Alternative *a* in jedem entscheidungsrelevanten Aspekt mindestens so gut ist wie *b*. In einer Entscheidungssituation unter Sicherheit bedeutet dies: Alternative *a* dominiert *b*, falls *a* in jedem Ziel eine mindestens so gute Ausprägung aufweist wie *b*. Liegt Unsicherheit vor und wird diese Unsicherheit wie oben beschrieben in Zuständen abgebildet, so fordert die absolute Dominanz, dass *a* in jedem Ziel und jedem Zustand mindestens so gut ist wie *b*. Ein entsprechendes Beispiel zeigt die Abb. 11.4.

In diesem Beispiel ist die Strategie *a* sowohl im Ziel „Umsatz" als auch im Ziel „Mitarbeiterzufriedenheit" und zugleich auch unabhängig von der Marktlage immer mindestens so gut wie *b*, *b* wird also von *a* dominiert.

	Ziel 1: Umsatz		Ziel 2: Mitarbeiterzufriedenheit (in Noten)	
	Zustand 1: Gute Marktlage	Zustand 2: Schlechte Marktlage	Zustand 1: Gute Marktlage	Zustand 2: Schlechte Marktlage
Strategie *a*	100.000 €	20.000 €	1	2
Strategie *b*	80.000 €	18.000 €	2	2

Abb. 11.4 Beispiel zur Dominanzüberprüfung

Die Anforderung, dass lediglich eine „mindestens"-Bedingung aufgestellt wird, führt dazu, dass sich in einem Szenario mit zwei völlig identischen Alternativen diese beiden Alternativen gegenseitig dominieren. Deshalb soll von *echter Dominanz*[1] gesprochen werden, wenn zusätzlich noch in einem Aspekt eine echt bessere Ausprägung vorliegt. Zusätzlich kann auch eine noch strengere Form der Dominanz definiert werden. So fordert die *strikte Dominanz*, dass die dominierende Alternative in jedem entscheidungsrelevanten Aspekt echt besser ist als die Vergleichsalternative.

Sinnvoll ist das Löschen dominierter Alternativen jedoch nur dann, wenn ausschließlich die beste Alternative gesucht wird und es unerheblich ist, welche die zweit- oder auch drittbeste ist. So kann eine dominierte Alternative nämlich zwar nie optimal sein, aber man kann sich leicht Fälle konstruieren, in denen in einer Menge von mehreren Alternativen die zweitbeste Alternative von der besten dominiert wird, die drittbeste aber effizient ist. Würde man jetzt die beiden besten Alternativen aus der Menge der effizienten heraussuchen wollen, wäre die tatsächlich zweitbeste schon gar nicht mehr im Rennen. Betrachten Sie hierzu das Beispiel:

Alternative	Kosten	Ausbringung
a	400.000 €	100 Stück/h
b	401.000 €	99 Stück/h
c	399.000 €	62 Stück/h

Die Anlage *b* wird offensichtlich von *a* dominiert, allerdings ist zu vermuten, dass sie aufgrund der weitaus höheren Fertigungskapazität und des geringen Preisunterschieds der Anlage *c* vorzuziehen ist.

Wenn aber nur die beste Alternative gesucht ist und wie in dem Beispiel der Abb. 11.4 eine Alternative alle anderen dominiert, dann ist die optimale Alternative schnell gefunden: Es ist die einzige nicht-dominierte Alternative. In allen anderen Fällen wurde mit dem Ausschluss der dominierten Alternative zumindest die Alternativenmenge reduziert, aber noch keine optimale Lösung gefunden.

---

[1] In der Literatur wird anstelle des Begriffs „echt" auch manchmal der Begriff „schwach" verwendet.

11.2 Zum Grundkonzept von Dominanzüberprüfungen

Wie unterstützt das Entscheidungsnavi?
Der Anwender des *Entscheidungsnavis* muss sich nicht darum kümmern, eigenständig Dominanzen zu überprüfen. So werden vom Tool nach der Vervollständigung der Ergebnismatrix automatisch alle Alternativenpaare auf Vorliegen einer Dominanz getestet und dem Anwender wird angeboten, die jeweils dominierten Alternativen zu löschen.

Kommen bei den verwendeten Messskalen Indikatormodelle zum Einsatz, so wird das Konzept der Dominanz in zwei unterschiedlichen Ausgestaltungen analysiert. In der ersten, schwächeren Ausgestaltung bezieht sich die Dominanz nur auf einen Vergleich der Ausprägungen in allen Zielen, wobei bei Verwendung eines Indikatormodells nur der resultierende Gesamtwert über alle Indikatoren in dem jeweiligen Ziel betrachtet wird. Hierbei wäre es theoretisch möglich, dass die dominierende Alternative a in einzelnen Indikatoren schlechter ist als b, auch wenn der Gesamtwert in dem Ziel höher ausfällt. Die zweite, schärfere Ausgestaltung fordert deshalb, dass die Alternative zusätzlich auch in jedem einzelnen Indikator mindestens so gut ist wie die Vergleichsalternative. Wird eine Dominanz vom *Entscheidungsnavi* entdeckt, so wird hierbei dargestellt, welche Form der Dominanz vorliegt.

11.2.2 Allgemeiner Ansatz zur Dominanzüberprüfung bei unvollständiger Information

Zur Überprüfung absoluter Dominanzen muss nur die Richtung der verwendeten Skalen bekannt sein. Meist gibt es über dieses Mindestmaß an Informationen jedoch noch weitere Informationen, die in der Entscheidungssituation gegeben sind oder unproblematisch erlangt werden können. Möglicherweise sind die Zielgewichte oder die zielspezifischen Nutzenfunktionen zumindest grob bekannt oder es existieren über Wahrscheinlichkeiten zumindest ungefähre Angaben.

Eine Dominanzüberprüfung lässt sich auch auf diesen Fall übertragen. Und zwar genügt es, die Überlegenheit einer Alternative a gegenüber einer anderen Alternative b für alle Parameterkonstellationen zu belegen, die mit der vorliegenden Informationsmenge vereinbar sind. Um dies im Folgenden genauer ausführen zu können, werden wir formal die aktuell vorliegende, unvollständige Informationsmenge mit dem Buchstaben I kennzeichnen und zwischen Unvollständigkeiten im Präferenzmodell und im Wirkungsmodell unterscheiden. Bezogen auf das Präferenzmodell bezeichnen wir die Menge der Nutzenfunktionen u, die auf Basis der unvollständigen Information I möglich sind, mit $U(I)$. Liegt eine unvollständige Information bezüglich des Wirkungsmodells vor, wobei wir uns hier auf eine Unvollständigkeit bei den Wahrscheinlichkeiten beschränken wollen, notieren wir $P(I)$ für die Menge der Wahrscheinlichkeitsverteilungen, die bei der unvollständigen Information I möglich sind.

Im Mittelpunkt der weiteren Überlegungen in diesem Abschnitt wird – wie stets bei Dominanzen – immer der Vergleich zweier Alternativen stehen. So wird untersucht, ob eine Alternative a in allen Konstellationen, die bei dem gegebenen Informationsstand möglich sind, einen mindestens genau so hohen Nutzenerwartungswert besitzt wie eine zweite Alternative b. Wir sprechen in diesem Zusammenhang von einer Dominanz der Alternative a gegenüber der Alternative b bei unvollständiger Information. Diese liegt formal vor, wenn

$$EU(a) \geq EU(b) \text{ für alle möglichen } u \in U(I) \text{ und } p \in P(I)$$

Von echter Dominanz soll die Rede sein, wenn zusätzlich zu der genannten Bedingung die Alternative a für mindestens eine mögliche Konstellation von u oder p echt besser als b ist, d. h. einen echt größeren Nutzenerwartungswert besitzt.

Ob eine Dominanz zwischen zwei Alternativen a und b bei gegebenem Informationsstand vorliegt oder nicht, kann durch folgenden Optimierungsansatz überprüft werden:

Maximiere $\{EU(a) - EU(b)\}$ *unter den Bedingungen* $u \in U(I)$ *und* $p \in P(I)$,

Minimiere $\{EU(a) - EU(b)\}$ *unter den Bedingungen* $u \in U(I)$ *und* $p \in P(I)$,

Falls sich für das Minimum ein Wert ≥0 ergibt, dominiert a die Alternative b, falls das Maximum ≤0 ist, dominiert b die Alternative a. Sind beide Bedingungen gleichzeitig erfüllt, d. h., sowohl Maximum als auch Minimum liegen bei 0, so sind beide Alternativen gleichwertig und es liegt keine echte Dominanz vor. Ist nur eine Bedingung erfüllt, ist die Dominanzbeziehung sogar echt, d. h., eine Alternative ist echt besser. Ist keine der beiden Bedingungen erfüllt, so liegt keine Dominanz vor.

Wir wollen das Konzept an einem kleinen Beispiel erläutern.

Beispiel

Es werden die Investitionsalternativen a und b verglichen, deren zustandsabhängige Gewinne in der folgenden Übersicht dargestellt sind.

Alternative	s_1	s_2	s_3
a	10	70	60
b	30	40	30

Die Nutzenfunktion u des Entscheiders ist bekannt. Darüber hinaus kann der Entscheider angeben, dass die Wahrscheinlichkeit von s_1 mindestens 10 % ist, die von s_3 höchstens 60 % und dass s_2 mindestens so wahrscheinlich ist wie s_1. Der Optimierungsansatz lautet dann:

Minimiere $p(s1) \cdot (u(10) - u(30)) + p(s2) \cdot (u(70) - u(40)) + p(s3) \cdot (u(60) - u(30))$

unter den Nebenbedingungen:

$$p(s_1) \geq 0{,}1$$

$$p(s_2) \geq p(s_1)$$

$$p(s_3) \leq 0{,}6$$

$$p(s_1), p(s_2), p(s_3) \geq 0$$

$$p(s_1) + p(s_2) + p(s_3) = 1.$$ ◀

Ergibt sich in dem Optimierungslauf ein positiver Zielfunktionswert, dominiert *a* die Alternative *b*. Andernfalls ist die Zielfunktion zu maximieren und zu überprüfen, ob der Zielfunktionswert negativ ist. Dann dominiert *b* die Alternative *a*.

Diese im obigen Beispiel skizzierte allgemeine Überprüfung auf Dominanz funktioniert nur im Vergleich zweier Alternativen. Damit eine Alternative *a* in einer Alternativenmenge mit mehr als zwei Alternativen als beste ermittelt werden kann, muss diese Alternative *a* alle anderen Alternativen dominieren. Zu dieser Überprüfung ist ein Paarvergleich von *a* mit jeweils allen anderen Alternativen gemäß obiger Vorgehensweise unumgänglich.

11.3 Ausgewählte Sonderfälle einer Dominanzüberprüfung bei unvollständiger Information

In einigen Fällen kann auf den umständlichen Weg der Aufstellung und Lösung eines Optimierungsproblems verzichtet werden. Wir betrachten diesbezüglich zwei einfache Fälle einer unvollständigen Information über Wahrscheinlichkeiten. In beiden Fällen wird angenommen, dass die Nutzenfunktion bekannt ist.

1. Fall: Wahrscheinlichkeiten lassen sich ordnen
Der unvollständige Informationsstand $P(I)$ ist dadurch gekennzeichnet, dass lediglich bekannt ist, dass für die Wahrscheinlichkeiten $p(s_i)$ der n Zustände in einem Entscheidungsmodell $p(s_1) \geq p(s_2) \geq \ldots \geq p(s_n)$ gilt.

Wie in diesem Szenario eine Dominanzbeziehung überprüft werden kann, wird im Folgenden an einem Beispiel mit drei Zuständen demonstriert. Gegeben sind zwei Alternativen mit den folgenden Nutzenwerten $u(a_i)$ bzw. $u(b_i)$ in den drei Zuständen $s_i (1 \leq i \leq 3)$:

	s_1	s_2	s_3
a	0,7	0,6	0,8
b	0,5	0,7	0,9

Es gelte $P(I) : p(s_1) \geq p(s_2) \geq p(s_3)$. Wir zeigen nun, dass $EU(a) \geq EU(b)$ für alle möglichen Wahrscheinlichkeiten aus $P(I)$ gilt. Man überlegt sich leicht, dass

$$EU(a) = 0{,}7\ p_1 + 0{,}6\ p_2 + 0{,}8\ p_3 \geq 0{,}5\ p_1 + 0{,}7\ p_2 + 0{,}9\ p_3 = EU(b)$$

genau dann erfüllt ist, wenn es für die extremen Wahrscheinlichkeitskonstellationen gemäß folgender Tabelle erfüllt ist.

	$p(s_1)$	$p(s_2)$	$p(s_3)$
I	1	0	0
II	0,5	0,5	0
III	1/3	1/3	1/3

So nimmt $p(s_1)$ in der Konstellation I seinen maximalen Wert an, $p(s_2)$ in der Konstellation II und $p(s_3)$ in der Konstellation III. In der Konstellation I gilt:

$$EU(a) \geq EU(b), da\ EU(a) = 0{,}7 > 0{,}5 = EU(b).$$

In der Konstellation II gilt:

$$EU(a) \geq EU(b), da\ EU(a) = 0{,}5\ (0{,}7 + 0{,}6) > 0{,}5\ (0{,}5 + 0{,}7) = EU(b).$$

In der Konstellation III gilt:

$$EU(a) \geq EU(b), da\ EU(a) = 1/3\ (0{,}7 + 0{,}6 + 0{,}8) \geq 1/3\ (0{,}5 + 0{,}7 + 0{,}9) = EU(b).$$

Somit ist $EU(a) \geq EU(b)$ immer erfüllt, es liegt Dominanz vor.

Es gibt einen Algorithmus, mit dem diese am Beispiel beschriebene Überprüfung auf Dominanz recht einfach durchgeführt werden kann. Dieser Algorithmus sieht vor, dass in der Reihenfolge der nach den Wahrscheinlichkeiten geordneten Zustände die kumulierten Nutzenwerte ausgerechnet werden, wie es die folgende Tabelle aufzeigt.

	s_1	s_2	s_3
a	0,7	0,6	0,8
Kumulierte Werte	0,7	1,3 (= 0,7 + 0,6)	2,1 (= 1,3 + 0,8)
b	0,5	0,7	0,9
Kumulierte Werte	0,5	1,2 (= 0,5 + 0,7)	2,1 (= 1,2 + 0,9)

Der kumulierte Wert für s_1 entspricht dem Nutzenwert in s_1. Der kumulierte Wert in s_2 ergibt sich als Summe aus dem Nutzenwert für s_1 und dem Nutzenwert in s_2 etc. Man geht also in der Tabelle von links nach rechts vor. Hierbei ist es wichtig, darauf zu achten, dass die Zustände auch in der richtigen Reihenfolge in der Tabelle aufgeführt sind, d. h., links steht der wahrscheinlichste Zustand, die Zustände weiter rechts werden immer unwahrscheinlicher.

11.3 Ausgewählte Sonderfälle einer Dominanzüberprüfung bei unvollständiger ...

Die Indizierung der Zustände ist hierbei letztlich irrelevant. Durch eine entsprechende Umbenennung der Indizes lässt sich immer erreichen, dass der Zustand s_1 der wahrscheinlichste ist, s_2 der zweitwahrscheinlichste etc.

Anhand dieser Tabelle lässt sich Dominanz direkt ablesen. Sind die kumulierten Werte von a für jeden Zustand immer mindestens so hoch wie die von b, dann dominiert die Alternative a die Alternative b.

2. Fall: Wahrscheinlichkeiten lassen sich mit Intervallen eingrenzen

$P(I)$ ist in diesem Fall so definiert, dass für jede Wahrscheinlichkeit $p(s_i)$ Intervallgrenzen p_i^- und p_i^+ existieren, sodass $p_i^- \leq p(s_i) \leq p_i^+$ gilt. Wie in diesem Fall Dominanz überprüft werden kann, soll an folgendem Beispiel verdeutlicht werden:

	s_1	s_2	s_3
p_i^- bis p_i^+	0,3 bis 0,6	0,2 bis 0,4	0,1 bis 0,4
a	0,8	0,6	0,4
b	0,3	0,5	0,8

In der Überprüfung, ob Alternative a die Alternative b dominiert, ist nach dem oben vorgestellten Optimierungsansatz das Minimum der Zielfunktion

$$(0,8-0,3)\ p(s1)+(0,6-0,5)\ p(s2)+(0,4-0,8)\ p(s3) = 0,5\ p(s1)+0,1\ p(s2)-0,4\ p(s3)$$

zu berechnen.

Bei einer Intervallbeschränkung der Wahrscheinlichkeiten, wie sie hier gegeben ist, kann die Berechnung dieses Minimums per Hand erfolgen. Zunächst werden für alle Zustände die Minimalwahrscheinlichkeiten ausgewählt, d. h. $p(s_1) = 30\,\%$, $p(s_2) = 20\,\%$ und $p(s_3) = 10\,\%$. Aufsummiert ergeben sich 60 %, zu verteilen sind also noch 40 %.

Nun schließt sich folgende Überlegung an. Wenn das Minimum der Funktion gesucht ist, dann ist es sinnvoll, die Wahrscheinlichkeit mit dem kleinsten (d. h. negativ größten) Koeffizienten, also im Beispiel $-0,4$ für $p(s_3)$, möglichst hoch zu wählen. Die obere Intervallgrenze von $p(s_3)$ ist 40 %, also setzen wir $p(s_3) = 40\,\%$. Diese Zahl kann allerdings nur dann übernommen werden, wenn die Summe aller Wahrscheinlichkeiten 100 % nicht überschreitet. Dies ist im Beispiel gegeben. $p(s_1) = 30\,\%$, $p(s_2) = 20\,\%$ und $p(s_3) = 40\,\%$ ergibt sich in der Summe nur 90 %.

Nun geht es weiter mit dem zweitkleinsten Koeffizienten. Dies ist 0,1 für die Wahrscheinlichkeit $p(s_2)$. Auch hier muss versucht werden, dieser Wahrscheinlichkeit einen möglichst hohen Betrag zuzuweisen. Maximal käme nach den angegebenen Intervallgrenzen eine Wahrscheinlichkeit von 40 % in Frage. Mit dieser Wahrscheinlichkeit wäre dann in der Summe aber eine Wahrscheinlichkeit über 100 % erreicht. Maximal zuweisbar sind nur 30 %. Somit liegt bei $p(s_1) = 30\,\%$, $p(s_2) = 30\,\%$ und $p(s_3) = 40\,\%$ die Konstellation mit dem kleinsten Zielfunktionswert vor.

Berechnet man mit dieser Wahrscheinlichkeitskonstellation den Zielfunktionswert, so ergibt sich

$$0{,}5 \cdot 0{,}3 + 0{,}1 \cdot 0{,}3 - 0{,}4 \cdot 0{,}4 = 0{,}02 > 0$$

Das Minimum der Zielfunktion ist also 0,02 und somit größer Null. 0,02 ist genau der Wert, um den a im ungünstigsten Fall noch besser wäre als b. Die Alternative a ist somit bezüglich aller Wahrscheinlichkeitskonstellationen, die bei den vorgegebenen Intervallen möglich sind, immer besser als b. Es liegt Dominanz vor.

Die allgemeine Vorgehensweise kann noch einmal wie folgt zusammengefasst werden: Zunächst werden jedem Zustand die Minimalwahrscheinlichkeiten aus den Intervallgrenzen zugeordnet. Dann werden in der Reihenfolge steigender Koeffizienten den Wahrscheinlichkeiten der Zustände die jeweils höchstmöglichen Wahrscheinlichkeiten aus den entsprechenden Intervallen zugeordnet. Bei dieser Zuweisung muss gewährleistet sein, dass die Summe der Wahrscheinlichkeiten aller Zustände 100 % nicht überschreitet.

Für die Ermittlung des Maximums ist die Vorgehensweise nur insoweit abzuändern, als dass die Wahrscheinlichkeiten bei absteigenden Koeffizienten wie beschrieben vergeben werden.

Weitere einfach zu lösende Konstellationen unvollständiger Information
Die beiden hier vorgestellten Konstellationen bezogen sich auf eine unvollständige Information bezüglich der Wahrscheinlichkeiten in einem Entscheidungsmodell mit einem Ziel und vollständig bekannter Nutzenfunktion. Die hierbei vorgestellten Vorgehensweisen zur vereinfachten Überprüfung der Dominanzbeziehung lassen sich jedoch auch auf andere Konstellationen übertragen, wenn die Unvollständigkeit der Information eine analoge Charakteristik aufweist. Hiermit ist gemeint, dass sich die einzig unvollständige Information nicht auf die Wahrscheinlichkeiten bezieht, sondern beispielsweise auf Zielgewichte. Bezogen auf den ersten Fall würde das bedeuten, dass hinsichtlich der Zielgewichte lediglich eine Rangfolge aller Zielgewichte $w_1 \geq w_2 \geq w_3 \ldots \geq w_m$ bekannt ist, oder im zweiten Fall für alle Zielgewichte Intervalleingrenzungen möglich sind. Wenn in diesen Fällen alle anderen Variablen des Entscheidungsmodells bekannt sind, können die beschriebenen Vorgehensweisen leicht auf diese Konstellation übertragen werden. Probieren Sie es am besten einfach mal selbst aus!

11.4 Stochastische Dominanzen

Einen weiteren Sonderfall der Dominanzüberprüfung bilden sogenannte stochastische Dominanzen. Stochastische Dominanzen können in Entscheidungsmodellen mit einem Ziel und unter Unsicherheit möglich sein, wenn zwar die Wahrscheinlichkeiten vollständig bekannt sind, aber bezüglich der Nutzenfunktion eine unvollständige Information vorliegt.

11.4 Stochastische Dominanzen

Hierbei werden zwei Fälle unterschieden. Im ersten Fall ist lediglich von der Nutzenfunktion bekannt, dass sie monoton steigt. Im zweiten Fall ist darüber hinaus bekannt, dass der Entscheider ein risikoscheues Verhalten an den Tag legt, d. h. die Nutzenfunktion konkav ist. Im ersten Fall müssen mit der *stochastischen Dominanzersten Grades* schärfere Bedingungen an einen Alternativenvergleich gestellt werden als im zweiten Fall, wenn von einer *stochastischen Dominanz zweiten Grades* die Rede sein wird.

Stochastische Dominanz ersten Grades bei monotonen Nutzenfunktionen
Wenn von der Nutzenfunktion lediglich bekannt ist, dass der Nutzen der Zielausprägung mit zunehmender Höhe steigt, dominiert eine Alternative a eine andere b immer dann, wenn für jede Ausprägung der Zielvariablen die Wahrscheinlichkeit, diese zu überschreiten, bei a mindestens so hoch ist wie bei b. Man spricht in diesem Fall von einer *stochastischen Dominanz ersten Grades*.

Diese Definition hört sich zunächst sehr abstrakt an. Deshalb soll sie an einem Beispiel demonstriert werden. Hierzu werden folgende zwei Alternativen verglichen:

	s_1 mit $p(s_1) = 0{,}5$	s_2 mit $p(s_2) = 0{,}25$	s_3 mit $p(s_3) = 0{,}25$
a	100 T€	40 T€	60 T€
b	30 T€	70 T€	80 T€

Zur Überprüfung einer stochastischen Dominanz muss nun für jede beliebige Ausprägung die Wahrscheinlichkeit aufgeschrieben werden, mit der die Alternative a und die Alternative b diesen Wert überschreitet. Für alle Ausprägungen, die kleiner sind als 30 T€, gilt, dass dieser Wert bei beiden Alternativen in jedem Fall, d. h. zu 100 %, überschritten wird. Schon bei einer Ausprägung von 30 T€ gilt dies für die Alternative b nicht mehr. Da mit einer Wahrscheinlichkeit von 50 % genau 30 T€ erreicht wird, wird nur noch mit der Restwahrscheinlichkeit von 50 % diese Ausprägung tatsächlich *über*schritten, während bei Alternative a immer noch 100 % gilt. Erst bei einer Zielausprägung von 40 T€ reduziert sich auch bei a die Wahrscheinlichkeit, diesen Wert zu überschreiten von 100 % auf 75 %. Geht man in dieser Logik die gesamte Ausprägungsskala durch, so erhält man ein Ergebnis, wie es Abb. 11.5 zeigt.

Offensichtlich sind die abgeleiteten Wahrscheinlichkeiten bei a immer mindestens so hoch wie bei b. Es liegt also stochastische Dominanz ersten Grades der Alternative a gegenüber b vor.

Stochastische Dominanzen können zwar bei diskret definierten Unsicherheiten stets in dieser Tabellenform überprüft werden, etwas anschaulicher ist es jedoch, wenn man dies anhand der Risikoprofile beider Alternativen überprüft. Ein *Risikoprofil* ist hierbei die grafische Veranschaulichung der eben in der Tabelle berechneten Wahrscheinlichkeiten, mit denen die Ausprägungen überschritten werden. Mathematisch entspricht das Risikoprofil $1 - P(x)$, wobei $P(x)$ die Verteilungsfunktion darstellt. Die Abb. 11.6 stellt für die beiden obigen Alternativen die Risikoprofile gegenüber.

Abb. 11.5 Herleitung der Risikoprofile auf tabellarische Art

	Wahrscheinlichkeit, die Ausprägung x zu überschreiten	
	bei a	bei b
$x < 30\,T€$	100 %	100 %
$30\,T€ \leq x < 40\,T€$	100 %	50 %
$40\,T€ \leq x < 60\,T€$	75 %	50 %
$60\,T€ \leq x < 70\,T€$	50 %	50 %
$70\,T€ \leq x < 80\,T€$	50 %	25 %
$80\,T€ \leq x < 100\,T€$	50 %	0 %
$100\,T€ \leq x$	0 %	0 %

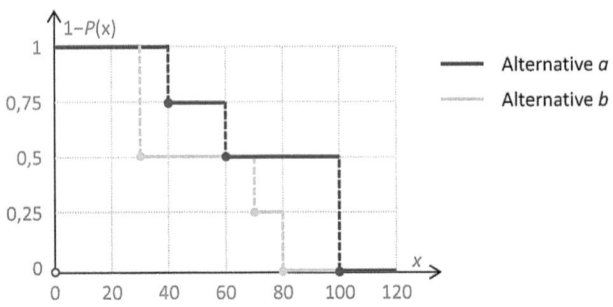

Abb. 11.6 Vergleich der beiden Risikoprofile aus dem Beispiel

Stochastische Dominanz ersten Grades ist an der Gegenüberstellung zweier Risikoprofile leicht zu erkennen. Eine Alternative dominiert eine andere stochastisch ersten Grades, wenn das Risikoprofil dieser Alternative – wie im Beispiel das der Alternative a – nie unterhalb des Risikoprofils der anderen Alternative liegt. Die Risikoprofile dürfen sich hierbei berühren bzw. in Teilen übereinander liegen, nur schneiden dürfen sie sich nicht. Mit den kleinen Kreisen in der Abbildung wird angezeigt, wo der Funktionswert des Risikoprofils in den Stetigkeitslücken der Funktion liegt.

Stochastische Dominanz zweiten Grades bei konkaven Nutzenfunktionen
Für den Fall, dass neben der Monotonie der Nutzenfunktion auch bekannt ist, dass die Nutzenfunktion konkav ist, kann die Bedingung der stochastischen Dominanz ersten Grades abgeschwächt werden, ohne die Dominanz der Alternative a gegenüber b zu gefährden. Es genügt die Bedingung der stochastischen Dominanz zweiten Grades.

Stochastische Dominanz zweiten Grades der Alternative a gegenüber einer anderen Alternative b liegt vor, wenn für jede Ausprägung x die Fläche unter dem Risikoprofil bis zu dieser Ausprägung bei a mindestens so groß ist wie bei b. Schneiden sich die Risikoprofile genau einmal, so lässt sich diese Dominanz meist durch bloßes Hinsehen leicht überprüfen. Eine Alternative a dominiert eine andere Alternative b in diesem Fall genau dann, wenn das Risikoprofil von a links vom Schnittpunkt oberhalb von b verläuft und die in der Abb. 11.7 eingezeichnete Fläche I größer ist als II.

11.5 Übersicht über die betrachteten Sonderfälle von Dominanzüberprüfungen

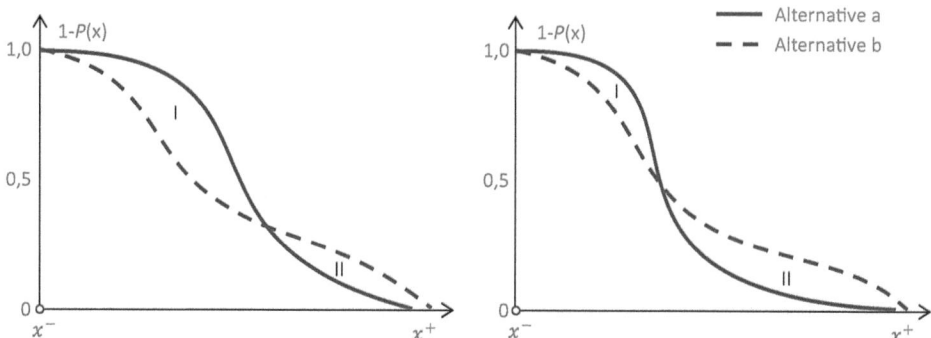

Abb. 11.7 Beispiele für eine gegebene (links) bzw. nicht gegebene (rechts) stochastische Dominanz zweiten Grades von Alternative *a* gegenüber *b*

Auf einen formalen Beweis, dass beim Vorliegen einer stochastischen Dominanz zweiten Grades unabhängig von der genauen Ausgestaltung einer konkaven Nutzenfunktion der Erwartungsnutzen der dominierenden Alternative immer höher ist als der von der Vergleichsalternative, wird an dieser Stelle verzichtet (siehe Hanoch und Levy 1969; Levy 1992). Dass dies gilt, lässt sich jedoch auch intuitiv nachvollziehen. Konkavität der Nutzenfunktion bedeutet nämlich, dass in dem unteren Bereich der Skala Unterschiede zwischen den Zielausprägungen eine größere Bedeutung haben als im oberen Bereich. Wenn dann zugleich gilt, dass in diesem unteren Bereich eine Alternative a im Vergleich zur Alternative *b* einen Vorteil aufweist (gemessen an der Fläche I), der absolut gesehen größer ist als der Nachteil in dem oberen Bereich (gemessen an der Fläche II), dann gibt es also einen großen Vorteil in einem wichtigen Bereich, der sicherlich den kleineren Nachteil in einem unwichtigeren Bereich immer überkompensieren wird.

11.5 Übersicht über die betrachteten Sonderfälle von Dominanzüberprüfungen

In den letzten Abschnitten wurden einige Sonderfälle analysiert, in denen Dominanzüberprüfungen in einem Entscheidungsmodell unter Unsicherheit auch per Hand durchgeführt werden können. Diese Sonderfälle basierten jeweils auf unterschiedlichen Konstellationen der unvollständigen Information. Die Abb. 11.8 fasst diese Sonderfälle noch einmal übersichtlich zusammen und macht den Zusammenhang etwas transparenter.

Sind Nutzenfunktion und Wahrscheinlichkeiten bekannt, so kann eine Dominanz durch einen einfachen Vergleich der Nutzenerwartungswerte überprüft werden. Sind die Wahrscheinlichkeiten zwar bekannt und ist von der Nutzenfunktion nur bekannt, dass sie monoton und konkav ist, ist Dominanz gegeben, wenn eine stochastische Dominanz zweiten Grades vorliegt. Falls von der Nutzenfunktion nur bekannt ist, dass sie monoton ist, ist eine stochastische Dominanz ersten Grades erforderlich. Ist die Nutzenfunktion bekannt, aber liegt nur eine unvollständige Information bezüglich der Wahrscheinlichkeiten vor, dann gibt es zwei Spezialfälle, in denen eine Dominanz leicht überprüft werden kann. In einem Fall liegen geordnete Wahrscheinlichkeiten vor, im anderen Fall sind die Wahr-

		Wahrscheinlichkeiten		
		bekannt	unvollständige Information	keine Information
Nutzenfunktion	bekannt	Vergleich der Nutzenerwartungswerte	Dominanzüberprüfungen bei geordneten Wahrscheinlichkeiten oder bei Intervalleingrenzung	
	monoton und konkav	Stochastische Dominanz zweiten Grades		
	monoton	Stochastische Dominanz ersten Grades		Absolute Dominanz

Abb. 11.8 Übersicht über dargestellte Dominanzüberprüfungen und entsprechende Voraussetzungen

scheinlichkeiten jeweils in Intervallen eingegrenzt. Für alle anderen Fälle wurden keine einfachen Überprüfungsmethoden vorgestellt. Es ist dann ein entsprechendes lineares Optimierungsprogramm auf einem Computer durchzurechnen, wenn keine absolute Dominanz vorliegt. Im Falle einer absoluten Dominanz liegt unabhängig vom gegebenen Informationsstand immer Dominanz vor.

11.6 Dominanzüberprüfungen im *Entscheidungsnavi*

Sowohl in der genauen Ausgestaltung des Wirkungsmodells mit allen hierfür benötigten Wahrscheinlichkeiten als auch bei der passgenauen Ermittlung von Nutzenfunktionen und Zielgewichten wäre jeder Anwender sehr herausgefordert, wenn er stets exakte Werte angeben müsste. Deshalb wird im *Entscheidungsnavi* sowohl bei den Angaben zu Wahrscheinlichkeiten, bei den Nutzenfunktionen als auch bei den Zielgewichten ein jeweils exakter Wert zwar zugelassen, aber nicht gefordert. Stattdessen genügt bei den genannten Parametern jeweils eine ungenaue Angabe, wobei der Anwender dies durch Präzisionsgrade steuern kann.

Die Abb. 11.9 verdeutlicht dies am Beispiel der Wahrscheinlichkeitsschätzung eines Einflussfaktors, bei dem eine Ungenauigkeit von relativen $+/- 30\,\%$ für alle Wahrscheinlichkeiten angegeben wurde.[2]

---

[2] Um es genau zu spezifizieren: Die angegebene Prozentzahl bezieht sich nur bei Wahrscheinlichkeiten bis 50 % auf diese Wahrscheinlichkeit. Ist die Wahrscheinlichkeit größer als 50 %, so bezieht sich die Prozentzahl auf die Komplementärwahrscheinlichkeit bis 100 %.

11.6 Dominanzüberprüfungen im *Entscheidungsnavi*

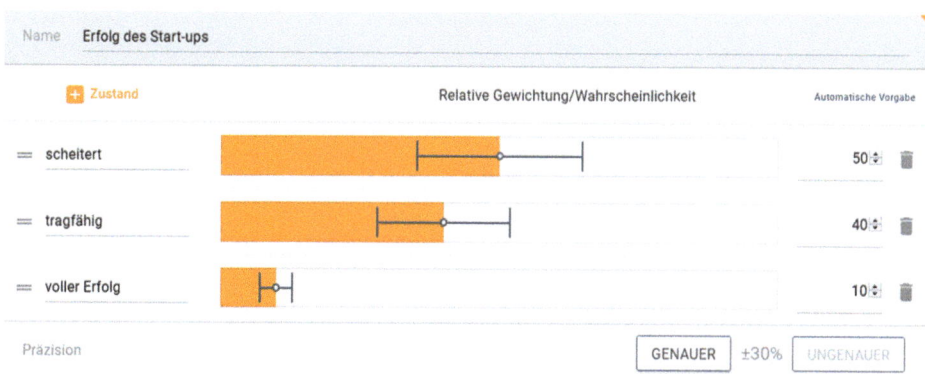

Abb. 11.9 Präzisionsgrade bei der Angabe von Wahrscheinlichkeiten im *Entscheidungsnavi*

Letztlich gibt der Anwender also somit nur Intervalle für die betroffenen Parameter vor, und es liegt eine Konstellation mit unvollständiger Information vor, auf die grundsätzlich die in diesem Kapitel vorgestellten Methoden zur Überprüfung von Dominanzen anwendbar wären. Für praktische Anwendungen ist es nun aber stets wünschenswert, am Ende auch eine beste Alternative oder gar eine vollständige Rangfolge aller Alternativen präsentieren zu können, damit Entscheidungen getroffen werden können. Und dies liefern Dominanzüberprüfungen in aller Regel nicht, denn hier werden nur dominierte Alternativen aus dem Alternativenraum entfernt, zwischen den nicht-dominierten Handlungsalternativen wird aber nicht abgewogen.

Vor diesem Hintergrund wird im *Entscheidungsnavi* eine andere Vorgehensweise gewählt, die in jedem Fall mit verwertbaren Ergebnissen einhergeht und den Dominanztest sogar noch als Spezialfall umfasst. Und zwar wird eine Monte-Carlo-Simulation durchgeführt, bei der aus den jeweils zulässigen Intervallen der nicht präzise definierten Parameter zufällige Ziehungen vorgenommen und auf der Basis dieser Parameter die jeweiligen Nutzenerwartungswerte berechnet werden. Bei einer ausreichenden Anzahl von Simulationsschritten lassen sich dann für jede Alternative Bandbreiten der resultierenden Nutzenerwartungswerte ableiten, wie im Beispiel der Abb. 11.10 auf der rechten Seite zu sehen ist.

Wenn hierbei die untere Intervallgrenze der Bandbreite einer Alternative a oberhalb von der oberen Intervallgrenze einer anderen b liegt (wie bei der dritten und vierten Alternative in der Abbildung), ist für alle gezogenen Parameter in jedem Fall a besser als b, d. h., es liegt eine Dominanz vor.

Aber selbst in einem Fall, in dem sich die Bandbreiten überschneiden, ist es noch möglich, dass eine Alternative a stets besser ist als b. Zu diesem Zweck wird in jedem Simulationsschritt überprüft, welche Alternative den höchsten Nutzenerwartungswert hatte, welche den zweithöchsten etc. Am Ende ist dann ablesbar, wie häufig eine Alternative auf einer bestimmten Position gelandet war. So hatte die erste Alternative in Abb. 11.10 immerhin in 83 % aller Simulationsläufe den höchsten Nutzenerwartungswert, mit anderen Worten war in 17 % der Läufe jedoch eine andere Alternative besser. Dominanz liegt hier also nicht vor.

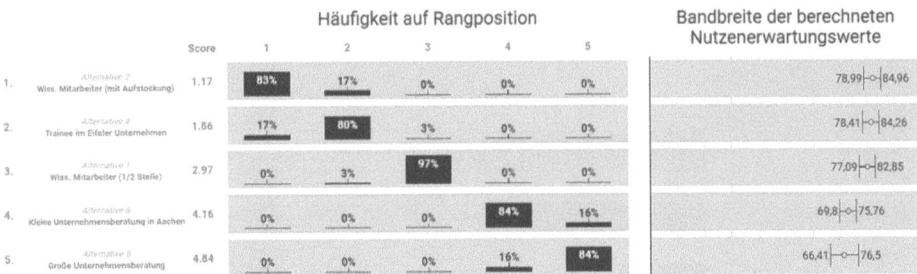

Abb. 11.10 Ergebnis eines Robustheitstests im *Entscheidungsnavi*

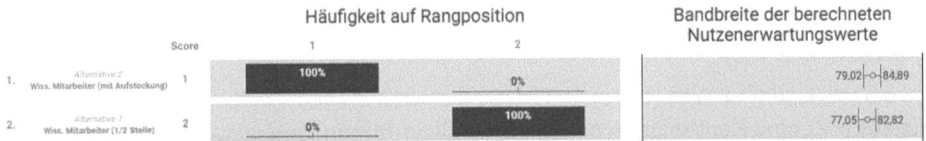

Abb. 11.11 Bandbreitenüberschneidung bei gleichzeitiger Dominanz

Die Abb. 11.11 zeigt aber ein Beispiel, in dem sich die Bandbreiten überschneiden, aber trotzdem die erste Alternative immer besser ist als die zweite, also Dominanz vorliegt.

Da sich jedoch die hier gezeigte eindeutige Bevorzugung einer Alternative gegenüber einer anderen (egal ob durch sich nicht überschneidende Bandbreiten oder über einen 100 %-igen Rangscore) nur auf der Basis zufälliger Ziehungen im Rahmen einer Simulation ergeben hat, muss man ein wenig vorsichtig mit dem Begriff der Dominanz umgehen. Denn es besteht zumindest theoretisch die Möglichkeit, dass es mindestens eine Parameterkonstellation gibt, in der die bessere Alternative einen geringeren Nutzenerwartungswert hat. Auch wenn dies z. B. bei 1.000.000 Ziehungen sehr unwahrscheinlich ist, wollen wir wissenschaftlich sauber bleiben und in diesen Fällen vorsichtshalber von einer „*Simulations-Dominanz*" sprechen.

Ein solches im *Entscheidungsnavi* umgesetztes Vorgehen ist natürlich rechentechnisch aufwändig und würde sich nicht anbieten, wenn man keine entsprechenden Programme zur Verfügung hat. Sogar der Anwender des *Entscheidungsnavis* muss sich – in Abhängigkeit der wählbaren Anzahl von Simulationsschritten – auch schon ein paar Sekunden gedulden, bis der Simulationslauf abgeschlossen ist.

Dafür kann der Nutzen einer solchen Analyse durchaus als hoch angesehen werden. Insbesondere kann man ein solches Vorgehen auch in Teamentscheidungen nutzen, da unterschiedliche Auffassungen der Teammitglieder bezüglich der anzugebenden Parameter gut durch die Intervalle berücksichtigt werden können und sich trotzdem stets Rangfolgen für die betrachteten Alternativen ergeben.

11.7 Das Wichtigste in Kürze

In diesem Kapitel habe ich Folgendes gelernt
- Sensitivitätsanalysen sind ein einfaches Mittel, um bei nicht exakt vorliegenden Informationen bzw. Parametern die Auswirkungen von deren Veränderungen auf die Zielgrößen transparent zu machen.
- Auch bei einer unvollständigen Information kann es dominierte Alternativen geben. Dies kann mit einem *Min-Max*-Optimierungsansatz analysiert werden.
- In einigen Sondersituationen kann auf den *Min-Max*-Ansatz verzichtet und die Dominanz per Hand berechnet werden.
- Stochastische Dominanzen werden an einem Vergleich der Risikoprofile der Alternativen abgelesen. Die Wahrscheinlichkeiten müssen bekannt sein, die Nutzenfunktion hingegen nicht.
- Unterschieden wird stochastische Dominanz ersten und zweiten Grades.
- Im *Entscheidungsnavi* wird anstelle einer Dominanzüberprüfung ein Robustheitstest auf der Basis einer Monte-Carlo-Simulation durchgeführt. Hierbei werden im Gegensatz zur herkömmlichen Dominanzüberprüfung stets auch Rangfolgen abgeleitet.

Literatur

Hanoch G, Levy H (1969) The efficiency analysis of choices involving risk. Rev Econ Stud 36(3):335–346

Levy H (1992) Stochastic dominance and expected utility: survey and analysis. Manag Sci 38(4):555–593

Mehrstufige Entscheidungsprobleme 12

Zusammenfassung

Mehrstufige Entscheidungsprobleme treten in Situationen auf, in denen schon früh überlegt wird, wie auf Umweltentwicklungen reagiert werden soll. So könnten die Eltern einer jungen Familie für ihre Wochenendplanung mit ihren Kindern entscheiden, dass sie bei schönem Wetter an die Küste fahren und bei schlechtem die Oma in Stuttgart besuchen. Ein Vorstandsbeschluss in einem Unternehmen könnte festlegen, wie Investitionen in ein neues Produkt von den noch unsicheren Ergebnissen einer Marktforschung abhängig gemacht werden. Aus Handlungsoptionen werden in einem mehrstufigen Kontext Handlungsstrategien, sowohl die Eltern als auch der Vorstand haben sich mit ihrem Beschluss also für eine Strategie entschieden.

In diesem Kapitel wird mit dem Entscheidungsbaumverfahren ein Instrument vorgestellt, wie mehrstufige Entscheidungsprobleme anschaulich modelliert werden können. Hierauf aufbauend wird gezeigt, wie mit dem Roll-Back-Verfahren für den Entscheider eine optimale Strategie abgeleitet werden kann. Hierbei wird unterschieden, ob es sich um einen risikoneutralen oder einen risikoscheuen Entscheider handelt. Eine besondere Anwendung findet das vorgestellte Konzept in der Ermittlung des Wertes von Informationsbeschaffungsmaßnahmen, wie es beispielsweise bei einer Marktforschungsstudie der Fall ist. In diesem Zusammenhang wird dargestellt, wie das aus der Wahrscheinlichkeitsrechnung bekannte Bayes'sche Theorem sinnvoll in die Berechnungsmethodik integriert werden kann.

12.1 Entscheidungsbaumverfahren

Die Analyse mehrstufiger Entscheidungen und die Ermittlung optimaler Strategien erfolgt auf der Basis von Entscheidungsbäumen. Dieses Modellkonzept wird im nächsten Abschn. 12.1.1 vorgestellt. In Abschn. 12.1.2 wird der Strategiebegriff erörtert und abschließend in Abschn. 12.1.3 mit dem Roll-Back-Verfahren ein Lösungsverfahren vorgestellt, wie aus einem Entscheidungsbaum die beste Strategie ermittelt werden kann.

12.1.1 Der Entscheidungsbaum

Ein Entscheidungsbaum besteht gemäß Abb. 12.1 aus drei Komponenten: *Entscheidungsknoten*, *Ereignisknoten* und *Konsequenzen*. Er wird von links nach rechts aufgebaut, die Komponenten werden durch Linien verbunden. Linien, die von einem Entscheidungsknoten nach rechts gehen, stellen Entscheidungen für einen bestimmten Weg dar. Linien, die aus einem Ereignisknoten nach rechts abgehen, sind Ereignisse.

Mit einem Entscheidungsbaum lassen sich sehr übersichtlich Entscheidungssituationen modellieren, die sich durch eine Mehrstufigkeit von Entscheidungen bei Berücksichtigung verschiedener Unsicherheiten auszeichnen. Ein Beispiel eines einfachen Entscheidungsbaums zeigt die Abb. 12.2.

▶ Ein Unternehmen überlegt, ob es sich zu einer Produktneuentwicklung entschließen soll. Dieses Produkt kann sich am Markt zu einem Erfolg entwickeln oder sich als Flop herausstellen. Man schätzt die Wahrscheinlichkeit, dass es zu einem Markterfolg kommt, genauso hoch ein wie die Misserfolgswahrscheinlichkeit. Eine Marktforschung könnte Hinweise auf die zu erwartende Nachfrage geben. Die Unternehmensleitung würde aus einem positiven Ergebnis der Marktforschung folgern, dass die Wahrscheinlichkeit für den Markterfolg 80 % und für einen Misserfolg 20 % beträgt. Ein ungünstiges Ergebnis der Marktforschung würde hingegen zu einer Wahrscheinlichkeitsschätzung für einen Markterfolg von 20 % führen, ein Misserfolg wird dann mit 80 % erwartet. Wie das Ergebnis der Marktforschung ausgehen wird, ist völlig unklar. Man geht daher von einer Wahrscheinlichkeit von 50 % für ein positives und 50 % für ein negatives Ergebnis aus.

▶ Die Entwicklungskosten für das Produkt betragen 100 T€, die Marktforschung kostet 30 T€. Im Falle eines Markterfolgs rechnet das Unternehmen mit Einnahmen in Höhe von 400 T€, bei einem Misserfolg geht das Unternehmen leer aus. Aus diesen Daten lassen sich die rechts im Entscheidungsbaum stehenden Gewinne ableiten.

■ = Entscheidungsknoten ● = Ereignisknoten ◀ = Konsequenzen

Abb. 12.1 Komponenten eines Entscheidungsbaums

12.1 Entscheidungsbaumverfahren

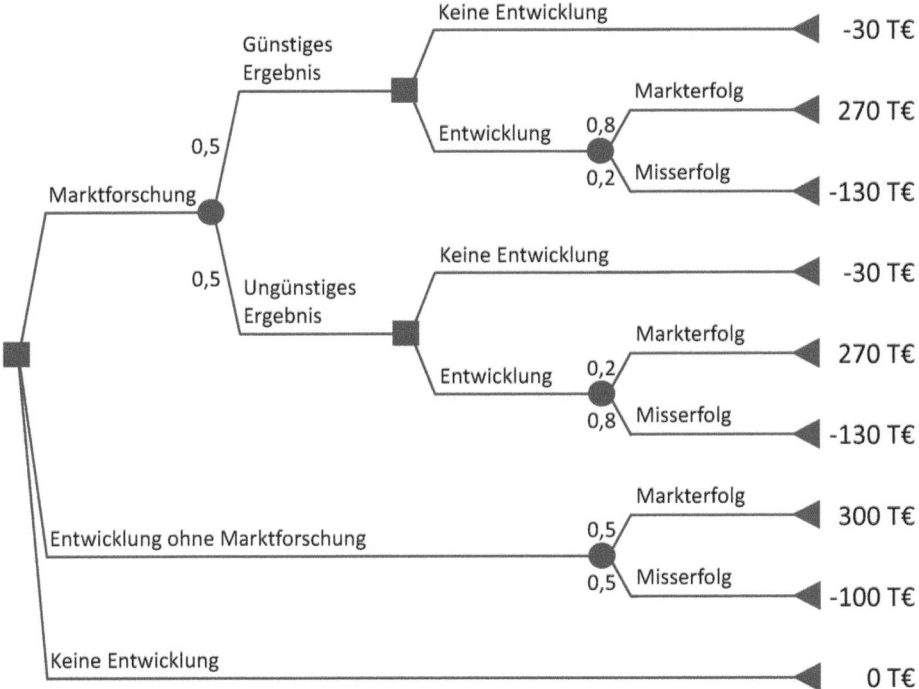

Abb. 12.2 Entscheidungsbaum für das Problem „Produktneuentwicklung mit oder ohne Marktforschung"

12.1.2 Der Strategiebegriff

Eine Strategie legt für alle möglichen Entwicklungen der Umwelt von vornherein fest, welche Handlungen in Abhängigkeit der tatsächlich eintretenden Umweltentwicklungen gewählt werden. Eine Strategie kann somit als bedingte Handlungsfolge aufgefasst werden. In dem Beispiel der Abb. 12.2 gibt es theoretisch sechs Strategien:

- Marktforschung durchführen, falls günstiges Ergebnis → Produkt entwickeln, falls ungünstiges Ergebnis → Produkt entwickeln
- Marktforschung durchführen, falls günstiges Ergebnis → Produkt entwickeln, falls ungünstiges Ergebnis → Produkt nicht entwickeln
- Marktforschung durchführen, falls günstiges Ergebnis → Produkt nicht entwickeln, falls ungünstiges Ergebnis → Produkt entwickeln
- Marktforschung durchführen, falls günstiges Ergebnis → Produkt nicht entwickeln, falls ungünstiges Ergebnis → Produkt nicht entwickeln
- Entwicklung ohne Marktforschung
- Keine Entwicklung

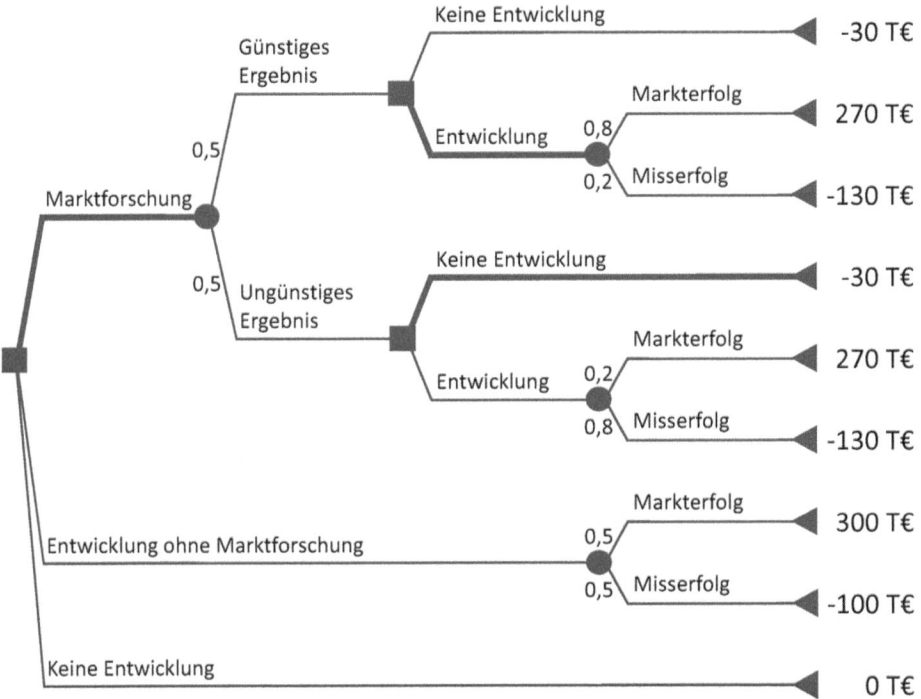

Abb. 12.3 Kennzeichnung der Strategie 2 im Entscheidungsbaum

Dass bei den sechs vorstellbaren Strategien auch Strategien vorkommen, die nicht sehr sinnvoll erscheinen, interessiert an dieser Stelle noch nicht. Erst im nächsten Abschnitt dreht es sich um die Frage, welche Strategien sinnvoll sind und welche nicht bzw. wie die optimale Strategie aus einem Entscheidungsbaum ermittelt werden kann.

Im Entscheidungsbaum lässt sich eine Strategie dadurch kennzeichnen, dass hinter jedem Entscheidungsknoten, der in dieser Strategie theoretisch erreichbar ist, die Linie hervorgehoben wird. Die Abb. 12.3 zeigt dies anhand der Strategie 2 im obigen Beispiel.

12.1.3 Das Roll-Back-Verfahren

Zur Ermittlung der optimalen Strategie aus einem gegebenen Entscheidungsbaum bietet sich das Roll-Back-Verfahren an. Beim *Roll-Back-Verfahren* wird von rechts nach links für jeden Entscheidungsknoten der optimale Nachfolgeweg berechnet. Bei dieser Vorgehensweise ist bei jeder Berechnung in einem Entscheidungsknoten bekannt, wie bei den weiter nachfolgenden Entscheidungen optimalerweise entschieden wird. Somit wird sukzessive von rechts nach links die optimale Strategie hergeleitet.

12.1 Entscheidungsbaumverfahren

Roll-Back-Verfahren für einen risikoneutralen Entscheider

Das Roll-Back-Verfahren wird im Folgenden an obigem Beispiel verdeutlicht. Zur Vereinfachung sei zunächst unterstellt, dass der Entscheider ein risikoneutrales Verhalten zeigt und somit nach dem Erwartungswert der Strategien entscheidet.

Zunächst werden die Erwartungswerte der Entscheidungen berechnet, die im Entscheidungsknoten 1 in der Abb. 12.4 möglich sind. Die Entscheidung gegen eine Entwicklung führt zu einem Erwartungswert von − 30 T€, die Entscheidung für eine Entwicklung zu 190 T€ (= 0,8 · 270 − 0,2 · 130). Dementsprechend wird es immer günstiger sein, falls der Entscheidungsknoten 1 mit einer Strategie erreicht werden kann, bei dieser Strategie die Entwicklung zu wählen. Diese Entscheidung ist somit zu kennzeichnen.

Beim Entscheidungsknoten 2 wird analog vorgegangen. Es ergeben sich Erwartungswerte von − 30 T€ und − 50 T€. In diesem Fall, d. h., wenn die Marktforschung ein ungünstiges Ergebnis anzeigt, ist es besser, auf eine Entwicklung zu verzichten.

Abschließend muss nur noch der Entscheidungsknoten 3 analysiert werden. Die Entscheidung für eine Marktforschung führt zu einem Erwartungswert von 80 T€ (= 0,5 · 190 + 0,5 · (− 30)). Bei dieser Berechnung wird unterstellt, dass in den nachfolgenden Entscheidungsknoten 1 und 2 jeweils optimal entschieden wird. Für den Erwartungswert der

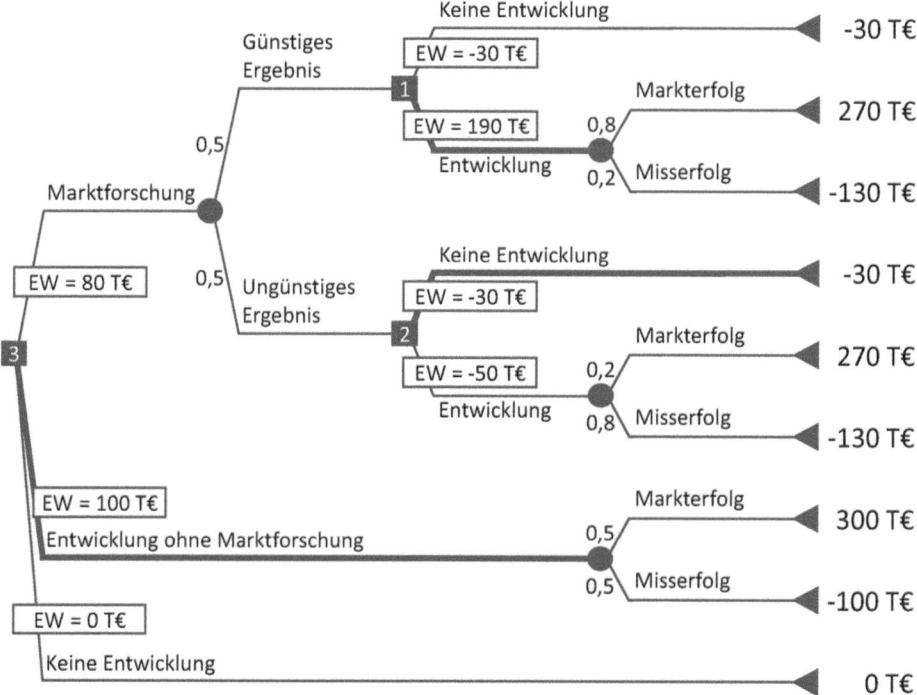

Abb. 12.4 Anwendung des Roll-Back-Verfahrens im Entscheidungsbaum

Entscheidung für eine Entwicklung ohne Marktforschung ergibt sich 100 T€, die Entscheidung gegen eine Entwicklung impliziert einen Erwartungswert von 0 €.

Offensichtlich ist es in Entscheidungsknoten 3 am günstigsten, die Produktneuentwicklung ohne Marktforschung zu wählen. Dies ist die oben aufgeführte Strategie 5.

Will man die Strategie sauber im Entscheidungsbaum darstellen, stören die Kennzeichnungen der Linien nach den Entscheidungsknoten 1 und 2 vielleicht etwas, denn sie gehören nicht zur Strategie 5. So können die Entscheidungsknoten 1 und 2 mit der Strategie 5 überhaupt nicht erreicht werden. In der Vorgehensweise des Roll-Back-Verfahrens konnte man aber bei der Kennzeichnung der jeweils optimalen Entscheidungen nach einem Entscheidungsknoten noch nicht wissen, dass diese Entscheidungsknoten in der optimalen Strategie nicht erreicht werden können. Dies ist aber nur ein eher nebensächliches Problem. Hauptsache, die optimale Strategie ist bekannt.

Roll-Back-Verfahren für einen risikoscheuen Entscheider
Das Roll-Back-Verfahren kann auch ohne Weiteres angewendet werden, wenn der Entscheider nicht risikoneutral ist, wie es im obigen Beispiel zur Vereinfachung angenommen wurde. In einer Fortführung des Beispiels soll nun die optimale Strategie für einen Entscheider gesucht werden, der sich risikoscheu verhält. Der Fall eines risikofreudigen Entscheiders wird hier nicht explizit behandelt, er ist aber völlig analog anzugehen.

Bei einem risikoscheuen Entscheider könnte die Entscheidung nach dem maximalen Erwartungswert der Gewinne zu einem falschen Ergebnis führen. Die optimale Strategie muss auf der Basis der Nutzenfunktion des Entscheiders ermittelt werden.

Es sei angenommen, dass der Entscheider ein konstantes Risikoverhalten besitzt und somit eine exponentielle Nutzenfunktion anzuwenden ist. Die Nutzenfunktion soll für das Intervall [− 200 T€, 300 T€] ermittelt werden. Entsprechend der Vorgehensweise zur Bestimmung des Parameters c der exponentiellen Nutzenfunktion gibt der Entscheider an, dass er im Vergleich der Alternative 50 T€ vs. (p: 300 T€; $(1- p)$: − 200 T€) bei einer Wahrscheinlichkeit von $p = 0{,}7$ indifferent zwischen diesen beiden Alternativen ist. Somit gilt nach den Ausführungen im Abschn. 9.3.4

$$c = -2\ \ln\left(\frac{1}{0{,}7} - 1\right) \approx 1{,}6946.$$

Für die normierte Nutzenfunktion gilt dann

$$u(x) = \frac{1 - e^{-1{,}6946\frac{x-(-200)}{300-(-200)}}}{1 - e^{-1{,}6946}} = 1{,}225\left(1 - e^{-1{,}6946\frac{x+200}{500}}\right).$$

In der Ermittlung der optimalen Strategie werden nun zunächst für alle Gewinne die Nutzenwerte auf der Basis der Nutzenfunktion u berechnet. In der Abb. 12.5 sind diese Werte rechts neben den Gewinnen aufgeführt. Anschließend wird das Roll-Back-Verfahren analog zur Vorgehensweise bei Risikoneutralität durchgeführt. Der einzige Unterschied

12.2 Der Wert von Informationen

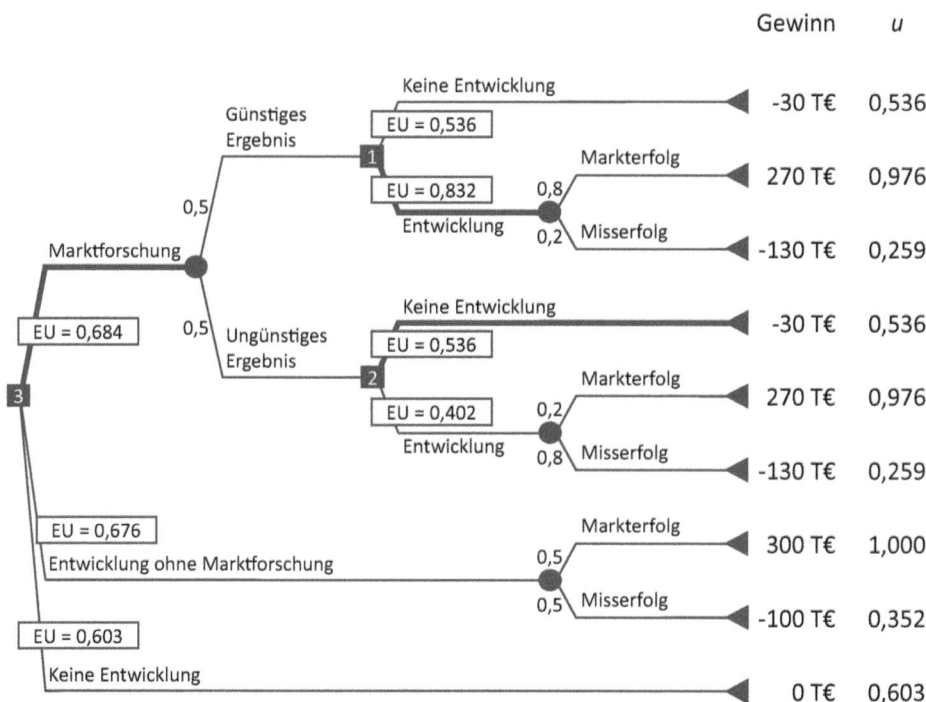

Abb. 12.5 Anwendung des Roll-Back-Verfahrens im Entscheidungsbaum bei einem risikoscheuen Entscheider

besteht darin, dass nicht mehr mit dem Erwartungswert, sondern mit dem Erwartungsnutzen EU der Gewinne gerechnet wird.

Aus der Abb. 12.5 ist ersichtlich, dass sich bei dieser Berechnung eine andere Strategie als optimal herausstellt. Bei dem unterstellten risikoscheuen Entscheider ist die oben definierte Strategie 2 am besten. Die Risikoscheu führt also dazu, dass der Entscheider lieber eine Marktforschung durchführt, um auf der Basis der zusätzlichen Information über die Nachfrage eine bessere Entscheidung treffen zu können.

Das Roll-Back-Verfahren wurde hier für die Situation vorgestellt, dass nur ein Ziel von Interesse ist. Eine Erweiterung auf mehrere Ziele ist jedoch unproblematisch, da es in der Betrachtung der Nutzenerwartungswerte keine Rolle spielt, ob eine Nutzenfunktion über ein Ziel oder über mehrere Ziele vorliegt.

12.2 Der Wert von Informationen

Informationen haben meistens einen Preis. Wer ein Marktforschungsinstitut beauftragt, bekommt Informationen und muss dafür bezahlen. Wer als Personalleiter mehr über die Bewerber wissen will, die sich auf eine Stelle beworben haben, besorgt sich Informationen über ein Assessment-Center. Aber woher will man wissen, ob die Informationen ihr Geld wert sind?

Problematisch an der Bewertung von Informationen ist insbesondere die Tatsache, dass zum Zeitpunkt der Entscheidung über eine Informationsbeschaffungsmaßnahme in natürlicher Weise nicht feststeht, wie die Information aussieht, d. h., ob beispielsweise die Marktforschungsergebnisse zeigen, dass die in Erwägung gezogene Entwicklung eines Produkts ein Markterfolg sein wird oder nicht. Auch welcher Bewerber die besten Fähigkeiten hat, ist zum Zeitpunkt der Bewertung nicht klar. Wüsste man dies, bräuchte man sich die Information nicht mehr zu besorgen.

Umso erstaunlicher ist es, dass man mit Hilfe eines Entscheidungsbaums trotz dieses ungewissen Ausgangs der Informationsbeschaffungsmaßnahme deren Wert schon im Vorfeld ermitteln kann. Hiermit beschäftigt sich dieser Abschnitt.

12.2.1 Grundlegende Vorgehensweise zur Ermittlung des Informationswertes

Wir betrachten zunächst folgende Situation: In einer Urne befindet sich eine Kugel, die man von außen nicht sehen kann. Diese Kugel ist entweder weiß oder schwarz, wobei angenommen werden kann, dass beide Möglichkeiten gleichwahrscheinlich sind. Sie können nun an einem Spiel teilnehmen, bei dem Sie 90 € gewinnen, wenn die gezogene Kugel weiß ist, und nichts, wenn sie schwarz ist. Alternativ zu dem Spiel können Sie sich auch für einen sicheren Geldbetrag von 50 € entscheiden. Nehmen wir an, Sie würden sich risikoneutral verhalten und unsichere Alternativen nach ihrem Erwartungswert bewerten, dann wählen Sie die 50 €, da dieser Betrag höher als der Erwartungswert von 45 € des Spiels ist.

Wir interessieren uns im Folgenden für die Frage, wie viel Ihnen die Information über die Farbe der Kugel in der Urne vor Ihrer Entscheidung wert sein müsste. Dies lässt sich ausrechnen, indem man den Erwartungswert in der Situation ohne diese Information mit dem Erwartungswert in der Situation mit Information vergleicht.

Ohne Information wählen Sie – wie es gerade eben schon ermittelt wurde – den sicheren Geldbetrag, d. h., der Erwartungswert in der Situation ohne Information beträgt 50 €.

Mit Information lässt sich die Situation in Form eines Entscheidungsbaums gemäß Abb. 12.6 darstellen. Zu Beginn ist noch unbekannt, welche Information Sie erhalten. Lautet die Information „Kugel ist weiß", so ist es optimal, das Spiel zu wählen. In diesem Fall ergibt sich ein sicherer Gewinn von 90 € gegenüber 50 € bei der sicheren Alternative. Lautet die Information „Kugel ist schwarz", so ist es jedoch günstiger, den sicheren Geldbetrag zu wählen. Hier erhält man 50 € gegenüber nichts bei der Teilnahme am Spiel. Berücksichtigt man, dass unter den oben getroffenen Prämissen beide Informationen gleichwahrscheinlich sind, so ergibt sich insgesamt ein Erwartungswert von 70 € für die im Entscheidungsbaum eingezeichnete Strategie „Teilnahme am Spiel bei Information weiß, Wahl des sicheren Betrags bei Information schwarz". Dementsprechend liegt der Wert der Information über die Kugelfarbe bei 20 € (= 70 € − 50 €). Es würde sich demnach für Sie bis zu Kosten von 20 € lohnen, an die Information über die Farbe (z. B. durch Bestechung des Spielleiters) heranzukommen.

12.2 Der Wert von Informationen

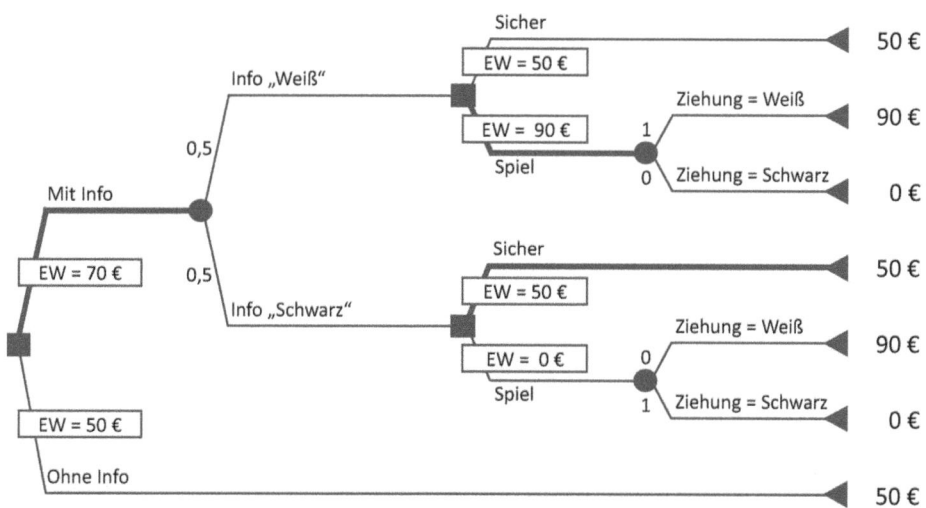

Abb. 12.6 Entscheidungsbaum für die Spielsituation „weiße oder schwarze Kugel in der Urne" mit Information über die Farbe

Nun wird das Spiel etwas komplizierter, und zwar liegen zwei Kugeln in der Urne, von der nur eine gezogen wird und die andere in der Urne verbleibt. Die Kugeln können wiederum weiß oder schwarz sein. Für die Konstellation (weiß, schwarz) wird mit einer Wahrscheinlichkeit von 50 % gerechnet, für (weiß, weiß) oder (schwarz, schwarz) jeweils mit 25 %. Wenn die gezogene Kugel weiß ist, hat man 90 € gewonnen, ansonsten nichts. Der sichere Geldbetrag in Höhe von 50 € bleibt als Alternative bestehen.

Im Folgenden wird analog zum ersten Spiel ausgerechnet, welchen Wert die Information über die Farbenkonstellation der beiden Kugeln besitzt. Ohne Information ist es genauso wie in der Situation mit einer Kugel: Es ist günstiger, nicht zu spielen, sondern stattdessen den sicheren Betrag von 50 € einzustecken. Welche Strategie im Falle der Informationsbeschaffung gewählt wird, lässt sich aus dem Entscheidungsbaum der Abb. 12.7 herleiten.

Wie dort ersichtlich ist, ergibt sich folgende optimale Strategie: „Sind beide Kugeln weiß, wähle das Spiel, in allen anderen Fällen wähle den sicheren Geldbetrag". Der Erwartungswert dieser Strategie ergibt sich zu

$$0{,}25 \cdot 90 \text{ €} + 0{,}50 \cdot 50 \text{ €} + 0{,}25 \cdot 50 \text{ €} = 60 \text{ €}.$$

Der Wert der Information liegt bei diesem Spiel also bei 10 € (= 60 € − 50 €), gegenüber 20 € in der ersten Situation.

Die Differenz im Wert der Information lässt sich intuitiv sehr gut dadurch erklären, dass in der ersten Situation mit der Informationsbeschaffungsmaßnahme jegliche Unsicherheit beseitigt wird. Unabhängig von der Information, die man erhält, liegt bei Vorliegen der Information eine Entscheidungssituation unter sicheren Erwartungen vor. Man spricht in diesem Zusammenhang auch von einer vollkommenen Information. In

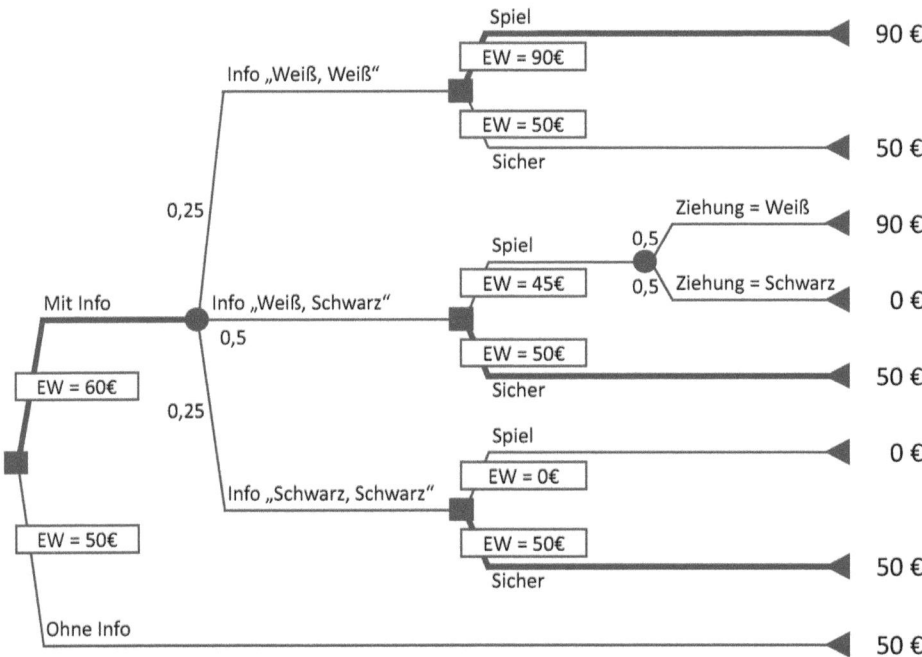

Abb. 12.7 Entscheidungsbaum für die Spielsituation „zwei Kugeln in der Urne" mit Information über die Farbenkonstellation

der zweiten Situation kann die Informationsbeschaffungsmaßnahme zwar auch zu einer Entscheidungssituation unter sicheren Erwartungen führen, dann nämlich, wenn die Information (weiß, weiß) oder (schwarz, schwarz) lautet. Für den Fall, dass die Information die Farbenkonstellation (weiß, schwarz) anzeigt, bleibt die Entscheidungssituation aber unsicher, denn in dem Spiel kann entweder Weiß oder Schwarz gezogen werden. Die Informationsbeschaffungsmaßnahme führt also nicht zu einer vollkommenen Information.

Vor diesem Hintergrund ist es auch intuitiv recht einleuchtend, dass die (unvollkommene) Information im zweiten Fall einen geringeren Wert hat als die (vollkommene) Information in der ersten Variante.

Mit den obigen Ausführungen ist das allgemeine Bewertungskalkül für Informationen oder genauer Informationsbeschaffungsmaßnahmen am Beispiel erklärt. Es lässt sich unter der Prämisse der risikoneutralen Bewertung wie folgt zusammenfassen: Der Wert einer Informationsbeschaffungsmaßnahme entspricht der Differenz zwischen dem Erwartungswert der optimalen Strategie bei Durchführung der Informationsbeschaffungsmaßnahme und dem Erwartungswert der optimalen Strategie ohne eine zusätzliche Information. Die Berechnung des Informationswertes verlangt also in jedem Fall, dass beide Entscheidungssituationen (mit und ohne Information) jeweils unabhängig voneinander vollständig analysiert werden müssen.

12.2.2 Das Bayes-Theorem im Kontext des Bewertungskalküls

In der Anwendung des gerade vorgestellten Bewertungskalküls von Informationen könnte möglicherweise das Problem entstehen, dass nicht alle erforderlichen Wahrscheinlichkeiten, die zur Berechnung der Erwartungswerte im Entscheidungsbaum notwendig sind, in der benötigten Form vorliegen. In diesem Fall kann unter Umständen das Bayes-Theorem (siehe Abschn. 15.2.3) sinnvoll zum Einsatz kommen. In welcher Form dies erfolgen kann, soll im Folgenden an einem Beispiel veranschaulicht werden.

▶ Ein Unternehmen plant die Einführung eines neuen Produkts, bei dem die Unternehmensleitung mit einer Wahrscheinlichkeit von 60 % annimmt, dass es ein Erfolg wird. Das Unternehmen kann die Markteinführung des Produkts entweder direkt wagen oder zur Prognoseverbesserung eine Marketingberatung beauftragen, eine genauere Marktstudie durchzuführen. Die sofortige Markteinführung ist mit Kosten in Höhe von 50 Mio. € verbunden. Im Erfolgsfall rechnet das Unternehmen mit einem Erlös in Höhe von 250 Mio. €.

▶ Aus Vergangenheitsdaten weiß die Unternehmensleitung, dass die Marketingberatung in 90 % der Fälle eine erfolgreiche Markteinführung richtig prognostiziert hat. In 10 % der Fälle waren die Neuprodukte erfolgreich, obwohl die Beratung von einer Markteinführung abgeraten hatte.

▶ In 95 % der Fälle hat die Marketingberatung von einer Markteinführung abgeraten, wenn die Marktreife auch tatsächlich nicht gegeben war. Lediglich in 5 % der Fälle empfahlen die Berater eine sofortige Markteinführung, die sich dann als nicht erfolgreich herausstellte.

▶ Wie teuer darf die Marktstudie der Marketingberatung maximal sein, damit es sich aus Unternehmenssicht lohnt, diese Studie in Auftrag zu geben?

Lassen Sie uns einmal analysieren, welche Wahrscheinlichkeitsinformationen in dieser Beschreibung gegeben sind. Hierzu bezeichnen wir den Zustand, dass das Neuprodukt erfolgreich ist, mit s_1 und den Zustand, dass das Produkt nicht auf dem Markt besteht, mit s_2. Die möglichen Informationen aus der Informationsbeschaffungsmaßnahme werden durch I_1 = „Marketingberatung rät zur Einführung" und I_2 = „Marketingberatung rät von der Einführung ab" formalisiert.

Mit $p(s_1) = 60\%$ und $p(s_2) = 40\%$ sind also aus der Aufgabenbeschreibung schon einmal die *A-priori-Wahrscheinlichkeiten* gegeben. Die angegebenen Fehlerquoten der Marketingberatung stellen die bedingten Wahrscheinlichkeiten $p(I_j \mid s_i)$ dar, d. h. die Likelihoods im Sinne des Bayes-Theorems. Sie bringen zum Ausdruck, wie zuverlässig die neue Information ist. Für die Likelihoods gilt im Beispiel:

$$p(I_1 \mid s_1) = 0,9,$$

$$p(I_2 \mid s_1) = 0,1,$$

$$p(I_1 \mid s_2) = 0,05,$$

$$p(I_2 \mid s_2) = 0,95,$$

Zur Lösung des Entscheidungsproblems der Unternehmensleitung reichen diese Wahrscheinlichkeiten jedoch nicht. Deutlich wird dies an dem Entscheidungsbaum für das Beispiel in Abb. 12.8, weil die dort erforderlichen Wahrscheinlichkeiten nicht diejenigen sind, die wir gerade aus der Aufgabenstellung direkt ableiten konnten.

Die optimale Strategie kann also nicht ermittelt werden, da noch Wahrscheinlichkeitsangaben fehlen. Die aus der Problemstellung bekannten Likelihoods $p(I_j \mid s_i)$ kommen im Entscheidungsbaum nicht vor, dafür wird auf die noch nicht bekannten Wahrscheinlichkeiten für die beiden möglichen Informationen $p(I_1)$, $p(I_2)$ sowie auf die vier *A-posteriori-Wahrscheinlichkeiten* $p(s_1 \mid I_1)$, $p(s_2 \mid I_1)$, $p(s_1 \mid I_2)$ und $p(s_2 \mid I_2)$ Bezug genommen. Die

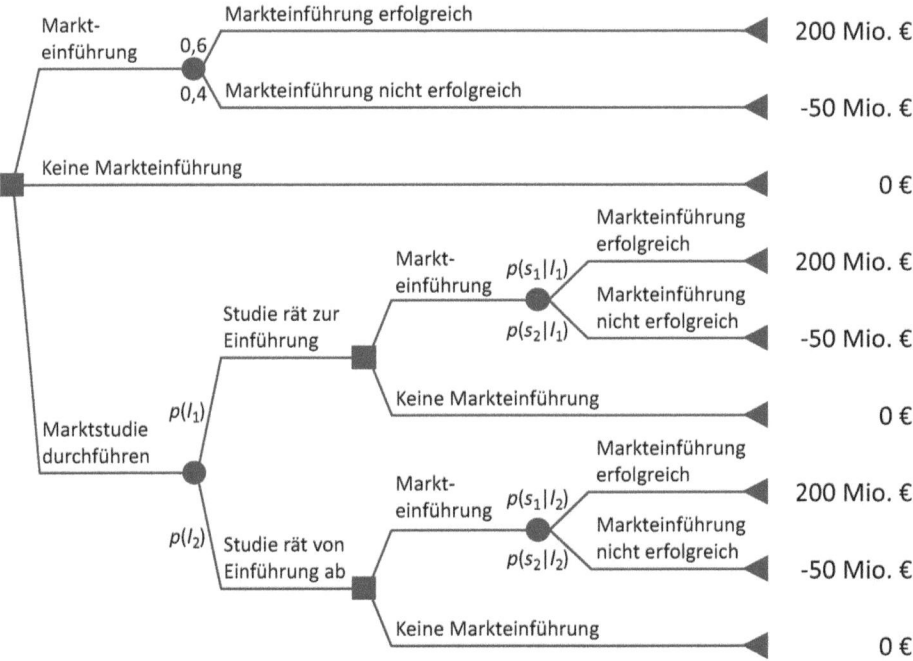

Abb. 12.8 Entscheidungsbaum zum Wert der Studie einer Marketingberatung

12.2 Der Wert von Informationen

A-posteriori-Wahrscheinlichkeiten zeigen an, wie wahrscheinlich der Zustand s_i bei bekannter Information I_j ist.

Zur Berechnung wenden wir nun also das Bayes-Theorem an, d. h., es gilt

$$p(s_i | I_j) = \frac{p(s_i) p(I_j | s_i)}{\sum_{k=1}^{m} \left(p(s_k) p(I_j | s_k) \right)}$$

Für $p(s_1|I_1)$ ergibt sich danach z. B.

$$p(s_1 | I_1) = \frac{0,6 \cdot 0,9}{0,6 \cdot 0,9 + 0,4 \cdot 0,05} = 0,964.$$

Die Wahrscheinlichkeit, dass die Markteinführung des neuen Produkts erfolgreich ist, falls die Marktstudie zu einer Einführung rät, beträgt somit 96,4 %.

Die Wahrscheinlichkeiten $p(I_1)$ und $p(I_2)$ werden durch das Bayes-Theorem nicht abgeleitet. Die folgende Abb. 12.9 stellt jedoch ein Berechnungsschema vor, mit dem sowohl diese gesuchten Wahrscheinlichkeiten als auch die A-posteriori-Wahrscheinlichkeiten simultan und übersichtlich abgeleitet werden können. Dieses Berechnungsschema funktioniert nur, wenn die A-priori-Wahrscheinlichkeiten $p(s_i)$ und die Likelihoods gegeben sind.

Im ersten Schritt werden die gemeinsamen Wahrscheinlichkeiten nach der angegebenen Formel berechnet. Im zweiten Schritt wird die Spaltensumme der gemeinsamen Wahrscheinlichkeiten ermittelt. Wegen $p(I_j) = p(I_j, s_1) + p(I_j, s_2)$ ergeben sich die gesuchten Wahrscheinlichkeiten $p(I_1)$ und $p(I_2)$. Sind diese beiden Wahrscheinlichkeiten bekannt, so können im dritten Schritt mit der angegebenen Formel die A-posteriori-Wahrscheinlichkeiten berechnet werden und man ist schon fertig. Bildet man die Spaltensumme bei den A-posteriori-Wahrscheinlichkeiten, so hat man einen kleinen Konsistenztest. Ergibt sich in einer Spalte ein Wert ungleich 1, hat man sich irgendwo verrechnet.

Setzt man die fett markierten Werte für die gesuchten Wahrscheinlichkeiten in den Entscheidungsbaum aus Abb. 12.8 ein, so ergibt sich ein Bild gemäß Abb. 12.10. Die optimale Strategie lautet „Erst Marktstudie durchführen, falls die Studie zur Markteinführung rät,

		Likelihoods $p(I_j|s_i)$		Gemeinsame Wahrscheinlichkeiten $p(I_j,s_i) = p(I_j|s_i) \cdot p(s_i)$		A-Posteriori-Wahrscheinlichkeiten $p(s_i|I_j) = p(s_i,I_j) / p(I_j)$	
	$p(s_i)$	I_1	I_2	I_1	I_2	I_1	I_2
s_1	0,6	0,9	0,1	0,54	0,06	0,964	0,136
s_2	0,4	0,05	0,95	0,02	0,38	0,036	0,864
				$p(I_1)$ = 0,56	$p(I_2)$ = 0,44	1	1

Abb. 12.9 Berechnungsschema zur Ermittlung der A-posteriori-Wahrscheinlichkeiten

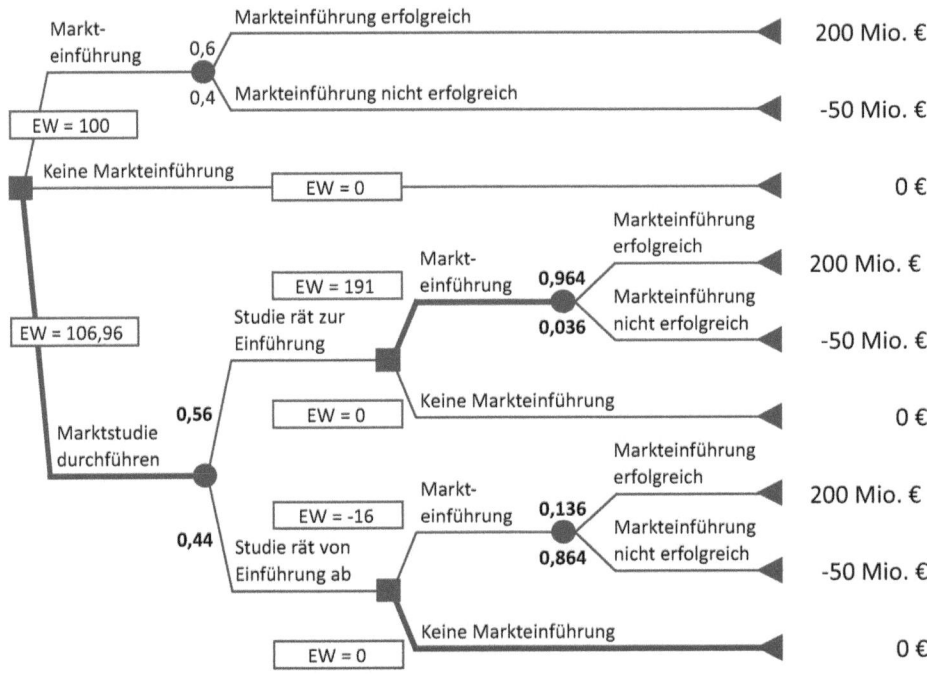

Abb. 12.10 Entscheidungsbaum „Marktstudie oder direkte Einführung" mit A-posteriori-Wahrscheinlichkeiten

dann Markteinführung wagen, sonst Produkt nicht einführen". Diese Strategie hat einen Erwartungswert von 106,96 Mio. €. Da sich bei einer Markteinführung ohne vorherige Studie ein Erwartungswert von 100 Mio. € ergibt, darf die Informationsbeschaffungsmaßnahme bzw. Prognoseverbesserung durch die Marketingberatung höchstens 6,96 Mio. € kosten, damit sie sich ökonomisch noch lohnt.

In diesem Abschnitt wurde deutlich, wie das Bayes-Theorem sinnvoll in das Bewertungskalkül von Informationen eingebettet werden kann. Das typische Anwendungsfeld sind Konstellationen, in denen zum einen Vorstellungen über die Wahrscheinlichkeiten möglicher zukünftiger Zustände der Prognosegröße vorliegen (A-priori-Wahrscheinlichkeiten) und zum anderen auch Erkenntnisse vorhanden sind, wie zuverlässig eine Informationsbeschaffungsmaßnahme die relevanten Zustände prognostizieren kann (Likelihoods). Dann ist es möglich, durch das Bayes-Theorem bzw. durch Anwendung des einfachen Rechenschemas die für eine Bewertung der Informationsbeschaffungsmaßnahme notwendigen Wahrscheinlichkeiten unkompliziert zu berechnen.

12.3 Das Wichtigste in Kürze

In diesem Kapitel habe ich Folgendes gelernt
- Ein mehrstufiges Entscheidungsproblem liegt vor, wenn Maßnahmen in Abhängigkeit von späteren Ereignissen schon zu Beginn festgelegt werden sollen („Strategien in einem Entscheidungsbaum").
- Optimale Strategien werden in einem Entscheidungsbaum durch Anwendung des Roll-Back-Verfahrens ermittelt. Im Roll-Back-Verfahren werden von rechts nach links die (Nutzen-)Erwartungswerte berechnet und in jedem Entscheidungsknoten die suboptimalen Maßnahmen gestrichen.
- Der Wert einer Information lässt sich aus einem Vergleich der jeweils besten Strategien mit und ohne Information berechnen. Bei Risikoneutralität entspricht der Wert der Information genau der Differenz der Erwartungswerte der beiden optimalen Strategien.
- Mit Hilfe des Bayes'schen Theorems lassen sich die für die Berechnung der optimalen Strategien im Roll-Back-Verfahren notwendigen A-posteriori-Wahrscheinlichkeiten gut aus den meist gegebenen A-priori-Wahrscheinlichkeiten und Likelihoods berechnen.

Teil IV

Gruppenentscheidungen und weitere Anwendungen

Gruppenentscheidungen 13

Zusammenfassung

In diesem Kapitel werden Entscheidungen in Gruppen betrachtet. Wir beziehen uns hierbei hauptsächlich auf Entscheidungen im Unternehmensbereich. Dies sind Entscheidungen von Teams, die mindestens aus zwei Personen bestehen, die eine gemeinsame Aufgabe zu lösen haben und dabei kooperativ tätig sind, wobei auch hierarchische Beziehungen innerhalb des Teams möglich sind. Zu Beginn fängt das Kapitel allerdings erst einmal mit einer grundlegenden Analyse an, wie überhaupt Ziele von mehreren Personen zu einem gemeinsamen, für eine Nutzenberechnung anzuwendenden Zielsystem der Gruppe verknüpft werden können. Hierbei wird deutlich, dass Normen und Wertvorstellungen der Beteiligten zu Fairness, Loyalität und Altruismus eine große Rolle spielen. Zur Ausgestaltung des eigentlichen Gruppenentscheidungsprozesses wird dann auf die Frage eingegangen, aus welchen Mitgliedern sich die Gruppe zusammensetzen sollte. In diesem Zusammenhang wird das Konzept eines Stakeholder-Netzdiagramms eingeführt. Ein weiteres Unterkapitel beschäftigt sich mit dem Umgang mit Meinungsunterschieden und Interessenkonflikten innerhalb der Gruppe. Zusätzlich zu den Biases, die schon bei Individualentscheidungen auftreten, gibt es in Gruppenentscheidungen zusätzliche Verzerrungsfaktoren und Rationalitätsfallen, auf die ebenfalls in diesem Kapitel eingegangen wird. Abschließend werden praktische Empfehlungen abgegeben, wie Teamentscheidungen in Unternehmen am besten moderiert und umgesetzt werden können. Hierbei zeigt sich, dass eine sehr enge Koppelung an die in Teil III des Buches vorgestellten Schritte eines präskriptiven Entscheidungsprozesses extrem wertvoll ist.

13.1 Zielsysteme im Kontext sozialer Interaktionen

Wenn in Gruppenentscheidungen Menschen zusammenarbeiten, die möglicherweise sehr unterschiedliche Ziele verfolgen, muss diese Interessenheterogenität in irgendeiner Form im Entscheidungsprozess kanalisiert werden. Wenn in Unternehmen ein Team eine Entscheidung zu treffen hat, sollte diese Entscheidung zwar im Unternehmensinteresse gefällt werden, aber jedes Teammitglied interessiert sich möglicherweise mehr dafür, dass es in seinem Aufgabenbereich gut vorankommt. Gegebenenfalls wird die Entscheidung auch noch von persönlichen Zielen, die überhaupt nichts mit den Unternehmenszielen zu tun haben, beeinflusst. In den folgenden Abschnitten werden vor diesem Hintergrund erst mal einige grundlegende Überlegungen zur Zusammenführung von Zielen in einer Gruppe geliefert.

13.1.1 Marktnormen versus soziale Normen

Einen großen Einfluss auf die Ausgestaltung eines Zielsystems in einer Konstellation mit sozialen Interaktionen ergibt sich aus der Norm, in der die Beteiligten die Situation betrachten. Differenziert werden kann hierbei idealtypisch zwischen der Marktnorm und der sozialen Norm. Was mit diesen beiden Normen gemeint ist, soll zunächst an folgendem Beispiel verdeutlicht werden:[1]

▶ Stellen Sie sich vor, Sie wären zum Abendessen bei Ihrer Schwiegermutter eingeladen. Das Essen war hervorragend und der Abend kann als gelungen bezeichnet werden. Beim Verabschieden fragen Sie dann Ihre Schwiegermutter, mit welchem Geldbetrag Sie sich erkenntlich zeigen können. Sie hätten ja schließlich für ein vergleichbares Essen in einem guten Restaurant bestimmt viel Geld bezahlt. Ihre Schwiegermutter wird vermutlich empört und beleidigt sein sowie Sie das letzte Mal eingeladen haben.

Der Grund für den abrupten Stimmungswandel der Schwiegermutter liegt in einem durch die Frage ausgelösten Wechsel zwischen zwei verschiedenen Welten: einer Welt, in der soziale Normen gelten, und einer Welt, in der Marktnormen gelten. Menschen haben ausgeprägte soziale Bedürfnisse, z. B. den Wunsch nach Kontakt, Zugehörigkeit, sozialer Wärme, Behaglichkeit, Freunden und Familie. All diese Werte sind in der Welt mit sozialen Normen relevant. Es ist die Welt, in der sich zumindest die Schwiegermutter den ganzen Abend befindet.

In der Welt mit Marktnormen hingegen zählen nur die harten Regeln des Marktes: Hier bekommt man etwas, wenn man dafür bezahlt. Nicht mehr und nicht weniger. Die in dieser Welt angesprochenen Werte beim Menschen sind meist nicht so grundlegend, sie sind häu-

---
[1] Siehe ähnlich Ariely (2010) im dortigen Kap. 4.

fig nur indirekt verknüpft mit den Grundbedürfnissen der Menschen. Hinter den stets vorhandenen Kosten- und Nutzenbewertungen verbergen sich stattdessen eher praktische Überlegungen bzw. auch eine Wertschätzung für Geld, darüber hinaus vielleicht auch noch der Wunsch nach Karriere, Selbstbestätigung, Erfindungsreichtum oder Individualismus.

Die Vorstellung, dass es sich um zwei gänzlich verschiedene Welten handelt, hat zwar einen gewissen Charme, ist aber zugegebenermaßen etwas übertrieben. Vielmehr sollte man sich vorstellen, dass jeder Mensch sein eigenes, sehr viele Aspekte umfassendes Wertesystem besitzt, sich die Bedeutung der einzelnen Werte aber gleichwohl erheblich verändern kann, wenn jemand von einem Kontext mit sozialer Norm in einen Kontext unter Marktnormen wechselt. Mit dieser Relativierung im Hinterkopf wollen wir es uns trotzdem im Folgenden erlauben, von zwei verschiedenen Wertewelten zu sprechen, auf die sich der Entscheider jeweils bezieht.

Als ein weiteres Beispiel für einen Unterschied zwischen diesen beiden Wertewelten berichtet Dan Ariely in seinem lesenswerten Buch „Denken hilft zwar, nützt aber nichts" über ein interessantes Verhalten amerikanischer Rechtsanwälte.[2] Und zwar fragte die amerikanische Rentnervereinigung bei Anwälten nach, ob sie ihre Dienste für bedürftige Rentner zu einem sehr günstigen Satz von etwa 30 Dollar je Stunde anbieten könnten. Die Anwälte lehnten dies zwar ab, waren aber in großer Mehrheit bereit, in einem bestimmten Umfang völlig kostenlos tätig zu sein. Diese Entscheidung ist mit einem Bezug auf die beiden unterschiedlichen Welten leicht nachvollziehbar. Bei einer Honorierung mit 30 Dollar erfolgt die Bewertung in einer Welt mit Marktnormen, und für die honorarverwöhnten Anwälte ist dies einfach zu unattraktiv. Ist von einer kostenlosen Tätigkeit die Rede, so zählen auf einmal nur noch die sozialen Normen und die gegenteilige Entscheidung ist leicht erklärt.

Die Existenz dieser beiden unterschiedlichen Wertewelten bringt im Übrigen einen weiteren interessanten Aspekt in alle Diskussionen, ob eine bestimmte Entscheidung eines Menschen rational ist oder nicht. So kann ein Wechsel der Betrachtungsperspektive von einer Welt in die andere eine irrationale Entscheidung zu einer rationalen mutieren lassen, oder natürlich auch umgekehrt. Gleichwohl ist dies kein Automatismus: Es mag Entscheidungen geben, die in beiden Welten als nicht rational oder als rational einzustufen sind.

13.1.2 Soziale Präferenzen: Fairness, Reziprozität und Loyalität

Wenn sich Menschen in den Wertewelten der sozialen Normen bewegen, so spricht man auch von der Existenz sozialer Präferenzen. In der Diskussion von sozialen Präferenzen wird häufig auf die Begriffe Fairness, Reziprozität und Loyalität Bezug genommen.

Fairness ist in unserer Wertewelt, in der alle Menschen die gleichen Rechte haben sollten, in natürlicher Weise verankert. Von besonderer Bedeutung ist Fairness zugleich auch

---
[2] Siehe auch hierzu Ariely (2010), Kap. 4.

bei hierarchischen Beziehungen. Ein Vorgesetzter, der Fairness im Umgang mit den Unterstellten nicht schätzt, wird sich für einen gänzlich anderen Umgang entscheiden als ein Vorgesetzter, der stets auf Fairness achtet.[3]

Reziprozität beschreibt die Art und Weise, wie Menschen in sozialen Interaktionen auf Handlungen anderer reagieren. Hierbei unterscheidet man zwei Arten von Reziprozität: zum einen die Bereitschaft, freundliche Handlungen zu belohnen (positive Reziprozität), und zum anderen die Bereitschaft, unfreundliche Handlungen zu bestrafen (negative Reziprozität), wobei die Belohnung oder die Bestrafung Kosten verursachen. Positive Reziprozität hängt hierbei sehr eng mit dem Wert Loyalität zusammen, den Steven Reiss unter dem Lebensmotiv *Ehre* subsumiert. Während sich der Begriff Reziprozität auf den konkreten Zusammenhang von Handlungen zweier Parteien in einem bestimmten Zusammenhang bezieht, beschreibt Loyalität ein stabiles Grundverständnis eines Menschen, grundsätzlich positive Handlungen gegenüber oder im Interesse der Personen oder Institutionen vorzunehmen, mit denen er in einer sozialen Verbindung steht, und zwar ohne dass auf eine konkrete Handlung der anderen Partei reagiert wird. Loyalität ist in einer Wertewelt der Gemeinschaft ähnlich wie Fairness in natürlicher Weise gegeben. Speziell in einem autoritären Verhältnis gewinnt dieser Wert aber eine besonders hohe Bedeutung, hier insbesondere auf der Ebene des Unterstellten. So wird ein seinem Chef gegenüber loyaler Unterstellter erstens den Vorgaben seines Chefs folgen, auch wenn er auf Basis seiner persönlichen Ziele möglicherweise andere Handlungsalternativen wählen würde. Darüber hinaus wird er auch ohne direkte Vorgaben die Interessen seines Chefs berücksichtigen.

Soziale Präferenzen in Ultimatum-Spielen
Es gibt eine Reihe von experimentellen Forschungsarbeiten, die soziale Präferenzen in verschiedenen Situationen analysieren. Viele dieser Experimente bauen auf dem Ultimatum-Spiel auf, welches sich vor einigen Jahren die Spieltheoretiker Güth, Schmittberger und Schwarze (1982) ausgedacht haben. In diesem Spiel erhält eine Versuchsperson A von dem Spielleiter einen bestimmten Geldbetrag, sagen wir 100 €, und wird sodann aufgefordert, davon einen Teil einem zweiten Spieler B abzugeben. Die Spielregeln geben Spieler B allerdings das Recht zu entscheiden, ob er diesen Betrag annimmt und damit auch Spieler A seinen Anteil behalten kann, oder ob er die Aufteilung ablehnt und beide Spieler leer ausgehen.

Die Verwendung dieses Ultimatum-Spiels in Experimenten ist deshalb so attraktiv, weil es in vielfältiger Weise variiert und durch diese Variationen einiges über die Einflussfaktoren insbesondere auf Fairness herausgefunden werden kann. Im Folgenden werden einige Variationen vorgestellt.[4]

Zunächst aber seien noch ein paar Vorbemerkungen zur Grundversion des Ultimatum-Spiels erlaubt. Und zwar stellen Sie sich bitte vor, was passieren würde, wenn Spieler B in

---

[3] Sehr ausführlich setzt sich Rescher (2002) mit dem Konzept der Fairness auseinander.
[4] Zu den folgenden Ausführungen in dem gesamten Unterkapitel siehe ausführlicher Braun et al. (2011).

13.1 Zielsysteme im Kontext sozialer Interaktionen

dem Ultimatum-Spiel ein Homo Oeconomicus ohne jegliche soziale Präferenzen wäre. In diesem Fall würde er jeden Geldbetrag von A, sei es auch nur 1 Cent, annehmen. Er hätte kein Störgefühl dabei, dass die Aufteilung möglicherweise unfair ist. Ebenso würde Spieler A als Homo Oeconomicus nur ein Minimum abgeben, es sei denn, er zieht in sein Kalkül die Überlegung mit ein, dass B nicht nur seinen Gewinn maximieren will, sondern seinerseits Fairnessüberlegungen anstellt und ggfs. die Verteilung zum Platzen bringt. In einem solchen Fall würde der ausgefuchste Spieler A natürlich dann genau den Betrag wählen, bei dem auf der Basis seiner Einschätzung der Annahmewahrscheinlichkeiten von Spieler B der erwartete Nutzen bei ihm am höchsten wäre. Mit Fairness hätte es in diesem Fall wenig zu tun, wenn Spieler A dem anderen Spieler B einen Anteil anbietet.

Die Ergebnisse sehr vieler Experimente, die zum Ultimatum-Spiel durchgeführt wurden, zeigen ein recht deutliches Bild. Für den Spieler B wird regelmäßig beobachtet, dass niedrige Angebote häufig abgelehnt werden, in einem Experiment geschah dies bei einem Angebot unter 20 % in ca. 50 % der Fälle.[5] Spieler B zeigt also soziale Präferenzen, unfaire Aufteilungen werden unmittelbar bestraft. Auch im Hinblick auf Spieler A ist zu beobachten, dass die Angebote vergleichsweise hoch ausfallen. So sind Angebote zwischen 40 % und 50 % des Geldbetrags sehr häufig und Angebote, die niedriger sind als 20 %, nur sehr selten.[6]

Aus diesen Ergebnissen lässt sich auf den ersten Blick schließen, dass soziale Normen regelmäßig Anwendung finden und Menschen Fairness grundsätzlich wertschätzen bzw. fair handeln. Darüber hinaus zeigen weitere Experimente,[7] dass Spieler sogar noch mehr von ihrem Geld abzugeben bereit sind, wenn der Spielpartner dadurch überproportional profitiert und so die Gesamtwohlfahrt gesteigert wird. Dies ist offenbar ein weiterer Beleg für echte soziale Präferenzen von Menschen.

Aber Vorsicht: Was passiert wohl, wenn man Spieler B in dem Ultimatum-Spiel seine Einflussmöglichkeiten nimmt und er den angebotenen Betrag akzeptieren muss? Zeigt Spieler A dann immer noch dieselbe Fairness wie vorher? Die Ergebnisse zu diesen sogenannten Diktator-Spielen verdeutlichen, dass die Angebote auf einmal deutlich niedriger ausfallen. Bei einer Forschergruppe[8] gingen die angebotenen Beträge im Ultimatum-Spiel von dem üblichen Level zwischen 40 % und 50 % auf durchschnittlich nur noch 21 % im Diktator-Spiel zurück. Dieses Resultat zeigt, dass es zumindest zum großen Teil nicht echte Fairness ist, die Spieler A im Ultimatum-Spiel antreibt, sondern das Kalkül, dass für ihn letztlich mehr herausspringt, wenn er ein akzeptables Angebot unterbreitet.

Man beobachtet allerdings, dass die Versuchspersonen im Diktator-Spiel immerhin noch ungefähr ein Fünftel abgeben, obwohl sie davon (als Homo Oeconomicus) nichts haben. Es gibt also doch echte Fairness, wenn auch in einem bescheidenen Umfang, mag man denken. Leider ist auch dieser Schluss noch verfrüht, denn es könnte ja sein, dass die

---

[5] Siehe Henrich et al. (2001).
[6] Siehe z. B. Fehr und Schmidt (1999).
[7] Siehe Charness und Rabin (2002).
[8] Siehe Forsythe et al. (1994).

gezeigte Fairness im Diktator-Spiel nur die Folge des Bedürfnisses ist, von anderen als fair handelnd wahrgenommen zu werden. Um dies zu überprüfen, modifizierte eine Forschergruppe[9] das Untersuchungsdesign im Diktator-Spiel, indem es eine sogenannte *„double blind"*-Bedingung im Diktator-Spiel einführte. Das bedeutet, dass nicht nur der Spielpartner, sondern auch der Experimentleiter selbst nicht beobachten kann, welche Aufteilung von welchem Spieler vorgenommen wird. Somit konnten die Spieler sicher sein, dass wirklich niemand die getroffenen Entscheidungen bis zum jeweiligen Spieler zurückverfolgen konnte. Das Ergebnis des Experiments zeigt wiederum ein deutliches Abfallen der Angebote. Zwei Drittel der Spieler A behielten die gesamte Anfangsausstattung für sich.

Mit diesen bisherigen Ergebnissen lässt sich festhalten, dass die Versuchspersonen unter den gegebenen Rahmenbedingungen des Spiels kaum soziale Präferenzen aufweisen. Weniger aufgrund einer echten Wertschätzung für Fairness als aus dem Wunsch heraus, als fair wahrgenommen zu werden, resultiert die Bereitschaft, das Geld aufzuteilen. Und es kommt noch schlimmer: Gibt man den Versuchspersonen die Möglichkeit, sich weitere Vorteile in dem Spiel zu verschaffen, ohne dass dies auffällt, wird dies gnadenlos ausgenutzt.

Ein Beispiel hierfür ist das Ausnutzen von Informationsvorteilen von Spieler A gegenüber Spieler B. Eine Möglichkeit dies zu untersuchen, bietet ein Versuchsdesign, in dem Spielchips anstelle der unmittelbaren Geldbeträge eingesetzt werden und diese Spielchips mit unterschiedlichen Wertigkeiten belegt werden. In einem entsprechenden Experiment[10] wurde die Wertigkeit jedes einzelnen Spielchips für Spieler A doppelt so hoch angesetzt wie für jeden Spielchip, den Spieler B hat oder erhält. Bei einer „gerechten" Verteilung müsste A nun eigentlich mehr abgeben als bei gleicher Wertigkeit. Tatsächlich zeigten dies auch die Ergebnisse, denn die Spieler gaben von insgesamt 10 im Schnitt 5,5 Spielchips ab, also mehr als die Hälfte. Wohlgemerkt war dies die Variante, in der alle Teilnehmer – also auch Spieler B – diese abweichende Wertigkeit kannten. Enthält man nun dem Spieler B diese Information über unterschiedliche Wertigkeiten vor, so nutzt der Spieler A diesen Informationsvorteil für sich aus. Die Ergebnisse zeigen, dass die Angebote dann nur noch bei 4,2 Chips lagen. Auch dieses Experiment untermauert noch einmal die Erkenntnis, dass Menschen insbesondere an der sozialen Wertung ihrer Handlung interessiert sind. Man wählt sein Handeln also gerade so, dass es als „fair" wahrgenommen wird und weniger, wie es eine wirkliche Gleichverteilung erfordern würde.

Ein weiteres Beispiel betrifft das Ausnutzen guter Verhandlungspositionen. So ergibt sich eine interessante Erweiterung des Ultimatum-Spiels, wenn man Wettbewerb und somit unterschiedliche Verhandlungspositionen zulässt. So lässt sich die Verhandlungsposition von Spieler A verbessern, wenn man ihn sein Angebot gleichzeitig an mehrere Spieler machen lässt, und es für ihn ausreicht, wenn ein Spieler das Angebot annimmt. In

---

[9] Siehe Hoffman et al. (1994).
[10] Siehe Braun und Kohlmorgen (2010).

einem entsprechenden Untersuchungsdesign[11] bot der Spieler A seinem zunächst einzigen Spielpartner im Schnitt einen Betrag von 42 % des Geldbetrags an, also ein Wert, wie er aus anderen Experimenten normal erscheint. Mit einem zusätzlichen Spieler reduzierte sich dieses durchschnittliche Angebot jedoch auf 20 %, bei fünf Spielern lag es sogar nur noch bei 12 %. Die Forscher drehten auch den Spieß einmal um und konzipierten ein Experiment mit mehreren Spielern A, die jeweils eigenständige Angebote an einen einzigen Spieler B tätigten. Hierbei kann nur derjenige Spieler A seinen Anteil behalten, dessen Angebot von Spieler B angenommen wird. Alle anderen Spieler A gehen leer aus. In diesem für Spieler A unangenehmeren Konkurrenzumfeld schnellte das Angebot schon bei nur einem zusätzlichen Spieler A von 42 % auf 75 % hoch. Diese Ergebnisse zeigen deutlich, dass im Wettbewerb bei verschiedenen Verhandlungspositionen Fairness-Überlegungen erheblich an Bedeutung verlieren und im Grunde nur noch die relative Verhandlungsmacht gegenüber den anderen Beteiligten eine Rolle spielt. Wenn man die Spieler A als Verkäufer und die Spieler B als potenzielle Käufer irgendeines Produktes auffasst, so sieht man sicherlich schnell viele Parallelen zwischen diesen Laborergebnissen und der realen Geschäftswelt.

Fassen wir zusammen: Insgesamt zeigen die Ergebnisse der hier behandelten Studien, dass faires Verhalten der Versuchsteilnehmer sehr stark abhängig von der genauen Situation ist, insgesamt aber (leider) nur eine geringe echte Fairness belegt werden kann. Ein geringes Fairnessverhalten zeigt sich insbesondere in Situationen, in denen anonym gehandelt werden kann und die Verhandlungsposition sehr gut ist. Wenn es sich also für die eigene Person lohnt, nicht fair zu agieren, und es keiner sieht, nutzen Menschen dies im Allgemeinen auch aus.

Der Einfluss der sozialen Distanz auf soziale Präferenzen
Mit diesem zugegebenermaßen etwas düsteren Blick in das menschliche Wertesystem müssen wir diesen Abschnitt allerdings nicht beenden. Tatsächlich wendet sich das Blatt, wenn man sich weniger mit einmalig auftretenden Spielsituationen beschäftigt, bei denen die Partner danach nicht weiter kooperieren wollen, sondern eher mit längerfristig angelegten Kooperationsbeziehungen bei einer dementsprechend geringen sozialen Distanz, wie z. B. dem Verhältnis zwischen Arbeitgeber und Arbeitnehmer, Hersteller und Zulieferer oder Bank und Kunde im Privatkundengeschäft. In diesen Zusammenhängen spielt dann neben Fairness insbesondere auch Reziprozität und Loyalität eine Rolle.

Zum Einfluss der sozialen Distanz gibt es ebenfalls eine Reihe von Experimenten. Als erstes seien hier Versuchsdesigns zum sogenannten *Social Discounting* zu nennen. Hierbei untersucht man den Einfluss der sozialen Distanz auf Präferenzen, inwieweit man anderen Menschen Geldgeschenke gönnt. Hierbei ist es zwar recht klar, dass man nahestehenden Menschen das Geld weit mehr gönnt als anderen. Aber in der Forschung interessiert man

---
[11] Siehe Fischbacher et al. (2009).

sich insbesondere dafür, wie diese „Abdiskontierung der sozialen Distanz" im Hinblick auf die soziale Distanz genau modelliert werden kann. So fragten Forscher Versuchsteilnehmer in einem Experiment, ob sie lieber (A) einen Betrag von $ x für sich alleine haben wollen oder (B) $ 75 für sich und $ 75 für eine andere Person mit bestimmter sozialer Distanz.[12] Hierbei variierten die Forscher den Betrag x und die soziale Distanz. Der Betrag x wurde in einer Bandbreite von $ 75 und $ 155 angeboten. Bei der sozialen Distanz sollten sich die Versuchsteilnehmer eine Liste mit 100 Personen vorstellen, die sie sich selbst nach der Rangfolge der sozialen Distanz ordnen können. Den höchsten Rang 1 könnte beispielsweise der beste Freund haben, den Rang 100 eine Person, mit der man vielleicht noch eine normale Bekanntschaft hat.

In der Abb. 13.1 ist anhand einer hyperbolischen Diskontierungsfunktion gut zu erkennen, wie stark die sozialen Präferenzen mit zunehmender Distanz zu der Person abnehmen. Während man dafür, dass die Person auf Rang 1 einen Betrag von $ 75 erhält, selbst auf $ 80 verzichtet (d. h. lieber die Option B wählt als eine Option A, bei der $ 155 angeboten wurden), sinkt dieser Verzichtsbetrag zunächst sehr steil und dann immer flacher auf Werte um $ 10 für die Personen mit der größten sozialen Distanz. Soziale Präferenzen hängen also offenbar ganz erheblich von der sozialen Distanz ab.

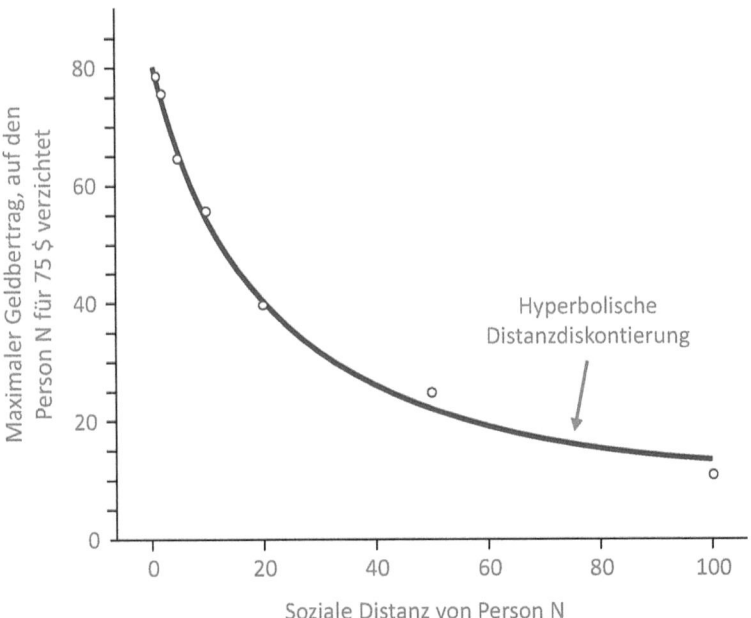

Abb. 13.1 Ergebnisse einer Studie zum sozialen Diskontieren, in Anlehnung an Jones und Rachlin (2006)

---

[12] Siehe Jones und Rachlin (2006).

13.1 Zielsysteme im Kontext sozialer Interaktionen

Auch in Diktator-Spielen kann man soziale Distanzen variieren. Beispielsweise ergänzten andere Forscher in einem entsprechenden Experiment die traditionelle, anonyme Variante des Diktator-Spiels um drei weitere Varianten.[13] Für die Experimente wurde eine Gruppe von Studierenden jeweils in einem Raum versammelt und aus ihrer Mitte wurden zufällig Spielerpaare ausgewählt. Die erste der nicht-anonymen Variante bestand darin, dass der Diktator (Spieler A) seinen Gruppenpartner (Spieler B) anhand einer in der Hand gehaltenen Nummer identifizieren konnte (einfache einseitige Identifizierung). In der zweiten Variante stellte sich der Spieler B der gesamten Gruppe vor. Neben seinem Namen, seiner Herkunft und seinem Studiengang erzählte er etwas über seine Hobbies, wobei er seinen Spielpartner (Spieler A) in der Gruppe nicht erkennen konnte (einseitige Identifikation mit Vorstellung). Bei der dritten Variante standen beide Spieler auf und sahen sich ein paar Sekunden lang still an (beidseitige Identifizierung). Während bei der anonymen Variante die Spieler im Durchschnitt 26 % der Anfangsausstattung abgaben, fiel dieser Betrag in der ersten Variante der einfachen einseitigen Identifikation mit 35 % schon ein wenig höher aus. In der einseitigen Identifikation mit Vorstellung sowie in der zweiseitigen Identifikation verhielten sich die Versuchsteilnehmer bei einer durchschnittlichen Abgabequote von ca. 50 % schon extrem loyal. Mit einer Abnahme der sozialen Distanz erhöhte sich also die Loyalität.

Somit kristallisiert sich heraus, dass die soziale Distanz ein zentraler Einflussfaktor auf die Bedeutung sozialer Präferenzen in einer Gruppe ist. In weitgehend anonymen Interaktionen mit anderen Menschen, z. B. die Interaktionen mit anderen Anlegern an einer Börse, zeigen die Ausführungen ein konsistentes Bild. Die relevante Wertewelt ist die Marktnorm, in der die Menschen weitgehend keine sozialen Präferenzen aufweisen. Insbesondere wird Fairness kaum ein Wert beigemessen, Informationsvorteile werden ebenso ausgenutzt wie eine ausgeprägte Verhandlungsmacht. Vielleicht sollte man diesen Aspekt zumindest im Hinterkopf halten, wenn mit vollem Munde für die Vorteile von grenzüberschreitenden, freien Finanzmärkten geworben wird.

Je geringer aber die soziale Distanz wird, d. h., je enger die soziale Interaktion ist, desto mehr gewinnen soziale Präferenzen – neben Fairness speziell auch Loyalität – an Bedeutung. In diesem Fall sind es genau die dargestellten Wertewelten der sozialen Norm, die als Basis zur Bewertung der Handlungsalternativen herangezogen werden. Für die Frage, wie Unternehmen mit ihren Mitarbeitern umgehen, sind dies wichtige Erkenntnisse. Gerade im Zeitalter von Geschäftsmodellen, in denen es immer mehr auf die Loyalität und Motivation der Mitarbeiter ankommt, werden zunehmend Anstrengungen unternommen, soziale Präferenzen anzusprechen und einen Team-Gedanken im Unternehmen zu verankern. Beispiele hierfür sind Anreizsysteme, die nicht nur auf Geld basieren, sondern z. B. nicht-monetäre Geschenke oder Belohnungen, die dem Verhältnis von Unternehmen bzw. Chef zu Mitarbeitern eine soziale Komponente verleihen.

---

[13] Siehe Bohnet und Frey (1999).

13.1.3 Die Aufstellung von Zielsystemen in Gruppenentscheidungen

Es gibt vereinfacht betrachtet zwei mögliche Gründe, warum ein Gruppenmitglied die Interessen einer anderen Person in seinem Kalkül mitberücksichtigt: Er muss es oder er macht es freiwillig. Im ersten Fall sprechen wir von einer hierarchischen Beziehung, hier untersteht der Entscheider einer anderen Person (oder einer Institution), die ihm Weisungen geben kann. Im zweiten Fall sprechen wir von einer altruistischen Beziehung, in der ein altruistischer Entscheider sich um das Wohl einer dritten Person kümmert.

In einer hierarchischen Beziehung ist der Entscheider seinem Chef oder seiner Chefin untergeordnet. Der Chef oder die Chefin kann ihm konkrete Weisungen erteilen, oder er/sie kann sich auch nur darauf verlassen, dass der Entscheider in seinem/ihrem Sinne das Richtige unternimmt. Der nächste Abschnitt beschränkt sich zunächst auf den Fall, dass eine konkrete Weisung vorliegt.

Vorliegen einer konkreten Weisung in einer hierarchischen Beziehung
Als Beispiel stellen wir uns einen Abteilungsleiter vor, der einem Bereichsleiter untersteht, der ihm bestimmte Vorgaben macht. Die Frage, welches Zielsystem dieser Abteilungsleiter zur Bewertung seiner Handlungsmöglichkeiten nutzen kann, ist dann sehr einfach zu beantworten, wenn (1) der loyale Abteilungsleiter seine eigenen Interessen komplett zurückstellt und (2) die Weisung so konkret ausgesprochen wird, dass sie unmittelbar als Ziel übernommen werden kann. So könnte der Bereichsleiter beispielsweise sagen: „Sorgen Sie dafür, dass der Gewinn aus Ihrer Abteilung im nächsten Jahr möglichst hoch ist". Oder: „Ich möchte, dass Sie Ihre Kosten um 10 % senken und zugleich die Fehlerquote in den hergestellten Produkten reduzieren". Hierbei kann es zwar noch notwendig sein, dass der Abteilungsleiter seinen Chef nach konkreteren Angaben, z. B. zum Ausmaß der Reduktion der Fehlerquote oder zu einem möglichen Trade-off zwischen Kosten und Fehlerquote befragen muss, damit seine Ziele ausreichend operationalisiert sind. Grundsätzlich liegt aber eine Situation vor, in der der Bewertungsrahmen für den Abteilungsleiter durch ein vom Chef definiertes Zielsystem klar gegeben ist. Die Qualität seiner Entscheidung kann auf der Basis eines Zielsystems gemessen werden, welches nur daraus besteht, die Weisung des Chefs möglichst gut zu erfüllen.

Wenn sich der Entscheider hingegen nicht loyal verhält und ganz im Gegenteil sogar ausschließlich nur seine eigenen Interessen verfolgt, gehört die Weisung des Chefs nicht in sein Zielsystem. Sie hat vielmehr nur Instrumentalcharakter, denn mit einer Erfüllung oder Nichterfüllung sind für ihn nur auf indirektem Wege relevante Konsequenzen verbunden. Die Erreichung der Vorgaben vom Chef für sich gesehen ist für den Entscheider wertlos. Ein einfaches Beispiel zur Erklärung:

▶ Schafft es der opportunistische Abteilungsleiter, die Vorgaben des Chefs zu erfüllen und erhält er dafür einen versprochenen Gehaltsbonus von 1000 €, so wirkt sich die Zielerfüllung indirekt auf sein (hier angenommenes) Fundamentalziel „Gehalt" aus.

13.1 Zielsysteme im Kontext sozialer Interaktionen

Die Auswirkung auf sein Gehalt interessiert ihn natürlich, aber abgesehen vom Geld ist ihm die Tatsache egal, dass das vom Chef vorgegebene Ziel erreicht wurde.

In einem solchen Fall muss ein Entscheider also die Vorgaben des Chefs und die damit einhergehenden Konsequenzen nur im Wirkungsmodell berücksichtigen.

In der Realität werden diese beiden Loyalitäts-Extreme vermutlich nicht häufig auftreten. Stattdessen werden viele Menschen ein (hoffentlich) hohes Maß an Loyalität aufweisen, aber ihre eigenen Interessen – zumindest zum Teil – auch mit in die Bewertung einfließen lassen. In einem solchen Fall enthält das Zielsystem des Entscheiders sowohl seine eigenen Ziele als auch die Vorgabe des Chefs. Hierbei richtet sich die Gewichtung der einzelnen Ziele nach dem Ausmaß der Loyalität. Je ausgeprägter die Loyalität, desto niedriger wiegen die eigenen Ziele und desto wichtiger sind die Vorgaben. Ein Beispiel soll diese Gewichtung noch einmal verdeutlichen:

▶ Ein Vertriebsleiter eines international tätigen Unternehmens ist direkt dem Vorstand unterstellt. Der Vertriebsleiter ist bislang für den Vertrieb in Europa zuständig, bekommt jetzt aber vom Vorstand die Weisung, zusätzlich auch noch in Asien einen entsprechenden Vertrieb aufzubauen und einen möglichst hohen Marktanteil in 2 Jahren zu erreichen. Seine drei persönlichen Ziele sind: (1) Hoher Einfluss im Unternehmen, (2) Hohes Gehalt und (3) Niedriger Arbeitsaufwand.

Die Abb. 13.2 stellt für dieses Beispiel einmal exemplarisch mögliche Zielgewichte in Abhängigkeit der Loyalität dar. Man sieht, dass die drei Ziele des Vertriebsleiters stets untereinander in einem identischen Verhältnis stehen, jedoch je nach Loyalität insgesamt mehr oder weniger gewichtet werden.

Fehlen einer konkreten Weisung in einer hierarchischen Beziehung
Wenn der Chef keine konkrete Weisung gibt, heißt es für den Entscheider noch lange nicht, dass er tun und lassen kann, was er will. Vielmehr ist er immer noch verpflichtet, im

Zielgewichte im Zielsystem des Vertriebsleiters bei…	Ziele Vertriebsleiter			Erfüllung der Vorgabe des Chefs
	Hoher Einfluss im Unternehmen	Hohes Gehalt	Niedriger Arbeitsaufwand	Möglichst hoher Marktanteil in Asien nach 2 Jahren
… absoluter Loyalität	-	-	-	100 %
… hoher Loyalität	5 %	5 %	10 %	80 %
… geringer Loyalität	20 %	20 %	40 %	20 %
… Opportunismus	25 %	25 %	50 %	-

Abb. 13.2 Auswirkungen der Loyalität auf Zielgewichte im Zielsystem

Sinne seines Chefs zu handeln. Als Beispiel sei eine Person genannt, die sich aus Alters- und Krankheitsgründen freiwillig bereit erklärt, ihre finanziellen Belange durch einen gesetzlichen Betreuer managen zu lassen. Oder ein Anleger, der Aktien eines Unternehmens kauft und damit letztlich dem Vorstand die Befugnis gibt, in seinem Sinne das investierte Geld zu managen. In beiden Fällen gibt es einen Entscheider (d. h. der gesetzliche Betreuer bzw. der Vorstand), dessen Aufgabe es ist, mit seinen Handlungen das Beste für seinen „Chef" (d. h. für den kranken Senior bzw. für den Aktionär) zu bewirken, ohne dass konkrete Weisungen vorliegen.

In einem solchen Fall wird nach denselben Grundgedanken das Zielsystem des Entscheiders gebildet, wie es die Abb. 13.3 verdeutlicht.

Der einzige Unterschied besteht nun darin, dass bei vorliegender Loyalität nicht etwa mehr die Weisung des Chefs in das Zielsystem übernommen wird, sondern der Entscheider versuchen muss, das Zielsystem seines Chefs so gut wie möglich einzuschätzen. Er kann dies entweder erfragen oder ggfs. auch aus den Wertvorstellungen des Chefs ableiten, soweit sie ihm bekannt sind. In dem Fall der Betreuung durch den gesetzlichen Vertreter ist dies relativ einfach durch eine entsprechende Unterhaltung möglich, zumindest so lange der Senior noch Herr seiner Sinne ist und sich dazu äußern kann, was ihm wichtig und was weniger wichtig ist. Bei dem Vorstand beschränkt sich die Einschätzung der Ziele schon allein aufgrund der vielen Chefs, die der Vorstand einer größeren börsennotierten Aktiengesellschaft hat, auf ein paar grundlegende Aspekte, die man eigentlich jedem Aktionär im Kontext seiner Investitionsentscheidung beimisst: hohe Rentabilität des investierten Kapitals, geringe Risiken und zunehmend auch ethische Aspekte. Daneben haben sich aber auch viele, insbesondere größere börsennotierte Unternehmen die Mühe gemacht, eine Mission und ein Wertesystem zu formulieren, für das sie einstehen und mit dem sie sich identifizieren. Solche Werte finden sich in der Regel auf der Homepage großer Unternehmen und bieten dem Vorstand auch eine gute Möglichkeit, aus diesen meist sehr allgemein formulierten Werten operationale Ziele für jede anstehende Entscheidungssituation abzuleiten.

Zielsysteme bei altruistischen Beziehungen
Dieses Konzept der Herleitung eines Zielsystems in einer hierarchischen Beziehung kann in gleicher Weise auf die altruistische Beziehung angewendet werden. Als Beispiel denke

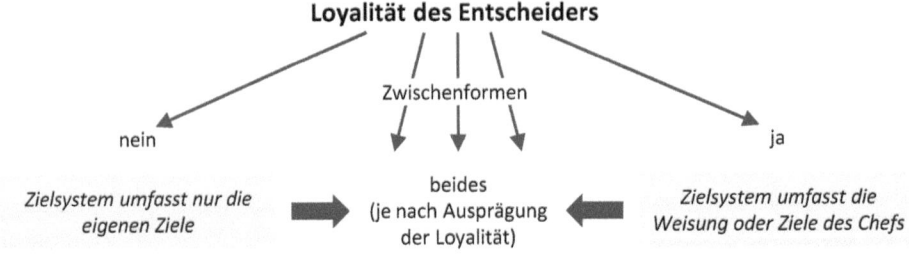

Abb. 13.3 Festlegung eines Zielsystems in einer hierarchischen Beziehung

13.1 Zielsysteme im Kontext sozialer Interaktionen

man an einen fürsorglichen Sohn, der sich um seine kranke, alte Mutter kümmert und alles unternimmt, um seiner Mutter einen angenehmen Lebensabend zu ermöglichen – oder an den liebenden Vater, der alles für sein Kind tut, damit es glücklich ist.

Nach der Abb. 13.4 ergibt sich somit das Zielsystem eines altruistischen Entscheiders aus dem Zielsystem der Referenzperson. Ebenso wie bei Loyalität in der hierarchischen Interaktion muss der Entscheider hier also versuchen, möglichst gut dieses Zielsystem der Referenzperson einzuschätzen bzw. zu erfragen. Da – wie oben dargestellt – Ziele die auf eine Entscheidungssituation heruntergebrochenen Werte eines Menschen darstellen, ist es speziell im altruistischen Verhältnis sinnvoll, sich intensiver mit den Werten der Referenzperson zu beschäftigen und hier eine fundierte Einschätzung zu erlangen. So ist es einfacher möglich, bei verschiedenen Entscheidungssituationen schneller ein hierauf passendes Zielsystem formulieren zu können.

Für den realistischen Fall, dass der Altruismus nicht zu 100 % ausgeprägt ist, mischen sich die Zielsysteme von Entscheidern und Bezugspersonen in der gleichen Weise wie bei einem autoritären Verhältnis. Die Gewichtung erfolgt in diesem Fall logischerweise in Abhängigkeit des Ausmaßes des Altruismus.

Sowohl in der hierarchischen Beziehung als auch in der altruistischen Beziehung wurde das Zielsystem hier nur für eine Seite hergeleitet, und zwar für den hierarchisch Untergeordneten und für den Altruisten. In der hierarchischen Beziehung macht es aber durchaus Sinn, sich Gedanken um das Zielsystem der anderen Seite, d. h. der übergeordneten Person zu machen. Die Frage lautet an dieser Stelle, ob in dem Zielsystem des Chefs möglicherweise die Ziele des Unterstellten einen Platz haben. Handelt es sich um einen Chef, dem es am Herzen liegt, dass es seinen Mitarbeitern gut geht, ist dies der Fall und es kann genauso vorgegangen werden wie im altruistischen Modell. In diesem Fall sollte der Begriff des Altruismus allerdings besser ersetzt werden durch „verantwortliche Fürsorglichkeit". In dem Fall, dass der Chef nur deshalb die Interessen der Mitarbeiter berücksichtigt, damit diese motivierter sind und für den Chef wertvolle bessere Arbeitsresultate erbringen, haben die Ziele der Mitarbeiter lediglich Instrumentalcharakter und gehören deshalb nicht in das Zielsystem des Chefs. Allerdings hilft die Kenntnis dieser Ziele dem Chef in der Aufstellung des Wirkungsmodells. Denn hier muss er Annahmen treffen, wie der Mit-

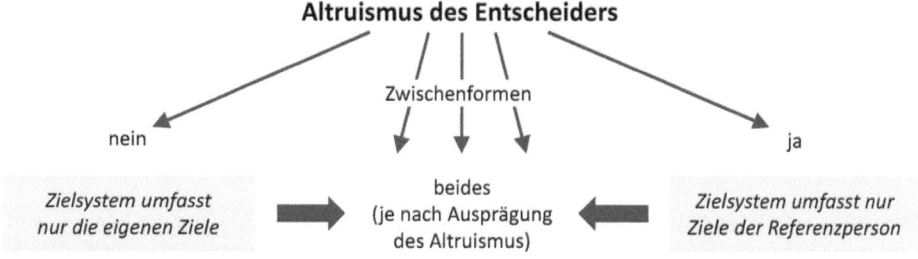

Abb. 13.4 Festlegung eines Zielsystems in einer altruistischen Beziehung

arbeiter auf die Anreizsysteme reagieren wird. Dieses Verhalten kann er besser einschätzen, wenn er die Ziele oder Werte des Mitarbeiters kennt. Im Übrigen helfen dem Chef zur Prognose des Mitarbeiterverhaltens auch Kenntnisse über typische, nicht immer rationale Entscheidungsmuster von Menschen, die schon bei den intuitiven Entscheidungsprozessen in Teil II dieses Buches behandelt wurden.

13.2 Die Entscheidung über die Gruppenzusammensetzung

Entscheidungen in Unternehmen können eine Vielzahl von Interessen verschiedener Personen oder Institutionen berühren. Diese sogenannten *Stakeholder* können zum einen aus dem Unternehmen stammen, z. B. aus anderen Abteilungen, unterstellten Mitarbeitern, dem Betriebsrat oder auch der Geschäftsführung. Aber auch außerhalb des Unternehmens finden sich Stakeholder, z. B. in Form von Kunden, Lieferanten oder der Gesellschaft allgemein.

Wenn von einer Gruppen- bzw. Teamentscheidung in einem Unternehmen die Rede ist, muss also vor dem eigentlichen Gruppenentscheidungsprozess die vorgelagerte Frage geklärt werden, wer seine Interessen mit einbringen darf bzw. aus welchen Mitgliedern sich die Gruppe zusammensetzen soll. Es ist unmittelbar einsichtig, dass sich die Festlegung der Gruppe in vielen Fällen sehr deutlich auf das Ergebnis der Gruppenentscheidung auswirken wird. Dies gilt insbesondere dann, wenn die Bewertung der möglichen Handlungsoptionen der Gruppe von sehr unterschiedlichen Einstellungen und Einschätzungen abhängt oder wenn nicht ausgeschlossen werden kann, dass die Gruppenmitglieder mit einem gewissen Opportunismus eigene Interessen durchsetzen wollen.

Ebenfalls wichtig ist die Zusammenstellung der Gruppe im Hinblick auf die nachgelagerte Umsetzung der Entscheidung. Damit gute Entscheidungen ihren Wert entfalten, müssen sie nämlich auch konsequent umgesetzt werden. Gerade in größeren Institutionen kann es sein, dass diejenigen Personen, die für die Umsetzung verantwortlich sind, zu wenig im Gruppenentscheidungsprozess beteiligt wurden und deshalb auch nicht das notwendige Engagement oder die Überzeugung zeigen, dieser Entscheidung auch loyal zu folgen. Möglicherweise wurde auch deren Wissen zu wenig berücksichtigt, sodass die Entscheidungsqualität auch rein sachlich zu bemängeln wäre.

Insofern muss der Entscheidung über die Gruppenzusammensetzung eine hohe Bedeutung beigemessen werden. Im Folgenden sollen die zunächst theoretischen, dann auch eher praktisch orientierten Ausführungen hierzu eine Unterstützung liefern.

13.2.1 Theoretische Vorüberlegungen zur Berücksichtigung von Stakeholder-Interessen im Zielsystem

Wie Stakeholder im Gruppenentscheidungsprozess zu berücksichtigen sind, hängt jeweils von der Art der Verbindung zu den einzelnen Stakeholdern ab. So kann es sich beispielsweise um Stakeholder handeln, die gegenüber dem betrachteten Team Weisungsbefug-

13.2 Die Entscheidung über die Gruppenzusammensetzung

nisse haben, wie z. B. die Geschäftsführung gegenüber einem Projektteam. In diesem Fall stellen die Vorgaben der Geschäftsführung unmittelbar die Ziele des Projektteams dar bzw. sollten zumindest im Zielsystem an prominenter Stelle berücksichtigt werden. In welchem Umfang dies geschieht, hängt allerdings von der Loyalität des Teams gegenüber dem weisungsbefugten Stakeholder ab.

In Abschn. 13.1.3 hatten wir schon dargestellt, wie in einem solchen Fall einer hierarchischen Beziehung das Zielsystem des Unterstellten zu formulieren ist: Bei einer 100-prozentig ausgeprägten Loyalität würden die eigenen Ziele ganz aus dem Zielsystem verschwinden, bei einem extrem opportunistischen Interaktionspartner würden hingegen die Ziele des Weisungsbefugten vollständig fehlen und sich der Entscheider bzw. in diesem Fall das Team nur um die eigenen Ziele kümmern. Im Regelfall wird das zu betrachtende Zielsystem aber beide Zielsysteme umfassen, wobei diese je nach Ausprägung der Loyalität des Teams unterschiedlich gewichtet werden.

Eine andere Form der Verbindung ist eine rein freiwillige Berücksichtigung der Ziele einer Stakeholdergruppe, wie sie eben am Beispiel des fürsorglichen Sohnes, der sich in der Pflege seiner kranken Mutter aufopfert, als altruistische Verbindung klassifiziert wurde. Im Unternehmenskontext sind solch altruistische Verbindungen zwar eher selten, aber es gibt vergleichbare Beziehungen zu Stakeholdern – dies weniger bei großen börsennotierten Unternehmen, die nur von angestellten Managern geführt werden, als vielmehr bei Familienunternehmen, die noch von den Eigentümern selbst geführt werden. Nicht wenige Eigentümer-Unternehmer legen beispielsweise hohen Wert darauf, dass ihre Mitarbeiter eine hohe Zufriedenheit in ihrem Job erreichen, und dies nicht nur deshalb, weil sich der Unternehmer aus dieser Zufriedenheit selbst mehr für seine eigenen Ziele verspricht, sondern das Wohl seiner Mitarbeiter einen eigenen Wert für ihn darstellt. Dementsprechend sollten auch die Werte seiner Mitarbeiter in der Formulierung seines Zielsystems auftauchen, je nach Ausprägung seines Altruismus mit mehr oder weniger Gewicht.

Weitere Beispiele für altruistische Verbindungen im Unternehmenskontext sind persönliche Verknüpfungen oder Freundschaften, die nicht selten Entscheidungen im Unternehmen beeinflussen. So könnten sich Teammitglieder eines Projektteams insbesondere für solche Alternativen einsetzen, die für einen befreundeten Kollegen innerhalb des Unternehmens oder möglicherweise auch für einen Zulieferer von besonderem Vorteil sind, ohne dafür Gegenleistungen zu erwarten. Solche Gefälligkeiten sind in der realen Unternehmenswelt nicht selten. Wohlgemerkt sind hiermit nicht kriminelle Machenschaften wie Korruption oder Bestechung gemeint, sondern lediglich mehr oder weniger transparente Einflüsse aus der Tatsache, dass man sich mit manchen Menschen besser versteht und mit anderen schlechter.

Sowohl bei Loyalität in einer hierarchischen Beziehung als auch bei Altruismus im Hinblick auf einen Stakeholder gehören die Ziele dieses Stakeholders grundsätzlich in den Zielkatalog des Teams.

Es gibt aber noch eine andere Art der Verbindung zu einem Stakeholder, die nicht mit einer Berücksichtigung der Ziele des Stakeholders im Zielkatalog des Teams einhergeht. Und zwar ist dies die *„instrumentelle Verbindung"*. So müssen einige Stakeholder deshalb im Entscheidungsprozess berücksichtigt werden, weil deren Verhalten einen Einfluss darauf hat, ob die Ziele des Teams erreicht werden. Betrachtet man z. B. die Gruppe der Kunden als Stakeholder, so ist festzustellen, dass man meist weder mit Loyalität noch mit Altruismus gut argumentieren kann, dass die persönlichen Ziele der Kunden in das Zielsystem des Teams direkt übernommen werden sollten. Ob die Bedürfnisse der Kunden erfüllt werden, ist dem Unternehmen im Regelfall letztlich völlig egal. Es muss die Kundenbedürfnisse nur deshalb kennen, damit es ein für die Kunden attraktives Produkt anbieten kann und die Kunden deshalb mit dem Produktkauf Geld in die Unternehmenskasse spülen. Gäbe es (nur mal rein theoretisch angedacht) Alternativen, bei denen die Kunden ihre Bedürfnisse voll erfüllt bekämen, ohne dass das Unternehmen irgendetwas damit verdienen würde, hätte das Unternehmen hieran sicherlich nicht das geringste Interesse. Insofern ist die Berücksichtigung der Kundenbedürfnisse bzw. Kundenziele nur ein Instrument, um die wahren Fundamentalziele des Unternehmens bzw. des verantwortlichen Teams zu erfüllen. Die Ziele dieser Stakeholdergruppe gehören demnach streng genommen nicht in den Zielkatalog des Teams.

Was hier für die Kunden als Stakeholder abgeleitet wurde, gilt im Grunde für alle Stakeholder-Gruppen, denen das Team weder verpflichtet ist noch freiwillig etwas opfern möchte, die aber gleichwohl den Erfolg des Teamprojektes mit beeinflussen. In all diesen Fällen ist es entscheidungstheoretisch falsch, wenn das Team deren Ziele in den eigenen Zielkatalog mitaufnimmt. Vielmehr gilt es, im Rahmen des Wirkungsmodells genau zu analysieren, wie man mit dieser Gruppe umgehen kann, damit die eigenen Ziele optimal erfüllt werden. Mit anderen Worten: Bei der Alternativendefinition sind zusätzlich Formen des Umgangs mit den Stakeholdern zu formulieren und bei den Prognosen ist abzuschätzen, wie die Stakeholder auf diesen Umgang reagieren.

Hält man sich nicht konsequent an diese Vorgehensweise und inkludiert die Ziele der Stakeholder in das Zielsystem, so begeht man im Grunde denselben Fehler wie ein Individualentscheider, der in seinem Entscheidungsprozess nicht sauber zwischen Fundamental- und Instrumentalzielen differenziert und vorschnell Instrumentalziele in sein Modell mit aufgenommen hat. Die Fehler, die hierdurch im Individualentscheidungsprozess entstehen können, sind nur dann gering, wenn die Beziehungen zwischen Instrumental- und Fundamentalzielen sehr eng sind, d. h., mit der Erfüllung des Instrumentalziels auch fast sicher eine Erfüllung des Fundamentalziels erreicht wird. In dem hier betrachteten Stakeholder-Kontext würde dies einer Situation entsprechen, in der es ohne eine Erfüllung der Ziele der Stakeholder kaum möglich wäre, das Projekt erfolgreich durch das Team zu stemmen. Insofern sind die Fehler im Entscheidungsmodell nicht sehr groß, wenn man – entgegen der theoretisch sauberen Lösung – die Ziele der wichtigen Stakeholder doch explizit im Zielkatalog mitaufnimmt. Hierauf kommen wir aber gleich noch einmal zurück.

13.2.2 Berücksichtigung der Stakeholder im Entscheidungsprozess: Praktische Überlegungen

In den Überlegungen des letzten Abschnittes wurden zwei für praktische Anwendungen recht wichtige Aspekte noch bewusst vernachlässigt. Erstens wurde vorausgesetzt, dass die

13.2 Die Entscheidung über die Gruppenzusammensetzung

Ziele aller Stakeholder-Gruppen bekannt sind und deshalb nur die Frage interessiert, ob bzw. wie man sie berücksichtigt, nicht aber, wie man sie genau ermitteln kann. Zweitens wurde nur die Frage untersucht, wie man die Stakeholder-Interessen berücksichtigt, um sich für eine Alternative entscheiden zu können, nicht aber, wie man es schafft, die Stakeholder für das Projekt zu gewinnen und zu motivieren, anschließend bei der Umsetzung der Alternative auch unterstützend tätig zu sein oder zumindest keine Steine in den Weg zu legen.

Diese beiden Aspekte sprechen jedoch eindeutig für eine stärkere Beteiligung der Stakeholder im Entscheidungsprozess in der Praxis. Würde man die Stakeholder im ersten Schritt der Zielsuche ihre Vorstellungen direkt einbringen lassen, so wäre schon mal das erste Problem der nicht genau bekannten Ziele gelöst. Und auch das zweite Problem könnte man damit in den Griff bekommen, weil die Stakeholder durch eine Partizipation am Entscheidungsprozess ein entsprechendes Commitment entwickeln würden. Insofern könnte man über die Zielformulierung hinaus die Stakeholder auch im zweiten Schritt der Alternativensuche auffordern, Ideen zu formulieren. Und auch bei den Prognosen könnten die Stakeholder mit ihrem Wissen gegebenenfalls eine Qualitätsverbesserung bewirken.

Kritisch könnte die gemeinsame Bewertung der Alternativen sein, weil die Stakeholder-Ziele möglicherweise stark von den Zielen des Teams abweichen. Es würden dann Interessenkonflikte entstehen, die in jedem Fall erst mal eine Herausforderung für den Entscheidungsprozess darstellen, aber – wie in Abschn. 13.3.2 noch ausgeführt wird – in vielen Fällen gut gemanagt werden können. Grundsätzlich würde dieses Vorgehen aber nicht nur eine hohe Bereitschaft zur Kooperation zwischen allen Beteiligten bedingen, sondern wäre vielmehr auch mit einem sehr großen Aufwand verbunden, der in der Praxis in vielen Fällen zu groß sein dürfte. Daneben wären dann auch Gruppengrößen erreicht, die ein effektives Arbeiten nicht mehr ermöglichen.

Insofern sind aus einer praktischen Perspektive Vorgehensweisen zu empfehlen, die ein ausgewogenes Verhältnis von (1) theoretischer Exaktheit des Entscheidungsprozesses, (2) hoher Partizipation der Stakeholder und (3) niedrigem Gesamtaufwand mit sich bringen.

Sinnvoll ist in diesem Zusammenhang ein Screening der Stakeholder mit dem Ziel, festzulegen, welche Stakeholder in welchem Umfang in den Entscheidungsprozess eingebunden werden sollten. Ein Instrument, welches wir in diesem Kontext vorschlagen wollen, ist das Stakeholder-Netzdiagramm, wie es die Abb. 13.5 zeigt.

Das Netzdiagramm soll übersichtlich darstellen, von welcher Art und Bedeutung die Verbindung zu den jeweiligen Stakeholder-Gruppen ist. Mit dem roten Graphen wird dargestellt, ob es sich um Stakeholder-Gruppen handelt, deren Ziele aufgrund von Loyalität in einer hierarchischen Beziehung oder aufgrund einer altruistischen Verbindung direkt im Zielsystem des Teams Eingang finden müssen. Je weiter außen der rote Graph liegt, desto höher ist die Gewichtung der Ziele des jeweiligen Stakeholders im Zielsystem des Teams. So werden im Diagramm der Abb. 13.5 die Ziele des Stakeholders B sehr hoch gewichtet, während die Ziele von Stakeholder A und D auf einem Minimum liegen, d. h. kaum oder gar nicht einfließen.

Der blaue Graph stellt die instrumentelle Bedeutung des Stakeholders dar, wie sie im letzten Abschnitt erläutert wurde. Im Beispiel der Abb. 13.5 hat der Stakeholder A eine

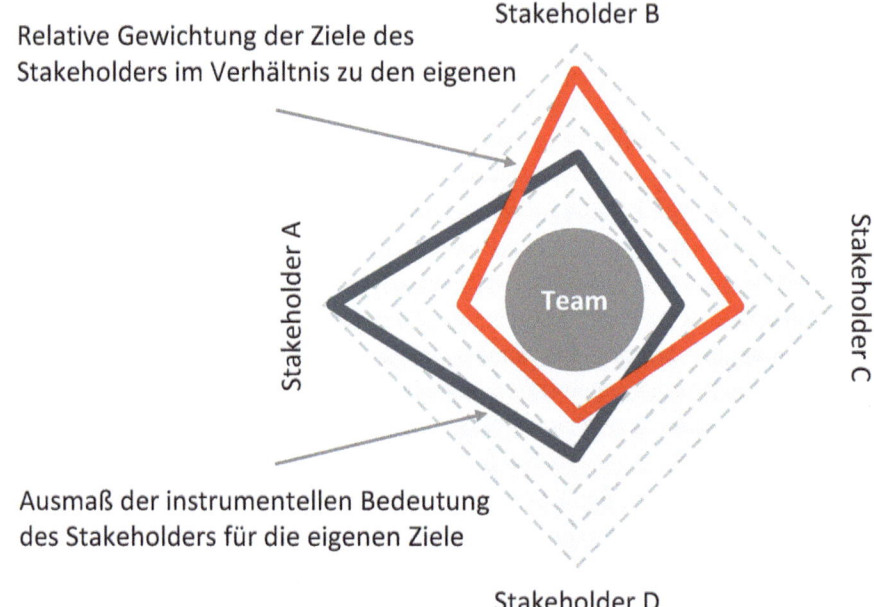

Abb. 13.5 Beispiel eines Stakeholder-Netzdiagramms mit vier Stakeholdern

sehr hohe Bedeutung, d. h., sein Verhalten kann den Erfolg des Projekts deutlich im Positiven wie im Negativen beeinflussen. Das Gegenteil gilt für Stakeholder C, der weder besonders gefährlich noch nützlich für das Projekt ist.

Die Aufstellung eines solchen Netzdiagramms bringt drei Vorteile mit sich. Erstens ist man bei der Zusammenstellung der Gruppe gezwungen, sich eine Übersicht über alle Stakeholder im betreffenden Entscheidungskontext zu verschaffen. Zweitens bietet eine solche Grafik ein gutes Medium, um sich über die möglicherweise im Team vorliegenden unterschiedlichen Vorstellungen hinsichtlich der Bedeutung der verschiedenen Stakeholder besser austauschen zu können, bis sich die Gruppe am Ende dann auf ein rotes und blaues Profil einigen kann. Drittens bietet ein so abgeleitetes Stakeholder-Netzdiagramm eine gute Basis für die Entscheidung, welche Stakeholder man in einen Entscheidungsprozess integrieren sollte und in welcher Form dies geschehen könnte.

Aus dem Netzdiagramm der Abb. 13.5 ist beispielsweise abzulesen, dass Stakeholder B im Entscheidungsprozess schon allein deshalb berücksichtigt werden sollte, um Klarheit über seine Ziele zu gewinnen. Denn diese Ziele werden sich mit einer hohen Gewichtung im Zielsystem des Teams wiederfinden, also sollten sie auch richtig erfasst sein. Insofern könnte man an dieser Stelle auch direkt festlegen, dass es sinnvoll ist, Stakeholder B im ersten Schritt der Zielformulierung mit dabei zu haben. Als Beispiel für einen solchen Stakeholder könnte man die Geschäftsführung nennen, die zu einem Kick-off-Meeting von einem Projektteam eingeladen wird.

Zugleich ist aus Abb. 13.5 abzulesen, dass der Stakeholder A eine ausgesprochen hohe Bedeutung für das Projekt hat, seine Ziele aber streng genommen nicht ins Zielsystem des Teams aufgenommen werden sollten. In diesem Fall sollte der Stakeholder deshalb in den Entscheidungsprozess integriert werden, damit er für das Projekt gewonnen werden kann bzw. in der Umsetzung eher förderlich als blockierend agiert. In welcher Form dies am besten geschieht, muss das Team im Einzelfall selbst abschätzen. Betrachtet man die Stakeholder-Gruppe der Kunden, so genügt beispielsweise eine sorgfältige Analyse der Kundenbedürfnisse, um ein Produkt entstehen zu lassen, das sozusagen durch seine Eigenschaften die Kunden für das „Projekt gewinnt". Betrachtet man hingegen eine andere Abteilung im Unternehmen, auf deren guten Willen das Projektteam angewiesen ist, so ist es vielleicht sogar ratsam, Vertreter der anderen Abteilung an allen Schritten des Entscheidungsprozesses – von der Zieldefinition bis zur Bewertung – partizipieren zu lassen. In diesem Fall ist es durchaus vertretbar, dass die Ziele dieser anderen Abteilung auch in das Zielsystem des Entscheidungsprozesses miteinfließen. Der Übergang zu einer vollständigen Integration in das Team ist an dieser Stelle fließend.

Zwischen diesen beiden genannten Extremen – Kunde mit minimaler Integration und benachbarte Abteilung mit einer fast vollständigen Integration – gibt es noch eine Vielzahl von Abstufungen in den Möglichkeiten, Stakeholder-Gruppen auch nur in Teilschritten partizipieren zu lassen. Dies muss jeweils individuell beurteilt werden.

Im Hinblick auf Stakeholder D fällt dem Team die Entscheidung vermutlich eher leicht. Zwar hat der Stakeholder eine instrumentelle Bedeutung, aber diese ist möglicherweise zu gering, um den Aufwand in Kauf zu nehmen. Ähnliches gilt für Stakeholder C, der zwar keine instrumentelle Bedeutung hat, dessen Ziele man aber gerne im Zielkatalog berücksichtigen würde. Da seine Ziele allerdings auch gemäß dem roten Graphen nur in einem geringeren Umfang einfließen sollen, ist es aufgrund von Aufwandsüberlegungen nicht notwendig, diesen Stakeholder zur genauen Konkretisierung seiner Ziele in den Entscheidungsprozess einzubeziehen.

13.3 Der Umgang mit Meinungsunterschieden und Interessenkonflikten

Die Beteiligung unterschiedlicher Personen und Stakeholder in dem Gruppenentscheidungsprozess birgt auch immer ein gewisses Konfliktpotenzial. Sicherlich haben nicht immer aller Gruppenmitglieder dieselbe Meinung oder auch übereinstimmende Interessen. Insofern muss es für einen gut geführten Gruppenentscheidungsprozess auch eine Strategie geben, wie in der Lösung dieser Konflikte umzugehen ist. Wir werden in diesem Kapitel zeigen, dass es für eine solche Strategie wichtig ist, zunächst einmal genau zu differenzieren, um was für einen Konflikt es sich handelt. Wir werden im Folgenden zwischen den Konfliktarten unterscheiden, wie sie in Abb. 13.6 übersichtsartig dargestellt sind.

Meinungsunterschiede beziehen sich hierbei auf unterschiedliche Einschätzungen im Wirkungsmodell. Von *Interessenkonflikten* soll dann die Rede sein, wenn die Gruppenmit-

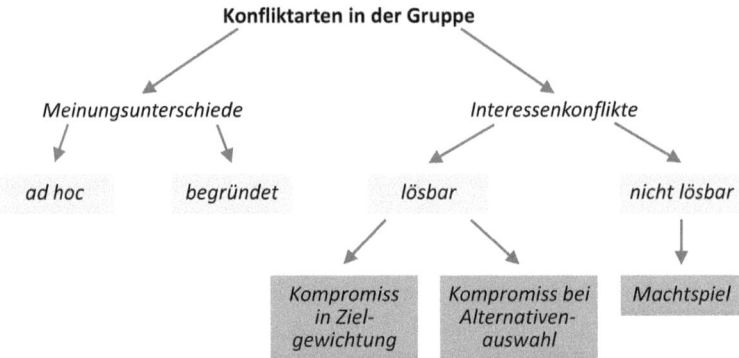

Abb. 13.6 Kategorisierung von Konfliktarten in einer Teamentscheidung

glieder unterschiedliche Ziele verfolgen bzw. eine deutlich unterschiedliche Gewichtung von Zielen vornehmen. In beiden Fällen kann es zu Abweichungen in der Bewertung der Alternativenrangfolgen kommen, die hierbei unterschiedlich schwer zu lösen sind. Im Allgemeinen sind Meinungsunterschiede einfacher zu lösen als Interessenkonflikte. Hierauf wird im Folgenden detailliert eingegangen.

13.3.1 Meinungsunterschiede

Von einem *begründeten Meinungsunterschied* soll die Rede sein, wenn die Gruppenmitglieder unterschiedliche Einschätzungen der Wirkungsbeziehungen haben. Zugleich sprechen wir von einem *Ad-hoc-Meinungsunterschied*, wenn Gruppenmitglieder zwar unterschiedliche Alternativen präferieren, aber noch nicht transparent ist, woran dies genau liegt. Wir starten mit den Empfehlungen für den Umgang mit diesem letzten Fall.

Ad-hoc-Meinungsunterschiede
Bei einem Ad-hoc-Meinungsunterschied haben die Gruppenmitglieder ihre Präferenz für die jeweils bevorzugte Alternative relativ unreflektiert entwickelt, insbesondere haben sie noch keinen systematischen Entscheidungsprozess durchlaufen. Mit anderen Worten haben sie ihre Ziele nicht auf Fundamentalität hinterfragt, vielleicht diese noch nicht einmal genau formuliert. Sie haben auch noch nicht ausreichend über mögliche andere Alternativen nachgedacht als über die, die mit Aufkommen des Entscheidungsproblems offensichtlich waren. Ebenso haben sie auch nicht geprüft, ob sie einem bestimmten kognitiven Bias unterliegen oder beispielsweise emotional stark in der Entscheidung beeinflusst sind. Insofern besteht die Chance, dass sich der Meinungsunterschied mit einem systematisch durchgeführten, rationalen Entscheidungsprozess auflöst. Dieser Entscheidungsprozess sollte gemäß den Ausführungen in Kap. 8 zunächst eine sorgfältige Analyse der Fundamentalziele vorsehen, dann die Alternativen und das Wirkungsmodell definieren und nach Filterung aller psychologischen Verzerrungen erst am Ende die nutzenmaximale Alternative bestimmen.

13.3 Der Umgang mit Meinungsunterschieden und Interessenkonflikten

Ad-hoc-Meinungsunterschiede ergeben sich unter anderem in Situationen, in denen eine Teilgruppe von der Entscheidung einer anderen Gruppe überrumpelt wird. Hat sich beispielsweise in einem Unternehmen die Geschäftsführung für die Einführung von Neuerungen entschieden, ohne die Mitarbeiter vorher in irgendeiner Form zu beteiligen, so findet man nicht selten eine starke Abwehrhaltung bei den beteiligten Personen oder Abteilungen, ohne dass man sich intensiv Gedanken darüber gemacht hat, ob die Neuerung wirklich schlecht ist. Möglicherweise ist die Ablehnung nur durch ein schematisches Denkmuster begründet, weil „mit Neuerungen immer nur Schlechtes verbunden ist", oder die Verfügbarkeitsheuristik greift, weil soeben in einer anderen Sparte eine Neuerung durchgesetzt wurde, die mit viel Ärger einherging. In diesem Fall muss den Mitarbeitern nachträglich deutlich gemacht werden, welche Konsequenzen die Neuerung in den für die Mitarbeiter relevanten Zielen besitzt und dass die Konsequenzen möglicherweise gar nicht so schlecht sind, vielmehr vielleicht sogar auch Vorteile beinhalten. Zugleich muss vermittelt werden, warum die Neuerung notwendig ist und welche Vorteile sich insgesamt für das Unternehmen ergeben. Besser wäre es in diesem Fall gewesen, wenn man den Entscheidungsprozess zumindest in Teilen direkt gemeinsam vollzogen hätte. So wäre es insbesondere sinnvoll, zumindest in der Phase der Aufstellung des Zielkataloges und der Alternativengenerierung zu kooperieren, sowie sich am Ende in der Bewertung auch abzustimmen. Möglicherweise hätte man so auch direkt und schnell eine gute Gesamtlösung gefunden.

Dass ein gemeinsames, konsequent rationales und an Fundamentalzielen orientiertes Vorgehen ein gutes Mittel gegen Meinungsunterschiede ist, zeigt uns kein geringerer als Jimmy Carter in seiner Funktion als Mediator in den Friedensverhandlungen von Camp David im Jahre 1978. In den damaligen Friedensverhandlungen standen sich der israelische Ministerpräsident Menachem Begin und der ägyptische Präsident Muhammad Anwar as-Sadad gegenüber. Israel hatte 1967 im Sechs-Tage-Krieg die Sinai-Halbinsel annektiert und der Erzfeind Ägypten verlangte dieses Land zurück. Eine Einigung zeichnete sich nicht ab, denn die Auffassungen waren konträr, weil Israel sich natürlich gegen eine Rückgabe stemmte. Eine Lösung des Konfliktes erreichte der damalige US-Präsident letztlich dadurch, dass er die wirklich fundamentalen Ziele der beiden Parteien analysierte, indem er das Augenmerk auf die eigentlichen Motive und Werte der beiden Parteien lenkte und dann mit ein wenig Kreativität eine neue Alternative vorschlug. Und zwar war es für Ägypten ein sehr hoher Wert, weiterhin die Hoheit über die Sinai-Halbinsel zu haben, weil dieses Land schon seit der Pharaonenzeit zu Ägypten gehört. Israels Interesse war hingegen Sicherheit, d. h. Minimierung aller militärischen Bedrohungen von seinen Nachbarländern. Die Hoheit über die Sinai-Halbinsel war also kein Fundamentalziel, sondern letztlich nur ein Mittel, um eine erhöhte Sicherheit zu erlangen. Eine gute Lösung, die für beide Parteien vernünftig war und deren Wertvorstellungen entsprach, war also die Rückgabe der Halbinsel von Israel an Ägypten verbunden mit einem Verbot für Ägypten, Militär auf der Halbinsel zu stationieren.

Insgesamt ist davon auszugehen, dass bei einem gemeinsam durchgeführten, systematisch-rationalen Entscheidungsprozess viele Meinungsunterschiede verschwinden bzw. erst gar nicht entstehen und sich zudem auch eine höhere Motivation der Beteiligten für die Umsetzungsphase ergibt. Dies mag den zusätzlichen Aufwand in vielen Fällen rechtfertigen.

Allerdings ist der gemeinsame Entscheidungsprozess kein Garant für die Verhinderung von Meinungsunterschieden. Aber es ist dann in jedem Fall bekannt, worin der Meinungsunterschied genau begründet ist oder ob gegebenenfalls sogar ein Interessenkonflikt vorliegt.

Begründete Meinungsunterschiede
Bei einem begründeten Meinungsunterschied haben die Teammitglieder unterschiedliche Vorstellungen über die Zusammenhänge im Wirkungsmodell, d. h., man ist sich nicht einig, wie die Alternativen auf die Ziele wirken. Auch wenn keine Interessenkonflikte vorliegen, gibt es also keine Einigkeit im Hinblick auf die beste Alternative. Hierzu ein Beispiel:

▶ In einem Unternehmen soll entschieden werden, ob die bisher verwendete und mittlerweile veraltete Finanzbuchhaltungssoftware durch eine neue Software von Anbieter A oder Anbieter B ersetzt werden soll. Die Software von A ist etwas günstiger als die von B, ist dafür aber möglicherweise umständlicher einzuführen. In dem zuständigen Team, das dieses zu entscheiden hat, ist man sich einig, dass man vorübergehend wohl die neue und die alte Software parallel laufen lassen muss. Zudem ist man sich einig, dass man sich bei der Entscheidung an den Zielen „Kosten" und „Minimierung der Übergangszeit" orientieren soll. Nun gibt es Meinungsunterschiede, weil ein Teil der Gruppe der Überzeugung ist, dass man bei Ersatz mit der Software von A mit einer unvertretbar längeren Übergangszeit rechnen muss als bei der Software von B. Der andere Teil der Gruppe sieht hingegen kaum Unterschiede zwischen den beiden Softwareangeboten bei der Übergangszeit.

In solchen oder ähnlichen Fällen von begründeten Meinungsunterschieden lassen sich häufig die Ursachen noch beseitigen. Hierzu bietet es sich an, zunächst die folgenden drei Punkte nacheinander zu überprüfen:

- *Keine ausreichend fundamentale Definition der Ziele?* Möglicherweise hat die Gruppe bei der Definition der Ziele nicht ausreichend überlegt, ob es sich wirklich um Fundamentalziele handelt. Wenn sich der Konflikt nur in Bezug auf ein Instrumentalziel ergibt, ist es theoretisch möglich, dass der Konflikt bei einer fundamentaleren Definition entweder deutlich geringer ausfällt oder möglicherweise gänzlich verschwindet. So sieht es im obigen Beispiel bei der Definition des Ziels „Minimierung der Übergangszeit" tatsächlich so aus, als wäre dieses Ziel nicht fundamental. Warum sollte nur der Zeitraum, in der sowohl die alte als auch die neue Software nebeneinander laufen, das entscheidende Kriterium sein? Entscheidend ist doch vielmehr die Frage, welcher Gesamtaufwand aus dem Reibungsverlust bei der Umstellung im Unternehmen er-

13.3 Der Umgang mit Meinungsunterschieden und Interessenkonflikten

wartet werden kann. Der Zeitraum, in dem beide Programme in der Übergangszeit parallel laufen, mag dafür zwar ein Indikator sein, der zugleich gut gemessen werden kann. Aber er beschreibt nicht hinreichend genau den erwarteten Gesamtaufwand. So ist es erstens vorstellbar, dass bei einer Software zwar eine lange Übergangszeit notwendig ist, die aber die Mitarbeiter kaum belastet. Oder man kommt bei einer Software mit einer kurzen Übergangszeit aus, läuft jedoch danach Gefahr, im ungünstigen Fall in ein sehr viel aufwendigeres Problem hereinzuschlittern. Insofern ist zu überprüfen, ob die Konflikte durch den Ersatz des Instrumentalziels mit dem Fundamentalziel „erwarteten Gesamtaufwand der Umstellung minimieren" geringer ausfallen oder gänzlich verschwinden. Möglicherweise gilt ja für die Software des Anbieters A, dass man zwar eine längere Übergangszeit benötigt, aber der Gesamtaufwand dennoch niedriger ist als bei der Software B. In diesem Fall wäre der Konflikt schon gelöst.

- *Biasfaktoren in den Prognosen?* Sollte sich der Konflikt nicht durch die richtige Definition von Zielen lösen lassen, kann es noch möglich sein, dass die unterschiedlichen Einschätzungen aus Biasfaktoren resultieren, die die Gruppenmitglieder noch nicht erkannt und gefiltert haben. Im obigen Beispiel ist anzunehmen, dass die Gruppenmitglieder Kontakte zu Anwendern in anderen Unternehmen pflegen, die möglicherweise auch schon Erfahrungen in der Umstellung auf die betrachteten Programme in der Finanzbuchhaltung haben. Durchaus vorstellbar wäre es in diesem Zusammenhang, dass ein Gruppenmitglied durch die negativen Berichte eines entsprechenden befreundeten Kollegen bei der Umstellung auf die Software A stark von einem Narrative Bias beeinflusst wurde, während ein anderes Gruppenmitglied von seinen Kollegen eher Positives über die Umstellung mit A erfahren hat. Der Meinungsunterschied wäre hier also nur eine Folge der unerkannten Biasfaktoren. Der Konflikt würde sich daher vermutlich auflösen, wenn die Gruppenmitglieder im Rahmen ihrer Einschätzungen alle möglichen Biasfaktoren herausfiltern.
- *Zu magere Informationsgrundlage?* Selbst wenn die Einschätzungen von allen bekannten Biasfaktoren weitgehend befreit sind, ist immer noch nicht gesagt, dass die Gruppenmitglieder homogene Einschätzungen bei den Prognosen zeigen. So können Unterschiede auch noch daraus resultieren, dass die Einschätzungen auf Basis einer zu geringen Information bzw. eines zu oberflächlichen Wissens getroffen wurden und somit noch eine zu hohe Willkürlichkeit bzw. Subjektivität aufweisen. In diesem Fall sind für die unterschiedlich eingeschätzten Sachverhalte zusätzliche Analyseschritte anzugehen. In dem obigen Beispiel würde dies bedeuten, dass man sich nicht nur auf vereinzelte Erfahrungsberichte bezieht, sondern versucht, systematisch aus der Befragung eines breiteren Anwenderkreises fundiertere Abschätzungen zu erlangen.

Wenn sich mit diesen Schritten die eigentlichen Meinungsunterschiede nicht auflösen, bieten sich noch weitere Möglichkeiten zur Konfliktlösung an. So bilden in manchen Fällen unterschiedliche Einschätzungen von Sachverhalten, sofern sie einmal klar in der Gruppe herausgestellt wurden, einen guten Ansatzpunkt, um mit neuen kreativen Alternativen einen guten Kompromiss bei den Beteiligten zu erwirken. So könnte man sich überlegen, ob nicht durch ein kleineres Pilotprojekt mit einem Testteam die Software A im Unternehmen vier Wochen lang getestet und erst danach die endgültige Entscheidung getroffen werden könnte. In diesem Fall würde die Pilotprojekt-Alternative den Zündstoff aus der unterschiedlichen Einstellung nehmen und beide Seiten könnten sich gegebenenfalls gut mit dieser neuen Alternative anfreunden.

Wenn dies auch nicht funktioniert, bleiben noch die Möglichkeiten, entweder auf der Basis einer über alle Gruppenmitglieder gemittelten Einschätzung die beste Alternative im Entscheidungsmodell zu berechnen – dies würde dem Gedanken der Wisdom of Crowd entsprechen –, oder die Gruppe analysiert die Auswirkungen der unterschiedlichen Einschätzungen in Form von Sensitivitätsanalysen in der Hoffnung, dass diese erhöhte Transparenz etwas zur Lösungssuche beiträgt.

13.3.2 Interessenkonflikte

Bei einem *Interessenkonflikt* liegen unterschiedliche Zielvorstellungen vor, die einer Einigung hinsichtlich einer besten Alternative im Wege stehen. Eine solche Situation ist zum Beispiel bei Tarifverhandlungen gegeben, wenn sich mit den beiden Gruppen Arbeitgeber- und Gewerkschaftsvertreter sogar diametral entgegengesetzte Ziele gegenüberstehen. Die Arbeitgeber wünschen möglichst niedrige Steigerungsraten in den Gehältern, die Gewerkschaften genau das Gegenteil.

Von einem Interessenkonflikt kann aber auch dann gesprochen werden, wenn die Gruppenmitglieder grundsätzlich dieselben Ziele verfolgen, dies aber in einer deutlich abweichenden Gewichtung. Hierzu ein Beispiel:

▶ In einem Projektteam eines Versicherungsunternehmens, welches ein softwaregestütztes Vertriebstool für die Außendienstmitarbeiter entwickeln soll, verfolgt der IT-Verantwortliche das Ziel, ein stabiles System zu entwickeln, das nie abstürzt. Der Vertriebschef hingegen wünscht sich, dass mit diesem Tool die Außendienstmitarbeiter die Anzahl der Abschlüsse erheblich steigern können. Hierbei wehrt sich keiner gegen die Ziele des anderen, jedoch haben die Beteiligten eine klare Priorisierung ihrer eigenen Ziele im Kopf.

In der Abb. 13.6 wurden Interessenkonflikte schon in drei Kategorien aufgeteilt, in zwei lösbare und einen nicht lösbaren Konflikt. An dieser Stelle können wir das nun näher erläutern. Ob und ggfs. wie es möglich ist, auch bei Interessenkonflikten noch einen erfolgversprechenden Gruppenentscheidungsprozess zu gestalten, hängt nämlich insbesondere von zwei Merkmalen der Gruppe ab: dem Ausmaß der vorliegenden Interessenkonflikte sowie der grundlegenden Kooperationsbereitschaft der Gruppenmitglieder. Auf Basis dieser beiden Merkmale lassen sich gemäß Abb. 13.7 die genannten drei Kategorien einordnen.

Im Folgenden gehen wir auf die drei in der Abb. 13.7 genannten Kategorien näher ein.

13.3 Der Umgang mit Meinungsunterschieden und Interessenkonflikten

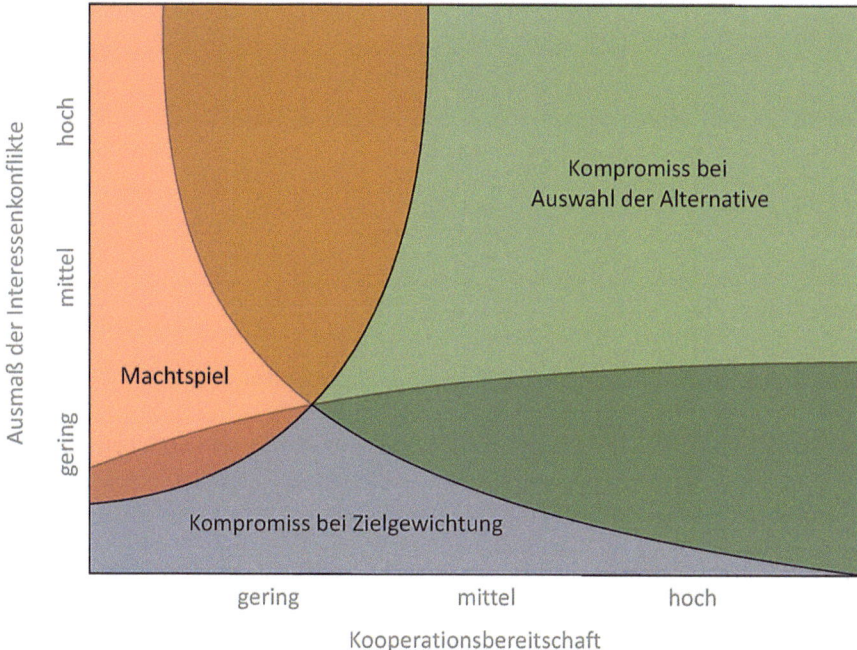

Abb. 13.7 Abgrenzung von Kategorien im Umgang mit Interessenkonflikten

Gruppentyp „Kompromiss bei Zielgewichtung"

Geringe Interessenkonflikte liegen vor, wenn alle Gruppenmitglieder in ihrem Zielkatalog fast identische Zielnennungen haben und zugleich auch noch die relativen Gewichte der einzelnen Ziele ähnlich sind. Wenn zugleich keine signifikanten Meinungsunterschiede aus dem vorherigen Schritt vorliegen, sind die Konflikte meist gut in den Griff zu bekommen. Entweder ist an dieser Stelle schon direkt erkennbar, dass alle Gruppenmitglieder dieselbe Alternative präferieren. Dann kann auf eine aufwändige Präferenzermittlung gänzlich verzichtet werden. Ist hingegen abzusehen, dass die Entscheidung wahrscheinlich noch von der exakten Gewichtung der Ziele abhängt, so kann bei entsprechender Kooperationsbereitschaft schon vor der genauen Berechnung von Nutzenwerten der Alternativen vereinbart werden, dass sich die Gruppe einvernehmlich auf ein gemeinsames Präferenzmodell mit exakten Zielgewichten einigt und dann jeder die sich daraus ergebende Alternativenrangfolge auch mitträgt. Eine Kompromissfindung schon an dieser Stelle hat den großen Vorteil, dass es vermutlich einfacher ist, bei abstrakten Zielgewichten etwas von seinen Vorstellungen abzurücken als bei der Frage, welche der konkret formulierten Handlungsalternativen man für die beste hält.

Zur Festlegung der gemeinsamen Zielgewichte gibt es allerdings keine wissenschaftlich fundierten Vorgehensweisen, vielmehr bieten sich pragmatische Lösungen an. So sollten in jedem Fall alle Ziele der Gruppenmitglieder einen Platz im gemeinsamen Ziel-

Zielnennung	Zielgewichte von Gruppenmitglied			Zielgewichte im gemeinsamen Zielsystem
	A	B	C	
Ziel 1	30 %	25 %	35 %	30 %
Ziel 2	45 %	50 %	40 %	45 %
Ziel 3	25 %	15 %	5 %	15 %
Ziel 4	(0 %)	10 %	20 %	10 %

Abb. 13.8 Beispiel zur Ermittlung von gemeinsamen Zielgewichten

katalog erhalten und sich die Zielgewichte beispielsweise aus dem arithmetischen Mittel der von den jeweiligen Gruppenmitgliedern genannten Zielgewichte ergeben. Das Beispiel in Abb. 13.8 veranschaulicht die Vorgehensweise.

In dem Beispiel wird auch deutlich, wie mit Zielen umgegangen wird, die nicht von allen benannt wurden – wie das Ziel 4 von Gruppenmitglied A. In diesem Fall wird einfach ein Zielgewicht von 0 % für dieses Ziel unterstellt und wie in den anderen Fällen der Durchschnitt gebildet. Der Gruppe steht es natürlich offen, in der Aggregation der Zielgewichte anders vorzugehen und beispielsweise die Zielgewichte von höher gestellten Mitgliedern mit einem höheren Anteil eingehen zu lassen. Je größer die Kooperationsbereitschaft ist, desto einfacher ist es hier, einvernehmliche Lösungen zu finden.

Gruppentyp „Kompromiss bei Auswahl der Alternative"
In dieser zweiten Gruppe liegen deutliche Unterschiede bei den Zielgewichten vor, die es selbst bei hoher Kooperationsbereitschaft nicht mehr möglich machen, eine schnelle Kompromisslösung bei der Suche nach gemeinsamen Zielgewichten zu finden. In diesem Fall kann also ein Kompromiss nur noch dadurch gefunden werden, dass sich die Gruppe auf eine gemeinsame Alternative einigt, die von allen akzeptiert wird.

Da tendenziell eine Kooperationsbereitschaft besteht, bietet es sich an, wie auch beim Vorliegen von begründeten Meinungsunterschieden zunächst noch einmal gemeinsam die Fundamentalität der von den Gruppenmitgliedern eingebrachten Ziele eingehend zu hinterfragen. Hierbei stellt sich möglicherweise heraus, dass eine Beschäftigung mit den hinter den Zielen liegenden Werten neue Alternativen erkennen lässt, die für alle Beteiligten – wie im Camp-David-Beispiel – eine gute Lösung darstellen.

Aber selbst dann, wenn sich keine neuen, unmittelbar konfliktlösenden Alternativen zeigen, führt eine eingehende Diskussion von Werten und hierbei vor allen Dingen auch eine offene Auseinandersetzung mit den Werten der jeweils übrigen Gruppenmitglieder zu einer Schärfung und Weiterentwicklung der eigenen Vorstellungen. Dies gilt insbesondere vor dem Hintergrund, dass Menschen in vielen Entscheidungssituationen zu Beginn noch gar keine stabilen Ziele und Präferenzen besitzen, sondern diese vielmehr erst im Zuge der Beschäftigung mit dem Entscheidungskontext entwickeln.[14]

Insofern ist es im Rahmen einer Wertediskussion nicht unwahrscheinlich, dass sich durch entsprechende Einsichten entweder Veränderungen in der Gewichtung der formulierten Fundamentalziele ergeben, die im besten Fall sogar einen Übergang in die Kategorie „Kompromiss durch Zielgewichtung" ermöglichen, oder aber es steigt zumindest die Bereitschaft, sich auch mit den Alternativen abzufinden, die für einen selbst nicht das Optimum darstellen.

Gruppentyp „Machtspiel"

In der Gruppe „Machtspiel" sind nicht nur mittlere oder hohe Interessenkonflikte vorhanden, sondern zugleich fehlt auch eine Kooperationsbereitschaft bei den Gruppenmitgliedern. Nicht selten mögen in diesem Fall alle Versuche, sich über den Weg einer Wertediskussion näher zu kommen, dadurch zum Scheitern verurteilt sein, dass einzelne Gruppenmitglieder Werte verfolgen, die sie in dieser Form nie ehrlich in eine Diskussion einbringen könnten. Man denke hier beispielsweise an die eigene Karriere, die kein Gruppenmitglied ernsthaft als zu verfolgendes Ziel des Teams nennen würde, ohne dabei tiefrot zu werden. Oder es können demotivierte Gruppenmitglieder dabei sein, die eigentlich nur das Interesse haben, dass das Team keine Entscheidung trifft, die irgendetwas an der aktuellen Situation ändert. Diese Gruppenmitglieder werden versuchen, den gesamten Prozess zu blockieren und sicherlich auch in der Wertediskussion nicht mit ihren Zielen hausieren gehen.

Wie die letztliche „Einigung" der Gruppe aussieht, hängt somit lediglich davon ab, wer seine Machtposition geschickter ausnutzen konnte. In dieser Konstellation ist es sogar manchmal erforderlich, bei der Suche nach einer für alle Seiten akzeptablen Lösung Schlichter hinzunehmen, wie man es z. B. bei festgefahrenen Tarifverhandlungen zwischen Arbeitgebern und Gewerkschaften häufig findet. Ein guter Schlichter wird es dann schaffen, die Kooperationsbereitschaft so zu steigern, dass eine Lösung in der letztaufgeführten Kategorie möglich wird.

13.4 Biasfaktoren bei der Informationssuche und -verwertung

Ein grundsätzlich großer Vorteil einer Gruppenentscheidung besteht darin, dass die Entscheidung auf einer von den Gruppenmitgliedern insgesamt eingebrachten breiten Informations- und Erfahrungsbasis getroffen und zugleich auch noch aus verschiedenen Perspektiven beleuchtet werden kann. Dieser Vorteil kommt aber in einigen Situationen nicht zum Tragen bzw. wird durch andere Effekte kompensiert.

---

[14] Siehe Payne et al. (1993).

So ist zum einen möglich, dass die von den Gruppenmitgliedern eingebrachten Informationen interessengeleitet sind. Gruppenmitglieder könnten also opportunistisch agieren und bewusst Informationen zurückhalten, die sich möglicherweise negativ auf die eigene Position (sei es in einem Machtspiel oder auch nur in einer Kompromisssuche bei den Alternativen) auswirken könnten. Eine solche interessengetriebene Informationspolitik wird man speziell bei ausgeprägten Interessenkonflikten nie ausreichend verhindern können. Maßnahmen, die hier ergriffen werden könnten, müssen sich stets darauf beziehen, die Loyalität jedes einzelnen Gruppenmitglieds für die gemeinsame Sache zu erhöhen oder ggfs. auch Anreize für die Einbringung „selbstschädigender" Informationen zu implementieren. Offene Wertdiskussionen könnten auch in diesem Kontext durchaus nützlich sein.

Ebenso wie Opportunismus der Gruppenmitglieder schädlich sein kann, können aber auch aus einem konformistischen Verhalten in einer kohäsiven Gruppe Nachteile entstehen. Dies wird im folgenden Abschnitt bei der Darstellung des *Confirmation Bias* näher erläutert werden. Nicht zuletzt sorgt aber auch schon allein die Art der Verteilung aller Informationen zwischen den Gruppenmitgliedern für Qualitätseinbußen im Prozess der Informationssuche und -verwertung. Dies wird in Abschn. 13.4.2 anhand des sogenannten *Shared Information Bias* erklärt.

13.4.1 Der Confirmation Bias in einer Gruppe

Wie schon im Kontext von Individualentscheidungen dargestellt wurde, beschreibt der *Confirmation Bias* die Tendenz, verstärkt nur solche Informationen zu suchen und zu berücksichtigen, die eine vorgefasste Meinung unterstützen. Im Rahmen einer Gruppenentscheidung ergibt sich eine Verstärkung des Effektes, wenn nicht nur das Individuum, sondern auch die Gruppe eine Meinung hat und die Gruppenmitglieder kein Interesse daran haben, diese Harmonie zu gefährden. Ein starker Confirmation Bias ist in der Gruppe also dann zu erwarten, wenn erstens die Gruppenmitglieder oder die Gruppe schon sehr früh eine Präferenz hinsichtlich der möglichen Alternativen gebildet haben und zweitens ein gewisses Maß an *Gruppenkohäsion* vorhanden ist, welches das gruppen- bzw. meinungskonforme Verhalten stützt.

An einem klassischen Experiment[15] soll vor diesem Hintergrund zunächst dargestellt werden, wie stark Gruppenmeinungen den einzelnen Menschen beeinflussen können.

▶ Die Testpersonen in der Untersuchung sollten entscheiden, welche von drei Vergleichslinien (A, B, C) genauso lang ist wie eine Referenzlinie (X).

---

[15] Siehe Asch (1955).

13.4 Biasfaktoren bei der Informationssuche und -verwertung

▶ Wurden die Schätzungen alleine abgegeben, so lag die Fehlerquote bei 0,7 %, die Linien waren also gut voneinander zu unterscheiden. Vergleichend wurden jedoch auch die Entscheidungen in der Gruppe untersucht. Zu diesem Zweck saßen die Probanden in einer Reihe von insgesamt sieben Personen jeweils an Position sechs. Die anderen Positionen waren mit Komplizen der Studie besetzt. Die Urteile wurden jeweils laut vor der Gruppe abgegeben. In sechs Durchgängen gaben die Komplizen die richtige Antwort „Vergleichslinie B", in zwölf weiteren falsche, z. B. sagten alle fünf Komplizen vor dem Probanden die Antwort „Vergleichslinie C".

▶ Obwohl die richtige Antwort im Grunde offensichtlich ist und bei einigermaßen gesundem Menschenverstand keine große Abweichung zu erwarten wäre, stimmten trotzdem 75 % (!) der Probanden mindestens einmal einer falschen Antwort zu. Insgesamt waren 37 % aller Antworten der Versuchspersonen falsch, während es außerhalb der Gruppe nur zu der erwähnten Fehlerquote von 0,7 % gekommen war.

Diese Ergebnisse zeigen den starken Einfluss einer einstimmigen Gruppenmeinung auf die Urteile von Einzelpersonen. Die Ergebnisse dieser Studien sind deshalb so erstaunlich, weil in keiner Weise Druck auf die Probanden ausgeübt wurde, sich der Meinung der Mehrheit zu unterwerfen. Und es wurde auch keine Belohnung für gruppenkonformes Verhalten gegeben oder Bestrafung für Individualität angedroht.

Die Tendenz zur Konformität äußert sich in zwei Ausgestaltungen. In der schwächeren Ausgestaltung ändert sich lediglich das Verhalten, ohne dass sich die Einstellung des Menschen tatsächlich verändert. Man spricht hier von *Compliance*, wie es im obigen Experiment der Fall war. Hier gaben die Versuchspersonen die falsche Antwort, obwohl sie eigentlich einer anderen Überzeugung waren.

Beeinflusst die Gruppe hingegen auch die Einstellung des Menschen, so liegt eine sogenannte *Acceptance* vor. Zu einer solchen Einstellungsänderung kann es unter anderem dann kommen, wenn sich der Mensch längere Zeit nicht konform zu seiner Einstellung (aufgrund von Compliance) verhalten hat. Er leidet durch sein Verhalten, das nicht mit seiner Einstellung harmoniert, unter Dissonanzen, die er durch eine Einstellungsänderung auflösen kann. Üblicherweise unterstellt man beim menschlichen Verhalten eine Wirkungskette der Form „behavior follows attitude". In diesem Falle dreht sich bei einer länger andauernden Compliance die Wirkungsbeziehung um, es gilt dann „attitude follows behavior".

Wie oben erwähnt, setzt ein konformes Verhalten allerdings auch eine gewisse Gruppenkohäsion voraus bzw. die Konformität wird umso ausgeprägter, je stärker die Gruppenkohäsion ist. Unter einer Gruppenkohäsion versteht man das Gefühl einer Zusammengehörigkeit zwischen den Gruppenmitgliedern bzw. die Kraft, die die einzelnen Mitglieder an die Gruppe bindet. Dieses Zusammengehörigkeitsgefühl kann sich aus der Pflicht des Gruppenmitglieds ergeben, wenn es zum Beispiel aus beruflichen Gründen mit den anderen Gruppenmitgliedern zusammenarbeiten muss. Diese Kraft kann aber auch den freien Wunsch des Gruppenmitglieds darstellen, wenn die Gruppe für ihn sehr attraktiv ist. Die Stärke der Kohäsion wird hierbei von einigen Faktoren beeinflusst. So weiß man beispielsweise, dass

- kleinere Gruppen tendenziell eine höhere Kohäsion aufweisen als größere (bei einer Größenordnung von ca. 20 Mitgliedern kann beispielsweise eine besonders hohe Kohäsion erreicht werden),
- erfolgreiche Gruppen tendenziell eine höhere Kohäsion aufweisen als weniger erfolgreiche,
- eine ähnliche Ausbildung und homogene Einstellungen der Gruppenmitglieder die Kohäsion verstärkt,
- Gruppen, die eine Vielzahl von sozialen Kontakten (z. B. bei einer Teamarbeit) erlauben, zu einer höheren Kohäsion neigen als Gruppen mit interaktionshemmenden Arbeitsbedingungen (z. B. am Fließband), und
- Wettbewerb innerhalb der Gruppe die Kohäsion reduziert, aber Wettbewerb mit anderen Gruppen die Kohäsion unterstützt („der gemeinsame Feind vereint").

Lassen also einige dieser Einflussfaktoren insgesamt auf eine hohe Kohäsion der Gruppe schließen, besteht eine erhöhte Gefahr, dass sich die Gruppe bei einer schnellen und einvernehmlichen Näherung an eine Alternative zu wenig um Informationen kümmert, die möglicherweise für andere Alternativen sprechen. Die in diesem Fall zu einseitige Informationslage begünstigt zusätzlich einen *Risky Shift* in der Gruppe, d. h., man glaubt zu sehr an die Alternative und ist deshalb bereit, höhere Risiken einzugehen, als es bei einer Individualentscheidung der Fall wäre.[16]

Eine besonders starke Ausprägung der Konformität kann sich ergeben, wenn an der Spitze der Gruppe ein starker und dominanter Meinungsführer steht, der eine Abschottung der Gruppe nach außen betreibt und hierbei möglicherweise auch noch Emotionen schürt. In diesem Fall kommt es zu einem sogenannten Gruppendenken.[17] Die Gruppenmitglieder befinden sich dann in einer Gemeinschaft gleichgesinnter und sind der Meinung, dass sich so viele Menschen nicht irren können. Deshalb überschätzen sie die tatsächliche Korrekt-

---

[16] Zum Risky Shift und seinen Bestimmungsfaktoren siehe z. B. Burnstein (1969) oder die allgemeine Diskussion um eine Polarisierung in Gruppen in Myers und Lamm (1975).
[17] Grundlegend zum Gruppendenken bzw. Groupthinking siehe Janis (1982).

13.4 Biasfaktoren bei der Informationssuche und -verwertung

heit der Gruppenmeinung, unterliegen einer Illusion der Unverwundbarkeit und es kommt ggfs. sogar zu der Überzeugung, die Gruppe besäße moralische Standards. Die Folge ist eine unrealistische Selbstüberschätzung sowie ein unangebrachtes Vertrauen, dass die Gruppe durch nichts von ihrem Erfolgsweg abzubringen sei, da sie vermeintlich in der Lage ist, alle bedrohlichen Gefahren zu kontrollieren oder gar abzuwenden. Als ein unrühmlicher Fall in der Geschichte für dieses Gruppendenken kann der Nationalsozialismus in Deutschland unter Hitler genannt werden, der viele Menschen blind gegenüber Informationen und Einflüssen außerhalb des nationalsozialistischen Gedankengutes gemacht hat.

13.4.2 Shared Information Bias

In einer Gruppenentscheidung ist davon auszugehen, dass nicht alle Gruppenmitglieder zu Beginn der Sitzung über identische Informationen – also Shared Information – verfügen. Zwar mag ein Teil der Informationen allen Gruppenmitgliedern vorliegen, andere Informationen haben aber vielleicht nur einzelne Gruppenmitglieder. Wenn der Gruppenentscheidungsprozess nicht vernünftig gesteuert wird, kann es leicht passieren, dass vornehmlich die allen vorliegenden Informationen in den Prozess einfließen, diese dementsprechend überbewertet werden und deshalb sogar eine falsche Entscheidung resultiert. Man spricht in diesem Zusammenhang von einem *Shared Information Bias*. Zur Erläuterung des Effektes betrachte man folgendes Beispiel:

Beispiel

Eine Gruppe mit drei Leuten wählt zwischen den Alternativen A und B aus. Insgesamt gibt es für A zwei positive Informationen (A1 und A2) und für B drei (B1, B2 und B3). Zu Beginn der Gruppensitzung liegt folgende Informationsverteilung vor:

Gruppenmitglied	Information				
	A1	A2	B1	B2	B3
	shared			unshared	
Person 1	●	●	●		
Person 2	●	●		●	
Person 3	●	●			●

Unter der Annahme, dass alle Informationen für gleich wichtig gehalten werden und die Vorteilhaftigkeit der Alternativen an der Anzahl der positiven Informationen festgemacht werden kann, ist also B die bessere Alternative. Würden alle Gruppenmitglieder ihre Informationen auf den Tisch legen und würde auf dieser gesammelten Informationsbasis entschieden, so würde sich die Gruppe korrekterweise für B entscheiden. Wenn sich jede Person allerdings vorher Gedanken über die beste Alternative gemacht hätte, so hätte jeder die Alternative A präferiert und man hätte es nicht für nötig gehalten, sich über alle Informationen auszutauschen. Insgesamt hätte sich die Gruppe dann einstimmig für die falsche Alternative A ausgesprochen. ◄

Auch wenn dieses Beispiel zugegebenermaßen etwas konstruiert ist, gibt es mehrere Faktoren, die dem Shared Information Bias sehr zuträglich sind:[18]

- *Negotiation Bias:* Wie auch beim Confirmation Bias präferieren Gruppenmitglieder in kohärenten Gruppen eher solche Handlungen, welche die Gruppenmeinung unterstützen. Dies spricht für die Tendenz, eher solche Argumente in der Diskussion anzuführen, welche die Gruppenmeinung unterstützen. Somit fallen möglicherweise die für B positiven Argumente unter den Tisch.
- *Group-Level Discussion Bias:* Im obigen Beispiel gibt es in Bezug auf die Alternative A sechs Möglichkeiten, dass ein Gruppenmitglied eine positive Information äußert, hingegen sind es für die Alternative B nur drei. Insofern sind – ausschließlich probabilistisch gesehen – die Chancen, dass für A eine positive Information in die Gruppendiskussion einfließt, höher als positive Verlautbarungen für die Alternative B. Verallgemeinert kann man mit dieser Argumentation ableiten, dass über Shared Information im Gruppenentscheidungsprozess mehr gesprochen wird als über Unshared Information, also spezifisches Wissen, über das nur einzelne Gruppenmitglieder verfügen.
- *Individual-Level Evaluation Bias:* Menschen neigen dazu, den eigenen Informationen eine höhere Bedeutung beizumessen als fremden. Shared Information sind nun aber per definitionem eigene Informationen für jeden. Zugleich können Shared Information innerhalb der Gruppe gut validiert werden, was für Unshared Information weit schwieriger ist. Lediglich Unshared Information, die ganz offensichtlich auch richtig sind, kommen in ihrer Bedeutung an die Shared Information heran.

Insgesamt betrachtet ist es also gar nicht so unwahrscheinlich, dass ein Shared Information Bias Wirkung zeigt und zu einer Bevorzugung einer Alternative führt, über deren Vorteile alle Gruppenmitglieder Bescheid wissen, während die Informationen über die vielen Nachteile eher verteilt vorhanden sind.

13.5 Praktische Empfehlungen zur Durchführung einer Gruppenentscheidung in Unternehmen

Auf Basis der bisherigen Ausführungen zu Gruppenentscheidungsprozessen lassen sich in den folgenden Abschnitten einige Hinweise ableiten, die zur Effizienz- und Qualitätssteigerung von Gruppenentscheidungen in Unternehmen berücksichtigt werden können.[19]

---

[18] Siehe im Folgenden Brodbeck et al. (2007), S. 462 ff.
[19] Siehe zu einigen der folgenden Punkte auch Brodbeck et al. (2007).

13.5.1 Zusammensetzung der Gruppe und Aufgabenaufteilung

Der große Vorteil einer Gruppenentscheidung liegt darin, dass unterschiedliche Kompetenzen und Informationsstände in den Entscheidungsprozess eingebracht werden können und so theoretisch eine hohe Qualität erreicht werden kann. Vor diesem Hintergrund ist bei der Zusammenstellung der Gruppe auf eine ausreichende Heterogenität zu achten, die sich sowohl auf die Kompetenzen als auch auf die Informationsstände der potenziellen Gruppenmitglieder bezieht.

Im besten Fall bildet die Gruppe der ohnehin unmittelbar mit der Entscheidung beschäftigten Personen innerhalb des Unternehmens schon diese Heterogenität ab. Ist dies nicht der Fall, so können entweder noch weitere Mitarbeiter aus dem Unternehmen die Gruppe ergänzen, oder es ist über eine Implementierung von Expertenrunden nachzudenken, die für spezielle Teilschritte unter Beteiligung von externen Fachleuten eingesetzt werden können. Expertenrunden können insbesondere dann gut helfen, wenn es innerhalb der Gruppe Meinungsunterschiede gibt, d. h. unterschiedliche Einschätzungen im Wirkungsmodell vorliegen, die im bisherigen Gruppenkreis nicht beseitigt werden können. Ebenso kann das Hinzuziehen von externen Beratern sinnvoll sein, wenn neben der damit eingeholten fachlichen Expertise insbesondere auch eine zusätzliche externe, unvoreingenommene Sicht eingeholt werden soll. Eine externe Sicht ist beispielsweise immer dann gut, wenn Sunk-Cost-Projekte zu bewerten sind oder ein starker *Inside View* vorliegt, weil in diesen Fällen die Gefahr einer verzerrten Bewertung bzw. für Überoptimismus sehr hoch ist.

Um die verschiedenen Stakeholder im Unternehmen schon frühzeitig und nicht nur bei einzelnen Entscheidungen miteinzubinden, kann es zugleich auch sinnvoll sein, spartenübergreifende oder interdisziplinäre Entscheidungsgremien fest im Unternehmen zu verankern. Ein solches Vorgehen fördert nicht nur die Koordination aller Entscheidungen im Unternehmen, sondern führt zugleich auch dazu, dass die verschiedenen, im Unternehmen verteilten Kompetenzen in verschiedenen Entscheidungsprozessen nutzbringend zum Tragen kommen.

Eine Beteiligung zu vieler Personen im Gruppenentscheidungsprozess gefährdet jedoch die Effizienz des gesamten Prozesses. Insofern kann es sinnvoll sein, den gesamten Entscheidungsprozess in verschiedene Teilaufgaben zu zerlegen, die jeweils von dafür geeigneten Abteilungen oder Arbeitsgruppen bearbeitet werden. Ein solches *Task-Structuring*-Vorgehen fördert nicht nur das konsequente Befolgen eines definierten Entscheidungsprozesses, sondern macht es möglich, verschiedene Kompetenzen im Unternehmen abzugreifen, ohne dass das Entscheidungsgremium insgesamt zu groß und damit zu ineffizient wird. Ein weiterer Vorteil liegt darin, dass unerwünschte Effekte wie der Confirmation Bias und der Shared Information Bias reduziert werden.

Um die Chancen einer erfolgreichen Umsetzung im Anschluss an die Entscheidung zu erhöhen, kann es bei der Zusammenstellung und Organisation der Gruppe auch wichtig sein, Personen mit aufzunehmen, von deren Wohlwollen und Überzeugung die spätere Umsetzung entscheidend mit abhängt. In diesem Zuge bietet es sich an, mit Hilfe des oben dargestellten Stakeholder-Netzdiagramms entsprechende Stakeholder zu identifizieren.

13.5.2 Konsequente Steuerung des Prozesses durch einen Moderator

Zur Verhinderung von willkürlichen Dynamiken sollte der Gruppenentscheidungsprozess konsequent auf einem vorher festgelegten Pfad mit definierten Prozessschritten gehalten werden. Diese Steuerung sollte im besten Fall ein Moderator übernehmen, der entsprechende Erfahrung besitzt und dem im Hinblick auf mögliche Ergebnisse der Gruppenentscheidung eine gewisse Neutralität zugeschrieben werden kann. Die Prozessschritte sollten hierbei idealerweise den Schritten folgen, wie sie in Kap. 1 sowie Kap. 8 mit dem idealtypischen Ablauf eines rationalen Entscheidungsprozesses vorgestellt wurden.

Im ersten Schritt ist ein einheitliches Verständnis der Frage herbeizuführen und in Form einer konkret ausformulierten Entscheidungsfrage zu dokumentieren. Die Bedeutung dieses Schrittes ist im Kontext einer Gruppenentscheidung nicht zu unterschätzen. So gibt es in Gruppen häufig sehr unterschiedliche Vorstellungen, über was genau entschieden bzw. aus wessen Sicht das Problem bei vielen Beteiligten betrachtet werden soll. Hierbei kann es zum Teil sogar erforderlich sein, wichtige Begriffe aus der Entscheidungsfrage noch genauer zu definieren, um unterschiedliche Interpretationen von vornherein auszuschließen. Andernfalls kann es passieren, dass sich zwischen den Gruppenmitgliedern überflüssige Diskussionen entwickeln, die nur aus einem unterschiedlichen Verständnis resultieren.

Im zweiten Schritt einigt sich die Gruppe auf ein Zielsystem, das als Basis für die weiteren Schritte akzeptiert wird. Die Entwicklung dieses Zielsystems kann hierbei grundsätzlich dem Vorgehen folgen, wie es auch bei Individualentscheidungen empfohlen wird. Zunächst werden in einem Brainstorming möglichst umfänglich alle Zielaspekte von den Gruppenmitgliedern gesammelt, anschließend erfolgt die Strukturierung durch Überprüfung von instrumentalen Zusammenhängen zwischen den Zielen, bis am Ende eine überschaubare Liste mit wenigen Fundamentalzielen gefunden ist. Zwar ist es grundsätzlich möglich, dass dieser Schritt in Gänze zusammen mit allen Gruppenmitgliedern durchgeführt wird, jedoch erscheint es in aller Regel sinnvoller, die Gruppenmitglieder einzeln für sich mittels eines Fragebogens das Brainstorming durchführen zu lassen. Der Moderator kann dann auf Basis der insgesamt genannten Aspekte einen ersten Entwurf einer Zielhierarchie entwickeln, mit dem er in die gemeinsame Diskussion mit der Gruppe geht und dort eine finale Version abstimmt.

Im dritten Schritt wird in der Gruppe eine Liste mit allen Handlungsalternativen aufgestellt. Grundsätzlich ist auch hier wieder das Vorgehen, wie es bei einer Individualentscheidung vorgeschlagen wurde, anwendbar. Die Methoden, die im Abschn. 8.1.3 bei der Suche nach neuen Alternativen vorgestellt wurden, lassen sich grundsätzlich auch in Gruppensitzungen durchführen. Da die vorgestellten Methoden auch isoliert voneinander durchgeführt werden können, können zur Effizienzsteigerung im Sinne eines Task Structuring auch Einzelaufträge an Arbeitsgruppen gegeben werden, die sich jeweils mit einer Methodik auseinandersetzen und die Ergebnisse dann in der Gruppe präsentieren.

Im vierten Schritt ist für jedes Ziel eine geeignete Skala anzugeben und für alle Handlungsalternativen sind Ergebnisschätzungen abzuliefern. Task Structuring bietet sich auch an dieser Stelle an, wenn die Arbeitsgruppen jeweils die Verantwortung für ein Ziel erhalten und sich fokussiert um die entsprechende Skalenentwicklung und Ergebnisschätzungen kümmern können. An dieser Stelle ist der Moderator besonders gefordert, wenn aus der Gruppe sehr unterschiedliche Wirkungseinschätzungen angegeben werden und es zu Meinungsunterschieden kommt. Der einfachste Weg ist zunächst, diese unterschiedlichen Einschätzungen durch Intervalleingrenzungen in die Ergebnismatrix aufzunehmen. Wenn sich dann jedoch zu einem späteren Zeitpunkt herausstellt, dass sich je nach Einschätzung innerhalb dieses Intervalls unterschiedliche Alternativen als optimal herausstellen, dann muss an dieser Stelle noch einmal nachgearbeitet werden und möglicherweise müssen noch mehr Informationsbeschaffungsmaßnahmen initiiert bzw. Experten oder externe Berater miteinbezogen werden.

Erst nachdem auf diese Weise die Ergebnismatrix mit den Arbeitsergebnissen der Gruppen ausgefüllt werden kann, dürfen Präferenzen und Bewertungen, insbesondere hinsichtlich der Wichtigkeit der einzelnen Ziele, abgegeben werden. Der Moderator muss vor diesem letzten Schritt die Gruppenmitglieder strikt davon abhalten, sich in irgendeiner Weise über Bewertungen oder Vorteilhaftigkeiten von Alternativen zu äußern oder am besten erreichen, dass diese sich gar keine Gedanken hierüber machen, ehe nicht das gesamte Team das Gefühl hat, dass alle Informationen auf dem Tisch liegen.

Ein solches Vorgehen, das erst eine Bewertung nach vollständiger Strukturierung und Erhebung aller Informationen vorsieht, dient als ausgezeichnetes Schutzschild sowohl gegen den Confirmation Bias als auch den Shared Information Bias. So kann es im Grunde vor der Fertigstellung der Ergebnismatrix noch gar keine Gruppenmeinung geben, die die unerwünschte Einengung der Informationsaufnahme durch einen Confirmation Bias fördert. Zugleich würde es im Hinblick auf den Shared Information Bias auch keine Rolle spielen, ob Informationen vorher allen Gruppenmitgliedern bekannt sind oder von einzelnen eingebracht werden. Ein Shared Information Bias wäre ausgeschlossen.

Dies ist allerdings nur in der Theorie uneingeschränkt richtig, in der Praxis müssen Abstriche gemacht werden. So muss beispielsweise im Hinblick auf den Confirmation Bias zugestanden werden, dass sich die Gruppenmitglieder in der Praxis meist auch schon vor dem eigentlichen Entscheidungsprozess in irgendeiner Form ausgetauscht und hierbei auch ihre (noch wenig fundierten) Meinungen kundgetan haben. Insofern kann sich ein Meinungsbild schon vor der Sitzung entwickelt haben. Auch im Hinblick auf den Shared Information Bias muss eingestanden werden, dass selbst der vorgestellte Prozess den Individual-Level Evaluation Bias vermutlich nicht gänzlich reduziert, also die von Einzelnen eingebrachten Argumente im letzten Schritt trotzdem noch weniger gewichtet werden, auch wenn die Argumente rechtzeitig präsentiert wurden.

Dennoch bleibt es unbestreitbar, dass das Befolgen eines entsprechend klar definierten Prozesses von äußerst hohem Nutzen ist. Dies können Studien in Bezug auf den mit der Gruppenentscheidung erreichten Return on Investment im Übrigen sogar quantitativ belegen.[20]

---

[20] Siehe z. B. Lovallo und Sibony (2010).

13.5.3 Identifikation der Konfliktursachen

In vielen Gruppenentscheidungen in Unternehmen kommt es zu Meinungsunterschieden und/oder Interessenkonflikten. Wenn der Gruppenentscheidungsprozess jedoch konsequent den empfohlenen Prozessschritten folgt und der Moderator es geschafft hat, jegliche Präferenzandeutungen bei allen Gruppenmitgliedern zu verhindern, dann können begründete Meinungsunterschiede frühestens im vierten Schritt bei den Ergebnisschätzungen bzw. der Angabe von Wahrscheinlichkeiten auftreten. Zugleich sind Interessenkonflikte erst bei der Bewertung der Alternativen im fünften und somit letzten Schritt möglich. Selbst bei der Definition des Zielsystems im zweiten Schritt würden sich Interessenkonflikte nicht zeigen, da ja lediglich Ziele benannt und noch keine Präferenzen in Form von Prioritäten angegeben werden.

Realistisch betrachtet sind Meinungsunterschiede und Interessenkonflikte zum Teil aber schon sehr früh erkennbar bzw. stören den Gruppenentscheidungsprozess schon in den ersten Schritten. So kann es sein, dass die Gruppe schon mit bekannten Konflikten startet und der Moderator (sollte man sich überhaupt auf einen einigen können) schon zu Beginn gefordert ist. Der Moderator muss also stets vorbereitet sein, auf Konflikte richtig zu reagieren. Dafür ist es wichtig, beim Auftreten von Konflikten schnell Klarheit darüber zu erlangen, welcher Art der Konflikt ist. Als Unterstützung kann der Moderator auf das Ablaufdiagramm der Abb. 13.9 zurückgreifen.

In Abhängigkeit der identifizierten Konfliktursache kann der Moderator dann auf die Hinweise zurückgreifen, die oben in Abschn. 13.3 dargestellt wurden. Bei Meinungsunter-

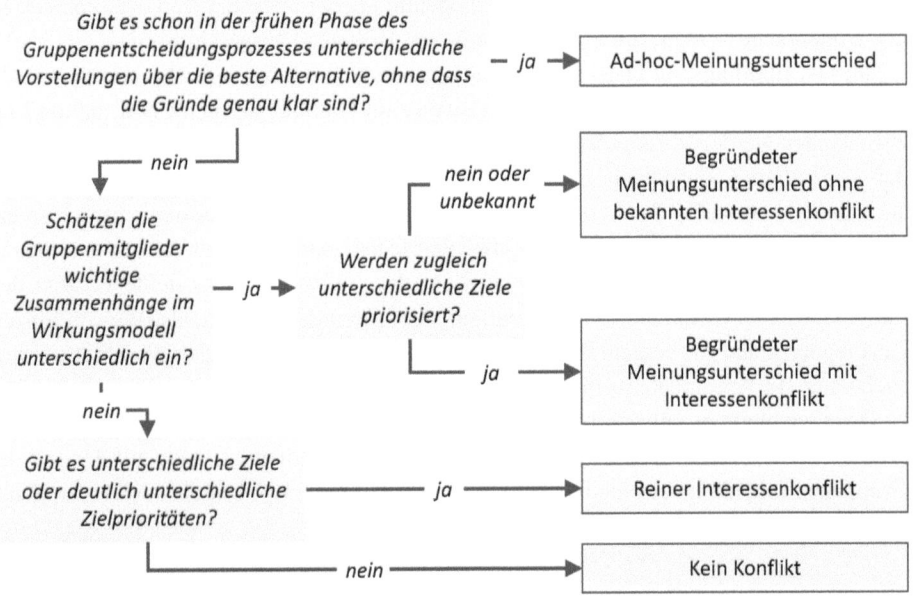

Abb. 13.9 Beispiel zur Bestimmung der Konfliktart in Gruppenentscheidungen

schieden fokussiert sich die Konfliktlösung auf eine intensivere Sachanalyse, ggfs. unter Hinzuziehung von einschlägigen Experten oder Beratern. Im Falle von Interessenkonflikten ist vielmehr eine noch intensivere Analyse der Ziele aller Beteiligten erforderlich, um den Konflikt zu lösen. Erfolgsversprechend ist dieser Weg insbesondere dann, wenn bis dahin die genannten Ziele noch zu wenig auf Fundamentalität getrimmt wurden.

13.5.4 Etablierung einer offenen Unternehmenskultur

Vielleicht der wichtigste organisationale Eingriff ist aber die Implementierung einer entsprechenden Unternehmenskultur, welche sich positiv auf alle Entscheidungsprozesse im Unternehmen auswirkt. Diese Unternehmenskultur muss im Zuge einer „Culture of Debate" zu einem offenen und kritischen Denken ermutigen, sie muss Fehler erlauben bzw. Lernen fördern und muss vor allen Dingen ein Wertesystem vermitteln, mit dem sich die Mitarbeiter identifizieren können. Denn nur hierdurch wird die Loyalität und Motivation der Mitarbeiter erreicht, die für einen guten Entscheidungsprozess notwendig ist.

Um die Mitarbeiter des Unternehmens anzuregen, Inhalte kritisch und durchaus auch kontrovers zu diskutieren, können in den Gruppensitzungen entsprechende Maßnahmen fest etabliert werden. Vorstellbar ist in diesem Zusammenhang beispielsweise die standardmäßige Einsetzung eines Gruppenmitglieds als „Advocatus Diaboli", dessen Aufgabe es ist, stets nach Gegenargumenten für die sich abzeichnende Meinung zu suchen, wobei dieser Person sogar ein Mindestredeanteil vorgeschrieben werden kann. Besteht die Gruppe aus Mitgliedern unterschiedlicher Ränge, also z. B. einem Vorgesetzten mit seinen Mitarbeitern, sollte darüber hinaus die Gruppe bzw. sollten die Ranghohen dem Moderator gestatten, über Rangordnungen bewusst hinwegzusehen und entsprechende Maßnahmen zu ergreifen (z. B. anonyme Methoden), wenn dies für die Qualität der jeweiligen Schritte sinnvoll ist.

Sehr förderlich ist es, wenn das Unternehmen im Rahmen von Weiterbildungsmaßnahmen auch die Entscheidungskompetenz adressiert und hierbei nicht nur die Führungskräfte im Visier hat. Ein aktives Mitwirken der Gruppenmitglieder in einem Gruppenentscheidungsprozess, der sich streng an die Abfolge Entscheidungsfrage, Ziele, Handlungsalternativen, Wirkungsmodell und Auswertung hält, fällt nun einmal leichter, wenn diese Prozessschritte für alle Beteiligten bekannt sind.

13.6 Das Wichtigste in Kürze

In diesem Kapitel habe ich Folgendes gelernt
- Soziale Interaktionen können in der Sicht einer Marktnorm oder einer sozialen Norm betrachtet werden.
- Fairness, Loyalität und Altruismus beeinflussen die Festlegung der Ziele bzw. Zielgewichte in einer Gruppenentscheidung.
- Auf der Basis eines Stakeholder-Netzdiagramms lässt sich besser beurteilen, aus welchen Personen ein Team zur Entscheidungsfindung zusammengesetzt sein sollte.
- Konflikte in Gruppenentscheidungen lassen sich in Meinungsunterschiede und Interessenkonflikte unterscheiden.
- Der Confirmation Bias und der Shared Information Bias sind zwei typische Verzerrungen, die in Gruppenentscheidungen auftreten können.
- Ein guter Weg sowohl zur Konfliktlösung als auch zu Reduzierung von Gruppenbiases besteht in der konsequenten Verfolgung eines reflektierten und zielorientierten Entscheidungsprozesses.

Literatur

Ariely D (2010) Denken hilft zwar, nützt aber nichts – Warum wir immer wieder unvernünftige Entscheidungen treffen. Knaur-Taschenbuch-Verlag, München

Asch S (1955) Opinions and social pressure. Sci Am 19(31):35

Bohnet I, Frey BS (1999) Social distance and other-regarding behavior in dictator games. The Academy of Management Review 89(1):335–339

Braun D, Kohlmorgen P (2010) Fairness in Verhandlungssituationen – ein interkultureller Vergleich zwischen Schweden und Deutschland. Working Paper, RWTH Aachen University

Braun D, Prüwer M, von Nitzsch R (2011) Ultimatum-Spiele und Fairness in Verhandlungssituationen. WISU 10(506):511

Brodbeck FC, Kerschreiter R, Mojzisch A, Schulz-Hardt S (2007) Group decision under conditions of distributed knowledge: the information asymmetries model. Acad Manage Rev 32(2):459–479

Burnstein E (1969) An analysis of group decisions involving risk ("the risky shift"). Hum Relat 22(5):381–395

Charness G, Rabin M (2002) Understanding social preferences with simple tests. Q J Econ 117(3):817–869

Fehr E, Schmidt KM (1999) A theory of fairness, competition, and cooperation. Q J Econ 114(3):817–868

Fischbacher U, Fong CM, Fehr E (2009) Fairness, errors and the power of competition. J Econ Behav Organ 72(1):527–545

Forsythe R, Horowitz JL, Savin NE, Sefton M (1994) Fairness in simple bargaining experiments. Games Econ Behav 6(3):347–369

Güth W, Schmittberger R, Schwarze B (1982) An experimental analysis of ultimatum bargaining. J Econ Behav Organ 3(4):367–388

Henrich J, Boyd R, Bowles S, Camerer C, Fehr E, Gintis H, McElreath R (2001) In search of homo economicus: behavioral experiments in 15 small-scale societies. Am Econ Rev 91(2):73–78

Hoffman E, McCabe K, Shachat K, Smith V (1994) Preferences, property rights, and anonymity in bargaining games. Games Econ Behav 7(3):346–380

Janis IL (1982) Groupthink – psychological studies of policy decisions and fiascoes. Wadsworth, Boston

Jones B, Rachlin H (2006) Social discounting. Psychol Sci 17(4):283–286

Lovallo D, Sibony O (2010) The case for behavioral strategy. McKinsey Q 2(1):16

Myers DG, Lamm H (1975) The polarizing effect of group discussion. Am Sci 63(3):297–303

Payne JW, Bettman JR, Johnson EJ (1993) The adaptive decision maker. Cambridge University Press, Cambridge

Rescher N (2002) Fairness – theory & practice of distributive justice. Transaction, New Brunswick

Debiasing und weitere Anwendungsfelder der deskriptiven Entscheidungstheorie

14

Zusammenfassung

In Teil III dieses Buches wurden Ansätze und Instrumente der präskriptiven Entscheidungstheorie vorgestellt, die zur Erreichung einer hohen Entscheidungsqualität beitragen. Hierbei wurde jedoch noch zu wenig dargestellt, wie mit den im deskriptiven Teil II dieses Buches vorgestellten Biases aus Sicht des Entscheiders am besten umgegangen werden kann. In diesem Kapitel wird exemplarisch auf einige entsprechende Debiasing-Instrumente eingegangen, die zusätzlich zur Verbesserung einer Entscheidungsqualität beitragen.

Neben der Verbesserung der eigenen Entscheidungsqualität gibt es noch weitere Anwendungsfelder, die sich speziell im Zusammenhang mit Erkenntnissen der deskriptiven Entscheidungslehre auftuen. Hierzu gehören Anwendungsfelder, in denen das Verhalten anderer Menschen beeinflusst werden soll, wobei zwischen eigennütziger Werbung und gesellschaftlich wertvollem Nudging differenziert wird. Ebenso können die Erkenntnisse genutzt werden, um das eigene Verhalten zu lenken oder im Sinne eines Hedonic Framing die Wahrnehmung so zu beeinflussen, dass die eigene Zufriedenheit gesteigert wird.

In diesem Kapitel werden für diese Anwendungsfelder jeweils Beispiele präsentiert, wie aus den bekannten und im Buch vorgestellten Verhaltensphänomenen der deskriptiven Entscheidungstheorie nützliche Schlussfolgerungen und Handlungshinweise abgeleitet werden können. Die diesbezüglichen Ausführungen stützen sich erstens auf wichtige Phänomene, die unter dem Oberbegriff des Narrow Thinking subsumiert werden können, zweitens auf Phänomene, die sich mit der Manipulation von Bezugspunkten beschäftigen und drittens auf Besonderheiten der zeitlichen Diskontierung.

14.1 Übersicht über die Anwendungsfelder

Es lassen sich fünf Anwendungsfelder (AF-1 bis AF-5) aufführen, in denen ein konkreter Nutzen aus den Erkenntnissen der präskriptiven und deskriptiven Entscheidungstheorie gezogen werden kann und auf die in diesem Kapitel jeweils noch eingegangen wird.

Verbesserung der Entscheidungsqualität (AF-1)
Dieses Anwendungsfeld betrifft das Hauptziel dieses Lehrbuches. In Teil I dieses Buches wurden die Grundlagen für das Verständnis einer reflektierten Entscheidung gelegt. Teil II behandelte wichtige Erkenntnisse der deskriptiven Entscheidungstheorie, wobei hierbei ein Schwerpunkt daraufgelegt wurde, für den Menschen typische, irrationale Verhaltensmuster bzw. Biases zu beschreiben. In Teil III wurden Instrumente und Methoden der präskriptiven Entscheidungstheorie präsentiert, die eben genau die Zielsetzung haben, die Entscheidungsqualität zu verbessern. Obwohl diese Instrumente und Methoden des Teil III zumindest teilweise auch schon Schutzschilder gegen die Biases aus Teil II darstellen, gibt es noch weitere Möglichkeiten, mit Debiasing-Methoden systematisch gegen die Verhaltensschwächen vorzugehen und die Entscheidungsqualität weiter zu erhöhen. Hierauf wird in Abschn. 14.2 eingegangen.

Beeinflussung des Verhaltens Dritter zum eigenen Nutzen (AF-2)
In diesem Anwendungsfeld bewegen sich z. B. alle Unternehmen, die versuchen, mit Werbung, Lockangeboten, Rabatten und sonstigen Tricks ihre Produkte so attraktiv zu präsentieren, dass der Kunde so schnell wie möglich sein Geld nimmt und dies dem Unternehmen zukommen lässt, natürlich im Tausch gegen das beworbene Produkt. Auch wenn Vorgesetzte Maßnahmen zur Motivierung der eigenen Mitarbeiter ergreifen, sind dies letztlich auch Versuche einer Verhaltensbeeinflussung, die dem Beeinflusser nützen.

Nudging: Beeinflussung des Verhaltens Dritter zu deren Nutzen oder zum Nutzen der Gesellschaft (AF-3)
Nudging ist ein Anwendungsfeld, das durch die beiden amerikanischen Forscher Thaler und Sunstein mit ihrem auch ins Deutsche übersetzten Buch „*Nudge: Wie man kluge Entscheidungen anstößt*" mittlerweile eine beachtliche Aufmerksamkeit in den Medien und auch in der Politik erlangt hat.[1] So hat Präsident Obama im Jahr 2013 ein sogenanntes *Behavioral Insights Team* eingesetzt, welches nach Ansätzen sucht, Nudging in den USA gesellschaftlich nützlich umzusetzen. Als Beispiel kann das Präsentieren von gesundem Obst in der Schulcafeteria auf Blick- und Greifhöhe genannt werden, während die ungesunden Lebensmittel eher versteckt werden. Ein gutes Beispiel für Nudging ist auch die

---
[1] Siehe Thaler und Sunstein (2009), „Nudge" heißt übersetzt „anstupsen" oder „vorsichtig anstoßen", zu einer Kategorisierung von Nudges siehe auch Sunstein (2014).

Beeinflussung der Organspende-Bereitschaft durch die Implementierung einer Widerspruchsregelung anstelle einer Zustimmungslösung, weil man weiß, dass sich Menschen leicht mit einem vorgegebenen Normalfall „Jeder ist Organspender" abfinden können und dann nicht aktiv widersprechen. Kennzeichnend für das Nudging ist der Versuch der Beeinflussung mit gleichzeitiger Beibehaltung der vollen Entscheidungsfreiheit der Zielpersonen, sodass in diesem Zusammenhang auch der Begriff „Libertärer Paternalismus" geprägt wurde. Eine wichtige Rolle im Nudging kommt dem sogenannten *„Entscheidungsarchitekten"* zu, dessen Aufgabe es ist, die Entscheidungssituation entsprechend geschickt zu gestalten.

Selbstlenkung: Beeinflussung des eigenen Verhaltens (AF-4)
Da Menschen sich selbst nicht immer so verhalten, wie sie es gerne wünschen, lässt sich das Nudging-Konzept auch auf die eigene Person anwenden. Man kann sich beispielsweise durch eine geschickte Konstruktion von Anreizen oder durch selbst herbeigeführte Restriktion dazu bringen, etwas zu tun, was man sich vorgenommen hat. Eine sich selbst versprochene attraktive Belohnung für das Einhalten eines Vorsatzes wäre ebenso ein Beispiel wie das Anbinden an einen Schiffsmast, wenn man zufällig Odysseus heißt.

Hedonic[2] Framing: Veränderung der Wahrnehmung zur Zufriedenheitssteigerung (AF-5)
Menschen können die Erkenntnisse der deskriptiven Entscheidungstheorie nutzen, damit sie oder andere sich in manchen Situationen einfach nur wohler fühlen bzw. zufriedener sind. Um ein Beispiel zu geben: Man betrachte einen Anleger, der in einem Investment A gerade 1000 € verloren hat, in einem anderen Investment B aber 1500 € gewonnen hat. Dieser Anleger kann nun *Hedonic Framing* betreiben, indem er die beiden Investments in einem mentalen Konto zusammenfasst, sich nicht mehr aufgrund der Loss Aversion über den Verlust ärgert, sondern sich lediglich darüber freut, 500 € gewonnen zu haben.

Im nächsten Abschnitt dreht es sich zunächst nur um das Anwendungsfeld AF-1, die Verbesserung der eigenen Entscheidungsqualität. Behandelt werden Debiasing-Instrumente, die ergänzend zu den in Teil III vorgestellten Methoden der präskriptiven Entscheidungslehre angewendet werden können, um sich gegen Verzerrungen durch bekannte Biases zu schützen. In den anschließenden Abschnitten werden wir die wichtigsten Erkenntnisse aus dem deskriptiven Teil II noch einmal Revue passieren lassen und hierbei Schlussfolgerungen in der Perspektive der Anwendungsfelder AF-2 bis AF-5 ziehen.

---

[2] Hedonismus ist die philosophische Lehre, nach der das höchste ethische Prinzip das Streben nach Sinneslust ist.

14.2 Debiasing-Methoden zur Verbesserung der eigenen Entscheidungsqualität

In Teil II dieses Buches, der sich mit der deskriptiven Entscheidungstheorie beschäftigte, wurden eine Vielzahl von Biases vorgestellt, die jeweils die Qualität einer Entscheidung signifikant reduzieren können. Je besser ein Entscheider mit allen Phänomenen aus der deskriptiven Entscheidungstheorie vertraut ist, desto geringer ist zwar grundsätzlich die Gefahr, dass die entsprechenden Biases die Entscheidungsqualität verschlechtern. Jedoch können sich auch Experten der deskriptiven Entscheidungstheorie nicht gänzlich in jeder Entscheidungssituation von den aufgeführten Biases freisprechen.

Um die eigenen Entscheidungen zu verbessern, kann es sich deshalb anbieten, für sich persönlich eine Liste einiger Effekte zusammenzustellen, bei denen man sich auch schon beim erstmaligen Durchlesen in Teil II dieses Buches ertappt fühlte. Möglicherweise hatten Sie schon mal wegen einer auffälligen Berichterstattung oder aufgrund eines Narrative Bias überreagiert. Vielleicht haben Sie auch gesehen, dass Sie vorschnell eine plausibel klingende Wirkungsbeziehung aufgrund schematischer Denkmuster als wahr angenommen haben, obwohl diese letztendlich nicht korrekt ist. Oder Sie haben sich dabei ertappt, dass Sie aufgrund von Sunk Costs ein angefangenes Projekt mit hohem eigenen Commitment unbedingt zu einem guten Ende bringen wollten. Auch könnten Sie vielleicht erkannt haben, dass Sie sich bei der Einschätzung eines eigenen Projektes aufgrund eines Inside Views erheblich überschätzt hatten. Vielleicht sind es aber auch ganz andere Effekte, die Sie für sich als besonders gefährlich einstufen.

Speziell für Unternehmensentscheidungen, in denen der Vorstand auf Basis einer ihm vorgelegten Entscheidungsvorlage einer untergeordneten Abteilung eine Entscheidung zu treffen hat, haben Kahneman, Lovallo und Sibony (2011) eine 12-Punkte-Checkliste entwickelt, die sich wie folgt liest:[3]

Fragen an die eigene Person als Entscheider im Vorstand
- *Check for Self-Interested Biases*: Gibt es Gründe davon auszugehen, dass die Abteilung aus eigenen Interessen eine verzerrte Empfehlung einreicht?
- *Check for the Affect Heuristic*: Ist das Planungsteam möglicherweise in das Projekt verliebt und deshalb zu wenig rational?
- *Check for Groupthink*: Gab es unterschiedliche und ausdiskutierte Meinungen im Team oder verdächtigerweise nicht?

Fragen des Vorstands an die Ersteller der Entscheidungsvorlage
- *Check for Saliency Bias*: Könnte die Analyse von einer anderen als analog angesehenen Erfolgsgeschichte zu stark beeinflusst sein?
- *Check for Confirmation Bias*: Sind ernsthafte Alternativvorschläge in der Empfehlung enthalten?

---

[3] Zu einer ähnlichen Checkliste, welche in einem deutschen Großunternehmen zur Anwendung kommt, siehe Scherpereel et al. (2015).

14.2 Debiasing-Methoden zur Verbesserung der eigenen Entscheidungsqualität

- *Check for Availability Bias*: Wenn die Abteilung diese Entscheidung in einem Jahr noch mal treffen müsste, welche Information würden sie gerne haben und kann von dieser Information nicht schon jetzt mehr erhoben werden?
- *Check for Anchoring Bias*: Weiß man in der Abteilung, wo die verwendeten Zahlen herkommen? Wurde möglicherweise vorschnell extrapoliert oder gibt es Ankereffekte?
- *Check for Halo Effect*: Nimmt die Abteilung an, dass eine Person, Organisation oder ein Ansatz mit Erfolg in einem Gebiet genauso erfolgreich in einem anderen Gebiet ist?
- *Check for Sunk Cost Fallacy, Endowment Effect*: Sind die Empfehlungen eng verknüpft mit vergangenen Entscheidungen?

Fragen, die die Entscheidungsvorlage selbst betreffen
- *Check for Overconfidence, Planning Fallacy, Optimistic Biases, Competitor Neglect*: Sind die Erwartungen übermäßig optimistisch angesetzt?
- *Check for Disaster Neglect*: Ist der unterstellte Worst-Case wirklich ausreichend pessimistisch angesetzt?
- *Check for Loss Aversion*: Ist die Planung der Abteilung möglicherweise übervorsichtig?

Auch wenn das reine Achtgeben auf Effekte wie die in dieser Checkliste sicherlich nützlich ist, kann es im Einzelfall wirkungsvoller sein, auf Debiasing-Methoden zurückzugreifen, die jeweils spezifische Verzerrungen direkt adressieren. Wir wollen an dieser Stelle exemplarisch drei solcher Debiasing-Methoden vorstellen.

Prospective-Hindsight-Methode[4]
Diese Methode ist als Korrektiv für ein Bias konzipiert, das sich aus einer Overconfidence bzw. einem Inside View ergibt. Wenn Sie ein Projekt bewerten, in dessen Planung Sie selbst signifikant involviert sind und dessen Erfolg Sie selbst entscheidend mitbeeinflussen können, so kommt es auf Basis der gerade benannten Phänomene schnell zu einer zu positiven Einschätzung des Projekts. Um diesem Bias entgegenzuwirken, muss versucht werden, die vermutlich bislang noch zu wenig beachteten kritischen Aspekte kognitiv stärker verfügbar zu machen. In der Methode werden Sie deshalb aufgefordert sich vorzustellen, Sie würden eine Zeitreise in die Zukunft machen und genau in dem Zeitpunkt landen, in dem Ihr betrachtetes Projekt endgültig gescheitert ist. Blicken Sie jetzt zurück und analysieren Sie, woran es gelegen hat! Welche Gründe kommen Ihnen hierbei in den Sinn? Nun bewerten Sie die Erfolgschancen des Projektes mit einem Blick auf die aufgedeckten Gefahren und kritischen Aspekte noch einmal neu. Dass diese Vorgehensweise sinnvoll ist, belegen Studien, die zeigen, dass Menschen in Rückblicken, und zwar selbst auch in solch hypothetischen, viel leichter Gründe für ein Scheitern angeben können als bei einem Blick in die Zukunft.[5]

---

[4] Siehe Russo und Schoemaker (2015).
[5] Siehe Mitchell et al. (1989).

Dialectical Bootstrapping[6]

Diese Methode adressiert weniger eine systematische Verzerrung, sondern vielmehr die hohe Ungenauigkeit in subjektiven Schätzungen beliebiger Art. Die Qualität einer Schätzung, die sich aus dem Durchschnitt der Schätzungen vieler Personen ergibt (*Wisdom of Crowd*), ist häufig beeindruckend. Der Grund für die hohe Qualität liegt darin, dass sich Fehler der einzelnen Schätzungen ausmitteln. Die Idee des *Dialectical Bootstrapping* besteht darin, diese Durchschnittsbildung zumindest teilweise nachzubilden. Und zwar wird die schätzende Person gebeten, zweimal zu schätzen. Hierbei wird sie aufgefordert, vor der zweiten Schätzung mögliche Fehler der ersten Schätzung in einer Richtung durch Fehler in der entgegengesetzten Richtung zu ersetzen. Probieren Sie dieses *Consider-The-Opposite-Vorgehen* einfach selbst wie folgt aus:

▶ Gehen Sie davon aus, dass Ihre erste Schätzung falsch ist. Was könnte es für Gründe dafür geben? Welche Annahmen waren vielleicht falsch? Was bedeuten diese Erkenntnisse für eine andere Schätzung? War die erste Schätzung eher zu hoch oder zu niedrig? Und was wäre letztlich eine alternative Schätzung?

Studien[7] zeigen, dass mit einer solchen Vorgehensweise ungefähr die Hälfte der Verbesserung erreicht werden kann, die man bei der Mittelung von Schätzungen mit einer anderen Person erreichen kann. Dies ist in vielen Fällen sicherlich genug, um sich dem überschaubaren Aufwand dieses Vorgehens zu unterziehen!

Time Unpacking

Bei der Prognose zukünftiger, numerischer Einflussgrößen neigen Menschen zu einer Overprecision, d. h., sie geben zu kleine Konfidenzintervalle für die möglichen Ausprägungen bzw. zu schmale Wahrscheinlichkeitsverteilungen an. Die Gründe hierfür liegen insbesondere in einem Narrow Thinking, welches Menschen dabei im Wege steht, sich größere Abweichungen von einem kognitiven Anker (meist dem Status Quo) vorzustellen. In der Methode des *Time Unpacking* sollen für mehrere, aufeinanderfolgende Zeiträume die Prognosen sukzessive angegeben werden.[8] Wenn Sie also z. B. eine Preisentwicklung für die nächsten drei Monate abzuschätzen haben, überlegen Sie sich zunächst, wie der Preis nach einem Monat minimal und maximal ausfallen könnte. Anschließend machen Sie dasselbe für den zweiten und letztlich auch für den dritten Monat. Studien[9]

---

[6] Siehe Herzog und Hertwig (2009). Die Methode vereint die Hegel'sche Dialektik (These, Antithese, Synthese) mit der Erzählung des Baron von Münchhausen, der vorgab, sich an seinen Schuhriemen („bootstraps") alleine aus einem Sumpf gezogen zu haben („to bootstrap" = „sich selbst helfen").

[7] Siehe Herzog und Hertwig (2009).

[8] Siehe zu dieser Methode Jain et al. (2015).

[9] Siehe z. B. Jain et al. (2015).

zeigen, dass mit diesen Zwischenschritten die resultierenden Schwankungsbreiten für die zu prognostizierende Größe größer und realistischer ausfallen als ohne diese Aufteilung.

14.3 Beeinflussungen durch Berücksichtigung kognitiver Beschränkungen und Narrow Thinking

In den Kap. 2 und 3 wurden Effekte beschrieben, die aus kognitiven Restriktionen des Menschen resultieren. Von diesen Effekten kommen insbesondere Kontrast-Effekte, Verfügbarkeitseffekte, Verankerungseffekte, der Status Quo Bias und ganz entscheidend das Mental Accounting in den Anwendungsfeldern AF-2 bis AF-5 zum Tragen.

14.3.1 Kontrast-Effekte

Schon in Kap. 2 wurde dargestellt, wie Kontrasteffekte in der Werbung (AF-2) verwendet werden, um in der Wahrnehmung des Kunden bestimmte Produkteigenschaften verzerrt positiv zu vermitteln. So sieht das mit dem zu bewerbenden Waschmittelprodukt gewaschene T-Shirt neben einem vergraut dargestellten Hemd eben besonders schön aus. Kontrasteffekte finden sich aber auch beim Nudging (AF-3), wenn z. B. Gefahren- oder Umleitungsschilder in Schwarz auf Gelb (maximal möglicher Farbkontrast) präsentiert werden, damit der Autofahrer dies gut sieht. Ebenfalls für eine Selbstlenkung (AF-4) gibt es Beispiele. Man denke hier an das Beispiel eines Aktienhändlers, der ständig viele Kurse an seinen sechs Bildschirmen am Arbeitsplatz zu beobachten hat und sich die wichtigen in einem scharfen Farbkontrast anzeigen lässt.

14.3.2 Verfügbarkeitseffekte

Verfügbarkeitseffekte beschreiben grundlegende Wirkungen jeglicher Kommunikation zu den Zielpersonen im Anwendungsfeld AF-2. In der Werbung wird ein Produkt gerne häufig, gut verständlich und besonders auffällig präsentiert, damit eine hohe kognitive Verfügbarkeit erreicht wird. Hierbei wird insbesondere versucht, Assoziationen so zu beeinflussen, dass bei den folgenden intuitiven Kaufentscheidungen diese suggerierten Assoziationen auch die gewünschte Wirkung zeigen. Man findet zugleich auch den Narrative Bias in der Werbung, wenn Geschichten von Menschen mit ihren unglaublich tollen Erfahrungen mit dem Produkt präsentiert werden. Wenn Sie selbst andere überzeugen wollen, machen Sie doch einfach ähnliches: Die Einbettung in einer in sich schlüssigen Geschichte wirkt wie ein Katalysator! Priming, als eine besondere Form der Verfügbarkeitseffekte, findet in AF-2 häufig auch schon aus höflichen Umgangsformen statt. Man begrüßt sich freundlich und schafft erst mal eine positive Stimmung, sodass dadurch das Erreichen eines wohlwollenden Ergebnisses in der folgenden Verhandlung möglicherweise erleichtert wird.

Auch im Hinblick auf Nudging (AF-3) haben Verfügbarkeitseffekte eine große Bedeutung. Zu nennen sind hier insbesondere die vielen Versuche des Staates bzw. der Krankenkassen, Konsumenten zu einem gesünderen Lebenswandel zu bewegen, indem man die Nachteile ihres Verhaltens besonders verfügbar macht. Hier sei z. B. an die seit 2003 in der EU obligatorischen Warnhinweise auf Zigarettenpackungen, dass Rauchen tödlich sein kann, erinnert. Dass ein derartiges Nudging durchaus zu den gewünschten Konsequenzen führen kann, hat z. B. eine Studie gezeigt, die die Auswirkungen der seit 2008 in New York City verpflichtenden Angabe von Kalorien in Restaurantketten untersucht hat. So wurde festgestellt, dass durch die Kalorienangabe bei Starbucks die durchschnittlich pro Transaktion georderte Kalorienmenge um insgesamt 6 % zurückging, wobei die Wirkung bei Speisen noch erheblich deutlicher war als bei Getränken.[10]

Auch wer sein Verhalten selbst beeinflussen möchte (AF-4), kann mit Verfügbarkeitseffekten einiges erreichen. Wer zum Beispiel gerne abnehmen möchte, könnte sich ein großes Foto seines Bauchspecks in die Diele oder noch besser in die Küche hängen. Oder wer weniger Geld ausgeben möchte, kann regelmäßig alle Ausgaben in ein Buch oder eine App eintragen, sodass ihm stets verfügbar gemacht wird, welch große Summe schon ausgegeben wurde. Der Kreativität in weiteren Anwendungen sind keine Grenzen gesetzt.

14.3.3 Verankerungseffekte und der Status Quo Bias

In Kap. 3 wurden mit der Vorstellung der Verankerungsheuristik auch schon Beispiele genannt, wie Anker im Sinne des AF-2 manipulativ eingesetzt werden können. Die Rede war dort von einem Händler auf dem Trödelmarkt, der die Preisverhandlungen mit einem überhöhten Anker startet, weil er genau weiß, wie schwierig es ist, sich wieder erheblich vom Anker zu lösen. Auch wenn es viele weitere Beispiele gibt, mit geschickt platzierten Ankern in Verhandlungen sehr erfolgreich zu sein, soll an dieser Stelle eher auf besonders sinnvolle Anwendungsbeispiele im Nudging-Bereich hingewiesen werden.

Ein erstes Beispiel betrifft das oben schon kurz angesprochene Thema Organspende. So gibt es in jedem Land Regelungen („Default Rules"), nach denen im Normalfall zu verfahren ist, wenn der Patient bzw. Verstorbene keine Willensäußerung getätigt hat. Bei einer Zustimmungsregelung (Opt-in) wie in Deutschland muss sich der Bürger aktiv dafür entscheiden, Organspender zu sein, während in einer Widerspruchsregelung (Opt-out) der Bürger aktiv widersprechen muss. Der hierüber angesprochene Status Quo Bias führt in der Tat zu erheblichen Unterschieden zwischen den Ländern.[11]

Aufgrund der hohen Wirksamkeit des Zusammenspiels von Default-Regelungen und einem Status Quo Bias bietet es sich an, auch ohne Gesetzesänderungen lediglich durch die Kommunikation von sozialen Normen entsprechende Defaults zu suggerieren und dann auf den Status Quo Bias zu hoffen. Als Beispiel sei hier der Versuch zu nennen,

---

[10] Siehe Bollinger et al. (2010).
[11] Siehe Johnson und Goldstein (2003).

Hotelgäste zu motivieren, die Handtücher mehrfach zu benutzen. In mehreren Studien[12] untersuchten Forscher, wie effektiv zum einen die Hinweise sind, welche Umweltressourcen man insgesamt spart, wenn man das Handtuch mehrfach benutzt. Zum anderen wurde überprüft, wie effektiv im Vergleich dazu soziale Normen sind. Eine soziale Norm entsteht hierbei dann, wenn mitgeteilt wird, dass ein Großteil der Hotelbesucher die Handtücher aus Umweltschutzgründen mehrfach benutzt. Die Ergebnisse zeigen, dass die sozialen Normen zu einer signifikant höheren Bereitschaft führen, die Handtücher mehrfach zu benutzen. Noch mehr erreicht man im Übrigen, wenn die Gäste an der Rezeption ein freiwilliges Commitment unterzeichnen, dass sie das Hotel beim Umweltschutz unterstützen wollen und zusätzlich dafür auch noch eine Reversnadel erhalten.[13] Hierbei ist aber anzumerken, dass es sich spätestens in diesem Fall nicht mehr um einen rein kognitiven Effekt handelt, sondern vielmehr das Verhalten über Motive und Werte gelenkt wird, wie es auch bei den sozialen Normen zumindest teilweise schon mit hineinspielt.

14.3.4 Mental Accounting

Eine wichtige Rolle im Mental Accounting spielt die Frage, ob Menschen in ihrer Wahrnehmung eine Integration oder Segregation der betrachteten mentalen Konten vornehmen. Im Marketing spricht man in diesem Zusammenhang von *Bundling* (Integration) und *Unbundling* (Segregation). Dadurch, dass dieser Wahrnehmungsprozess recht gut steuerbar ist, ergeben sich in allen betrachteten Anwendungsfeldern Ansatzpunkte.

Bevor auf entsprechende Beispiele eingegangen wird, sollen zunächst noch einmal die Unterschiede von Integration und Segregation im Hinblick auf die Bewertung zweier Projekte verdeutlicht werden. Zu diesem Zweck werden in der Abb. 14.1 im Fall I zwei Gewinnprojekte und im Fall II zwei Verlustprojekte betrachtet. Man erkennt, dass bei den Gewinnprojekten (Fall I) eine segregierte Bewertung der Projekte zu einer höheren Gesamtbewertung führt als eine Integration. Der Grund hierfür ist in der abnehmenden Sensitivität zu finden, weil in einer segregierten Bewertung doppelt von dem anfangs noch steilen Anstieg der Wertfunktion profitiert werden kann, während bei der Integration stattdessen schon flachere Segmente relevant werden. Bei der Betrachtung zweier Verlustprojekte (Fall II) kehrt sich die Argumentation um. Hier führt eine Integration zu einer besseren (bzw. weniger schlechten) Bewertung, weil es günstiger ist, wenn nur einmal der steile Verlustast zur Bewertung herangezogen wird. Für den Fall, dass ein Gewinn- und ein Verlustprojekt zusammentreffen, sind im Fall III und IV die resultierenden Bewertungen abzulesen. Ein großer Gewinn und ein kleiner Verlust (Fall III) führen dazu, dass eine Integration günstiger ist. Falls ein kleiner Gewinn auf einen großen Verlust trifft (Fall IV), führt hingegen eine Segregation zu einem höheren Wert.

---
[12] Siehe Goldstein et al. (2007) und Schultz et al. (2008).
[13] Siehe für eine entsprechende Studie Baca-Motes et al. (2013).

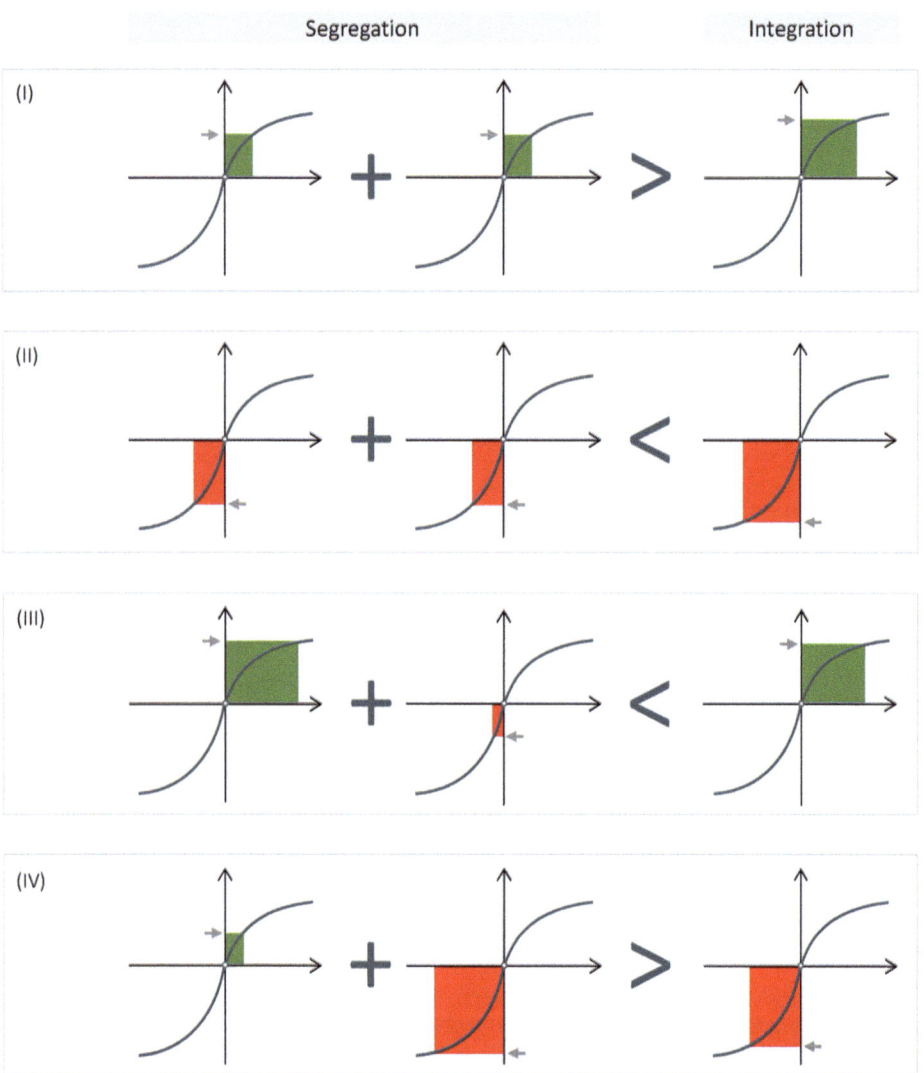

Abb. 14.1 Wirkung der Integration und Segregation im Mental Accounting auf die Bewertung von Gewinn- und Verlustprojekten

Die hier skizzierten Zusammenhänge lassen sich in Anwendungsfeld AF-2 beispielsweise gut bei der Kommunikation von Preisen ausnutzen. So ist es zur Umsatzsteigerung für ein Unternehmen sinnvoll, ein Produkt nicht für 100 € anzubieten, sondern für 120 € (erstes Konto mit Verlust) mit einem gleichzeitigen Rabatt von 20 € (zweites Konto mit Gewinn). Diesen Gedanken kann man noch weiterspinnen. Setzt sich ein Gut nämlich aus mehreren Komponenten zusammen, die einzeln oder gemeinsam bepreist werden können, und gibt es für jede Komponente die Möglichkeit eines Rabattes, so stellt es sich zur Steigerung der Kundenzufriedenheit als gut heraus, die Komponenten zusammen zu bepreisen, jedoch die Rabatte einzeln auszuweisen. Hierbei werden die Verluste (zu zahlende Preise) integriert und die Gewinne (die gewährten Rabatte) segregiert.[14]

Als Beispiel für eine Anwendung im Bereich des Nudging (AF-3) kann die Konzeption des Altersvorsorgeprogramms „Save more tomorrow" angeführt werden, die von Benartzi und Thaler (2007) für US-Arbeitnehmer entwickelt wurde. In den USA sind die Arbeitnehmer – weit mehr als in Deutschland – für ihre Altersvorsorge selbst verantwortlich. Zwar bietet der Arbeitgeber verschiedene Möglichkeiten, einen Teil des Gehaltes direkt und steuerbegünstigt in eine Rentenversicherung einzuzahlen, aber die Entscheidung über Art und vor allen Dingen Umfang der Sparrate trifft letztlich der Arbeitnehmer. Wichtiger Bestandteil des Programms „Save more tomorrow", der die Bürger zu einer erhöhten Sparrate bringen soll, ist ein Automatismus, der die Höhe der Vorsorgesparrate an mögliche Gehaltssteigerungen knüpft. Erhält der Arbeitnehmer also eine Gehaltserhöhung und erhöht dabei seine Sparrate, so wird nur der dadurch implizierte relative Gewinn in seinem mentalen Konto durch Abzug der Sparrate etwas reduziert, einen Verlust nimmt er nicht wahr. Somit wird die bei einer ansonsten losgelösten Entscheidung für eine höhere Sparrate auftretende negative Bewertung eines Verlustes umgangen, d. h., die Erhöhung der Sparrate erfolgt mehr oder weniger schmerzfrei. Die Tatsache, dass alles automatisch umgesetzt wird, macht zusätzlich ein aktives Eingreifen des Arbeitnehmers nötig, falls die Sparrate doch nicht erhöht werden soll. Aus den obigen Ausführungen zum Status Quo Bias wissen wir aber, dass es dazu häufig nicht kommen wird.

Aufgrund der Tatsache, dass das Bilden und Zusammenfügen von mentalen Konten eine vergleichsweise einfache gedankliche Aufgabe darstellen, ist das Mental Accounting auch ein effektives Instrument in den Anwendungsfeldern AF-4 und AF-5. Um das eigene Verhalten zu lenken, können beispielsweise mentale Konten gebildet werden, denen bestimmte Zielgrößen zugewiesen werden. Für einen lernfaulen Studierenden wäre es z. B. möglich, ein Konto „Lernstunden für die Klausurvorbereitung pro Tag" anzulegen, welches nur bei einer Zielgröße von 4 h als erfolgreich abgeschlossen gilt. Oder man integriert Belohnungen mit einem Übel, z. B. erlaubt man sich selbst nur dann am Wochenende feiern zu gehen, wenn man in der Woche ausreichend fleißig gewesen ist.

Auch im Kontext des Hedonic Framing lassen sich leicht Beispiele für eine effektive Anwendung von Mental Accounting finden.[15] Dies wurde am einführenden Beispiel des Investors deutlich, der sein Verlustprojekt von 1000 € mit seinem Gewinnprojekt von 1500 € gedanklich integriert, um insgesamt das Maximale an Zufriedenheit herauszuholen. Auch in der Überlegung, wie man seine Freundin zu ihrem Geburtstag beschenkt, hilft *Hedonic Mental Accounting* ein wenig weiter: Über mehrere einzelne Geschenke freut man sich in der Summe mehr als über ein größeres – zumindest in der Tendenz.

---

[14] Siehe Herrmann und Bauer (1996) sowie Herrmann et al. (1998).
[15] Grundlegend zum Konzept des Hedonic Framing im Kontext des Mental Accounting siehe auch Thaler (1985); Thaler und Johnson (1990); Linville und Fischer (1991) sowie Hollenbeck et al. (1994).

Zusätzliche Möglichkeiten der Integration und Segregation von Gewinnen und Verlusten ergeben sich im zeitlichen Kontext, denn Projekte lassen sich nicht nur inhaltlich, sondern auch zeitlich voneinander abgrenzen bzw. zusammenfügen. Wenn man beispielsweise in einem Jahr mit seinem Portfolio eine sehr schlechte, möglicherweise negative Rendite erwirtschaftet hat, liegt es im Rahmen des Hedonic Mental Accounting nahe, dieses Jahr mit dem wesentlich erfolgreicheren Vorjahr zu integrieren, sodass man insgesamt doch noch gut dasteht. Nicht selten kommt es zu einem Hedonic Mental Accounting im Speziellen oder auch allgemein zu einem Hedonic Framing sogar ohne ein bewusstes Steuern. In diesem Fall liegt eine Art Selbstschutzmechanismus vor, der den Menschen vor Kummer bewahrt bzw. die Freude erhöht.

Man mag kritisieren, dass es nicht gut sein kann, frei im Sinne von Pippi Langstrumpf gemäß „Ich mach mir die Welt, widdewidde wie sie mir gefällt" zu agieren. Bei einem ausschließlichen Blick in die Geschehnisse der Vergangenheit gibt es aber eigentlich keine negativen Aspekte des Hedonic Framing. Im Gegenteil: Vielmehr sind die Menschen zu beneiden, die zu einem Hedonic Framing in der Lage sind, und die zu bedauern, die möglicherweise alles in ein schlechtes Licht rücken müssen.[16] Gefährlich wird ein Hedonic Framing lediglich dann, wenn aus einer geschönten Sichtweise der Vergangenheit falsche Schlussfolgerungen für die Zukunft gezogen werden. Wer z. B. durch Hedonic Framing zur Auffassung kommt, immer alles richtig gemacht zu haben, rutscht vielleicht noch tiefer in eine Overconfidence-Falle.

14.4 Beeinflussung von Bezugspunkten

In Kap. 5 und 6 wurde ausführlich dargestellt, dass Menschen Ergebnisse und Wahrscheinlichkeiten relativ bewerten. Diese Relativität bezieht sich stets auf einen oder mehrere Bezugspunkte, wodurch sich über deren Lage ein maßgeblicher Einfluss auf das Entscheidungsverhalten ergibt. Am Beispiel des Reflection-Effekts aus Abschn. 5.3.2 wurde dies schon deutlich. Sie erinnern sich? In dem dort beschriebenen Experiment wurde das Entscheidungsproblem „1500 € sicher oder eine jeweils 50-prozentige Chance auf 1000 € oder 2000 €" unterschiedlich geframet: Einmal wurde den Probanden im Briefumschlag zunächst 1000 € gegeben und dann ein weiteres Gewinnspiel angeschlossen, oder sie bekamen zunächst schon 2000 € und mussten an einer Verlustlotterie teilnehmen. Die Probanden waren im ersten Fall risikoscheu, im zweiten risikofreudig.

---

[16] Die Tatsache, dass es im Grunde keine Entscheidungssituation *ohne* ein Framing gibt, unterstützt den philosophischen Denkansatz des radikalen Konstruktivismus, siehe hierzu von Glasersfeld (1981). Nach diesem Denkansatz sind Menschen nicht in der Lage, Realität direkt wahrzunehmen, vielmehr machen sie sich nur ein mentales Teilabbild, welches durch die gebiaste Wahrnehmung sehr subjektiv sein kann. Hedonic Framing ist in dieser Sichtweise ein ausgezeichnetes Mittel, damit der Mensch überhaupt weiter bestehen kann und nicht an seinem Schicksal verzweifelt.

14.4 Beeinflussung von Bezugspunkten

In der Tat eröffnen sich über die Beeinflussung von Bezugspunkten vielfältige Ansatzpunkte in nahezu allen Anwendungsfeldern. Recht offensichtlich sind die Ansatzpunkte im Hedonic Framing. So kann stets die persönliche Zufriedenheit dadurch verbessert werden, dass möglichst schlechte Bezugspunkte als Vergleichsbasis herangezogen werden, um die eigene Situation in ein besseres Licht zu stellen. Man könnte hier auch von einer „Anderen geht es noch viel schlechter"-Strategie sprechen, wenn man unbedingt einen Namen kreieren möchte.

Es gibt jedoch zwei Gruppen von Anwendungsbeispielen einer Bezugspunktmanipulation, die sich auf eine Verhaltensbeeinflussung beziehen (AF-2 und AF-3) und auf die im Folgenden etwas genauer eingegangen werden soll, und zwar „positives vs. negatives Framing" und die „Einführung irrelevanter Alternativen".

14.4.1 Positives und negatives Framing

Einige in Studien untersuchte Anwendungsbeispiele zur Beeinflussung von Bezugspunkten finden sich im Bereich der Kommunikation von Impfrisiken.[17] So zeigen die Studienergebnisse stets einen großen Unterschied, je nachdem, ob davon gesprochen wird, dass z. B. 1 % der Patienten bei der Impfung sterben (negatives Framing) oder dass 99 % gerettet werden (positives Framing). Die so suggerierten unterschiedlichen Bezugspunkte führen dazu, dass das negative Framing eine höhere Risikoaversion zur Folge hat. So könnte der hierfür verantwortliche relative Bewertungsprozess etwa wie folgt beschrieben werden: „Die Zahl 99 % liegt ja schon fast bei 100 %, hingegen ist 1 % deutlich mehr als 0 %".

Mit der Wahl des Framings lässt sich dementsprechend leicht das Verhalten beeinflussen. Dies kann bei Impfsituationen zum Vorteil des Einzelnen bzw. insbesondere der Gesellschaft eingesetzt werden (AF-3), kann aber auch in anderen Situationen zur eigennützigen Manipulation (AF-4) verwendet werden. Wenn beispielsweise in der Bewerbung einer Antifaltencreme davon gesprochen wird, in wie viel Prozent der Fälle dieses teure Nanotechnologie-Produkt wirklich einen merkbaren Effekt zeigt und in welchen Fällen ein solcher Effekt ausbleibt, wird stets nur das positive Framing verwendet. Oder haben Sie schon jemals in der Werbung gehört, dass nur bei 1 % der Kunden das Produkt nicht wirkt? Komischerweise ist immer von 99 % die Rede, bei denen es wirkt. Wenn es zusätzlich nur heißt „bis zu 99 %", dann müsste man eigentlich sehr nachdenklich werden. Denn dies bedeutet „mindestens 1 % (wenn nicht sogar viel mehr) sind unzufrieden". Entscheiden Sie selbst, was sich attraktiver anhört!

Interessant in diesem Zusammenhang sind die Ergebnisse einer Studie, die zeigt, dass sich Menschen mit einem schlechten Zugang zu Zahlen und Rechnen leichter beeinflussen lassen als andere.[18] Hierzu ließen die Forscher zunächst 100 Versuchspersonen einen

---

[17] Siehe zum Beispiel Fischer (1997).
[18] Siehe Peters et al. (2006).

Fragebogen ausfüllen, in dem durch 11 unterschiedlich schwere Fragen zur Interpretation von Wahrscheinlichkeiten und Häufigkeiten deren Grad der Zahlenaffinität ermittelt werden konnte. Anschließend wurden die Versuchspersonen auf dieser Basis in zwei Gruppen „Niedrige Zahlenaffinität" und „Hohe Zahlenaffinität" aufgeteilt und mit Framing-Effekten konfrontiert. So mussten die Versuchspersonen die Qualität einer Examensklausur von Psychologiestudenten auf einer siebenstufigen Skala von −3 bis 3 beurteilen, wobei ihnen lediglich gesagt wurde, wie viel Prozent der Examensaufgaben richtig bzw. falsch bearbeitet wurden. Die Information an die Versuchspersonen wurde hierbei entweder positiv geframet, d. h., den Versuchspersonen wurde mitgeteilt, wie viel Prozent richtig bearbeitet wurden, oder negativ geframet, d. h., es wurde nur die Prozentzahl der falschen Bearbeitung benannt.

Die Abb. 14.2 zeigt das bemerkenswerte Ergebnis: So gab es in der Gruppe „Niedrige Zahlenaffinität" deutlich stärkere Unterschiede durch das Framing als in der Gruppe „Hohe Zahlenaffinität". Eine hohe Zahlenaffinität bzw. Fähigkeit im Umgang mit Wahrscheinlichkeiten und Prozentsätzen führt also offenbar dazu, dass man sich nicht so sehr von der Darstellung beeinflussen lässt.

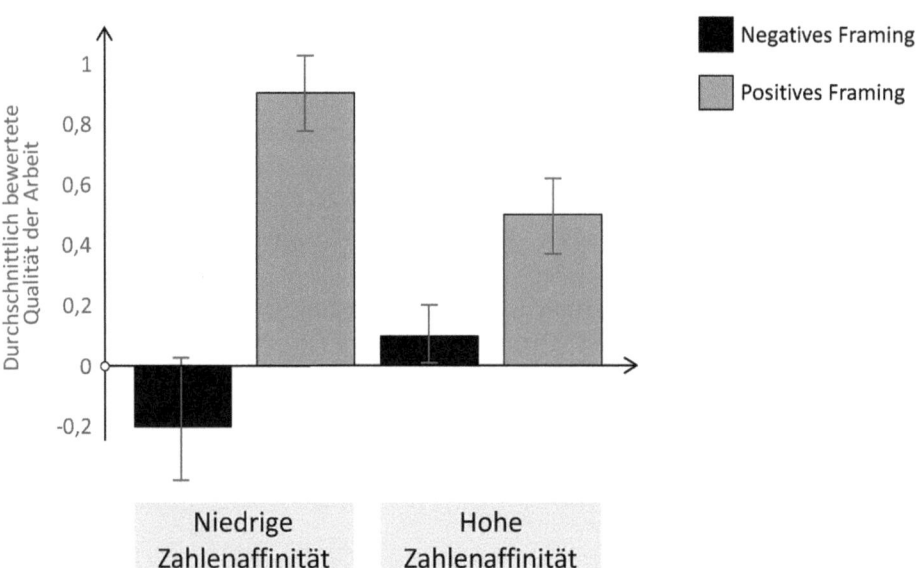

Abb. 14.2 Einfluss der Zahlenaffinität auf die Sensitivität für Framing, in Anlehnung an Peters et al. (2006, S. 409)

14.4.2 Einführung irrelevanter Alternativen

Ein weiterer Ansatzpunkt zur Manipulation von Verhalten durch Bezugspunkteffekte ergibt sich aus der Einführung irrelevanter Alternativen. Hierzu ein Beispiel:[19]

▶ Ein Makler möchte einer Kundin gerne eine Wohnung A vermitteln, diese interessiert sich jedoch auch für eine andere Wohnung B eines anderen Maklers. Die Kundin will sich zwischen A und B entscheiden und ist noch ziemlich unentschlossen. Bewertungsrelevant seien für die Kundin nur zwei Ziele, „Preis" und „Lage". Hierbei ist Wohnung A günstiger als B, hat aber nicht so eine gute Lage. Der Makler zeigt der Kundin daraufhin eine weitere Wohnung C aus seinem Bestand, wobei diese Wohnung teurer ist und schlechter liegt als A, wohl aber zu B noch in einem Zielkonflikt steht. Daraufhin ist die Kundin überzeugt, dass die Wohnung A die richtige für sie ist. Der Makler freut sich über den gelungenen Trick.

Warum dieses Vorgehen des Maklers so geschickt ist, kann anhand der Abb. 14.3 verdeutlicht werden.

Durch die neue Wohnung C schafft er es, sein Produkt A attraktiver zu machen, denn es hat nun in den beiden relevanten Zielen relative Vorteile zu einem neuen Bezugspunkt, der durch Wohnung C künstlich geschaffen wurde. Die Wohnung A dominiert hierbei diese neue Alternative, das Konkurrenzprodukt B gewinnt durch Hinzunahme dieses neuen Bezugspunktes nichts. Es verwundert deshalb nicht, dass sich die Präferenz der Kundin automatisch in Richtung Wohnung A bewegt.

Abb. 14.3 Einfluss der Berücksichtigung einer zusätzlichen Alternative auf die Bewertung zwischen zwei Wohnungen A und B

---

[19] Vgl. ähnlich Ariely (2009).

Ein häufig zitiertes Beispiel in diesem Zusammenhang bringt Dan Ariely in einem sehenswerten TED-Talk aus dem Jahr 2008.[20] Er nimmt hierbei das Preismodell für Online- und Print-Angebote der Zeitschrift *Economist* ins Visier, welches sich damals wie folgt gestaltete:

- *Option A*: Nur Onlinezugang pro Jahr US-$ 59
- *Option B*: Nur Printversion pro Jahr US-$ 125
- *Option C*: Printversion und Onlinezugang pro Jahr US-$ 125

Er führte dann selbst ein Experiment durch, in dem er 100 Studenten mit dieser Auswahl konfrontierte und sich 84 % der Studenten für das Angebot C entschieden sowie 16 % die Option A wählten. Dass also keiner die Option B wählt, überraschte nicht, denn Option C dominiert ja offensichtlich Option B. Einer anderen Gruppe von 100 Studenten stellte er anschließend nur die Option A und C zur Wahl, Option B wurde gar nicht mehr aufgeführt. Das Ergebnis zeigte nun eine ganz andere Tendenz, jetzt wählten 68 % die Option A und 32 % die Printausgabe mit Onlinezugang.

Auch in diesem Beispiel verändert also eine irrelevante Alternative die Präferenz zwischen den tatsächlich relevanten Alternativen. Option C scheint (ebenso wie Wohnung A) insgesamt nicht mehr so attraktiv, wenn der durch die (irrelevante) Option B (bzw. durch Wohnung C) suggerierte Bezugspunkt wegfällt.

14.5 Ausnutzen zeitlicher Diskontierungseffekte

In Kap. 7 wurde dargestellt, wie schnell die Gewichtung zukünftiger Ereignisse im Bewertungskalkül des Menschen abnimmt, wenn im Moment keine unmittelbaren Konsequenzen spürbar sind, sondern sich erst in der Zukunft effektive Auswirkungen zeigen. Hieraus folgt eine grundsätzliche Präferenz von Menschen für Alternativen, in denen die angenehmen Aspekte unmittelbar spürbar sind, die unangenehmen aber erst später. Allerdings muss dabei vor dem Hintergrund des oben dargestellten Stromschlag-Beispiels berücksichtigt werden, dass diese unangenehmen Eigenschaften während der Zeit keine oder nur eine geringe emotionale Last für den Menschen bedeuten dürfen.

Im Hinblick auf das Anwendungsfeld AF-2 bietet es sich deshalb an, wenn Unternehmen ihren Kunden einen kreditfinanzierten Kauf anbieten. Sie freuen sich dann direkt über ihr schönes neues Wohnzimmersofa, das unangenehme Bezahlen kommt erst irgendwann später. Wenn man zugleich mit einer 0-%-Finanzierung oder einem ähnlich attraktiven Zinsangebot wirbt, verringert sich auch die Gefahr, dass der Kunde die Kreditrückzahlung als hohe Last empfindet. Denn die Finanzierung ist ja schließlich „kostenlos".

---

[20] Siehe http://www.ted.com/talks/dan_ariely_asks_are_we_in_control_of_our_own_decisions?language=en.

14.5 Ausnutzen zeitlicher Diskontierungseffekte

Als Beispiel für eine Nudging-Anwendung kann an dieser Stelle noch einmal auf das „Save more tomorrow"-Programm zur Altersvorsorge in Abschn. 14.3.4 hingewiesen werden. Bestandteil dieses Programms ist nämlich auch, dass sich die Kunden beim Vertragsabschluss noch nicht zu sofortigen hohen Prämienzahlungen verpflichten müssen, die sie direkt als negativ empfinden würden. Vielmehr gehen sie nur die Verpflichtung ein, zu späteren Zeitpunkten (wie oben erwähnt bei Gehaltssteigerungen) die Prämienzahlung hochzusetzen. Es sei an dieser Stelle erwähnt, dass dieses Programm tatsächlich zu deutlich höheren Abschlussquoten führte und sogar die Zufriedenheit der Kunden mit ihrer Altersversorge verbesserte.

Zeitliche Diskontierungseffekte lassen sich auch sehr gut als Mittel einsetzen, um das eigene Verhalten auf die richtige Bahn zu lenken (AF-4). In Abschn. 7.3 wurde schon dargestellt, dass gute Vorsätze häufig deshalb scheitern, weil in dem Moment der Wahrheit der negative Wert der geplanten Vorsatzaktion voll, d. h. ohne Diskontierung, zum Tragen kommt und das für manchen einfach zu negativ ist. Aber man kann die Sache auch einmal andersherum betrachten: Durch die Diskontierung ist der Mensch überhaupt erst in der Lage, einen guten Vorsatz für die Zukunft zu fassen. Dies sollte man also ausnutzen. Und wenn der Vorsatz, schon nächste Woche mit dem Rauchen aufzuhören, zu schwerfällt, macht man halt vier Wochen oder ein halbes Jahr draus. Durch das hyperbolische Diskontieren wird sich schon ein Zeitpunkt finden, der akzeptiert wird. Um dann aber nicht zu scheitern, kommt es darauf an, frühzeitig zusätzliche Instrumente zu implementieren, damit man im Moment der Wahrheit nicht wieder schwach wird. Wie anfangs schon erwähnt, hatte sich Odysseus beispielsweise vor der Passage der Sireneninsel an den Schiffsmast binden lassen, um sich dort nicht von dem betörenden Gesang der weiblichen Fabelwesen anlocken zu lassen, die ihn ansonsten getötet hätten. Aber vielleicht finden Sie einfachere Möglichkeiten wie z. B. öffentliches Kundtun des Vorsatzes gegenüber Freunden und Bekannten, vor denen man nicht als der Schwache dastehen möchte. Oder wie wäre es mit einem Zwei-Jahres-Vertrag mit dem Fitness-Studio, den man nur schwer wieder vorzeitig kündigen kann?

14.6 Das Wichtigste in Kürze

In diesem Kapitel habe ich Folgendes gelernt
- Durch das bewusste Ausnutzen von Erkenntnissen der deskriptiven Entscheidungstheorie kann das Verhalten von Menschen bewusst manipuliert werden.
- Beispiele hierfür ergeben sich insbesondere aus Verfügbarkeitseffekten, Verankerungseffekten, Mental Accounting (Rabatte), Manipulation von Bezugspunkten (positives vs. negatives Framing), u. v. m.
- Im Konzept des Nudgings geschieht diese Manipulation zum Wohl des beeinflussten Menschen bzw. der Gesellschaft.
- Im Rahmen eines Hedonic Framing kann der Mensch auch versuchen, diese Erkenntnisse einzusetzen, um seine persönliche Zufriedenheit zu erhöhen.

Literatur

Ariely D (2008) Are we in control of our own decisions? TED-Ideas worth spreading. http://www.ted.com/talks/dan_ariely_asks_are_we_in_control_of_our_own_decisions?language=en. Zugegriffen am 22.07.2021

Ariely D (2009) Predictably irrational – the hidden forces that shape our decisions. HarperCollins, New York

Baca-Motes K, Brown A, Gneezy A, Keenan EA, Nelson LD (2013) Commitment and behavior change: evidence from the field. J Consum Res 39(5):1070–1084

Benartzi S, Thaler RH (2007) Heuristics and biases in retirement savings behavior. J Econ Perspect 21(3):81–104

Bollinger B, Leslie P, Sorensen A (2010) Calorie posting in chain restaurants. Working paper 15648, National Bureau of Economic Research

Fischer K (1997) Tun oder Lassen? Die Rolle von Framing-Prozessen für die Wahl von Handlungen oder Unterlassung in Entscheidungssituation. Peter Lang, Frankfurt am Main

von Glasersfeld E (1981) Einführung in den radikalen Konstruktivismus. In: Watzlawick P (Hrsg) Die erfundene Wirklichkeit. Piper, München, S 16–38

Goldstein NJ, Griskevicius V, Cialdini RB (2007) Invoking social norms: a social psychology perspective on improving hotels' Linen-Reuse programs. Cornell Hotel Restaur Adm Q 48(2):145–150

Herrmann A, Bauer HH (1996) Ein Ansatz zur Preisbündelung auf der Basis der Prospect-Theorie. Z Betriebswirtsch Forsch 48(7):675–694

Herrmann A, von Nitzsch R, Huber F (1998) Referenzpunktbezogenheit, Verlustaversion und abnehmende Sensitivität bei Kundenzufriedenheitsurteilen. Z Betriebswirtsch 68(11):1225–1244

Herzog SM, Hertwig R (2009) The wisdom of many in one mind: improving individual judgments with dialectical bootstrapping. Psychol Sci 20(2):231–237

Hollenbeck JR, Ilgen DR, Philipps JM, Hedlund J (1994) Decision risk in dynamic two-stage contexts: beyond the status quo. J Appl Psychol 79(4):592–598

Jain K, Mukherjee K, Bearden JN, Gaba A (2015) Unpacking the future: a nudge towards wider confidence intervals. J Consum Res 16(2):158–174

Johnson EJ, Goldstein D (2003) Do defaults save lives. Science 302:1338–1339

Kahneman D, Lovallo D, Sibony O (2011) Before you make that big decision. Harv Bus Rev 6(51):60

Linville PW, Fischer GW (1991) Attitudes and social cognition: preferences for separating or combining events. J Pers Soc Psychol 60(1):5–23

Mitchell DJ, Russo EJ, Pennington N (1989) Back to the future: temporal perspective in the explanation of events. J Behav Decis Mak 2(1):25–38

Peters E, Västfäll D, Slovic P, Mertz CK, Mazzocco K, Dickert S (2006) Numeracy and decision making. Psychol Sci 17(5):407–413

Russo JE, Schoemaker PJH (2015) Overconfidence. In: Teece D, Augier M (Hrsg) Palgrave encyclopedia of strategic management. Palgrave Macmillan, London

Scherpereel P, Gaul J, Muhr M (2015) Entscheidungsverhalten bei Investitionen steuern. Control Manag Rev Sonderh 2–15:32–38

Schultz WP, Khazian AM, Zaleski AC (2008) Using normative social influence to promote conservation among hotel guests social influence. Soc Influ 3(1):4–23

Sunstein CR (2014) Nudging: a very short guide. J Consum Policy 37(4):583–588

Thaler RH (1985) Mental accounting and consumer choice. Mar Sci 4(3):199–214

Thaler RH, Johnson EJ (1990) Gambling with the house money and trying to break even: the effects of prior outcomes on risky choice. Manag Sci 36(6):643–660

Thaler RH, Sunstein CR (2009) Nudge: Wie man kluge Entscheidungen anstößt. Ullstein, Berlin

Teil V
Wahrscheinlichkeiten

Basiswissen: Wahrscheinlichkeiten 15

Zusammenfassung

In diesem Kapitel zu Wahrscheinlichkeiten wird zunächst dargestellt, welche unterschiedlichen Interpretationsformen von Wahrscheinlichkeiten existieren. Anschließend wird auf wichtige Grundlagen der Wahrscheinlichkeitsrechnung eingegangen. Hierzu gehören zum einen Begriffsdefinitionen, Messskalen und grundlegende Wahrscheinlichkeitsaxiome. Es werden die Zusammenhänge zur Mengentheorie verdeutlicht und auf dieser Basis der Umgang und das Rechnen mit gemeinsamen und bedingten Wahrscheinlichkeiten erläutert. Auch auf das Konzept der Vierfeldertafel wird in diesem Zusammenhang eingegangen, das Bayes-Theorem hergeleitet und in Anwendungsbeispielen veranschaulicht. In Abschn. 15.3 wird zunächst auf die Unterscheidung zwischen diskreten und stetigen Verteilungen eingegangen. Es wird dargestellt, wie sich eine stetige Normalverteilung aus einer diskreten Binomialverteilung entwickeln lässt. Als weitere stetige Verteilungen wird auf die Exponentialverteilung und die Weibullverteilung eingegangen, hierbei werden deren charakteristische Eigenschaften anhand von Anwendungsbeispielen demonstriert. In Abschn. 15.4 werden noch einige Hinweise zum praktischen Umgang mit Wahrscheinlichkeiten gegeben. Thematisiert werden hierbei Darstellungsformen in Form von relativen Häufigkeiten und geeigneten grafischen Veranschaulichungen, die insbesondere auch den Umgang mit bedingten Wahrscheinlichkeiten erleichtern.

15.1 Interpretation von Wahrscheinlichkeiten

Wahrscheinlichkeiten begegnen uns ständig, sogar im täglichen Leben. Man denke nur an Wettervorhersagen, die heutzutage meist Wahrscheinlichkeiten enthalten, ob es morgen oder in den nächsten Tagen regnen wird. Offenbar haben aber nicht alle Menschen ein klares Verständnis davon, was eine solche Wahrscheinlichkeitsangabe eigentlich aussagt. Gerd Gigerenzer und Kollegen befragten in einer Studie Passanten, was sie unter einer „30-prozentigen Regenwahrscheinlichkeit für den morgigen Tag" verstehen. Die meisten (zumindest aus den europäischen Städten) gaben an, dass es während 30 % der Zeit, also fast 8 h lang, regnen wird.[1] Andere glaubten, es werde in 30 % der angegebenen Region regnen. Eine weitere Interpretation war, dass drei von zehn Meteorologen Regen prognostizieren. Die richtige Interpretation, dass es an 30 von 100 Tagen regnen wird, für die diese Vorhersage gelten würde, kam nur für die Wenigsten in Frage.

Wie auch in diesem Beispiel ist es das Abstrakte, was den Umgang mit Wahrscheinlichkeiten so schwierig macht. Um die Wettervorhersage richtig zu verstehen, muss sich der Entscheider nämlich erst mal in die hypothetische Situation versetzen, dass an 100 Tagen genau dieselbe Prognose getätigt wird. So etwas hat es wahrscheinlich noch nie gegeben, und deshalb kann sich das nicht jeder leicht vorstellen.

Glücklicherweise gibt es aber Situationen, in denen Wahrscheinlichkeiten deutlich einfacher verstanden werden können, so zum Beispiel bei der *symmetrieabhängigen Interpretation* der Wahrscheinlichkeiten. Hier wird davon ausgegangen, dass es keinen objektiven Grund gibt, die Wahrscheinlichkeit eines Ereignisses höher einzustufen als die eines anderen. Als Beispiele sind hier zu nennen: Augenzahl beim Würfel, Roulette oder Ziehen von Bällen aus einer Urne etc. Auch Menschen, die üblicherweise mit der Zahlen- und Mathematikwelt auf Kriegsfuß stehen, kommen hier noch meist gut klar.

Auch bei einer *frequentistischen Interpretation* ist das Konzept der Wahrscheinlichkeit noch gut greifbar, weil die Wahrscheinlichkeiten aus historischen, beobachteten Häufigkeiten abgeleitet werden. Ein Beispiel ist die Ableitung der Wahrscheinlichkeit, dass ein produziertes Gut zum Ausschuss gehört, wobei diese Wahrscheinlichkeit aus der bisherigen Ausschussquote gefolgert wird. Auch bei der Angabe von Wahrscheinlichkeiten, dass Patienten mit Bluthochdruck an einem Herzinfarkt sterben, wird meist auf historische Beobachtungen zurückgegriffen. Immer dann, wenn diese historisch, frequentistische Sicht angesprochen wird, ist das Verständnis für die Wahrscheinlichkeit leichter. Mit der Aussage: „In den letzten 100 Tagen, in denen die Meteorologen genau dieselben Vorstellungen vom Wetter morgen hatten, hat es dann in 30 Tagen wirklich am nächsten Tag geregnet" könnte man bestimmt auch den einen oder anderen zu einem besseren Verständnis bringen als mit der obigen Erklärung.

Damit allerdings die Angabe von Wahrscheinlichkeiten auf Basis einer frequentistischen Interpretation sinnvoll ist, müssen zwei Voraussetzungen erfüllt sein. Zum einen

---

[1] Siehe Gigerenzer et al. (2005). Erstaunlicherweise waren nur die befragten Europäer so naiv, die befragten New Yorker waren diesbezüglich etwas schlauer.

15.1 Interpretation von Wahrscheinlichkeiten

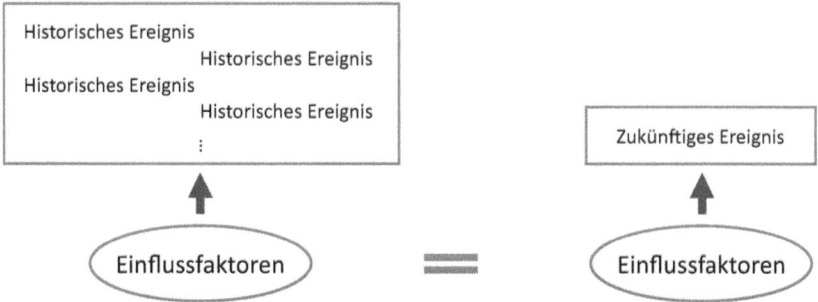

Abb. 15.1 Grundkonzept einer frequentistischen Wahrscheinlichkeitsinterpretation

muss es sich bei den historischen Beobachtungen um eine vergleichsweise hohe Anzahl handeln. Aus Einzelbeobachtungen lassen sich sicherlich keine Prognosen für die Zukunft ableiten. Zum anderen muss gewährleistet sein, dass die relevanten Einflussfaktoren weitgehend unverändert bleiben, wie dies in der Abb. 15.1 veranschaulicht wird.

Möglich ist der Rückgriff auf historische Beobachtungen also z. B., wenn der Produktionsausschuss schon einige Zeit beobachtet und in jüngster Zeit das Produktionsverfahren nicht umgestellt wurde. Bei einer Entscheidung über eine Produktneueinführung wäre ein Rückgriff auf historische Häufigkeiten, die den Erfolg früherer Produkteinführungen betreffen, hingegen etwas gewagt.

In den meisten wichtigen Entscheidungen, egal ob im unternehmerischen Entscheidungskontext oder privat, wird man mit diesen beiden einfachen, objektiven Wahrscheinlichkeitskonzepten nicht weit kommen. So sind meist Wahrscheinlichkeiten von Ereignissen zu finden, für die es keine historischen Daten gibt, geschweige denn irgendwelche geometrischen Symmetrien, die eine Gleichverteilung begründen können. In diesem Fall bleibt nur noch die *subjektivistische Interpretation* einer Wahrscheinlichkeit, die – wie es der Name schon sagt – von Individuum zu Individuum für dasselbe Ereignis unterschiedlich ausfallen kann. Die Wahrscheinlichkeit ist in diesem Fall als ein subjektives Maß des Vertrauens in das Eintreffen des Ereignisses zu verstehen. Ob eine bestimmte Aussage „wahr scheint", ist nun mal subjektiv.

Diese subjektive Sichtweise bringt ein kleines Problem mit sich, und zwar die Tatsache, dass man Wahrscheinlichkeiten bzw. Wahrscheinlichkeitseinschätzungen nur noch sehr schwer validieren kann. Wer bei einem normalen Würfel aussagt, die Wahrscheinlichkeit, dass beim nächsten Wurf eine 6 erscheint, sei 50 %, liegt schlichtweg falsch. Hingegen kann die Aussage, dass das neue Produkt zu 80 % zu einem großen Markterfolg führt, nur sehr schwer verifiziert oder falsifiziert werden. Möglich wäre dies rein theoretisch nur dann, wenn man eine frequentistische Validierung durchführen könnte. Mit anderen Worten: Man müsste ausreichend häufig genau dieselbe Situation durchspielen können und immer beobachten, ob das Produkt dann wirklich erfolgreich ist oder nicht. Könnte man beispielsweise in 1000 durchgespielten oder erlebten Situationen ungefähr 800 Erfolge beobachten, wäre die Wahrscheinlichkeit recht gut geschätzt worden. In einer solch einmaligen Fragestellung mit allen Besonderheiten der Situation ist ein so häufiges Durchspielen aber wohl kaum vorstellbar, bei der Wettervorhersage geht dies hingegen schon eher.

Insofern muss man sich bei der Angabe von subjektiven Wahrscheinlichkeiten auf die Kompetenz des Entscheiders verlassen. Hat der Entscheider ein ausreichendes Fachwissen oder Erfahrung, so wird er einigermaßen verlässliche Aussagen treffen können. Gerade Erfahrung ist sehr wichtig, denn in der Erfahrung sind möglicherweise einige in der Vergangenheit erlebte, ähnliche Situationen abgespeichert, die der Entscheider – in einem intuitiven oder auch bewussten Vorgehen – abrufen kann.

15.2 Elementare Grundlagen der Wahrscheinlichkeitsrechnung[2]

15.2.1 Begrifflichkeiten und Definitionen

In der Entscheidungstheorie wird zwischen Entscheidungssituationen unter *Sicherheit* und unter *Unsicherheit* unterschieden. Im ersteren Fall geht man davon aus, dass mit der Wahl einer Handlungsalternative alle Zielausprägungen eindeutig vorhersehbar sind. In Entscheidungssituationen unter Unsicherheit ist dies nicht der Fall, hier ist mindestens ein Ergebnis aufgrund der Abhängigkeit von bestimmten Umweltzuständen unsicher. Unsicherheit wird hierbei noch weiter differenziert in *Ungewissheit* und *Risiko*. Von Ungewissheit wird gesprochen, wenn keine Wahrscheinlichkeiten für die möglichen Umweltzustände vorliegen, von einer Situation unter Risiko ist die Rede, wenn für alle Umweltzustände Wahrscheinlichkeiten bekannt sind.

In der Wahrscheinlichkeitsrechnung (WKR) geht man immer von einer Situation unter Risiko aus, d. h., es gibt immer konkrete Wahrscheinlichkeiten. Dies ist auch verständlich, denn ohne Wahrscheinlichkeiten könnte man ja nichts rechnen. Entsprechende Situationen findet man besonders gut in Spielen, in denen z. B. ein Würfel für das zufällige Risiko im Spiel sorgt. In der WKR spricht man bei solchen Situationen deshalb immer von *Zufallsexperimenten* mit verschiedenen *Ergebnissen*. Beim Würfeln sind dies die Ergebnisse 1, 2, 3, 4, 5 und 6. Die Gesamtmenge aller möglichen Ergebnisse des zufallsabhängigen Vorgangs heißt *Ergebnismenge* (oder auch Grundraum) und wird meistens mit dem griechischen Buchstaben Ω bezeichnet. Beim Würfelbeispiel gilt für die Ergebnismenge $\Omega = \{1, 2, 3, 4, 5, 6\}$. Des Weiteren definiert die WKR auch den Begriff des Ereignisses. Ein *Ereignis* ist eine Teilmenge der Ergebnismenge, beim Würfel z. B. das Ereignis „Würfel zeigt gerade Ziffer" mit der formalen Schreibweise $A = \{2, 4, 6\}$ oder „Würfelzahl ist kleiner als 3" mit $B = \{1, 2\}$. Das *Komplementärereignis* von A ist genau das Ereignis, welches alle Ergebnisse aus dem Grundraum enthält, die nicht auch in A liegen. Die

---

[2] Die hier vorgestellten Inhalte ergänzen sich mit den Inhalten der Veranstaltung „Statistik" von Prof. Cramer und Prof. Kamps an der RWTH, siehe auch Cramer und Kamps (2014).

Abb. 15.2 Verschiedene Skalen zur Messung von Ergebnissen

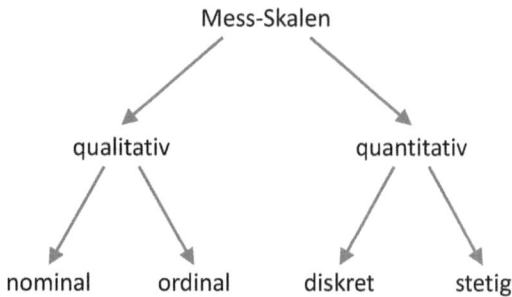

Schreibweise hierfür lautet $\Omega \backslash A$ oder $\overline{A}$. Besteht ein Ereignis nur aus einem Ergebnis, wird von einem Elementarereignis ω gesprochen.

Bei der Definition der Ergebnismenge gibt es verschiedene Möglichkeiten für Skalen, auf denen die Ergebnisse definiert werden. Dies ist in Abb. 15.2 ersichtlich. Bei den qualitativen Skalen unterscheidet man nominale Skalen (z. B. Geschlecht, Beruf, Farben, etc.), in der eine sinnvolle Rangfolge nicht möglich ist, und ordinale Skalen (z. B. Grad einer Zustimmung von „voll", „gering" bis zu „gar nicht"). Beispiele für eine diskrete, quantitative Skala sind z. B. Schulnoten oder Würfelaugen. Eine stetige, quantitative Skala bildet z. B. Geld, Geschwindigkeit oder ähnliches ab.

15.2.2 Rechnen mit Wahrscheinlichkeiten und Mengentheorie

Jegliches Rechnen mit Wahrscheinlichkeiten basiert auf wenigen Axiomen, die einer der bedeutendsten Mathematiker des 20. Jahrhunderts, der Russe Andrei Kolmogorov (1933) entwickelt hat. Sei $\Omega = \{\omega_i \mid 1 \leq i \leq n\}$ die Ergebnismenge, so lauten diese drei Axiome:

- **Nichtnegativitätsaxiom:** Jedem Ereignis A kann eine Wahrscheinlichkeit $p(A)$ zugeordnet werden, die zwischen 0 und 1 liegt.
- **Normierungsaxiom:** Die Wahrscheinlichkeiten aller Elementarereignisse ergeben zusammen eins, d. h. $\sum_{1 \leq i \leq n} p(\omega_i) = 1$.
- **Additivitätsaxiom:** Die Wahrscheinlichkeit dafür, dass von mehreren, sich einander paarweise ausschließenden Ereignissen A_i eines eintritt, ist gleich der Summe der Wahrscheinlichkeiten der Ereignisse, d. h., es gilt $p(A_1 \cup A_2 \cup \ldots) = p(A_1) + p(A_2) + \ldots$.

Anhand dieser drei Axiome wird deutlich, dass man sich mit Mengentheorie auskennen muss, um mit Wahrscheinlichkeiten rechnen zu können. Vor diesem Hintergrund schauen wir uns im Folgenden wichtige Mengenoperationen und deren Zusammenhänge mit der WKR an und nutzen hierbei sogenannte *Venn-Diagramme* zur grafischen Veranschaulichung.

Beispiel 1: Schnittmenge von Ereignissen

Wir betrachten die *Schnittmenge* $C = A \cap B$ aus zwei Ereignissen A und B. Die Schnittmenge besteht aus allen Ergebnissen, die sowohl in A als auch in B enthalten sind, siehe Abb. 15.3 (Bild 1). Die Bildung von Schnittmengen ist relativ einfach, wenn sich die Ereignismenge nur auf eine Dimension bezieht, wie z. B. beim Würfelexperiment. So ist die Schnittmenge von $A = \{2, 4, 6\}$ mit $B = \{1, 2\}$ gleich $C = \{2\}$. Meist werden jedoch in Schnittmengenbetrachtungen unterschiedliche Dimensionen verknüpft, z. B. Alter und Geschlecht. Dies ist natürlich nur möglich, wenn sich auch die Ergebnismenge auf diese Dimensionen bezieht. Zu diesem Zweck betrachten wir ein Projektteam in einem Unternehmen, welches aus sechs Personen besteht. Die Ergebnismenge könnte dann z. B. $\Omega = \{(20, m), (24, w), (28, m), (32, w), (40, w), (50, w)\}$ lauten, wobei hier jedes Teammitglied als Tupel aus Alter in Jahren und Geschlecht modelliert wird. Definiert man das Ereignis A mit „männlich" und B mit „Alter höchstens 32" so lautet die Schnittmenge $C = A \cap B = \{(20, m), (28, m)\}$.

Das Pendant zur Schnittmengenbetrachtung in der WKR ist die Berechnung einer *gemeinsamen Wahrscheinlichkeit*. Wenn wir beim Würfelexperiment und Team-Beispiel von einer *diskreten Gleichverteilung* der Ergebnisse ausgehen, so gilt sowohl für jede Würfelzahl als auch für jede der sechs (Alters-, Geschlechts-)Konstellationen eine Wahrscheinlichkeit von 1/6. Im Würfelbeispiel gilt dementsprechend unter Rückgriff auf das Additivitätsaxiom

$$p(A) = p(\{2,4,6\}) = 3/6,$$

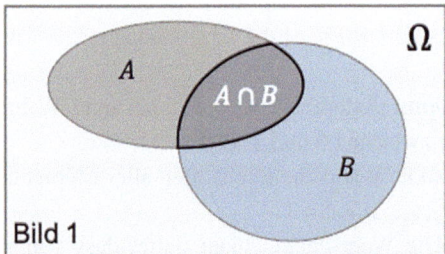

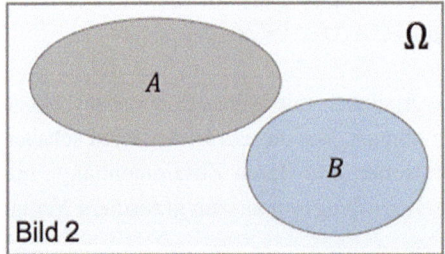 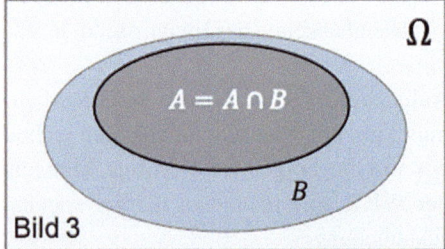

Abb. 15.3 Venn-Diagramme im Kontext von Schnittmengen

15.2 Elementare Grundlagen der Wahrscheinlichkeitsrechnung

$$p(B) = p(\{1,2\}) = 2/6$$

und für die gemeinsame Wahrscheinlichkeit

$$p(C) = p(A \cap B) = p(\{2\}) = 1/6.$$

Im Projektteam-Beispiel gilt entsprechend

$$p(A) = p(\{(20,m),(28,m)\}) = 2/6,$$
$$p(B) = p(\{(20,m),(24,w),(28,m),(32,w)\}) = 4/6$$

und für die gemeinsame Wahrscheinlichkeit

$$p(C) = p(A \cap B) = p(\{(20,m),(28,m)\}) = 2/6.$$

In der Berechnung von gemeinsamen Wahrscheinlichkeiten zweier Ereignisse kann man sehr gut erkennen, ob es sich um Ereignisse handelt, die tendenziell eher zusammen auftreten oder nicht. So ist es im Extremfall möglich, dass sich beide Ereignisse überhaupt nicht überschneiden und die Schnittmenge $A \cap B$ gemäß Abb. 15.3 (Bild 2) leer ist. Man spricht in diesem Fall von *disjunkten* Ereignissen und für die Wahrscheinlichkeit gilt $p(A \cap B) = 0$. Im anderen Extremfall ist ein Ereignis eine Teilmenge der anderen, wie in Bild 3 mit $A \subseteq B$. In diesem Fall ist die Schnittmenge $A \cap B$ identisch zu A. Für die Wahrscheinlichkeit $p(A \cap B)$ gilt dann logischerweise, dass sie $p(A)$ entspricht. Dieser Fall trifft übrigens auf das Beispiel mit dem Projektteam zu.

Man kann sich leicht klarmachen, dass für die gemeinsame Wahrscheinlichkeit zweier Ereignisse A und B immer gelten muss:

$$\max(0, p(A) + p(B) - 1) \leq p(A \cap B) \leq \min(p(A), p(B)).$$

Dass die untere Grenze nicht immer bei 0 liegt, erklärt sich dadurch, dass es bei zwei Ereignissen, die z. B. beide eine Wahrscheinlichkeit von 80 % haben, unmöglich ist, dass die Schnittmenge leer ist. Wenn z. B. in einem Korb mit 100 Bällen 80 rote und 20 weiße enthalten sind und ebenfalls bekannt ist, dass 80 von den 100 heile sind und 20 kaputt, dann muss es mindestens 60 heile rote Bälle geben.

Beispiel 2: Vereinigung von Ereignissen
Die Vereinigungsmenge $C = A \cup B$ der beiden Ereignisse A und B besteht aus allen Ergebnissen, die gemäß Abb. 15.4 (Bild 1) entweder in A oder B oder auch in beiden gleichzeitig enthalten sind. Gemäß dem Additivitätsaxiom können die Wahrscheinlichkeiten der beiden Ereignisse A und B genau dann einfach addiert werden, wenn die Ereignisse sich gegenseitig ausschließen, d. h. disjunkt sind. Dieser Fall wird in Bild 2 dargestellt. Hier gilt $p(C) = p(A) + p(B)$. Für den Fall, dass A eine Teilmenge von B ist, wie in Bild 3, gibt

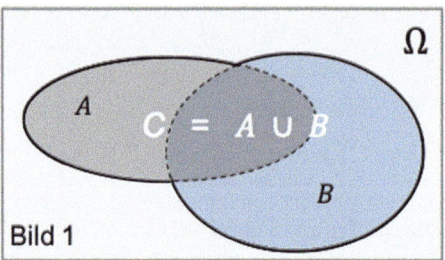

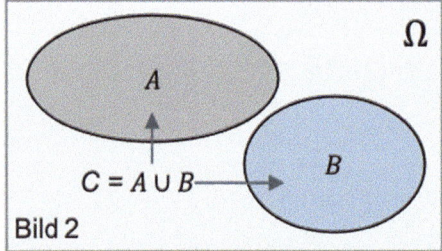 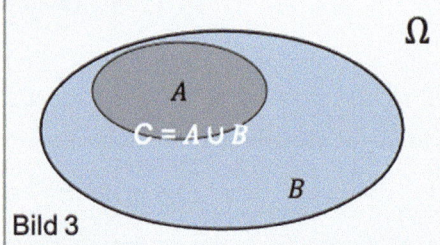

Abb. 15.4 Venn-Diagramme im Kontext von Vereinigungsmengen

es auch eine einfache Lösung. Hier gilt $p(C) = p(B)$. Für alle anderen Fälle kann die Wahrscheinlichkeit des vereinigten Ereignisses, welches logisch einer „Oder"-Verknüpfung entsprechen würde, gemäß der Beziehung

$$p(C) = p(A \cup B) = p(A) + p(B) - p(A \cap B)$$

berechnet werden. Auch aus dieser Beziehung kann man leicht begründen, warum allgemein für die Wahrscheinlichkeit eines vereinigten Ereignisses stets folgende Eingrenzung gelten muss:

$$\max\bigl(p(A), p(B)\bigr) \leq p(A \cup B) \leq p(A) + p(B)$$

Der rechte Teil dieser Ungleichung wird auch als *Subadditivität* bezeichnet.

Zum Abschluss dieses Abschnitts seien zur Vollständigkeit noch weitere Mengenbeziehungen und deren Verknüpfung zur WKR aufgeführt. Ist A eine Teilmenge von B, d. h. $A \subseteq B$, so gilt $p(A) \leq p(B)$. Versteht man unter einem Komplementärereignis $\bar{A}$ die Menge aller Ergebnisse in Ω, die nicht in A enthalten sind, so gilt $p(\bar{A}) = 1 - p(A)$. In einem Differenzereignis $A \backslash B$ sind alle Ereignisse aus A enthalten, die nicht gleichzeitig auch in B enthalten sind. Hier gilt die Beziehung $p(A \backslash B) = p(A) - p(A \cap B)$.

15.2.3 Bedingte Wahrscheinlichkeiten

Eine bedingte Wahrscheinlichkeit $p(B|A)$ ist die Wahrscheinlichkeit des Ereignisses B unter der Voraussetzung, dass das Ereignis A eingetreten ist. Bei vielen Entscheidungen, insbesondere bei mehrstufigen, ist es notwendig, bedingte Wahrscheinlichkeiten anzugeben.

15.2 Elementare Grundlagen der Wahrscheinlichkeitsrechnung

Man betrachte z. B. ein Unternehmen, welches überlegt, vor der Markteinführung eines Produktes in einem ersten Schritt eine umfangreiche Marktforschung durchzuführen, um die Marktchancen besser einschätzen zu können. Hierbei würde das Ereignis A die Situation beschreiben, dass das Marktforschungsunternehmen das Resultat „Marktchancen hoch" liefert. In der Frage, ob sich das gesamte Marktforschungsprojekt lohnt, benötigt das Unternehmen Informationen über die Verlässlichkeit der Prognosen des Marktforschungsunternehmens. Sind die Prognosen verlässlich, so ist die Marktforschung natürlich um einiges attraktiver, als wenn diese Prognosen noch sehr große Unsicherheiten aufweisen. Definiert man das Ereignis B mit „hoher Absatz", so sind es in diesem Fall genau die bedingten Wahrscheinlichkeiten *p(hoher Absatz | Marktprognose gut)*, die das Unternehmen benötigt.

Manche Menschen finden das Konzept der bedingten Wahrscheinlichkeiten nicht gerade leicht verständlich, weil es eine recht hohe Abstrahierung verlangt und die bedingte Wahrscheinlichkeit $p(B|A)$ immer relativ zur Bedingung gesehen werden muss. Letztlich sind aber alle Wahrscheinlichkeiten bedingte Wahrscheinlichkeiten, denn der stets zu definierende Ergebnisraum Ω kann ja auch als eine Art Bedingung mit $p(B) = p(B|\Omega)$ angesehen werden. Mit einer bedingten Wahrscheinlichkeit $p(B|A)$ schränkt man sozusagen den Grundraum auf ein spezifisches Ereignis A ein und betrachtet im Hinblick auf die bedingte Wahrscheinlichkeit des Ereignisses B nur die Teilergebnisse von B, die zugleich auch in A liegen. Alle anderen Ergebnisse aus dem Differenzereignis B\A sind in der bedingten Wahrscheinlichkeit $p(B|A)$ im Grunde irrelevant.

Die folgenden Mengenabbildungen sollen diese Sachverhalte noch einmal verdeutlichen. In Abb. 15.5 (Bild 1) sieht man zwei Ereignisse A und B, die sich in einem Bereich $A \cap B$ überschneiden. Die bedingte Wahrscheinlichkeit $p(B|A)$ ergibt sich hierbei aus

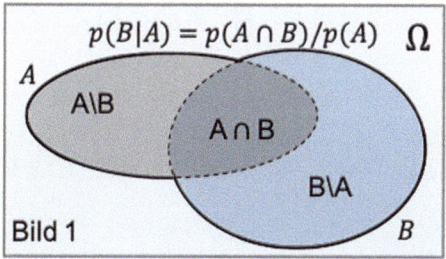

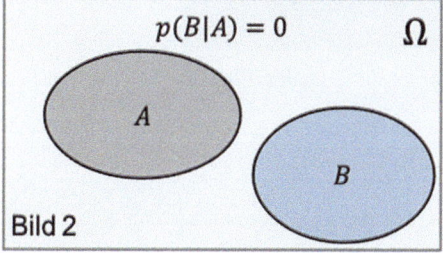
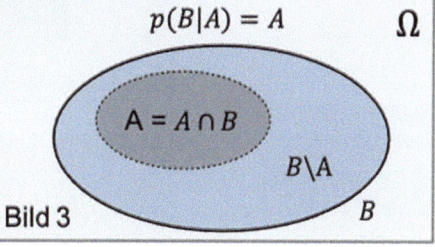

Abb. 15.5 Venn-Diagramme im Kontext von bedingten Wahrscheinlichkeiten

dem Verhältnis dieses Schnittbereichs $A \cap B$ zu der Gesamtfläche von A gemäß $p(B|A) = p(A \cap B)/p(A)$. Wie groß die Fläche B\A ist, spielt hierbei überhaupt keine Rolle.

In Bild 2 ist der besondere Fall dargestellt, dass die Ereignisse A und B disjunkt sind. Mit anderen Worten: Wenn das Ereignis A eintritt, kann B nicht gleichzeitig auftreten. Einen Schnittbereich $A \cap B$ gibt es nicht. Insofern muss die bedingte Wahrscheinlichkeit 0 sein. Hingegen ist in Bild 3 das Ereignis A eine Teilmenge von B. In diesem Fall sind also mit Eintritt von A unmittelbar nur Ergebnisse möglich, die ebenfalls in B liegen. Die bedingte Wahrscheinlichkeit $p(B|A)$ ist in diesem Fall 1. Man beachte, dass es auch hier völlig egal ist, wie groß das Differenzereignis B\A ist.

In einer Situation, in der nur A und B sowie ihre Komplementärereignisse $\overline{A}$ und $\overline{B}$ betrachtet werden, kann sehr übersichtlich mit einer *Vierfeldertafel* die Grundlage gebildet werden, um bedingte Wahrscheinlichkeiten zu berechnen. Viele Anwendungsbeispiele für dieses Konzept gibt es im medizinischen Sektor im Zusammenspiel von ausgewählten Indikatoren (Diagnoseverfahren oder Risikofaktoren) und einer interessierenden Zielgröße (tatsächliches Auftreten einer spezifischen Krankheit). Die Abb. 15.6 zeigt eine Anwendung für den Zusammenhang zwischen der Zugehörigkeit zu einer Hochrisikogruppe und dem Auftreten von Brustkrebs.

In den vier inneren Matrixfeldern finden sich jeweils die gemeinsamen Wahrscheinlichkeiten aller möglichen Kombinationen der definierten Ereignisse. Da es sich durch die Aufteilung in Ereignis und Komplementärereignis jeweils um eine sogenannte totale Ereignisdisjunktion handelt, ergeben sich die Wahrscheinlichkeiten für $p(BK)$ und $p(\overline{BK})$ aus der Summe der beiden gemeinsamen Wahrscheinlichkeiten in der betreffenden Zeile bzw. für $p(HR)$ und $p(\overline{HR})$ aus der betreffenden Spalte. Mit diesen Daten lassen sich nun alle bedingten Wahrscheinlichkeiten durch Anwendung der oben schon eingeführten allgemeinen Bestimmungsgleichung für bedingte Wahrscheinlichkeiten

$$p(B|A) = p(A \cap B) / p(A) \tag{15.1}$$

wie folgt ableiten:

$$p(BK|HR) = \frac{p(BK \cap HR)}{p(HR)} = \frac{0{,}07}{0{,}57} = 0{,}123 = 12{,}3\,\%$$

		Hochrisikogruppe		
		Ja (HR)	Nein ($\overline{HR}$)	
Brustkrebs	Ja (BK)	7,0 %	0,5 %	$p(BK) = 7{,}5\,\%$
	Nein ($\overline{BK}$)	50,0 %	42,5 %	$p(\overline{BK}) = 92{,}5\,\%$
		$p(HR) = 57\,\%$	$p(\overline{HR}) = 43\,\%$	100 %

Abb. 15.6 Vierfeldertafel für Brustkrebs, Daten entnommen aus Dawes (2001)

15.2 Elementare Grundlagen der Wahrscheinlichkeitsrechnung

$$p(BK|\overline{HR}) = \frac{p(BK \cap \overline{HR})}{p(\overline{HR})} = \frac{0{,}005}{0{,}43} = 0{,}012 = 1{,}2\,\%$$

$$p(\overline{BK}|HR) = \frac{p(\overline{BK} \cap HR)}{p(HR)} = \frac{0{,}50}{0{,}57} = 0{,}877 = 87{,}7\,\%$$

$$p(\overline{BK}|\overline{HR}) = \frac{p(\overline{BK} \cap \overline{HR})}{p(\overline{HR})} = \frac{0{,}425}{0{,}43} = 0{,}988 = 98{,}8\,\%$$

Auch die bedingten Wahrscheinlichkeiten, in der Zielgröße und Indikator vertauscht sind, lassen sich ebenso ableiten:

$$p(HR|BK) = \frac{p(HR \cap BK)}{p(BK)} = \frac{0{,}07}{0{,}075} = 0{,}933 = 93{,}3\,\%$$

$$p(HR|\overline{BK}) = \frac{p(HR \cap \overline{BK})}{p(\overline{BK})} = \frac{0{,}50}{0{,}925} = 0{,}541 = 54{,}1\,\%$$

$$p(\overline{HR}|BK) = \frac{p(\overline{HR} \cap BK)}{p(BK)} = \frac{0{,}005}{0{,}075} = 0{,}067 = 6{,}7\,\%$$

$$p(\overline{HR}|\overline{BK}) = \frac{p(\overline{HR} \cap \overline{BK})}{p(\overline{BK})} = \frac{0{,}425}{0{,}925} = 0{,}459 = 45{,}9\,\%$$

Diese zweite Gruppe der vier (umgedreht) bedingten Wahrscheinlichkeiten wurden hier nicht nur aus Gründen der Vollständigkeit berechnet. Vielmehr kommt diesen sogenannten *Likelihoods* $p(\textit{Indikator} \mid \textit{Zielgröße})$ eine besondere Bedeutung zu. Denn häufig liegen in Entscheidungssituationen Informationen über Likelihoods vor, aber nicht über die meist mehr benötigten *A-posteriori-Wahrscheinlichkeiten* $p(\textit{Indikator} \mid \textit{Zielgröße})$.

Der Weg von den Likelihoods zu den A-posteriori-Wahrscheinlichkeiten ist aber relativ einfach. Eine Möglichkeit besteht darin, die Gl. 15.1 in der Form

$$p(A \cap B) = p(B|A) \cdot p(A) \tag{15.2}$$

zu schreiben. Interpretiert man *A* als Zielgrößen- und *B* als Indikatorereignis und kennt zusätzlich auch noch die *A-priori-Wahrscheinlichkeiten* $p(\textit{Zielgröße})$, so sind alle gemeinsamen Wahrscheinlichkeiten bekannt und die Vierfeldertafel vollständig bestimmt.

Die A-posteriori-Wahrscheinlichkeiten sind dann einfach auszurechnen, wie wir es oben gerade gezeigt haben.

Das Bayes-Theorem
Es gibt aber auch eine schnellere Möglichkeit, mit der man überhaupt nicht die gemeinsamen Wahrscheinlichkeiten berechnen muss. Berücksichtigt man, dass es keinen Unterschied zwischen $A \cap B$ und $B \cap A$ gibt, gilt mit Gl. 15.2 auch

$$p(A \cap B) = p(A|B) \cdot p(B) \tag{15.3}$$

Setzt man nun Gl. 15.3 in Gl. 15.1 ein, folgt mit

$$p(B|A) = p(A|B) \cdot \frac{p(B)}{p(A)} \tag{15.4}$$

das sogenannte *Bayes-Theorem*, ein überaus bekanntes Ergebnis in der WKR, welches genau unter diesem Namen in jedem Lehrbuch zu finden ist. Sie sehen, wie einfach es der englische Mathematiker Thomas Bayes hatte, mit dieser einfachen Umformung berühmt zu werden. Dies war allerdings vor 250 Jahren. Heute muss man als Mathematiker schon viel komplizierte Umformungen aufstellen und wird trotzdem kaum mehr berühmt.

Wenden wir das Bayes-Theorem in Gl. 15.4 auf unsere Fragestellung an, so lautet die Bestimmungsgleichung zur Herleitung der A-posteriori-Wahrscheinlichkeiten aus den Likelihoods:

$$p(Zielgrösse|Indikator) = p(Indikator|Zielgrösse) \cdot \frac{p(Zielgröße)}{p(Indikator)} \tag{15.5}$$

Am Beispiel von $p(BK|HR)$ aus dem obigen Brustkrebs-Beispiel rechnen wir noch einmal schnell nach, ob das Bayes-Theorem wirklich die richtigen Ergebnisse liefert:

$$p(BK|HR) = p(HR|BK) \cdot \frac{p(BK)}{p(HR)} = 0{,}933 \cdot \frac{0{,}075}{0{,}57} = 0{,}123$$

Tatsächlich, das Ergebnis stimmt! Also ist Thomas Bayes auch wirklich zu Recht so berühmt.

Ist die zweite A-priori-Wahrscheinlichkeit $p(Indikator)$ in Gl. 15.5 nicht bekannt, so muss sie durch

$$p(Indikator) = \sum_i p(Indikator|Zielgrösse_i) \cdot p(Zielgrösse_i) \tag{15.6}$$

aus den Likelihoods und der A-priori-Wahrscheinlichkeit für die Zielgröße ermittelt werden.

15.2 Elementare Grundlagen der Wahrscheinlichkeitsrechnung

Neben der hier schon genannten Anwendung im medizinischen Sektor bietet das Bayes-Theorem vielfältige Anwendungsfelder. So lassen sich z. B. im obigen Beispiel des zu bewertenden Marktforschungsprojekts aus möglicherweise bekannten Likelihoods p(*Marktprognose gut* | *hoher Absatz*) die gesuchten A-posteriori-Wahrscheinlichkeiten ableiten. Außerdem gibt es viele Testverfahren, bei denen werkseitig angegeben ist, in wie vielen Fällen das Testverfahren eine vorliegende Zielgröße richtig angibt (Likelihoods), aber keine Wahrscheinlichkeiten, wie sicher man sein kann, dass das Testergebnis auch wirklich das richtige Resultat zeigt (A-posteriori-Wahrscheinlichkeiten). So könnte bei einem Alkoholtestgerät angegeben sein, dass bei einer betrunkenen Autofahrerin das Testgerät zu 99 % richtig anzeigt, dass die Autofahrerin über der Alkoholgrenze liegt. Das wiederum heißt noch nicht, dass die überprüfte Autofahrerin, bei der das Gerät angeschlagen hat, mit 99 % Wahrscheinlichkeit wirklich betrunken ist. Man kann davon ausgehen, dass nur die wenigsten Polizisten dies wissen bzw. Lust haben, das Bayes-Theorem bei der Polizeikontrolle vor Ort schnell im Kopf anzuwenden.

Ein schönes Anwendungsfeld für das Bayes-Theorem bietet auch die Frage, wie man seine Einschätzung in einem bestimmten Sachverhalt korrigieren sollte, wenn man neue Informationen erhält. Dies hört sich zunächst sehr abstrakt an, soll aber an einem einfachen Beispiel verdeutlicht werden. Stellen Sie sich vor, dass Sie „Mensch ärgere Dich nicht" spielen, und statt dem erforderlichen einen Würfel liegen zwei Würfel auf dem Tisch: ein weißer und ein schwarzer. Sie wissen, dass einer der beiden Würfel manipuliert wurde und stets nur Sechsen würfelt, Sie wissen nur nicht welcher. Sie greifen sich den weißen Würfel und würfeln eine Sechs. Wie sicher können Sie sich sein, dass dieser weiße Würfel der manipulierte ist?

Mit dem Bayes-Theorem lässt sich die Antwort schnell ausrechnen. Wir definieren als Zielgröße *WM* für „Weiß ist manipuliert" und als Indikator *E6* für „Würfelergebnis zeigt 6". Für die A-priori-Wahrscheinlichkeiten gilt

$$p(WM) = p(\overline{WM}) = 0{,}5.$$

Die beiden relevanten Likelihoods, die man benötigt, sind

$$p(E6|WM) = 1$$

sowie

$$p(E6|\overline{WM}) = \frac{1}{6},$$

und für $p(E6)$ gilt gemäß Gl. 15.6

$$p(E6) = p(E6|WM) \cdot p(WM) + p(E6|\overline{WM}) \cdot p(\overline{WM}) = 1 \cdot 0{,}5 + \frac{1}{6} \cdot 0{,}5 = 0{,}583.$$

Mit dem Bayes-Theorem folgt daraus

$$p(WM|E6) = p(E6|WM) \cdot \frac{p(WM)}{p(E6)} = 1 \cdot \frac{0{,}5}{0{,}583} = 0{,}858 = 85{,}8\,\%.$$

Mit der Information, dass der weiße Würfel beim ersten Wurf eine Sechs zeigt, muss also die zunächst gültige A-priori-Wahrscheinlichkeit eines weißen manipulierten Würfels von 50 % auf einen Wert von 85,8 % angehoben werden. Wir können aber noch einen Schritt weitergehen und fragen, wie sich Ihre Einschätzung verändern müsste, wenn Sie noch ein zweites Mal den weißen Würfel werfen und wieder eine Sechs kommt? Rechnen Sie es doch einfach selbst mal aus! Beachten Sie, dass in diesem Fall eine andere A-priori-Wahrscheinlichkeit gilt, und zwar $p(WM)$ = 85,8 %. Wenn Sie als Ergebnis nun eine Wahrscheinlichkeit von 97,4 % herausbekommen, ist Ihnen die Rechnung gelungen und Sie haben das Bayes-Theorem vermutlich verstanden.

Die in diesem Kapitel aufgeführten Anwendungsbeispiele für das Bayes-Theorem sind natürlich nur eine Auswahl, denn es gibt noch viele mehr. Allerdings muss stets berücksichtigt werden, dass Likelihoods und A-priori-Wahrscheinlichkeiten in einer gewissen Validität für eine sinnvolle Anwendung vorliegen müssen. Wer sich hier irgendwelche Zahlen ausdenkt, kann nicht erwarten, dass das Resultat aus der Anwendung des Bayes-Theorems dann irgendeinen Sinn macht.

15.3 Wahrscheinlichkeitsverteilungen

15.3.1 Wahrscheinlichkeits-, Dichte- und Verteilungsfunktion

Im letzten Abschnitt haben wir die Grundlagen der WKR stets im Kontext der Mengenlehre behandelt. Diese Herangehensweise ist aus praktischer Sicht insbesondere dann sinnvoll, wenn man es mit einer kleinen Anzahl von Ereignissen zu tun hat. In vielen Entscheidungssituationen ist aber entweder die Anzahl der Ereignisse sehr hoch oder man betrachtet stetige unsichere Variablen. In diesem Fall definiert man in der WKR Funktionen, die Aussagen über die Wahrscheinlichkeiten der jeweiligen Variablen enthalten. Hierbei gibt es drei Typen von Funktionen, auf die wir in diesem Abschnitt intensiv eingehen werden: *Wahrscheinlichkeitsfunktionen*, *Wahrscheinlichkeitsdichtefunktionen* und *Verteilungsfunktionen*. Alle Funktionen beziehen sich auf die als Großbuchstabe notierte sogenannte Zufallsvariable X.

Im Hinblick auf die drei genannten Funktionstypen ist die Unterscheidung in *diskrete* und *stetige Zufallsvariablen* von zentraler Bedeutung. Von einer diskreten Zufallsvariable spricht man, wenn die Anzahl der Ausprägungen endlich oder abzählbar unendlich ist. Ein Beispiel für eine endliche Anzahl sind die sechs möglichen Würfelergebnisse, eine abzählbar unendliche Menge ist beispielsweise die Menge der natürlichen Zahlen. Als stetige Zufallsvariablen werden meist Variablen wie z. B. der Ölpreis oder

15.3 Wahrscheinlichkeitsverteilungen

	Zufallsvariable ist	
	diskret	stetig
Wahrscheinlichkeit für einzelne Ausprägungen bzw. Intervalle:	„Wahrscheinlichkeitsfunktion" $f(x_i)$	„Wahrscheinlichkeitsdichtefunktion" $\int_{x_{i-1}}^{x_i} f(t)dt$
Wahrscheinlichkeit $p(X \leq x)$:	„Verteilungsfunktion" $F(x) = \sum_{x_i \leq x} f(x_i)$	$F(x) = \int_{-\infty}^{x} f(t)dt$

Abb. 15.7 Übersicht über Wahrscheinlichkeitsmodellierungen bei diskreten und stetigen Zufallsvariablen

Dollarkurs genannt, weil es hier durch die Nachkommastellen eine sehr feine Granularität in der Messung gibt.[3] In der Abb. 15.7 ist zu erkennen, welche Funktionstypen in welchem Zusammenhang zum Einsatz kommen. Eine *Wahrscheinlichkeitsfunktion* bezieht sich stets auf eine diskrete Zufallsvariable. Hier gibt es endlich viele oder abzählbar unendlich viele Ausprägungen x_i, die alle von der Funktion f eine Wahrscheinlichkeit zugeordnet bekommen. In der mengentheoretischen Denkweise des letzten Abschnittes könnte man jedes Ergebnis x_i als Elementarereignis auffassen und dann $f(x_i)$ mit $p(x_i)$ gleichsetzen.

Bei einer stetigen Zufallsvariable hat man das Problem, dass jede einzelne Ausprägung im Grunde eine Wahrscheinlichkeit von Null besitzt. Deshalb ersetzt man die Wahrscheinlichkeitsfunktion, die auf einzelne Ausprägungen der Zufallsvariable definiert ist, durch eine *Wahrscheinlichkeitsdichtefunktion*. Mit dieser Dichtefunktion lassen sich über ein Integral dann zumindest Wahrscheinlichkeiten dafür ableiten, dass die Ausprägung in ein definiertes Intervall fällt.

Eine *Verteilungsfunktion* gibt es sowohl für diskrete als auch für stetige Zufallsvariablen. Diese ist definiert durch

$$F(x) = p(X \leq x),$$

---

[3] Streng genommen dürfte hier nicht von einer stetigen Skala die Rede sein. Denn die Theorie fordert, dass es bei einer stetigen Skala zwischen zwei beliebig nahe beieinander liegenden Ausprägungen immer noch Zwischenwerte geben muss. Und dies gilt zum Beispiel beim Dollarkurs nicht, denn an der Börse werden nur vier Nachkommastellen in der Notierung und in den Handelsgeschäften berücksichtigt. Zwischen einem Kurs von 1,2001 US-\$/€ und 1,2000 US-\$/€ gibt es (normalerweise) keine anderen Notierungen.

d. h., sie gibt die Wahrscheinlichkeit an, dass die Zufallsvariable X ein Ergebnis bringt, welches kleiner oder gleich dem Argument x der Funktion F ist. Verteilungsfunktionen sind stets monoton steigend, d. h., wenn $x_1 < x_2$, dann ist $F(x_1) \leq F(x_2)$, und verlaufen von 0 bis 1.

15.3.2 Diskrete Verteilungen: Gleich- und Binomialverteilung

Wir werden in diesem Abschnitt auf zwei diskrete Verteilungen eingehen, und zwar auf die *diskrete Gleichverteilung* und die *Binomialverteilung*.

Die diskrete Gleichverteilung
Die diskrete Gleichverteilung wurde in Abschn. 15.2.2 schon kurz eingeführt und beschreibt eine Verteilung mit identischen Wahrscheinlichkeiten für jedes mögliche Einzelereignis. Formal schreiben wir für die Wahrscheinlichkeitsfunktion

$$f(x) = \begin{cases} \dfrac{1}{m} & \text{für } x = x_1, \ldots, x_m \\ 0 & \text{sonst} \end{cases} \tag{15.7}$$

und für die Verteilungsfunktion

$$F(x) = \begin{cases} 0 & \text{für } x < x_1 \\ \dfrac{k}{m} & \text{für } x_k \leq x < x_{k+1}; 1 \leq k < m \\ 1 & \text{für } x \geq x_m \end{cases} \tag{15.8}$$

Die Abb. 15.8 zeigt exemplarisch für ein einfaches Würfelbeispiel, wie man diese beiden Funktionen grafisch am besten darstellt.

Bei der Darstellung der Wahrscheinlichkeitsfunktion bietet sich ein Säulendiagramm an, weil es nur endlich viele Ausprägungen gibt. Die Verteilungsfunktion sollte hingegen auf einer kontinuierlichen Skala abgetragen werden. Typisch für jede diskrete Verteilung

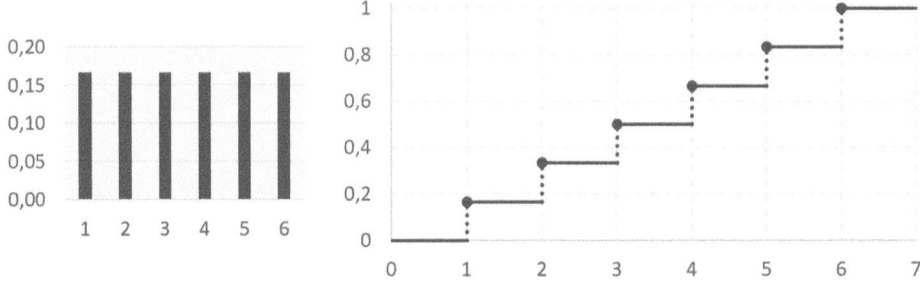

Abb. 15.8 Wahrscheinlichkeitsfunktion (links) und Verteilungsfunktion (rechts) für das Würfelbeispiel

ist der treppenartige Verlauf, der sich durch die Sprünge an den Stellen der möglichen Ereignisse erklärt. Die Punkte auf den Treppenkanten ergeben sich aus den Stetigkeitslücken an den Stellen 1 bis 6, weil man hier der Funktion einen eindeutigen Funktionswert zumessen muss. Dieser Funktionswert liegt bei Erreichen eines Ereignisses aufgrund der „$\leq$"-Bedingung immer auf der höheren Treppenstufe, genau dies zeigen die Punkte.

Urnenmodelle und die Binomialverteilung
In der WKR wird gerne auf sogenannte *Urnenmodelle* Bezug genommen. In einem Urnenmodell stellt man sich vor, dass ein nicht einsehbarer Behälter eine bestimmte Menge von Kugeln enthält und jeweils zufällige Ziehungen vorgenommen werden. Bei den Ziehungsmodalitäten gibt es verschiedene Varianten, und zwar je nachdem, ob ein Zurücklegen der Kugel nach Ziehung vorgesehen oder die Reihenfolge der Ziehung von Bedeutung ist. Mit einem solchen Urnenmodell lassen sich sehr viele Zufallsprozesse abbilden. Gemeint sind nicht nur Situationen, in denen wirklich eine Urne o. ä. irgendwo steht, wie z. B. in der allwöchentlichen ARD-Fernsehlotterie mit der Ziehung von 6 aus 49 Kugeln oder bei der Auslosung von Gruppenzusammenstellungen für die Fußball-Weltmeisterschaft. Vielmehr können auf der Basis dieses Denkmodells viele kombinatorische Fragestellungen – beim Würfeln, beim Kartenspielen, aber auch im betriebswirtschaftlichen Umfeld bei der Abschätzung der Menge von fehlerhaften Produkten o. ä. – angegangen werden.

In diesem Buch wollen wir uns allerdings sehr kurzhalten und das Urnenmodell nur zur Vermittlung einer *Binomialverteilung* verwenden. Binomialverteilungen beziehen sich auf ein Urnenmodell mit Kugeln, die jeweils nur zwei Merkmale besitzen, z. B. „Schwarz" vs. „Weiß" oder auch etwas allgemeiner „Erfolg" vs. „Misserfolg". Im Grunde sind hier aber auch andere Interpretationen je nach Anwendungskontext erlaubt. Binomialverteilungen bilden nun Wahrscheinlichkeiten ab, dass bei einer n-maligen Ziehung einer Kugel genau x Mal eine der beiden Eigenschaft gezogen wird, z. B. „x-mal Erfolg". Hierbei wird zum einen unterstellt, dass die Reihenfolge egal ist, d. h., wann die Erfolgskugeln innerhalb der n Ziehungen gezogen werden, ist unerheblich. Zum anderen wird angenommen, dass jede Kugel nach der Ziehung wieder zurückgelegt wird. Dies hat den Effekt, dass man stets von einer über alle Ziehungen konstanten Wahrscheinlichkeit $p(\text{„Erfolg"})$ ausgehen kann.

Um die Formeln für die Binomialverteilung herzuleiten, betrachten wir als Beispiel ein Würfelexperiment, und zwar hier konkret die Frage nach der Wahrscheinlichkeit, dass bei einem n-maligen Wurf genau x Mal eine 6 gewürfelt wird. In der Denkweise des Urnenmodells hätte man es also mit einer Urne mit sechs Kugeln zu tun, von denen eine Kugel das Merkmal „6 (Erfolg)" besitzt und die anderen fünf Kugeln das Merkmal „keine 6 (Misserfolg)".

Aber nun zur Herleitung der Formel: Die Wahrscheinlichkeit für eine Würfelfolge, in der zuerst zweimal die 6 kommt und in den folgenden drei Würfen eine Zahl kleiner als 6, beträgt genau

$$p = \left(\frac{1}{6}\right)^2 \cdot \left(\frac{5}{6}\right)^3 \approx 1{,}6\%.$$

Diese Wahrscheinlichkeit gilt aber nur unter der Vorgabe, dass die 6 jeweils in den ersten beiden Würfen kommt. Genauso gut wäre es möglich, wenn die beiden 6en im ersten und dritten oder im zweiten und fünften Wurf oder sonst wie erscheinen. Die Kombinatorik sagt uns, dass es

$$\binom{n}{x} = \binom{5}{2} = \frac{5!}{2! \cdot 3!} = 10$$

Möglichkeiten für die 6er-Positionen gibt. Da bei diesen zehn Möglichkeiten ebenfalls die Wahrscheinlichkeit von 1,6 % gilt und es sich um disjunkte Ereignisse handelt, muss also die gesuchte Wahrscheinlichkeit bei

$$p = \left(\frac{1}{6}\right)^2 \cdot \left(\frac{5}{6}\right)^3 \cdot 10 \approx 16\%$$

liegen.

Was hier am Beispiel hergeleitet wurde, kann man in identischer Weise auch allgemein ableiten. Es gilt dann: Für die Wahrscheinlichkeit, dass bei n-maligem Ziehen aus einer Urne mit Zurücklegen ohne Beachtung der Reihenfolge genau x Mal eine Eigenschaft mit der Wahrscheinlichkeit p und genau $(n-x)$ Mal die Komplementäreigenschaft mit der Wahrscheinlichkeit $(1-p)$ eintritt, gilt

$$f(x) = \begin{cases} \binom{n}{x} p^x (1-p)^{n-x} & 0 \leq x \leq n, x \in \mathbb{N}_0 \\ 0 & \text{sonst} \end{cases} \tag{15.9}$$

Die Verteilungsfunktion der Binomialverteilung lautet dann entsprechend

$$F(x) = \begin{cases} 0 & \text{für } x < 0 \\ \sum_{k=0}^{k=x} \binom{n}{k} p^k (1-p)^{n-k} & \text{für } 0 \leq x \leq n \\ 1 & \text{für } x > n \end{cases} \tag{15.10}$$

Mit diesen beiden Funktionen lassen sich in vielen Anwendungen schnell wertvolle Ergebnisse ableiten. Als Beispiel betrachten wir den Erwerb von Blättern für das Mundstück eines Saxofons in 10er-Packs. Wer sich mit der Materie etwas auskennt, weiß, dass ca. 20 % aller produzierten Blätter unbrauchbar sind. Gesucht sind nun die Wahrscheinlichkeiten, dass genau x Blätter aus einer gekauften 10er-Packung defekt sind. Streng genommen kann das Binomialmodell zwar nicht angewendet werden, weil man die Blätter

15.3 Wahrscheinlichkeitsverteilungen

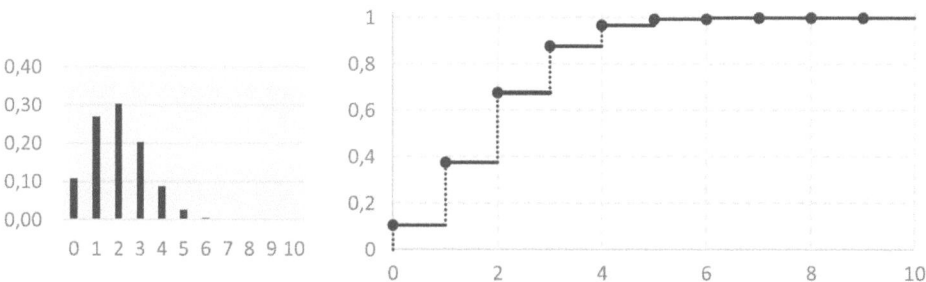

Abb. 15.9 Binomiale Wahrscheinlichkeitsfunktion (links) und Verteilungsfunktion (rechts) für die Anzahl schlechter Saxophonblätter in 10er-Packs

ja nicht wieder in die „Urne" zurücklegt. Berücksichtigt man jedoch, dass der Produzent massenweise diese Blätter produziert hat und somit die Grundgesamtheit sehr groß ist, würde sich die Erfolgswahrscheinlichkeiten bei Ziehungen mit Zurücklegen nur minimal zur Situation ohne Zurücklegen unterscheiden. Bei beispielsweise einer Million produzierten Blättern würde sich bei einer ersten Ziehung eines guten Blattes (ohne Zurücklegen) die Erfolgswahrscheinlichkeit für das nächste gezogene Blatt von ursprünglich 80 % auf $\frac{799999}{999999} = 79{,}99998$ % reduzieren, bzw. nach Ziehung eines nicht brauchbaren Blattes würde die Erfolgswahrscheinlichkeit für das nächste Blatt auf $\frac{800000}{999999} = 80{,}00008$ % ansteigen. In derartigen Situationen, in denen es so gut wie keinen Einfluss auf die Erfolgswahrscheinlichkeit gibt, kann also ruhig das Binomialmodell als gute Approximation angewendet werden.[4]

Die Abb. 15.9 zeigt für das Mundstück-Beispiel die Wahrscheinlichkeits- und Verteilungsfunktion für die Anzahl x der unbrauchbaren Blätter aus einer Gesamtziehung von 10 Blättern.

An der Wahrscheinlichkeitsfunktion ist abzulesen, wie hoch die Wahrscheinlichkeit ist, dass genau x von 10 Blättern unbrauchbar sind. So liegt z. B. die Wahrscheinlichkeit, dass kein Blatt unbrauchbar ist, bei gut 10 %, oder dass zwei Blätter unbrauchbar sind, bei ca. 30 %. An der Verteilungsfunktion ist hingegen die Wahrscheinlichkeit abzulesen, dass höchstens x Blätter unbrauchbar sind. Zum Beispiel gilt hier eine Wahrscheinlichkeit von knapp 68 %, dass höchstens zwei Blätter defekt sind, d. h., mindestens acht sind gut spielbar.

---

[4] Als Faustregel gilt hier: Wenn die Anzahl der Ziehungen weniger als 5 % der Grundgesamtheit darstellt, kann auf die Binomialverteilung zurückgegriffen werden. In allen anderen Fällen sollte auf die sogenannte „hypergeometrische" Verteilung ausgewichen werden, siehe hierzu Cramer und Kamps (2014), S. 164 f.

15.3.3 Stetige Verteilungen

In diesem Abschnitt werden wir uns drei stetigen Verteilungen widmen: der *Normalverteilung*, der *Exponentialverteilung* und der *Weibullverteilung*.

Die Normalverteilung
Die Normalverteilung ist sicherlich die am häufigsten verwendete stetige Verteilung. Im Grunde ist die Normalverteilung nichts anderes als eine Binomialverteilung, die mit einer so hohen Anzahl von Ziehungen berechnet wird, dass sich schon fast eine stetige Verteilung ergibt. Dies wird in der Abb. 15.10 deutlich, in der die Wahrscheinlichkeitsfunktion eines Binomialexperimentes mit einer Erfolgswahrscheinlichkeit von $p = 0{,}5$ und 100 Ziehungen einer Normalverteilung gegenübergestellt wird.

In der Abb. 15.10 ist zu erkennen, dass sich die Normalverteilung (gestrichelt dargestellt) sehr geschmeidig an die Binomialverteilung für 100 Ziehungen anpasst. Man kann sich vorstellen, dass man bei 1000 Ziehungen schon gar keine Unterschiede mehr sieht. Die Binomialverteilung zeigt bei einem Wert von $x = 50$ eine maximale Wahrscheinlichkeit von ca. 8 % an, wobei die Wahrscheinlichkeiten dann sowohl nach rechts als auch nach links in einer Glockenform so deutlich abfallen, dass es sich schon gar nicht mehr lohnt, die Randbereiche unter 30 oder über 70 überhaupt noch darzustellen.

Die gestrichelt dargestellte Normalverteilung hat die Wahrscheinlichkeitsdichtefunktion der Gestalt:

$$f(x) = \frac{1}{\sigma\sqrt{2\pi}} \cdot e^{-(x-\mu)^2/(2\sigma^2)} \tag{15.11}$$

Die in der Formel enthaltenen Parameter μ und σ sind hierbei äußerst wichtige Größen, denn μ ist der *Erwartungswert* und σ die sogenannte *Standardabweichung*. Der

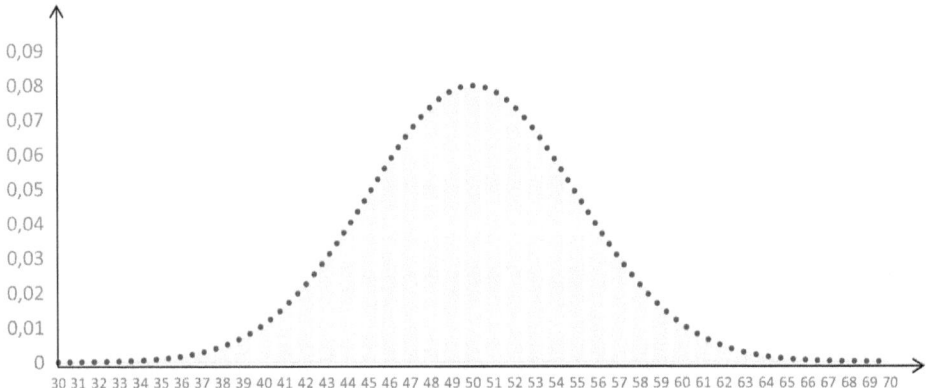

Abb. 15.10 Binomiale Wahrscheinlichkeitsfunktion bei einer Erfolgswahrscheinlichkeit von 50 % und 100 Ziehungen

15.3 Wahrscheinlichkeitsverteilungen

Erwartungswert zeigt bei der Normalverteilung genau auf die Stelle, in der die Glocke ihre Spitze hat. Im Beispiel liegt der Erwartungswert also bei $\mu = 50$. Allgemein ist der Erwartungswert, so wie es der Name schon sagt, der Wert, der im Mittel erwartet werden kann. Hierzu aber noch mehr in Abschn. 15.3.4. Die Standardabweichung ist ein Maß dafür, wie stark die Ergebnisse im Schnitt von dem Erwartungswert abweichen. Eine hohe Standardabweichung findet sich z. B. bei einer sehr plattgepressten Glocke, eine niedrige Standardabweichung bei einer sehr spitzen. Im Beispiel der Abb. 15.10 gilt $\sigma = 5$.

Für die Verteilungsfunktion der Normalverteilung gilt

$$F(x) = \frac{1}{\sigma\sqrt{2\pi}} \int_{-\infty}^{x} e^{-\left(\frac{t-\mu}{\sigma}\right)^2/2} dt = \frac{1}{2}\left(1 + erf\left(\frac{x-\mu}{\sigma\sqrt{2}}\right)\right) \tag{15.12}$$

Die Funktionsbezeichnung *erf* steht für *error function* und bezeichnet die *Gauß'sche Fehlerfunktion*. Man muss nicht erschrecken, wenn man von dieser Funktion noch nie etwas gehört hat. Die Formel kann aber trotzdem wunderbar angewandt werden, denn in Excel gibt es eine Funktion „GAUSSFEHLER", die alles für einen erledigt.

Da die Normalverteilung durch Angabe nur zweier Parameter schon eindeutig definiert ist, spricht man von einer zweiparametrigen Funktion. Der Begriff *Standardnormalverteilung* wird genau dann gewählt, wenn diese beiden Parameter denkbar einfach gewählt werden, d. h. $\mu = 0$ und $\sigma = 1$. Die Abb. 15.11 stellt für diesen Fall noch einmal die Dichtefunktion und die Verteilungsfunktion dar.

Man gewinnt insgesamt ein besseres Gefühl im Verständnis der Normalverteilung, wenn man sich anschaut, wie hoch die Wahrscheinlichkeiten sind, die in symmetrischen Intervallen $[\mu - k\sigma; \mu + k\sigma]$ um den Erwartungswert μ liegen. In der Abb. 15.12 ist zu sehen, dass sich bei $k = 1$ eine Wahrscheinlichkeit von 68,3 % ergibt. Mit anderen Worten liegen mehr als 2/3 der Ergebnisse in einer Bandbreite von einer Standardabweichung um den Erwartungswert. Bei $k = 2$ sind es 95,4 %, für $k = 3$ ergibt sich ein Wert von 99,7 % und bei $k = 6$ sind es schon 99,9999998 %.

Im Bereich der Qualitätssicherung bei Unternehmen gibt es das sogenannte *Six-Sigma*-Konzept. Grundgedanke in diesem Verfahren ist die Idee, eine so hohe Prozessqualität

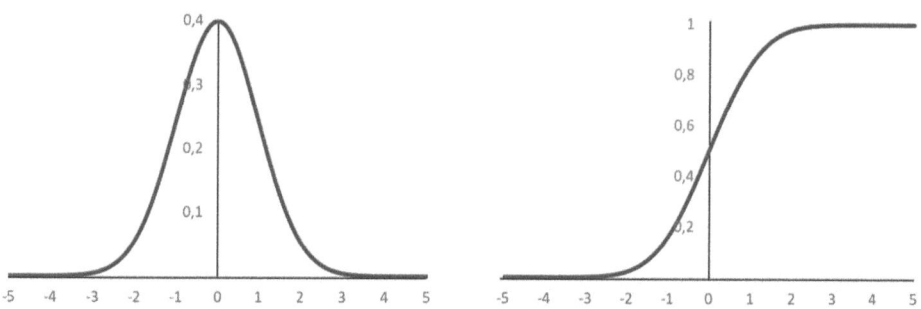

Abb. 15.11 Dichtefunktion (links) und Verteilungsfunktion (rechts) der Standardnormalverteilung

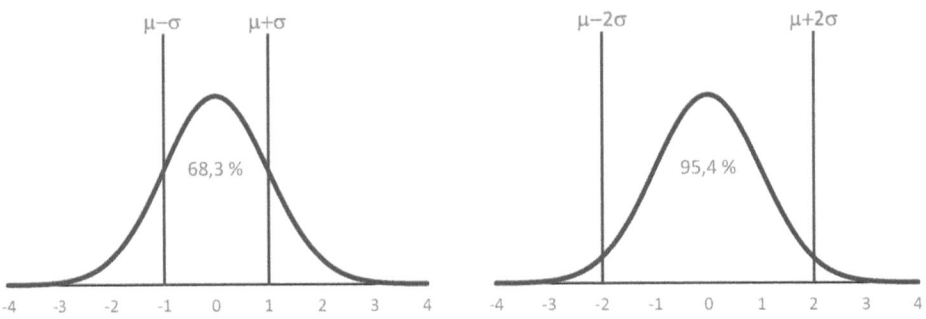

Abb. 15.12 Wahrscheinlichkeiten für verschiedene Ergebnisintervalle

zu erreichen, dass das Intervall [$\mu - 6\sigma$; $\mu + 6\sigma$] noch vollständig in dem definierten Zieltoleranzbereich liegt. Man kann sich z. B. einen Schraubenhersteller vorstellen, der genau eine Schraubenlänge von 60 mm produzieren möchte und dessen Toleranzbereich bei 59,9 mm bis 60,1 mm liegt. Wenn die Verteilung der hergestellten Schraubenlängen die Six-Sigma-Bedingung erfüllt, liegt sozusagen eine „Nullfehlerproduktion" vor – man kommt bei einer Produktion von einer Million Schrauben mit der oben für $k = 6$ angegebenen Wahrscheinlichkeit auf 0,002 fehlerhafte Produkte. Im Six-Sigma-Konzept kalkuliert man allerdings auch eine langfristige Mittelwertverschiebung um 1,5σ ein, sodass de facto nur $k = 4,5$ gewählt werden kann und sich am Ende ein Fehleranteil von 3,4 DPMO (*D*efects *P*er *M*illion *O*pportunities) ergibt. Dies ist aber immer noch verdammt wenig.

Die Normalverteilung ist sicherlich die gängigste Verteilungsform, auf die man bei praktischen Anwendungen trifft. Sie ist insbesondere dann geeignet, wenn es sich um symmetrische Unsicherheiten handelt, wenn also nicht nur das Über- und Unterschreiten des Erwartungswertes in etwa gleichwahrscheinlich, sondern zusätzlich auch noch die Charakteristik sehr ähnlich ist. So lassen sich zum Beispiel im Bereich der Geldanlage Renditen von Aktien recht gut mit Normalverteilungen abbilden, weil die Kursbewegungen genauso nach oben ausschlagen können wie nach unten.[5] Betrachtet man hingegen andere Finanzprodukte, wie Zertifikate mit garantierten Rückzahlungen oder Optionsscheine, so ist die Verteilung nicht symmetrisch und Normalverteilungen eignen sich dann eher nicht. Im unternehmerischen Bereich sind gleichwohl viele Größen durch Normalverteilungen abbildbar, z. B. unsichere Umsatzzahlen oder Rohstoffpreise.

Ein großer Vorteil der Normalverteilung ist auch die Tatsache, dass viele Berechnungen vereinfacht werden. So konnten wir beispielsweise im Abschn. 9.4.3 sehen, dass Präferenzen sehr einfach modelliert werden können, wenn man unterstellen kann, dass alle unsicheren Einflussgrößen normalverteilt sind.

---

[5] Gerne wird in diesem Kontext auf die so genannte „stetige Rendite" *ln(1 + r)* anstelle der „normalen" diskreten Prozentgröße *r* zurückgegriffen. Es wird dann eine Normalverteilung dieser logarithmierten Größen unterstellt.

15.3 Wahrscheinlichkeitsverteilungen

Die Exponential- und Weibullverteilung

Eine weitere häufig angewendete Verteilung ist die *Exponentialverteilung*. Die Exponentialverteilung ist nicht – wie die Glockenform der Normalverteilung – symmetrisch, sondern eine ausgehend von $x = 0$ im gesamten ersten Quadranten fallende Funktion. Man erkennt dies an der Dichtefunktion, links in der Abb. 15.13.

Der Name Exponentialverteilung erklärt sich dadurch, dass in der funktionalen Gestalt auf die Exponentialfunktion e gemäß

$$f(x) = \begin{cases} \lambda \cdot e^{-\lambda x} & \text{für } x \geq 0 \\ 0 & \text{für } x < 0 \end{cases} \qquad (15.13)$$

rekurriert wird. Auch in der Verteilungsfunktion taucht die Exponentialfunktion gemäß

$$F(x) = \begin{cases} 1 - e^{-\lambda x} & \text{für } x \geq 0 \\ 0 & \text{für } x < 0 \end{cases} \qquad (15.14)$$

auf. An Gl. 15.13 bzw. Gl. 15.14 ist zu erkennen, dass mit nur einem Parameter λ die Funktion schon vollständig definiert ist. Die Exponentialverteilung ist somit eine einparametrige Verteilung.

Das Hauptanwendungsfeld von Exponentialverteilungen sind Prozesse, die in irgendeiner Form etwas mit einer Zeitachse zu tun haben. Gerne wird deshalb auch die Variable x durch t ersetzt. Ausgehend von einem aktuellen Startpunkt in $t = 0$ kann dadurch mit einer Exponentialverteilung beispielsweise Folgendes betrachtet werden:

- wie lang die verbleibende Lebensdauer eines Smartphones ist,
- wie lang man warten muss, bis der Ehepartner endlich aufhört zu telefonieren,
- wie lange es dauert, bis ein weiterer Bieter auf ein Angebot auf eBay aktiv wird,
- wie lange es dauert, bis die Radioaktivität in Fukushima nachlässt

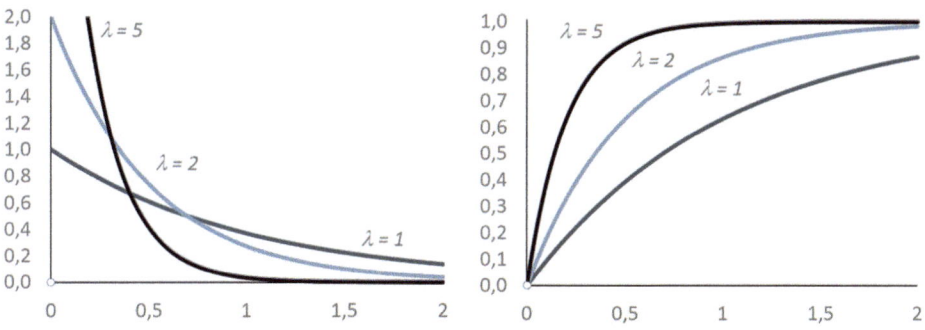

Abb. 15.13 Dichtefunktion und Verteilungsfunktion der Exponentialverteilung

Wahrscheinlichkeit für einen Defekt innerhalb der ersten (bzw. nächsten) …			
3 Monate	4,1 %	4 Jahre	48,6 %
6 Monate	8,0 %	6 Jahre	63,2 %
12 Monate	15,4 %	10 Jahre	81,1 %
2 Jahre	28,3 %	15 Jahre	91,8 %
3 Jahre	39,3 %	25 Jahre	98,4 %

Abb. 15.14 Defektwahrscheinlichkeiten für ein Smartphone bei unterstellter Exponential-verteilung und einer erwarteten Lebensdauer von 6 Jahren

und noch unendlich viele weitere Beispiele. Zum Verständnis von λ betrachtet man besser dessen reziproke Größe $1/\lambda$, denn diese Größe ist identisch mit dem Erwartungswert μ der Verteilung, d. h., es gilt $\mu = \dfrac{1}{\lambda}$. Der Erwartungswert lässt sich in den verschiedenen Anwendungsbeispielen eigentlich immer sehr gut verstehen. Es ist z. B. die erwartete Lebensdauer des Smartphones, die Zeit, die man im Schnitt wartet, bis die Ehefrau den Hörer auflegt oder die Zeit, die es im Mittel braucht, bis das nächste Gebot auf eBay erscheint. Bei Zerfallsprozessen ist es die Zeit, die verstreichen muss, bis der Zerfall die Hälfte erreicht hat. Im Beispiel der Radioaktivität wäre dies genau die Halbwertzeit.

Ein kleines Zahlenbeispiel zur Lebensdauer eines Smartphones soll die leichte Anwendung der Exponentialverteilung verdeutlichen. Wenn man davon ausgeht, dass ein Smartphone eine durchschnittliche Lebensdauer von 6 Jahren hat, so kann man zunächst $\lambda = \dfrac{1}{\mu} = \dfrac{1}{6}$ berechnen. Anschließend lassen sich anhand der Verteilungsfunktion $F(x) = 1 - e^{-\frac{1}{6}x}$ Wahrscheinlichkeiten ausrechnen, dass der Defekt bis zum Jahr x stattfindet. Die Abb. 15.14 gibt für verschiedene Zeitintervalle die jeweiligen Daten an.

Das Beispiel zeigt im Übrigen auch, dass – anders als bei einer symmetrischen Verteilung – nicht unbedingt 50 % der Ereignisse niedriger als der Erwartungswert ausfallen müssen und 50 % höher. Vielmehr bedingt die Asymmetrie der Exponentialverteilungen, dass stets in 63,2 % der Fälle das Ereignis vor dem Erwartungswert eintritt und entsprechend in 37,8 % das Ereignis erst später eintritt.

Bei der Exponentialverteilung gilt es, auf eine besonders charakteristische Eigenschaft hinzuweisen. Und zwar besitzt diese Verteilung eine sogenannte „Erinnerungslosigkeit" oder *Memoryless*-Eigenschaft. Dies bedeutet am Beispiel des Smartphones: Unter der Bedingung, dass das Smartphone nach m Jahren noch funktioniert, gelten genau dieselben Wahrscheinlichkeiten eines Defektes in der Zukunft wie zu Beginn, jetzt eben nur bezogen auf die Restlebensdauer. Wer das Smartphone also schon 2 Jahre besitzt, kann ebenso wie jemand, der das Smartphone gerade aus dem Geschäft neu erworben hat, mit einer Restlebensdauer von 6 Jahren und dem Zahlenwerk aus der Abb. 15.14 kalkulieren.

Die Memoryless-Eigenschaft lässt sich mathematisch leicht belegen. Und zwar gilt für die Wahrscheinlichkeit einer Lebensdauer L von mindestens $m + x$ Jahren unter der Bedingung, dass schon eine Lebensdauer von m Jahren erreicht wurde, durch Umformung und Anwendung der Gl. 15.13

15.3 Wahrscheinlichkeitsverteilungen

$$p(L > m + x | L > m) = \frac{p(L > m + x)}{p(L > m)} = \frac{e^{-\lambda(m+x)}}{e^{-\lambda m}} = e^{-\lambda x} = p(L > x)$$

Es gibt also in der Exponentialverteilung keinen Platz für eine Abnutzung bzw. Erinnerung an den Gebrauch des Gerätes. Im Beispiel des Smartphones scheint diese Eigenschaft nicht besonders realistisch zu sein. Aber in anderen Beispielen, wie bei der Zeit, bis bei eBay der nächste Bieter ein Angebot abgibt oder bis ein nächster Kunde an die Kasse kommt, passt die Memoryless-Eigenschaft und somit die Exponentialverteilung sehr gut.

In den anderen Fällen bietet sich z. B. die *Weibull-Verteilung* an. Bei der Weibull-Verteilung handelt es sich um eine zweiparametrige Verteilung, die neben einem sogenannten Skalenparameter α noch einen weiteren Parameter β berücksichtigt. Die Dichtefunktion der Weibull-Verteilung lautet

$$f(x) = \begin{cases} \alpha\beta(\alpha x)^{\beta-1} \cdot e^{-(\alpha x)^\beta} & \text{für } x > 0 \\ 0 & \text{für } x \leq 0 \end{cases} \quad (15.15)$$

und für die Verteilungsfunktion gilt

$$F(x) = \begin{cases} 1 - e^{-(\alpha x)^\beta} & \text{für } x > 0 \\ 0 & \text{für } x \leq 0 \end{cases} \quad (15.16)$$

wobei beide Parameter α und β immer größer als Null sein müssen. Wie man leicht sieht, ergibt sich für $\beta = 1$ und $\alpha = \lambda$ die Exponentialverteilung als Spezialfall. In der Tat hat α zumindest bei $\beta = 1$ genau die Interpretation wie das λ bei der Exponentialverteilung, nämlich den Kehrwert des Erwartungswertes.

Der Parameter β ist der sogenannte Form- oder Gestaltparameter, der unterschiedliche Ausgestaltungen der Verteilungsfunktion ermöglicht. Beispielsweise gestattet dieser Parameter eine realistischere Abbildung von Lebensdauern ohne die Memoryless-Eigenschaft der Exponentialverteilung, d. h. mit Berücksichtigung des bisherigen Gebrauchs. Deutlich wird dies in der Abb. 15.15, in der die Verteilung mit $\alpha = 1$ und vier verschiedenen Werten für β dargestellt ist.

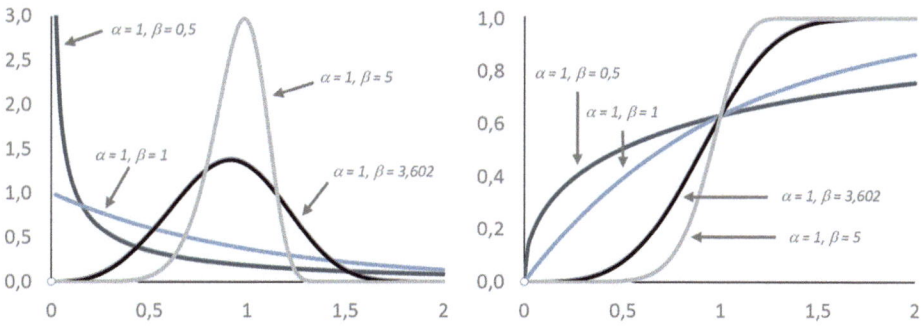

Abb. 15.15 Dichtefunktion und Verteilungsfunktion der Weibullverteilung bei einem konstanten α und unterschiedlichen Werten für β

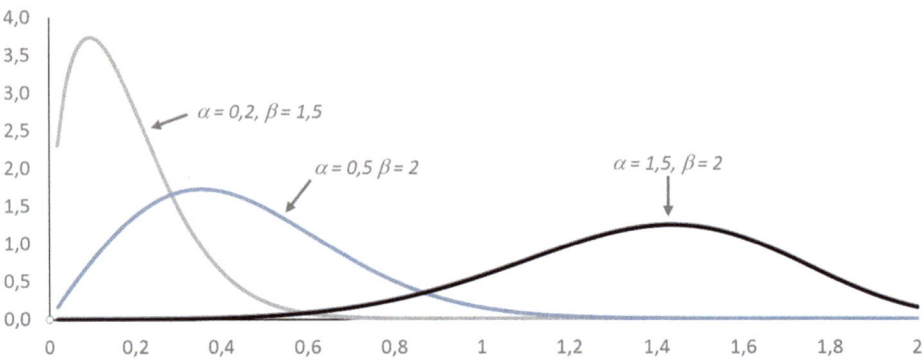

Abb. 15.16 Dichtefunktion der Weibullverteilung mit gleichzeitiger Variation beider Parameter

Für einen Wert von $\beta = 1$ ergibt sich – wie oben schon erwähnt – die Exponentialverteilung. Mit $\beta = 0{,}5$ ist eine Verteilung angegeben, in der Frühausfälle besonders gewichtet werden. Bei Werten $\beta > 1$ erfolgt eine Höhergewichtung von späteren Ausfällen, d. h. von sogenannten Verschleißausfällen. Bei $\beta = 3{,}602$ ergibt sich die Besonderheit, dass diese Verteilung fast symmetrisch und somit schon sehr ähnlich zur Normalverteilung ist.

Variiert man beide Parameter, so lassen sich sehr gut verschiedenste Verteilungsformen abbilden. Die Abb. 15.16 zeigt diesbezüglich noch drei weitere Ausgestaltungen.

Als Beispiel für die Weibull-Verteilung wollen wir die Bruchfestigkeit von Zirkondioxidstiften, einem keramischen Stoff aus der zahnärztlichen prothetischen Versorgung, betrachten.[6] Bei einem Durchmesser von 1,4 mm haben diese Stifte, die man zum Teil als Substitut für Titanstifte einsetzt, eine Bruchfestigkeit, die sich aus einer Weibull-Verteilung mit den Parametern $\alpha = 1/27$ und $\beta = 7$ ergibt. Hieraus resultiert eine Bruchwahrscheinlichkeit B für Kräfte ab 30 N in Höhe von

$$p(B \mid N > 30) = 1 - F(30) = 1 - \left(1 - e^{-(30/27)^7}\right) = 12{,}4\ \%$$

Da 30 N nicht allzu viel sind, sollte man also schon etwas vorsichtig sein, wenn man diese Dinger im Mund hat.

15.3.4 Kenngrößen von Verteilungen

Im letzten Abschnitt wurde schon kurz auf zwei wichtige Kenngrößen von Verteilungen Bezug genommen, und zwar auf den Erwartungswert und die Standardabweichung. In diesem Abschnitt werden wir diese Kenngrößen noch einmal aufgreifen und auch noch die

---

[6] Beispiel wurde entnommen aus Sachs und Hedderich (2009), S. 245 f.

15.3 Wahrscheinlichkeitsverteilungen

Begriffe Varianz, Korrelation und Kovarianz sowie einige grundlegende Rechenmöglichkeiten mit diesen Kenngrößen erläutern.

Erwartungswert

Der *Erwartungswert* einer diskreten Verteilung X mit n möglichen Zuständen x_i ($1 \leq i \leq n$) ist definiert durch

$$E(X) = \mu = \sum_{i=1}^{n} p(x_i) \cdot x_i, \tag{15.17}$$

und bei einer stetigen Verteilung gilt für den Erwartungswert

$$E(X) = \mu = \int_{-\infty}^{\infty} x \cdot f(x) dx. \tag{15.18}$$

Der Erwartungswert beschreibt die mittlere Erwartung, die man hinsichtlich des Ergebnisses der Zufallsvariablen haben darf. So hat beispielsweise ein Lotterielos, welches mit 25 % Wahrscheinlichkeit einen Gewinn von 0 €, mit 50 % einen Gewinn von 100 € und mit 25 % einen Gewinn von 200 € verspricht, einen Erwartungswert von 100 €. Diesen Erwartungswert wird man tatsächlich als Spielgewinn erhalten können, und zwar genau in der Hälfte aller Fälle. Dies ist aber kein Regelfall, in den meisten Situationen wird man den Erwartungswert einer Zufallsvariable nie oder so gut wie nie als exaktes Ergebnis der Ausspielung erleben. Beispielsweise hat ein Spiel, welches mit jeweils 50 % Wahrscheinlichkeit zu einem Gewinn von 0 € oder 200 € führt, ebenfalls den Erwartungswert von 100 €, dieser Betrag wird aber nie als Spielergebnis ausgespielt werden. Er ist lediglich der Durchschnittswert, den man pro Spiel erhalten würde, wenn man unendlich oft spielen würde. Tatsächlich ist es so, dass man bei zunehmender Anzahl von Spielen immer sicherer sein kann, dass der erreichte Durchschnittswert sehr nahe bei den 100 € liegt. Dies bezeichnet man im Übrigen als Gesetz der großen Zahlen.

Im Umgang mit Erwartungswerten gibt es ein paar Rechenregeln, die nützlich sein können. Sei a eine Konstante, so gilt beispielsweise

$$E(aX) = aE(X). \tag{15.19}$$

Hat man es mit zwei Verteilungen X und Y zu tun, die man gerne addieren möchte, so gilt stets

$$E(X+Y) = E(X) + E(Y). \tag{15.20}$$

Man spricht in diesem Zusammenhang auch von der *Additivitätseigenschaft* des Erwartungswertes. Dies gilt im Übrigen völlig unabhängig davon, ob es sich um eine diskrete Verteilung, eine Normalverteilung, eine Exponentialverteilung oder irgendeinen anderen Verteilungstypen handelt.

Berücksichtigt man, dass für den Erwartungswert einer Konstanten $E(a) = a$ gilt, lässt sich auch direkt

$$E(aX + b) = aE(X) + b \qquad (15.21)$$

ableiten. Diese Eigenschaft wird als *Linearitätseigenschaft* bezeichnet.

Standardabweichung und Varianz

Die *Standardabweichung* einer Verteilung wurde insbesondere im Zusammenhang mit der Normalverteilung schon vorgestellt. Sie ist ein Maß dafür, wie stark die Verteilung von ihrem Erwartungswert abweicht. Je größer die Standardabweichung ist, desto größer bzw. häufiger sind die Abweichungen vom Erwartungswert, d. h., desto flacher verläuft die Verteilung. Dies konnte man bei der Normalverteilung schon gut sehen.

Die Berechnung der Standardabweichung σ erfolgt über die Varianz σ^2, dem Quadrat der Standardabweichung. Für die *Varianz* gilt bei einer diskreten Verteilung

$$var(X) = \sigma^2 = \sum_{i=1}^{n}(x_i - \mu)^2 \, p(x_i). \qquad (15.22)$$

Im Falle einer stetigen Verteilung lautet die Bestimmungsgleichung

$$var(X) = \sigma^2 = \int_{-\infty}^{+\infty}(x - \mu)^2 \cdot f(x)dx. \qquad (15.23)$$

Auch für die Varianz bzw. die Standardabweichung gibt es ein paar Rechenregeln, die man kennen sollte. So gilt

$$var(X) = E\left((X - E(X))^2\right) = E(X^2) - E^2(X) \qquad (15.24)$$

sowie

$$var(a + bX) = b^2 \cdot var(X) \; bzw. \; \sigma(a + bX) = |b|\sigma(X). \qquad (15.25)$$

Wenn man zwei Verteilung addiert, so gilt

$$var(X + Y) = var(X) + var(Y) + 2 \cdot cov(X, Y). \qquad (15.26)$$

Die Varianz ist also nicht – wie der Erwartungswert – additiv. Warum dies so ist, wird gleich deutlich, wenn das Konzept der Kovarianz näher erläutert wird.

Die Standardabweichung ist als Kenngröße einer Verteilung sehr verbreitet. Sie wird insbesondere bei der Angabe von Risiken bei Wertpapieren angegeben. Wenn Sie z. B. in Wertpapierinformationen den Begriff der „Volatilität" finden, ist das nichts anderes als die

15.3 Wahrscheinlichkeitsverteilungen

		Erwartungswert	Varianz
Gleichverteilung	$X \sim GV(1 \ldots m)$	$\dfrac{m+1}{2}$	$\dfrac{m^2-1}{12}$
Binomialverteilung	$X \sim bin(n,p)$	np	$np(1-p)$
Normalverteilung	$X \sim N(\mu, \sigma)$	μ	σ^2
Exponentialverteilung	$X \sim Exp(\lambda)$	$\dfrac{1}{\lambda}$	$\dfrac{1}{\lambda^2}$
Weibullverteilung	$X \sim WD(\alpha, \beta)$	$\dfrac{1}{\alpha}\Gamma\left(1+\dfrac{1}{\beta}\right)$	$\dfrac{1}{\alpha^2}\left(\Gamma\left(1+\dfrac{2}{\beta}\right) - \Gamma^2\left(1+\dfrac{1}{\beta}\right)\right)$

Abb. 15.17 Erwartungswerte und Varianzen von wichtigen Verteilungstypen. (Die Bezeichnung Γ steht für Gammafunktion $\Gamma(x) = \int_0^\infty t^{x-1} e^{-t} dt$)

Standardabweichung der unsicheren Renditeverteilung dieses Wertpapiers. Bei einer erwarteten Rendite von 5 % p. a. für ein Wertpapier bedeutet z. B. die Angabe einer Volatilität von 20 % (unter Rückgriff auf die Erkenntnisse über eine Normalverteilung im Kontext der Abb. 15.12), dass in gut 2/3 der Fälle die Rendite des Wertpapiers im Intervall [− 15 %; 25 %] liegen wird. So gewinnt man wenigstens eine kleine Vorstellung davon, wie hoch das Risiko des Wertpapiers ist.

Die Abb. 15.17 stellt für die hier behandelten Verteilungen die Erwartungswerte und Varianzen in der Übersicht dar. Die Standardabweichung lässt sich – wie oben schon dargestellt – gemäß $\sigma(X) = \sqrt{\text{var}(X)}$ aus der Varianz ableiten.

Korrelation und Kovarianz

Im Zusammenspiel zweier Verteilungen X und Y spielen die *Korrelation* $\rho(X, Y)$ und die *Kovarianz* $cov(X, Y)$ eine zentrale Rolle. Fangen wir mit der Korrelation an.

Die Korrelation liegt stets im Intervall [− 1; 1] und beschreibt den Zusammenhang zwischen der Verteilung X und Y wie folgt: Eine Korrelation von 0 bedeutet, dass beide Verteilungen in überhaupt keinem empirischen Zusammenhang zueinanderstehen. Mit anderen Worten: Wenn man wüsste, welches Ergebnis sich in der Verteilung X ergibt, hätte man überhaupt kein Wissen darüber, was in Y passieren wird. Bei allen anderen Werten der Korrelation gibt es jedoch Abhängigkeiten, und zwar umso mehr, je höher der Betrag der Korrelation ist. Bei einem Wert von 1 besteht eine unmittelbare Abhängigkeit zwischen den Verteilungen, die sich in einem vollständigen Gleichlauf der Ergebnisse zeigt. Sei die Zufallsvariable X zum Beispiel die Verteilung eines Glücksrades, das Zahlen zwischen 0 und 30 rein zufällig auswürfelt. Parallel sei Y die Gewinnauszahlung für einen Spieler, der 100 € für die Teilnahme an dem Spiel zahlt, dafür aber das Zehnfache der ausgewürfelten

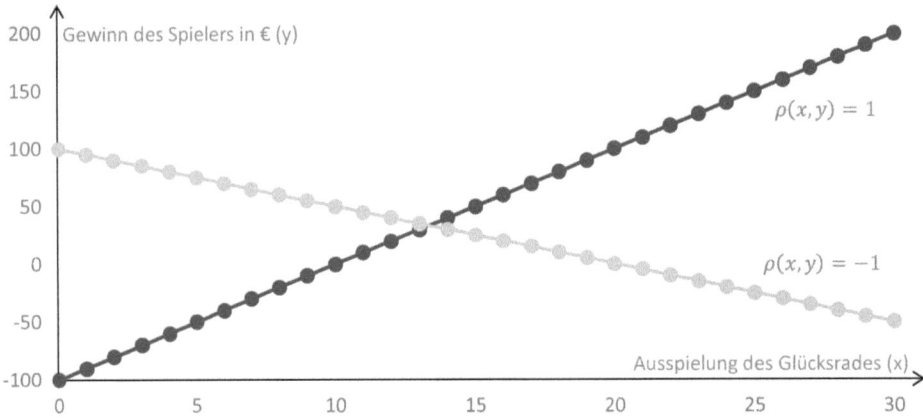

Abb. 15.18 Zusammenhang zweier Verteilungen bei Korrelation von − 1 und 1 am Beispiel eines Glücksrades mit verknüpften Gewinnauszahlungen

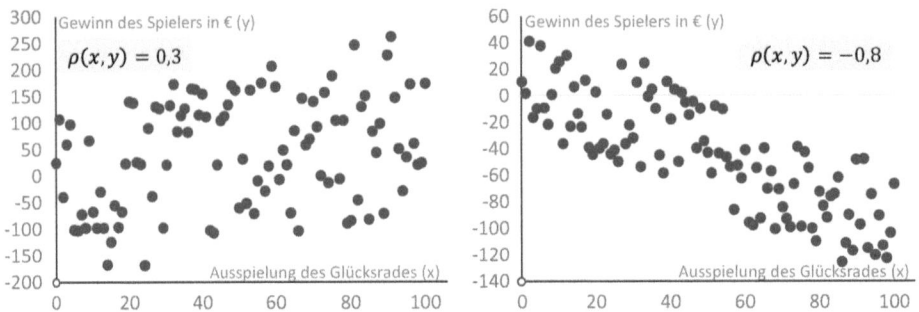

Abb. 15.19 Beispiel zweier Verteilungen mit Korrelationen von 0,3 und − 0,8

Zahl als Gewinn erhält. Die Abb. 15.18 zeigt hierfür den positiv linearen Zusammenhang der beiden Variablen.

Wenn nun ein anderer Spieler 100 € für die Teilnahme erhält, dafür aber jeweils das 5-fache der ausgewürfelten Zahl bezahlen muss, dann ergibt sich ein negativ linearer Zusammenhang, wie ihn ebenfalls die Abb. 15.18 zeigt. In diesem Fall ist die Korrelation gleich $\rho(X, Y) = -1$, d. h., die beiden Verteilungen verlaufen genau entgegengesetzt. Ein höheres Ergebnis in X führt zu einem niedrigeren Ergebnis in Y. Korrelationen von 1 oder − 1 stehen also immer für einen exakt linearen Zusammenhang, den man in einem entsprechenden x-y-Diagramm mit einer Geraden abbilden kann.

Korrelationen zwischen 0 und 1 oder zwischen 0 und − 1 lassen sich nicht mehr mit linearen Zusammenhängen beschreiben, sondern man sieht in den x-y-Diagrammen stets nur noch Punktewolken, die entweder besser (bei Werten nahe − 1 oder 1) oder schlechter (bei Werten nahe 0) eine tendenzielle Verknüpfung erkennen lassen. In der Abb. 15.19 sind entsprechende Punktewolken exemplarisch für Korrelationen von 0,3 und − 0,8 abgebildet.

Bei der Korrelation von 0,3 erkennt man eine leicht positive Tendenz, aber mit einer recht großräumigen Punktewolke. Anders in der rechten Abbildung bei einer Korrelation von − 0,8. Hier ist die Punktewolke schon schmaler und zeigt eine klar negative Tendenz.

Im Hinblick auf die oben betrachtete Spielsituation des Glücksrades mit verknüpften Gewinnausschüttungen könnten sich solche Zusammenhänge wie in Abb. 15.19 nur dann ergeben, wenn nicht nur die ausgespielte Zahl, sondern noch weitere Faktoren die Auszahlung des Spielers determinieren. Im linken Fall wären die Einflüsse sehr stark, in der rechten Situation eher schwach.

Die Berechnung einer Korrelation führt uns zum Konzept der Kovarianz. Für die *Kovarianz* gilt

$$cov(X,Y) = E(X \cdot Y) - E(X) \cdot E(Y) \tag{15.27}$$

und der Zusammenhang zwischen Korrelation und Kovarianz ergibt sich aus

$$\rho(X,Y) = \frac{cov(X,Y)}{\sigma(X) \cdot \sigma(Y)}, \tag{15.28}$$

Man kann also die Korrelation als eine Art normierte Kenngröße für den Zusammenhang zweier Verteilungen verstehen. Die Kovarianz hat stets dasselbe Vorzeichen wie die berechnete Korrelation, letztere berücksichtigt zur Begrenzung auf das Intervall [− 1;1] aber noch die Standardabweichungen der beiden Verteilungen.

Mit diesem Verständnis der Kovarianz lässt sich nun auch deren Bedeutung in der Gl. 15.26 nachvollziehen, in der es darum ging, dass Varianzen zweier Verteilungen X und Y nicht einfach addiert werden können, wenn man die Verteilungen addiert. Nur für den Fall, dass die Korrelation/Kovarianz gleich Null ist, gilt die Additivität bei der Varianz. Für den Fall, dass die Verteilungen positiv miteinander korrelieren, ist die Gesamtvarianz sogar noch höher als die Summe der Einzelvarianzen. Für den Fall, dass die Verteilungen negativ miteinander korrelieren, ist die Gesamtvarianz kleiner als die Summe.

Betrachtet man jedoch die Standardabweichung, so ergibt sich ein anderer Zusammenhang. Und zwar liegt hier Additivität $\sigma(X + Y) = \sigma(X) + \sigma(Y)$ genau dann vor, wenn $\rho = 1$ gilt. In allen anderen Fällen fällt die Standardabweichung der addierten Verteilung kleiner aus als die Summe der Einzel-Standardabweichungen. Im Wertpapiergeschäft nutzt man diese Eigenschaft bei einer sogenannten *Risikodiversifikation* in einem Portfolio aus. In einem Portfolio investiert man gleichzeitig in verschiedene Wertpapiere und trägt als Gesamtrisiko eine kleinere Standardabweichung (Volatilität) als die durchschnittliche Standardabweichung von allen einzeln betrachteten Wertpapieren. Hierbei bezieht man die Standardabweichung immer auf die Rendite des jeweiligen Investments, nicht auf die resultierenden Gewinn- oder Verlustbeträge in €. Da gleichzeitig durch eine solche Risikodiversifikation die Renditechancen aufgrund der Additivität des Erwartungswertes nicht in Mitleidenschaft gezogen wird, sind Investoren ziemlich dumm, wenn sie keine Risikodiversifikation betreiben.

15.4 Der praktische Umgang mit Wahrscheinlichkeiten

Schon in Abschn. 15.1 wurde am Beispiel der Interpretation von Regenwahrscheinlichkeiten dargestellt, dass viele Menschen Schwierigkeiten im Verständnis und im Umgang mit Wahrscheinlichkeiten haben. Bei Wahrscheinlichkeiten handelt es sich nun mal um abstrakte Sachverhalte, die ausschließlich über das System 2 verarbeitet werden können. Und möglicherweise auch aufgrund suboptimaler Schulausbildung ist dieses System bei manchen Leuten sogar schon bei einfachen Prozentrechnungen überlastet. Insofern wundert es nicht, dass im Umgang mit Wahrscheinlichkeiten viele Verzerrungen möglich sind, die einer rationalen Entscheidung entgegenstehen.

Im deskriptiven Teil II dieses Buches waren wir auf einige dieser Verzerrungen intensiver eingegangen. So wurde im Zuge der Verfügbarkeitsheuristik dargestellt, dass Menschen Wahrscheinlichkeiten für bestimmte Gefahren (z. B. einen Flugzeugabsturz) überschätzen, wenn gerade ein entsprechender Unfall passiert ist bzw. die Medien viel über diese Gefahr berichten. Oder Menschen schätzen aufgrund der Conjunction Fallacy gemeinsame Wahrscheinlichkeiten zweier Ereignisse höher ein als die eines Einzelereignisses, weil sie auf bestimmte schematische Denkmuster hereinfallen.

In diesem Abschnitt wollen wir uns ausschließlich mit Darstellungsaspekten von Wahrscheinlichkeiten beschäftigen und die Ergebnisse von Studien präsentieren, die in diesem Kontext interessante Ergebnisse liefern. Diese Ergebnisse sind deshalb so wichtig, weil in vielen Situationen Wahrscheinlichkeiten kommuniziert werden müssen, die eine wichtige Basis für die darauf aufbauende Entscheidung darstellen. Nicht selten behandeln die Studien medizinische Sachverhalte, da hier die Abwägung von Risiken eine große Rolle spielt und es insofern wichtig ist, dass die Risiken möglichst unverzerrt von den Beteiligten wahrgenommen werden. Zum Beispiel werden in Beipackzetteln von Medikamenten die Wahrscheinlichkeiten von Nebenwirkungen dargestellt oder ein Arzt klärt vor einer Operation über mögliche Risiken auf. Daneben gibt es viele weitere Beispiele, in denen eine richtige Risikoeinschätzung wertvoll für eine gute Entscheidung ist. Man denke diesbezüglich z. B. an die Kenntnis von Wahrscheinlichkeiten im Hinblick auf die Sicherheit von Kernkraftwerken oder die Wirksamkeit von Fahrradhelmen bei Unfällen.

Mit welchen Darstellungsformen man in solchen Situationen arbeiten sollte, wird im Folgenden ebenso dargestellt wie mögliche Manipulationsmöglichkeiten, die zum Teil benutzt werden, um den Rezipienten der Wahrscheinlichkeitsinformation in eine bestimmte Richtung zu lenken.

15.4.1 Relative Häufigkeiten sind besser als Prozentzahlen

Das deutsche Professorentrio Bauer, Gigerenzer und Krämer berichtet von einer eigenen Befragung von 1000 Deutschen, die mit folgender Aufgabe konfrontiert wurden: „In einer Lotterie hat man eine Wahrscheinlichkeit von 1 zu 1000, ein Auto zu gewinnen. Wie viel

15.4 Der praktische Umgang mit Wahrscheinlichkeiten

Prozent der Lose in dieser Lotterie gewinnt ein Auto?". Nach den Angaben der Forscher[7] waren noch nicht einmal die Hälfte der Befragten in der Lage, die korrekte Antwort[8] anzugeben. Und bei den ebenfalls befragten US-Amerikanern soll diese Zahl sogar noch niedriger gewesen sein. Das erschütternde Ergebnis aus dieser Befragung zeigt, dass allein schon die Berechnung von sehr einfachen Wahrscheinlichkeitsprozentsätzen offenbar viele Menschen überfordert.

Wer dieses desaströse Ergebnis nicht glauben mag, soll es gerne anzweifeln. Man soll ja auch nicht alles glauben, nur weil es schwarz auf weiß irgendwo steht. Allerdings gibt es weitere Beispiele, die ebenfalls sehr deutlich machen, dass das Denken mit Wahrscheinlichkeiten den Menschen nicht in den Schoß gelegt wurde. Das vielleicht bekannteste Beispiel in diesem Kontext ist eine unter dem Namen *Ziegenproblem* formulierte Fragestellung, die ursprünglich aus der US-Spielshow „Let's make a deal" mit dem Moderator Monty Hall[9] entstand, und sich wie folgt gestaltet:

▶ Sie sind in einer Spielshow und stehen vor drei verschlossenen Türen. Hinter einer Tür befindet sich ein wertvolles Auto, hinter den beiden anderen Ziegen. Sie dürfen nun eine Tür auswählen – sagen wir, Sie wählen die Tür 1, die aber zunächst noch nicht geöffnet wird. Der Moderator, der genau weiß, hinter welcher Tür das Auto steht, öffnet stattdessen die Tür 3 und es erscheint eine Ziege in dieser Tür 3. Auf seine Frage „Möchten Sie vielleicht jetzt doch lieber die Tür 2 wählen?" kommen Sie ins Grübeln. Wechseln Sie oder nicht?

Berühmt ist dieses Beispiel, weil die amerikanische, offenbar außergewöhnlich intelligente[10] Kolumnistin Marilyn vos Savant im Jahr 1990 in der Zeitschrift Parade Magazin eine Lösung präsentierte, die nach ihrer Schätzung zu zehntausenden schroff ablehnenden Leserbriefen führte, wobei sich wohl auch einige promovierte Mathematiker mit entsprechenden Einträgen auf ihrer Homepage blamiert haben müssten. Ihre Lösung lautet: „Ja, beim Wechseln erhöht sich die Gewinnchance von 1/3 auf 2/3." Die Intuition lenkt den Menschen allerdings eher auf eine Fifty-Fifty-Chance beim Wechseln, wie es die vielen Stellungnahmen zeigen.

Ein geeigneter Denkzugang zu solchen Fragestellungen bietet häufig nur eine Sichtweise, in der die möglichen Ereigniskonstellationen mit ihren unterschiedlichen Häufigkeiten explizit aufgelistet werden. Bezogen auf das Ziegenproblem hat man es mit drei Konstellationen zu tun, je nachdem hinter welcher Tür sich das Auto befindet. Die Abb. 15.20 vergleicht auf dieser Basis die beiden Strategien „Wechseln" und „Nicht wech-

---

[7] Siehe Bauer et al. (2014), S. 25 f.
[8] Finden Sie es nicht peinlich, diese Fußnote lesen zu müssen? Die korrekte Antwort auf die Frage lautet natürlich 0,1 %.
[9] Deshalb ist dieses Spiel auch unter dem Begriff Monty-Hall-Problem bekannt.
[10] Wikipedia zufolge wurde Marilyn vos Savant in den Jahren 1986 bis 1989 im Guiness-Buch der Rekorde unter der Rubrik „höchster Intelligenzquotient" aufgeführt.

Tür 1 (gewählt)	Tür 2	Tür 3	Wechseln	Nicht wechseln
Auto	Ziege	Ziege	Falsch	Richtig
Ziege	Auto	Ziege	Richtig	Falsch
Ziege	Ziege	Auto	Richtig	Falsch

Abb. 15.20 Lösung des Ziegenproblems auf der Basis von relativen Häufigkeiten

seln". Hierbei wird angenommen, dass die Tür 1 gewählt wird und der Moderator eine der verbleibenden Ziegentüren öffnet. Welche Tür dies ist, wenn es mehrere sind, ist hierbei völlig irrelevant.

Wie man an der tabellarischen Übersicht ablesen kann, führt die Wechselstrategie in 2/3 der Fälle zum Erfolg bzw. die Nicht-Wechsel-Strategie in 2/3 der Fälle zum Misserfolg. Insofern ist das Ergebnis von Marilyn natürlich richtig, zumindest wenn man eine Gleichverteilung unterstellt, hinter welcher Tür das Auto versteckt wird.

Ein ähnlich bekanntes Beispiel liefert das *Disease-Problem*:

▶ Mit einem Screening-Test kann überprüft werden, ob Patienten eine bestimmte Krankheit haben. 4 % der getesteten Personen sind tatsächlich krank. Wenn eine Person krank ist, wird der Test mit 75 % Wahrscheinlichkeit auch das positive Testergebnis zeigen. Bei nicht-kranken Untersuchten besteht aber eine Wahrscheinlichkeit von 12,5 %, dass der Test ebenfalls (fälschlicherweise) positiv anzeigt. Wenn nun eine Person getestet wird und ein positives Ergebnis erhält, wie hoch ist die Wahrscheinlichkeit, dass sie wirklich krank ist?

Viele Studien[11] zeigen, dass Menschen in aller Regel hierauf nicht die richtige Antwort liefern. Wir können die richtige Antwort nach Lektüre des Abschn. 15.3.2 (hoffentlich) leicht ausrechnen. Mit K für das Ereignis *krank* und TP für das Ereignis *positiver Test* folgt mit dem Bayes-Theorem:

$$p(K|TP) = p(TP|K) \cdot \frac{p(K)}{p(TP)} = p(TP|K) \cdot \frac{p(K)}{p(TP|K) \cdot p(K) + p(TP|\bar{K}) \cdot p(\bar{K})} =$$

$$0{,}75 \cdot \frac{0{,}04}{0{,}75 \cdot 0{,}04 + 0{,}125 \cdot 0{,}96} = 0{,}75 \cdot \frac{0{,}04}{0{,}15} = 0{,}2 = 20\,\%.$$

---

[11] Siehe nur beispielsweise Gigerenzer und Hoffrage (1995).

15.4 Der praktische Umgang mit Wahrscheinlichkeiten

Eine positiv getestete Person ist also nur mit einer Wahrscheinlichkeit von 20 % krank. Auf dieses Ergebnis kann der Mensch nur durch intensive Nutzung des analytischen Systems 2 gelangen. Die Intuition lenkt den Menschen vielmehr in Richtung einer Antwort in der Gegend um 70 bis 75 %.

Lenkt man jedoch mit einer anderen Darstellung des Problems und mit der Fragetechnik den Probanden in eine Denkweise mit relativen Häufigkeiten, so verbessert sich das Bild sehr deutlich. Man betrachte hierzu folgende alternative Präsentation der obigen Frage:

▶ Von 100 Personen sind 4 krank. Bei 3 der 4 kranken Personen zeigt der Screening-Test ein positives Ergebnis. Bei 12 von den 96 nicht-erkrankten Personen ergibt sich (fälschlicherweise) ein positives Screening-Ergebnis. Untersucht wird jetzt eine weitere Gruppe von Personen. Wie viele von den Personen, die beim Screening nun ein positives Ergebnis zeigen, sind tatsächlich krank? Antwort: ___ von ___.

Studienergebnisse zeigen, dass mit einer solchen Befragungstechnik tatsächlich die meisten Probanden auch ein richtiges Ergebnis (z. B. „3 von 15") angeben, während es in der obigen Formulierung nur eine Minderheit ist.[12]

Im Hinblick auf einen soliden Umgang mit Wahrscheinlichkeiten kann also die Empfehlung gegeben werden, relative Häufigkeiten für die betreffenden Unsicherheiten anzugeben und die eigene Denkweise hierauf zu fokussieren. Unliebsame Einflüsse aus dem intuitiven System, welche ansonsten beim Umgang von Wahrscheinlichkeiten nur zu leicht auftreten können, können dadurch reduziert werden.

Allerdings ist die Angabe von relativen Häufigkeiten auch noch kein Garant für eine unverzerrte Aufnahme von Wahrscheinlichkeiten, denn auch hier lauern Fallstricke. Wird nämlich eine Wahrscheinlichkeit durch eine Verhältniszahl – z. B. „5 von 100 Patienten sterben bei der Behandlung" – angegeben, so ist die Wahrnehmung dieses Risikos eine andere, als wenn dieselbe Verhältniszahl mit einem anderen Zähler bzw. Nenner – z. B. „1 von 20 Patienten" oder „100 von 2000" Patienten – präsentiert wird. Studien[13] zeigen, dass in solchen Situationen das Risiko umso höher eingestuft wird, je höher der Zähler ausfällt. Im Beispiel werden viele Menschen also das Risiko „100 von 2000" höher bewerten als „1 von 20". Für eine möglichst unverzerrte Kommunikation von verschiedenen Risiken sollte also zumindest darauf geachtet werden, im Vergleich der Verhältniszahlen nicht gleichzeitig Zähler und Nenner zu variieren, sondern entweder den Zähler (z. B. „1 von 100" vs. „1 von 1000") oder den Nenner (z. B. „2 von 100" vs. „5 von 100") konstant zu halten. Darüber hinaus ist es auch sinnvoll, die Verhältniszahlen möglichst einfach zu halten. So macht es sicherlich keinen Sinn, eine relative Häufigkeit durch das Verhältnis „543 von 11.312 Patienten" anzugeben – eine Angabe „4,8 von 100 Patienten" wäre hier sicherlich angebrachter.

---

[12] Siehe Girotto und Gonzalez (2001), S. 253 f.
[13] Siehe z. B. Yamagishi (1997).

15.4.2 Verbale und grafische Darstellungen von Wahrscheinlichkeiten

Neben der Darstellung von Wahrscheinlichkeiten in Form von relativen Häufigkeiten bzw. Verhältniszahlen können Wahrscheinlichkeiten auch in verbaler Form oder in Grafiken vermittelt werden. Insbesondere bei einer geringen Affinität zu Zahlen kann dies das Verständnis der Wahrscheinlichkeiten grundsätzlich erheblich erleichtern.

Bei der Verwendung von verbalen Wahrscheinlichkeiten ergibt sich jedoch das Problem einer fehlenden Exaktheit bzw. schlecht kontrollierbarer Interpretationsspielräume. Betrachten Sie selbst mal den Begriff „recht unwahrscheinlich" und überlegen Sie sich, welche Wahrscheinlichkeit Sie mit diesem Begriff verbinden würden! Können Sie sich jetzt leicht vorstellen, dass verschiedene Personen zu deutlich unterschiedlichen Aussagen kommen könnten? Dies gilt insbesondere dann, wenn man die verbalen Beschreibungen in einem unterschiedlichen inhaltlichen Kontext präsentiert. Studien[14] zeigen hier, dass die mit einem Begriff assoziierten Wahrscheinlichkeiten umso niedriger ausfallen, je ernsthafter man persönlich von den Risiken betroffen ist und je seltener dieses Ereignis per se ist. So wird beispielsweise der Begriff „möglich" mit kleineren Prozentsätzen verknüpft, wenn dieser Begriff im Kontext von seltenen, das eigene Leben bedrohenden Nebenwirkungen einer Behandlung gebracht wird als im Kontext der Ansteckung mit einem ungefährlichen Magen-Darm-Virus.

Aber selbst dann, wenn man den Kontext nicht wechselt, ergeben sich große Unterschiede in der subjektiven Interpretation der Begriffe. Dies zeigt eine Studie, in der die Befragten zu verschiedenen Begriffen ihre Wahrscheinlichkeitsvorstellung, und zwar ohne einen spezifischen Kontext, quantifizieren sollten. Die Abb. 15.21 zeigt für einen Aus-

Begriff	Mittelwert	Std.abw.	Begriff	Mittelwert	Std.abw.
impossible	2 %	3 %	not certain	43 %	22 %
no chance	3 %	3 %	uncertain	44 %	15 %
improbable	8 %	6 %	good chance	65 %	22 %
very doubtful	9 %	6 %	likely	67 %	16 %
small possibility	13 %	7 %	probable	74 %	13 %
not probable	13 %	9 %	most possibly	75 %	15 %
not likely	13 %	10 %	great chances	76 %	8 %
quite doubtful	15 %	8 %	quite certain	82 %	11 %
small likelihood	18 %	11 %	small doubt	83 %	14 %
possibly	35 %	12 %	very probable	86 %	8 %
perhaps	39 %	14 %	certain	92 %	9 %

Abb. 15.21 Ergebnisse einer Studie zur quantitativen Interpretation von Wahrscheinlichkeitsbegriffen, Zahlen entnommen aus Brun und Teigen (1988)

---

[14] Siehe z. B. Weber und Hilton (1990) oder Wogalter et al. (1999).

15.4 Der praktische Umgang mit Wahrscheinlichkeiten

schnitt der in der Studie untersuchten Begriffe die jeweiligen Mittelwerte und die Standardabweichungen der Wahrscheinlichkeitsangaben.

Interessant an den Ergebnissen sind weniger die Mittelwerte der Aussagen, welche insgesamt sehr plausibel erscheinen. Auffällig ist hier höchstens, dass die Versuchspersonen mit „certain" (92 %) noch lange nicht absolute Sicherheit (100 %) verbinden. Das Augenmerk richtet sich eher auf die jeweils angegebene Standardabweichung. Berücksichtigt man, dass bei einer Normalverteilung ca. 90 % der Ergebnisse in das Intervall $[\mu - 1{,}64\sigma;\ \mu + 1{,}64\sigma]$ fallen, so würde beispielsweise für den Begriff „possibly" gelten, dass man schon einen relativ großen Bereich von 15,3 % bis 54,7 % angeben müsste, damit 90 % aller Teilnehmer innerhalb dieses Bereichs landen. Dies ist ein Indiz für die deutlich unterschiedliche Interpretation von Wahrscheinlichkeiten, selbst ohne Veränderung des Kontextes.

Die Forscher hatten aber in ihrer Studie noch eine ganz andere Frage im Hinterkopf, und zwar, ob die Streuung der Wahrscheinlichkeitsauffassungen von den Versuchspersonen auch so eingeschätzt wird, wie sie sich in den ermittelten Standardabweichungen zeigt. Zu diesem Zweck wurde nach einem Wahrscheinlichkeitsintervall gefragt, von dem die Versuchspersonen selber der Auffassung sind, dass 90 % der (anderen) Befragten Werte innerhalb dieses Intervalls angeben. Das bemerkenswerte Ergebnis diesbezüglich war, dass die Versuchspersonen dieses Intervall viel enger einschätzten, als es tatsächlich der Fall war. Während die Intervallgröße bei „possibly" eine Bandbreite von knapp 40 % umfasste,[15] schätzten die Versuchspersonen im Mittel nur eine Bandbreite 19 %. Mit anderen Worten unterschätzen Menschen in erheblichem Umfang, wie ungenau solche Wahrscheinlichkeitsangaben sind bzw. welche Interpretationsspielräume realistisch sind.

Unabhängig von der genauen quantitativen Einschätzung des Interpretationsspielraums führt diese Ambiguität in den Wahrscheinlichkeitsbegriffen dazu, dass Menschen lieber mit numerischen Wahrscheinlichkeitsaussagen informiert werden möchten als mit verbalen.[16] So ist sowohl das Vertrauen in diese Information als auch der Grad der Zufriedenheit mit der erhaltenen Informationsqualität höher. Gleichwohl präferieren Menschen die verbale Kommunikation von Wahrscheinlichkeiten, wenn sie selbst derjenige sind, der die Wahrscheinlichkeit an andere vermittelt. Dieses auch mit *Communication-Mode-Preference-Paradoxon* bezeichnete Phänomen erklärt sich dadurch, dass mit einer verbalen Kommunikation Möglichkeiten vorhanden sind, den Gegenüber in eine bestimmte Richtung zu lenken. Dass dies gut möglich ist, unterstützen auch andere Studien, die belegen, dass bei einer gleichzeitigen Variation von verbalen Beschreibungen und numerischen Aussagen die verwendeten verbalen Beschreibungen einen größeren Einfluss auf die Einschätzung des Risikos beim Rezipienten haben als Variationen bei den nackten relativen Häufigkeitsfakten.[17]

---

[15] Berechnet aus dem oben angegebenen Intervall [15,3 %; 54,7 %] durch 54,7–15,3.
[16] Siehe hierzu und im Folgenden Visschers et al. (2009), S. 277 ff.
[17] Siehe beispielsweise Hendrickx et al. (1989).

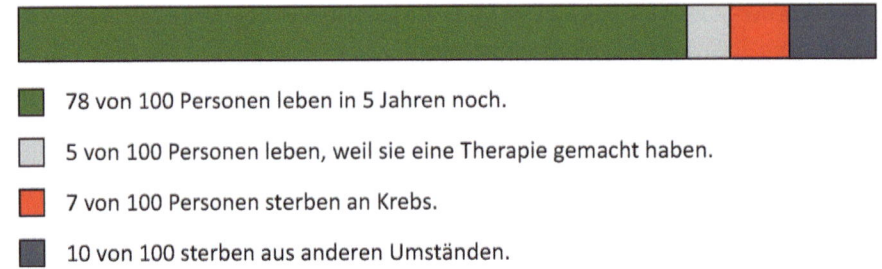

Abb. 15.22 Bar Chart zur Visualisierung von relativen Häufigkeiten am Beispiel einer Chemotherapie, in Anlehnung an Spiegelhalter et al. (2011), S. 1395

Neben verbalen und numerischen Darstellungen bieten natürlich insbesondere geeignete Grafiken eine gute Möglichkeit, Wahrscheinlichkeiten zu vermitteln. Eine einfache Möglichkeit besteht z. B. darin, relative Häufigkeiten mit Hilfe von *Bar Charts* zusätzlich zu visualisieren, wie es die Abb. 15.22 zeigt.

Ebenso können Häufigkeiten durch sogenannte *Icon Arrays* einfach und transparent abgebildet werden. Hier wird schlichtweg eine Gesamtpopulation mit verschiedenen Farben oder Schraffierungen in unterschiedliche Teilgruppen aufgeschlüsselt. Ein Beispiel, in dem hiermit auch weitergehende Zusammenhänge gut veranschaulicht werden können, liefert die Abb. 15.23, die mit einer strukturierten Visualisierung der relativen Häufigkeiten im Disease-Problem (siehe Abschn. 15.4.1) am Beispiel einer Brustkrebsdiagnose deutlich mehr Klarheit in die Situation bringt. Auf der ersten Ebene werden zunächst die A-priori-Wahrscheinlichkeiten für Brustkrebs (10 von 1000 vs. 990 von 1000) gezeigt. Innerhalb der beiden Gruppen lassen sich dann in der zweiten Ebene die Likelihoods durch die Aufteilung in Untergruppen in so einer Form abbilden, dass die gesuchte A-posteriori-Wahrscheinlichkeit *p(Brustkrebs | positiver Test)* sogar schon unmittelbar an Abb. 15.23 mit 9 von 108 bzw. 8 % abgelesen werden kann.

Wir wollen in diesem Abschnitt nicht weiter auf andere Darstellungsformen eingehen, da das Spektrum möglicher Darstellungen nahezu unbeschränkt ist und man kein Ende finden würde. Studien, die sich mit verschiedenen Vor- und Nachteilen der Grafiken beschäftigen, existieren zwar, erlauben jedoch keine klaren Aussagen, welche Darstellungsart am besten ist.[18] Dennoch lassen sich einige allgemeine Empfehlungen formulieren, die bei einer Erstellung einer Grafik zur Visualisierung von Wahrscheinlichkeiten berücksichtigt werden sollten:[19]

- *Verwende grundsätzlich mehrere Darstellungen, da es keine Darstellungsart gibt, die für alle Leser bzw. Zuhörer am besten geeignet ist,*
- *ergänze die Grafik mit Erklärungen und Zahlen,*
- *benutze ein Design, das Vergleiche von Teilgruppen und Gesamtmengen visualisiert,*

---

[18] Siehe hierzu z. B. Visschers et al. (2009).

[19] Die folgende Auflistung wurde in Anlehnung an Spiegelhalter et al. (2011), S. 1399, formuliert.

15.4 Der praktische Umgang mit Wahrscheinlichkeiten

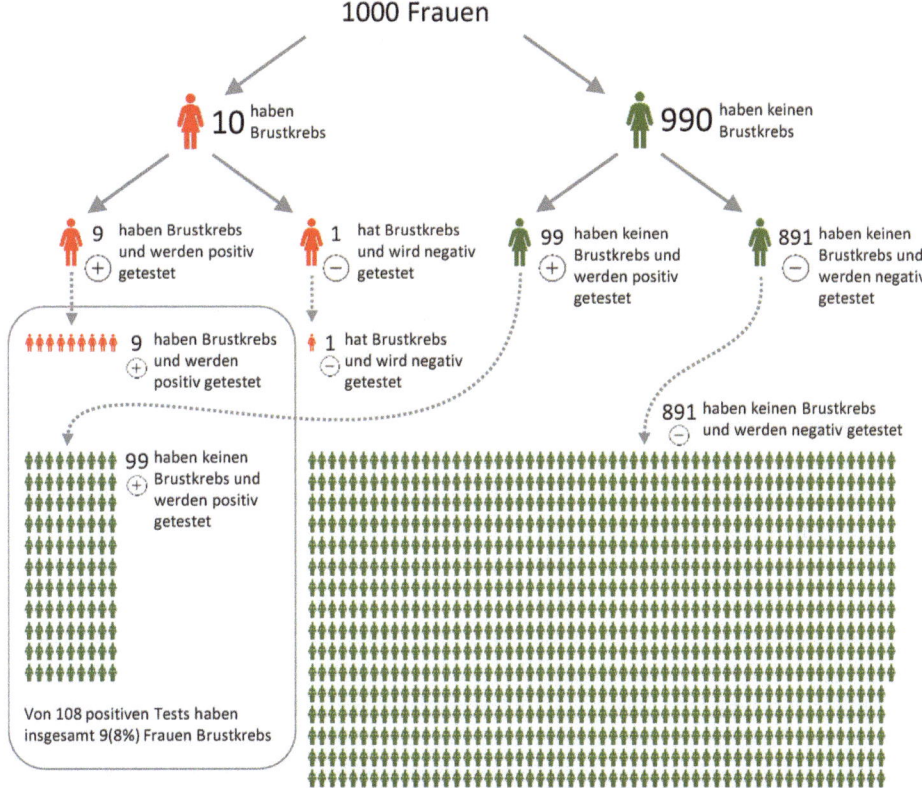

Abb. 15.23 Geeignete Visualisierung von relativen Häufigkeiten im Kontext des Disease-Problems am Beispiel der Diagnose von Brustkrebs, in Anlehnung an. Spiegelhalter et al. (2011), S. 1396

- *halte bei Verhältniszahlen Zähler oder Nenner konstant,*
- *benutze anschauliche Erklärungen oder Bilder, die gut verständlich und interessant sind, aber nicht unnötig Emotionen hervorrufen,*
- *gehe von einer niedrigen Zahlenaffinität der Leser oder Zuhörer aus,*
- *vermeide „Chart Junk", d. h. überflüssiges Aufblähen der Grafik (z. B. durch dreidimensionale Bar Charts) und strebe ein „Weniger ist Mehr" an (hohe Data-Ink Ratio) und*
- *teste Deine Darstellung und entwickle die Grafik mit dem Feedback weiter, bis die letzte Version endlich gut ist.*

Insgesamt lässt sich also festhalten, dass es ausreichend Möglichkeiten gibt, z. B. durch kombinierte verbale und numerische Beschreibungen (wie beispielsweise in den Beipackzetteln von Arzneimitteln zum Risiko der Nebenwirkungen) und/oder durch geeignete Grafiken, Wahrscheinlichkeiten auf eine Art und Weise zu präsentieren, dass auch ein Publikum mit niedriger Wahrscheinlichkeitsaffinität die Information versteht.

15.4.3 Manipulationsmöglichkeiten in der Darstellung von Risiken und Wahrscheinlichkeiten

Die Ausführungen in den letzten Abschnitten haben gezeigt, dass vieles unternommen werden kann, um eine möglichst unverzerrte und gut verständliche Darstellung von Wahrscheinlichkeiten zu erreichen. Dies bedeutet aber gleichzeitig auch, dass je nach Zielsetzung der Darstellung in gleicher Weise auch vieles möglich ist, um die Rezipienten zu beeinflussen.

Ein diesbezüglich bekanntes Beispiel ist die Eilnachricht, die das britische Komitee für Arzneimittelsicherheit im Oktober 1995 herausgab: „Die Antibaby-Pillen der dritten Generation verdoppeln das Thromboserisiko, d. h., sie erhöhen es um 100 %."[20] Diese Nachricht führte durch eine entsprechende Medienverbreitung und durch 190.000 Anschreiben an Ärzte zu einer angstgetriebenen Überreaktion insbesondere bei jungen Mädchen, mit der Konsequenz, dass es aufgrund des vorschnellen Absetzens zu vielen ungewollten Schwangerschaften und Abtreibungen kam. Bezogen auf Großbritannien belaufen sich die Schätzungen auf ca. 13.000 zusätzliche Abtreibungen und Zusatzkosten für das britische Gesundheitssystem in Höhe von 67 Mio. Pfund.[21] Diese heftige Reaktion war im Wesentlichen eine Folge der Kommunikation einer „100-prozentigen Steigerung". Es ist stark davon auszugehen, dass bei einer anderen, mehr auf Fakten bedachten Kommunikation die Reaktionen deutlich geringer ausgefallen wären. So hatte sich das Thromboserisiko bei den Pillen der dritten Generation lediglich von einem Risikolevel „1 von 7000 Frauen" auf „2 von 7000 Frauen" erhöht.[22] Sicherlich kann man in diesem Beispiel einwenden, dass selbst eine Erhöhung um einen Thrombosefall bei 7000 Frauen mit Blick auf das einzelne Schicksal nicht abgetan werden sollte. Allerdings ist dem entgegenzuhalten, dass das Thromboserisiko bei einer Schwangerschaft wiederum noch höher liegt als bei allen Antibaby-Pillen, egal aus welcher Generation.

Dieses Beispiel soll deutlich machen, dass gerade mit Prozentsätzen sehr viel Schindluder getrieben werden kann, wenn nicht ganz eindeutig klargestellt ist, auf welche Basisgröße sich die Prozentzahl bezieht bzw. wenn Basisgrößen gewählt werden, die offensichtlich zu verzerrten Wahrnehmungen führen können.

Einen ähnlichen Effekt in der Beeinflussung der Wahrnehmung von Risiken erreicht man durch ein bewusstes Lenken der Aufmerksamkeit auf sogenannte *Vordergrundinformationen*, die weit mehr ins Auge stechen als die ebenso wichtigen *Hintergrundinformationen*. Dies verdeutlicht die Abb. 15.24, in der die Veränderungen in den Thrombosefällen deutlich als Vordergrundinformationen präsentiert werden, während die Bezugsgröße 100.000 Frauen wesentlich unscheinbarer und kleiner im Hintergrund er-

---

[20] Siehe zu diesem Beispiel im Originalartikel Furedi (1999) bzw. auch Gigerenzer (2013), S. 16 ff.
[21] Zu diesen Zahlen siehe Furedi (1999).
[22] Siehe Gigerenzer (2013), S. 17.

15.4 Der praktische Umgang mit Wahrscheinlichkeiten

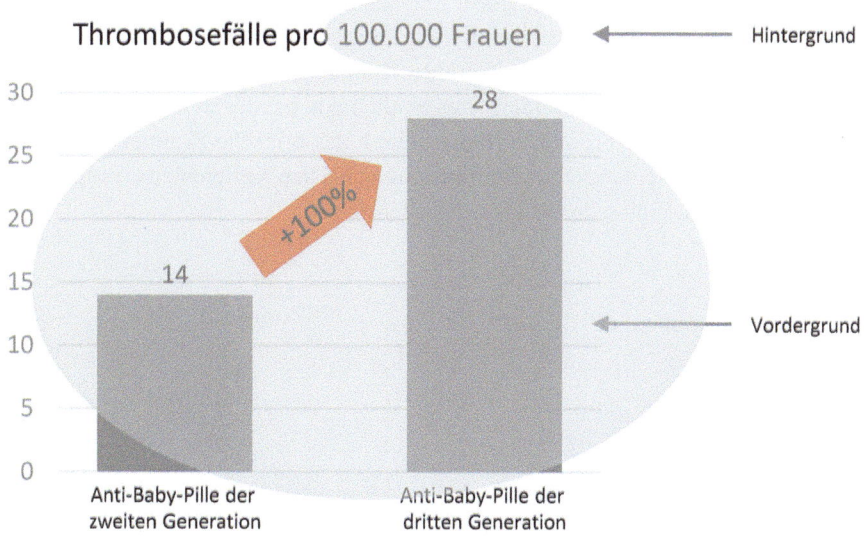

Abb. 15.24 Beeinflussung durch eine Differenzierung in Vorder- und Hintergrundinformationen am Beispiel des Thromboserisikos der Antibaby-Pille

scheint. Es verwundert nicht, dass mit einer solchen Präsentation die Wahrnehmung erheblich manipuliert werden kann.[23]

Eine weitere sehr wirkungsvolle Beeinflussung der Risikowahrnehmung ergibt sich durch den in Abschn. 3.2.2 vorgestellten Narrative Bias. So wurde in Studien[24] untersucht, welchen Einfluss persönliche Erzählungen bzw. ausführlichere Beschreibungen von Einzelschicksalen im Kontext von Impf-Nebenwirkungen in Online-Patienten-Communities besitzen. Die Ergebnisse zeigen, dass das Lesen solcher „Geschichten" die Risikowahrnehmung selbst dann noch beeinflusst, wenn gleichzeitig die relativen Häufigkeiten von Nebenwirkungen eindeutig und klar präsentiert werden. Die Forscher fanden hierbei heraus, dass der Narrative Bias – ähnlich wie auch bei den Framing-Effekten in Abschn. 14.4.1 – insbesondere bei denjenigen Versuchspersonen hoch ist, die keine Affinität zum Umgang mit Zahlen besitzen. Zugleich konnte auch nachgewiesen werden, dass ein kritischer Disclaimer, der auf eine nicht vorliegende Repräsentativität der Postings hinweist, den Narrative Bias etwas reduziert.

Im Kontext verschiedener Risiken, z. B. seltene Krankheiten, Nebenwirkungen von Medikamenten oder Operationsfehler, werden in den Medien nicht selten ausführliche Reportagen über Menschen gebracht, die bedauerlicherweise ein großes Leid tragen müssen. Dies soll auch nicht grundsätzlich kritisiert werden, denn in vielen Situationen ist es durchaus notwendig, auf bestimmte Risiken verstärkt hinzuweisen. Dies gilt insbesondere

---

[23] Siehe ähnlich auch Chua et al. (2006).
[24] Siehe hierzu auch im Folgenden Betsch et al. (2013).

dann, wenn diese Risiken durch geeignete Maßnahmen reduziert werden könnten – man denke in diesem Zusammenhang beispielsweise an Risiken, die durch einen zu laxen Umgang mit multiresistenten Keimen in deutschen Krankenhäusern vorhanden sind. Aber es muss auch stets berücksichtigt werden, dass ähnlich wie bei der wenig objektiven Kommunikation des erhöhten Thrombose-Risikos durch das britische Komitee aufgrund von Verfügbarkeitseffekten eine verzerrte Wahrnehmung bei den Rezipienten erzeugt wird, die einer objektiven Beurteilung des Risikos entgegensteht.

15.5 Das Wichtigste in Kürze

In diesem Kapitel habe ich Folgendes gelernt
- Menschen haben aufgrund der geforderten Abstraktion große Probleme im Umgang mit Wahrscheinlichkeiten und der Interpretation von Prozentsätzen.
- Ein gewisses Maß an Grundkenntnissen in der Wahrscheinlichkeitsrechnung ist sehr nützlich, weshalb die wichtigsten Inhalte dargestellt wurden (Verteilungstypen, Rechenregeln, bedingte Wahrscheinlichkeiten, Bayes-Theorem usw.).
- Menschen können viel besser mit relativen Häufigkeiten umgehen als mit abstrakten Wahrscheinlichkeitsangaben.
- Es gibt verschiedene grafische Darstellungen, die sich zur Kommunikation von Wahrscheinlichkeiten eignen. Eine beste Darstellungsform gibt es nicht.
- Die Aufnahme von Wahrscheinlichkeiten kann bewusst manipuliert werden.

Literatur

Bauer T, Gigerenzer G, Krämer W (2014) Warum dick nicht doof macht und Genmais nicht tötet – Über Risiken und Nebenwirkungen der Unstatistik. Campus, Frankfurt am Main

Betsch C, Renkewitz F, Haase N (2013) Effect of narrative reports about vaccine adverse events and bias-awareness disclaimers on vaccine decisions: a simulation of an online patient social network. Med Decis Making 33(1):14–25

Brun W, Teigen KH (1988) Verbal probabilities: ambiguous, context-dependent, or both? Organ Behav Hum Decis Process 41(3):390–404

Chua HF, Yates JF, Shah P (2006) Risk avoidance: graphs versus numbers. Mem Cognit 34(2):399–410

Cramer E, Kamps U (2014) Grundlagen der Wahrscheinlichkeitsrechnung und Statistik. Ein Skript für Studierende der Informatik, der Ingenieur- und Wirtschaftswissenschaften. Springer, Berlin

Dawes RM (2001) Rational choice in an uncertain world. Harcourt Brace Jovanovich, San Diego

Furedi A (1999) Social consequences. The public health implications of the 1995 pill scare. Hum Reprod Update 5(6):621–626

Gigerenzer G (2013) Risiko – Wie man die richtigen Entscheidungen trifft. C. Bertelsmann, München

Gigerenzer G, Hoffrage U (1995) How to improve Bayesian reasoning without instruction: frequency formats. Psychol Rev 102(4):684

Gigerenzer G, Hertwig R, van den Broek E, Fasolo B, Katsikopoulos KV (2005) A 30 % chance of rain tomorrow: how does the public understand probabilistic weather forecasts? Risk Anal 25(3):623–629

Girotto V, Gonzalez M (2001) Solving probabilistic and statistical problems: a matter of information structure and question form. Cognition 78(3):247–276

Hendrickx L, Vlek C, Oppewal H (1989) Relative importance of scenario information and frequency information in the judgement of risk. Acta Psychol (Amst) 72(1):41–63

Kolmogorov AN (1933) Über die Grenzwertsätze der Wahrscheinlichkeitsrechnung. Известия Российской академии наук, Серия математическая 3(363):372

Sachs L, Hedderich J (2009) Angewandte Statistik: Methodensammlung mit R. Springer, Berlin

Spiegelhalter D, Pearson M, Short I (2011) Visualizing uncertainty about the future. Science 333(6048):1393–1400

Visschers VHM, Meertens RM, Passchier WWF, de Vries NNK (2009) Probability information in risk communication: a review of the research literature. Risk Anal 29(2):267–287

Weber EU, Hilton DJ (1990) Contextual effects in the interpretation of probability words: perceived base rate and severity of events. J Exp Psychol Hum Percept Perform 16(4):781–789

Wogalter MS, Young SL, Brelsford JW, Barlow T (1999) The relative contributions of injury severity and likelihood information on hazard-risk judgments and warning compliance. J Safety Res 30(151):162

Yamagishi K (1997) When a 12.86 % mortality is more dangerous than 24.14 %: implications for risk communication. Appl Cogn Psychol 11(6):495–506

Stichwortverzeichnis

A
Abhängigkeit
   empirische 213
   präferenzmäßige 212
Acceptance 291
Adaptationsniveau 104
Additivitätseigenschaft 351
Adjustment 57
Advocatus Diaboli 299
Affect Heuristic 306
Aktualität 46
Alex-Beispiel 164
Alkoholtestgerät 337
Allais-Paradoxon 137, 201
Alternative
   dominierte 229
   effiziente 229
   irrelevante 317
Alternative-Focused Thinking 159
Altruismus 275
   im Unternehmenskontext 277
Ambiguität 91, 92, 132, 361
Anchoring 57
   Bias 307
Änderungsresistenz 81
Anker 57, 310
Anschaulichkeit 46
Antibaby-Pille 364
Antifaltencreme 315
A-posteriori-Wahrscheinlichkeit 256, 335
A-priori-Wahrscheinlichkeit 255, 335
Arbeitsgedächtnis 44
Assoziation 11, 26
Attribution
   dispositionale 80
   selbstwertdienliche 80
   situative 80
Attributionsfehler, fundamentaler 80, 83
Attributionstheorie 80
Auffälligkeit 46
Aufmerksamkeit 37, 46
Autofahrer
   Selbstüberschätzung 73
Availability Bias 307

B
Bandbreite 173, 219
   Anpassung der 220
Bandbreiteneffekt 214, 220
Bar Charts 362
Bauchentscheidung 5
Bauchgefühl 174
Bauchspeck 310
Bayes-Theorem 255, 336
Becoming Famous Overnight" 13
Belief-Bias-Effekt 18
Besitztumseffekt 115
Beziehung
   altruistische 274
   hierarchische 272
Bezugspunkt 104
   adaptierter 122
   Beeinflussung vom 314
   Einführung 317
   latenter 119
   multipler 118
Bias 4, 25, 304, 306

Biasfaktor 170
Binomialverteilung 341, 344
Brustkrebs 65, 334, 362
Bundling 311

C
Camp David 283
Certainty-Effekt 127, 131
Choice Overload 94
Christkind 81
Chunking 44
Closed Minded 86
Colorado 74
Commitment 82, 106, 109, 114
Common-Difference-Effekt 142
Communication-Mode-Preference-Paradoxon 361
Compatibility-Effekt 62
Competitor Neglect 307
Compliance 291
Conditional Probability Fallacy 65
Confirmation Bias 41, 290, 295, 297, 306
Conjunction Fallacy 64
Consider-The-Opposite-Vorgehen 308
Consistency Seekers 86
Culture of Debate 299

D
Das-habe-ich-schon-immer-gewusst-Effekt 96
Debiasing 51, 170, 307
Denkmuster, schematisches 283
Detroit 15
Devisenhändler 118
Dialectical Bootstrapping 308
Diktator-Spiel 267
  anonymes 271
Direct Rating 214
Direct-Rating-Methode 198, 202
Disaster Neglect 307
Discounted-Utility-Modell 142
Disease-Problem 358, 362
Diskontieren, hyperbolisches 319
Diskontierungseffekt, zeitlicher 318
Diskrepanz zwischen Kopf und Bauch 175
Dispositionseffekt 116
Dissonanz 27, 82, 109
Dissonanztheorie 81
Distanz, soziale 269

Dominanz 174
  absolute 229
  bei Rangfolgen 230
  bei unvollständiger Information 232
  Simulations- 242
  strenge 230
  strikte 230
Dominanz, stochastische
  ersten Grades 237
  zweiten Grades 238
Dominanzüberprüfung 229
  Min/Max-Methode 232
  Sonderfälle 233, 239
Donald-Experiment 56
Dopamin-Effekt 148
Dual-Process-Theorie 6

E
Easterlin-Paradoxon 122
Economist 318
Ehre 266
Einbruch-Experiment 15
Ellsberg-Paradoxon 92
Emotion 26, 45
Endowment-Effekt 116, 307
Entenbeispiel 185
Entscheidung
  analytische 5
  glückliche 21
  gute 21
  intuitive 5, 9
  mehrstufige 246
  reflektierte 21, 23
  tentative 84
Entscheidungsanalyst 161
Entscheidungsarchitekt 305
Entscheidungsbaum 246
Entscheidungschance 155
Entscheidungsfrage 154, 296
Entscheidungsfreiheit 82
Entscheidungsgremium,
  spartenübergreifendes 295
Entscheidungsknoten 246
Entscheidungskompetenz 299
Entscheidungsnavi 24, 29
  Auswertung 174
  Dominanzüberprüfung 231, 240
  Entscheidungsfrage 156
  Handlungsalternativen 167

Nutzenfunktionen 202
Robustheitstest 241
Sensitivitätsanalyse 228
Skalen 193
Unsicherheitsfaktor 172
Zielformulierung 163
ZIelgewichtung 222
Entscheidungsprozess
　Aufwand des 28
　rationaler 23
　reflektiert-intuitiver 23, 26
Entscheidungsqualität 21, 304
Entscheidungstheorie
　deskriptive 4
　präskriptive 4
Ereignis 328
　disjunktes 331
　repräsentatives 63
　Vereinigung 331
　zusammengesetztes 60
Ereignisknoten 246
Erfahrung 328
Erfahrungswissen 26, 28
Ergebnismatrix 170
Ergebnismenge 328
Erkennungsheuristik 10
Erwartungsnutzen 210
Erwartungsnutzenmodell 182
Erwartungswert 345, 351
　-kalkül 180
Examensaufgabe
　Bewertung von 316
Expected Utility 183
Experte, Miteinbeziehung 297
Exponentialverteilung 347

F
Fairness 265, 266
Favorite Longshot Bias 135
Finanzbuchhaltungssoftware 284
Florida-Experiment 12
Fraktilmethode 195
Framing 113
　negatives 315
　positives 315
Framing-Effekt 113
Frequenz 46
Fundamentalität 214
Fundamentalziel 158, 159

G
Gamblers Fallacy 64
Gauss'sche Fehlerfunktion 345
Gedächtnis 43
Geisterfahrer 21
Geizhals, kognitiver 50
Gewinn
　entgangener 108
　relativer 104
Gewinnprojekt 311
Gleichverteilung, diskrete 340
Glück und Pech 21
Gossen'sches Gesetz 181
Grenznutzen 105
　abnehmender 180, 186
Group-Level Discussion Bias 294
Groupthink 306
Gruppe, erfolgreiche 292
Gruppendenken 292
Gruppenkohäsion 290
Guter Vorsatz 147

H
Halbierungsmethode 194
Halo Effect 307
Handlungsalternative 165, 296
　Evaluation der 173
Handtuch 311
Häufigkeit, relative 359
Hedonic
　Framing 305, 313
　Mental Accounting 313
Heterogenität 295
Heuristik 14, 27, 50
Hilfslosigkeit, gelernte 98
Hindsight Bias 97
Hintergrundinformation 364
HIV-Risiko 66
Hochrechnung 59
Höhenpräferenz 180, 187
Home-Asset-Preference-Effekt 95
Home Bias 95
Homo Oeconomicus 5, 267
Hyperbolic-Discounted-Utility-
　Modell 143
Hyperbolic-Discounted-Value-Modell 146
Hypothese 81
Hypothesentheorie der sozialen
　Wahrnehmung 40

I

Icon Arrays 362
Illusion of Validity 97
Impf-Nebenwirkung 365
Impfrisiko 315
Impulsfrage 158
Indifferenzaussage 215
Indifferenzkurve 222
Indifferenzwahrscheinlichkeit 196
Indikator 191
Individual-Level Evaluation Bias 294, 297
Information
    unvollständige 174
    Wert einer 251
Information Overload 94
Informationsverarbeitung 36
Inside View 295, 307
Instrumentalziel 159, 278
Integration 93, 311
Interaktion
    komplementäre 213
    substitutionale 213
Interessenkonflikt 281, 286, 298
Interpretation
    frequentistische 326
    subjektivistische 327
    symmetrieabhängige 326
Intuition
    Schwächen der 17

J

Ja/Nein-Charakter 155
Jimmy Carter 283

K

Kalibrierung 76
Kalorienangabe 310
Kausalbeziehung 67
Kindergarten 68
Kognition 81
Kohäsion 292
µ-σ-Kompatibilität 205
Kompetenz 92
Komplementärereignis 328
Kompromiss
    bei Auswahl der Alternative 288
    bei Zielgewichtung 287
Konfidenzintervall 308

Konflikt in Gruppenentscheidungen 281
Konfliktlösung
    Biasfaktoren 285
    fundamentale Zielformulierung 284
    Informationsgrundlage 285
    Pilotprojekt 286
Konto
    mentales 68
    nicht-zahlungswirksames 108
Kontrast-Effekt 14, 42, 309
Kontrolldefizit 90, 128
Kontrolle
    externe 88
    interne 88
    kognizierte 89
Kontrollgefühl 182
Kontrollillusion 95
Kontrollmotiv 87, 128
Kontrollvariante 88
Kontrollverlust 87
Kontrollverlust-Phänome 97
Konzentrationsaufgabe 88
Kopfentscheidung 5
Korrelation 353
Kosten
    irreversible 84
    psychologische 84
Kovarianz 353
Kreativität, zielgerichtete 167
Krebszelle 87
Kundenbedürfnis 278
Kurzzeitgedächtnis 44

L

Langzeitgedächtnis 44
Lebensdauer 348
Libertärer Paternalismus 305
Likelihoods 255, 335
Linda-Beispiel 64
Linearitätseigenschaft 352
Locus of Control 88
Loss Aversion 307
Lotterievergleichsmethode 196
Lotto 135
Loyalität 266, 271, 273, 277, 290

M

Machtspiel 289

Magnitude-Effekt 149
Makler 317
Marilyn vos Savant 357
Marktnorm 264
Marktstudie 255
Masterliste 164
Meinungsunterschied 281, 297, 298
  ad-hoc- 282
  begründeter 282, 284
Memoryless-Eigenschaft 348
Mengentheorie 329
Mental
  Accounting 68, 106, 311, 313
  Simulating 131
Mentales Konto 68
Messskala 329
Methode variabler Wahrscheinlichkeiten 195
Millionär 19
Minimierung der Durchlaufzeiten 159
Miscalibration 70, 75
Modell, additives 210
Moderator 296
Monte-Carlo-Simulation 171, 241
Monty Hall 357
Morgenmuffel 8
Myopic Problem Representation Bias 166

N
Narrative Bias 54, 285, 309, 365
Narrow Thinking 50, 51, 154
Need for Cognition 8, 29
Negotiation Bias 294
Normabweichung 84, 106
Normalverteilung 344
Norm, soziale 264, 265
Normtheorie 85
1/N-Regel 16
Nudging 304, 309
Nutzenerwartungswert 183
Nutzenfunktion 173, 182, 210
  Ermittlung 188
  exponentielle 199, 206
  Gestalt der 185
  gleichmäßiger Verlauf 196
  Knick 196
  konkave 186
  konvexe 186
  quadratische 205
Nutzentheorie, multiattributive 24, 173

O
Obama 304
Odysseus 305, 319
Omission Bias 116
Open Minded 86
Opportunismus 272, 290
Opportunitätskosteneffekt 110
Optimistic Bias 307
Opt-in 310
Opt-out 310
Organspende 305, 310
Overconfidence 70, 307
Overestimation 70, 72
Overplacement 70, 72
Overprecision 70, 73, 76, 308
Overreaction 53

P
Paternalismus, libertärer 305
Pippi Langstrumpf 314
Planning Fallacy 307
Präferenz, soziale 267
Präferenzabhängigkeit
  Typ 1 212
  Typ 2 212
Präferenzunabhängigkeit 212
Preference-Reversal-Phänomen 61
Pride-Effekt 107
Primacy-Effekt 43, 55
Priming-Effekt 12, 13, 56
Proaktivität 155
Pros und Kontras 175
Prospect Theory 105, 126
Prospective-Hindsight-Methode 307
Proxyattribut 189
Prozentrechnung 356
Prozentzahl 357
12-Punkte-Checkliste 306
Punkteskala 192

R
Recency-Effekt 43, 55
Rechtsanwalt 265
Reduktion von Dissonanzen 85
Redundanz 214
Redundanzfreiheit 211
Reflection-Effekt 112, 117, 314
„μ-σ-Regel" 203

Regenwahrscheinlichkeit 326
Regressivität 72
Regret Aversion 108
Rekognitionsheuristik 15
Repräsentativitätsheuristik 62
„Reproduktionseigenschaft" 206
Reziprozität 266
    negative 266
    positive 266
Risiko 328
Risikoaversion 129
Risikodiversifikation 355
Risikoeinstellung 128, 185, 188
    Berücksichtigung der 181
Risikofreude 129
Risikoneutralität 132
Risikoprämie 184, 199
Risikoprofil 237
Risikoverhalten 128, 184
    konstantes 199
Risky Shift 292
Robustheitstest 175
Roll-Back-Verfahren 248
    risikoneutraler Entscheider 249
    risikoscheuer Entscheider 250

S
Saliency Bias 306
Save more tomorrow 313
Scheinkorrelation 66
Schema 63
Schläger und Ball 17
Schnittmenge 330
Schwachpunktanalyse 167
Schwiegermutter 264
Sechs-Tage-Krieg 283
Segregation 93, 118, 311
Selbstlenkung 309
Selbstverpflichtung 82
Selbstwert 27
Self-Interested Biases 306
Self Suffiency 13
Sensitivität, abnehmende 105, 110, 126
Sensitivitätsanalyse 226
    eine unsichere Variable 226
    mehrere unsichere Variablen 226
Sequenz, steigende 145
Shared Information Bias 293, 295

Sicherheit 328
Sicherheitsäquivalent 184, 194
Sign-Effekt 149
Six Sigma 345
Skala 189
    konstruierte 190
    künstlich-numerische 190
    natürlich-numerische 189
    numerisch vs. diskret 191
    numerische 190
    verbale 190
Smartphone 348
Smiley-Experiment 11, 13, 42
Social Discounting 269
Sorglosigkeit, erlernte 96
Source Dependence 107
Spreading-Apart-Effekt 41
St. Petersburger-Spiel 180
Stakeholder 276
    Beteiligung 279
    instrumentelle Bedeutung 279
    Partizipation 281
Stakeholder-Netzdiagramm 279
Standardabweichung 203, 345, 352
Standardnormalverteilung 345
Status Quo 59
    Bias 58, 116, 310
Stellhebelansatz 168
Steve-Experiment 55
Strategie 246, 247
Stress 98
Stützstelle 195
Subadditivität 332
Sunk Cost 106
Sunk-Cost-Effekt 295
Sunk-Cost-Falle 85, 112, 307
System 1 6
System 2 6
    Kapazitätsgrenzen 7

T
Take the Best 15
Tarifverhandlung 286
Task Structuring 295, 296
Teilziel 163
Thin-Slices-Studie 28
Thromboserisiko 364
Time Unpacking 308

Stichwortverzeichnis

Trade-off 174
   bei diskreten Zielen 218
Trade-off-Verfahren 215
Traveling-Salesman-Problem 50
Tri-Reference Point Theory 120
Trödelmarkt 310
Typ-A-Verhalten 88

U

Überbewertung von geringen Wahrscheinlichkeiten 128
Überreaktion 53
Ultimatum-Spiel 266
   double blind 268
   im Wettbewerb 268
Umweltzustand 328
Unbundling 311
Ungewissheit 328
Unsicherheit 170, 328
   diskrete Modellierung 171
   stetige Modellierung 171
Unternehmenskultur 299
Urnenmodell 341
Urteilsheuristik 51

V

Value-Focused Thinking 158
Varianz 352
Venn-Diagramm 329
Venture Theory 131
Verankerungseffekt 310
Verankerungsheuristik 57, 167
Verantwortung 83, 106
Verbindung, instrumentelle 277
Vereinfachung 38
Vereinigungsmenge 331
Vereinte Nationen 57
Verfügbarkeit 45
Verfügbarkeitseffekt 52, 309
Verfügbarkeitsheuristik 167, 283
Verhältniszahl 359
Verhandlungsmethodik 58
Verlustaversion 106, 114, 117, 167
Verlustprojekt 311
Verlust, relativer 104
Versicherung 134
Verteilungsfunktion 338
Vierfeldertafel 257, 334
Vollständigkeit 211
Vordergrundinformation 364
Vorfreude 149
Vorsatz, guter" 319
Vorurteil 27

W

Wahrnehmung 37
   selektive 40, 86
Wahrnehmungserwartungshypothese 40
Wahrscheinlichkeit
   bedingte 332
   Darstellung als Grafik 360
   Darstellungsformen 356
   gemeinsame 330
   Interpretation 326
   verbale Darstellung 360
Wahrscheinlichkeitsdichtefunktion 338
Wahrscheinlichkeitsfunktion 338
Wahrscheinlichkeitsgewichtefunktion 126, 130
Wahrscheinlichkeitsrechnung 328
Warum-Frage 162
Wason Selection Task 20
Webersches Gesetz 104
Weibull-Verteilung 349
Weisung 272
Werbung 304, 309
Wert 156
Wertediskussion 289
Wertfunktion 186
   S-förmige 105
Wettquote 136
Wichtigkeit, pauschale 221
Wimbledon 15
Wirkungsmodell 278
Wisdom of Crowd 286, 308
Worst-Best-Eingrenzung 215
WYSIATI 71, 74

Z

Zahlenaffinität 316
Ziegenproblem 357
Ziel 160
Zielgewicht 173, 210
   Ermittlung 214

Zielhierarchie 162
Zielsystem 296
    Anforderungen 210
Zigarettenpackung 310
Zirkondioxidstift 350
Zollstock 189
Zufallsexperiment 328

Zufallsvariable
    diskrete 338
    stetige 339
Zusammenhang
    empirischer 66
    kausaler 67
Zustand 171

If you have any concerns about our products,
you can contact us on
ProductSafety@springernature.com

In case Publisher is established outside the EU,
the EU authorized representative is:
**Springer Nature Customer Service Center GmbH
Europaplatz 3, 69115 Heidelberg, Germany**

Printed by Libri Plureos GmbH
in Hamburg, Germany